【增订本】

三教融合与中西会通

——中国哲学及其方法论探微

陈俊民 著

陕西师范大学出版总社 西安

图书代号　　SK24N1981

图书在版编目（CIP）数据

三教融合与中西会通：中国哲学及其方法论探微 /
陈俊民著 . — 西安：陕西师范大学出版总社有限公司，
2024.10

　ISBN 978-7-5695-4086-4

　Ⅰ. ①三…　Ⅱ. ①陈…　Ⅲ. ①哲学－研究－中国
Ⅳ. ① B2

中国国家版本馆 CIP 数据核字（2024）第 020392 号

三教融合与中西会通：中国哲学及其方法论探微
SANJIAO RONGHE YU ZHONG XI HUITONG：ZHONGGUO ZHEXUE JI QI FANGFALUN TANWEI

陈俊民　著

出　版　人 / 刘东风
出版统筹 / 雷永利
责任编辑 / 杜莎莎
责任校对 / 崔胜强
封面设计 / 飞铁广告
出版发行 / 陕西师范大学出版总社
　　　　　　（西安市长安南路 199 号　邮编 710062）
网　　　址 / http://www.snupg.com
印　　　刷 / 陕西龙山海天艺术印务有限公司
开　　　本 / 787 mm × 1092 mm　1/16
印　　　张 / 41
插　　　页 / 28
字　　　数 / 648 千
版　　　次 / 2024 年 10 月第 1 版
印　　　次 / 2024 年 10 月第 1 次印刷
书　　　号 / ISBN 978-7-5695-4086-4
定　　　价 / 198.00 元

陈俊民，1939年生，陕西华阴人。1964年毕业于陕西师范大学，1989年应聘引进于浙江大学，至今一直从事中国哲学专业的教学研究工作。曾任陕西师范大学副校长、历史系关学研究室主任、出版社社长兼总编辑，浙江大学哲学系主任、中国思想文化研究所所长、文科指导委员会主任等，并兼任中国哲学史学会常务理事、中华孔子学会副会长、国际中国哲学会（ISCP）中国大陆学术顾问等职。现为陕西师范大学"中国哲学"专业博士生导师和浙江大学"儒商与东亚文明研究中心"学术委员会委员。1985年至今，先后受聘客座讲学研究于新加坡东亚哲学研究所（1986—1987）、德国特里尔大学（1991—1992）、美国普林斯顿大学（1992）、德国哥廷根大学（1999），以及中国台湾政治大学（2001）、武汉大学（2002）等国内外知名学府，并指导国内外硕士、博士研究生多名。主要著作有《张载哲学思想及关学学派》《张载关学的历史重构》《张载关学的现代诠释》《蓝田吕氏遗著辑校》《张载全集》《泾野先生文集》《朱子文集》《关学经典集成》等多种；论文多篇，代表作有《孔子儒家考辨》《全真道思想源流考略》《张载哲学逻辑范畴体系论》等。承担教育部哲学社会科学研究重大课题攻关项目《儒藏》精华编"北宋集部"主编、校点整理工作。

三教融合与中西会通

——中国指荟及其方法论探微

萧萐父题

在陕西师范大学工作时期（*1979—2022*）

▲ 1979年秋，作者在太原召开的中国哲学史方法论问题讨论会上宣读了《中国历史上的哲学与哲学发展的历史》，受到与会代表好评，被推选为新成立的中国哲学史学会常务理事，连续任职至1989年。这是出席1980年7月在京举行的首届常务理事扩大会议时的合影。前排左五是作者，后排中间白发者为张岱年会长。

▶ 1981年秋，作者应邀出席杭州全国宋明理学讨论会，并在大会宣读《关学源流辨析》及其研究方法论，受到好评。这是作者同汤一介（左）、冯契（中）二位教授在会场外的合影。

　　▲　1983年11月，作者在张岱年会长和汤一介、萧萐父、方克立、金春峰等教授支持协助下，于西安芷园主持召开了中国哲学范畴学术讨论会，宣读了《张载哲学逻辑范畴体系论》，受到会议好评。这是与会代表的合影，前排左起：作者、冒君刚、蒙登进、方克立、萧萐父、王明、李宗阳、李绵、张岱年、丛一平、陈立人、汤一介、王陆原、杜维明（美国）、成一丰等。

◀　1983年秋，作者陪同王明先生（左）考察道教胜地终南楼观说经台。

▲ 1981年冬，陕西师范大学在历史系为作者（后排右一）成立关学研究室并任命主任职，董健桥（左一）为第一位研究员。这是1983年秋冬研究室接待冯契（后排中）、萧萐父（后排右二）、周继旨（后排左二）等教授一行来访并参观草堂寺时的合影。

▲ 1983年冬，作者被任命为陕西师范大学副校长。1984年夏初，作者（中）随陈立人校长（左二）和校办主任胥超（右二）一行陪同外宾参观敦煌博物馆。这是在莫高窟前畅谈古代丝绸之路时的留影。

▲ 1987年9月，作者应邀出席在武汉举行的"中国走向近代的文化历程"学术讨论会。这是在会上做主旨发言，主持人是庞朴教授（右）。

▲ 1987年11月，作者从新加坡回国后不再任陕西师范大学副校长，专心致力于中国哲学的教学研究工作。这是作者（左二）在北京香山中国哲学与文化学术会议上同陈鼓应（左一）、孙长江（右三）等教授探讨如何复兴中国传统文化时的留影。

▶ 1999年冬，作者应邀为陕西眉县横渠祠堂撰写张载碑诗文，并留影纪念。

▲ 自2001年起，作者受聘为陕西师范大学客座教授，并承担教育部古委会批准的关学典籍整理任务和攻关项目《儒藏》"北宋集部"主编及其有关文集的校点工作。这是2011年8月作者（前排右二）完成《关学经典集成》交由三秦出版社出版时的留影，前排左一是赵建黎总编辑，左二是陕西省文史馆馆长李炳武，右一是陕西省方志办副主任董健桥，后排右一是李郁副总编辑。

▲ 2019年12月，陕西师范大学成立关学研究院，作者（左三）应邀出席会议并为其揭牌。

▲ 2020年9月，西安交通大学召开"张载关学暨关学文献整理与研究"学术研讨会，作者应邀出席会议。这是作者在会议上发表主旨演讲时的留影。

▶ 2020年9月，李明友教授代表浙江大学中国思想文化研究所应邀出席西安交通大学关学研讨会。这是作者（中）同李明友夫妇在会议上的合影。

▲ 2020年，作者积四十余年关学研究成果之大成，正式出版《关学经典集成》十二册（包括《导读》一册），并获全国古籍出版社2019年度百佳图书一等奖。这是2021年4月19日作者（左三）向母校陕西师范大学图书馆捐赠这套书时的留影。

在美国、德国访学时期（*1985—1999*）

◀ 1985年7月，国家教委批准北京大学汤一介、陕西师范大学陈俊民和武汉大学萧萐父三位教授作为不公开的"中国哲学家代表团"正式出席在美国纽约州立大学石溪分校举行的第四届国际中国哲学会，作者为会议提交了专著《张载关学导论》，并在大会上宣读了内容提要，引起与会代表的关注，会议主席、华盛顿天主教大学柯雄文（Antonio S. Cua）教授特索要一本送美国国会图书馆收藏。这是作者（左）和柯教授（右）交谈时的留影。

◀ 1985年7月，作者与萧萐父教授应柯雄文教授邀请访问华盛顿天主教大学并介绍中国哲学在中国的研究现状。这是作者（右）在华盛顿的留影。

▲　1985年8月，作者应余英时教授（中）邀请，与萧萐父教授（右）访问耶鲁大学。这是在耶鲁大学图书馆前的留影。

▶　1985年8月初，作者应吴文津馆长（右）邀请，访问哈佛大学燕京图书馆。这是在图书馆前的留影。

▲ 1989年7月，作者应邀出席在美国夏威夷大学分校举行的第六届国际中国哲学会。这是作者（左二）在会上宣读论文《宋明"三教合一"思潮中的心性旨趣》，主持人是陈来教授（左一）。

▲ 1992年6月，作者应余英时教授邀请在美国普林斯顿大学东亚系访学，并协商校订《朱子文集》有关事宜。这是作者在普林斯顿大学校园的留影。

▲ 1992年9月，作者应傅伟勋教授（右）邀请访问费城天普大学。这是作者和王汎森博士（中）在傅教授家畅谈"生命的学问"时的留影。

▲ 1986年10月，作者在新加坡做儒学研究期间应德国慕尼黑大学鲍威尔（Bauer）教授邀请，为其东方研究所《正蒙》翻译组的博士生讲授张载《正蒙》的哲学思想，并指导《正蒙》德文翻译工作。这是作者同鲍教授（左）讨论中国书法艺术时的留影。

▲ 这是作者（右一）为鲍威尔教授的博士生讲授张载《正蒙》时的留影。

▲ 这是作者（左二）同《正蒙》德译组主要成员朗宓榭（Lackner，左一）、傅敏怡（Friedrich，右二）等博士的合影。

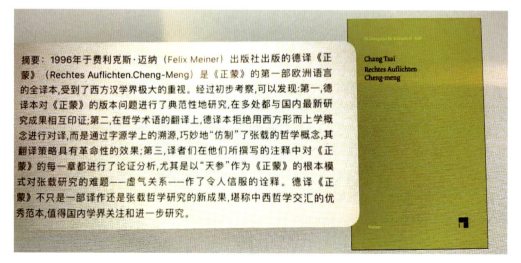

摘要：1996年于费利克斯·迈纳（Felix Meiner）出版社出版的德译《正蒙》（Rechtes Auflichten.Cheng-Meng）是《正蒙》的第一部欧洲语言的全译本，受到了西方汉学界极大的重视。经过初步考察，可以发现：第一，德译本对《正蒙》的版本问题进行了典范性地研究，在多处都与国内最新研究成果相互印证；第二，在哲学术语的翻译上，德译本拒绝用西方形而上学概念进行对译，而是通过字源学上的溯源，巧妙地"仿制"了张载的哲学概念，其翻译策略具有革命性的效果；第三，译者们在他们所撰写的注释中对《正蒙》的每一章都进行了论证分析，尤其是以"天参"作为《正蒙》的根本模式对张载研究的难题——虚气关系——作了令人信服的诠释。德译《正蒙》不只是一部译作还是张载哲学研究的新成果，堪称中西哲学交汇的优秀范本，值得国内学界关注和进一步研究。

▲ 十年后，张载《正蒙》德文全译本由德国迈纳出版社正式出版，受到西方汉学界的好评。这是该书再版的书影和部分书评。

► 1991—1992年，作者（中）应德国特里尔大学乔伟教授（右）邀请，指导他的项目"张载气学研究"。这是乔教授与夫人在特里尔火车站迎接作者时的留影。

◄ 1991—1992年间，作者在德国特里尔城住地前的留影。

▲ 1991年夏，作者应邀出席在慕尼黑举行的第七届国际中国哲学会。这是作者在会上宣读论文《张载与康德的道德至善理想追求》时的留影，主持人是法国女教授（左），首排听讲者是本届国际中国哲学会主席唐力权教授（右）。

▲ 1992年初春，作者应余蓓荷教授邀请，为德国马尔堡大学汉学系讲授"张载气学与中国书画艺术论之关系"。这是作者课堂演讲和课外同余教授学术交流时的留影。

▶ 1992年夏，作者在慕尼黑大学与何兆武先生（左）合影。何先生曾任教于陕西师范大学历史系，后任职于中国社科院历史所和清华大学，他对作者到浙江大学创办中国思想文化研究所寄予厚望。

▲ 1999年5月，作者应朗宓榭教授邀请，参与指导德国哥廷根大学东方研究所《中学西渐辞书》编纂工作。这是作者为朗教授（右）的研究生讲授"宋明理学与金元全真道之关系"时的课堂留影。

在新加坡研究讲学时期（*1986—2010*）

◄ 1986—1987年，作者应聘为新加坡东亚哲学研究所高级研究员做儒学研究。这是作者同吴德耀所长（左）在研究所的合影。

▲ 这是作者在研究所的工作照。

▲ 这是作者夫人耿翠霞女士在研究所工作室协助作者辑校"蓝田吕氏遗著"的工作照。

▲ 这是作者为研究所布置"五位当代新儒家著作展"的工作留影。

▲ 这是作者（右一）应约在研究所图书馆接待谷牧副总理（左一）视察学者研究工作时的留影。

▲ 1986年6月，作者与余英时教授（左）再次聚谈于新加坡国立大学。

▲ 1986年七八月间，作者（左一）在新加坡国立大学历史系萧启庆教授（左二）家同王叔岷先生（右二）座谈古籍整理时的留影。

▲ 1987年4月，作者（左一）在新加坡翠园住地同李泽厚教授（左二）一家聚谈时的留影。

　▲　1987年5月，结束儒学研究工作前夕，作者与研究所同人在工作室的合影。前排左起是作者、冯耀明教授、韩国徐教授、新加坡国立大学古正美教授，后排中是翟志诚博士。

　▲　1987年5月，作者在研究所向新加坡学界公开演讲时的留影。主持人是戴琏璋教授（右）。

▲ 1986—1987年间，作者在新加坡教育学院讲授"中国历史与传统文化"时的留影。

▶ 1997年7月，作者应邀出席在新加坡举行的"儒学与世界文明"国际学术会议。这是作者在会上发表《再论中国近世"三教融合"与"中西会通"》时的留影。

陈 俊 民

▲ 1997年7月，作者与李锦全教授（右）在新加坡"儒学与世界文明"国际学术会议外的留影。

◀ 2010年5月，作者先后应新加坡儒学会、南洋孔教会、中华总商会、道教学院等单位邀请，在新加坡做公开演讲。这是作者讲授"横渠四句与儒学真精神"时的留影剪辑。

在港台地区的学术交流足迹（*1987—2001*）

▲ 1987年夏，作者于香港中文大学新亚书院访学期间，应邀在牟宗三先生家做客问学。这是作者同牟先生（右二）及其夫人（左二）、刘述先教授（左一）的合影。

▲ 1993年12月，作者应邀出席香港中国文化与中国医学国际会议。这是作者（左一）在大会上发表论文《全真道的长生理论与生命科学》时的留影。

▲ 1992年五六月间，作者结束了在德国一年半的访学研究后，应邀出席台湾"国际朱子学会议"并商谈《朱子文集》的校点整理事宜。这是作者在大会上发表论文《论朱子的"圣贤"人格理想》时的留影。

▲ 作者在国际朱子学会议厅同陈荣捷（中）、柳存仁（右）二位先生的合影。

▶ 作者应台湾"中研院"史语所黄进兴教授（右）之邀，为台北学界友人书写张载《西铭》时的留影。

▲ 作者（左二）应邀在黄进兴教授家做客，与刘述先（左一）、黄进兴（右一）、田浩（右二）、冯耀明（中）等教授聚谈朱子学问题时的留影。

▲ 1997年9月，作者应邀出席台湾"中研院"史语所举行的"中国思想史上的道教"研讨会并发表主旨演讲《论全真道及其内丹长生思想之演变》。这是同时应邀在文哲所发表《关学研究与古籍整理》演讲时的留影。

▲ 2001年秋，台湾政治大学文学院为作者举行宋明理学中的关学研究学术研讨会。这是大会欢迎作者发表主旨演讲前的合影，左起林镇国、作者、刘述先、董金裕、曾春海等教授。

▲ 作者发表《张载关学的历史重构》主旨演讲时的留影，主持人是文学院院长董金裕教授。

▲ 作者为台湾政治大学哲学系研究生开设"张载关学研究"专题讲座时的留影。

▲ 作者为台湾大学哲学系研究生讲授"《朱子文集》的编校与关学研究"时的留影。

▲　作者在台湾彰化师范大学讲授"关学研究的新面向"时的留影。主持人是吴有能教授（左）。

▲　2001年冬，作者（右二）应邀在台湾华梵大学讲授"宋明理学研究的反思"时的留影。左二是哲学系主任杜保瑞教授，右一是金春峰教授。

在浙江大学工作时期（*1988—2009*）

▲ 1988年作者应聘浙江大学教授，1989年秋全家迁居杭州西子湖畔浙江大学求是村。这是1988年4月间作者应邀在浙江余姚"阳明学国际会"上发表论文《略论阳明学在关中的传播》时的留影。华东师范大学冯契教授（右）为会议主席，杭州大学校长沈善洪教授（左）做评论。

◀ 1989—1999十年间，作者任职浙江大学哲学系主任、中国思想文化研究所所长、文科指导委员会主任、学位委员会委员、儒商与东亚文明研究中心学术委员会首席委员等。这是作者在求是书房的工作照。

▲ 1990年8月，作者主持的中国思想文化研究所首次接待台湾学者来访。这是作者陪同台湾商务印书馆张连生总经理（右）和台湾政治大学哲学系沈清松教授（左）参观灵隐寺时的留影。

▲ 1990年10月，作者应邀出席武夷山"朱子学国际会议"。这是同复旦大学蔡尚思先生（右）在会议住地的留影。

▲　1992年9月，台湾"中研院"史语所黄进兴教授（中）专程来浙江大学与作者商谈《朱子文集》校订事宜。这是作者与夫人耿翠霞陪同黄教授参观兰亭时的留影。

◀　1993年秋，作者主持的中国思想文化研究所和杭州师范学院联合举办首次"马一浮国际学术研讨会"。这是作者在会上做主旨发言。在主席台前就座的右起为方克立教授、毕养涵副校长、王凤贤院长、作者等。

▲ 1994年11月，作者邀请萧萐父（中）、杜维明（右）等教授一行来浙江大学讲学。这是在浙江大学邵逸夫科学馆会议厅的留影。

▲ 1995年4月，中国思想文化研究所邀请新加坡国立大学龚道运教授访学研究。这是作者（左）主持龚教授做公开演讲时的留影。

　　▲　1995年10月，青海省委宣传部部长田源（右一）、台湾大学中文系古清美教授（中）来浙江大学访学。这是作者（右二）与夫人耿翠霞（左一）在西湖畔接待到访时的合影。

　　◀　1996年9月，作者在浙江大学求是村家接待台湾"中研院"史语所王汎森教授（左）来访时的留影。

热烈祝贺中国东南区域史国际学术研讨会召开

▲ 1998年9月，作者主持的浙江大学哲学系和中国思想文化研究所发起与杭州大学历史系合作，在浙江大学邵馆举行"中国东南区域史国际学术研讨会"。这是与会代表的合影，前排左二是作者，左四为杭州大学孙达人教授，右三四为杭州大学陈桥驿、徐规教授，中间是浙江大学潘云鹤校长。

▲ 1999年作者退休前与夫人耿翠霞在浙江大学玉泉老校区门前留影。

◄ 2000年秋，作者应邀出席浙江温州市举行的"功利学派国际学术研讨会"。这是同台湾政治大学曾春海（右）、中国社科院蒙培元（左）二位教授在雁荡山的留影。

"中国哲学的创造性转化"高级研讨班（教育部委托）

2002.9.17 武汉大学

▲ 2002年，作者受聘为武汉大学客座教授。这是作者（前排左五）出席教育部委托武汉大学举办的"中国哲学的创造性转化"高级研讨班与会代表的合影。左四是郭齐勇教授，右三是陈来教授，右六是庞朴教授。

▲ 2002年夏，作者（右二）应北京大学汤一介教授（左二）邀请，在北京与季羡林（左一）、庞朴（右一）等教授聚谈编纂《儒藏》事宜。

▲ 2005年10月，作者（右二）出席浙江大学举行的"学习社会与对话文明"座谈会，与杜维明（右三）、周生春（左二）等教授合影。

▲ 2008年11月，作者在浙江大学举行的《儒藏》主编会议上发表《关于〈儒藏〉精华编〈张载全集〉编校的思考》。

▲ 2008年冬，作者陪同汤一介教授（左）在浙江大学学术演讲时的留影。

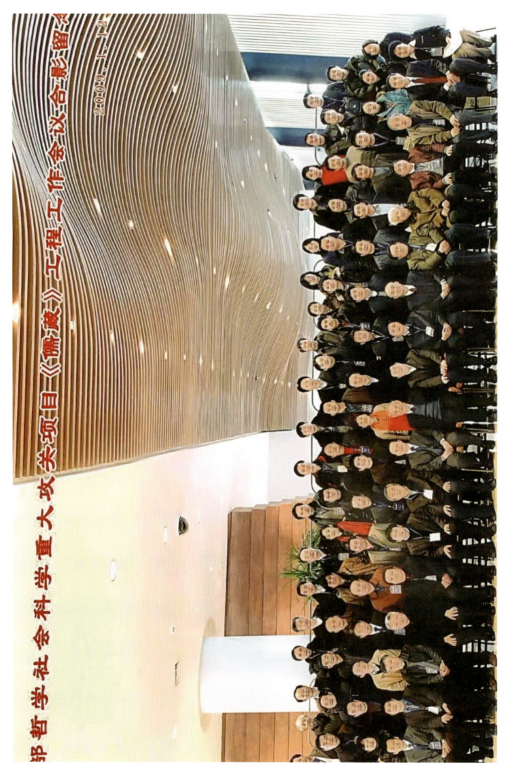

国家哲学社会科学重大攻关项目《儒藏》工程工作会议合影留念

2009.1.2

▲ 2009年1月，作者（前排右五）在北京出席《儒藏》工程工作会议时与全体主编及工作人员合影。

与国内外部分研究生在一起（*1987—2022*）

▲ 1984年，教育部批准陕西师范大学马列主义教研室举办"中西比较哲学研究生班"。这是作者（前排左四）与这个研究生班师生的毕业合影。

▲ 1986年10月，作者（左二）在德国慕尼黑同参与指导的慕尼黑大学博士研究生朗宓榭（右二）、傅敏怡（左一）分别时的留影。二位博士现分别任德国纽伦堡大学汉学系主任、汉堡大学亚非学院院长。

▲　1987年，作者同他指导的德国慕尼黑大学博士生施云德在新加坡东亚哲学研究所的留影。该博士现为德国某报记者。

▲　1995年9月，作者应邀从浙江大学回母校陕西师范大学访学。这是作者（右二）同成一丰（左二）、林乐昌（左一）、丁为祥（右一）三位教授聚谈时的留影。丁、林二位是作者指导过的硕士研究生，现分别为陕西师范大学关学研究院院长和首席专家。

► 1998年，作者1992年在德国指导过的博士生来杭州拜访作者时的留影。该博士现为塞尔维亚国立大学教授。

▲ 2003年起，作者受聘陕西师范大学历史文化学院中国思想文化史博士生导师。这是2017年作者同他指导过的常新（左）、肖发荣（右）二位博士在作者"心弘文密斋"聚谈时的留影。常新现为西安交通大学教授，肖发荣现为西安石油大学副教授。

▲ 2018年秋，作者（中）与夫人耿翠霞（右二）同傅荣昌（左一）一家在浙江大学玉泉的合影。傅荣昌是作者1995年在浙江大学培养的研究生，现任杭州市政府外办国际交流处处长。

▲ 2022年夏，浙江外国语学院党委书记宣勇教授（右）来陕西师范大学拜访作者及夫人耿翠霞时的留影。宣勇是作者在浙江大学指导过的首届研究生。

增订本自序：中国哲学的思想文化脉络

陕西师范大学出版总社决定再版拙著《三教融合与中西会通》，我想借此机会向读者说明一下本书的形成、性质及意义。

2000年3月，我接受陕西师范大学"最理想的学术带头人"之聘任，回母校协助建立"中国哲学"博士点。为了配合这一学科建设，也为了我立志从业的中国哲学专业能在母校扎根发展，学校决定出版我一本论文集。我自当敬慎从事，即刻从1978年以来我在国内外公开发表文章中选择了三十一篇结为一集，其中有得有失，有长有短，文体亦不尽统一，但基本观点始终一贯，盖均是投注于中国哲学及其方法论研究的有心之作，而且不乏为当世拨乱反正、学术独立、接引中西而开启的"一家之言"。武汉大学老友萧萐父先生深知我的研究旨趣和学术价值，带病欣然为之题名。"中国哲学及其方法论探微"虽为副题，其实正是拙著研究的范围和重心。为了突出这一重心，这次再版，除适当调整个别篇章的前后次序，又增加了2001年至今公开发表的《既开风气也为师——中国哲学范畴研究启示录》和《"理学""天学"之间——论晚明士大夫与传教士"会通中西"之哲学深意》，共计三十二篇，编次仍依原本之旧，并将有关自序、后记、访谈录、杂感诗选等作为附录收入书后。这便形成了现在献给读者的这个"增订本"。

这里需要补充说明的是，这三十二篇文章，虽然标举了自古至今许多思想家、哲学家、史学家的大名，但研究的主要范围和问题意识，却是环绕追寻

"关学和宋明理学"士人所代表的传统思想文化脉络及其时代精神而展开的。有心的读者一定会觉察到，自1976年在病榻上撰写《儒家考辨》，到1981年在杭州"全国宋明理学讨论会"上宣读《关学源流辨析》①，这五六年间，我所发表而见于本书上编的四篇和中编的前五篇两组文字，虽然都是各自独立的论文，各有主题，但发议对象与所论主旨只有一个，就是针对学术界长期被苏联日丹诺夫"唯物""唯心"对子公式化的马列主义理论教条统治，为了中国哲学史、思想史研究彻底走出近世以来一直被"借其枝叶之语，以图遂其政治上之目的"（王国维语）的窠臼，获得真正独立自由的正常发展。前一组先认证"孔子儒家"的士人身份，再辨析先秦诸子的思想史方法论，接着通过对宋代"道学"原型和"关学"思想流变的个案重点研究，以探求中国传统哲学思想史的历史真相。后一组则直接从哲学理论上正本清源，有破有立，主张用"历史与逻辑统一"的方法论原则代替唯物、唯心的对子结构。这虽然带有明显的时代烙印，仍以马克思主义唯物史观为指导准则，但强调的却是从历史实际出发，把中国哲学思想传统置于其自身文化脉络之中做全面理解，以求最终实现我所预设的"重构中国传统哲学逻辑发展的现代诠释体系"这一理想目标。

因此，自1981年以后，我便主动承担了中华书局"理学丛书"有关古籍整理工作，从关学经典校点入手，同时进入"关学与宋明理学"的专题研究之中。本书上编论述"张载哲学"、"吕大临易学"、"朱子圣贤人格理想"、《二曲集》校点前言和"宋代道学之原型"、"道学与宋学、新儒学、新理学"等，就是这一专题研究部分成果，《关学研究与古籍整理》一文则是对它所做的小结。这表明我作为20世纪最后二十余年"中国哲学"方法论探求、学科定位、理论重构等现代转化的参与者和见证人，已彻底从"政治思维"转化为"学术思维"，又从"学术思维"转化到"哲学思维"，开始进入"自得之学"。

具体来说，因为我是从整理"关学与宋明理学"古籍入手的，我首先必须从"知人论世又论地"（孟子、阎若璩语）的观点出发，仔细研读有关史料，

---

① 《关学源流辨析》正式发表于《中国哲学》第九辑（生活·读书·新知三联书店，1983年），又撮要以《关学思想流变》为题刊载于《论宋明理学——宋明理学讨论会论文集》（浙江人民出版社，1983年），见本书上编。

按照我当时所理解的"张载关学"，同宋代兴起的"濂洛蜀浙闽"诸学一样，都是特定时空中的道学（理学）思想，是在不同地域文化里滋生而历经跨地域文化相互作用形成的理学学派，因而还得把它安置在宋明思想文化历史的整体脉络中去考察。其结果正如本书自中编《中国文化传统与现代化问题》至下编《中国近世"三教融合"与"中西会通"》《中德文化哲学交融的新篇章》诸篇所述，其大意可概括如下。

（1）中国传统思想文化，可以儒释道三教代表之，其演变历程至繁至久，"要之，只为一大事因缘，即新儒学之产生及其传衍而已"（陈寅恪语）。孔孟儒学传统是中国思想文化最核心的价值系统，它对传统中国的主要贡献在于提供了比较稳定的政治、道德、文化、社会诸秩序，其影响是全面而长久的。宋明理学（道学）是儒学吸收了佛道成分后的新发展，现代国际学界称为"新儒学""新儒家"（Neo-Confucianism）。从张载到程朱陆王，宋明新儒家的问题意识所指，都是汉唐以来中国化的佛教"新禅宗"。新禅宗是经历了上千年三教融合与中西（印）会通后才本土化的中国佛教，而新儒家又吸收了已经本土化的佛学概念和分析方式，把孔孟儒学内在引而未发的"心性之学"全面重建起来，继承创新了这个中国思想文化传统。前贤所以用"佛为一大事因缘出现于世"（《法华经》）表明新儒学产生的重大意义。

（2）张载关学作为开创新儒学的典范，和二程洛学一样，在金元时期虽"百年不闻学统"，"再传何其寥寥"，但"心性之学"的思想文化传统不绝如缕，并未断裂。在异族入侵，中原沦陷之际，往日从事儒业的关中理学士人暂遁山林，创立了以"三教圆融"的"道德性命之学"标宗的"全真道"，自称其为"教外别传"，可以"合天地、合圣贤、合鬼神、合万物，如此一大事因缘"的新道教，炽传北南各地，成为元明清时期民间信众追求"精气神全""长生济世"的终极关怀。

（3）明代开国虽"以理学立国，以《大学衍义》治国"，其政治却一改宋代"不杀大臣及言事官"的"家法"，而设"锦衣卫"和"寰中士大夫不为君用科"，专对付理学士人，导致以王阳明为代表的新儒家将"天理"收归"心"中，倡导"天理即良知""良知乃造化之精灵""人人心中有仲尼（良知）"，从而将施教对象从皇帝与朝廷转向民间与个人，彻底改变了儒学"以天下为己任"致思方向。明清之际，耶稣会传教士输入"西学"，激活了儒学中可与西学对接的价值观念。泾阳王徵引"天学"入"理学"，破天荒地在关中进行了一次"中西会通"的有益尝试，徐光启总括了"欲求超胜，必须会通；会通之前，先须翻译"的实践过程。从此，新儒家的问题意识所指，已从佛道主要转向西学，"中西会通"成为明清以来的思想基调。近世"有所创获"如冯友兰者，正是继承了道教始终不忘本民族地位的"真精神"，沿着宋明新儒学"三教融合"之"旧途径"，既吸收输入外来之西学，又始终不离中华民族思想文化传统，从而为"中国哲学"的现代转化确立了大方向。

因此，我所理解和论述的"三教融合"与"中西会通"，无疑正是前贤"中国哲学史"所遵循的中国思想文化脉络。这就是本书初版、再版的主要内容和意义所在，也是本书以此命名之缘由。是为序。

2022年6月稿于陕西师大工作室

原本自序：20世纪中国哲学的定位与重构

一

　　"年逾六旬悟一生"，这是我自少就能背诵而至今方能理解的一句诗。追其缘由，莫非因我六十初度，已进入耳顺之年，虽不能如朱子所说已达"声入心通，无所违逆，知之之至，不思而得"[①]之境，但出处进退，所见所闻，对人对己，所有各种是非得失，均可以平常心泰然处之。我似乎大彻大悟，悟出了我的一生："不烧铅汞不逃禅，不爱乌纱不要钱"[②]，步前贤之后尘，走自得之路径，只为"中国哲学"这门学科的独立发展尽心尽力，以献终身。尝自谓"为学术的生命"，"注生命的学术"，以自强不息。

　　这本重点探索中国哲学及其方法论的研究论集，既是我前半生（学术人生）的学术结晶，也预示我终其天年的人生定位。在中国哲学中，我所选择的研究对象，主要是唐宋以后至近现代以"三教融合""中西会通"标宗的新道教和新儒学，这既是我前半生研究的方向，也是我终生为之努力的目标。因

此，本书特取十年前发表的《中国近世"三教融合"与"中西会通"》①一文之篇名为书名，旨在预设未来，而非单为总括过去。

按说，耳顺之年，还不到为自己集结平生文字之时。记得，1985年夏，我与萧萐父教授去北大燕南园"三松堂"问学，九十高龄的冯友兰先生心情甚好，还津津有味地给我们谈他正在重新撰写的"中国哲学史"。冯先生自八十五岁开始，孜孜不倦，积最后十年（1980—1990）哲人乐道之功，终于完成了七卷本《中国哲学史新编》这一历史性巨著，让中外学人叹为观止。同样，今年已九十一岁高龄的季羡林先生也曾自谓，八十岁以后才是他学术研究冲刺的起点。他的名著《糖史》，就是这一起点之后的一个结晶。余英时先生2001年从美国普林斯顿大学"七十岁荣休"，他奉献给学界的最好礼物，正是他七十岁刚完成的一部洋洋五十余万言的得意佳作《朱熹的历史世界——宋代士大夫政治文化的研究》。相形之下，我能献给我的母校和我所有的老师、亲人、朋友的这部曾使我"成名"的作品，至多只算得上一份比较用心的"小学生习作"而已。匆匆结集，真有点"汗颜"之愧！

从1976年我因公伤卧床②，开始偷偷撰写《儒家考辨》算起，迄今正式发表《"道学""政术"之间》和《再论中国近世"三教融合"与"中西会通"》为止，我所选集的这三十一篇文字，正反映了20世纪最后二十五年间我与时俱进的学思历程。其中，《从学术自主到接引中西》一篇本是90年代初应约为台湾商务印书馆出版我的《中国哲学研究论集》撰写的自序，我将它作为附录放在卷末，以助读者了解本书主要论文为作之动机与背景。其余三十篇，以"辨学篇""接引篇""融通篇"为骨架，大体按类别与时序，厘定为上、中、下三编。从结构上看，这似乎是外在的组合；但从内容上看，无论长文或短篇，其字里行间、话语形构，虽留有明显的时代烙印，但前后思路和问题意识则保持内在的、逻辑的一贯性。这就是二十五年间，我对20世纪中国哲学的定位、

---

① 本文原为笔者1993年8月在北京大学召开的"第八届国际中国哲学会"上宣读的论文，后发表于《大陆杂志》（台北）1993年第6期和《北京社会科学》1994年第1期。现收入本书下编。

② 1976年春，我因响应"深挖洞，广积粮"的战备号召，在陕西师大参加"人防工程"劳动而腰部受伤，因祸得福，在病床上构思成《儒家考辨》一文。参看本书上编及附录。

重构和创造性转化问题孜孜以求的哲学思考。

二

20世纪是中国社会由传统走向现代的转型过程，这一过程迄今仍在进行之中。所谓20世纪中国哲学的定位，就是指在中国社会转型的百年间，中国哲学作为一种学术体系，其形态不同于传统的"中国经学"形态，而已转变为现代的"中国哲学"形态。这看起来是指学术转型而言，其实涉及非常复杂而困难的问题。

首先是学科定位。没有学科，难成学术。作为一种知识形态建构的现代人文科学和社会科学的发展历史，早已证明这是中外学术由传统向现代转化的共同的首要前提。就西方来说，正像华勒斯坦等人所分析的那样：

> 十九世纪思想史的首要标志就在于知识的学科化和专业化，即创立了以生产新知识、培养知识创造者为宗旨的永久性制度结构。
>
> 学科的制度化进程的一个基本方面就是，每一个学科都试图对它与其他学科之间的差异进行界定，尤其是要说明它与那些在社会现实研究方面内容最相近的学科之间究竟有何分别。[①]

华勒斯坦等人认为，19世纪以来，在社会科学领域里率先取得这种自律的界定分明、制度化形态的学科便是历史学。就中国来说，当今流行的现代人文社会科学中为中国所固有的，也只有"史学"这一门学科，但"中国史学"真正成为专业化、制度化的现代学科，也同"中国哲学"一样，只有伴随19、20世纪之交，特别是五四新文化运动前后，西学及其各门学科大量传入，源于西方的新式现代大学兴起之后，才逐步变为现实。

这里且不说经学如何在晚清今古文、新旧学之争中走向终结，也不论西

---

① ［美］华勒斯坦等：《开放社会科学：重建社会科学报告书》，刘锋译，生活·读书·新知三联书店，1997年，第8—9、32页。

学中的philosophy究竟何时经日本传入中国而演变为汉语"哲学"一词①，我们从新旧派学者谈论哲学的不同话语及其论争中，便不难看出"中国哲学"最初被确立为中国现代大学的一门学科是何等艰难。北京大学是中国最早的现代大学之典范，但它的源头不是汉代的太学，而是戊戌维新以后"西化"的产物。尤其自严复、蔡元培相继担任校长之后，西方式的经济学、政治学、社会学、文学、哲学及各门自然科学已代替戊戌前笼统的"格致之学"，"学术研究""发展知识"亦成为北大的新理念②。据冯友兰回忆，1915年他到北大"中国哲学门"当学生，第一个在这所现代大学讲授"中国哲学史"这门课程的是旧派学者陈黻宸（1859—1917）。陈从伏羲氏讲起，终于姜太公，八万余言的讲稿，还未说到周孔。1917年由胡适继任这一讲席，胡适截断众流，从老子讲起，平等对待先秦诸子，并以西方实用主义哲学主张及历史叙述与逻辑分析的方法，把学术思想"递次演进的脉络"显示出来，受到蔡元培的称赞，被现代学术界认可。冯友兰直到晚年仍强调："无论如何，在中国哲学史研究近代化的工作中，胡适的创始之功，是不可埋没的。"③这表明，"中国哲学"作为一门专业化、制度化的学科，至迟于20年代以前，已经有了比较明确的学术定位。

然而，这只是名义上的学科分类。若从实质上看，不仅陈黻宸视"哲学"为"儒术"，认为"东西异境，此心此理，闻名故创，按实则同"④，哲学与

---

① 翻译张载《正蒙》的德国友人朗宓榭（Michael Lackner）教授领导的"中国近代汉语学术用语的演变"课题组，自1998年至今，一直进行"哲学""逻辑学"等西学东渐的研究工作。笔者1999年曾应邀赴哥廷根大学为这个课题组讲授"宋明理学"，对其研究有所了解。

② 19世纪末，德国柏林大学率先改革欧洲中古大学（牛津、剑桥、巴黎等）以"教学""传播知识"为宗旨的理念，标举大学为从事"创造性的学问"的学术研究中心。留学德国的蔡元培改革北京大学，就以德国大学为模式，他在就任北大校长的演说中称："大学者，研究高深学问者也。"1914—1919年在中华书局、商务印书馆担任编辑的史学家吕思勉认为，在蔡主持北大以前，"全国的出版界，几乎没有什么说得上研究两个字"，提倡学术研究乃"孑民先生不朽的功绩"也。参考金耀基：《世纪之交谈大学的理念》，载香港《明报月刊》1999年12月号。

③ 参看冯友兰：《三松堂自序》，生活·读书·新知三联书店，1984年，第200、228页；蔡元培：《中国哲学史大纲序》，见胡适：《中国哲学史大纲》卷上，东方出版社，1996年，序第1—3页。

④ 陈德溥编：《陈黻宸集》上册，中华书局，1995年，第419页。

儒学并无本质差异，在观念上仍停留在传统儒学的旧学术形态；就连主张"全盘西化"的胡适，也始终没有离开历史考据的立场。胡适写的《中国哲学史大纲》卷上，不仅同陈的讲义《中国哲学史》一样，是终其生也未完成的作品，而且偏重于文字训诂、史料考证及社会背景的介绍，可说是属历史学中"思想史"，而非真正意义的"哲学史"。他本人也同那位因"为哲学家则不能，为哲学史则不喜"而不得不由哲学研究移于殷商古史考证的新派学者王国维一样，最终落入"汉学专家"或"历史考据癖"的形象定位。我虽不敢以此推断史学在20世纪中国哲学的学科定位与理论重构中，一直起着主导作用；但"五四"前后，经学解体，儒家"花果飘零"，历史文献、思想资料最易落脚寄生的领域，自然是历史学科，而新旧学营垒中的主将（梁启超、章太炎等）摇身一转，也大都成为名副其实的史学家，或现代"新史学"之开山祖，他们对"中国哲学史"的学科发展都有过重要影响，这毕竟是一个不争的事实。更何况"文革"之后，中华民族在特殊年代里产生了强烈的"反思"意识，"还历史真面目"的呼声响彻大地，中国哲学史研究同其他学科研究一样，获得了新生。作为哲学史研究工作者，我可以坦言，本书上编从考辨孔子儒家之儒的形成、分析《庄子·天下篇》的思想史方法论意义、论证荀学体系结构及其思想史观，到辨析关学思想流变、追寻宋代"道学原型"、简述孙中山"大同"理想的终极关怀，无疑都是史学观念主导下的中国哲学学派与人物的个案研究。"中国哲学史"既然是"史"，其"史学"对"哲学"发展的主导，便是题中应有之义。

三

"中国哲学"作为一个独立的学科，在20世纪真正得以确立和发展，单靠现代大学专业分科体系的学科定位是不够的，更重要的还是靠它自身的理论重构和现代转化。

首先是对它研究对象、问题的准确界定，尤其是要明确它同相近的"哲学""史学"及"思想史""学术史""文化史"之间究竟有何区别。这是中国哲学研究本身首当解决但又困难重重而至今尚未真正解决的问题。这个问题，从胡适1919年出版的《中国哲学史大纲》开始，三四十年代冯友兰发表典范性的大、小《中国哲学史》，张岱年完成的《中国哲学大纲》，至60、80年代以后相继问世的任继愈主编的《中国哲学史》与《中国哲学发展史》、冯契的《中国古代哲学的逻辑发展》、冯友兰的七卷本《中国哲学史新编》，以及萧萐父、李锦全主编的《中国哲学史》（两卷本）等等，无一例外均是通过给"中国哲学"或"中国哲学史"下定义的方式寻求解决的。本书中编所讨论的中国哲学史研究的"对象问题""逻辑体系问题""党性原则问题""逻辑范畴研究问题"等，亦为此而发。

然而，面对新世纪全球化和文化多元主义的发展，中国哲学研究在世界范围内的新变化，今天重新检视这些"定义"，无论是胡适"依着年代的先后和学派的系统，一一记叙下来"的可谓"记叙式"哲学史定义①，冯友兰所谓"中国哲学者，即中国之某种学问或某种学问之某部分可以西洋所谓哲学（笔者按：即以宇宙论、人生论、知识论为其内容者）名之者也"②，"'中国哲学史'讲的是'中国'的哲学的历史，或'中国的'哲学的历史，不是'哲学在中国'"③，还是60年代至今，更多的所谓"哲学史是唯物主义和唯心主义、辩证法和形而上学斗争的历史，是整个人类的认识发展史"这样"对子结构式"的哲学史定义④，其实都是立足于"西方哲学"和"马克思主义哲学"，以此为参照系来规定"中国哲学"或"中国哲学史"所应研究的对象和范围（或问题和内容）的。固然，这是因为"中国古代学术从没有编成系统的记载。《庄子》的《天下篇》，《汉书艺文志》的《六艺略》、《诸子略》，均是平行的记述。我们要编成系统，古人的著作没有可依傍的，不能不依傍西洋人的哲学史"⑤，但如何把"中国哲学"同"西方哲学"一样置于世界哲学的

① 胡适：《中国哲学史大纲》卷上，东方出版社，1996年，第2页。
② 冯友兰：《中国哲学史》上册，中华书局，1961年，第8页。
③ 冯友兰：《中国哲学史新编》第一册全书绪论，人民出版社，1982年，第39页。
④ 参看本书中编《论中国哲学史的逻辑体系问题》。
⑤ 蔡元培：《中国哲学史大纲序》，见胡适：《中国哲学史大纲》卷上，东方出版社，1996年，序第1页。

总体中，如何依仿西方哲学的理论架构来处理中国哲学史料，如何采用西方近代逻辑学成就和逻辑分析的方法，运用现代汉语对中国传统哲学概念进行准确明晰的现代诠释，才是真正解决这一问题的症结所在。

平心而论，胡适给"中国哲学史"下的定义，显然未经深思熟虑。他没有把中国哲学的"历史"看作中华民族哲学思维自身发展的历史，或人"写的中国哲学史"，而是按照中国社会发展的自然历史时期来划分中国哲学发展的历史，称先秦时期为"古代哲学"，汉唐时期为"中世哲学"，宋元明清时期为"近世哲学"，①混淆了哲学史和社会史、哲学研究和史学研究的界限。可是，发人深省的却是，只有胡适较早地从"三教融合"与"中西会通"的思路，谈到了中国哲学融入世界哲学的发展前景。他认为：

> 世界上的哲学大概可分为东西两支。东支又分印度、中国两系。西支也分希腊、犹太两系。初起的时候，这四系都可算作独立发生的。到了汉以后，犹太系加入希腊系，成了欧洲中古的哲学。印度系加入中国系，成了中国中古的哲学。到了近代印度系的势力渐衰，儒家复起，遂产生了中国近世的哲学，历宋元明清直到于今。欧洲的思想，渐渐脱离了犹太系的势力，遂产生欧洲的近世哲学。到了今日，这两大支的哲学互相接触，互相影响。五十年后，一百年后，或竟能发生一种世界的哲学，也未可知。②

胡适的中西两支、两系"加入"说，亦可说同他下"定义"一样，未经深思熟虑，难以成立；但他在新文化运动正处高潮之时，在中西文化、"新旧思想之大激战"中③，竟能看到"五四"百年之后中国哲学面向世界、融合为"世界哲学"之大趋势。这种哲人的睿智和史家的锐敏，至今仍值得人们深思。

---

① 胡适：《中国哲学史大纲》卷上，东方出版社，1996年，第4—5页。
② 胡适：《中国哲学史大纲》卷上，东方出版社，1996年，第4页。
③ 陈独秀：《吾人最后之觉悟》，见《独秀文存》，安徽人民出版社，1987年，第39页。

四

继胡适之后，在中国学术界能"以科学方法整理国故"，把西方哲学方法论正确应用于中国传统思想文化的研究，真正能从中、西、印三方面哲学史细细检查中，融三教、会中西、合新旧各种学问而统论之者，无疑必推冯友兰、汤用彤、陈寅恪三位世称"最博学之人"了。三人中真能对中国传统哲学熟读深思，心知其意，从整体上进行理论重构，使其形态由传统转向现代，并以大、小《中国哲学史》及《中国哲学史新编》等力作巨著为中国哲学研究树立了"典范"之人，那无疑要推冯友兰先生了。

张岱年晚岁多次称赞冯友兰：30年代发表的《中国哲学史》上下卷，"成为第一部完整的中国哲学通史著作"，"经过五十年代到八十年代的不断钻研"，终于写出了"具有新的特色"、确实"经过深思的力作"《中国哲学史新编》七卷，体现了20世纪中国学术"融合中西"的特点。①他还非常生动地告诉后学：

> "西学东渐"以来，中西哲学的结合是必然的趋势。当代中国哲学界最有名望的思想家是熊十力先生、金岳霖先生和冯友兰先生，三家学说都表现了中西哲学的融合。熊先生的哲学是由佛学转向儒学的，也受到柏格森生命哲学的影响，在熊氏哲学体系中，"中"层十分之九，"西"层十分之一。金先生惯于用英语思考问题，然后用中文写出来，对于中国古代哲学的精义也有较深的体会和感情，金先生的体系可以说是"西"层十分之九，"中"层十分之一。唯有冯友兰先生的哲学体系可以说是"中"、"西"各半，是比较完整意义上的中西结合。
>
> 从其内容来说，冯先生的中西结合主要是中国的正统派哲学与西

---

① 张岱年：《晚思集》，新世界出版社，2002年，第132、133页。

方的正统派哲学的结合，亦即中国的古典理性哲学与西方的古典理性主义的结合，亦即中国的程朱理学与西方柏拉图主义的结合。[①]

融合三教、会通中西已成为20世纪熊、金、冯、陈、汤等一大批中国哲学家、史学家、佛学家相互认同的学术思路及其特征，这是不争的事实。本书下编从《论全真道的思想源流》，到一论、再论"中国近世'三教融合'与'中西会通'"和《道学与宋学、新儒学、新理学通论》诸篇，即对此从不同侧面所做的论证，这里不再述说。

现在的问题是，不管说"由继承传统转向融合中西"是20世纪中国学术之"新风"和"特点"[②]，还是说融合三教、会通中西是20世纪中国哲学家、史学家共同的学术思路和研究面向，究竟这一思路和新风对中国哲学重构有何意义，对时下关于"中国哲学的创造性转化"的热门哲学话题有何借鉴，对未来中国哲学研究的"现代化"与"世界化"追求有无价值，都是进入新世纪不能不深入思考的哲学课题。本书诸篇对此虽无确定答案，但略知其中甘苦与困难，仅仅只求为同道提供积极的思考和探索的角度而已。特别针对世纪末中国哲学研究在世界范围内受到的冲击[③]，中国史学界发出要纠正中国哲学研究"把理学代替宋学"的偏向，中国哲学史研究工作者面临所谓"同行迷失"的困境。我觉得，如果说本书还有一得之见的话，那就是我在《道学与宋学、新儒学、新理学通论》结语所说的：

---

① 王中江、高秀昌编：《冯友兰学记》，生活·读书·新知三联书店，1995年，第93页。

② 张岱年：《晚思集》，新世界出版社，2002年，第131页。

③长期以来，在"西方文化中心论"的主导下，西方学界不承认"中国哲学"是哲学。特别在中文世界，中国哲学史研究和中国思想史研究混而不清，自20世纪80年代以来，受社会史、文化史研究发展的影响，中国哲学史的范围越来越趋向模糊，以至被"汉学""中国学"代替。90年代以来，欧洲的"汉学"和美国的"中国研究"、日本"东京学派"和"京都学派"逐渐合流，形成了一个有关中国思想研究的社会历史化、文化化的非哲学化的潮流。这种世界范围内的研究变化，势必影响对中国思想的哲学性研究，以致近年中国哲学史研究大有被中国思想史研究笼罩的倾向，"中国哲学"的学科独立性又一次受到挑战。参考陈来、方旭东：《好学深思　心知其意——陈来教授访谈》，载《学术月刊》2002年第1期。

看来，宋学研究正在兴起。这对道学（理学）研究的深化无疑具有积极的促进作用。但道学即哲学，宋学乃学术，各有不同的定位，各有不同的研究理路。盖学问之道，各崇所见，本可同兴无碍。何况道学作为"一大事因缘"出现于宋代，其包罗至广，演变至繁，传衍至久，历史罕有，而今对它进行多角度、多方面的多元研究，亦当是当代中国学术发展的应有之义。然而，我以为，它作为哲学，最好还是放在中国哲学史中深入研究，亦即沿着冯友兰"接着讲"的路向，继续进行哲学重构。

我之所以提出要"沿着冯友兰'接着讲'的路向，继续进行哲学重构"，是因为，我认为，冯友兰30年代在他创作的《新理学》绪论中所提出的"接着讲"而不是"照着讲"，不单是对他的"新理学"和宋明理学的接续关系而言，其旨趣主要在于他最早自觉地提出了利用西方"近代逻辑学的成就"和英美分析哲学的逻辑分析方法，对中国传统哲学进行新的理论重构，亦即"融合中西"，使其发生"现代性"转化。这不正是我们今天所面对的课题吗？

冯友兰除喜欢用"接着讲"而非"照着讲"的说法之外，三四十年代还使用"中国底哲学"而非"中国的哲学"来讨论中国哲学的"民族性"和现代化问题。[①]但他晚年，讲得最多且被学界接受了的说法还是："中国哲学"（或"中国的哲学"）而非"哲学在中国"。将这些说法归结起来看，那无非为了重构一个属性既是"中国的"，而形态又是"近代化"的（即现代的）"中国哲学"。这是冯友兰一生全部哲学活动所追求的最终目标，也是他重构中国传统哲学的宗旨。

1987年春，我在香港中文大学新亚书院做"明裕学人"讲学期间，曾在友人刘述先、冯耀明教授的陪同下，有幸到牟宗三先生家里做客问学。在多半天的长谈中，我发现牟作为比冯晚一代的哲学家，在当时内地"开放"初期，虽只字不提冯友兰，但他雄心勃勃地翻译康德的"批判"哲学，表示要建构一

---

① 冯友兰：《论民族哲学》，见《三松堂全集》第五卷，河南人民出版社，1986年，第305—306页。

个"现代的、中国底哲学"，其实同冯友兰的目标和宗旨乃是一脉相承的。不同的只是，冯先生利用的是"近代逻辑学的成就和分析方法"说明传统概念①，接着传统讲，而牟先生引进的主要是"康德的经验的实在论与超越的观念论所开的两界"说②，接着传统哲学讲。

那么，在全球化的潮流势不可当，文化多元主义广为流行，世界研究"中国哲学史"与"中国思想史"的从业者大都遇到了"同行迷失"之困惑的当今时代，冯友兰、牟宗三等前贤所重构的"近代化"或"现代化"的中国哲学究竟有何新的诉求？

我觉得，沿着冯友兰的思路可进一步思考的问题很多，试举"接着讲"来说。如果说"接着讲"强调的是，20世纪重构的"中国哲学"必须首先同中国传统哲学的观念和形式保持有机的接续继承关系，才能守住中华民族优秀文化传统的本位，也才能保持"中国的"哲学特质。熊十力的《新唯识论》是接着旧唯识论讲的、金岳霖的《论道》是接着老庄以来的道论讲的、冯友兰的《新理学》是接着宋明理学讲的，他们利用的西方新方法虽不同，却都保持了"中国的"属性。由此可知，要保住"中国的"哲学特质，就必须"接着"中国传统哲学讲，而绝不能"接着"西方哲学传统讲。"传统"总是就文化意义而言的，中国思想文化可以儒、佛、道三教代表之，这已是陈寅恪所说的"不易之论"，"接着"中国传统讲，无疑要"接着"儒、佛、道三教融合的中国传统哲学的整体讲，否则，就可能流于单一的"儒学史"或"佛学史"或"道教史"。但是，儒、道二学是中国本土固有的，而佛学是从印度外来的，历经千年与儒、道的冲突与融合，已成为"中国化"的新禅学。冯友兰认为宋明理学是新禅学的逻辑结果，因此，他所"接着"宋明理学讲的，无疑也是"接着"包括"中国化"的新禅学传统讲的。他的《中国哲学史新编》第七卷是《中国现代哲学史》，包括对毛泽东哲学的研究，这里是否可以说，经过近百年"中国化"的马克思主义，也是他晚年"接着讲"的内容。由此可以推知，"接着讲"的"中国化"的外来思想文化因素的增加，必然会促进中国哲学面向"现

---

① 冯友兰：《中国现代哲学史》，香港中华书局，1992年，第219页。
② 牟宗三：《中西哲学之会通十四讲》，上海古籍出版社，1997年，第101页。

代化"，有利于同"世界哲学"接轨，但这势必会造成"中国的"哲学特质的异化。如此发展，也许将来有一天，"哲学在中国"就可能成为现实，而牟宗三所说的"只有一个佛教，并不能说另有一个中国的佛教"①，就可能有其合理的一面。

总之，未来的"中国哲学"要实现创造性的转化，必须沿着20世纪中国哲学家的思路前进。要保持"中国的"哲学特质不易，要进一步"现代化"亦举步维艰。如何树立新的哲学观，引进新的问题意识，采用新的适合"接着讲"的理论架构、分析方法及逻辑的叙述形式等等，都是迫切需要深入思考、不断探索的方法论问题。提出问题，思考问题，这正是本书以"三教融合与中西会通"为正题，以"中国哲学及其方法论探微"为副题，并不止一次地发愿要"推进中国哲学史研究走向科学化""建立科学的中国哲学史体系""建立中国哲学史学"之用心所在。虽不能至，心向往之，愿再学习焉。

本书各篇论文曾分别在国内外多种书刊中发表，前前后后，二十五载，提法欠当，错误难免。在此谨向有关学术书刊致谢，尤其感谢母校陕西师范大学及陕西师范大学出版社对本书出版的大力帮助和辛勤劳作，武汉大学萧萐父教授兄为本书不吝题名增色。特识于此，永记情谊。是为序。

2002年秋稿于陕西师大工作室

---

① 牟宗三：《中西哲学之会通十四讲》，上海古籍出版社，1997年，第16页。

目　　录

上　辨学篇

中 接引篇

下 融通篇

附录

上

辨学篇

孔子儒家考辨*

——关于孔子儒家之儒的形成及其历史地位

　　儒，的确是我们中国特产的"名物"。孔子及儒家、儒学，历来是中国文化史和思想史、哲学史研究中的一个重要课题。它是与中国专政体制同生死、共始终的，弄清了它，真可懂得中国之大半。历代思想家、经学家有关"儒教""论儒""说儒"的著作，真是汗牛充栋，难以胜举。自1949年以来，史学界、哲学界的学者对孔子和儒家思想开展了各种学术讨论和研究活动，而且取得了显著成果。这是无法抹掉的历史事实。可是，孔子儒家的本来面目究竟如何，孔子儒家之儒到底怎样形成，还不完全清楚。尤其是当学术思想界经历了"四人帮"发动的"批儒"运动那样急风暴雨般的洗劫之后，儒家几乎变成了历史的罪恶、学术研究的禁地。它在历史上的本相、地位和作用，更令人无从认识。本篇是想比较详细地考察一下儒的产生，探寻儒家的源头及其身份认证，肯定孔子儒家之儒的形成是中国社会的一大进步。

一、儒不是西周时期中国特产的"名物"

　　对"儒"这一"名物"，做一点正本溯源的工作，乃是正确评价孔子儒家

---

　　* 本篇是笔者1978年秋季为出席在济南召开的"全国哲学社会科学规划会议"提交的论文修正稿。

的历史地位及作用的前提。

至今不少论者认为：儒家之儒来源于周代"有六艺以教民者"的"儒"，它"早已存在，不自孔丘始"。①我以为这是值得商榷的。奴隶制的鼎盛时期，中国不可能产生"儒"。

（一）周代始有儒的说法从何而来

孔子以前无儒名。"儒"字在孔子以前的文献里竟一无所见，被公认为创立儒家学派的孔子，除了告诫子夏时说过"女为君子儒，毋为小人儒"（《论语·雍也篇》）外，从来也没有承认自己是个"儒"。就是他的再传、三传弟子子思、孟轲，也只伸张师道，发挥其微言大义，很少言"儒"。墨子算是最早给孔子及其门徒冠上儒名的人，但他只是批评了儒者"亲亲有术，尊贤有等""繁饰礼乐""循而不作"等等不合时宜的思想和主张（《墨子·非儒下》），并没有透露儒出于周代的消息。只有战国末年的荀子，才始以儒自诩，他的书中"大儒""雅儒""俗儒""贱儒""偷儒"等名字俯拾皆是（《荀子》中《儒效篇》《非十二子篇》《修身篇》等）。但他专论了"礼起于何也"的问题（《荀子·礼论篇》），却没有追溯儒的渊源。他的学生韩非，是先秦法家的有名人物，专与儒者作对，承认孔子儒家之儒是"世之显学"，指斥儒"以文乱法"，"称先王之道"，"不审官法之事，不察奸邪之情"，是"乱国之俗"（《韩非子》），但也没有追查出儒的祖宗是"周公"。被称为孔子老师的老子以及道家庄子，除讲过几句"绝仁弃义""礼者，忠义之薄"（《老子》十九章、三十八章）之类对儒不大恭敬的话语，同儒者开过一点像"儒以诗礼发冢"（《庄子·外物篇》）那样的玩笑之外，他们对儒还是比较尊重的，称它为"以仁为恩，以义为理，以礼为行，以乐为和，薰然慈仁"的"君子"（《庄子·天下篇》），但也同样没有给这一"君子"撰写出从何而来的历史。

总而言之，孔子以前无儒名。孔子死后，百家争鸣，墨道名法各派人物对

---

① 金景芳：《论儒法》，载《历史研究》1977年第5期。

孔子尽管有时以儒相称，或讥或誉，但学风纯朴，常常是直呼其名，举出人物来做论说对象，从来没有将孔门子弟隐括为"儒家"，更无人认真探究孔子儒家之儒出于何时，源于何处。

过去论者们认为，儒家之儒来源于周代"有六艺以教民者"之"儒"。这一说法最早出自汉代，是汉儒经师们有意伪造而混入史籍的。有趣的是做这一窜乱工作的，开始并不是对孔夫子多么尊重的儒门子弟，而是身居朝廷"掌天官，不治民"（《史记·太史公自序》），"论大道则先黄老而后六经"（《史记集解序》），很有一些黄老气味的汉代史学家。这不是从汉代儒家经学之内，而是从它之外那被誉为"（序事）不激诡，不抑抗，赡而不秽，详而有体"的"良史"们那里产生的。这一说法，便自然成了铁案难移的信史，向来使读者"亹亹而不厌，信哉其能成名也"。（《后汉书·班彪班固列传论》）

"青青陵麦蔽荒村，溺尽儒冠问叔孙。"（章太炎《儒冠》）汉初，儒者受了点委屈，刘邦动不动就要往儒者帽子里撒尿。"文景之治"期间，黄老学说又风靡一时，儒者很不走运，上书言治，曾几次遭遇丢官杀头的危险。[①]可是武帝即位后，竟出现了"罢黜百家，独尊儒术"的新时期。司马迁真实地记录了这一关系以后几千年儒者命运巨大转机的盛况：

> 及今上（武帝）即位，赵绾、王臧之属明儒学，而上亦乡之，于是招方正贤良文学之士。自是之后，言《诗》于鲁则申培公，于齐则辕固生，于燕则韩太傅。言《尚书》自济南伏生。言《礼》自鲁高堂生。言《易》自菑川田生。言《春秋》于齐鲁自胡毋生，于赵自董仲舒。及窦太后崩，武安侯田蚡为丞相，绌黄老、刑名百家之言，延文学儒者数百人，而公孙弘以《春秋》白衣为天子三公，封以平津侯。天下之学士靡然乡风矣。[②]

---

① 《史记》的《孝文本纪》《儒林列传》《晁错列传》等，都载有汉初崇黄老而排儒的几个大事件。

② 司马迁：《史记》卷一二一《儒林列传序》，中华书局，1959年，第3118页。

特别是公孙弘为"学官"以后，武帝批准了他提出的建立官学、广置博士，"劝学修礼""以广贤材"的建议。自此，从朝廷到郡县乡里，政府各级官吏都以儒者为"备员"，"公卿大夫士吏斌斌多文学之士矣"。（《史记·儒林列传序》）

就是在这种儒者从社会下层走向朝廷做官，红运亨通的背景下，周代始有儒的说法应运而生，而且被历代学者愈演愈真，简直成了无可非议的历史定论。

请看此论的演绎过程：

在汉武帝建元至元封（前140—前110）年间，任太史令的司马谈，首开为先秦诸子建立家派的先例。他专著《论六家要旨》一文，把先秦诸子百家归纳为阴阳、儒、墨、名、法、道德六家，第一次提出了"儒家"的概念。尽管他曾"习道论于黄子"①，对儒者并不大喜欢，但他仍然比较客观地指出了儒家之得失。他说："儒者以《六艺》为法。《六艺》经传以千万数，累世不能通其学，当年不能究其礼，故曰'博而寡要，劳而少功'。若夫列君臣父子之礼，序夫妇长幼之别，虽百家弗能易也。"（《史记·太史公自序》）表面看起来，司马谈在这里只是评判了儒家的特点及其对当世社会的作用，并没有钩稽出它的先祖。但是，他给儒者所下的这个"以《六艺》为法"的定义，事实上成了西汉末刘向父子，特别是东汉的史官班固，推演出周代始有儒这一说法的"桥梁"。

在此，值得一提的是司马迁，他确实是个比较忠实于史实的伟大史学家。他继承了父亲未竟之志，给孔子写了"世家"，为"仲尼弟子"以及秦汉之际的儒者都立了"列传"。他虽然叙述了孔子死后儒家的变迁史，也说过"中国言《六艺》者折中于夫子"（《史记·孔子世家》），但并没有沿着父亲下的定义，把儒家的历史通向周代。

班固则不同。他著《汉书》承袭了《史记》，《汉书·儒林传序》基本上就是对《史记·儒林列传序》的重复，"而稍加增窜"。有趣的是，他在"用史迁之旧（序）"时，竟在前边增窜了如下一大段文字：

---

① 《史记》徐广集解云：黄子即"好黄老之术"的黄生。

古之儒者，博学乎《六艺》之文。《六艺》者，王教之典籍，先圣所以明天道，正人伦，致至治之成法也。周道既衰，坏于幽厉，礼乐征伐自诸侯出，陵夷二百余年而孔子兴，以圣德遭季世，知言之不用而道不行，乃叹曰：……"文王既没，文不在兹乎？"于是应聘诸侯，以答礼行谊。西入周，……究观古今之篇籍，……于是叙《书》则断《尧典》，称乐则法《韶舞》，论《诗》则首《周南》。缀周之礼，因鲁《春秋》，举十二公行事，绳之以文武之道，成一王法，至获麟而止。盖晚而好《易》，读之韦编三绝，而为之传。皆因近圣之事，以立先王之教，故曰："述而不作，信而好古"；"下学而上达，知我者其天乎！"①（以下基本照抄《史记》本传序文）

这就是说，孔子出世之前，在"先圣"文武周公时期，就有"古之儒者"，其职责是用《六艺》辅佐周天子"明天道，正人伦"，统治天下。而到了"礼乐征伐自诸侯出"的春秋时期，礼崩乐坏，于是便产生了"应聘诸侯，以答礼行谊"的孔子这样的儒家之儒，它的任务同"古之儒者"一样，是整理《六艺》，"以立先王之教"。班固的意思十分清楚，无非认为孔子儒家之儒，盖源于周代"古之儒者"。因为他们在博学《六艺》这一点上是相通的，其职业和责任也是相同的。不过，在此班固还没有明确得出这一结论，但他正是通过司马谈搭的"桥梁"越来越接近这个结论的。

在《汉志》的《诸子略》中，班固便把司马谈的诸子"六家"之论扩充为"九流""十家"。而且溯十家之源，皆是古代"六艺"之支流余裔，其初皆为周代的王官。"儒家者流，盖出于司徒之官，助人君顺阴阳明教化者也"。周代始有儒的说法，便被推演出来而载入后世史册了。这就是有名的儒产于周代的"王官"论。

此论一出，确实是"自古通儒皆宗之"（夏曾佑《中国古代史》），解释者绵绵不绝。其中对史学研究影响最大的代表人物，要数章太炎和梁启超。梁

---

① 班固：《汉书》卷八八《儒林传》，颜师古注，中华书局，1962年，第3589页。

在近代中国研究思想史的学者里，思想最活跃，是不严守今古文经家法的人，而其倾向无疑是崇尚今文经而反对古文经。在《论中国学术思想变迁之大势》和《儒家哲学》里，梁启超一反常论，不用"六家"或"十家"之论，而把先秦诸子列表分为北派与南派，按所属地域，又分成邹鲁派、齐派、秦晋派、宋郑派等等，非常新颖。但因为"此说求之古书绝无可证"（夏曾佑《中国古代史》），没有史册根据，所以，除了鲁迅先生编著《汉文学史纲要》时采用过①之外，至今很少有人从之。

章太炎却不是这样。他严守清儒古文经的家法，在《原儒》和《诸子学略说》里，虽则批评了汉儒"专重经术"，把"以致用为功"的孔子儒家，同"以求是为职"的汉代经师"淆乱"的错误，并运用"达名""类名""私名"的逻辑方法，重订"儒名"，想给"儒"的定义求得新的诠释，但他仍然推演班固周代始有儒的"王官"论，而且愈推愈远。他说："太古始有儒，儒之名盖出于需。需者，云上于天，而儒亦知天文，识旱潦。"他将《易经》中需卦的卦爻辞，也当作儒名的根据了。

难怪20世纪30年代，胡适就以此为据，撰写了《说儒》，竟说：儒本殷民族柔弱性的宗教。"《周易》里《谦》、《损》、《坎》、《巽》等等教人柔逊的卦爻词"，就是"古来的正宗儒行。孔子早年也从这个正宗儒学里淘炼出来"，后来"渐渐超过了这个正统遗风，建立了那刚毅弘大的新儒行，就自成一种新气象"。②儒的起源，一下又被推前到了特具"正统遗风"的殷代。孔子在这"遗风"的"淘炼"下，比基督耶稣大概还要神奇百倍，真不亏当年"身衣学术的华衮"的章太炎先生，"粹然成为儒宗"，在教育改进社年会的讲坛上，慨乎言之，"劝治史学"，以"保存国性"。胡适更力倡"保存国粹"，"整理国故"，来维护本民族文化传统。

---

① 鲁迅在《汉文学史纲要》第三篇《老庄》中云："察周季之思潮，略有四派。一邹鲁派，皆诵法先王，标榜仁义，以备世之急，儒有孔孟，墨有墨翟。二陈宋派，老子生于苦县，本陈地也，言清净之治，迨庄周生于宋，则且以'天下为沉浊不可与庄语'，自无为而入于虚无。三曰郑卫派，郑有邓析申不害，卫有公孙鞅，赵有慎到公孙龙，韩有韩非，皆言名法。四曰燕齐派，则多作空疏迂怪之谈，齐之驺衍、驺奭、田骈、接子等，皆其卓者，亦秦汉方士所从出也。"

② 胡适：《胡适论学近著》第一集卷一《说儒》，商务印书馆，1937年，第68页。

总之，从班固把周代始有儒的说法载入史籍，到梁启超想树立"新说"而不为人从，从章太炎用《周易》进一步求证出"太古始有儒"，到胡适对孔子儒者妙语横生的"大胆假设，小心求证"，全然表明这一"王官"论被汉代史学家窜入史册之后，不仅成了古今论者的张本，而且对权势者恣意抬高孔夫子，巩固其统治地位，起着何等重大的作用。权势者把孔子捧得越高，儒的祖先就离现实世界越远，孔子儒家的真相就愈不真实。这是孔子儒家思想研究中，应当十分注意的现象。

（二）"王官"论的根据是心造虚拟的

那么，周代始有儒的"王官"论，难道没有任何史料根据吗？不，班固是言之有据的。只是他依据的史料，大概是汉儒经师们伪造的，主要就是古文经学家刘歆所为。

为了进一步探求"王官"论的根据及其真伪，现在我们不妨借助人类理论思维的形式逻辑，采用中国"辨学三物"的论式（并对照希腊逻辑的三段论式），将汉代学者的前述说法，撮要表示如下：

> （故）"（孔子）儒者以《六艺》为法"。（小前提）
>
> （理）"（周代）博学乎《六艺》之文"的"古之儒者"是掌邦教的"司徒之官"。（大前提）
>
> （类）"（孔子）儒家者流，盖出于（周代）司徒之官（即古之儒者）"。（结论）

上图所示，足见司马谈"以《六艺》为法"的定义，是这一论式中的"故"（或叫"中词"）。它是孔子儒家之儒同"古之儒者"之间相互关联的媒介，所以我把它比作"理"（或叫"大前提"）通向"类"（即"结论"）的一架"桥梁"。这里的症结不在制作"桥梁"者的责任，而在于"理"的作用。因为，司马谈的"定义"里毕竟还是概括了先秦至汉初儒家"以《六艺》为法"的史实。而问题是：把孔子儒家之儒形成以后表现出的这一特点，当作推演儒家之儒从何产生的主要根据，从而为古今论者树立了一个"以六艺释儒"（刘师培《周礼古注集疏》卷一五）的张本，这显然不是司马谈。因此，我们就要进一步追查"理"的根据及其真伪，弄清两个问题：

一是周代是否存在"古之儒者"？

二是所谓周代"有六艺以教民者"的"六艺"，同儒家之儒"以《六艺》为法"的"六艺"，二者是不是同一内涵、同一个东西？

现在就让我们一步一步地来回答这两个问题。

前边我已提及"王官"论一出，思想界便出现了一个有趣的现象：研究思想史的学者中，严守古文经家法的人，如章太炎，将这一说法奉为金科玉律，为之推波助澜；而相信今文经的人，如康有为、梁启超，对此论虽未专做考辨，但对提出这一说法的班固持全盘否定态度，甚至认为《汉书》就是刘歆所作。这一历史现象表明，今古文家都是"党同门，妒道真"，各持门户之见，孔子儒家早已失去真貌。今文经家全盘否定班固固然失当，但班固同司马迁相比，确实没有多少创新，他立论的根据基本是创立古文经的刘歆提供的。

康有为认为，班固的《汉志》，就是刘歆《七略》原文（《新学伪经考·汉书艺文志辨伪》上）。此乃"人皆知之"，连班固本人也承认他是"删其要，以备篇籍"（《汉志·诸子略》）。所以，班固的"结论"实际上就是刘歆《七略》中的结论，这大概是毫无疑义的，我们可以不论。然而，刘歆的"结论"从何而来，其根据又是什么？

他的唯一论据，就是《周礼》。《周礼》在《天官》和《地官》中，有两条非常明白地记载着"儒"。

其一，《天官冢宰·太宰》"以九两系邦国之民"条下云：

> 三曰师，以贤得民。四曰儒，以道得民。

其二，《地官司徒·大司徒》"以本俗六安万民"条下云：

> 四曰联师儒。

这里，"师""儒""师儒"的真实含义，虽则历代注家甚众，今日我们仍难明了。被后来的经学家指责"遍注群经"而"混糅今古文家法"的郑玄作注云：

> 师，诸侯师氏，有德行以教民者。儒，诸侯保氏，有六艺以教民者。师儒，乡里教以道艺者。

唐代的贾公彦进而作疏解释说：

> "三曰师，以贤得民"者，谓诸侯已下，立教学之官为师氏，以有三德三行，使学子归之，故云"以贤得民"。民则学子是也。
> "四曰儒，以道得民"者，诸侯师氏之下，又置一保氏之官，不与天子保氏同名，故号曰"儒"。掌养国子以道德，故云"以道得民"。民亦谓学子也。

这里所谓的"师氏""保氏""儒""师儒"，大概就是古今论者称道的"古之儒者"。他们均是周代教养天子、诸侯以至乡里贵族子弟的各级"教官"。既是政府官吏，又是贵族子弟受教育的"师"，只是级别不同，才有上列不同的名号。他们不仅以自己高尚的"德行"①进行身教，同时还要以"六艺"和"六仪"（《地官司徒·保氏》）进行言教。可见，金景芳先生把师、儒分开比喻为今天学校里"教政治的老师是师，教业务的老师是儒"②是不符合《周礼》原意的。刘歆、班固立论的全部根据源于《周礼》，这是肯定无疑的。因为除了《周礼》，汉以前先秦的一切典籍里，都没有同汉代学者那一说法几乎完全一样的记载。

---

① 《周礼·地官司徒·大司徒》"以乡三物教万民而宾兴之"条云："一曰六德：知、仁、圣、义、忠、和。二曰六行：孝、友、睦、姻、任、恤。三曰六艺：礼、乐、射、御、书、数。"这里的"六德""六行"总称"德行"，"六艺"总称为"道艺"。
② 金景芳：《论儒法》，载《历史研究》1977年第5期。

然而，谁都知道，《周礼》根本不是周公所作，西汉儒术独尊以前，谁也没有见过这部经典。虽然不能说它完全是伪书，毕竟是出自古文经家刘歆之手。《汉志》明确记载着：

> 《周官经》六篇。王莽时刘歆置博士。

师古作注曰：

> 即今之《周官礼》也，亡其《冬官》，以《考工记》充之。

在《周礼注疏》里，贾公彦以前后两《汉书》中的《儒林传》和《马融传》为据，专门论述了《周礼》的"废兴"史，指明《周礼》肯定有刘歆的增窜。此书刚问世，今古文家就展开了激烈争论。起初，只有刘歆"独识"此书，而"众儒并排，以为非是"；接着，林孝存以为"末世渎乱不验之书"，并"作《十论》、《七难》以排弃之"；何休骂为"六国阴谋之书"。中经宋代，时兴了一阵，朱熹信以为真，称为"盛水不漏，非周公不能作"。而到了清代，康有为来了个全面否定，专著《新学伪经考》，认为"歆之伪学，此书为首"。最后，经过近代学者的仔细研讨，思想界逐渐取得一致认识，都肯定该书是经过了刘歆的增窜。①

我们不拘泥于今古文经学的家法，既对古文经家不怀偏见，也对今文经家不全然信从，我们尊重的是历史真实。对《周礼》这部书，我完全赞同郭沫若、钱穆等史学前辈的态度，不像今文经家轻率地抹杀它的史料价值，承认它记载着一些有用的材料，在其他文献的参照下，可以征引来说明问题，对我们今天认识西周的社会制度有一定帮助。但必须看到，它到底不是西周实录，它成书最早不超过战国，很可能是汉儒经师们编纂的，它反映了汉儒古文经家的

---

① 钱穆1929年著《刘向歆父子年谱》，为刘向、歆父子辩诬，举出"二十有八端"，批评《新学伪经考》之说"皆虚"。参看钱穆：《两汉经学今古文平议》，商务印书馆，2001年，第1—179页。

思想意识。我认为周代始有儒的说法，就是其中一例。

第一，周代官制简单，不可能有像"师氏""保氏""儒""师儒"那样烦琐细致的官学建制。常被学者引证的《礼记》一书，在《曲礼》下篇，有一个古代官制表，其中云：

> 天子建天官，先六大，曰大宰、大宗、大史、大祝、大士、大卜，典司六典。
>
> 天子之五官，曰司徒、司马、司空、司士、司寇，典司五众。

这个古代官制，郭沫若等史学家都公认是可信的。可是，"天官"里有史、卜等掌管文化教育"典司六典"的官吏，却没有什么"师"和"儒"；"典司五众"的"五官"中有教民的"司徒"，也没有什么"师儒"（参看《国语·周语》上）。我们参照现存周代金文中的有关记载（参看郭沫若《两周金文辞大系图录考释》），再依孔子以前无儒名的史实，旁及清代学者关于孔子儒家之儒出现以后才有《周礼》中所列的"道与艺合，兼备师儒"的考证，可以确证：《周礼》中的"儒"和"师儒"这样的"教官"，是刘歆伪作的；周代所谓"教官"，可能只有称为"师"或"师氏""保氏"一类人物，而没有什么"古之儒者"。"古之儒者"大概只是汉儒经师对周代掌管文化教育的史官的统称而已。

第二，"师"或"师氏""保氏"这类人物，同"史巫"那种最上级的"天官"一样，并不同于后来的孔子儒家之儒那样专门从事文化教育，即使是搞一点"教民"活动，其教养内容虽也叫作"六艺"，但与孔子儒家之儒"以《六艺》为法"的"六艺"，有根本的不同。我们就拿《周礼》中有关"师氏"或"保氏"的记载来说吧。

《地官司徒·师氏》云：

> 师氏，掌以媺（美）诏王。以三德教国子。……居虎门（路寝门）之左，司王朝，掌国中失之事，以教国子弟。凡国之贵游子弟学

焉。凡祭祀、宾客、会同、丧纪、军旅，王举则从。听治亦如之。使其属帅四夷之隶，各以其兵服守王之门外，且跸。朝在野外，则守内列（厉）。

又，《地官司徒·保氏》云：

> 保氏，掌谏王恶。而养国子以道。乃教之六艺：一曰五礼，二曰六乐，三曰五射，四曰五驭，五曰六书，六曰九数。乃教之六仪：一曰祭祀之容，二曰宾客之容，三曰朝廷之容，四曰丧纪之容，五曰军旅之容，六曰车马之容。

这里所讲的"保氏""养国子以道"的"道"，显然指的是礼、乐、射、御、书、数等"六艺"，而祭、宾、朝、丧、军、车等"六仪"，亦属于礼的范围，是礼中的仪式。"道"即"六艺"，总称"道艺"。这个记载，可能是符合孔子以前周代官学的教育内容的。因为当时设立的"六艺"，乃贵族子弟进身做官的必修科目。习礼乐可以为相，习射御可以为将，习书数可以为宰，这就可获得俸禄。孔子说"三年学，不至于谷，不易得"，"学也，禄在其中矣"，就隐括了这个事实。

这里所说的"师氏"，也显然不是什么"有六艺以教民"的专职教师，而是居守宫门，警卫国王，随同参与"六仪"活动，权位十分显赫的高级军官。他们的主要职守是参加国家军政大事，而不是专门从事文化教育。即便是教养"国子"，其教育内容和手段，也不同于后来的孔子儒家之儒，主要是"六艺"中的射、御等军事训练课程，而不是礼、乐等"德行"修养科目。《尚书》中的《牧誓》《顾命》和西周金文里的《毛公鼎》《令鼎》等有关的可靠记录，就是明证。

然而，依前所述，无论是汉代史学家司马谈所说的儒家之儒"以《六艺》为法"的定义，还是古文经学家刘歆、班固说的"古之儒者，博学乎《六艺》之文"，儒家"游文于六经之中"，其《六艺》明明指的是"王教之典籍"，即《诗》《书》《礼》《乐》《易》《春秋》之"六经"。而据《论语》可知，"六经"是孔子删定的，孔子以前未有经名。况且周代的礼、乐、射、御、书、数之"六艺"，汉以前也早已失传。所以，汉代史学家便以孔子以后的"儒者所传古经籍（即六经）足其数，以附会于六艺焉"（钱穆《先秦诸子系年考辨》）。质言之，也就是用自汉武帝以来朝廷先后设立的"五经""六经"（《汉书·王莽传》），附会人们早已见不到的"六艺"。

这种经过穿凿附会的"六艺"，就是儒家之儒产生于周代的"王官"论的根据。从此，学术界便开始流行起这个"以六艺释儒"的非历史主义的观点和方法，一直沿袭至今。正由于刘歆和班固立论的根据全然是心造虚拟的，他们的整个推论失去了史实根基，今天我们就不能以此为据，再来为孔子儒家虚构历史了。

（三）虚构儒家历史是王莽擅朝的政治需要

刘歆为何要增窜《周礼》，伪造"古儒"？班固又为何将它混入《汉志》，为孔子儒家虚构历史？其政治背景究竟是什么？

清代以前的学者，从来没有给自己提出过这样的问题。清代及其以后的今古文经学家，虽则涉及了这一问题，而且有过长期不休的争论，但是，他们或者像章太炎那样的古文经学者说的，刘歆之所为，是怜悯古籍的残缺，为了经传的渐臻完备，"孔子殁，名实足以抗者，汉之刘歆"（章太炎《检论·订孔上》），把刘歆视为孔子儒家的功臣，或者像康有为那样的今文经学者所说的，是想篡孔统，称刘歆增窜的《周礼》、创立的古文经是"伪经"，古文学是"新学"（即新莽之学），把刘歆当成孔子儒家的罪魁。总之，无论称功臣，还是骂罪魁，他们至多只是考察了刘歆、班固等古文学者那一历史活动的思想动机，而没有考察产生这些动机的原因，没有找到"阶级的或社会的动因"。专治经学的周予同先生，早在二十多年前，尽管提出了要用"阶级的或社会的"原因来说明这一问题的意见，但一直未见发表新作。

最近，看到了周谷城先生的新著《奴隶主与经古今——略论奴隶主阶级的变动与儒家经典的分派》，很受启发。但我觉得，如何看待刘歆、班固等古文经学者的所作所为，诚然是今古文经学长期争论不休的一个复杂问题，但这一争论的阶级本质，究竟是不是如周先生所说的，是统治阶层内部工商阶层与贵族阶层两种势力的斗争①，确实值得大家讨论。不管怎样说，这个问题总是以一定的政治斗争作为背景的。而且我认为，它是汉代统治阶级内部，以王莽为代表的急于篡权的外戚势力与刘氏皇帝代表的当权派两种势力之间激烈斗争的表现。

西汉元帝以前，刘氏皇帝掌握实权，官府太学中所置的五经十四博士，一律尊崇董仲舒创始的今文经学，以维护刘氏王朝的政治统治。今文经学适应当权的刘氏皇帝所代表的统治阶层的政治需要，是当权派治国的思想武器。可是，从汉成帝建始（前32）以后，朝廷里的权势力量发生变化，"外家擅朝"。以王莽为代表的王家"始执国命"，掌握了朝政大权，各级官吏一律由王家任用。哀帝短命，到元寿二年（前1），王莽做了大司马录尚书事，取得了政治上的最高权力，自比"周公居摄"。为了进一步篡夺王位，除采用其他政治权谋外，他还广立"儒林之官"，征集天下通古今文经的学者进京，扩大太学生名额，企图通过知识阶层取得未当权阶层的支持，并在当权派一直独尊的今文经学之外，寻求擅朝改制的理论根据。这便是古文经学产生的政治背景。

人们知道，古文经学在经济、政治和文化各个方面的主张，都同今文经学截然不同。西汉王莽篡位以前，立于学官的"五经"，全是今文。当时古文经传未出，虽然据现存的史籍记载，已从"山岩壁屋"中发现，开始在民间传授，但未立于学官。其主张无人通晓，也根本无今古文经学的名称，自然无所谓什么争论。这表明外戚还没有成为一种足以对抗刘氏当权派的政治势力。因此，朝廷里还没有人敢于提出建立古文经学，与十四博士相争衡的问题。

汉成帝以后，王氏兄弟"用事"，外戚势力日渐"贵盛"。这时，作为领校秘书、少与王莽同为黄门郎的刘歆，显得特别"贵幸"。莽"举歆宗室有材行"，先后任命其为"右曹太中大夫，迁中垒校尉，羲和，京兆尹，使治明堂辟雍，封红休侯。典儒林史卜之官，考定律历"（《汉书·刘歆传》），权力

---

① 参看周谷城：《奴隶主与经古今——略论奴隶主阶级的变动与儒家经典的分派》，载《中华文史论丛》1978年第7辑。

可谓大矣。歆则公开移书上疏，向哀帝系统地提出要建立各种古文经传。这实际是向刘氏当权派公然挑战。

哀帝一死，王莽执政。刘歆是王莽的"腹心"，知道"莽羽翼已成，意欲称摄"，连母亲死了也"意不在哀"，遂亲自带领"博士诸儒七十八人"劝进王莽摄皇帝位，实行新政。为了投合王莽自比周公，想成"周道"的心意，他特地把增窜《周礼》作为建立古文经的中心，从理论上来为新莽擅朝做证。这正是：莽欲"垄断政权，歆则垄断斯文以助之也"（张心澂《伪书通考·经部·礼类》）。

所以，王莽一上台，就"开秘府，会群儒"，"发得周礼，以明因监，则天稽古"，"以《周官》《王制》之文"，改革刘氏制度，实行"王田"，"制礼作乐，讲合《六经》之说"。（《汉书·王莽传》）刘歆当上了"国师公"，《周礼》也置博士，《左氏春秋》及《毛诗》《逸礼》《古文尚书》皆列于学官。从此，作为汉代正统思想的儒家经学，再不是今文一家独霸，成了今古文并存，而古文经学开始了节节胜利的进军。今古文经学相争极为复杂，它与政治斗争的关系，至今论者看法不一，我拟将另文详论。但是，刘歆将古文经公开列于学官，除了客观上对中国文化思想史有进步作用外，政治上则完全适应王莽外戚专权的需要。东汉时期，外戚、宦官轮流专权，王朝统治思想则折射出古文经的日渐兴盛，就是佐证。

"我思古人，实获我心"。史实表明，刘歆增窜《周礼》，伪造古儒，班固又将它混入史册，影响后世，他们的居心都不是"摅怀旧之蓄念，发思古之幽情"，而是为了：一则，适应外戚专权的政治要求；另则，巩固他们自己在朝廷中的统治地位。这种企图，他们是完全能够实现的。

因为，刘歆和班固都是熟知今文经又精通古文经的古文学者。他们既严守自己的家法，又力戒"专己守残"；既要以先圣周公压倒孔子儒者，又不能公开踢开孔子。因而，便窜乱《周礼》，伪造出一个孔子儒家之儒"盖出于（周代）司徒之官"的假说。这样，既不得罪先师孔子，又轻轻高举起先圣周公；既满足了王莽擅朝的政治需要，又达到了压倒今文经学的直接目的。真是两全其美之至！刘歆、班固实不愧是"通训诂"、"举大义"、知己知彼的古文学者。可惜"自兹以往，而儒之为儒，又非孔子之旧矣"！"古之儒者"像一个神圣的幽灵，从此游荡在中国的思想界。

又因为，刘歆和班固都是汉代有名的古文经师，且是身居朝廷的史官。他们都是以双重身份高踞于汉代垄断言论的机关，从事编纂汉史的"业儒"。他们的直接目的，是要巩固他们这批"业儒"在朝廷中的地位。所以，叙述儒者的历史，不是以科学的研究为根据，而是以有意的美化为目的。虚拟出一个儒家之儒的神圣历史，就升高了他们这批"业儒"的身份。他们的祖先是周代司徒之官，他们世世代代就理应做官，这便是他们的逻辑。

所以，班固的《汉书》及其《汉志》的历史价值，固然不当否定，而周代始有儒的"王官"论，我看大可不必信从。

二、孔子儒家之儒是专制政体形成过程中产生的中国第一代知识士人

现在，我们来讨论孔子儒家之儒的产生和儒家学派的形成。

中国古代的儒，就是以文化科学教育为专门职业的知识士人，儒家就是那些有共同政治主张和学术观点的知识士人所组成的教育与学术团体。儒是由职业而得名，儒家是学派的称谓。从儒这一职业的产生，到儒家这一学派的形成，经历了一个复杂的历史变革过程。至今，虽说其中的细节还难以真正弄清，但是研究这一过程，对我们探索中国古代相对独立的知识士人阶层的形成及其在中国历史上的地位，无疑是有益的。

（一）儒和儒家产生的历史前提

我之所以否定周代始有儒的说法，除了这一说法因立论本身的虚假性而不能成立外，根本的原因就在于西周仍是奴隶制社会的鼎盛时期①，还不具备产生像"儒"这类"名物"的历史前提。

---

① 拙著基本采用中国史学界关于"春秋战国之际"中国完成了奴隶制向封建制过渡的说法。

　　一般而论，这时的统治者还能照旧统治下去，而被统治者也还愿意照旧受统治。奴隶制生产关系，还没有成为阻碍生产力发展的桎梏，代表新的生产方式、主张变革奴隶制的"革命阶级"，还没有产生。而一定时期的"革命思想"的存在，是以"革命阶级"的存在为前提的。儒和儒家，不管它尔后多么温和、多么保守，它本身总归是作为一定时期的一种不满于现状、要加以改革的变革思想而存在的。这种变革思想的产生，又是以新起的地主阶级的存在为前提的，而这个阶级，也不管它同旧的专政体制有何等亲密的因缘，它总算是代表新的生产方式的"革命阶级"。它们只有在社会制度发生了巨大变革时，才有出现的可能。

　　春秋时期，是我国历史上一个社会剧烈变动的革命时期。尽管当前史学界对中国社会分期问题还莫衷一是，但这一时期出现的急剧变动，统治阶级内部的不断瓦解，的确是不容争辩的历史事实。《论语·季氏篇》记载着孔子如下一段人们经常征引的话：

> 天下有道，则礼乐征伐自天子出；天下无道，则礼乐征伐自诸侯出。自诸侯出，盖十世希不失矣；自大夫出，五世希不失矣；陪臣执国命，三世希不失矣。天下有道，则政不在大夫；天下有道，则庶人不议。

这里说的"天下无道"，就是指的春秋时期，诸侯掌握了实权，走向历史的前台，周天子已徒具虚名，被赶到历史的后台。"陪臣执国命"，政在大夫，庶人议政，这正表明封建制代替奴隶制的交替过程中，整个统治阶级内部的分化瓦解已经十分尖锐，卿大夫专政的世卿制已在各诸侯国先后形成。

　　奴隶强烈反抗，井田荒芜，采邑残破，旧社会的经济体制眼看就要走向崩溃。于是，从诸侯到大夫，多数贵族便开始改变"古者公田，藉而不税"（《礼记·王制篇》）的局面。早在公元前685年，齐国实行"相地而衰征"（《国语·齐语》），按土地肥瘠程度征收赋税，首开征收实物地租的先例；公元前645年，晋国又"作爰田"，给有军功的将士甲兵赏田，并"征缮以辅孺子"（《左传·僖公十五年》）。比这更为典型的还要算公元前594年鲁国实行的"初税亩"，真正开始按亩征收赋税。多年以后，郑国"作丘赋"，鲁国"用田赋"，均说明以赋税为地租的剥削制度，在春秋时期已开始实行。同时，大批逃亡的奴隶被收为"隐民"，并逐渐依附于土地，成为最初的农民。结果，这些诸侯、大夫也逐渐转化为初级形态的地主阶级，鲁国的三桓、齐国的田氏，都是典型的例证，就是后起的秦国何尝不是走着这样的道路。总之，除了少数贵族，像晋国的"八族"那样破产而"降在皂隶"（《左传·昭公三年》），以及一少部分"庶民"直接变为农民外，多数农民是由奴隶转化来的；同样，除了少数士、农、工、商可直接上升为新兴地主外，多数封建地主也是由奴隶主贵族转化来的。

这一转化，并不像"四人帮"所杜撰的那样，是经过几百年复辟与反复辟的长期激烈搏斗，也不像我们现在想象的那样困难。因为这一变革——当然是人类社会所经历过的巨大变革之一——并不需要侵害任何一个统治阶级成员，原来统治阶级的多数仍然能够保留下来，和以前一样。只要适应形势，有一个如上简单的决定，或者如后来各国相继实行的"变法"就行了。

这一转化，也并不是统治阶级中有识之士的随心所欲，而是剥削阶级为了满足"丰财"的私欲造成的结果。他们改革赋税制度，改变剥削方式，完全是为了更多的剥削，可是这一私欲竟成了推动历史前进的杠杆。齐、晋、鲁的诸侯大夫之所以能够实行新的封建剥削方式，正说明"溥（普）天之下，莫非王土。率土之滨，莫非王臣"的旧局面已经改变，一部分土地的所有权已为他们私人所有；而这种剥削方式的实行，又一步一步使他们对土地有了完全的、自由的所有权，从前的奴隶自然成了依附他们的农民。中国的奴隶制主要就是通过这种形式向封建制过渡的。地主阶级就是这一过渡时期中国特产的、具有中国风度的（即保守性大于革命性的）"革命阶级"，它形成的特点，同儒家及其思想的形成有着极大的关系。只有地主阶级的出现及其私有权的日益增长，才引起了奴隶制时期一整套"亲亲""尊尊"的宗法制度和全部上层建筑的封建化，才打破了"学在官府"，王官垄断学术的文化传统；也只有在这一历史前提下，孔子儒家之儒作为当时社会一个相对独立的知识士人阶层，才应运而生。这就是"新士人阶层"的出现。

（二）周代无儒的历史根据

"士"本来不是什么知识阶层。在春秋时期，伴随着奴隶主自身向封建地主的转化，"士"本身也有一个由"国士"到"儒士"的蜕化过程。

早在原始社会，士是氏族部落联盟中男性成员的美称。像斧子一样的"士""土"或"⊥"，是"士"的原始字形，表示每个男子都有一把斧子或一根木棒，平日作为生产工具，耕田打鱼，战时当作作战武器，攻守战斗。王国维说："孔子曰：推十合一为士。……古多以士女连言。"（《观堂集林》卷六《释牡》）《诗经》里有一首情歌，口口声声："士之耽兮，犹可说也；女之耽兮，不可说也！""女也不爽，士贰其行。"（《卫风·氓》）俨然士是一个有才干的男性劳动者的形象。精通古文字音韵校勘之学的近代学者吴承仕先生，曾做过一个详细的考证，他说：

> 《说文》："士，事也。"……士古以称男子，事谓耕作也。知事为耕作者，《释名·释言语》云："事，倳也，倳，立也，青徐人言立曰倳。"《礼记·郊特牲》云："信事人也。"注："事犹立也。"《汉书·蒯通传》曰："不敢事刃于公之腹者。"李奇注曰："东方人以物臿地中为事。"事字又作蓄。《考工记·轮人》云："察其蓄爪不齵。"先郑注云："蓄读如杂厕之厕，谓建辐也。泰山平原所树立物为蓄……"后郑云："蓄谓毂入辐中者也。"……《汉书·沟洫志》注云："蓄亦臿也。"……盖耕作始于立苗，所谓插物地中也。士事蓄古音并同，男字从力田，依形得义，士则以声得义也。事今为职事事业之义者，人生莫大于食，事莫重于耕，故臿物地中之事引申为一切事也。①

杨树达先生进而推断："士字甲文作⊥，一象地，│象苗插入地中之形，检

---

① 杨树达：《积微居小学述林》卷三《释士》，中国科学院，1954年，第72页。

斋之说与古文字形亦相吻合也。"过去有的学者曾据此说明"士"本指春秋时期的"自由农民"①，我觉得不大妥当。据吴的考证，士的原意指原始社会氏族部落或部落联盟的男子劳动者，是比较正确的。

随着男子的劳动在氏族中一步一步取得支配地位，原始氏族制度就出现了一个裂口，人类社会从而进入阶级统治的社会。原来的氏族显贵演变成天子、诸侯、大夫、士这些统治阶级的不同等级。士属于统治阶级中的下层贵族。《诗经·大雅·文王》云：

> 凡周之士，不显亦世。
> 思皇多士，生此王国。
> 济济多士，文王以宁。

从这些赞美的诗句不难看出，士在西周王朝里的作用确实不小，甚至周文王都要"日中不暇食以待士，士以此多归之"（《史记·周本纪》）。

《左传》《国语》里有下列几段记载，把士的地位说得最清楚：

> 天有十日，人有十等，下所以事上，上所以共神也。故王臣公，公臣大夫，大夫臣士，士臣皂，皂臣舆，舆臣隶，隶臣僚，僚臣仆，仆臣台，马有圉，牛有牧，以待百事。（《左传·昭公七年》）
> 天子建国，诸侯立家，卿置侧室，大夫有贰宗，士有隶子弟（杜注："士卑，自以其子弟为仆隶。"）庶人工商各有分亲，皆有等衰。是以民服事其上，而下无觊觎。（《左传·桓公二年》）
> 公食贡，大夫食邑，士食田，庶人食力，工商食官，皂隶食职，官宰食加。（《国语·晋语四》）

这说明士阶层与被统治阶级最近，是"四民"（士、农、工、商）之首。其身

---

① 杨向奎：《中国古代社会与古代思想研究》上册，上海人民出版社，1962年，第183—184页。

份比较微贱，是处于"田野""庶人"当中的"秀民"，虽可以被统治阶级提拔起来上登于士（《国语·齐语六》），但士毕竟不事农、工、商，而是基本脱离农业生产的统治阶层，它与庶人、农、工、商是统治和被统治的关系。

士的职责主要是为统治阶级服兵役。《国语·齐语》记载着管子对齐桓公讲述的"昔者圣王之治天下"的制度，其中有：

> 制国以为二十一乡：工商之乡六；士乡十五，公帅五乡焉，国子帅五乡焉，高子帅五乡焉。参国起案，以为三官……

韦昭注曰："圣王，谓若汤、武也。""国，国都城郭之域也，惟士、工、商而已，农不在焉。"国分为二十一乡，"工、商各三也，二者不从戎役也"。其他十五乡均为士，"此士，军士也，十五乡合三万人，是为三军"。"国子、高子皆齐上卿，各帅五乡，为左、右军也"，中军五万人由"公所帅也"。这里文字上有一个矛盾：既然"圣王"指"汤、武"，"国子、高子"指的是"齐上卿"，那么，管子说的这个军政制度，到底指的是商周之制，还是齐桓公之制？我觉得这倒无关紧要。就时间来说，从武王建周到桓公称霸，固然相距几百年之遥，但均是奴隶主专制政体的鼎盛之年。管子说的士定居于国都，因此亦称"国人"，其职责主要是打仗，对外抵御他国侵略，对内镇压奴隶起义。国都二十一乡中，十五乡都是由士组成的武装集团，真是士卒林立，壁垒森严！这正符合西周到春秋早期诸国军政合一的基本制度。

因此，士又有"国士"之美名。《左传·成公十六年》记叙晋楚鄢陵之战时云：

> （晋）郤至曰："楚有六间，不可失也。……王卒以旧，……"伯州犁以公卒告王（楚王）。苗贲皇在晋侯之侧，亦以王卒告（晋侯）。皆曰："国士在，且厚，不可当也。"苗贲皇言于晋侯曰："楚之良在其中军王族而已……"

这里清楚地说明，楚国的"王卒"和晋国的"公卒"都由"国士"充任。而"国士"无论据杜注认定其指晋国之士，还是依《左传辑释》（日本人安井衡撰）将其看作楚国亲兵，是晋还是楚，这个分歧对我们的论证无关紧要；重要的是，由此可以推断：士之所以亦称"国士"，主要还不是因其定居国都，而是因其出身于"王族"，可做国王的禁卫亲兵，一定经受过特殊的教养训练，一定为当时一般人所仰慕，才荣获"国士"的尊号。

显而易见，这时"士"具有双重意义。既表示其阶级身份属于统治阶级中的一个等级，又表示其主要职责是为统治阶级当兵。这种阶级身份、社会职业及居住地点的统一，也是符合当时社会阶级关系的实际情况的。

正因为它是实际统治者，又出身于王族，除参加征战之外，大有闲暇工夫，在国都过着"清净悠哉"的生活。它有条件，它的职业也要求它必须接受一定的文化教育。从《尚书》的《多士》《多方》篇，《诗经》的《小雅·都人士》篇，到《国语》《左传》，这方面的记录可谓不绝于书。如果说《尚书》《诗经》中的士，还是一般地泛指殷之遗民，受过一些贵族教育，"暨殷多士"，"出言有章，行归于周，万民所望"，那么，《国语》《左传》中的士，就透露出了西周春秋间"国士"受教育的内容和宗旨。

《国语·齐语》载管子对桓公讲述圣王如何"成民之事"云：

> 昔圣王之处士也，使就闲燕；（韦昭注："士，讲学道艺者。闲燕，犹清净也。"）处工，就官府；处商，就市井；处农，就田野。
>
> 令夫士，群萃而州处，闲燕则父与父言义，子与子言孝，其事君者言敬，其幼者言悌。少而习焉，其心安焉，不见异物而迁焉。是故其父兄之教不肃而成，其子弟之学不劳而能。夫是，故士之子恒为士。

《国语·鲁语下》也载有公父文伯之母关于圣王如何"处民"的一段话：

> 士朝而受业，昼而讲贯，夕而习复，夜而讨过无憾，而后即安。自庶人以下，明而动，晦而休，无日以怠。

《左传·襄公九年》载子囊赞扬晋国的制度云：

> 当今吾不能与晋争。晋君类能而使之，举不失选，官不易方。其卿让于善，其大夫不失守，其士竞于教，其庶人力于农穑，商工皂隶不知迁业。

从这些文字看来，西周春秋之际，士就闲燕，朝夕"受业""讲贯""习复""讨过"，满口"义""孝""敬""悌"，大有后世"儒士"之风。据一些历史学家的考证，国士受教育的内容是"道艺"，即礼、乐、射、御、书、数之"六艺"；教训他们的长官，是《诗》《书》和周金文中称为"大师""师氏""千夫长"和"夫子"的一类人物；他们受教的场所，是《孟子》所谓的"庠、序、学、校"等"学宫"①。我以为这就是士阶层具有一定文化科学知识、懂得礼乐仪式的根本原因，也就是"国士"能蜕化为后世的"儒士"，形成儒家的重要条件。

然而，事情并非如此简单。这种经过严格教训的国士，此时仍是专门用武的"士"，还不是专门习文的"儒"。从史料看，他们受教的是"六艺"，而非后来的"六经"；"六艺"中，他们主要从事的又是"射、御"，而不是"书、数"。所谓"礼"，仅仅指"大射礼""乡射礼"一类。所谓"乐"，也不过是为射礼、田猎伴奏的《驺虞》和《狸首》（见《诗经》和《礼记·乐记》），都是围绕着射御。教育他们的"师""夫子"，也不是后来的"教师""先生"那种知识士人，而是军事教官。所以，士受的教育纯粹是军事训练性质，其宗旨是为统治阶级培养武装力量。此外，因为士本来就不是世袭的，想要维持这一终身职业，必然需要受这样的教育。所以习文是为了用武，"劳心""竞于教"，是为了子弟"不劳而能"，"恒为士"。足见西周至春秋早期专制政体鼎盛之年，由于社会制度还未发生急剧变革，诸侯、大夫尚未转化为地主阶级，士阶层也不可能真正分化，那时垄断文化的史巫一类"天

----

① 参看顾颉刚《武士与文士之蜕化》（收入《史林杂识》初编），杨宽《我国古代大学的特点及其起源》（收入《古史新探》）。

官"也尚未降临，即使有一批经过训练、懂得"道艺"的"国士"，但社会上还未形成专门以传播文化科学知识为职业的知识士人阶层。这时，史书里无"儒"的记载，全在情理之中。

（三）儒和儒家是"士"阶层蜕化出来的"名物"

孔子是最早提出"儒"这一概念的。他没有给儒下定义，但把儒分为"君子儒"与"小人儒"；墨子第一个称孔子为"儒"，并对孔门子弟进行了全面非难；鲁迅则把"儒士"和"道士"看作中国特产的"名物"。可见，儒和士是直接关联的。只要把士这个阶层的分化瓦解过程再略加剖析，就可以得出结论。

孔墨所处的时代，是春秋战国之际。儒产生的时代，很可能就在春秋中后期。只有这时，各国才先后踏进封建制的门槛，地主阶级生气勃勃，驰骋疆场，都想扩大自己的地盘，战争就越加频繁。这正是以作战为主要职责的士大显身手的机会，也是士表现得异常活跃，发生蜕变的时代。

士阶层的蜕变，大体有两个方向。一部分依靠军功，转化为新兴地主，走向封建社会的上层。另一部分无军功者，则落入封建社会的下层：其中少数人，凭借武艺勇力，以"国士"自居，为豪猾者卖命，成为"侠"（至西汉初年，侠已泯灭，在此不做论述）；而多数人，则依靠掌握的文化知识，从事教育活动，成为"儒"。

本来士的生活主要靠"食田"。"士食田"，就是食若干田的租税，不得把田当作私产。后来战争日益激烈，各国都实行奖励军功的制度。例如鲁哀公二年（前493），晋国赵简子与范氏、中行氏大战，赵简子曾悬赏发誓曰：

> 克敌者，上大夫受县，下大夫受郡，士田十万，庶人工商遂，人
> 臣隶圉免。（《左传·哀公二年》）

"士田十万"，杜预注曰："十万亩也。"由此看来，赵简子赏得未免过重，杜注也似乎有些夸张。不管怎样，食田变成赏田，士这一阶层的分化便有

了经济基础。有军功的士既得到了赏田，这块赏田自然成为他的私产；既是私产，也就可以自由买卖。战争越多，军功越多，得赏田之士也越多，一部分士得到的土地也就越多。结果，这部分拥有一定数量田产的士变成了新兴地主阶级。他们是那些豪族地主的有力支持者。像齐国的田氏，晋国的韩、赵、魏三家也都代表他们的利益，与他们共同完成了向封建制的过渡。他们在以后的统一战争中更显示出是一支不可低估的新兴力量，成为秦国完成统一大业的阶级基础。这一部分转化为新兴地主阶级的士，不做详论。

且看另一部分士，竟走上了一条新的道路。他们没有军功，无田无土，失掉了士的职业，离开了国都，开始"生乎鄙野"，无人"推选"，则不得做官，也就无"禄焉"（《战国策·齐策四》）。古书里常见的"士无田则不祭""士无土则不君"，正说明这一事实。此种"无田""无土""不祭""不君"的士，失去了士的本来职业。他们虽无用武之力，却有习文之能，凭借昔日所受"道艺"教育和懂得礼乐仪式的本领，从事卑贱的"相礼"职业，专门用自己的这一专长为豪族地主、富贵人家以至国君服务，以维持生活。孔子所说"出则事公卿，入则事父兄，丧事不敢不勉，不为酒困，何有于我哉"（《论语·子罕篇》），墨子所谓"富人有丧，乃大说喜曰：此衣食之端也"（《墨子·非儒下》），就是这部分士"相礼"职业的真实写照。这种从事"相礼"职业的士，当时被人呼曰"儒士"。这就是儒的真实身份认证。

这种以"相礼"为职业的儒士，本身也是不断分化的。有的人日渐沦落到饥寒交迫的地步，甚至过起了庄子讲的"诗礼发冢"那样的"盗贼"生活；有的则非常走运，被任用为下层官吏，甚而像孔子那样一度当上了鲁国的"大司寇行摄相事"（《史记·孔子世家》）。但无论怎样上升或下降，这部分人大都由"相礼"一步一步走向了专门从事文化科学教育事业的知识士人道路。《左传·昭公七年》记载着孟僖子临死时嘱咐两个儿子"师事仲尼""学礼"一事，就是确证：

九月，公至自楚。孟僖子病不能相礼，乃讲学之，苟能礼者从之。及其将死也，召其大夫，曰："礼，人之干也。无礼，无以立。
吾闻将有达者曰孔丘，圣人之后也，……我若获没，必属说（南宫敬
叔）与何忌（孟懿子）于夫子，使事之，而学礼焉，以定其位。"

这说明"相礼"是这部分士一开始谋生的主要职业，儒就是由"相礼"职业而
得名。春秋晚期，这在各国普遍存在。只因鲁是西周初年周公之子鲁侯禽父的
封国，古代文化典籍保存得比较完整，史称"周礼尽在鲁矣"（《左传·昭
公二年》），"鲁有天子礼乐者，以褒周公之德也"（《史记·鲁周公世
家》），所以孔子自幼就"常陈俎豆，设礼容"，精通"相礼"这一行。后来
随着封建专制政体在鲁国的形成，"陪臣执国政"，"鲁自大夫以下皆僭离于
正道"，孔子便由"相礼"转向教育活动："修诗书礼乐，弟子弥众，至自
远方，莫不受业焉。"（《史记·孔子世家》）这时，孟僖子嘱托儿子向孔
子"学礼"，显然不是学习"相礼"那种养生送死的仪节，而是学习《诗》
《书》《礼》《乐》《易》《春秋》之"六经"。而孔子这时主要也不是给人
办丧事，而是开办私学，专门从事文化教育工作；孟僖子称他为"夫子"，显
然也非原来军事教官的含义，而是指有文化知识的"先生""老师"，是对儒
的尊称。

据说孔子有弟子三千、贤人七十二，这实际上就形成了一个文化教育
团体，而且他们人数众多，势力强大，政治主张相同，学术观点一致，因此
"儒家"就成了他们的专号。如果说"儒"是他们开始谋生的职业名称，"儒
家"就是他们后来从事文化教育工作的学术团体的名称。汤用彤先生说过：
"'家'就是'宗'。象'儒家'、'道家'之'家'"，和宗一样，"基本
上有尊崇的意思"，就是指"所信仰之主义，所主张之学说"。①这个解释是
十分恰当的。所以，"儒家"亦是孔门学派之谓也。

这里需要附带说明的是，我所说的儒家是专门从事文化教育工作的知识
士人阶层，并不像"四人帮"恶意诬蔑的那种"不会种田，不会做工，不能打

---

① 汤用彤：《论中国佛教无"十宗"》，载《哲学研究》1962年第3期。

仗"的文弱书生。单就《论语》一书而言，孔子本人常讲"执射""执御"，弟子中不少人是有勇力的壮士。他们多半可以说是能文能武的志士仁人。这更证明了"儒士"的前身不是殷周的"王官"，而是西周春秋之际的"国士"。

我基本赞同杨向奎先生称它为"新士人阶层"。但总觉得，它同统治阶级的士有着本质的不同。它出生在新旧体制交替的变革时代，而不是旧专制政体的鼎盛之年；它之存在，是以地主这一代表新的生产方式的革命阶级的存在为前提，而不是以奴隶主统治阶级的残存为前提的；它是由原来的士分化出来的一个相对独立的新阶层，而不再是奴隶主统治阶级中的一个等级；它的职责不再是为统治阶级征战用武，而是为地主阶级相礼习文。它已经失去了士的本来意义，既不靠耕，也不靠战，而依靠自己所掌握的古代文化典籍，开创了一条社会教育的道路，既为地主阶级政治服务，又为人类传播文化科学知识。它俨然是以思想家、教育家的面目活跃于社会，而一般不是以地主阶级的一级官吏出现在官府。它有时甚至还可以成为一种独立的政治力量，同地主阶级中的某些成员发生某种程度的对立和敌视（像孔门子弟"堕三都"与季氏作对那样）。因此，我认为它是新的专制政体形成过程中，中国出现的第一代相对独立的、真正意义上的知识士人。"通天、地、人曰儒"（扬雄《法言·君子》），正此之谓也。

可是，史书里我们通常引以解释儒或儒家的定义，并不能真正反映这一历史事实。诸如：儒者"以《六艺》为法"（司马谈），"游文于六经之中"（刘歆、班固），"有六艺以教民者"（郑玄）；"儒，柔也，术士之称"（许慎《说文解字》），"儒者，濡也，以先王之道能濡其身。……与人交接常能优柔，故以儒表名"（《礼记·儒行篇》孔颖达疏）。这些定义，皆是对孔子儒家之儒的片面和表面现象的反映，不是单指儒表现出的某些性格特点，就是只指儒的某一专业特长。归结起来，都没有离开今古文经学家"以六艺释儒"的非历史主义的方法论，都是单凭儒家对往圣思想资料的继承性，来推断这一新阶层的渊源。

诚然，儒者传播的文化科学知识、教学的内容，是承袭了西周时期的"先王典籍"，即以先前士阶层所接受的那一套特定的思想资料为前提的；而且他们往往也是用解释这些经典的形式来表达自己思想的。但这只是它特具的思想形式，而不是它真实的思想内容（其思想内容，拟另文专论）。所以，绝不能以形式为依据，给它下一道定义，从而把儒的起源推演到西周。

固然借更改名称以改变事物，乃人类天赋的诡辩法，但任何新的名称，只有在新的事物产生之后才会出现。只有当春秋晚期社会制度发生了变革，形成了封建制的经济基础，出现了地主和农民这两个基本阶级，才从原来的士阶层中分解出一个新兴地主阶级和一个相对独立的知识士人阶层。在这样的历史前提下，知识士人起初以"相礼"职业为生，就取得一个"儒"名；其后主要进行教育学术活动，便有了"儒家"的专号；他们教学使用的主要教材是经过孔子整理的"六经"（而不是以前的"六艺"），史书里也就有了"儒书"的名字①。"儒""儒家""六经""儒书"，这一切概念，都是在新的历史前提下知识士人这一相对独立的新阶层存在的反映，是这一时期中国特产的"名物"。春秋早期以前没有出现这一批知识士人，自然西周专制政体的鼎盛时期也无这一"名物"。所以，孔子儒家之儒的真实含义，本应专指这一时期从事文化科学教育事业的"新士人阶层"或后世所谓的"知识分子"。

但是，古代没有"知识分子"这一概念，而有"师""夫子""先生"等名称。《庄子·天下篇》说："邹鲁之士，搢绅先生"。《庄子》作者虽不明士早已蜕变，但可算第一个把"儒士"解释为"先生"的人。西汉桓宽在《盐铁论·论儒篇》也载有：

> 齐宣王褒儒尊学，孟轲、淳于髡之徒，受上大夫之禄，不任职而论国事，盖齐稷下先生千有余人。

唐代司马贞说："自汉以来，儒者皆号'生'，亦'先生'省字呼之耳。"（《史记·儒林列传》索隐）由此足证，"先生"二字就等于"知识士人"，"先生"正揭示了儒的真髓，它既表示出儒的阶级身份，又反映了儒从事的

---

① 《左传·哀公二十一年》载："（齐人）曰：'鲁人之皋，数年不觉，使我高蹈。唯其儒书，以为二国忧。'"这里所唱之"儒书"，无疑是指孔子删定的"六经"。

主要职业。它是先秦人对孔子儒家之儒的尊称，如同后人称呼知识学人为"老师""教授"一样。

自然，那时的知识士人阶层并非只此一家。据先秦典籍所载，与儒家大相径庭者，还有少正卯和墨子。少正卯"聚徒成群"（《荀子·宥坐篇》），曾弄得孔门儒家"三盈三虚"。墨子"学儒者之业"，他的学生也实在不少，《淮南子·泰族训》说"墨子服役者百八十人"，《墨子·公输篇》中墨子说"臣之弟子禽滑釐等三百人"。这个数目在当时也十分可观，大有"墨徒之盛犹逾洙泗"之势，所以韩非子才称孔墨为"世之显学"。《吕氏春秋·尊师篇》总括说：当时"孔墨徒属弥众，弟子弥丰，充满天下"。这就是中国历史上第一代知识士人阶层迅猛生长的实际状况。

三、结语：儒家的形成是中国社会的一大进步

儒家这一知识士人阶层的出现，不是中国历史的"罪恶"，乃是中国社会的一大进步。

儒家作为一个相对独立的知识士人新阶层，在封建制形成过程中，是一支不可低估的社会力量。儒士过着贫贱寒酸的生活，"贫羸，衣冠不完"，最了解当时社会下层的疾苦，敢于"为民请命"，发出"民贵君轻"的呐喊。"不为穷变节，不为贱易志"，"士志于道"，简直成了他们严守的信条和崇尚的气节。

诚然，他们不可能成为真正独立的阶层，更不属于劳苦大众。他们的出身，他们从事的社会职业，表明他们身处社会"上层建筑"，这就决定了他们必然要依附于地主阶级的不同阶层，为地主阶级的经济政治服务。因此，他们一出世就表现出不少劣根性："四体不勤，五谷不分"，处贫而想富，无官而求官，多言不务实。这不能不受到劳苦大众的鄙视。正是这种劣根性，导致一部分儒后来降志屈身，走向另一极端，投身豪强地主的门下，成为食客，以游说之士，纵横捭阖于七雄之间。这就是荀子在《非十二子篇》中所谓的"处士"：

> 今之所谓处士者，无能而云能者也，无知而云知者也，利心无足
> 而佯无欲者也，行伪险秽而强高言谨悫者也，以不俗为俗，离纵而跂
> 訾者也。

尽管如此，从人类社会分工发展的历史来看，儒的产生总归是社会的一大进步。生产力的发展引起社会分工的发展，而分工的发展又促进了生产力的发展。但是，只有在人类社会从原始社会进入阶级统治的专制政体社会，即物质劳动和精神劳动分离的时候，分工才开始成为"真实的分工"，与此相适应的是最初形式的知识士人及"思想家"的出现。古希腊奴隶制社会出现的一批"智者"就是明证。

然而，奴隶制时期的古代中国不同于古希腊。经济上没有土地的"私人所有"，没有那样发达的商业和工业；政治上没有那样的"民主政治"，也没有那种"自由民"阶级。因此，不可能出现一个像古希腊"智者"那样的相对独立的知识阶层。当时，学在官府，"宦学事师"，虽然有的天子、诸侯也具有某些文化知识，但他们主要靠直接掌握的生产资料榨取一般人的劳动，是为唯一的经济来源；同样，还有少数垄断文化、"知天文占候"，且掌握某种专门知识的史巫一类"天官"，甚至有的还成为统治阶级的代言人和谋士（如周公），但他们也主要以从统治阶级取得的那一部分生产资料为唯一的经济来源。他们主要是官吏，而不是学者，不能算真正的精神劳动者，所以不可能形成真正相对独立的知识阶层。是的，古希腊学者中，也有一些人"在民主的国家里，是要分担一般性的管理和治理国家的劳烦的"[①]，但他们大多是以科学或哲学研究为生的，以"智者"、学者的身份，而不是以官吏的身份，活跃于历史舞台。因而，他们属于精神劳动的范畴，形成了一个知识学人阶层。

只有当中国社会进入封建制时期，作为"先前历史的主要力量之一"的分工，才真正以精神劳动和物质劳动的形式出现在统治阶级中间。儒家学派的形成，"儒士""辩者"的出现，就表明相对独立的知识士人阶层已经产生，

---

① ［德］黑格尔：《哲学史讲演录》第一卷第一部《希腊哲学》，贺麟、王太庆译，商务印书馆，1959年，第164页。

这种真实的分工已成为封建制形成时期的一种现实的社会力量。因为在这个阶级内部，一部分人是作为该阶级的思想家出现的，他们是这一阶级的积极的、有概括能力的思想家，他们把编造这一阶级关于自身的幻想当作谋生的主要泉源，他们就是中国的第一代"知识分子"。总而言之，"国士"向"儒士"的蜕化，统治阶级内部的这一分裂，标志着中国社会分工的新发展，因而是中国社会的一大进步。

1976年秋稿于陕西师大20号楼宿舍硬板病榻之上。

原载《陕西师大学报（哲学社会科学版）》1979年第1、2期，后收入教育科学出版社1987年出版的《孔子研究论文集》，又摘要刊载于美国《中国哲学杂志》（英文版）14卷（1987）。1991年10月修改于德国特里尔大学研究室。

附：美国《中国哲学杂志》14卷（1987）刊载的本文英文摘要

CLARIFICATIONS ON CONFUCIUS' CONFUCIANISM:
CONCERNING THE RISE OF CONFUCIANISTS
IN THE CONFUCIAN SCHOOL
FOUNDED BY CONFUCIUS AND ITS HISTORICAL POSITION

Throughout the history of Chinese philosophy there have been many works on 'ru' (Confucianism, Confucianists). Many contemporary discussions have also focused on Confucius and Confucianism. Still there are important questions to be answered: What is the original face of the Confucianism of Confucius? How was Confucianism funded? This paper will examine in detail the origins of Confucianism for the purpose of removing wrong views and establishing the correct view. It will also affirm the formation of the Confucianism of Confucius as an indication of social progress in China.

I

Ru[a] (Confucianist) was not a product of Western Zhou institutions. Before Confucius there was no word *ru*. Confucius never acknowledged himself as a *ru*. It has only in *Xunzi*[b] (313-238 B. C.) that the concept of *ru* was elaborated. In fact, all other schools, including Taoism, Moism and the Logicians, never refer to the school of Confucius as 'Confucianists' (*rujia*[c]). No one at that time inquired into the origin of Confucianism in name of reality. By the time of Han Wudi, the Hundred Schools were abolished and only Confucian learning was glorified. Confucianists became well placed in government. At this time there arose the thesis that the Western Zhou already had *ru*. The Grand Historian, Sima Tan (?-110 B. C.), for the first time developed the concept of *rujia*[c] (the Confucian

School). He defined *rujia* as the "school which follows the six arts (*liu yi*^d). " On this basis the later Han historian, Ban Gu (32–92 A. D.), explained his theory of six arts and spoke of the ancient '*ru*' who were the experts and guardians of the six arts. His account in the *Hanshu* pushed the history of *ru* back to the beginning of the Zhou dynasty. Therefore the *ru* of the Confucian school founded by Confucius were considered to have originated as the *Zhou ru*. He enlarged the theory of the six schools to ten schools, and considered them to be derived from the six arts. He claimed that the so-called *ru* came from the office of *si tu*^e ('educators') whose task was to assist the rulers in conforming to the *yin-yang* changes and to edify the people. This is the famous theory of the official origin of *ru*. This theory has influenced all the later even modern, scholars; both Zhang Taiyan and Liang Qichao (1873–1929 A. D.) were influenced by this theory. Zhang Taiyan not only accepted the theory but pushed the origin of *ru* back even further to early antiquity, taking the origin of *ru* to be *xu*^f a diagram in the *Yijing* representing a raincloud over heaven. He therefore concluded that the *ru* should know astronomy. Hu Shi (1891–1962 A. D.) also followed this theory and said, "*Ru* represents the religion of the Yin people," which was a religion of passivity and modesty. For Hu, by the time of Confucius, *ru* had been transformed into an assertive attitude towards life.

Which of these explanations for the rise of *ru* can be true? What is the historical evidence for these theories? Were there so-called *ru* in ancient times? Were the six arts of the early Zhou the same as the six arts of the Confucian school of Confucius?

The source of the theory of the official origin of Confucianism was Liu Xin (?–23 A. D.), the scholar who discovered the Old Text School of the Classics. Ban Gu's theory of the ancient *ru* was based upon Liu Xin's work, *Qi Yue* ("Seven Summaries"), but on what grounds did Liu Xin draw his conclusion? The only source is the *Zhou Li*, in the chapters "Tian Guan" and "Di Guan", where mention is made of *ru* along with *shi*[g] ('teacher'). It is apparent that the so-called *ru*, *si ru*,[h] *shi*, or *bao*[i] are all different ranks of teachers who taught the children of the ruling class. But why are there no references to pre-Qin classics? It is well known that the *Zhou Li* was not written by Duke zhou. It was not a fabrication by Liu Xin, but there is not doubt that he made alterations and additions to this old text. The book could have been compiled by the Han scholars of the Confucian School based upon the old texts, for the listing of offices and ranks were too complicated for the ancient times. In this context, the ancient *ru* would be no more than historians, educators and guardians of historical documents in the Zhou dynasty. Secondly, although the content of the six arts in the ancient time, may have coincided in name with the Confucian six arts, we have no way of knowing exactly what the six arts of ancient times were.

Why did Liu Xin make additions and alterations in the *Zhou Li*? An inquiry into the political and social history of the Western Han should answer this question. Before Yuan Di in Western Han, the court promoted Dong Zhongshu's (179?-104? B. C.) New Text School for the purpose of strengthening its political position. But from the time of Chun Di, around the time of 32 B. C. , the Wang family, led by Wang Mang, came to control the government. Wang Mang's ambition was to usurp the throne; therefore he had to develop an alternate ideology to replace the New Text positions in the imperial school. Liu Xin was a close associate and therefore had a vital interest in establishing the Old Text Classics' position within the imperial school. That is why, after the usurpation, the altered *Zhou Li* and other Old Text Classics' all became officially established at the court where they had to compete for influence with the New Text Classics. Both Ban Gu and Liu Xin were old Text scholars. They invented the Zhou rule to overshadow the Confucian rule of the New Text school. This understanding enable us to see the foothold of the theory of the official origin of *ru* (the *Wang Guan Lun*).

II

The *ru* were actually intellectuals who took the teaching of culture and arts as their profession. The school of *ru* was a group of intellectuals who shared similar views on politics and intellectual matters. The name *ru* comes from a profession; *rujia* is the name of an intellectual school. How the professional *ru* developed into the intellectual *rujia* school is a complicated historical process.

Historically, the *ru* came from the integration of the slave-master class in the Spring and Autumn period. At that time a new landlord class emerged; which developed into the competing states and the new feudal social system. It was during this period of turmoil that a relatively independent class of intellectuals was born; they were the *yishi*.[j] Originally the *yi* was not the intellectual class; it was a rank lower than the intellectual class because it signified a man holding a stick for production or for war. Therefore *shi* symbolized business (*shiye*). *Shi* were also called *guoshi* [k] ('national soldiers'). Therefore, the *yishi* as the lowest of the ruling class were closer to the rulers and were therefore close to the emerging landlord class of the *ZuoZhuan*, *GuoYu*, *ShiJing* and even *XiaoShu*. It is clear from these sources that the *shi* formed a class which was devoted to education and followed the virtues of righteousness, filial piety, reverence, and fraternal respect. It was on this basis that the *guoshi* became transformed into *rushi*.

Confucius was the first to develop the concept of *ru*. He did not define *ru*, but he did distinguish between the *junzi ru* [l] and the *xiaoren ru*. [m] Mozi was the first to call Confucius a *rushi*,[n] so the origin of the *ru* is probably found in the later period of the *Chun Qiu*, when the military *shi* became soldiers and the educational *shi* became *ru*. Some of the private *shi* serving in private courts became *xia* [o] ('knights errant'). As *rushi* the *ru* were engaged in the profession of observing and teaching the rites; they were given the honorific name *xiansheng* [p] and *laoshi*. [q] Not being "meek scholars", the disciples of Confucius were brave and expert in archery and charioterring. The that *ru* were the first group of intellectuals who were relatively independent and who understand heaven, earth and man. According to Yang Xiong, later definitions of *ru* in terms of weakness of meekness were only partial and did not reflect the true meaning of *ru*.

Ⅲ

The formation of the *ru* school of was a great step forward in Chinese society. The emergence of the *rujia* was not an historical sin (as the Gang of Four might have said), but was a step of progress. It was a relatively independent group, a formidable force. The *ru* led poor lives; they understood the miseries of the lower social. They dared to speak for the people. They advocated the importance of the people and the unimportance of the rulers. They were devoted to the *Dao*[r] and had noble characters of their own. Of course, some of the *ru* became parasites of the ruling class, what Xunzi called the *chushi*[s] ("small-minded *ru*"). But the genuine *ru* were not parasites; they represented the first emergence of an intellectual class and a social division of labor in Chinese society.

（成中英　摘译）

CHINESE GLOSSARY

a 儒	b 荀子	c 儒家	d 六艺	e 世徒
f 需	g 师	h 师儒	i 保	j 艺士
k 国士	l 君子儒	m 小人儒	n 儒士	o 侠
p 先生	q 老师	r 道	s 处士	

论《庄子·天下篇》的思想史方法论意义[*]

　　《庄子·天下篇》在现存的先秦典籍中，的确是第一个综述了先秦诸子百家之学的重要文献，开了研究中国哲学思想史的先河。近代学者称它是《庄子》一书的"一篇绝妙的后序"（胡适语），是"极精博之'晚周思想总论'"（钱玄同语），我看一点也不过分。虽说它不一定出自庄子之手笔，著作年代也尚无定论，但从它特具的极精博之思想内容上着眼，我将它断作先秦晚期稍早于荀子的庄周一派道家诸子的杰作，也许是合适的；它一向为哲学史、思想史工作者所珍视和征引，更是自然的事。

　　清代至今，学者关于《天下篇》的"述义""笺证""校释""注疏"等鸿篇高论，真是汗牛充栋，俯首可拾。可是，它在哲学史、思想史研究的方法论上的特色和意义，却几乎无人注意，少有研究。因此，本篇以下列三题，做一初步探索，算是一种尝试。

一、研究中国哲学思想史的开端

　　先秦时期，是我国学术思想史上的黄金时期。从孔子"西狩获麟"，到秦

---

　　* 本篇是笔者1979年10月在太原召开的"中国哲学史方法论问题讨论会"上宣读的论文修正稿。

始皇"焚书坑儒",这二百余年间所出现的诸子蜂起,百家异说,立论授徒,各成家派,相互论战和批判的"百家争鸣"局面,就是这一黄金时期的显著标志。《庄子·天下篇》的作者,以当事者的身份,最早为我们做了如下记录:

> 天下大乱,贤圣不明,道德不一,天下多得一察(陈按:"察"当读"际",一际,犹一边也。得其一边,正不知全体之谓。从俞樾说)焉以自好。譬如耳目鼻口,皆有所明,不能相通。犹百家众技也,皆有所长,时有所用。虽然,不该不偏,一曲之士也。判天地之美,析万物之理,察古人之全,寡能备于天地之美,称神明之容。是故内圣外王之道,暗而不明,郁而不发,天下之人各为其所欲焉以自为方。悲夫,百家往而不反,必不合矣!后世之学者,不幸不见天地之纯,古人之大体,道术将为天下裂。①

我认为,《天下篇》不是一般地评论诸子百家之学,而是把诸子放在那一时期理论思维发展的历史过程中,来考察他们各自的得失长短、思想之间的相互关联及损益变迁之条贯,富有鲜明的思想史论性质。中国古代哲学思想史的初步研究,是由它开其端,荀子续其后,司马父子和班固总其成的。

在《天下篇》之前,还无人这样做过。孔子固不屑说,孟子也只是抱着"正人心""距诐行"的目的,对"杨、墨"随意臭骂了几句"无父无君""邪说""淫辞"(《孟子·滕文公章句下》),仅仅表示他才是孔子思想的嫡传而已。在《天下篇》之后的《荀子》《韩非子》和《吕氏春秋》,其史论性质都没有超过它多少。就是汉初的司马父子与以后的《汉志·诸子略》,在这一点上,也不比它高明。司马谈在《论六家要旨》中云:

> 《易大传》:"天下一致而百虑,同归而殊途。"夫阴阳、儒、墨、名、法、道德,此务为治者也,直所从言之异路,有省不省耳。②

---

① 郭庆藩:《庄子集释》卷一〇下,中华书局,1961年,第1069页。
② 司马迁:《史记》卷一三〇《太史公自序》,中华书局,1959年,第3288—3289页。

司马迁在《史记·儒林列传序》里载：

> 自孔子卒后，七十子之徒散游诸侯，大者为师傅卿相，小者友教
> 士大夫，或隐而不见。故子路居卫，子张居陈，澹台子羽居楚，子夏
> 居西河，子贡终于齐。如田子方、段干木、吴起、禽滑釐之属，皆受
> 业于子夏之伦，为王者师。是时独魏文侯好学。后陵迟以至于始皇，
> 天下并争于战国，儒术既绌焉，然齐鲁之间，学者独不废也。于威、
> 宣之际，孟子、荀卿之列，咸遵夫子之业而润色之，以学显于当世。
> 及至秦之季世，焚《诗》《书》，坑术士，《六艺》从此缺焉。①

班固在《汉志·诸子略》里，进而申论道：

> 诸子十家，其可观者九家而已。皆起于王道既微，诸侯力政，时
> 君世主，好恶殊方，是以九家之术蜂出并作，各引一端，崇其所善，
> 以此驰说，取合诸侯。其言虽殊，辟犹水火，相灭亦相生也。②

将上面三段文字同《天下篇》那段比较一下，其见解几乎完全吻合。正如王夫
之所言：《天下篇》"历述先圣以来，至己之渊源，及史迁序列九家之说，
略同；古人撰述之体然也"（《庄子解》卷三三）。他们都是从春秋战国"天
下大乱"，"王道既微，诸侯力政"这一特定的社会变革过程里，来探索哲学
思想的源流，同样具有思想史的意味。但若细加考究，从用文的精练、包含哲
理的程度看，后者分明显得逊色。他们三位大概受儒家影响太深，又身处"史
官"之位，无法摆脱史官文化的传统，所以只注意到"时君世主""为治"的
"好恶"对儒学演变的决定作用，却忽略了整个"道术"本身的独立发展。真
有点"史"有余而"论"不足之感。思想史论的性质，自然不如《天下篇》。

　　为了确证这一点，我们不妨再把《天下篇》同先秦有关平议诸子思想的其

---

① 司马迁：《史记》卷一二一《儒林列传序》，中华书局，1959年，第3116页。
② 班固：《汉书》卷三〇《艺文志》，颜师古注，中华书局，1962年，第1746页。

他"传世著录"略加比较，便会看清底蕴。

过去大家公认，此类文字首推《庄子》的《天下篇》，次列《尸子》的《广泽篇》，《荀子》的《非十二子篇》《天论篇》《解蔽篇》，《韩非子》的《显学篇》，《吕氏春秋》的《不二篇》。其作者均是先秦当世身与其事的思想大师，也都试图对那一时期理论斗争的局势做某种说明，其作品皆有思想史论的意味，但浓淡厚薄自有不同。

《尸子》，《汉志》列入杂家。全书于南宋时散佚，今存"二十篇"，多系伪托（孙星衍《尸子集本叙》）。《广泽篇》所论的诸子特征，我们今天虽不能信手引来证明自己的观点，但在《吕氏春秋》的《不二篇》中，却可以看到同《广泽篇》类似的记载：

> 听群众人议以治国，国危无日矣。何以知其然也？老耽贵柔，孔子贵仁，墨翟贵廉（陈按：《尔雅·释诂》刑疏以该句为"墨翟贵兼"，"廉"疑即"兼"之借字。从孙诒让说），关尹贵清，子列子贵虚，陈骈贵齐，阳生贵己，孙膑贵势，王廖贵先，儿良贵后。此十人者，皆天下之豪士也。（陈按：此句十一字为毕沅核补）

这里用"柔""仁""廉（兼）""清""虚""齐""己""势""先""后"十字概括各家思想的中心论点，虽不一定十分确当，却颇有精到之处，显示了《吕氏春秋》作者的高度理论概括能力。这种初步运用思维的逻辑形式，探索诸子思想的方法，正符合哲学思想史研究不同于一般历史研究的特殊性质，值得我们哲学思想史研究者十分注意。

当然，运用逻辑形式，并非自《吕氏春秋》始。从孔子论"仁"，墨子"尚同"，孟子"道性善""辟杨墨"就开始这样做了；后来的《墨经》作者和"名辩"学者，则将它发展到极端，完全表现出纯逻辑概念论的色彩。所以《吕氏春秋》才把他们这些人看作思想家而不是世传史家进行评论，只是《论语》《孟子》的形式不工整，多系语录体，这不能不影响其理论思维的充分发挥。

《汉志》把《吕氏春秋》列为杂家，说是"秦相吕不韦辑智略士作"。不是吕不韦一人所著，而成于众"智略士"之手。思想虽不成一家，但形式上，确实是我国最早的一部有系统的私人著作，蕴藏着丰富的哲学思想史资料，显示了运用理论思维的巨大作用。

然而，哲学思想史乃是历史与逻辑的辩证统一。历史是第一性的，它决定着逻辑的发展。《吕氏春秋·不二篇》所代表的先秦诸子，虽说比司马父子和班固注重逻辑，但它却忽略了历史。在它之前很值得注意的荀、韩师徒二人，也是如此。

先说韩非子。他无论逻辑，还是历史，两个方面都不高明。《汉志》把《韩子》列为"法家"，真是知人论世，合乎韩非思想。《韩非子·显学篇》里，首推孔、墨至"显学"地位，论述了"孔、墨之后，儒分为八，墨离为三"的发展大势，可算是独到之处。但又称诸子为"愚诬之学，杂反之行"，认为"严家无悍虏，而慈母有败子"，"威势之可以禁暴，而德厚之不足以止乱"，建议君主"不务德而务法"，不施教而"劳力"，"严刑重罚"，用"威势"禁令的专制手段，消灭"杂学"，禁止"藏书策，习谈论，聚徒役，服文学而议说"，从而遏制诸子百家之学的繁荣和发展。韩非子虽然没有亲身参与政事，但处处表现出了政治事务家的尖锐和热情，而缺乏哲学思想家的理智和沉思。所以，他作为杰出的政治家，受到了秦始皇的赏识与敬重；作为法家的集大成者、先秦诸子百家之学的殿军，哲学思想史论性质却表现得比较差。

可是，他的老师——荀子，就不是这样。荀子是战国末年的儒家大师，是一位真正的哲学思想大家。

是的，荀子始终没有背离儒家的基本立场。但他生当统一的专制国家逐步形成的大变革时代，反映这一时代精神的哲学思想，已出现了一个对先秦诸子进行理论总结的批判思潮，推动着他以超拔的识力、严谨的态度，对先前的思想史进行了一次认真的理论清算。上溯周公、管仲，下及当世的诸子各家各派，连同仲尼、子弓之外的儒家，几乎无一逃脱他批判综合的视野。他在《非十二子篇》里批评了它嚣、魏牟、陈仲、史鳛、墨翟、宋钘、慎到、田骈、惠施、邓析、子思、孟轲。从这些批评中，足见荀子批判总结先秦诸子的概况。他往往三言两语便切中各派学说的要义。凡各家"有见"之处，他都吸收；凡各派有"蔽"之点，他均摈弃。他在批判中综合，在综合中发展，逐步形成了自己独特的、博大精深的理论体系。若没有理论思维的逻辑力量，若不以逻辑形式对古代思想史进行独立的探索，这一切是万万不可能的。所以，荀子堪称真正开创哲学思想史研究的学者。

然而，他可能因过分倾心于理论的批判，在思想史的"史"观上，却未能比《天下篇》后来居上。从现存的《荀子》三十二篇里，找不到一处对先前思想发展所做的系统性的条贯。即使专论诸子思想特色的《非十二子篇》，也同韩非子的《显学篇》、吕氏的《不二篇》一样，皆缺乏应有的历史性。《天下篇》所排列的诸子家派次第，恰与史学家司马谈的"六家"序列相合，它们大体同客观的历史时序平行。而《非十二子篇》竟把思孟和仲尼排在最后，而将大约与邹衍同时的魏牟和陈仲置于最前，与客观的历史时序前后交错。可知，荀子并非真正按照历史发展论列诸子。所以，如果说荀子在思想史的"逻辑"上优于各家，那么，《天下篇》不只有"逻辑"，而且在思想史的"历史"上还高他一筹。思想史论的性格自然显得突出。

尤其值得郑重一提的是，《天下篇》把"数度"之术列在儒家六艺之学之先。虽然，先秦诸子之书有"学""术"之别①，但首列"数度"之术，竟同司马谈把具有"术数"性的"阴阳家"排在"六家"最前的论次相合。表明《天下篇》不是随意论次，而司马谈可能还受了它的感染。这对我们打破古代哲学思想史从孔子论起的儒家传统观念的束缚，重新考虑中国传统哲学史、思想史的起点问题，无疑是有意义的。可惜，"数度""阴阳"之术，除了一部占筮书性质的《周易》可以稽考外，尚无私家著述，加上《天下篇》作者是不是庄周尚无定论，因而，它的这一思想史价值，迄今并未引起应有的重视。我把它看作站在道家立场上，综合了道家各派及其他各家思想的庄周一派道家诸子，初步探寻思想发展渊源的珍贵文献，也许并不过分。

---

① 刘师培在《国学发微》里，按近代"体用"思想，把先秦诸子书中的"学"和"术"做了区分。他说："学也者，指事物之原理言也；术也者，指事物之作用言也。学为术之体，术为学之用。如阴阳家流，列于九流之一，此指阴阳学之原理言也，……列于术数类中，则指其作用之方法言矣。"其实，这一界说，正表明"学"与"术"的不可分割性。

总之，先秦诸子在批判综合的学术思潮中，表现出来的共同特点是：他们在不同程度上发挥了理论思维的能力，初步运用逻辑形式，互相诘难，每家、每派、每个大师，都"持之有故""言之成理"（《非十二子篇》），通过批判综合，创立了自己独特的理论体系。尤其可贵的是，他们不仅展开平面性的横议，而且把诸子的思想、范畴安置在他们的"历史"系统里，进行系统性的纵论。尽管，他们都不可能自觉地把这两者有机统一起来，探索出思想史发展的规律；可是，他们都有一个"天下大乱"→学术分化→诸子产生→思想递进的历史观念。章太炎在《诸子学略说》里，就指明了这一点。因此，《天下篇》所代表的先秦时期出现的对诸子百家之学批判综合的学术思潮，就标志着中国哲学思想史研究的开端。它对以前和当世思想的总结，正是推进尔后哲学认知发展的新起点。

二、对诸子百家渊源的探求

《天下篇》既然开了研究中国哲学思想史的先河，必然会给人们昭示出自己特有的思想史方法论。把探求当世各派哲学思想产生的渊源，当作哲学思想史研究首要的问题意识，就是它方法论的一个显著特色。

这个问题是先秦各家都没有触及的，唯有《天下篇》注意到了。它开宗明义告诉人们：

> 天下之治方术者多矣，皆以其有为不可加矣。古之所谓道术者，果恶乎在？曰："无乎不在。"曰："神何由降？明何由出？""圣有所生，王有所成，皆原于一。"[1]

这是《天下篇》的总论。历代注释疏证之家，对它或者牵合儒义，或者以玄、佛附会，抵牾相訾，多含歧义。其症结，我以为还在"方术""道术"与

---

[1] 郭庆藩：《庄子集释》卷一〇下，中华书局，1961年，第1065页。

"一"的关系上，它们之间的矛盾运动，就是《天下篇》推溯的百家之学的源流。哲学大家王夫之算是比较清楚地看到了这一点。他在《庄子解》里，对这段话解释说：

> 一者所谓天均也。原于一，则不可分而裂之。乃一以为原，而其流不能不异，故治方术者，各以其悦者为是，而必裂矣。然要归其所自来，则无损益于其一也。一故备，能备者为群言之统宗，故下归之于内圣外王之道。

这就是说，先秦时期的百家之学，都是"治方术者"，它们皆为古代哲学思想之"流"，其"原"乃在于"一"。"一"是最纯最正的"天均"，诸子百家"各以其悦"而取其一方，便造成了哲学思想的分裂。要想"统宗""群言"，就不能"损益于其一"。这就得实行"内圣外王"的"道术"。王夫之的解释，立足于推崇"内圣外王之道"，从"古之道术"的演化中，说明诸子百家之学的渊源，这是把《天下篇》作者的"微言深至"体会得最精妙之点。他注意到了《天下篇》的思想方法，这是比其他庄子学家有见之处。不过，他把"一"解作自然的"天均"，固然符合了他自己唯物主义自然观的要求，却背离了《天下篇》的本义。

因为，王夫之依据《天下篇》内容的"浩博贯综，而微言深至"，断定它"非庄子莫能为也"（《庄子解》卷三三）。所以，《庄子》一书，成了他解《天下篇》的唯一凭证。《庄子》书中说："天地虽大，其化均也"（《天地篇》）；"天地之德者"，"所以均调天下，与人和者也"（《天道篇》）。王夫之便说："一者所谓天均也。"其不知这里的"天均"仅指"一"的作用而言，并非"一"的本身。"一"的意义远比"天均"深奥得多。

"一"究竟是什么？为什么"一"能"化均天地""均调天下"，又能成为百家之学的渊源呢？

要准确地确定像"一"这样的专门概念的特定含义，的确是哲学思想史研究工作的一个大困难。我们常常碰到同一个专门名词，不仅在不同时代、不同流派的思想家那里，会有截然分殊的意蕴，甚至在同一个人笔下，也每每出现不同的意义。这几乎为一切论者所难免，先秦诸子之书更是如此。为不致望文生义，逞臆为说，就不能全然依从《庄子》，更不应单靠通常的文字训诂，而需从现存可靠的先秦道家典籍里找寻旁证。

道家思想，杜国庠在《先秦诸子思想概要》中推测："最可能的是老聃发其端，宋尹等衍其流，而庄子则集其成。"① 所以，只要弄清由老子到庄子，特别是近年发现的帛书中先秦道家诸子对"一"的述义，便可确定"一"是什么。《老子》三十九章集中论述了"一"：

> 昔之得一者：天得一以清，地得一以宁，神得一以灵，谷得一以盈，万物得一以生，侯王得一以为天下贞（陈按：帛书甲乙本《老子》，皆作"正"。"正，首领也。"从范应元注）。

显然，"一"不是王夫之说的"天均"。"一"在天地产生之先早已存在，"一"是天、地、神、谷、万物、侯王的本原。天若离开"一"，就不能保持清明，将会破裂；地若离开"一"，就保不住稳定，将会震动；河谷若离开"一"，就不能保持充盈，将会枯竭；万物若离开"一"，就不能滋生，将会死亡；侯王者离开"一"，就不能成为天下的首领，将会亡国。这同《天下篇》的"圣有所生，王有所成，皆原于一"的思路，不正是完全相通的吗？可见，他们所说的"一"，既非修养守身的"抱一"②，也不是表示天地未分的"太一"③，而是产生一切、支配一切的唯一的最高精神原则。这便是"道"。

---

① 杜国庠：《先秦诸子思想概要》，生活·读书·新知三联书店，1955年，第42页。
② 《老子》十章云："载营魄抱一，能无离乎？"二十二章云："圣人抱一为天下式。"《庄子·庚桑楚》云："老子曰：'卫生之经，能抱一乎？'"这里的"一"，都是道家特有的，专指守身自得、守真不二的修养功夫。
③ 《易·系辞上》云："易有太极，是生两仪，两仪生四象，四象生八卦"。《老子》四十二章云："道生一，一生二，二生三，三生万物。"《庄子·天地篇》云："泰初有无，无有无名；一之所起，有一而未形。"《天下篇》云：老子"主之以太一"。《文子·十守》云："天地未形，窈窈冥冥，浑而为一"。这些"一"，都属道家诸子猜测天地生成的物观。

何以见得"一"是最高精神原则"道"呢？旧注陈陈相因，只说"一"谓"道"，而不注其由。韩非子在《扬权篇》里有一段话，给我们许多启示。他说：

> 用一之道，以名为首。名正物定，名倚物徙。故圣人执一以静，使名自命，令事自定。……道无双，故曰一。[1]

集法家之大成的韩非子，思想史论性质诚属不高，但在解"一"为"道"时，却颇有创见。他大胆地把道家的"道"和儒家的"正名"，引入自己的法术理论中。认为君主欲"一天下"，就得一人"主道"，独擅法术。只有"主道"，才可擅权。因为"道"是独一无二的最高准则，所以用"一"为名。所谓"主道"，就是"用一之道"这个名，去审合一切形名，"正名定物"，最后达到"一天下"。这是与《天下篇》"圣生王成"，"皆原于一"的指归一致的。虽然，韩非子把"道"解释成最高的名，把名和法杂糅一起，是为了给他的法权思想做证，但无意中却给后世的魏晋名理学者把名、法融化在道中，创立玄学新论，提供了论据。韩非子与名理学者，都视"道"为"名"，认"名"为"道义之门，政化之准绳"（《晋书·隐逸·鲁胜传》引胜著《墨辩叙》）。可见，"皆原于一"的"一"，无疑是最高精神准则"道"。

帛书《经法》为此提供了可靠的证据。《十大经·成法》云：

> 一者，道其本也，……一之解，察于天地。一之理，施于四海。何以知□之至，远近之稽？夫唯一不失，一以驺化（陈按：促使变化也），少以知多。夫达望四海，困极上下，四乡（向）相枹（抱），各以其道。……与天地同极，乃可以知天地之祸福。[2]

"一"既为"道其本"，当然配做"道"的名号。但一般人是掌握不了它的。

---

[1] 陈奇猷校注：《韩非子集释》卷二，上海人民出版社，1974年，第121—122页。
[2] 马王堆汉墓帛书整理小组编：《经法》，文物出版社，1976年，第73—74页。

《道原》说：

> 人皆以之，莫知其名。人皆用之，莫见其刑（形）。一者其号
> 也，……故唯圣人能察无刑（形），能听无（声）。……服此道者，
> 是胃（谓）能精。……圣王用此，天下服。①

"道"如此万全万能，当然只有古代圣人才有资格"用一之道"，治理天下，使"天下服"。这正是《天下篇》所表达的先秦道家诸子的思想史方法论的主旨。

因此，考明了"皆原于一"的"一"，是最高精神准则"道"，只有圣人可以驾驭它，使它产生一切，我们便可知晓《天下篇》所说的"古之道术"和诸子百家之学代表的"方术""皆原于一"，即当世的一切哲学思想，都由这一最高精神实体（"道"）演化而来。这诚属唯心的思想史观，实质就是一幅精神实体的逻辑发展图。无疑，它本身没有什么积极意义，应予以抛弃。然而，它十分注重考察各派哲学思想产生的渊源，探寻各家思想发展的路数，这在哲学思想史研究中，对我们防止简单化、公式化的倾向，毕竟具有一定的借鉴作用。

三、对"道术"与"方术"矛盾运动的推演

《天下篇》将当时一切哲学思想的产生，主观地归于"一之道"的精神准则之后，便全力对哲学思想发展的过程做出了主观推演。它把哲学思想的发展过程看作"道术"与"方术"的矛盾运动，这正是它的思想史方法论中最精彩、最有意义的内容。

"古之道术"是《天下篇》作者最尊崇的哲学。因为它是圣人对"道"最完善的掌握和最现实的运用。"道"，既为一切事物的本原，无所不包，无所不在；"道术"必然也就"无乎不在"，简直成了圣人恩泽万民，"蓄息畜

---

① 马王堆汉墓帛书整理小组编：《经法》，文物出版社，1976年，第101—102页。

藏"，平治天下的精神泉源和实际方略。《天下篇》作者用尽当时的美妙辞藻
来描述它：

> 古之人其备乎！配神明，醇天地，育万物，和天下，泽及百
> 姓，明于本数，系于末度，六通四辟，小大精粗，其运（陈按：疑作
> "道"，从高亨说）无乎不在。[1]

将"道术"的现实作用夸张到这步境域，作为道家，本是自然而然、顺理成章的逻
辑。对于我们，终觉得没处着落，玄虚莫解，必然会问："备乎""道术"的"古
之人"，属何学派？主要是些什么人？出现在历史的哪个阶段？君勿性急！《天下
篇》的总论接着从抽象的"道"，进入比较具体的"道术"演化史的推论。

《天下篇》将"道术"演化史大体分作两个过程，形成三大学派。

第一个过程，是"内圣"人物对"道术"全体的运用。

《天下篇》说：

> 其明而在数度者，旧法世传之史尚多有之。其在于《诗》《书》
> 《礼》《乐》者，邹鲁之士搢绅先生多能明之。《诗》以道志，
> 《书》以道事，《礼》以道行，《乐》以道和，《易》以道阴阳，
> 《春秋》以道名分。[2]

显然，在这一过程里，有两种身份的人物，构成了两个大学派。按历史时序，
首先是数度阴阳之术，其次是诗书六艺之学。

所谓"数度"，旧注多半依据"本数"和"末度"，将"数度"分开解作
"仁义"与"名法"。这是后世学者牵合儒义造成的混乱。高亨先生曾据《广
雅·释诂》"数，术也"，想从训诂上来校正，但仍然将它分开释作："本
数，大经大法也。末度，细节细目也。"（《〈庄子·天下篇〉笺证》）没有

---

① 郭庆藩：《庄子集释》卷一〇下，中华书局，1961年，第1067页。
② 郭庆藩：《庄子集释》卷一〇下，中华书局，1961年，第1067页。

把它视为一个东西。蒋锡昌先生曾依先秦诸子关于"数度"的记载，虽然从考据上证明了"数"和"度"不是普通计数的数和测量的度，而是"数度"或"度数"，但也没有把它当作一种学说。①我们参证司马谈《论六家要旨》对"阴阳之术"宗旨的记述：

> 夫阴阳四时、八位、十二度、二十四节各有教令，顺之者昌，逆之者不死则亡。……夫春生夏长，秋收冬藏，此天道之大经也，弗顺则无以为天下纲纪，故曰"四时之大顺，不可失也"。②

可以推断，"其明而在数度者"，就是指由"古之道术"具体演化的数度阴阳之术，这大概是同天文、地理等自然科学相联系的一大学派，由史巫一类"天官"所掌握。可见之于诸如《尚书》那样的"旧法世传之史"。

什么是诗书六艺之学？

所谓"六艺"，就是指经孔子整理过的《诗》《书》《礼》《乐》《易》《春秋》之"六经"。因为"邹鲁之士搢绅先生多能明之"，可以肯定，这是指"古之道术"又经数度阴阳之术，演变为儒家六艺之学。这一学说主要由儒家之儒所掌握，可见之于六艺典籍。这一点，过去没有歧义，可以不论。

问题是这一演化过程，明明概括了从有文献可考的殷周鼎盛之年，到春秋末期专制政体开始形成之时，这样两个截然不同的历史阶段上的两种理论思维发展的形态。前者属于奴隶制社会里，由王官垄断的、穿着宗教外衣登场的官方意识；后者则是封建制形成过程中产生的，中国第一代相对独立的知识士人阶层所创造的儒家理论③。这是两种性质不同的思想体系，《天下篇》为何要把二者相次列入同一过程呢？

---

① 《荀子·荣辱篇》云："循法则、度量、刑辟、图籍，不知其义，谨守其数，慎不敢损益也，……是官人百吏之所以取禄秩也。"《荀子·君道篇》又云："官人守数，君子养原。"所以，蒋断定"数度"为"古官吏所守之'数'，包括法则、度量、刑辟、图籍、礼乐、弓矢、戈殳、矛戟等数而言"。见蒋著《庄子哲学》。
② 司马迁：《史记》卷一三〇《太史公自序》，中华书局，1959年，第3290页。
③ 拙著《孔子儒家考辨》对此已有专论，参看前篇。

原因可能很简单。掌运数度阴阳之术的"天官"和懂得诗书六艺的儒家，都是《天下篇》笔下"神降"的"天人""神人""至人""圣人"等一流高等的"内圣"人物；它认为这些人掌握着"道术"的全体，"其运（道）无乎不在"，真算得上"道术""备乎"、可一天下的"古之人"。而接着出现的诸子百家之学，似乎了无所致，十分逊色，使它深感"悲夫"，只好将其别具一格了。"道术"演化的状况，就是它眼里的历史尺度！

第二个过程，是"外王"人物对"道术"部分的称道。

《天下篇》说：

> 其数散于天下而设于中国者，百家之学时或称而道之。①

怎样理解这段话？为什么"古之道术"由数度阴阳之术，历经诗书六艺之学会"散于天下"，而产生"百家之学"呢？罗根泽先生在《战国前无私家著作说》中有云：

> 此明言古之道术混然未分，无乎不在；而见于记载者，则有世传之史及《诗》《书》六艺（陈按：这是总括前一过程），而百家之学亦时或称而道之。称而道之，非创作而为征引，正指"天下大乱，贤圣不明，道德（陈按：'德'当为'术'）不一，天下多得一察焉以自好"之"不该不遍，一曲之士"之"百家众技"。而庄子所列九家，亦括在内矣。

罗的这段文字旨在证明：《天下篇》虽有"古之道术有在于是者"之言，但战国前并无"离事言理之私家著作"。这诚属另一问题，却很能切近《天下篇》的要义。在《天下篇》笔下，"道术"果真似一个至上穷下的精神感召，具有无限的思想活力。在发展的第一个过程中，它以"混然未分"的全体，表现在数度、六艺两种思想形态里，为"内圣"一流人物运用于平治天下的现实中。

---

① 郭庆藩：《庄子集释》卷一〇下，中华书局，1961年，第1067页。

这是"道术"演化最理想的历史阶段。谁料"天下大乱",社会变动,贤圣再也无法按捺住"道术"的活力,各类人物以其所好,从不同的需要出发,各取"道术"之一端,以救世之急。这犹如"百家众技","皆有所长,时有所用"一样,便产生了"百家之学"。"道术"从此被分裂成各类"方术"。

按古语云"方",皆指正方形之"一边"。①《天下篇》作者把"百家之学"统归"方术",真是概括得惟妙惟肖。你看"古之道术"在第一个过程里,犹如一个十全十美的正方形,在第二个过程里,竟被解为一个一个的"边"。这些"边",就是《天下篇》依次评论的九派学者:①墨翟、禽滑釐(见第二章);②宋钘、尹文(见第三章);③彭蒙、田骈、慎到(见第四章);④关尹、老聃(见第五章);⑤庄周(见第六章);⑥惠施(应为另一篇)。这些都是"古之道术有在于是者"的先秦诸子哲学。

《天下篇》画龙点睛式地综述了他们在"天下大乱"中,各自采取独特的理论形式,向新起的各阶层的当权人物献计献策,百家争鸣,大放异彩的壮观:墨翟、禽滑釐主张"毁古之礼乐","泛爱兼利而非斗","以绳墨自矫,而备世之急";宋钘、尹文主张"以禁攻寝兵为外,以情欲寡浅为内","愿天下之安宁以活民命";彭蒙、田骈、慎到主张"公而不当(党),易而无私","不顾于虑,不谋于知","无用贤圣",一切依法。

诸子对当世政治何等倾心和热忱!唯有老庄似乎与众不同:关尹、老聃主张"以濡弱谦下为表,以空虚不毁万物为实",以"取后"为先,进道为退,想让天下"无为而治";庄周主张"独与天地精神往来而不敖倪于万物,不谴是非,以与世俗处";"以重言为真,以寓言为广","以谬悠之说,荒唐之言,无端崖之辞",布置迷魂阵,以超脱尘世,变作"真人"。这是何等玄虚的救世方术!

不管怎样,它揭明了先秦诸子都是"思以其道易天下"的救世之士,百家之学都是直接为当世政治服务的救世哲学。所以,在《天下篇》笔下,他们属于能使"明出王成"的"外王"人物。唯独老庄脚下还留有一条通往"内圣"的隐径。称

---

① 参看郭元兴《读〈经法〉》(《中华文史论丛》1979年第2辑)对《十大经·立命》"方四面"一语的新解。

赞关尹、老聃是"古之博大真人"，庄周要"上与造物者游"，就是见证。

然而，这并非《天下篇》作者得道独厚，党同伐异。即使把百家之学说成没有一点创造，只能对"道术"称引，也不全然是门户之见。因为，《天下篇》在评论百家时，也述及自家学派，并没有违反它的历史尺度，把老庄从"方术"中抽掉，与第一过程的"道术"同伍。它之所以要给老庄留一条通向"内圣"的隐径，主要是在它笔下"方术"还要向统一的"道术"演化，哲学思想还得继续向前发展。这才是难能可贵的思想史论精神，也表现出了古代哲学思想史论家严整公正的学术气度！

《天下篇》所论证的"道术"与"方术"的矛盾运动，实质就是一幅道术演化图："道者，神明之原也"（帛书《经法·名理》），道是唯一高尚的精神准则。圣人"用一之道"来"易天下"，出现了"古之道术"，具体体现在数度阴阳之术和诗书六艺之学中，这是"道术"演化的第一个过程。其后"天下大乱，贤圣不明"，"道术"被分裂成无数救世之"方术"，为"外王"一流人物掌运，产生了诸子百家之学，老庄也在其内。但道家毕竟得道独厚，最懂"道术"之真义，知晓"方术"还要发展到统一的"道术"，百家之学一定要被未来的新学派代替。这就需要有内圣外王备乎一身的圣王降临。

由此可知，道术演化图就是"道术"与"方术"的矛盾运动，亦即思想产生思想，精神再变精神的过程。这便是作为《天下篇》总纲的"内圣外王之道"。这是一种同唯物史观所理解的古代哲学思想根本对立的唯心的思想发展观。

然而，必须提出的是，正是在上述道术演化图式的唯心主义云雾中，竟闪烁着《天下篇》的思想史方法论的主旨，那就是"思以其道易天下"的救世目的。你看，《天下篇》笔下的诸子，没有一个是真心诚意地只称颂贤圣古道，"述而不作"，"离事言理"的。大家之所以争先恐后地言必先王，著书论道，为的是收揽人心，托古改制，"思以易天下"（《孟子·滕文公章句上》）。所以，《天下篇》才称他们是"救世之士哉""才士也夫"。精通文史、校雠学的清代文史论专家章学诚深知此中真味，在他的《文史通义·原道》中早就指明了这一点。①这表明先秦诸子的哲学有一个鲜明特点，将哲学思想和政治伦理融合为一，特别重视对社会矛盾运动的分析。《天下篇》制作的先秦哲学思想发展的道术演化图式，其实就是对社会矛盾运动头足倒置的映象。所以，我们研究中国哲学思想史，尤其是研究先秦诸子百家之学，就必须从这一特殊性质出发，既要注意对自然观的分析，又要特别重视历史辩证法的内容。只有把这两者结合起来，才能真实地展现出中国人理论思维发展的全貌。

我们还看到，正是在"道术"与"方术"的矛盾运动中，显露着《天下篇》在思想史方法论上的要义，那就是把哲学思想（"古之道术"）看作充满矛盾的辩证发展过程。尽管这一矛盾运动建筑在"一之道"的精神原则上，是纯粹的唯心主义，但它将哲学思想的发展归结为"道术"与"方术"的矛盾运动，这毕竟是合理的辩证法因素；而且认为"天下大乱"是"道术"分裂为"方术"（"道术将为天下裂"）的根源，这显然又是唯物的观念。这两方面就是《天下篇》在思想史研究的方法论上的精华，很值得我们批判地加以继承。

由此可见，我们研究中国哲学思想史，必须注意对每一哲学思想体系产生的"源"，做历史的、阶层的分析；同时又一定要十分重视对哲学思想发展的"流"，做逻辑的、理论的分析。不仅要把社会实践看作每一哲学思想产生、发展的泉源和根本动力，而且要在这一前提下，把哲学思想中"党派"之间、学派之间的互相对立和互相渗透的矛盾运动，视为哲学思想本身能独立发展的内在动因，并使二者紧密结合起来。这乃我们研究中国哲学史、思想史应该确立的历史与逻辑统一的科学的方法论。这便是我从《庄子·天下篇》研究中新获得的结论。

1979年冬稿于陕西师大6楼新居。

原载《中国哲学史论》，山西人民出版社，1981年。

---

① 章学诚在《文史通义·原道》中指出："道不离器，犹影不离形。后世服夫子之教者自六经，以谓六经载道之书也。而不知六经皆器也。……故夫子述而不作，而表章六艺，以存周公旧典也，不敢舍器而言道也。而诸子纷纷，则已言道矣。庄生譬之为耳目口鼻，司马谈别之为六家，刘向区之为九流。皆自以为至极，而思以其道易天下者也。……皆仁智之见而谓之，而非道之果若是易也。"这便是《天下篇》道术演化图式的思想史方法论的主旨。

论荀学体系结构及其思想史观

荀子在思想史论上的成就不能同他创立的荀学体系并称，这和《庄子·天下篇》的哲学思想不能同它的思想史论价值并称一样。但荀学体系毕竟和荀子的思想史论直接相关。

近年来，研究荀学的专著和论文确实不少，也出现了许多较好的研究论著。学术界在一些诸如荀子是先秦时期杰出的思想家、是"朴素的唯物主义哲学家"等基本问题上，已取得了公认，这是值得肯定的成绩。然而，研究哲学史的传统方法，在荀学的研究中仍然占主导地位，大家还是习惯于按过去形成的程式分解荀子，所以论题还只限于宇宙观和认识论方面。至于荀学体系及其思想史论问题，则研究得不够。因此，本篇以前人成果为基础，就这一方面做些初步探索。

一、"唯物主义者"的唯心思想史观

荀子是战国末年的儒学大师，是真正的运用理论思维对先秦诸子思想进行初步总结的哲学史家。他创立的理论体系，总的来说属于朴素的唯物主义性质。但若细究一下，他的唯物主义并不是无懈可击的。仅就其构筑思想体系的方法而言，他简直完全蹈袭了《庄子·天下篇》的说法。他的思想史观及其方法论，可以说基本上是《庄子·天下篇》那种道术演化图式的继续。过去研究荀学的人们，对荀子思想体系中的"道"提出过疑问，如杨向奎先生说：

> 这个"道"，就名词上看和老庄的提法相同，而实际涵义有所不同。究竟荀子的"道"的意义（是）不是可以捉摸的事物，"虚壹而静"的方法和他的注重实践及学有所止的方法是结合不起来的，是荀子方法论中的赘瘤。①

杨先生在这一点上是很有见地的，他觉察到了荀子思想体系有矛盾，并指出这是荀子方法论中的一个"赘瘤"。但是他没有进一步追索"赘瘤"由何而来。荀学的疑团仍未解开。

我觉得，荀子思想体系之所以存在这样的矛盾，主要是由他的思想史观及其方法论造成的。的确，他在批判综合诸子百家之学中，认真研究了当时思想变迁之大势，建立了自己独具风格的唯物主义的理论体系。但他的思想史观及其方法论，却是《庄子·天下篇》那一套唯心的图式。这些都突出地显露在他专论诸子思想的篇章里。

以人们熟知的《天论篇》来说，这是荀子集中论证天地万物变化的专题论文。他批判了自己的前辈——思孟"天人学派"如何把五行说宗教化、如何用自然灾变制造迷信恐惧，合乎情理地解释了天变和治乱的关系，提出了"天人之分"和"物畜而制之""制天命而用之"的著名命题，第一次给人类在天地间安置了一个主人的席位。然而，却很少有人注意到，荀子同时还给人类安排了一个主宰——"至人""道贯"。他说：

> 故明于天人之分，则可谓至人矣。
>
> 百王之无变，足以为道贯。一废一起，应之以贯，理贯不乱。不

---

① 杨向奎：《中国古代社会与古代思想研究》上册，上海人民出版社，1962年，第105页。

知贯不知应变，贯之大体未尝亡也。乱生其差，治尽其详，故道之所
善，中则可从，畸则不可为，匿则大惑。①

这个"至人"和《庄子·天下篇》中的"至人"无异，同属高等的"内圣"人
物。这个"道贯"却不好解。因为在先秦诸子里，荀子是最富于严密的逻辑系
统和综合分析能力的，他绝不会随意把"道"与"贯"牵合在一起。

我认为，"道"在《荀子》书中一般多指天行的规律，或人伦的道理；但
这里加上一个"贯"字，便使"道"带上神秘色彩，成了一个永恒化的东西。
《论语》中"贯"字凡三见，《荀子》中"贯"字除《劝学篇》《王制篇》
两见外，上引的这段话是把"道"与"贯"连缀一起专讲"贯"的。但这个
"贯"字，"自汉以来不得其解"（《论语·里仁篇》刘宝楠正义），历代注
释、疏证、考据家说法纷纭，概括起来不外两种：①《尔雅·释诂》训"贯"
为"事也"，《广雅·释诂》训"贯"为"行也"。清代学者多从此说，认为
这是儒家论"道"，重在"行事"，非徒"文学"（阮元《揅经室集》）。
②《释名·释言语》释"通"为"无所不贯洞也"，又《离骚》王逸注"贯"
为"累也"。所以唐人杨倞断定"道贯"其要可归"以礼为条贯"（《荀
子·天论篇》杨倞注。下引《荀子》只注篇名）。这两种说法，虽然各持之有
故，言之成理，但根据荀子"以道观尽，古今一也"（《非相篇》）的历史
观，结合他在《解蔽篇》《哀公篇》所说的"夫道者，体常而尽变""大道者，
所以变化遂成万物也"，我认为："道贯"就是"体常"不变、"古今一也"的
最高精神准则，即《庄子·天下篇》中的"一之道"。"至人"掌运它，它才显
出"尽变"而产生万物。至于"思以易天下"的百家之学，只能"为道一偏"，
不能从全体上驾驭它。所以，《天论篇》最后归结说：

万物为道一偏，一物为万物一偏，愚者为一物一偏，而自以为知
道，无知也：慎子有见于后无见于先。老子有见于诎，无见于信。墨

① 梁启雄：《荀子简释》，古籍出版社，1956年，第221、230页。

子有见于齐，无见于畸。宋子有见于少，无见于多。有后而无先，则群众无门。有诎而无信，则贵贱不分。有齐而无畸，则政令不施。有少而无多，则群众不化。《书》曰："无有作好，遵王之道。无有作恶，遵王之路。"此之谓也。①

由此可见，荀子虽然批判地吸收了宋尹学派的自然天道观，猛烈地攻击了思孟神秘主义的"天人学说"，在儒家学派中恢复了"唯物主义"的权威；但他研究各家思想的方法论，竟同《庄子·天下篇》一脉相承，行文几乎也每每有所蹈袭。《庄子·天下篇》说：圣王掌运"古之道术"→"道术"为天下裂为"方术"→产生"百子之学"；他在《天论篇》便云："至人"掌运"道贯"→诸子"为道一偏"→"百家异说"蜂起。这完全是同一幅道术演化图式。

荀子在《非十二子篇》里，专门阐释了百家之学"为道一偏"所造成的"是非治乱"。开章便是：

> 假今之世，饰邪说，文奸言，以枭乱天下，矞（谲）宇（讦）嵬琐，使天下混然不知是非治乱之所存者有人矣。②

接着便逐一评论十子如何"使天下混然不知是非治乱"，这同《庄子·天下篇》毫无二致。都不是把先秦思想史上的百家之学看作春秋战国社会大变革的必然产物，而是把"天下混然"的社会变动，视为百家之学"为道一偏"的恶果；不是让理论思维的逻辑去适应社会历史的发展，而是让社会变革就范于道术的演化图式。结果，全部关系被颠倒了。"杰出的唯物主义者"，思想史观居然是十分唯心的！按照这样的史观和方法建立的理论体系，也绝不会是完全科学的。

---

① 梁启雄：《荀子简释》，古籍出版社，1956年，第231—232页。
② 梁启雄：《荀子简释》，古籍出版社，1956年，第59页。

二、"学以致其道"型的荀学体系

为了改革"天下混然"的"乱世"局面，荀子创建了自己的理论体系。他将着眼点首先放在纠正百家之学"为道一偏"的弊病上。专讲"心术"作用的《解蔽篇》开章就说：

> 凡人之患，蔽于一曲，而暗于大理。治则复经（陈按：指复经常之"正道"。从杨倞注）；两、疑则惑矣。天下无二道，圣人无两心。今诸侯异政，百家异说，则必或是或非，或治或乱。……岂不蔽于一曲而失正求也哉！①

何谓"两、疑"？俞樾在《诸子平议》里解释得好，他说："天下之道，一而已矣，有与之相敌者是为两，有与之相乱者是为疑。两焉，疑焉，惑从此起，故曰：'两疑则惑矣。'"这恰合荀子本义。荀子认为，人最大的祸患是，人的认识"蔽于一曲而失正求"，不能全面掌运"道贯"，使天下失去正道，"诸侯异政，百家异说"。因而，他不能不和《庄子·天下篇》一样，发出"岂不哀哉"的呼叹，接着就尖锐地抨击诸子举"道之一端"的"蔽塞之祸"：

> 昔宾孟（陈按："孟"读"萌"，"宾萌"，即游说于诸侯之国的诸子。从俞说）之蔽者，乱家是也。墨子蔽于"用"而不知"文"；宋子蔽于"欲"而不知"得"；慎子蔽于"法"而不知"贤"；申子蔽于"执"（势）而不知"知"；惠子蔽于"辞"而不知"实"；庄子蔽于"天"而不知"人"。故由"用"谓之道，尽利矣；由"俗"（与"欲"通）谓之道，尽嗛矣；由"法"谓之道，尽数矣；由"执"谓之道，尽便矣；由"辞"谓之道，尽论矣；由

① 梁启雄：《荀子简释》，古籍出版社，1956年，第286—287页。

"天"谓之道，尽因矣。此数具者，皆道之一隅也。夫道者，体常而尽变，一隅不足以举之。曲知之人，观于道之一隅，而未之能识也。故以为足而饰之，内以自乱，外以惑人，上以蔽下，下以蔽上，此蔽塞之祸也。①

荀子从人的认识论上，找寻先秦诸子百家之学"自乱"和"惑人"的根源，这固然还未超出唯心史观的羁绊，却无疑是对《庄子·天下篇》所代表的道家思想史论的新发展。

因为，道家"蔽于'天'而不知'人'"，他们将"道"分为"天道"与"人道"，而且视"天道"高于"人道"。说什么"主者，天道也；臣者，人道也"，二者是"相去远矣"的尊卑主臣关系。（《庄子·在宥篇》）他们的思想发展史，实质就是玄虚的"天道"演化图。"思以其道易天下"的主旨，终归是句空语。

荀子代表的儒家与此不同。他虽然承袭了道家的思想史观及其方法论，但他立足于人事，处处从"人道"上来把握"天道"，从人的认识上来解除对"天道"的蔽患，其"说合于人事"，并不完全"入于道意"，不是像道家那样处处"从道不随事"（王充《论衡·自然篇》）。因而，荀子具体运用这一思想史观及其方法论建立自己的理论体系时，总是显露出"唯物主义"的光彩。

他竭力求索人的认识"蔽于一曲而失正求"的缘由，认为是由两个方面造成的：

一是"人生同欲，其性恶也"。荀子从宋尹自然天道观出发，把对人生的深入观察提高到逻辑思维的高度，给人的"性""情""欲"做出了不同于思孟学派的新解释。他说："性者，天之就也；情者，性之质也；欲者，情之应也。"每个人都以为自己的欲望"可得而求之"，这是人"所必不免"的常情。（《正名篇》）"饥而欲饱，寒而欲暖，劳而欲休"（《性恶篇》），"目欲綦（极）色，耳欲綦声，口欲綦味，鼻欲綦臭，心欲綦佚"（《王霸

----

① 梁启雄：《荀子简释》，古籍出版社，1956年，第290—292页。此段文句，经笔者重新点校。

篇》），这是大家共同追求的欲望。但是，"求而无度量分界"（《礼论篇》），这就必然引起相互争夺，"犯分乱理"，致使"礼义恶生"，天下大乱。由此荀子便推出著名的"人之性恶，其善者伪"（陈按："伪，为也。"从杨倞注）的"性恶论"，与孟轲"人之学者，其性善"的"性善说"相抗衡。（《性恶篇》）这里由环境引起欲望，追求欲望，导致性恶，性恶必然"为道一偏"，就是诸子"蔽于一曲"，使"天下失道"的客观原因。

二是"人心倚私，不知道也"。在荀子看来，除了外部条件，人心"倚其所私"，乃是诸子"蔽于一曲"的主观原因。因此，他详尽地分析了"心"与"道"的关系。他说："治之要在于知道。人何以知道？曰：心。""心者，形之君也，而神明之主也，出令而无所受令。"（《解蔽篇》）"心也者，道之工（主）宰也。"（《正名篇》）本来荀子从他的自然天道观，已经引出了"形具而神生"（《天论篇》）的唯物命题，这里竟然又反客为主，说心是形神的主宰；本来"道"是"遂成万物"的最高范畴，在《荀子》里多指天行的规律，或人伦的道理，基本上是个正确的提法，这里居然又说心是"道之主宰"，心要"知道""守道"，就能革除私欲，显然又是唯心的议论。

这种似乎不可理解的矛盾现象，往往出现在荀子对诸子百家之学的评论中，难道不正是道术演化图式的思想史观及其方法论支配他建立"唯物主义"思想体系的痕迹吗？如果这里还不明显，那就再看看他关于"心"如何主宰"道"的论述吧！

荀子提出心"知道""守道"的两种方法，并指出了达到"知道""守道"的一条根本途径。

一曰：心要"壹"。何谓心"壹"？《解蔽篇》有一段话作解：

> 人何以知道？曰："心。"心何以知（道）？曰："虚壹而静：心未尝不臧（藏）也，然而有所谓虚；心未尝不满（当为'两'）也，然而有所谓一；心未尝不动也，然而有所谓静。……未得道而求道者，谓之虚壹而静。"[1]

① 梁启雄：《荀子简释》，古籍出版社，1956年，第294—295页。

"虚壹而静"四个字，本是宋尹学派的术语。道家主张用消极的"去知""寡欲"的养心方法，使心专"壹"而"知道"。荀子用这四个字，意义则不同，他是站在欲望论和性恶论的基础上，从心"未尝不臧""未尝不满（两）""未尝不动"的能动性出发，来探索像现代汉语所说的"理性思维（心）"在认识中的作用。认为只要人能控制自己的心，做到"不以所已臧害所将受""不以夫（彼）一害此一""不以梦剧乱知"，便可达到"虚壹而静"的"大清明"境界。心既专"壹"了，自然也就会无私而"知道"了。这是一种闪耀着唯物的心理学色彩的治心方法。

二曰：心要"诚"。何谓心诚？《不苟篇》说得十分清楚：

> 君子养心莫善于诚，致诚则无它事矣，唯仁之为守，唯义之为行。诚心守仁则形，形则神，神则能化矣。诚心行义则理，理则明，明则能变矣。变化代兴，谓之天德。……君子至德，……夫此顺命，以慎其独者也。善之为道者，不诚则不独，不独则不形，不形则虽作于心，见于色，出于言，民犹若未从也；虽从必疑。天地为大矣，不诚则不能化万物。……夫诚者，君子之所守也，而政事之本也；唯所居以其类至。[①]

"诚心""慎独"一类字眼，一看便知是对思孟说法的蹈袭。《中庸》说"诚者物之终始，不诚无物"，这里也有"天地为大矣，不诚则不能化万物"，这是二者相通之处。但思孟学派把"诚"看作天道的本质、万物生长的动力，"诚"实质是一种带有浓厚神秘色彩的宇宙本体；而荀子在这里，是把"诚"看作消除私欲，改造性恶，诚心"守仁""行义"，达到"知道""守道"的一种方法论。如果说，心"壹"是从心理学上纠正诸子"为道一偏"，那么，心"诚"就是从道德情操上防止"蔽于一曲而失正求"。这都属于养身治心的修养论。

---

① 梁启雄：《荀子简释》，古籍出版社，1956年，第29—30页。

三曰：要通过"学"。"学"是养身治心的一条根本途径。荀子《劝学篇》《修身篇》《不苟篇》专谈这个问题。可以说，《荀子》三十二篇都贯串着这一思想。因为荀子就是精通诸子百家之学的博学者，他亲身体察到心要"知道""守道"，能主宰"道"，单靠"虚壹而静"和"诚心守仁"的理性思维方法那是不够的，必须通过"学"的实际行动。"吾尝终日而思矣，不如须臾之所学也"（《劝学篇》），就是他的肺腑之言。他把"学"看得高于"思"，是同他把"行"看得高于"知"相通的；这是对孔子"学而不思则罔，思而不学则殆"（《论语·为政篇》）这一"学思并重"思想的发挥。因为中国古代之所谓"学"，本不专指知识的研究，而实亦兼指身心的践履，是兼赅知行修养的。所以，荀子提出了"假物""积习""专一""近师"（《劝学篇》）等一套包括知行在内的学习方法，特别突出强调了"士君子"要有"察类知辨"、进行独立思考的"不苟"学风，规定了"学至于行之而止矣"的归宿。而且"学"的内容和宗旨必须是：

> 学恶乎始？恶乎终？曰：其数则始乎诵经，终乎读礼；其义则始乎为士，终乎为圣人。真积力久则入，学至乎没而后止也。故学数有终，若其义则不可须臾舍也。为之人也，舍之禽兽也。……夫是之谓道德之极。[①]

这里，为何要给"学"明确树立一个"始乎诵经，终乎读礼"的界说呢？荀子认为，这是达到"外王"与"内圣"统一的唯一途径。先学诗书六艺之学，就可懂得"政事之纪""中和之声"，成为士、君子一流"外王"人物；最后再学"礼"，就可以掌握"法之大分，类之纲纪"，成为"外王"与"内圣"备于一身的圣王。

杨倞在《天论篇》"百王之无变，足以为道贯"条下注云："'无变'，不易也。百王不易者，谓礼也。言礼可以为道之条贯也。""礼"既是荀子眼

---

① 梁启雄：《荀子简释》，古籍出版社，1956年，第7—8页。

里不变的"道贯"，那自然只有通过"学"而成为"圣王"的人，才能真正掌握它，达到"易天下"的目的。由此，荀子便引申出一整套以礼治（包括法治在内）为中心的社会政治论。这样，就使《庄子·天下篇》所集中表现的道家那种玄远的"思以其道易天下"的救世理想，变为现实。所以，在荀子笔下："学"由"诵经"进到"读礼"的程序，也就是"道"由"方术"再回到"道术"、人由"士君子"修养成"圣人"、国家由"大乱"走向"大治"的历史过程。

还是章学诚说得好。他将《论语·子张篇》中"学以致其道"的话加以引申说：

> 道，公也。学，私也。君子学以致其道，将尽人以达于天也。[①]

"学以致其道"五字，恰好概括了足以代表荀子的思想史论。荀子的全部理论体系，可以说基本上是在这种方法论指导下构成的。它大体上是从自然天道观出发，以性恶论为基础，以"学"为中心的修养论为主题，以圣王礼治为中心的社会政治论为依归的。这样的理论体系，每一个环节都可以找到道术演化图式的思想史论的痕迹。因此，它的各个环节之间的联系，并不是历史的必然。但是，由于儒家重"人道""政事"，荀子具体应用这一方法论时，并没有完全照搬，而是站在现实的"人道"立场上，吸收了各家各派的积极因素，用"学以致其道"的方法，使"思以其道易天下"的救世目的有可能变为现实。因而，他建立的理论体系，尽管因受唯心思想史观的支配，缺乏科学性；但"学以致其道"的方法论，却使它具有一定的系统性；儒家重"人道""政事"的思想传统，又使它处处宝藏着朴素唯物的内容。荀子唯心的思想史观和现实的方法论，必然形成了如此有系统而不科学的荀学体系结构。

---

① 章学诚：《文史通义校注》内篇四《说林》，叶瑛校注，中华书局，1985年，第347页。

三、"举先以明后"的表达方式

以上我用"学以致其道"概括了荀子关于思想史的研究方法以及所形成的独特的理论体系。在此，还需顺便论及的是与这一研究方法紧密相连的表达方式。

任何理论研究，通常是有怎样的研究方法，便必然产生怎样的表达方式。先秦诸子对思想史的初步研究也不例外。无论是道家的《庄子·天下篇》，还是集百家之大成的《荀子》，它们的思想史论，本质上都不能越出先王圣贤掌运"古之道术"的演化图式。因而思想体系的表达方式，总是：先祖述先王圣贤，次批判百家异说，接着才自标新义，最后再上升到理想的"内圣外王之道"。孔子声称他"述而不作"（《论语·述而篇》），"宪章文武"（《中庸》）；《庄子·天下篇》说"古之道术"，"无乎不在"；韩非批评孔墨"俱道尧、舜，而取舍不同"（《韩非子·显学篇》）；《荀子》书中"诗、书、传曰……此之谓也"的行文格式：都是诸子对其表达方式的自我标榜。诚然，荀子也说过：

> 凡成相，辨法方，至治之极复后王。慎，墨、季、惠、百家之说诚不详（祥）。[1]

似乎他要"复后王"了。其实，仍未超脱祖述先王贤圣的思想表达方式。不少同行学者已做过很好的考辨，大都认为"后王"虽不一定指尧舜，却绝非指他的弟子韩非所讲的"新王"，更不是指秦始皇；而很可能是指"百王"中近世的"文、武"一类"先王"。因此，我认为"举先以明后"，就是荀子所代表的先秦诸子思想表达方式的基本特征。他们之所以如此，无非为了显示自己一言一行，"必有所祖述也"（《文选·两都赋序》李善注）。

---

[1] 梁启雄：《荀子简释》，古籍出版社，1956年，第345页。

四、荀学思想史论的启示

总括以上所论，可以看到：

（1）荀子是继《庄子·天下篇》之后，足以代表战国末年出现的对诸子百家之学批判综合的学术思潮的哲学思想家。荀子其人的经历和《荀子》其书的写定，尽管详情至今仍不清楚，但从现存有关荀子史料的内容看，他（它）的出现，毕竟体现着先秦信心百倍地谋求建立统一的专制主义国家以发展封建制的时代需要。

荀学体系正是适应这一时代要求而形成的。"天人之分论""欲望性恶论"都是从充分相信本阶级的力量这一点立论的；"治心修身论"又是以发挥自己主观能动作用，去把握"体常尽变"的"道贯"为目的；而"道贯"实际就是建立中央集权的专制主义的"礼论"，亦即"王霸"理论。所以，荀子是一个真正代表先秦时代的人物，荀学体系就是这一时代精神的缩影。这正是荀子在中国哲学史、思想史上的真实价值。

（2）值得注意的是，荀子只能从批判综合先秦诸子百家之学入手，以创立新的理论体系的形式，来实现对时代精神的反映。

因为，荀子的身份主要不是直接参与政事的行政事业家，而是从事理论活动的哲学思想家。正像恩格斯指出的："经济在这里并不重新创造出任何东西，但是它决定着现有思想资料的改变和进一步发展的方式，而且这一作用多半也是间接发生的，而对哲学发生最大的直接影响的，则是政治的、法律的和道德的反映。"[①]那么，哲学思想家采取什么形式"间接"反映经济和"直接"反映政治、法律及道德呢？他不能像行政事业家那样用制定政策、法令的方式，而只能用把"由它的先驱者传给它而它便由以出发的特定的思想资料作为前提"[②]，并对这些思想资料进行综合加工、批判改造而重新抽象出一种理论体系的形式。这种理论活动的特殊形式，就决定了每个代表时代精神的哲学思想家，实际都是进行着哲学思想史研究的哲学思想史论家，他们必然都有自

---

① 《马克思恩格斯选集》第四卷，人民出版社，1972年，第485—486页。
② 《马克思恩格斯选集》第四卷，人民出版社，1972年，第485页。

己特定的思想史观及其方法论。经济和政治正是通过特定的思想史观及其方法论，"间接"地和"直接"地决定他们继承前辈哪些思想资料、怎样继承、用何种表达方式、建立什么结构的理论体系。

诚然，这似乎属于学说的继承、渊源问题，是理论体系的"流"，而不是"源"，"源"乃上面所说的那种经济发展的现实历史。但若没有这个"流"的形式，就无法体现那个"源"的内容，也就不是哲学思想形态了。这便是研究荀学体系结构及其思想史论的意义所在。

由此可见，今天我们研究中国哲学史、思想史，不能像治经学史那样，只讲学说的师承关系，而必须着重探求哲学思想是如何表现历史发展规律的；同时又必须像马克思、恩格斯研究德国古典哲学那样，把弄清一种哲学思想体系同它的理论来源之间的关系，当作深入理解这一哲学思想体系的唯一正确方法。不然，那就不是研究哲学史、思想史了。这便是我要从思想史论上来探索荀学体系的缘由。不知是否冒犯往日"程式"，尚望方家指正。

1980年夏稿于陕西师大6楼新居。

原载《贵州社会科学》1982年第5期。

论张载哲学的逻辑范畴体系[*]

张载构成哲学逻辑范畴体系的基本原则和总体结构，首先，是以"气之本体"的"太虚"为其哲学的开端。"太虚"既是最一般、最抽象的规定，又蕴含着最具体、最现实的发展。其次，将"太虚之气"以后的范畴，按照从"气本"到"气化"、从"天道"到"人道"、从客观到主观的原则，进行排列。这一安排，实际形成了三个层次："太虚"与"天"，属"气本"范畴，是作为宇宙本体的第一层次；"道""理"和"神"，属"气化"范畴，是作为宇宙生化的第二层次，同第一层次共同构成了客观的"天道"范畴系统；"性""心""圣""诚"，基本归属于"人道"范畴，是作为人对客观宇宙本体和生化过程进行主观认识的第三层次。这三个层次，显然形成了一个"天人合一"的逻辑结构。再次，这三个层次之所以这样排列，不单纯是逻辑推演的结果，而主要是以"天人一气"的世界统一性和"一物两体"之气的辩证性为客观依据的。"气"是贯穿整个体系的中心范畴，气自身的对立统一，推动了这三个层次范畴的辩证运动。最后，将这三个层次的范畴加以筛选，就自然形成张载"气—道—性—心—诚"的范畴体系。尽管张载自己没有做到这一步，但这无疑是他"天人合一"整体结构的实际内容及内在逻辑。

---

　　* 本篇是笔者1983年11月在西安主持召开的"中国哲学范畴学术讨论会"上宣读的论文修正稿。

一、"气本""气化"的层次进程

张载哲学范畴体系的内在逻辑，是从"气"范畴的直接规定开始，用"气化"论证"气本"，层层展开了"道"—"性"—"心"—"诚"的阶梯进程。

（一）"气"的规定与层次

张载对"气"的规定，是通过论证"太虚即气""气之为物"的命题，在"太虚""太和"与"天地""万物"的关系中进行的。

1."太虚"

"太虚"与"太和"在张载"气"范畴中，处于同一层次，是一个外延最大、内涵最小的最抽象的规定，是"气"存在的原初状态。张载以"气"为逻辑起点，实即从"太虚"开始。

"太虚"一词"《六经》之所未载，圣人之所不言"，而佛道又以"无"为"虚"，用"虚"否定客观世界的存在。为了"与浮屠老子辩"，以弄清"是非曲直"，张载自然要从《老子》《庄子》等书尤其是《黄帝内经》中，汲取概念范畴，将"太虚"作为规定"气"的重要范畴，赋予它新的哲学规定。

首先，张载针对佛道"幻化""虚无"之说，断定"太虚即气，则无无"，把"太虚"规定为"无形""无体""至静无感""清通而不可象"的"气之本体"，即阴阳未分如"野马、缊缊"之"太和"的宇宙原始状态。他认真仔细地分析了《老子》《庄子》《内经》以来，由于人们不可能科学地认识"虚""气""物"的辩证统一关系，而必然产生出"有无""虚实""动静"的哲学难题。认为："太虚"与"气"之间，只有存在形态的不同，"散殊而可象为气，清通而不可象为神"，"神者，太虚妙应之目"。除此之外，它们毫无本质区别，并非决然不同的两个东西，而是同一个宇宙本体，就像"冰凝释于水"一样，"太虚不能无气"，"气之聚散于太虚"（《正蒙·太和篇》。以下凡引《正蒙》只注篇名），"气之性本虚而神，则神与性（疑作

'虚'）乃气所固有"（《乾称篇》）。既然"太虚"乃"气所固有"，而"凡可状，皆有也；凡有，皆象也；凡象，皆气也"（《乾称篇》），"气"是"有"，那"气所固有"的"太虚"，当然不是"无"。

至于它存在形态的"无形"、"无体"、不可状、不可象，那只是表明，它这种"太虚之气"比"可状""可象"的"阴阳之气"与"天地之气"，更为宇宙之本根。张载说："天地以虚为德，至善者虚也。虚者天地之祖，天地从虚中来。"（《张子语录中》）"太虚"与"阴阳""天地"之间，只有在同一"气"范畴中的层次差异，或者说，它们同作为宇宙本体，只有程度的不同罢了，而根本不存在绝对的"有无"之别。

接着，张载分析了产生"虚"与"气""物"不相资、"有"与"无"决然对立的哲学认识根源。他说：

> 太虚无形，气之本体，其聚其散，变化之客形尔；至静无感，性之渊源，有识有知，物交之客感尔。客感客形与无感无形，惟尽性者一之。[①]

这就是说，人们通常所谓的"有无"，并不全然以客观事物的真实存在与否为根据，而主要是以客观事物的"有形"或"无形"和人们主观"见闻之知"的"有感"或"无感"为直接依据。"太虚无形"，人们目穷于视，耳穷于听，"离明不得施"而"无感"，所以谓之"无"；"气聚则离明得施而有形"有象，人们视之而见，听之而闻，所以谓之"有"。凡"有"，功效可居，亦谓之"实"；凡"无"，顽然寂静，亦谓之"虚"。（参看《张子正蒙注》卷九）佛、道正是利用人们这种"物交而知"的感性认识之局限，炽传所谓"虚能生气""有生于无"的"自然之论"和"以山河大地为见病之说"。佛教"以人生为幻妄，以有为为疣赘，以世界为荫浊"，明确否定人们"见闻之知"的现实世界（"有"），"直语太虚，不以昼夜、阴阳（气）累其心"，

---

① 张载：《正蒙·太和篇》，见《张载集》，中华书局，1978年，第7页。

旨在"销碍入空",灭"有"以归于"无"(《乾称篇》)。老、庄、道教"徇生执有",表面上不否定人们"见闻之知"的现实世界("有"),但以"虚无"为本,旨从"无"中生"有"。这同佛教一样,看起来是"以灭闻见为用",其实"皆以闻见为心故也"(《张子正蒙注》卷九),均与常人俗流相同,以"见闻之知"为唯一根据,将"太虚"与"气"、"有"与"无"割裂开来,将"太虚"("无")置于"气"("有")之外,只知"有"之有而不知"无"之有,只知虚之"虚"而不知虚之"实"。结果,导致了"虚无穷,气有限,体用殊绝"的理论错误。

所以,张载特别强调对"太虚"的规定,绝不能单靠见闻直观的"有无",进行表面的直接规定,而必须凭借自然科学和理性思辨,做科学抽象的间接规定。他说:"有无一,内外合(庸圣同),此人心之所自来也。若圣人则不专以闻见为心,故能不专以闻见为用"(《乾称篇》);"气无内外,假有形而言尔"(《诚明篇》),"所谓气也者,非待其蒸郁凝聚,接于目而后知之;苟健、顺、动、止、浩然、湛然之得言,皆可名之象尔"(《神化篇》)。由此,便可以肯定"太虚即气""虚空即气"。"太虚",实即不依赖任何主观感觉而存在的"所谓有无混一之常"的客观实在("太虚者天之实也")。并且认为:"至静无感(即'太虚'),性之渊源"(《太和篇》),无论人们主观上对它"客感"还是"无感",都无以改变其本性,"惟尽性者一之"。

2. "天性"

"太虚之气",究竟为什么会产生"有无""虚实"的存在形态而使人们主观"有感"或"无感"呢?张载针对佛教离"物"而言"性"所以沦于"空寂",道教舍"气"("器")而言"道"所以溺于"虚无"的过失,进一步分析了"太虚""太和"本体内"中涵浮沉、升降、动静、相感"的能动性问题。由此,深入"气"范畴的"阴阳"与"万物"两个层次。

如果说,以上是张载在"太虚"与"气"的关系中,确定"太虚之气"的本质属性为"实有";那么,这里则是张载在"太虚"与"物"的关系中,确定"太虚之气"的本质属性为"能动"。张载认为,"至静无感"的"太虚"

是"性之渊源"，"性通极于无，气其一物尔"；正因"太虚"中涵"性"，"太虚"才能"至虚之实，实而不固；至静之动，动而不穷。实而不固，则一而散；动而不穷，则往且来"。（《乾称篇》）正因"太虚之气"自身具有这种"屈伸、动静、终始之能"，才使"无形""无象"的自身，聚而为"有象""可状"的"阴阳之气"。"阴阳之气"，"则循环迭至，聚散相荡，升降相求，细缊相揉"（《参两篇》），不能不聚而为"有形"的"万物"，而"万物"最终又"不能不散而为太虚"。这种"形聚为物，形溃反原"，"循是出入，是皆不得已而然也"（《太和篇》），是"太虚之气"自身能动性的必然过程，因而，决定其自身必然居于统一天地万物的宇宙本体地位。

可见，张载对"太虚之气"自身能动性的这一规定，其哲学价值是不可低估的。其一，由于规定了"太虚"自身的永恒运动，"游魂为变"，"散则万殊，人莫知其一也；合则混然，人不见其殊也"（《乾称篇》），这就使哲学家长期争论的"有无""虚实"的哲学难题，得以正确说明；而且纠正了《内经》以来，以"有者为实，无者为虚"，谓"气去曰虚"（《素问·调经论》），将"虚""气""物"截然割裂、对立的形而上学观念。其二，由于规定了"太虚"自身的永恒运动，散入无形，适得其体，聚为有象，不失其常，"其聚其散"而其体"死之不亡"，永不消灭，这就从根本上驳倒了佛、道"寂灭""虚无"的谬说，并为解决道、佛、儒三教普遍关注的"一多"关系问题，提供了可能和条件。总之，由于张载把"太虚之气"规定为不依赖任何主观感觉而存在，永恒运动，"死而不亡"，所谓"清虚一大"，能统天人万物于一体的客观实在；这就使他的全部哲学，在整个理学思潮中，与程朱陆王诸学派迥然异趣，独树一帜。

然而，很值得注意的是，"太虚之气"自身固有的这种能动本性，张载称之为"天性"，与"太虚""太和"均处于"气"范畴的同一层次，因其能动的本性，推动着"气"范畴朝纵深方向展开。他的思路是，先把"性"解作"能"："天能谓性，人谋谓能"（《诚明篇》），然后说：

天性，乾坤、阴阳也，二端故有感，本一故能合。天地生万物，

> 所受虽不同，皆无须臾之不感，所谓性即天道也。
>
> 感者性之神，性者感之体（自注：在天在人，其究一也）。惟屈伸、动静、终始之能一也，故所以妙万物而谓之神，通万物而谓之道，体万物而谓之性。①

显而易见，张载在这里"强索精思"，从"太虚之气"与其自身运动的不可分割性出发，改造了以往以"天"、以"气"而就天言"命"，以"生"、以"成"、以"形"而近人言"性"，仅仅把"性"范畴限定于"凡既生以后所有之事，所具之能，所全之德"（《孟子字义疏证》卷中《性》）的传统规定，而明确规定："未尝无之谓体，体之谓性"，"性其总，合两也"，"性天德"，（《诚明篇》）"德其体"，"性"与"太虚""太和"同为"气之本体"，"万物之一源"，并非人之"得私也"。"气"是宇宙本体，"性"也是宇宙本体；"气无内外"，可通乎天地人物，"性乃气所固有"，理所当然地同"气"一起，无所不在，真堪称："有无虚实通为一物者，性也"（《乾称篇》）。这就确立了"天性"与"气"不可分割的宇宙本体地位。

紧接着，张载依此前提，由"性"之"能动"的规定性，推论出"感""神""道""一两"诸范畴。他认为，动必有感，"有感必通"（《天道篇》），"感"乃"性"之阴阳二端相感相应、相依相荡，产生"气化"；其"气化"形式，不外"聚散"两种，"阴性凝聚，阳性发散"（《参两篇》）；其"气化"之速，人莫能测，"清通而不可象"（《太和篇》），妙应万物而人不知，可谓"神"矣；其"气化"之行程，"运于无形之谓道"（《天道篇》）；但"道"与"神"之间，又是体用关系，"神，天德，化，天道。德，其体，道，其用，一于气而已"（《神化篇》），而"一物两体，气也"（《参两篇》）。因之，"性即天道"，"天道"的这一切运行变化，都是"气"自身能动本性的表现，而"气"自身的"一两"矛盾，才是它之所以"能动"的根据。

---

① 张载：《正蒙·乾称篇》，见《张载集》，中华书局，1978年，第63—64页。

总而言之，"有天德，然后天地之道可一言而尽"（《天道篇》）。正是"天德""天性"这种为"气所固有"而"非自外也"的能动本义，导致"气"从"本体"的客观存在进入"气化"的辩证运动。

（二）气化过程的诸范畴

现在，我们就来具体分析以上气化过程中的几个主要范畴。

1. "天道"与"神化"

"道"是中国传统哲学广泛应用的一个最基本范畴，也是宋明理学中一个最主要的范畴。理学家把"性"与"天道"作为论证的中心，张载把"性与天道合一"作为构筑理论体系的骨架；但"道"在张载哲学中，既不完全同于以往各派哲学之"道"义，又与程朱理学之"道"迥然有别，其焦点是在"道"与"气"、"道"与"神"的关系问题上。

先说"道即气化"。古人最初命"道"字，着眼于日用人事，是从人所通行其由的"行"上起意。但道家、道教和玄学皆以"无"为"道"，以"寂然无体"之"道"为"生万物"之本，离"气"而言"道"，甚而将"道"神化为超万物的绝对。《易传》作者，虽肯定"形而上者谓之道"，赞同道家的"道体无形"说，却认为"一阴一阳之谓道"，明确提出"道即阴阳"说。张载正是沿着佛、道嚣然攻击的这种"儒者言道，阴阳而已矣"（《周易外传》卷五）的易传思想，吸收道、玄"道体无形"的合理成分，将"所行，道也"的本义，推原于阴阳之气化，提出了"气化即道"的命题，给"道"以新义。

张载承认"道，行也，所行即道"（《横渠易说·乾卦》）的古义，但认为，"道"的本原，绝不限于人伦日用之"行"，更不能将"语'道'断自仲尼"，孔子以前所语之"道"，"虽文字不能传，然义理不灭"，一定"有此言语，不到得绝"，虽"不知仲尼以前更有古可稽"（《经学理窟·义理》），但"《易》亦言'天行健'"，"天行"即"天道也"（《横渠易说·乾卦》），而世人只知老、庄"道之自然"，却"未始"追究"自然之为体尔"，不识"太虚者"即"自然之道"（《张子语录中》）。其实，"太虚""太和""阴阳"之气，是"道"范畴的渊源，也是"道"范畴的内涵。

他说："由太虚，有天之名；由气化，有道之名"，"太和所谓道"，"阴阳者，天之气也（自注：亦可谓道）"（《张子语录中》）。显然，正因"太虚""太和"自身的阴阳矛盾运动，推动着气化流行，品汇万物，才有"生生进进"的天地变化之道；"道所以可久可大，以其肖天地而不杂也"，若与气化天地不尽同一，那"其违道也远矣"（《性理拾遗》）。可见，"气"是"道"的实体，"道"是"气"的妙用，有"太虚"即有"气"，有"气化"即有"道"，"道"不离"气"，离"气"非"道"矣。

阐明"形而上"与"形而下"的问题，直接关系到规定"道"的内涵与外延。张载当时似乎已意识到了这一难点，他解释说：

> "形而上者"是无形体者，故形而上者谓之道也；"形而下者"是有形体者，故形而下者谓之器。无形迹者即道也，如大德敦化是也；有形迹者即器也，见于事实即礼义是也。
>
> 凡不形以上者，皆谓之道，惟是有无相接与形不形处知之为难。须知气从此首，盖为气能一有无，无则气自然生，气之生即是道是易。[1]

这就是说，"形而上者"即"无形体者"，"形而下者"即"有形体者"，两者一气贯通；"太虚之气"，无形无感，太和细缊，"气自然生"，"气生即是道"；"道"的外延同"气"一样大，既在"有形体"的天地事物运动之中，也在"有状有象"的阴阳气化之内，更不能离开"无形体"的"太虚""太和"这个"气之本体"。"道"是气化流行，生生不息的全部过程，气无始无终，其道也无首无尾，若仅以气化"形而下者"论"道"，是"不足以言之"的。何况，气化过程并无绝对分明的"有无相接与形不形处"，在人们认识这一过程里，说"形而上者"，实已"得意斯得名，得名斯得象"；否则，"语道至于不能象，则名言亡矣"（《天道篇》），那何谈什么"形而上

---

[1] 张载：《横渠易说·系辞上》，见《张载集》，中华书局，1978年，第207页。

下"呢？

再说"神化"。"神化"与"天性"处于同一层次，是"天之良能"，表示气化动因的范畴。尽管张载有各种说法，但这一特定意蕴，却十分清楚。张载依据《易传》和《内经》所谓"阴阳不测之谓神"，首先断言：

> 神化者，天之良能，非人能……
>
> 惟神为能变化，以其一天下之动也。人能知变化之道，其必知神之为也。
>
> 鼓天下之动者存乎神。天下之动，神鼓之也，神则主乎动，故天下之动，皆神之为也。①

这就是说，"神"不是"属人而言"，也不是就"地"而说（"地，物也；天，神也"），而是以"天"之所以"能动"、"气"之所以"变化"为其内涵。这就从根本上排除了宗教意义的各类有意志的人格神和主观精神意义上的鬼魂神灵。

然而，"神化"毕竟不完全等同于"天性"。如果说"天性"内涵的能动本性，还是"气"一种潜在的本能，那么，"神化"内涵的"能动""变化"，实际就是"太虚之气"潜在本能在气化万物过程中的奇妙应用（"妙万物而谓之神"），其显著特点是：神而"不测"，化而"难知"，鼓动万物，"用之不穷"，"无心之妙，非有心所及也"！其所以如此，乃因"神化""天性"同"太虚""太和"是不可分割的同一层次的范畴，"太虚之气"的无形无感、"清通无碍"，决定了"神之充塞无间"，"虚明照鉴"。诚然，"化"还不同于"神"，"气有阴阳，推行有渐为化，合一不测为神"（《神化篇》）。"神"是"气之本体（太虚）"阴阳合一的妙用（"一故神"），"化"是其阴阳分二，互相推荡的妙用（"两故化"），但二者都是气化的微妙形式（不同于"变"的显著形式），都是气本身"一物两体"的内

---

① 张载：《正蒙·神化篇》《横渠易说·系辞上》，见《张载集》，中华书局，1978年，第17、18、205页。

在矛盾运动，不越乎气之"二端而已矣"！

2．"一两"与"仇和"

"一物两体"是张载规定整个世界及一切具体事物本质自身中对立统一关系的辩证论题，也是张载初步探求气化流行的根源及其规律的重要范畴。这一范畴，既是如上"太虚"—"阴阳"—"天性"—"天道"—"神化"逻辑过程的必然一环，也是对如上宇宙"气本""气化"实质的精确概括。

早在《易说》里，张载就用"阴阳之合"的"太和"，改造了《易传》"是生两仪"的"太极"，提出："一物而两体者，其太极之谓欤"，"有两则有一，是太极也。若一则有两，有两亦一在，无两亦一在。然无两则安用一？不以太极，空虚而已，非天参也"。他所说的"一物两体"，既指作为宇宙本体的"气"，也泛言气化万物中的每一具体事物都是一个对立统一体；"一物"或"一"，是包含、统摄阴阳"两"的统一体（"太和""太虚"之气）；"两体"或"两"，是统一于这个统一体的两个对立面。"一两"，实指对立面的统一体或统一体的对立面，以及统一体与对立面之间的依存关系。在《正蒙》中，张载充分发挥了这一辩证思想，把它贯彻在各个方面。

他突出强调的是，"不有两则无一"，"乾坤毁则无以见易"，"两"的存在是普遍的、绝对的。从"无感无体"的宇宙本体到"客感客形"的天地人物，处处都是"对"和"两"，气有"阴阳""虚实""清浊""有无""动静""聚散""浮沉""升降""胜负"的矛盾，物有"刚柔""先后""大小""高下""左右"的矛盾，人有"男女""君臣""长幼""父子""夫妇"的矛盾，整个世界就是"乾坤""天地""动植""人物"的对立统一。所以，"圣人以刚柔立本"（《太和篇》），立足于事物的矛盾，认识事物的本质。

但是，张载强调"两"的主旨，却是为了进一步肯定"一"。他凡讲到"两"时，无不是为了论"一"，为了更突出强调"两"与"一"的依赖关系，特别指明"其究一而已"。他说："两不立，则一不可见；一不可见，则两之用息。"（《太和篇》）如果没有对立面，就不能构成统一体；反之，如果没有统一体，对立面失去了互相联系、互相依存的根据，也就失去了对立面的作用。他认为，对立面（"两"）之间的对立作用，主要表现为"相荡""相揉""相感""相兼""相制""互藏"而相互"合异"，"通一无二"。他说："阴阳之精，互藏其宅，则各得其所安。"（《参两篇》）又说："感即合也，咸也。以万物本一，故一能合异；以其能合异，故谓之感；若非有异则无合。天性，乾坤、阴阳也，二端故有感，本一故能合。"（《乾称篇》）"两"之所以能"互藏""感"而"合异"，归根到底，还是由"湛一，气之本"（《诚明篇》）这个宇宙统一本体决定的。

正是在这个意义上，张载建立了世界统一性学说，发现宇宙万物"对—反—仇—和"的内在规律。他所肯定的"物无孤立之理，非同异、屈伸、终始以发明之，则虽物非物也"（《动物篇》），"《易》一物而合三才：阴阳气也，而谓之天；刚柔质也，而谓之地；仁义德也，而谓之人"（《大易篇》）。"天人一气"，"万物本一"，这就是张载规定"一两"范畴，特别强调对立面之间和对立面与统一体之间相互依存关系的逻辑结论。尽管，他没有深入"一"之"两"的内部，具体分析"两"的矛盾转化关系，以真正阐明"动非自外"的内在动因，但他从"一"之"两"的交感、推荡、"合而成质"、"推行于一"的"天道神化"过程里，已认识到："气本之虚则湛一无形，感而生则聚而有象。有象斯有对，对必反其为；有反斯有仇，仇必和而解。"这种由"阴阳两端，循环不已"的"感""对""仇""和"的辩证运动，实即"立天地之大义"（《太和篇》），是气化天人万物的总规律。

沿着这个规律，张载展开了"人道"诸范畴的逻辑层次。

二、"性""心""礼（理）""诚"的逻辑展开

张载将同一"气化"过程，从宇宙自然史推向人类社会史之后，没有像尔后的王夫之那样着重去考察"为人之独"的社会历史规律；更多注意到的是"天人之本无二"，人与天的"异"中之"同"，精思力索的是，人如何以"躬行礼教为本"，通过"尽心""穷理""知天""上达反天理"的社会道

德规范。对"性""心"的规定，自然成了他由"天道"转入"人道"的中介环节。

（一）"性""心"的二重规定性

按照"天人一气"的逻辑思路，张载把人视为"与天地同流，异行而已"的社会主体。这个主体地位，就决定了人性、心知所固有的本质特性。

1."人性"

"性"在张载哲学里，是一个"合两""极总之要"的总概念、大范畴。它至少有三种含义：一曰"天性"，即如前说及的"能动"性；二曰"物性"，即各种物质属性；三曰"人性"，即人的道德属性、生理本能和心知天人万物的认识本性。这是张载性论的重点，在其著作中大量出现，具有不同于以前各种人性论的显著特色。

首先，张载考察了"人性"与"天性""物性"的统一关系。一方面认为"天性"即"人性"，"天性在人，正犹水性之在冰，凝释虽异，为物一也；受光有大小、昏明，其照纳不二也"。"天良能本吾良能"，天的能动性也是人的能动性。另一方面又认为"尽人之性"即"尽物之性"，"性其总，合两也"，性是"人性"与"物性"的总合，"尽其性能尽人物之性，至于命者亦能至人物之命"，人与物"莫不性诸道，命诸天。我体物未尝遗，物体我知其不遗也"，人、物均为"天所自不能已"的必然之"命"，"人物之性"理所当然地共同根源于"天性"，实即气的"太虚"本然之性与气化过程中"阴阳"二性的结合、统一。所以，他说：

> 性其总，合两也；命其受，有则也；不极总之要，则不至受之分，尽性穷理而不可变，乃吾则也。天所自不能已者谓命，物所不能无感者谓性。
>
> 君子所性，与天地同流异行而已焉。①

---

① 张载：《正蒙·诚明篇》，见《张载集》，中华书局，1978年，第22、23页。

这就是"合虚与气，有性之名"的实际内容。

继此，他从人物共具的"太虚"本性出发，把"天地之性"与"气质之性"规定为"人性"的两大内涵。他沿着王充关于天性自然之差决定人性善恶不同的思路，为了反对佛教的本体"真性"与见闻"自性"之分，提出了"天地之性"与"气质之性"对立统一的人性论。

张载虽然没有展开论证"天地之性"，但从他对"天地之性"与"气质之性"的并列叙述中，足见其不同于"气质之性"的意蕴：

> 性于人无不善，系其善反不善反而已，过天地之化，不善反者
> 也；……形而后有气质之性，善反之则天地之性存焉。故气质之性，
> 君子有弗性者焉。
>
> 天地之性，久大而已矣。
>
> 饮食男女皆性也，是乌可灭？①

这就是说，"天地之性"是一种"久大"永恒的善性，它本"不言而四时行"（《天道篇》），它"本无心"而能"生成万物"（《经学理窟·气质》）。由于阴阳气化，自无形而有形，成乎其人，人形而后，耳目口鼻身必然产生"饮食男女"、声色臭味等生理之欲，从而使人同时具有这种"气质之性"。"天地之性"，永久长存，"气质之性"亦不可灭。

对人性的这种二重性规定，表面看来，确乎是个矛盾。但若按照张载的总体思路，排除其诸如"性未成则善恶混"的个别说法，其实，这个二重规定是可以并存不悖，"相待而不相害"的。因为：第一，"天地之性"与"气质之性"是同一气化过程的两种属性。第二，在现实的道德属性中，的确存在着善与恶的矛盾，但这不是"天地之性"与"气质之性"的矛盾，而是由于人禀"气"之偏全不同而有"才与不才""贤与不肖"的差异所造成的矛盾。

由此可见，张载试图用"气"说明历来聚讼莫解的人性善恶难题，把人

---

① 张载：《正蒙·诚明篇》《乾称篇》，见《张载集》，中华书局，1978年，第22—23、24、63页。

仅仅看作自然界的一部分，"天地之塞，吾其体；天地之帅，吾其性"（《乾称篇》）。用人与物共同的自然性，说明人不同于物的社会道德、阶级属性，不知人的本质属性，只能从现实社会关系的总和中去理解、做规定，最终必然陷入唯心主义泥潭，这是往日一切人性论者的共同命运。但张载如上对人性的精心论证和规定，毕竟是中国古代人性论研究的一个进步。他同孟子一样，主张先天性善说，但他纠正了孟子唯心的先验论，把"天地之性"看作"太虚之气"的本性；他同王充一样，用"气"说明人性，但他已开始意识到从王充到二程的许多哲人，以"才"之用，当"性"之体，混淆"才""性"的认识错误，改造了王充诸儒以人禀"气"的多少、清浊、厚薄，决定"性有贤愚"的粗浅提法；他同二程一样主张人性内涵"天地之性"与"气质之性"，但二程将两者直接视作善恶，对立为二，导引出"性即理"和"存天理，去人欲"的结论，张载却把两者规定为人的社会道德属性和生理自然属性的有机统一，觉得在这个意义上，"上达反天理，下达徇人欲"是合理不悖的，关键只要"尽心""尽性""穷理""自求变化气质"。总之，他似乎想分清"才""性"之别，从人禀"气"之"偏与不偏"，找出人心之官"才与不才"和理欲、善恶的内在联系，虽说终归未能辨明，但其"辨性之功"可谓"大矣哉"！（《张子正蒙注》卷三）

2."心（知）"

"尽心""穷理"是张载"变化气质"，以保"天地之性"与"气质之性"统一的根本途径和方法。由此出发，张载对传统的"心""理"范畴，重新做了规定。

张载遵从"人心"主"思"、生"知"的本义，不谈"道心"，更否定天有"心"（尽管保留着"天心"概念），而着重从"心""性""知"的关系中，考察了"心"所潜在的"知性""尽性""穷理""能体天下之物"的无限认识能力及道德属性。

首先，张载肯定"合性与知觉，有心之名"，"性"和"知"是作为认识主体之"心"所固有而尚待实现的思维能动本性。他认为，人要自觉发挥"心"认识外物的能动性（"尽心"），就必知"心所从来"，"知"所从来，始终不要忘记人"以性成身"之所自：

> 人病其以耳目见闻累其心而不务尽其心，故思尽其心者，必知心
> 所从来而后能。
>
> …………
>
> 成吾身者，天之神也。不知以性成身而自谓因身发智，贪天功为
> 己力，吾不知其知也。民何知哉？因物同异相形，万变相感，耳目内
> 外之合，贪天功而自谓己知尔。①

"不知以性成身"，必不会知"心所从来而后能（知）"。"太虚之气"自身
固有的能动本性（"天性"）使阴阳气化，而合五行之秀以成乎人身，"天
性"从而凝于"人性"。人本原于"太虚"而顺乎"气化"，这决定了人凭借
身之耳目，无不可知："天之明莫大于日，故有目接之"，"天之声莫大于雷
霆，故有耳属之"。但耳目的"知觉"是十分有限的，目接之日，却"不知其
几万里之高也"，耳属之雷霆，却"莫知其几万里之远也"。因此，便自然产
生了"人心"（实即大脑）这个高度发展起来的、具有特殊功能的思维器官。
"天之不御莫大于太虚，故必知廓之，莫究其极也"（《大心篇》），只有
"心"才有这样的能动作用。人"心"的这种"良能"，实即"天能（性）"
的表现，那世人为何还要"贪天功而自谓己知"呢？

张载没有进一步回答这个问题。当然，他同世人一样，不可能理解人
"心"（脑）与"心思"是物质发展的最高产物，是高度完善的物质——大脑
的属性和机能；但他立足于"天人一气"，强调"以性成身"、由"性"生
"知"、"尽心则知性知天"，把"心"归结为形气之人"知觉"的最高发
展，既从根本上驳倒了释氏"妄意天性而不知范围天用""以心法起灭天地"
的唯心谬说，又纠正了世人"因身发智"、由"心"生"知"的俗浅观念。这
不正表现了他在探索人类思维奥秘中的可贵努力吗？"由性生知"，性、知

---

① 张载：《正蒙·大心篇》，见《张载集》，中华书局，1978年，第25页。

"统于一心"，这正是张载对"心"的基本规定，也是他"以心尽性"的理论前提。

其次，张载从这个前提出发，论证了"知"的来源，揭示了交涵于"心"的"有识有知"的能动性如何变为现实。他说：

> 人谓己有知，由耳目有受也；人之有受，由内外之合也。知合内外于耳目之外，则其知也过人远矣。
>
> …………
>
> 耳目虽为性累，然合内外之德，知其为启之之要也。[①]

他认为，人"心"虽有"知"的本能，但"知"的内容却不是人"心"固有的，而是通过人的耳目接触外物，实现"合内外"之后获得的；倘若没有"耳目见闻"在"合内外"中的开启作用，那就不会产生认识。正是在这个意义上，他看到了"闻见不足以尽物，然又须要他。耳目不得则是木石，要他便合得内外之道，若不闻不见又何验？"（《张子语录上》）他丝毫不否认"闻见"在认识中的地位，这无疑是唯物的反映论。

但是，张载没有看到只有人的实践活动才能实现"合内外"，这才真正是耳目见闻"合内外"的"启之之要"！而且，当他由认识来源问题开始触及认识辩证过程问题时，却因看到"闻见之狭"，又不明白"心御见闻""心统性情"的真实关系，结果，不仅没有沿着人类认识的正确途径，使感性"见闻"通向理性"心思"，反而合乎逻辑地走进了"德性所知"的道德殿堂。如他说：

> 世人之心，止于闻见之狭。圣人尽性，不以见闻梏其心，其视天下无一物非我，孟子谓尽心则知性知天以此。天大无外，故有外之心不足以合天心。见闻之知，乃物交而知，非德性所知；德性所知，不萌于见闻。[②]

---

① 张载：《正蒙·大心篇》，见《张载集》，中华书局，1978年，第25页。
② 张载：《正蒙·大心篇》，见《张载集》，中华书局，1978年，第24页。

张载面对世人"以见闻梏其心"之蔽，尤其面对佛教"以六根之微，因缘天地"，"不知穷理而自谓之性"（《中正篇》）的严重错误，把由耳目感官所获得的感性认识称为"见闻之知"，分析了"见闻之知"的局限性。认为，周围世界的万事万物，无穷无尽，"今盈天地之间者皆物也，如只据己之闻见，所接几何，安能尽天下之物？"（《张子语录下》）个人有限的感官，不能穷尽无限的客观事物（"闻见安能尽物"），这个矛盾只有靠"尽心"去解决，"今所言尽物，盖欲尽心耳"（《张子语录下》）。"尽心"所获得的知识，方是他追求的"德性所知"。

那么，何谓"尽心"？怎样"尽心"呢？按照张载的意思，一要"大其心"；二要"立心"（即立"中正"之心）；三要"存心""养心"，以至"实到"。张载认为，"心大则百物皆通，心小则百物皆病"（《经学理窟·气质》），只有"大其心"，将人"心"的思维扩展到与无限的"天心"一样大，才能"尽物""穷理"，"体天下之物"；只要认识"天下之物"，也就能掌握其规律，"尽其细理"（《张子语录下》），"烛天理如向明，万象无所隐"（《大心篇》）。但他指出，"大其心"并非随心妄想，梦游荒远，而是要立"中正"之心，"极其大而后中可求，止其中而后大可有"（《中正篇》）。为此，就得"存心""养心"，既要像孔子那样，做到"绝四"（"毋意，毋必，毋固，毋我"），"四者尽去"，则"直养而无害"，"心"若"太虚"，"明知天德"；又要像孟子那样，"既知之，又行之惟艰"，"万物皆备于我矣，又却要强恕而行，求仁为近"（《张子语录下》）。

显而易见，张载所谓"尽心""穷理"的"德性所知"，其实质不过是一种超现实的道德修养。它不只为程朱"理"学，而且为陆王"心"学，留下了必然有机衔接的隙缝。然而，张载通过"德性所知"，把交涵于"心"的认识能动本性，进一步扩展到非常现实的社会政治道德规范之中，却没有引起程朱陆王应有的重视。

（二）从"礼（理）"到"诚"的致思趋向

张载的修养之道，是由他所规定"心"的"尽物"致知论中派生的。当他面向现实社会的政治道德领域，具体规定"礼"这一人伦准则时，却把自己的致知思路，终结在"性与天道合一存乎诚"的理想境界。

1."礼（理）"

世人皆知，张子之学"以立礼为本"，"尊礼贵德"，平生用心莫过于"复三代之礼"。据历史记载①，他曾"知太常礼院"，做过礼官，明庶物，察人伦，"冠婚丧祭之礼"，无所不精；学者有问，"多告以知礼成性变化气质之道"；退居横渠后，亲自"正经界，分宅里，立敛法，广储蓄，兴学校，成礼俗，救灾恤患，敦本抑末"，"以推先王之遗法，明当今之可行"。真可谓："好礼效古人，勿为时俗牵"。但是，人们往往容易忽略张载对"礼"的本质规定，却与三代不尽相同。

首先，他不赞成传统儒学"专以礼出于人"的观点，认为"礼本天之自然"，"礼即天地之德也"。他说：

> 礼不必皆出于人，至如无人，天地之礼自然而有，何假于人？天之生物便有尊卑大小之象，人顺之而已，此所以为礼也。②

张载熟知经典，明明知道"人道曰礼"，"礼"之本义为"人之所履也"，是人"所以事神致福也"，是谓"人所服行也"，成为"国之纪""政之本""法之大分，类之纲纪""尊卑之差，上下之制也"③；但他依据《礼记·礼器》"礼也者，反其所自生"之说，觉得"礼"之所以能对社会起"别异"定"分"的作用，是因为它"不忘本"，"礼天生自有分别，人须推原其自然"，而后才"能推本为之节文"（《经学理窟·礼乐》），作为每个社会成员行为的准则，"不忘本"，就必然能使每个社会成员从根本上明白"知礼成性而道义出"，犹如"天地设位而易行乎其中"一样的道理，做到"知及

---

① 参看吕大临《横渠先生行状》、《宋史·张载传》、司马光《哀横渠诗》等。
② 张载：《经学理窟·礼乐》，见《张载集》，中华书局，1978年，第264页。
③ 参看《周书·武顺》《荀子·大略篇》《说文》《中庸》《国语·晋语》《大戴礼记·哀公问于孔子》《荀子·劝学篇》等。

之"而"礼性之"(《至当篇》)。这样，人们自觉遵守社会上"尊卑上下"之分的"礼"，也就等于保持了自己的本性，所以他说：

> 礼所以持性，盖本出于性，持性，反本也。凡未成性，须礼以持之，能守礼已不畔道矣。①

既然，"守礼"能"持性"，"知礼以成性，性乃存，然后道义从此出"，那么，天地本然之性，理所当然便是"礼"。虽然各种具体的"典礼"，可依"时措之宜""时中之义"而随时适应、随地变通，但"礼"的这一本质，却"如天叙天秩之类，如何可变！"(《横渠易说·系辞上》)这种"可变"或"不须变"的"礼"，其实就是他所说的"能悦诸心，能通天下之志""时义而已"的"天理"。

接着，张载便将"礼"归结为"理"。认为："盖礼者理也，须是学穷理，礼则所以行其义，知理则能制礼，然则礼出于理之后"，如果不先"穷理"，不认识天道运行的规律，就难以"制礼"。至于现实社会通行的封建礼制，他主张凡"合此理者即是圣人之制"，应坚决照办，凡"不合者即是诸儒添入，可以去取"(《张子语录下》)。而他所说的"理"，诸如"交胜之理""性命之理""自然之理""知之之理""易简之理""天下之理""物无逾神之理"等等，或者指"义理"，或者指"条理"，或者指"所以然"的道理，无论如何，均具有客观规律之意蕴。的确，这不同于后来程朱作为精神本体的"理"；但由于张载用"理"把作为当世社会政治经济制度和道德风俗的"礼"，从本质上规定为永恒不变的天道运行的客观规律，则和程朱殊途同归，均达到了使封建伦常本体化、永恒化的理学目的。

最后，张载进而提出了如何"顺理"而"行礼"的问题。认为，"至诚则顺理而利，伪则不循理而害"(《诚明篇》)；"成就其身者须在礼，而成就礼则须至诚"，诚心苟息，"则礼不备，文不当"。因此，"修持之道，既须

---

① 张载：《经学理窟·礼乐》，见《张载集》，中华书局，1978年，第264页。

虚心，又须得礼，内外发明，此合内外之道也"（《经学理窟·气质》）。以"变化气质"为出发点的"尽心""穷理""行礼"，就这样落脚到"合内外之道"的"诚"了。

2."诚"

"诚"本是《中庸》的中心范畴，"信也""实也""成也""敬也""一也"，即其古义。①张载利用《中庸》"诚者，天之道也；诚之者，人之道也""诚者自成""物之终始""合外内之道也"诸古老命题，早给"诚"做了"天之实""行实事""性与天道合一"的新规定，从而为他自己的逻辑范畴体系找到了归宿。

他先就"天道"而论：

> 诚则实也，太虚者天之实也。万物取足于太虚，人亦出于太虚，太虚者心之实也。
> 天地之道无非以至虚为实，人须于虚中求出实。……金铁有时而腐，山岳有时而摧，凡有形之物即易坏，惟太虚无动摇，故为至实。
> 天所以长久不已之道，乃所谓诚。②

按照张载在这里的推论："诚则实也"，"实"是"诚"最根本的内涵；而宇宙"至实"者，莫过于"气之本体"——"太虚"；"太虚"是不"腐"无"摧"而"长久不已"的"天之实"、"心之实"、"万物"与"人"之实。因此，"诚"即"太虚"，便是他必然推出的结论。这似乎是用"太虚"规定"诚"，其实是以"诚"所涵"至实"的客观实在性来进一步规定"太虚"，说明天人万物统一的"太虚"本体，实即名曰"诚"的客观实有。这表明"太虚"范畴，由抽象上升到具体。

---

① 参看《说文》、《尔雅·释诂》、《孟子·尽心上》注、《广雅·释诂》、《说苑·反质》等。

② 张载：《张子语录中》《正蒙·诚明篇》，见《张载集》，中华书局，1978年，第324、325、21页。

他再就"人道"而论：

> 人生固有天道。人之事在行，不行则无诚，不诚则无物，故须行实事。惟圣人践形为实之至，得人之形，可离非道也。①

"诚"字就人来说，在于"行实事"、能"践形"。张载由此本应像尔后王夫之那样，引出"实践"范畴，进一步将人的客观实在性（"诚"），规定为人的社会实践及其在实践中的自我认识，但由于他过分倾心于"变化气质"的修养之道，竟把自己的致思由"行实事"转向"自明诚"和"自诚明"的精神追求。他认为，"行之要在思"，只要"思诚"，"由穷理而尽性"，"由尽性而穷理"，无限扩充自己的"天德良知"，使人心"足以合天心"，使天人无"异用"、无"异知"，"性与天道不见乎小大之别"，就自然达到了"性与天道合一存乎诚"的理学境界（《诚明篇》）。

这便是张载"历年致思之所得"的最后结论，也是他的整个范畴体系的逻辑终点。

1983年盛夏稿于陕西师大6楼家。
原载《哲学研究》1983年第12期。

---

① 张载：《张子语录中》，见《张载集》，中华书局，1978年，第325页。

论吕大临易学思想及关学与洛学之关系

宋明理学有濂、洛、关、闽之分派，关学以张载（横渠）为宗，其盛不下洛学，但"再传何其寥寥"，却是后世学人一直思考的问题。《宋元学案》编纂者最早提出"亦由完颜之乱，儒术并为之中绝乎"的推测，认为张载死后，其亲炙弟子蓝田三吕（吕大忠、吕大钧、吕大临）与武功苏昞（季明）"以其曾及程门而进之"，所以朱熹《伊洛渊源录》略于关学，只记三吕与苏氏，"余皆亡矣"。①张载弟子未能在关中发扬师说，诚然这同后世洛学盛而关学衰直接相关，在此我们可以不论；但问题的实质在于所谓"三吕之与苏氏，以其曾及程门而进之"，或"洛学之入秦也以三吕"，②是否即表明关学因再传入洛师程而导致自身"洛学化"呢？二程并不这样认为，他们多次明确指出：

关中学者，以今日观之，师死而遂倍之，却未见其人，只是更不复讲。③

吕与叔（大临）守横渠学甚固，每横渠无说处皆相从，才有说

① 黄宗羲原著，全祖望补修：《宋元学案》卷首《宋元儒学案序录》，中华书局，1986年，第6页。
② 黄宗羲原著，全祖望补修：《宋元学案》卷首《宋元儒学案序录》，中华书局，1986年，第6、5页。
③ 《河南程氏遗书》卷二下《附东见录后》，见《二程集》第一册，中华书局，1981年，第50页。

了，便不肯回。①

这一史实表明，三吕虽师事二程，但仍坚守张载关学传统，只是还未"学成德尊"，不能独立在关中开讲授徒而已。然而，三吕究竟如何坚守关学宗旨而不变，是怎样具体抉择与衡定于关洛之间的，前贤几乎无说，多半从略。因之，要真正探明关洛两派的真实关系，以及关学发展的终极趋向，就必须从分析三吕尤其是吕大临的思想史料出发。为此，我断断续续几乎花去五年时光，校理出一部《蓝田吕氏遗著辑校》，收集了至今可以见到的三吕的全部理学著作。现从中特选出我认为足以体现吕大临全部立说理论基础的《易章句》，做典型剖析，发其微义，以探求张载关学的发展趋向及其与洛学之关系。

一、从"思与叔之不幸早死"说起

吕大临，字与叔，号芸阁，其先汲郡（今河南卫辉）人，因祖太常博士吕通葬蓝田，遂以蓝田（今陕西蓝田）为家焉。父比部郎中吕蕡共六子，其"五登科"②，今有史可考者，只有大忠（晋伯）、大防（微仲）、大钧（和叔）和大临四兄弟，大临为幼。其三兄俱登第入官，大防官至尚书右丞、左仆射，有"相王室"之位（《宋史》卷三四〇《吕大防传》），唯大临以"不敢掩祖宗之德"而不复应举，虽借门荫入为太学博士，迁秘书省正字，但毕生"修身好学，行如古人"，无意仕进擢用。元祐七年壬申（1092），范内翰（祖禹）以其学行荐可充讲官，以备劝学，未及用而卒，年仅四十七岁。③史称其学"通《六经》，尤深于《礼》"（《东都事略》卷八九），"学于程颐，与谢良佐、游酢、杨时在程门，号'四先生'"（《宋史》卷三四〇《吕大防传》）。

---

① 《河南程氏遗书》卷一九《杨遵道录》，见《二程集》第一册，中华书局，1981年，第265页。

② 黄宗羲原著，全祖望补修：《宋元学案》卷三一《吕范诸儒学案》，中华书局，1986年，第1095页。

③ 黄宗羲原著，全祖望补修：《宋元学案》卷三一《吕范诸儒学案》，中华书局，1986年，第1105页。

朱熹于程子门人中最取吕大临，以为他"高于诸公，大段有筋骨"，特惜乎其"寿不永"。《朱子语类》云：

> 吕与叔惜乎寿不永！如天假之年，必所见又别。程子称其"深潜缜密"，可见他资质好，又能涵养。某若只如吕年，亦不见得到此田地矣。"五福"说寿为先者，此也。①

朱子如此看重吕大临，把他同程颐相比，而且认为他倘若"只如吕年"，也不见得能达到尔后那样高的理学程度。这同程颐对吕大临的看法，大体相合。《伊洛渊源录》卷八载有一篇关于吕大临的祭文，未署作者姓名，《宋名臣言行录外集》卷六引作吕大防所为，《祭文》全文如下：

> 呜呼！吾十有四年，而子始生。其幼也，吾抚之；其长也，吾诲之；以至宦学之成，莫不见其始终。于其亡也，得无恸乎！得无恸乎！子之学，博及群书，妙达义理，如不出诸口。子之行，以圣贤为法；其临政事，爱民利物，若无能者。子之文章，几及古人，薄而不为。四者，皆有以过人；而其命乃不偶于世。登科者二十年，而始改一官，居文学之职者七年而逝，兹可哀也已！兹可痛也已！
>
> 子之妇翁张天祺尝谓人曰："吾得颜回为婿矣。"其为人所重如此。子于穷达死生之际，固已了然于胸中矣，然吾独不知子之亡也，将与物为伍邪？将与天为徒邪？将无所通而不可邪？是未可知也。子之才，皆可以知，此固不待吾之喋喋也。今独以丧事为告，子之枢以方暑之始，将卜辰归祔于先茔，乃择明日迁于西郊之僧舍，以待时焉。嗣子省山，实为丧祭之主，将行一奠，终天永诀，哀哉！②

直到宋哲宗绍圣二年乙亥（1095），大临死后三年，程颐"因阅故编"，乃至

---

① 《朱子语类》卷一〇一《程子门人·吕与叔》，中华书局，1986年，第2560页。
② 陈俊民辑校：《蓝田吕氏遗著辑校》，中华书局，1993年，第617页。

"思与叔之不幸早死，为之泣下"。（《二程集·河南程氏文集》卷八《雍行录》）苏轼也作《吕与叔学士挽词》云：

> 言中谋猷行中经，关西人物数清英。
>
> 欲过叔度留终日，未识鲁山空此生。
>
> 议论凋零三益友，功名分付二难兄。
>
> 老来尚有忧时叹，此涕无从何处倾。[①]

同样是哀悼大临之不幸早死，但程朱不同于大防与苏轼，自有一层深意。朱熹说得比较清楚，他说：

> 吕与叔《文集》煞有好处。他文字极是实，说得好处，如千兵万马，饱满伉壮。
>
> 吕与叔本是个刚底气质，涵养得到，所以如此。故圣人以刚之德为君子，柔为小人。若有其刚矣，须除去那刚之病，全其与刚之德，相次可以为学。若不刚，终是不能成。
>
> 吕与叔后来亦看佛书，朋友以书责之，吕云："某只是要看他道理如何。"其《文集》上杂记亦多不纯。想后来见二程了，却好。[②]

很显然，这就是说，吕大临东见二程以前，同大忠、大钧、苏昞、范育等张载门下的关中学者一样，气质刚强，任道担当，出入佛老，学"未精也"，甚而"才见些理，便如此行去。又说出时，其他又无人晓"（《朱子语类》卷一〇一《程子门人》）；只有东见二程以后，才开始"妙达义理"，涵养深醇。但恰恰在这时其命"不偶于世"，这怎能不使程朱"为之泣下"，惋惜其"不幸早死"？

---

① 《苏轼诗集》卷三六，中华书局，1982年，第1968页。
② 《朱子语类》卷一〇一《程子门人》及《文献通考·经籍考》、《宋元学案》卷三一《吕范诸儒学案》附录所引。

由此可见，人谁不死，程颐之所以特哀大临之"不幸早死"，不单是师生"游从之情"，亦"岂特交朋之情而已"，而主要在于其门下"同志共学之人"如刘质夫、李端伯、范育、杨应之和吕大临一样，"不幸七八年之间"，"相继而逝"，这不能不使他"忧事道者鲜，悲传学之难"，深虑"道学之寡助"。（《二程集·河南程氏文集》卷一一《祭文》）朱子之所以尤惜乎大临"寿不永"，无疑是有意表彰程颐授业传道之圣功。虽然，他们均有扬洛抑关之嫌，但他们认为：蓝田三吕，应首推吕大临理学最高；三吕自游学张载到卒业于二程，其学都经历了一个由"杂博"而至"深醇"的过程，这毕竟是符合史实的。正如明代世推"南邹（元标）北冯"的关中理学名儒冯从吾（少墟）在《关学编》中所说：

> 始先生（大临）博极群书，能文章；已涵养深醇，若无能者。赋诗云："学如元凯方成癖，文似相如始类俳。独立孔门无一事，只输颜子得心斋。"①

吕大临的学术经历，史书记载不详，按照上引《祭文》，并参照有关史料，我们大体可知：

（1）宋仁宗庆历六年丙戌（1046），大临始生。

（2）宋神宗熙宁三年庚戌（1070），张载移疾归居横渠故居以后，大临兄弟"遂执弟子礼"，游学张门。大钧"于横渠为同年友"（《关学编》卷一《和叔吕先生》），大忠自然年长于张载，大临则二十五六岁。

（3）宋神宗熙宁十年丁巳（1077），张载自洛阳和二程"洛阳议论"后，行至临潼馆舍，不幸病卒。大临撰《横渠先生行状》，有记嘉祐初（1056）张载"见二程尽弃其学"之语，程颐批评指出："表叔平生议论，谓颐兄弟有同处则可，若谓学于颐兄弟则无是事。顷年属与叔删去，不谓尚存斯言，几于无忌惮。"（《二程集·河南程氏外书》卷一一《时氏本拾遗》）大

———————

① 冯从吾：《关学编》卷一《与叔吕先生》，中华书局，1987年，第11页。

临时年三十一岁。

（4）宋神宗元丰二年己未（1079），大临兄弟与苏昞等关中学者先后入洛，东见二程师事焉。大临常"患思虑多，不能驱除"，以"防检穷索"为学，程颢（明道）教其"须先识仁"（《二程集·河南程氏遗书》卷二上《元丰己未吕与叔东见二先生语》）；二程所语，大临记录整理为《东见录》。次年（1080），大临陪同程颐西行至关中雍、华间，"关西学者相从者六七人"，程颐一路所讲，经关中学者记述为《入关语录》，程颐特作《雍行录》（亦即《遗金闲志》），以志大临关于"有体而无用"之说。大临时年三十三四岁。

（5）宋哲宗元祐元年丙寅（1086），大钧已卒[①]，大忠以直龙图阁知秦州，与程颐"相别累年"，唯大临经常过从于程颐，"所欲道者，非面不尽"，与程颐往复数论"未发"之中说，并编录为著名的《论中书》[②]，成为尔后理学各派共同关注的题目。是年，正值哲宗即位，"日以进学为急"（《宋史》卷三四〇《吕大防传》），大临刚四十岁，始"居文学之职"，不幸"七年而逝"。

总之，吕大临从神宗熙宁三年到十年，即二十五六至三十一岁的六七年间，就学于张载门下，"博及群书"，亦看佛典，"通六经，尤深于《礼》"；自神宗元丰二年至哲宗元祐七年，即三十三至四十七岁的十四五年间，他师事卒业于二程，从与二程诸如"识仁""论中"的切磋论道中，已"涵养深醇"，达到了"独立孔门无一事，只输颜子得心斋"的理学境界。这便是吕大临为学进德的两个阶段。他理学思想的发展和成就，他对关洛二学的抉择与衡定，就是在这两个阶段中进行的。因此，我们必须由此论起。

二、关于吕氏遗著及其《易章句》之辑校

吕大临兄弟在游学张程的两个阶段中，究竟有何著作佚存？《易》说、

---

① 范育《吕和叔墓表》云"元丰五年岁次壬戌六月癸酉，吕君和叔卒。九月乙巳，从葬骊山之趾"，依此可知大钧于1082年已卒。见《皇朝文鉴》卷一四五，并参考《宋史》卷三四〇、《关学编》卷一。

② 见《二程集》第二册，中华书局，1981年，第604—609页。

《礼》论在大临全部遗著与整体思想里，究竟占据何等地位？这是首先需要考察和说明的问题。

（一）吕氏遗著的佚存情况

尽管，今天能看到的蓝田吕氏著作甚少，但依据宋明史书记载，大临兄弟的著作，不仅数量很多，而且涉及范围较广，有著有述，有诗有文，且有古籍考释与整理，的确表现出"博及群书"而又"能文章"的关学学者之所长。《伊洛渊源录》卷八《蓝田吕氏兄弟》"正字"条下云：

> （大临）有《易》《诗》《礼》《中庸》说、《文集》等行世。

《朱子语类》卷一〇一《程子门人》"吕与叔"条下云：

> 吕与叔《中庸》义，典实好看，又有《春秋》《周易》解。

晁公武《郡斋读书志》①所著录的吕大临著作有《易章句》十卷（袁州刊本作"《芸阁先生易解》一卷"）、《书传》十三卷、《芸阁礼记解》四卷、《编礼》三卷、《论语解》十卷、《考古图》十卷、《老子注》二卷、《玉溪集》二十五卷、《玉溪别集》十卷，所著录的吕大忠著作有《前汉论》三十卷、《辋川集》五卷、《奏议》十卷，所著录的吕大防著作有《周易古经》二卷、《吕汲公文录》二十卷、《文录掇遗》一卷，所著录的吕大钧著作有《诚德集》三十卷。赵希弁《郡斋读书志附志》所著录的吕氏著作，除吕大钧《吕氏乡约》一卷、《乡仪》一卷之外，吕大临和吕大防的著作，还分别或一并收录在朱熹编集的《论语精义》《孟子精义》以及未著编者的《二十先生西铭解义》《国朝二百家名臣文粹》之中。

陈振孙《直斋书录解题》②所著录的吕大临著作有《芸阁礼记解》十六

---

① 参看上海涵芬楼影印宋淳祐十年庚戌袁州刊本和台湾广文书局影印清王先谦校刊本。
② 参看台湾广文书局影印武英殿聚珍版原本。

卷、《吕氏家祭礼》一卷（与吕大防合撰）、《考古图》十卷，所著录其他吕氏兄弟的著作有吕大防《周易古经》十二卷、吕大钧《吕氏乡约》《乡仪》各一卷。此外，在著录的朱熹《语孟集义》、石子重《中庸集解》、赵师侠《西铭集解》、吕祖谦《皇朝文鉴》中，也收录有吕大临及其三兄的著作。

尤袤《遂初堂书目》所著录的蓝田吕氏著作有吕氏《古周易》、吕与叔《易传》《礼记解》《中庸再解》《论语解》、《吕氏乡约·乡仪》、吕汲公《奏议》等。这些都是宋代藏书家关于吕大临兄弟著作的记述，是可信无疑的史实。正如梁启超所说："晁《志》、陈《录》、尤《目》所载，皆手藏目睹之书。研究宋代载籍者，当视为主要资料，视史志尤足重也。"（参看《遂初堂书目序》所引）

宋代经"靖康之难"以后，公私藏书备受损坏，"宣和、馆阁之储"，几乎"荡然靡遗"（《宋史》卷二〇二《艺文一》），蓝田吕氏遗著之散失，万难幸免。据《宋志》记载，吕大临的著作尚有《易章句》一卷、《大学》一卷、《中庸》一卷、《礼记传》十六卷、《（论语）解》十卷、《考古图》十卷、《孟子讲义》十四卷、《家祭仪》一卷（与吕大防合撰）、《玉溪先生集》二十八卷，而其余诸吕的著作，只存吕大钧《蓝田吕氏祭说》一卷、《吕氏乡约仪》一卷，吕大防《周易古经》一卷。元代马端临《文献通考·经籍考》中所列的蓝田吕氏著作，与《宋志》大体略同而稍有出入，计吕大临的遗著尚有《易章句》一卷、《礼记解》十六卷、《大学解》、《论语解》十卷、《考古图》十卷、《吕氏家祭礼》一卷（与吕大防合撰）、《老子注》二卷、《玉溪集》二十五卷、《玉溪别集》十卷，而吕大钧的著作有《吕氏乡约》一卷、《乡仪》一卷、《诚德集》三十卷，吕大防的著作有《周易古经》二卷、《文录》二十卷、《文录掇遗》一卷，吕大忠的著作有《前汉论》三十卷、《辋川集》五卷、《奏议》十卷。这是元人关于蓝田吕氏著作有"存于近世而可考"者的记载，这同晁《志》、陈《录》、尤《目》共同表明，在蓝田吕氏中，吕大临著作最富，学术贡献最大。

但是，宋元以后，几经战乱，至清及近代，吕大临兄弟的著作所存无几。依据朱彝尊《经义考》、罗振玉《经义考目录·校记》和张骥《关学宗传》所载，除《编礼》《芸阁礼记解》《礼记传》和《大学解》列入"未见"外，所存者只有吕大防整理的《周易古经》、吕大临考释的《考古图》和吕大钧的《吕氏乡约·乡仪》，而直接论述理学思想方面的著作，除吕大临《中庸解》一卷"疑即《二程全书》中所载本"之外，其他专著、文集皆佚矣。这不能不给后世学者的吕氏思想研究，带来史料不足的极大困难。然而，诚如罗振玉《目录》序所说："（朱彝尊）当时未见之书，厥后《四库全书》及《存目》与诸藏书家恒有著录者；其注阙者，亦往往人间尚有足本。"吕大临兄弟之书，当不会例外，世间也可能还有别本佚存；况且朱氏"未见"的《编礼》《芸阁礼记解》和《礼记传》，到底属一书，还是二书、三书，至今谁也说不清楚。这自然提出了一个急需搜集整理蓝田吕氏遗著的任务。

所谓蓝田吕氏遗著，是指曾游学张程门下的蓝田三吕之遗著，而主要是指吕大临之遗著。从现存的蓝田吕氏遗著看，大体有两种情况：一种是全书完整地流行于世者，其数量不多，仅有明泊如斋、传是楼、清天都黄氏等先后刊行的吕大临《考古图》十卷，《说郛》《关中丛书》《随盦徐氏丛书续编》等刊载的吕大钧《吕氏乡约·乡仪》[1]，上海涵芬楼借南海潘氏藏宋刊本《分门集注杜工部诗》刊载的吕大防《杜工部年谱》，共计三部；另一种是全书已不复见，而其部分或大部、全部被收集条疏于宋人诗文集及各类总集、类编者，其数量最多，可散见于宋代的《二程全书》《张子全书》、李幼武《宋名臣言行录外集》、王称《东都事略》、朱熹《论语精义》《孟子精义》《中庸辑略》《伊洛渊源录》、卫湜《礼记集说》、吕祖谦《皇朝文鉴》，明清至近世的《合订删补大易集义粹言》、《性理大全书》、《金石萃编》、《关学宗传》、《清麓丛书续编》、《宋元学案》及其《补遗》、《宋诗纪事》及其《补遗》等。这些散见的和完整的遗著，按其内容和性质，可分为三类：一类是吕氏对古籍器物的整理考释，对当朝的有关奏章及对前人所做的年谱，如吕大防的《周易古经》《杜工部年谱》和吕大临的《考古图》等，它们同

---

① 近年从"中华再造善本"中发现国家图书馆藏南宋嘉定五年（1212）李大有刻本《吕氏乡约乡仪》为最善，因此《蓝田吕氏遗著辑校》《关学经典集成》，采用此本做底本重新加以校订。

理学思想无直接关涉，可按下不论；二类是吕氏与二程的答问及关于二程谈话的述录，如《程氏遗书》中的《东见录》、《程氏文集》中的《与吕大临论中书》等；三类是吕氏自写的专著与诗文，如《吕氏乡约·乡仪》、《礼记传》、《易章句》、《论语解》、《孟子讲义》、《中庸解》、《克己铭》、《春静》诗等。这两类专著、诗文和述录，除《吕氏乡约·乡仪》和少数诗文之外，多属吕大临佚存的重要理学著作，是研究吕大临在张程之间如何进行理学抉择的直接史料，而又几乎散见于如上宋人诗文集及各种总集类书之中。因此，这就确定了吕氏遗著辑校所涉及的主要范围，以及以吕大临著作为主体的编排宗旨。

（二）吕氏遗著及其《易章句》的辑校工作

吕氏遗著的辑校整理工作，可分为考辨、辑佚、标点、校勘、编排等五个环节。现就吕大临主要理学遗著之校理，简述于后。

1.《易章句》

晁《志》袁州刊本作"《芸阁先生易解》一卷"，王先谦校刊本作"吕氏《易章句》十卷"，但两本或云"吕大临与叔撰。有统论数篇，无诠次，未完也"，或云"吕大临与叔撰。其解甚略，有统论数篇"，均肯定为吕大临未完成之书。又依《通考》《宋志》均载"吕氏《易章句》一卷"，今可定书名为《易章句》，不分卷次。

《易章句》虽属"未完"之作，但在南宋时已有私家刊刻。曾游学朱子门下的度正（周卿）撰《跋吕与叔易章句》云：

> 余家旧藏吕与叔《文集》《礼记解》《诗传》，而未见《易章句》，豫章罗（从彦）传之，坚甫得之，刻之阳安之学宫。（《性善堂稿》卷一四）

这是今天唯一能见到的关于《易章句》刊刻流传情况的古籍记载。罗从彦是"南剑三先生"之一，曾往洛见程颐，归而从学于杨时（龟山）门下，"尝与龟山讲《易》"（《宋元学案》卷三九《豫章学案》），所传给坚甫的《易章句》，很可能是从程杨处得到的吕氏自写本或传抄本。而坚甫的阳安学宫刻本，也许即该书的初刻本，书后载有度正跋文，可惜此本全书已佚无传。清康熙年间，召集一时名流刊刻《通志堂经解》一百三十八种，内有署名纳兰成德编撰的《合订删补大易集义粹言》八十卷，所疏引的吕大临《易》解，是否依据此本，亦难稽考。因为，是书乃取宋陈友文《大易集义》和曾种《大易粹言》二书合辑而成。《集义》六十四卷，所集诸儒《易》说"凡十八家，又失姓名两家"，《粹言》七十卷，"所集诸儒之说凡七家，以二书校除重复外，《集义》视《粹言》实多得十一家，惟《粹言》有《系辞》《说卦》《序卦》《杂卦》，而《集义》止于上下经，故所引未能赅备"，（《四库全书总目》卷六经部六《合订删补大易集义粹言》提要）性德（即纳兰成德）因于十一家书中择其讲论《系辞》以下相发明者，一一采集，与《粹言》合编，都为一书，又为之删其繁芜，补其阙漏，勒成八十卷，刊入《通志堂经解》之末。今《粹言》尚有传本，所集七家有程颢、程颐、张载、游酢、杨时、郭忠孝、郭雍，而无吕大临，依此可以肯定纳兰成德所引吕大临之说，采集于南宋陈友文《大易集义》一书。但《集义》流播甚稀，史无著录，陈友文所引吕说，究竟采自何本，是否得之阳安学宫刻本，已无从考；今唯借《合订删补大易集义粹言》以获见其概，可谓成德之功。

因此，《易章句》之辑佚校理，只能以成德《合订删补大易集义粹言》为根据。今考该书所引吕说，卦各有解，爻各有注，上下经解共三百三十九条：《乾卦》六条、《坤卦》五条、《屯卦》三条、《蒙卦》七条、《需卦》三条、《讼卦》三条、《师卦》四条、《比卦》七条、《小畜卦》五条、《履卦》四条、《泰卦》四条、《否卦》六条、《同人卦》五条、《大有卦》五条、《谦卦》七条、《豫卦》五条、《随卦》五条、《蛊卦》八条、《临卦》五条、《观卦》五条、《噬嗑卦》二条、《贲卦》九条、《剥卦》二条、《复卦》七条、《无妄卦》八条、《大畜卦》六条、《颐卦》二条、《大过卦》五条、《习坎卦》三条、《离卦》五条、《咸卦》六条、《恒卦》四条、《遯卦》四条、《大壮卦》八条、《晋卦》六条、《明夷卦》七条、《家人卦》六条、《睽卦》一条、《蹇卦》四条、《解卦》五条、《损卦》七条、《益卦》

四条、《夬卦》五条、《姤卦》八条、《萃卦》五条、《升卦》六条、《困卦》七条、《井卦》四条、《革卦》六条、《鼎卦》五条、《震卦》五条、《艮卦》六条、《渐卦》八条、《归妹卦》六条、《丰卦》七条、《旅卦》八条、《巽卦》七条、《兑卦》四条、《涣卦》八条、《节卦》五条、《中孚卦》八条、《小过卦》六条、《既济卦》四条、《未济卦》八条。现将其全部辑出，依次分系于各卦爻辞之下，以复其旧。并以《通志堂经解》原刊本为底本，以《四库全书》重刊本做校本，进行勘校标点，改正了个别刊误。又因该书《系辞》以下皆无吕注，乃从南宋吕祖谦编撰的《晦庵先生校正周易系辞精义》（以下简称《精义》）中辑出所引吕注，除去重复者外，共二十九条：《系辞上》十七条、《系辞下》六条、《说卦》六条，加以标点，连同《系辞》《说卦》有关文字，一并续入经注之后，便形成了这个《易章句》的辑校本。

细阅此本，其中理数兼陈，重释义理，简洁易晓，不涉玄虚，虽间引经史，亦略不过数言，确如朱子所云："吕与叔《易说》，精约可看。"（转引自《经义考》卷二一）似非晁《志》所谓"未完"之残本。但《精义》和《合订删补大易集义粹言》二书所引，均未见晁《志》所谓"统论数篇"者，陈友文、吕祖谦、度正、朱熹和晁公武所处时代相近，而所引著录何以不尽相同，大概因他们所见《易章句》系不同版本之故。然而，陈友文《集义》所引，只是经注；朱吕《精义》所采传注，又似不全，且数条引自《大学解》《中庸解》。可见，他们所见的不同版本，又与晁氏所见相同，都是吕大临的"未完"之作。因而，这个辑校本同样属"未完也"；又将度正《跋吕与叔易章句》附之最后，这虽不能说就是《易章句》之复原，但毕竟可见其概矣。

2.《礼记解》

晁《志》作"《芸阁礼记解》四卷"，尤《目》作《礼记解》，不记卷数，陈《录》、《通考》均作"《芸阁礼记解》十六卷"，《宋志》作"《礼记传》十六卷"。今可定书名为《礼记解》，不分卷次。

关于《礼记解》的版刻流传情况，《经义考》记载最详。其云：

> 吕氏大临《芸阁礼记解》：《通考》十卷（陈按：实为十六卷），《中兴书目》一卷。未见。
>
> 晁公武曰：《芸阁礼记解》十卷，吕大临与叔撰。与叔师事程正叔，礼学甚精博，《中庸》《大学》尤所致意也。
>
> 陈振孙曰：按《馆阁书目》作一卷，止有《表记》《冠》《昏》《乡射》《燕》《聘义》《丧服》《四制》凡八篇。今又有《曲礼》上下、《中庸》、《缁衣》、《大学》、《儒行》、《深衣》、《投壶》八篇，此晦庵朱氏所传本，刻之临漳射垛书坊，称《芸阁吕氏解》，即其书。
>
> 卫湜曰：蓝田吕与叔《礼记解》，《中兴馆阁书目》止一卷，今书坊所刊十卷，有《曲礼》上下、《孔子闲居》、《中庸》、《缁衣》、《深衣》、《儒行》、《大学》八篇。

又云：

> 《礼记传》：《宋志》十六卷，未见。
>
> 张萱曰：吕氏《礼记传》十六卷，今阙第三卷，宋淳熙中，朱晦庵刻之临漳学宫。

由此可见，南宋孝宗淳熙年间（1174—1189），朱熹于临漳射垛书房所刻的《礼记解》，可能即该书的初刻本。度正家藏的《礼记解》，亦可能为此本。卫于南宋宁宗开禧、嘉定年间（1205—1224）编《礼记集说》所采吕解，亦摭取此本无疑。

因为，在宋代，除陈《录》记载朱熹曾锓版此书之外，尚无其他版刻记载。自元迄清，直到朱彝尊作《经义考》时，一直未见此书再有他本流行。乾隆四十三年（1778），纪昀校阅《礼记集说》时亦云：

> 《礼记集说》一百六十卷，宋卫湜撰。湜字正叔，吴郡人。

其书始作于开禧、嘉定间，自序言"日编月削，几二十余载而后成"。……绍定辛卯，赵善湘为镂版于江东漕院。越九年，湜复加核订，定为此本，自作前序、后序，又自作跋尾，述其始末甚详。盖首尾阅三十余载，故采摭群言最为赅博，去取亦最为精审。自郑注而下，所取凡一百四十四家，其他书之涉于《礼记》者，所采录不在此数焉。今自郑注、孔疏而外，原书无一存者。朱彝尊《经义考》采摭最为繁富，而不知其书与不知其人者，凡四十九家，皆赖此书以传，亦可云礼家之渊海矣！（《四库全书》经部四《礼记集说》提要）

既然"采摭最为繁富"的《经义考》、搜罗天下群书的《四库全书》编纂者，均"未见"世间再有《礼记解》刊行，而且断定《礼记集说》所取包括吕大临《礼记解》在内的一百四十四家，除郑注、孔疏而外，"原书无一存者"。因此，清末《西京清麓丛书续编》所刊载行世的《礼记传》十六卷，其实就是宣统三年（1911）蓝田牛兆濂"积十余年"之功，从《通志堂经解》本卫氏《礼记集说》中辑录吕解而成，后藏版于蓝田芸阁学舍的《蓝田吕氏礼记传》十六卷。

所以，《礼记解》的校理，仍以《礼记集说》为依据。今考其所引吕解甚详，几乎包容了吕大临所有重要的理学思想资料，很值得各方面研究者珍视。计有《曲礼上》九十三则、《曲礼下》六十则、《檀弓上》一则、《檀弓下》一则、《王制》一则、《曾子问》二则、《郊特牲》二则、《内则》一则、《丧服小记》一则、《大传》一则、《乐记》一则、《杂记上》一则、《杂记下》三则、《丧大记》一则、《祭法》一则、《孔子闲居》八则、《中庸》三十九则、《表记》三十四则、《缁衣》二十三则、《服问》一则、《间传》二则、《深衣》六则、《投壶》八则、《儒行》十九则、《大学》十八则、《冠义》四则、《昏义》十则、《乡饮酒义》十则、《射义》十一则、《燕义》四则、《聘义》八则、《丧服四制》六则，凡三百八十一则。现从《四库全书》本《礼记集说》中，将其全部辑出，分系于各篇相关经文之下，参考牛兆濂校刊本《礼记传》（简称"芸阁本"），加以点校，便形成今天这个辑校本《礼记解》（比芸阁本《礼记传》多出十五篇，计二十则）。陈《录》所见十六篇，均已包括在内，而且，《曲礼》上下、《中庸》、《大学》、《表记》、《缁衣》诸篇，几乎是全文详解。因而，这同《易章句》辑校本一样，虽非复其原本之旧，却足见其原书之主要内容。

3.《论语解》

晁《志》、《宋志》、《通考》均作"《论语解》十卷"，尤《目》、《经义考》未注卷数，而书名皆同。依此，今定书名为《论语解》，不分卷次。

该书宋元以后已佚，其版刻流传情况，无从稽考。但赵希弁《读书附志》、陈振孙《书录解题》均著录有朱熹编撰的《论孟精义》《论孟集注》，从中可见该书佚存之概。赵《附志》卷五上云：

> 《论语精义》十卷、《孟子精义》十四卷，明道伊川横渠三先生、成都范氏、荥阳吕氏、蓝田吕氏、上蔡谢氏、建安游氏、延平杨氏、河东侯氏、河南尹氏十一人之说，晦庵先生所编集也，初曰"精义"，后改"集义"。卷末"淳熙辛丑冬至前五日点毕"十一字，乃先君子或庵居士师向手泽也。

又曰：

> 《论语集注》十卷、《孟子集注》十四卷，朱文公所著也。先生之于《语》《孟》，始集程、张、吕、范十一人之说，以为《集义》，既又本之注疏，参之释文，采之先儒，断之详说，以为《集注》《语》《孟》之精微，盖卒于此书矣。希弁所藏各两本，岳麓、白鹿洞所刊也。

陈《录》卷三说得更明白，其中云：

> 《语孟集义》三十四卷，朱熹撰。集二程、张氏及范祖禹、吕希

哲、吕大临、谢良佐、游酢、杨时、侯仲良、周孚先,凡十一家。初
名《精义》,后刻于豫章郡学,始名《集义》。

由此可见,吕大临《论语解》是朱子编定《精义》《集注》所引书之一,在朱
子时代,一定还有刻本流传;其后虽佚,但其大部或全部内容却借《精义》
《集注》而得以保存。

《集注》乃《精义》之精髓,但"引前辈之说,而增损改易本文"(《文
献通考》卷一八四《论语集注》条下引朱子语),故可按下不论,现单说《精
义》。今可见之《精义》,有清康熙中御儿吕氏宝诰堂重刻白鹿洞本(简称
"宝诰堂本")、《四库全书》本和日本"和刻本"。《四库全书》经部八四
书类收集了《论孟精义》三十四卷,书前提要云:

> 《论孟精义》三十四卷,宋朱子撰。初朱子于隆兴元年辑诸家
> 说《论语》者为《要义》,其本不传;后九年为乾道壬辰,因复取二
> 程、张子、范祖禹、吕希哲、吕大临、谢良佐、游酢、杨时、侯仲
> 良、尹焞、周孚先等十二家之说。荟萃条疏,名之曰《论孟精义》,
> 而自为之序,时朱子年四十三。后刻板于豫章郡。又更其名曰《要
> 义》。《晦庵集》中有《书论语孟子要义序后》曰:"熹顷年编次此
> 书,锓版建阳,学者传之久矣。后细考之,程张诸先生说,尚或时有
> 所遗脱,既加补塞,又得毗陵周氏说四篇,有半于建阳陈焞明仲,复
> 以附于本章。豫章郡文学南康黄某商伯见而悦之,既以刻于其学,又
> 虑夫读者疑于详略之不同也,属熹书于前序之左,且更定其故号《精
> 义》者曰《要义》云云。"是其事也。后又改名曰《集义》,见于
> 《年谱》。今世刊本仍称《精义》,盖从朱子原序名之也。

这是对《论孟精义》编定、刊行过程的具体记载。按此记载,朱熹自隆兴元年
(1163)始编此书,初刻于建阳;乾道壬辰(1172)又经增补修订,亲自作
序,而再刻于豫章。再参照上述赵《附志》所云,淳熙辛丑(1181),朱子

在白鹿洞讲学之际，此书很可能又锓版于白鹿洞书院。如此，前前后后经历近二十年之久，足见朱熹及建阳、豫章、白鹿洞诸学宫，在荟萃条疏、编次增补、刻板印行《精义》一书时，所表现出的严肃认真之精神。由此可见，《精义》所引吕大临《论》《孟》解说，同所引其他诸家之说一样，是比较详尽而可信的。

因此，今以宝诰堂重刻白鹿洞原本《精义》为依据，先从中辑出吕解，共一百九十五条：《学而》十一条、《为政》十四条、《八佾》十二条、《里仁》十条、《公冶长》十二条、《雍也》二十三条、《述而》十六条、《泰伯》十一条、《子罕》十一条、《乡党》三条、《先进》十条、《颜渊》七条、《子路》六条、《宪问》十三条、《卫灵公》八条、《季氏》八条、《阳货》十二条、《微子》四条、《子张》三条、《尧曰》一条，分系于各章之下。然后以此做底本，以《四库全书》本做校本，并参校日本享保十四年（1729）和刻本，进行校勘标点，便形成了这个《论语解》辑校本。这同《易章句》辑校本一样，虽非复其原书之旧，但足见其概矣。

4. 《孟子解》

晁《志》、陈《录》、尤《目》均无著录，唯《宋志》作"《孟子讲义》十四卷"，《经义考》肯定其已佚。其佚存刊行情况，与《论语解》同。今从宝诰堂重刻白鹿洞原本《孟子精义》中，辑出吕解《梁惠王下》二条、《公孙丑上》三条、《公孙丑下》一条、《滕文公上》二条、《离娄上》四条、《离娄下》三条、《万章上》二条、《万章下》一条、《告子上》二条、《尽心上》三条、《尽心下》三条，共计二十六条，分系于各章之下；并以《四库全书》本做样本，参照日本享保十四年（1729）和刻本，加以勘校标点，定名曰《孟子解》。这便是今天可以看到的《孟子讲义》的残存部分。

5. 《中庸解》

晁《志》、陈《录》、尤《目》均无著录。《宋志》作"《中庸》一卷"，《经义考》作"吕氏《中庸解》一卷"，特注明："存。疑即《二程全书》中所载本。"今考《二程全书》，其《程氏经说》八中载有此书，朱子对此辨析甚明，他说：

然明道不及为书，今世所传陈忠肃公（权）之所序者，乃蓝田吕氏所著之别本也。伊川虽尝自言《中庸》今已成书，然亦不传于学者；或以问于和靖尹公，则曰"先生自以不满其意而火之矣"。二夫子于此既皆无书，故今所传，特出于门人记平居问答之辞；而门人之说行于世者，惟吕氏（大临）、游氏（酢）、杨氏（时）、侯氏（师圣）为有成书。若横渠先生，若谢氏（良佐）、尹氏（焞），则亦或记其语之及此者耳，又皆别自为编，或颇杂出他记，……固不能有以考其异而会其同也。①

由此足见，《中庸解》非二程所著无疑。

《朱子语类》和胡宏《题吕与叔中庸解》，进一步论证了《中庸解》是"吕与叔晚年所为"，还说明了其版本流布情况。《语类》卷六二云：

"向见刘致中说，今世传明道《中庸义》是与叔初本，后为博士演为讲义。"先生又云："尚恐今解是初著，后撮其要为解也。"②

胡宏《题吕与叔中庸解》云：

靖康元年，河南门人河东侯仲良师圣自三山避乱来荆州，某兄弟得从之游。议论圣学必以《中庸》为至，有张焘者携所藏明道先生《中庸解》以示之，师圣笑曰："何传之误？此吕与叔晚年所为也。"焘亦笑曰："焘得之江涛家，其子弟云然。"……后十年，某兄弟奉亲南止衡山，大梁向沈又出所传明道先生《解》，有莹中陈公所记，亦云此书得之涛。某反覆究观词气，大类横渠《正蒙》书，而与叔乃横渠门人之肖者。征往日师圣之言，信以今日己之所见，此书

① 《中庸集解序》，见《朱子文集》第八册，陈俊民校订，台湾德富文教基金会，2000年，第3792页。
② 《朱子语类》卷六二《中庸一》，中华书局，1986年，第1485页。

与叔所著无可疑明甚。（《五峰集》卷三，《四库全书》本）

二程是关中华阴侯氏之甥，侯师圣少孤，为二程养育成人，从学二程最久，他所辨定《中庸解》为吕大临晚年著作，无疑是完全可信的。其版本流传，正如晁《志》所总括："陈瓘得之江涛，涛得之曾天隐，天隐得之傅才孺"。

因此，今从中华书局点校本《二程集》中，将《中庸解》录出，并将胡宏《题吕与叔中庸解》加以点校，附之于后，以便同其《礼记解》中的《中庸解》相互参照。

6.《论中书》和《东见录》上、下

这两篇均系吕大临与二程谈话答问之记录，由吕氏本人记录整理，被编入《二程全书》之中。前篇见《程氏文集》卷九，是大临与程颐论"中"之语，题下有编者注文"此书其全不可复见，今只据吕氏所录到者编之"，可知为吕大临所记。后篇见《程氏遗书》卷二上、下，是吕大临记元丰二年（1079）入洛东见二程从学时二程所语，因此记录流传版本不同，《遗书》卷二分上、下一并编入。卷二上原题为《元丰己未吕与叔东见二先生语》，卷下原题为《附东见录后》，特注云"别本云亦与叔所记，故附其后"，可知卷上、卷下同系大临所记，而流传版本不同也，都可称作《东见录》。因此，今从中华书局点校本《二程集》中将这两篇录出，前篇依从原名简称《论中书》，后篇统称《东见录》，仍分上、下，以示其流传版本之异。

7.《蓝田仪礼说》《蓝田礼记说》《蓝田语要》

此三篇系《宋元学案补遗》卷三一所引吕大临有关专著、文章、语录的摘抄，今从《四明丛书》第五集《补遗》中，全文辑出，加以标点，篇名仍旧。

又考《性理大全书》《宋元学案》所引大临语，前者十二则，后者七则，今以《四库全书》本《大全书》与张氏（汝霖）本《学案》为依据，分别将其辑出，进行点校，一并附于《蓝田语要》之内。其中所引重复者，不予删削，保其原貌，以见蓝田其语为历代史书所征引、珍重之实。

8.《吕氏乡约·乡仪》

此书历代史书多有著录。《乡约》一卷，旧传为大忠所作，《宋史》

引《乡约》一条，又载于《大防传》中，经朱熹考定为大钧所作；《乡仪》一卷，旧题苏昞所为，依朱熹考定，"乃季明（苏昞）所序"，而"吕氏书也"。足见此书实系吕氏共同编定，三吕"同德一心，勉勉以进修成德"、淳化风俗为事。其书刊刻流布最广，但以国家图书馆藏南宋嘉定五年（1212）李大有刻本为善，故今取此本，加以标点，书名仍旧。

9.《文集佚存》

吕氏文集既佚，今自《皇朝文鉴》《宋诗纪事》《宋诗纪事补遗》和《二程集》《张载集》中，分别辑出：吕大临诗文八篇，《哀词》《横渠先生行状》《中庸后解序》《考古图后记》《克己铭》《北郊》《送刘户曹》《春静》；吕大钧诗文六篇，《天下为一家赋》《世守边郡议》《选小臣宿卫议》《民议》《吊说》《曾点》；吕大防诗文三篇，《请置经略副使判官参谋》《幸太学倡和》《万里桥西》（陈按：原无题，据诗首句"万里桥西万里亭"而加）；吕大忠诗一首《送程给事知越州》。一并加以点校，归为一编，题作《文集佚存》，以见吕氏诗文之散佚、存留情况。至于历代关乎吕氏传略、佚事之记载，择其要者，作为《附录》，载于书末，以备参考。

综括以上辑佚编校过程，可以清楚地看到，现在的吕氏遗著，其实主要是吕大临的作品。尽管其大部分篇章写作年代不详，但既可以肯定《中庸解》是"吕与叔晚年所为"，《东见录》《论中书》为吕大临于三十三岁入洛东见二程以后所记录，那么，《易章句》《礼记传》《论语解》《孟子解》，从其内容看，很可能就是吕大临三十一岁以前，亲炙张载时所作。而张载其学"尊礼贵德"，"以《易》为宗"，大临从学张子，必然亦从解《易》入手，而渐渐立说。所以，《蓝田吕氏遗著辑校》特将《易章句》列于书首，本篇依此发其微义，以探明吕大临在张程关洛二学之间的理学抉择。

三、《易章句》的释《易》方法及其"大义所在"

前章之所以断定《易章句》可能为吕大临从学张载阶段的早期著作，除了依上所述该书在吕大临全部遗著中所占有的地位外，主要依据还在于：吕大临的《易章句》同《横渠易说》《伊川易传》相比，无论就其释《易》方法与形式来说，还是就其易学内容与主旨而论，都同张载《易说》的"原儒"思路一脉相承①，带有更明鲜的原始儒家《易传》思想的特征。度正在《跋吕与叔易章句》里虽早就声言："今观《易章句》，其间亦有与横渠异而与伊川同者，然皆其一卦一爻之间小有差异，而非其大义所在，其大义所在大抵同耳。"但是，《易章句》之"大义"到底所在何处，它同张程《易说》《易传》，究竟有何相同，有何相异，度正却无说明。因此，本章拟从分析吕大临释《易》方法，来探究其易学之"大义所在"。

总的来说，吕大临的易学方法原本于《易传》（即"十翼"），直承于有宋一代由胡瑗（翼之）开先河的易学义理派风气，以张载《易说》阐发的"天人合一"主题为架构，采取同尔后程颐《易传》相类似的传注形式，按十翼义例释经文，参证儒家经史阐经义，用平实精约的文笔，推天道以明人事伦理，充分发挥了儒家《易传》的"三才之道"。

兹具体分述如次。

（一）以十翼义例释经文

《周易》分经与传，经是周代一部占筮书，其文字包括卦名、卦辞与爻辞；传是先秦儒家解经的哲学书，其文字包括《彖》《象》《文言》《系辞》《说卦》《序卦》《杂卦》，其中《彖》《象》《系辞》各分上、下两篇，共七种十篇，亦称"十翼"。因《易》经文古简隐约，属中国最古之书，不易通晓，历代解《易》者五花八门，难计其数。《四库全书总目》为之分析概括云：

> 《左传》所记诸占，盖犹太卜之遗法。汉儒言象数，去古未远也；一变而为京（房）、焦（赣），入于机详；再变而为陈（抟）、邵（雍），务穷造化，《易》遂不切于民用。王弼尽黜象数，说以老

①参看拙著《张载哲学与关学学派》，台湾学生书局，1990年，第80—82页。

庄；一变而胡瑗、程子，始阐明儒理；再变而李光、杨万里，又参证史事，《易》遂日启其论端。此两派六宗，已互相攻驳，又《易》道广大，无所不包，旁及天文、地理、乐律、兵法、韵学、算术，以逮方外之炉火，皆可援《易》以为说，而好异者又援以入《易》，故《易》说愈繁。（卷一经部易类一）

胡瑗、程颐，的确是继王弼之后"始阐明儒理"的宋代易学义理派人物，但在中国易学史上，真正始倡以儒理说《易》风气的，还要算十翼作者，北宋胡瑗、张载、程颐之《易》说，其实都是承袭十翼思路而阐发儒理的。吕大临易学正属于这一系统，而且，他所阐明的儒理，与其说和张程大同小异，不如说更接近十翼思想；他所遵循的义例原则与方法，与其说是依据王弼、胡瑗之义例，不如说是本于十翼义例。他对卦名、卦辞、爻辞的解法，便是明证。

1.先说释卦名

吕大临在《易章句》中，除了对《乾》《坤》《泰》《夬》等四卦之卦名无直接解释外，对其他六十卦之卦名均有解，其解释方法有三：

第一，依《序卦》义释卦名。采用此法者，计有《屯》《蒙》《师》《比》《临》《噬嗑》《贲》《复》《颐》《习坎》《离》《恒》《遁》《晋》《家人》《睽》《蹇》《解》《姤》《萃》《升》《艮》《渐》《丰》《旅》《兑》《涣》等二十七卦之多。例如释"屯"云：

屯者，物始生而未达者也。〔《屯（卦三）》〕

释"蒙"云：

蒙者，物有所蔽而未发也。〔《蒙（卦四）》〕

释"师"云：

师，帅众有所治也。〔《师（卦七）》〕

这显然是本于《序卦》所谓："有天地，然后万物生焉。盈天地之间者唯万物，故受之以屯。屯者，盈也；屯者，物之始生也。物生必蒙，故受之以蒙。蒙者，蒙也，物之稚也。……讼必有众起，故受之以师。师者，众也。"同时，也有兼依《彖》义者，如释《师》之卦名，《彖》云："师，众也；贞，正也。能以众正，可以王矣。"这分明也是吕大临把"师"解作"帅众有所治也"的根据。

第二，依《彖》义释卦名。运用此法者，计有《需》《讼》《小畜》《否》《观》《无妄》《咸》《明夷》《损》《益》《震》《归妹》《巽》《小过》等十四卦。例如释"需"云：

需，有所待而进也。［《需（卦五）》］

《序卦》谓"需者，饮食之道也"，《彖》曰"需，须也，险在前也，刚健而不陷，其义不困穷矣"，而吕大临释"需"为"有所待而进也"，并说："乾健欲进而险在前，姑有所待，终必济也。"这显然是对《彖》义的直接引申和概括。又如《咸》之卦名，《序卦》无解，《彖》谓"咸，感也，柔上而刚下，二气感应以相与"，而吕大临则说："咸，以无心感也。咸之所感不一，故咸之义又为感。天与地相感，故万物化生；圣人与人心相感，故天下和平。"他特别强调以"无心"而相感，这肯定是对《彖》"二气感应以相与"之义的发挥。

第三，依卦名本身字义释卦名。使用此法者，计有《履》《同人》《大有》《谦》《豫》《随》《蛊》《剥》《大畜》《大过》《大壮》《困》《井》《革》《鼎》《节》《中孚》《既济》《未济》等十九卦。例如其云：

履，践而行也。［《履（卦十）》］
同人者，乐与天下共也。［《同人（卦十三）》］
大有，无所不容也。［《大有（卦十四）》］
谦，持盈若不足也。［《谦（卦十五）》］

豫，安逸无所事；豫，前定也。［《豫（卦十六）》］

随，有从而无违也。［《随（卦十七）》］

蛊，治坏者也。［《蛊（卦十八）》］

剥，漫以衰而将落也。［《剥（卦二十三）》］

大畜，据其所自得也。［《大畜（卦二十六）》］

大过，非常情之所及也。［《大过（卦二十八）》］

大壮，居强盛之势也。［《大壮（卦三十四）》］

凡此种种，虽依卦名本身字义释卦名，又同《序卦》或《象》所解，其义相合，如《彖》解"大壮"为"大者壮也，刚以动故壮"，《序卦》释"蛊"为"事也"云云。

2.再说释卦辞

自王弼《易注》将《彖》《象》分置于各卦卦辞之后以解卦辞以来，胡瑗、张载承传此例，几乎全以《彖》《象》之义解卦辞，吕大临释卦辞亦毫不例外。在《易章句》中，除了《泰》《夬》两卦卦名与卦辞今不见其解外，其他六十二卦卦辞，各随卦名均有解说。所有解说，除解《乾》卦辞"元亨利贞"是依《文言》之外，其他卦辞全以《彖》义立说，而且言简意赅，中肯畅晓，不涉玄虚。试以《蒙（卦四）》来说吧，其原卦辞云：

蒙。亨。匪我求童蒙，童蒙求我。初筮告，再三渎，渎则不告，利贞。

《彖》先解卦名"蒙"："山上有险，险而止，蒙。"然后解释这段卦辞云：

"蒙亨"，以亨行时中也。"匪我求童蒙，童蒙求我"，志应也。"初筮告"，以刚中也。"再三渎，渎则不告"，渎蒙也。蒙以养正，圣功也。

吕大临《易章句》几乎全然依《彖》此例，同样先释卦名，再接着释上段卦辞曰：

> 是卦也，主发蒙而言，故曰"蒙亨"，以发为亨也。发蒙，教者也；蒙，学者也。教者之心所施于学者，皆亨道也。君子之教者五，所谓"以亨行时中"也。"匪我求童蒙，童蒙求我"，有来学，无往教也；"不愤不启，不悱不发"，彼有来学之诚，乃可授之以教，"志应也"；童蒙之质，德性未丧，特未发耳，由是而养之以正，不流于邪，虽圣人之学，不越于是，故曰"圣功也"。"利贞"者，贞则不失其性也。

把《蒙》卦辞释作"主发蒙而言"，即教授来学之意，并把"以亨行时中"看作"君子之教"的主旨，力陈教者与学者的关系，这无疑不尽是本卦辞的本义，也不完全符合《彖》义；但这毕竟是吕大临依据《彖》所谓"蒙以养正"之"圣功"思想所作的新说，它始终未离开《彖》解的基调。

在以《彖》义释卦辞的同时，吕大临还利用此卦与其相应彼卦之比较方法，来释此卦卦辞。他释《小畜》卦辞时，用《大畜》卦做比较；释《损》卦辞时，用《益》卦做比较；释《既济》卦辞时，用《未济》卦做比较；释《大过》卦辞时，用《小过》卦做比较。凡此比释，又均以《彖》义为张本。例如释《小畜》卦辞"亨。密云不雨，自我西郊"云：

> 小畜、大畜，据其所自得也，所得有大小，故谓之"大畜""小畜"。柔得位而上下应之，畜之小者也；刚上而尚贤，畜之大者也。以巽畜健，所畜小也；以止（艮）畜健，所畜大也。云自东而徂西则雨，自西而徂东则不雨。阴生于西，阳生于东，阳往交阴，阴能固之，乃雨；阴往交阳，而阳不应，则何从而雨？故"自我西郊"者，言云自西而徂东也。

这里虽以《大畜》（䷙）比释《小畜》（䷈），即以"止（艮☶）畜健（☰）"比释以"巽（☴）畜健（☰）"，却仍以《彖》所谓"小畜，柔得位而上下应之曰小畜。健而巽，刚中而志行，乃亨。'密云不雨'，尚往也。'自我西郊'，施未行也"云云为根据。可见，依《彖》义释卦辞，是吕大临所奉行的基本释法。

3.三说释爻辞

释爻辞是吕大临解《易》经文的重点内容。按照十翼的说法，古时圣人作《易》，将以顺性命之理，"是以立天之道，曰阴与阳；立地之道，曰柔与刚；立人之道，曰仁与义"（《说卦》），兼天地人三而两之，故成为六。六者，即天地人"三才之道"或"三极之道"（《系辞上》）；道有变动，故称作"爻"。积六爻而成卦，故爻为卦之体；爻动而卦变，故爻又为卦之用。卦之体用，俱在于爻，"爻象动乎内，吉凶见乎外，功业见乎变，圣人之情见乎辞"（《系辞下》），故爻变所造成的吉凶、功业，又俱见于爻辞。因此，历代说《易》者，无不重释爻辞。在《横渠易说·乾》中，张载甚而用一段千字以上的长文，来演释爻辞，并且把爻卦之"体用不二"，作为建构自己哲学的方法论原则。吕大临实际上承袭了这一原则，依据十翼规定的爻位、爻德及其同卦时、卦德、卦象相互配合之体用关系，简释爻辞。举其大端，主要有下列几种情况：

第一，依爻位是否当位释爻辞。一卦之中，爻虽变动无常，但六爻各有定位，正如十翼所说："变动不居，周流六虚。"（《系辞下》）"大明终始，六位时成。"（《乾·彖》）六虚者，即初、二、三、四、五、上等六位，六位之初爻、二爻为地位，三爻、四爻为人位，五爻、上爻为天位。爻有柔刚（亦称"爻德"），而上下进退；位有阴阳（一三五为阳，二四六为阴），而位无变动。爻变无常，刚柔错杂，其位必然有当与不当。按十翼所说，一般刚居阳位，柔居阴位，为当则吉；刚居阴位，柔居阳位，为不当则凶。然而，六十四卦中，却只有《既济》一卦之六爻柔刚阴阳，各当其位，如图所示：

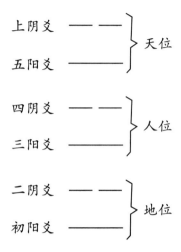

除此之外，其他六十三卦，各有其不当位者，十翼常有"贵而无位，高而无民"（《乾·文言》）、"虽不当位，未大失也"（《需·象》）等等说法。所以，依爻位之当与不当，以释爻辞所表达的人事吉凶吝悔，自然成了各家解《易》之通则，千古一律。吕大临无以异之，并将此作为释爻辞的主要方法，几乎每卦都有应用。如云：

> 六三以阴居阳，迫近九四，位既不当，德亦无常，进退久速，皆未得其所安。以斯求豫，宜有悔也。

这是解《豫》卦（䷏）六三爻辞："盱豫，悔，迟有悔。"

> 六四以柔居阴，处上体之下，比于贵而非王也，故"利用宾于王"。

这是解《观》卦（䷓）六四爻辞："观国之光，利用宾于王。"

这两例，前者是以柔居阳而"位既不当"释爻辞，后者是以"柔居阴"而当位释爻辞，但又都本于其《象》所释"盱豫有悔，位不当也"（《豫·象》），"观国之光，尚宾也"（《观·象》）云云。其实，吕大临在释爻辞时，并不单纯只靠爻位是否当位一法去论断，他还依据爻位的比应关系及其与卦时、卦德、卦象之关系，进行综合分析。

第二，依爻位比应与否释爻辞。爻有当位，也有比应。如果说，当位是指一爻自身柔刚在一卦中所处的阴阳位置，那么，比应就是指一爻在一卦中，同它相比连的爻和相对应的爻之间的阴阳关系。每一卦中，上下体相对应之爻曰"应"，逐位相比连之爻曰"比"，如☷☵《师·彖》云"刚中而应"，即指下体之九二与上体之六五两爻阴阳互相对应，☲☰《同人·彖》云"正中而应"，即指下体之六二阴爻对应上体之九五阳爻。又如☵☷《比·象》云"比之自内，不自失也""外比于贤，以从上也"，意指：六二上比六三、下比初六，皆阴柔非正，但同在内卦（下体），可守真性于内，所以"不自失也"；而六四上比九五，阴求之阳，所附者贤，下比六三，二阴难附，所以"以从上也"可获吉。可见，十翼认为，比与应必须是一阴一阳，一柔一刚，方能相求而相得。吕大临乃依此例，如云：

> 初六前遇三阴，莫适比也。莫适比则无所私，无所私则有信而已。以信比之，何往不可，故以有孚比之，无咎矣。

这是针对《比·初六》"有孚比之，无咎。有孚盈缶，终来有它，吉"而言也。

> 比之时，主比而不主应。诸爻皆比，二独应五，守贞性于内而不失者也。

这是针对《比·六二》"比之内，贞吉"而言也。

> 六三居二阴之间，所比皆不善也，故曰"匪人"。

这是针对《比·六三》"比之匪人"而言也。

> 六四独比于五，比比阳也；虽独有所附，所附者贤，守是不变，亦可以获吉。

这是针对《比·六四》"外比之，贞吉"而言也。

> 九五以一阳为众阴之主，从之者吉，背之者凶，显比者也，如三
> 驱之法，明示以舍逆取顺之道也。[①]

这是针对《比·九五》"显比，王用三驱失前禽，邑人不诫，吉"而言也。凡
此，都是集中运用比法释爻辞的。同时，又都是对《比·象》所谓"比之初
六，有它吉也""比之自内，不自失也""比之匪人，不亦伤乎""外比于
贤，以从上也""显比之吉，位正中也"诸解大义的发挥。

又如其释《贲》卦六四爻辞所云：

> 六四以阴居阴，当乎位，质也；以四应初，刚柔相错，文也。虽
> 与初应，而近比九三，近而不相得，以为己寇。"贲如"者，欲应初
> 也；"皤如"者，安于当位以辟寇也。有是疑也，故或文或质，然洁
> 白其行以待之，寇卒不可得而犯，则婚媾谐矣！

此指☲☶《贲·六四》"贲如皤如，白马翰如，匪寇婚媾"而说。吕解认为，
六四以柔居阴，不仅当位，而且以阴柔与下体初九刚阳相应，与九三刚阳比
连，既文又质，所以，可以断定爻辞所载的这对男女的婚姻，是美满和谐的，
他人"不可得而犯"也。很显然，这是利用爻位是否当位与是否比应结合的方
法，去解爻辞。同样不离开其《象》所云"六四当位，疑也。匪寇婚媾，终无
尤也"之义。

第三，依爻位是否中正释爻辞。按十翼义例，八卦于六爻，各有其当位
之爻，称之"正位"。一卦之二五，各以正位居上下体之中，仅以阴阳言之，
则称"得中得正"或"居中守正"。《彖》《象》曰"中正而应""中正而志
行""位正中也""尚中正也""女正位乎内，男正位乎外"等等，均是以阴

---

① 以上见陈俊民辑校：《蓝田吕氏遗著辑校》，中华书局，1993年，第75—76页。

阳言二五爻也。吕大临释二五爻辞，亦袭用《彖》《象》解法，如云：

九二居健之中，其健已具，若豕之牙渐不可制。六五居尊守中，能以柔道杀其刚暴之气，若豶豕。[《大畜（卦二十六）》]

六五居蒙之时，在上居中，大人不失赤子之心者也。[《蒙（卦四）》]

九五阳居至尊中正之位，三阳上进，志同情悦，需于酒食，以交欢也。[《需（卦五）》]

九二之德，以乾下坤上，中正无颇，此所以得尚乎中行。[《泰（卦十一）》]

六二上承下包，柔顺且中，小人所以自容也。[《否（卦十二）》]

六五以柔中居尊位，其体又顺，不以威武临天下者也。[《谦（卦十五）》]

六二"晋如"，进而之明也；"愁如"，上无应也。六五以柔居尊，王母之象也。王母，祖母之称，妇人之尊也。二、五俱无应，而皆处中正，以中正相感而不以它，故"受兹介福"也。[《晋（卦三十五）》]

六二与九五为应，以柔变刚，以下变上，用力也难，久而后能革之。然同处于中，水火相济，行必有嘉，故"吉无咎"。……九五以刚居尊而履中正，革道大成，圣人作而万物观者也。[《革（卦四十九）》]

凡此八条，已足以可见：吕大临不仅应用十翼关于二五"中正"之例，时而配合卦时，时而配合爻德以至其象，力求通释爻辞；而且，特别值得注意的是，他还依据这一易例，来建构自己一整套诸如人伦君德、大小尊卑的儒理思想，他的中说、礼论，盖与此相关。这一点将在下文仔细论述。

总之，吕大临无论使用哪一类方法释爻辞，同他释卦辞和释卦名一样，都没有抛开十翼而随意解说，均同十翼义例原则相契而无悖。

（二）引儒家经史阐经义

诚如上节所说，易学自王弼开义理派先声而后，一变为北宋胡瑗、张载、程颐诸儒"始阐明儒理"，再变而为南宋李光、杨万里"又参证史事"，隐然独树一帜。其实，引史说易，本源于卦爻辞自身，"高宗伐鬼方，三年克之"（《既济·九三》）、"帝乙归妹，以祉元吉"（《泰·六五》），即其例证。《易传》讲哲学，同时参证经史；胡、张、程阐儒理，亦非不引经史。吕大临同样如此，虽引述不多，每每不过数言，却自有一番用意。

仅就《易章句》明引的经史来说，可分经传与史事两类，而以经传为主。其中有的是为释卦爻辞而引，有的是为发明《彖》《象》而引，均寥寥几句，简明扼要，毫无《读易详说》《诚斋易传》那种有意博征旁通之风。

1.先说引经传

吕大临引经传，可以说广取四书、五经，但引《论》《孟》最多。引《论语》者，有《乾·文言》三则、《蒙·象》一则、《师·象》一则、《比·象》一则、《观·象》一则、《大畜·象》两则、《困·象》两则，共十一则，分别见于《论语》的《微子》《子罕》《雍也》《述而》《乡党》《为政》《里仁》《宪问》诸篇。

引《孟子》者，有《乾·文言》一则、《否·象》一则、《随·象》一则、《家人·象》一则、《睽·象》三则、《艮·六二》一则，共八则，分别见于《孟子》的《尽心上》《尽心下》《告子下》《离娄上》《离娄下》诸篇。

引《中庸》者，有《观·上九》一则，见之于"大哉圣人之道"章。

引《书经》者，有《观·上九》一则，见之于《尚书·酒诰》。

引《诗经》者，有《离·九三》一则，见之于《国风·唐》。

引《礼经》者，有《晋》卦辞一则，见之于《礼记·祭统》。

引《春秋》者，有《乾·用九》《益·六四》各一则，见之于《春秋左传》"昭公二十九年"与"隐公六年"。

此外，还有释《观》卦辞引《荀子》一则。

以上明引经传共二十六则，而其十九则，乃引自《论》《孟》，甚至在释同一卦爻辞里，竟连连数引。例如，释《乾·文言》"不易乎世，不成乎名"条云：

> "不易乎世"，与孔子所谓"天下有道，丘不与易也"之"易"同；孟子云"夷子思以易天下"亦然。"不成乎名"，与"博学而无所成名"同。①

又如，释《暌·彖》"二女同居，其志不同行"条云：

> 暌，趋异而不相合也。物有异而同者，天地、男女是也；有同而异者，"二女同居，其志不同行"是也。异而同者，迹异而心同，孟子曰"或远或近，或去或不去，君子亦仁而已矣，何必同"，又曰"禹、稷、颜回同道，曾子、子思易地而皆然"是也；同而异者，迹同而心异，孟子曰"有伊尹之志则可，苟无伊尹之志则篡"，鲁人曰"柳下惠固可，吾固不可"是也。②

可见吕大临不仅通《六经》、深于《礼》，而且像张载"以孔孟为法"一样，对《论》《孟》已十分重视。究其用心，却在于用《论》《孟》通释《易传》，以发明十翼的儒理思想。

2.再说引史事

吕大临明引史事不多，只有《同人·象》一则、《大有·九三》一则、《明夷·象》一则、《明夷·六五》一则、《升·六四》一则、《渐·九三》一则、《未济·九四》一则，共计七则。按其所引内容来说，除《同人·象》一则是引墨子"尚同"，以批评其不合乎圣人"类族辨物，大同而小异"的思想之外，其他六则，多属周代史事。如释《升·六四》爻辞"王用亨于岐山，吉，无咎"云：

---

① 陈俊民辑校：《蓝田吕氏遗著辑校》，中华书局，1993年，第62页。
② 陈俊民辑校：《蓝田吕氏遗著辑校》，中华书局，1993年，第127页。

> 六四以太王之事明之，六五以文王之事明之。太王不忍战其民，
> 逊以避狄，策杖去豳，之岐山之下居焉，而从之者如归市，因以肇基
> 王迹。柔升之道莫盛于此。盖六四以阴居阴，其柔至矣，而乃升于上
> 体，顺而上进，如太王之事也。文王有君民之大德，有事君之小心，
> 三分天下有其二以服事商，盖大得天下之心，犹执柔中以事上，不失
> 人臣之贞，而履人君之势，故曰"贞吉升阶"。①

这足以表明，吕大临之所以重引周史来参证爻辞，申说《彖》《象》，其旨趣
正是要为他所阐释的儒家君臣之道寻找史实根据，这同他引经传之用心，毫无
二致。

由此可见，吕大临无论释《易》经文，还是阐《易》经义，或依儒家十翼
义例，或援引儒家经传史事，其终极目的，乃在于要按照孔孟原始儒家的本来
思想，以阐明儒理，这正是《易章句》之"大义所在"。仅就此而言，它的确
不同于王弼《易注》，也有别于程颐《易传》，而同张载《易说》的"原儒"
大义相通。不过张载也同程颐一样，其"原儒"方法的主旨，乃是为了进一步
弘扬儒家的心性义理之学，而吕大临的《易章句》，却尚未达到这个高度。

四、《易章句》的儒理思想及其与张程之异同

现在，我们需要具体分析一下《易章句》所蕴含的儒理思想，才能真正
看出它同张载《易说》之"大义所在"究竟有何相同。如果说，从吕大临的释
《易》方法中，已见其作《易章句》之用心是沿袭张载《易说》力辟释老、复
兴儒家的"原儒"思路，要把恢复儒学本义作为自己承传和发展张载道学思想
的理论前提；那么，从他以儒家十翼义例释《易》所论述的儒理中，则可见其
依照张载"性与天道合一"（"天人合一"）的《易说》主题，在《易章句》
里，将原始儒学非常自然地导向宋明理学（新儒学）所做出的努力，天人本一

---

① 陈俊民辑校：《蓝田吕氏遗著辑校》，中华书局，1993年，第142页。

论、居尊守中论、正心修身论，就是他的主要劳绩。

（一）天人本一论

在儒家哲学里，《易传》首次完整地表达了儒家关于"天人合一"的思想，但它是以宇宙生化论来把握天人关系的。它先把宇宙一分为三，认为："易之为书也，广大悉备，有天道焉，有人道焉，有地道焉。兼三才而两之故六，六者非它也，三才之道也。"（《系辞下》）再将"三才"合而为一，认为"有天地，然后万物生焉。盈天地之间者惟万物"，"有万物，然后有男女；有男女，然后有夫妇；有夫妇，然后有父子；有父子，然后有君臣；有君臣，然后有上下；有上下，然后礼义有所错"（《序卦》）。但它并没有说明天地、万物、男女是怎样"合一"的。张载从"天人一气"的宇宙本体论上，论证了天人万物统一于永恒运动变化着的"气"，才真正解决了天人如何"合一"的难题。吕大临承传了张载这一重要的哲学贡献，通过下列命题，简要论述了"天人本一"的儒理思想。

1. "造化之所以然，乃《易》之本也"

吕大临首先肯定"昔者圣人作《易》"的本义，不是"象数"，也不是"图书"，而在于说明天人万物"造化生生之所以然而已"。尽管《系辞上》和《说卦》都有"揲蓍""顺逆数"之说，但他解释说：

> 逆数者原其始，顺数者要其终；要其终者本于数，往安已过之，逆知其终也。盛衰生息，皆有常数而已；原始者，可以知来、知未来之事，其始也，皆出于造化生生之所以然而已。造化之所以然，乃《易》之本也，故曰"《易》，逆数也"。[1]

这里把"逆数"释作"原其始"，把"顺数"释作"要其终"，而数之顺逆终始，实乃天地万物之"盛衰生息"；而《易》之八卦定位，又是以乾（☰）、

---

[1] 陈俊民辑校：《蓝田吕氏遗著辑校》，中华书局，1993年，第185页。

兑（☱）、离（☲）、震（☳）、巽（☴）、坎（☵）、艮（☶）、坤（☷）为序，即"逆数"也。所以，圣人作《易》之本义，也就是要揭示天地万物其所以能造化生生之本然。这种解释，无疑是同《说卦》所说的"天地定位，山泽通气，雷风相薄，水火不相射，数往者顺，知来者逆，八卦相错，是故《易》，逆数也"，其义相合而不悖。但是，吕大临并没有拘泥于这种文义疏释，而进一步运用张载"体用不二"的方法论原则，分析了天地万物"造化生生""盛衰不息"的根源。

2."大气本一，一体二用"

这是吕大临论述"天人本一"思想的根本命题，同张载《易说》"一物两体者，气也"的命题，如出一辙。他解《系辞上》云：

> 大气本一，所以为阴阳者，阖辟而已。开阖二机，无时止息，则阴阳二气，安得而离？阳极则阴生，阴胜则阳复，消长凌夺，无俄顷之间，此天道所以运行而不息。入于地道，则为刚柔，入于人道，则为仁义。才虽三而道则一，体虽两而用则一。
>
> 大气本一，所以为阴阳者，阖辟而已。气辟则温燠发生，阖则收敛肃杀俱。一体二用，不可以二物分之。分之二用物，则阖阖之机露则布，生生之用息矣。①

这就是说，宇宙万物之本体，实即一个统一的"大气"，由于自身"开阖二机，无时止息"的运动，使统一的"大气"分为阴阳二气。阴阳二气，相互依存，相反相成，"消长凌夺"，运行不息，这便是"天道"；"天道"运行而"入于地道"，刚柔相摩，产生万物；又"入于人道"，便有了男女、夫妇、父子、君臣、上下、仁义。而"天道""地道""人道"，"才虽三而道则一"，都是统一的"大气"。非常明白，这基本符合张载"天人一气"的思想，而同程颐《易传》"往来屈伸只是理""万理出于一理"的主题，其义相悖。

---

① 陈俊民辑校：《蓝田吕氏遗著辑校》，中华书局，1993年，第181—182页。

然而，吕大临特别强调，辟阖阴阳是"大气"一体之二用，"阴阳相耦，其体虽两，其致一也"［《损（卦四十一）》］，绝"不可以二物分之"。如果把它看成互不相干的"二物"，那么"大气"之开阖运动就会止息，万物之造化生生，也便会终结。显然，这种"一体二用"的原则，不仅与张载《易说》"体用不二"的方法论相通，而且合乎程颐《易传》"体用一源，显微无间"的宗旨。表明"体用不二"，是张、程和吕大临解决"天人合一"问题所共同遵循的方法论原则，只是他们所说的一"体"，有"气""理"的分野而已。

3."生生无穷，天地之本心也"

《系辞下》本有"天下同归而殊涂，一致而百虑""天下之动，贞夫一者也"的话，张载《易说》解释说："贞，正也，本也，不眩、不惑、不倚之谓也。""天下之动，贞乃能一也。……天下之动，不眩惑者始能见夫一也。所以不眩惑者何？正以是本也。本立则不为闻见所转，其闻其见，须透彻所从来，乃不眩惑。此盖谓人以贞而观天地，明日月，一天下之动也。"[①]吕大临继承了张载这一思想，提出了"生生无穷，天地之本心"的命题，通过"阴阳""刚柔""损益""动止""交感"诸范畴的矛盾运动，分析了"天人本一""天下通一气，万物通一理"的内在根据。

首先，他从大气的阴阳消长、生生无穷，肯定"天下通一气，万物通一理"乃"出于天道之自然"，是"天地之本心"，非人谋也。（见《系辞下》解）他解《复》卦辞与《彖传》云：

> 复，极而反其本也。自《姤》（☰）至《剥》（☷），阴日长而阳日消，至于《坤》（☷），则无阳而阴极矣！阴极则阳反，故彼长则此消，此盈则彼虚。消长盈虚，终则有始，循环无穷，理之必然者也。复，阳始生之卦也。"天地之大德曰生"，方阳之消，虽理之必然，然非天地之本心，故至阳始生则反，行天地之本心，故谓之

① 《张载集》，中华书局，1978年，第210页。

"复"。"复亨",阳进必亨也。阳消为入,长为出,出入皆理之所必然,非所病也。方其未长,群阴朋来不足咎也。所以无疾无咎者,以"反复其道,七日来复"故也。阳自《姤》(☰)而始消,《剥》(☷)尽六阳以为《坤》(☷),然后《复》(☷),故七日也。阳之未长,止可无疾无咎;至于来复,然后"利有攸往",以刚长也。方阳之长,生生无穷,此天地之心也。[①]

这段可以说是吕大临在《易章句》中,对阴阳"消长盈虚"之辩证发展,最精彩的集中论述。其大意有两层:一曰阴阳二气是一个互相依存、互相对立的矛盾统一体。阴极则阳反,彼长则此消,此盈则彼虚。消长盈虚,终则有始,循环无穷,由此推动天地万物生生不息。二曰阴阳消长,万物生生,这同人谋无涉,而是"行天地之本心",皆阴阳二气"理之所必然"。这后一层,乃吕大临突出强调《复》卦之"大义所在"。

张载亦认为"此义最大"。他解《复·象》云:

《复》言"天地之心",《咸》《恒》《大壮》言"天地之情"。心,内也,其原在内时,则有形见,情则见于事也,故可得而名状。自《姤》而《剥》,至于上九,其数六也。《剥》之与《复》,不可容线,须臾不复,则乾坤之道息也,故适尽即生,更无先后之次也。此义最大。……大抵言"天地之心"者,天地之大德曰生,则以生物为本者,乃天地之心也。……《象》曰:"终则有始,天行也。"天行何尝有息?正以静,有何期程?此动是静中之动,静中之动,动而不穷,又有甚首尾起灭?自有天地以来以迄于今,盖为静而动。天则无心无为,无所主宰,恒然如此,有何休歇?人之德性亦与此合,乃是己有,苟心中造作安排而静,则安能久!然必从此去,盖静者进德之基也。[②]

① 陈俊民辑校:《蓝田吕氏遗著辑校》,中华书局,1993年,第102—103页。
② 《张载集》,中华书局,1978年,第113页。

显而易见，张载在此所说的天地"以生物为本"，而"天则无心无为，无所主宰"，正是吕大临所阐发的"天地之本心""理之必然"的真意。吕与张解《复·象》之大义，确实"大抵同耳"；而与程解《复·象》所说的"阳，君子之道。阳消极而复反，君子之道消极而复长也……君子之道既复，则渐以亨通，泽于天下，故复则有亨盛之理也"[1]，其旨趣所在，亦无大异。不过，张载所提出的"静中之动，动而不穷"的动静观，吕大临却未能真正领略。尽管，他也讲"时止则止，止不失时，所以无咎。时行而止，时止而不止，皆失之固"[《艮（卦五十二）》]，但只是针对《象传》"动静不失其时"而言，始终未触及动与静的辩证统一关系。

其次，吕大临还从阴阳之刚柔损益，进而申论了只有阴阳相交，以诚相感，"与时偕行，惟变所适"，才能使"万物发生"，天人一体。"刚柔"是阴阳二气的性质，亦称阴阳爻之爻德；"损益"乃指阴阳刚柔二性之得失关系，二者均属用以表达阴阳二气对立统一性质的范畴。刚柔、损益，既表明了阴阳二气是对立的，但何以又能成为统一体？张载讲得最清楚：

> 阴阳、刚柔、仁义，所谓"性命之理"。
>
> 《易》一物而三才备：阴阳，气也，而谓之天；刚柔，质也，而谓之地；仁义，德也，而谓之人。
>
> 一物而两体者，其太极之谓欤！阴阳天道，象之成也；刚柔地道，法之效也；仁义人道，性之立也；三才两之，莫不有乾坤之道也。
>
> 《易》一物而合三才，天地人一，阴阳其气，刚柔其形，仁义其性。[2]

这里，张载从天地人形成的本体上，论证了"天地人一"的统一性之根据。他认为，阴阳二气之矛盾运动，产生了有刚柔形体的万物，同时也形成了有仁义道德属性的人，所以，这是"一物而合三才"，虽说"三才"各自有其相对的独立性，却均统一于"太虚之气"。这无疑是当世最高明的哲学见解。

---

[1]《周易程氏传》卷二，见《二程集》第三册，中华书局，1981年，第817页。
[2]《横渠易说·说卦》，见《张载集》，中华书局，1978年，第235页。

吕大临承传了这个思想。他首先指出，阴阳二气本是一个有交有感的统一体："天之阴阳交则雨，人之阴阳交则汗"，阴阳相交，则"物情大通"[《涣（卦五十八）》]；"天下雷行，万物发生，皆以诚感"[《无妄（卦二十五）》]。然后又指出，阴阳之刚柔损益，只有适时以变，则"物情"自然与"天道合矣"。他解《损·彖》时说得最详，其云：

> 省约以为善也。损下益上曰损，损上益下曰益，盖阴从阳以益之，阳资阴以自益。艮止于上，兑说于下以从艮，损下益上也；雷动于下，巽居于上以入之，损上益下也。说之道上行，巽之动入于下也。凡物之情，则恶损而好益；天之道，则恶盈而好谦。知损之为益，则物情有孚，天道合矣，故可以"元吉无咎"。时损时益，则损之道不可以为正，惟"损而有孚"，故乃以"元吉无咎"，当损之时，故曰"可贞"。时损则损，时益则益，苟当其时，无往而不可，故损益皆"利有攸往"。当损之时，将何所用乎？然君子不以微薄废礼，苟有明信，虽涧溪沼沚之毛，可荐于鬼神，故"二簋可用享"，阴阳消长，往反无常，惟其时而已。损益之气在上，下则以柔益刚，然刚阳有余，阴柔不足，则损刚益柔亦有时矣。由是观之，天地阴阳，屈伸消长，与时偕行，惟变所适，君子取之以损益者也。①

这段话的文意十分清楚，虽然是解《损》（䷨）卦辞和《象传》的损益之道，同儒家《易传》一样，处处流露出尊阳贱阴的崇上倾向，但其主旨却是讲阴阳消长、刚柔损益，只有"与时偕行，惟变所适"，才能使天之道、物之情、人之性在"往反无常"的变化发展中，始终保持在"天人本一"的统一体中。如果说，前面他所说的"阴阳消长""生生无穷"，其大义是讲阴阳二气的矛盾运动，具有内在的必然性（"理之必然"），是绝对的；那么，这里所强调的"与时偕行，惟变所适"，其用心就是要同时指明，阴阳二气的"屈伸消

---

① 陈俊民辑校：《蓝田吕氏遗著辑校》，中华书局，1993年，第131—132页。

长"，互相转化，也具有外在的条件性，也是相对的。正是由于阴阳二气在这两个方面的统一中"惟变所适"，天地万物才"生生无穷"。显然，这同张载"天地人一"的思想基本一致，而同程颐解《损》卦辞所说的"损之义，损人欲以复天理而已"①却有根本的不同。

然而，值得一提的是，吕大临同程颐一样，同受释《易》传注体例的严格制约，并未真正承袭张载《易说》那种自由发挥体，去充分论证"天人本一"的宇宙本体论思想；《易章句》所蕴含的上述思想，尚难与张载《易说》的宇宙论见解试比高。但他们三人的终极关怀却完全一致，都是"推天道以明人事"，为君臣上下之序、君子小人之道，提供本体论根据，以建立新的世界秩序。

（二）居尊守中论

"居尊守中"，既是吕大临释爻辞的重要义例与方法，也是吕大临开始构筑自己政治论、修养论、心性论的理论依据。本节主要分析其政治论之要义。

1."中道"之人伦规定

通阅《易传》，言"中"说"正"，或二者连称"中正"者，几乎比比皆是。如《乾·文言》云"龙德而中正者也""刚健中正，纯粹精也"；《坤·文言》云"直其正也""黄中通理，正位居体"；《乾·象》云"各正性命"；《屯·象》云"动乎险中"；《蒙·象》云"以亨行时中也""以刚中也""蒙以养正"；《需·象》云"以正中也"；《讼·象》云"刚来而得中也""尚中正也"；《师·象》云"贞，正也，能以众正""刚中而应"；《比·象》云"以刚中也"；《小畜·象》云"刚中而志行"；《履·象》云"刚中正"；《同人·象》云"柔得位得中""中正而应，君子正也"；《大有·象》云"柔得尊位大中"；《临·象》云"刚中而应，大亨以正，天之道也"；《观·象》云"中正以观天下"；《噬嗑·象》云"柔得中而上行"；《无妄·象》云"刚中而应，大亨以正，天之命也"；《大畜·象》云

---

① 《周易程氏传》卷三，见《二程集》第三册，中华书局，1981年，第907页。

"能止健，大正也"；《颐·彖》云"养正则吉也"；《大过·彖》云"刚过而中"；《坎·彖》云"乃以刚中也"；《离·彖》云"重明以离乎正，乃化成天下；柔丽乎中正，故亨"；《恒·彖》云"得中而应乎刚"；《大壮·彖》云"大者正也"；《明夷·彖》云"内难而能正其志"；《蹇·彖》云"往得中也""当位贞吉，以正邦也"；《解·彖》云"乃得中也"；《益·彖》云"中正有庆"；《姤·彖》云"刚遇中正"；《萃·彖》云"刚中而应""聚以正也"；《井·彖》云"乃以刚中也"；《革·彖》云"大亨以正"；《鼎·彖》云"得中而应乎刚"；《渐·彖》云"进以正，可以正邦也，其位刚得中也"；《旅·彖》云"柔得中乎外而顺乎刚"；《巽·彖》云"刚巽乎中正而志行"；《兑·彖》云"刚中而柔外"；《涣·彖》云"王乃在中也"；《节·彖》云"刚柔分而刚得中""当位以节，中正以通"；《中孚·彖》云"柔在内而刚得中"；《小过·彖》云"柔得中，是以小事吉也；刚失位而不中，是以不可大事也"；《既济·彖》云"刚柔正而位当也，初吉，柔得中也"；《未济·彖》云"柔得中也""未出中也"。如此"正""中"之说，实则说"中"，意指二五爻居中之位。正如《周易折中》首卷《义例》所云：

> 刚柔、中正不中正之谓德。刚柔各有善不善，时当用刚，则以刚为善也；时当用柔，则以柔为善也。惟"中"与"正"，则无有不善者，然"正"尤不如"中"之善。故程子曰："正未必中，中则无不正也。"六爻当位者未必皆吉，而二五之中，则吉者独多，以此故尔。[1]

显然，这是就《易》卦之爻位立说，并无多少哲学意义。就是《蛊·九二》《离·六二》《解·九二》《夬·九二》《既济·六二》诸《象传》所提出的"中道"观念，也同以上说法一样，都未形成真正的哲学范畴，只是儒家"中道"哲学的原始素材而已。

---

[1] 李光地等：《周易折中》卷首《义例》，《四库全书》本。

自孔子提出"中庸之为德也"(《论语·雍也篇》)、"不得中行而与之"(《论语·子路篇》),孟子提出"孔子不得中道而与之"(《孟子·尽心章句下》),荀子提出"曷谓中? 曰礼义是也"(《荀子·儒效篇》)等等新说之后,"中"已成为儒家哲学的重要范畴,"中道"亦成了儒家的文化观。吕大临在这种文化观的支配下,对"中"重新做了规定。他解《乾·文言》云:

> 皆乾也。九二之中,君德也;九五之中,天德也。君德使民有所视效,故曰"见";天德卓越,积盛而至,不可阶而升,故曰"飞"。人伦者,天下之常道,百世所不易,大君所先治也。九二,人道之极而位正中,惟人伦之为务,故"庸言之信,庸行之谨";九二成德,所以常久而不敝,在乎闲邪不伐而已。[①]

又解《离·六二》云:

> 六二二阳来丽,不失乎中,中即本也,故曰"黄离元吉"。[②]

既然"中即本也",那么,九二之"中"是"君德",九五之"中"是"天德",按照吕大临"天人本一"的天道观,"天德"自然是大人成德修业必然达到极盛处的"君德",两者本一,便是不言而喻的了。因而,吕大临主要说"君德",把"中"规定为"人道"范畴,同时认为"人道之极而位中正,惟人伦之为务",人伦又是天下"百世所不易"的常道,所以,"中"实即规定人伦关系的准则,"中"亦即人伦之"本"也。

这一规定,既符合孔、孟、荀的"中道"观念,又同张、程解《乾·文言》的思想基本一致,可按下不论。在人伦关系里,首要的还是君与臣民的上下关系,因之,为了使"大君"能对这种"百世所不易"的人伦统治秩序有

----

① 陈俊民辑校:《蓝田吕氏遗著辑校》,中华书局,1993年,第63页。
② 陈俊民辑校:《蓝田吕氏遗著辑校》,中华书局,1993年,第113页。

"所先治"，让"君德使民有所视效"，吕大临提出了他理想中的"中道"治国方案。

2．"中道"之统治秩序

吕大临最理想的"中道"政治，其实是以君主为中心的专制统治秩序。他释《比·九五》云：

> 九五以一阳为众阴之主，从之者吉，背之者凶，显比者也，如三驱之法，明示以舍逆取顺之道也。邑，国中也，天子之有天下，诸侯之有四境，其国中之民，近我者也。显比之道不间于幽远，则近者必不诚也。使，用也，上之所用以中，无远近之情不合也。①

又释《临·六五》云：

> 六五居尊守中，以柔临下，君佚臣劳，夫何为哉！知临之道，大君之所宜也。②

又释《否·九五》云：

> 上下之志虽欲相交，而上下之分不可乱也。故君尊臣卑，礼无与抗，若否道然，乃否之美者也。天尊在上，地卑处下，九五居尊得位，君臣之位正当，在大人则吉，非大人则骄亢者也。君君臣臣，尊卑明辨，所以防微杜渐，安固基本，故曰"其亡，系于苞桑"也。③

这三段话的文意是清楚的。若抛开具体解爻辞的文字，便可以清楚地看出，吕大临是从"中者，人伦之本"的基本规定性出发，进一步去说明"居尊守

---

① 陈俊民辑校：《蓝田吕氏遗著辑校》，中华书局，1993年，第76页。
② 陈俊民辑校：《蓝田吕氏遗著辑校》，中华书局，1993年，第95页。
③ 陈俊民辑校：《蓝田吕氏遗著辑校》，中华书局，1993年，第82—83页。

中"作为"中道"的主要内涵,就是要君像"天尊在上",永居尊位,臣、民像"地卑处下",永守卑位,"君君臣臣,尊卑明辨",各守其位。这也就是"上之所用以中"而远近臣民归服的专制统治秩序。

君君、臣臣、父父、子子、夫夫、妇妇,本来就是儒家主张的"人道之大经,政事之根本"(《论语集注》卷六《颜渊第十二》),其中虽包含着由于社会分工的需要而产生的一种相对的为社会尽职的道德伦理要求,但其实它乃一种"百世所不易"的宗法伦理政治关系①。但问题的关键是,社会自身的矛盾运动,导致所有统治秩序都必然具有历史性、暂时性,绝不可能"百世所不易"。因此,如何维护和巩固那种"君君臣臣,尊卑明辨"的统治秩序,就是历代儒家必须着力思考的难题,宋儒尤其如此。吕大临亦不例外,他在《易章句》里,已粗略地提出了"居尊守中"的基本要求。

吕大临认为,"居尊守中"最重要的是,君臣必须明确各自所处的地位。这个地位,是由他们上下相互依存的统治与被统治的对立统一关系所确定的,若"上下不交,则君臣异体,不可以为国"[《否(卦十二)》]。他解《否·象》说得最详:

> 否闭之世,上虽不交乎下,下不可以不系乎上,以柔居下,臣之分也。上下不交,共以听命,有死靡它,臣之正也。引类守正,以保其身,时虽不泰,其道亨矣!故"天下有道,以道徇身;天下无道,以身徇道"。困而不失其所亨,其亨由是也。②

这里重点是对臣民下属的要求,要臣守其名分,"以保其身",善于听命,绝不犯上,即使在"否闭之世",上下有了阻隔,也绝"不可以不系乎上"。

对于君来说,既有了尊位,还必须有权势。如果只"有位号而无势",

---

① 《系辞上》云"乾道成男,坤道成女";《坤·文言》又云"地道也,妻道也,臣道也";《系辞下》亦云"阳,一君而二民,君子之道也。阴,二君而一民,小人之道也"。这均肯定当世社会中男尊女卑、夫尊妻卑、君尊臣卑是最根本的统治秩序。
② 陈俊民辑校:《蓝田吕氏遗著辑校》,中华书局,1993年,第82页。

则"不可以令天下矣！如人之有疾，常久而不死者，犹有中气存焉，然不足赖也"（《豫·六五》解）。为了加强君权，让下有所"足赖"，君主自身还必须"尊有道，敬有德"，养圣贤（《鼎》《大畜》诸《象》解），其言其行，要像"治家"一样来治国。因为"言行之化可以正家，化自家出，则家道盛矣"（《家人·象》解），家盛则国治矣，"正家而天下定矣"（《家人·象》）。

那么，怎样治家呢？吕大临认为："法不闲于始，恩不得于众，纯以严治，家人所以嗃嗃也。嗃嗃者，謹言以聚议也。治家而不免家人议之，悔且厉也；彼虽议我，我未失道，悔厉犹吉也。若过于刚严，责善已甚，贼恩之至，皆有离心。"所以，必须"以道治其家"，宽严方得其"中"。他解《家人·九五》云：

> 九五以刚处尊，居中体巽，以道治其家，上下相亲，法行而恩浃，有严君之治焉，故曰"王假有家"，得治家之本矣。[1]

严君"得治家之本"，自然就能"有德有位"，有权有势；天下的臣民都"知其本"，自然会大聚于君主统治之下。因为，他特别强调君臣上下均须"知其本"而"正其本"：

> 天下以大聚，不知其本，则陵慢争夺之祸生。王者治天下之大聚，所生者有本焉。"顺以说"，知所以报其本；"刚中而应"，知所以正其本。亲者，类之本，故"王假有庙"，致孝享以报本也；有德有位者，治之本，故"利见大人，亨利贞"，立名分以正本也；天者，生之本，故"用大牲吉"，顺天命以报本也。[2]

---

[1] 以上参看陈俊民辑校：《蓝田吕氏遗著辑校》，中华书局，1993年，第125—126页。

[2] 陈俊民辑校：《蓝田吕氏遗著辑校》，中华书局，1993年，第139页。

这就是说，父子夫妇之"亲亲"，乃人类之"本"；君臣上下之"尊尊"，乃治国之"本"；阴阳二气对立统一的"天"，乃生成万物与人之"本"。各知其本，各守其位，各按自己的名分行事，便能"正其本"，使"天下以大聚"，国家得以大治。

由此可见，吕大临所主张的"居尊守中"之"中道"统治秩序，实即其从"天人本一"的宇宙本体论中推导出来的政治结论。他把维护"尊尊亲亲"的传统人伦关系看作"顺天命以报本也"，这同程颐所说的"尊卑内外之道，正合阴阳之大义也"①，张载所说的"本乎天者亲上，本乎地者亲下"②，其"大义所在"，都是完全相同的。这表明，他们的见解虽有差异，说法不尽一致，其最终目的，却都是为维护君主至高无上的绝对权力，为巩固专制统治秩序进行哲学论证以提供理论根据。

（三）正心修身论

吕大临要求君臣上下每个人先须"知其本"而"正其本"，这实际是一个修养论的问题。他在《易章句》里，从君子与小人的对立中，提出了"礼所以正心修身"的主张。

首先，他看到了现实生活中君子与小人的对立："小人恃势以陵物""君子居势以自检""君子居安而畏危""小人恃势狠以陵物，物莫之与，则反为所困"（《大壮·九三》《象传》解），"君子以渐进累其功，小人以渐进养其奸"（《渐·象》解）。但他认为这种差异，只是"义与不义之分也"（《明夷·初九》《象传》解）。因为"天地万物形气虽殊，同生乎一理"，"理义者，人心之所同然，感无不应，应无不同。好色好货，亲亲长长，以斯心加诸彼，未有不和不平者也"（《咸·象》解）。所以，他从"天人本一"的宇宙本体论着眼，既承认君子、小人差异的存在是现实的，又肯定在同一类族的人中，这种差异只不过是"大同而小异也"（《同人·象》解），只要"正心修身"，灭"私意"，守"理义"，人人便可成德入圣，都成为君子。

---

① 《周易程氏传》卷三《家人·象》，见《二程集》第三册，中华书局，1981年，第884页。
② 《横渠易说·乾》，见《张载集》，中华书局，1978年，第75页。

接着，吕大临指出了"君子存心治身"的政治取向，就是要"克己复礼"。为此，他在释《坤·六二》中，特讲出这样一番道理：

> 理义者，人心之所同然，屈而不信，私意害之也；理义者，天下之所同由，畔而去之，无法以闲之也。私意害之，不钦莫大焉；无法以闲之，未有不流于不义也。直则信之而已，方则匡之而已，非有加损于其间，使知不丧其所有，不失其所行而已。二者，克己复礼者也。克己复礼，则天下莫非吾体，此其以大也。心诚求之，虽不中，不远矣，此所以"不习无不利"也。六二居《坤》下体，柔顺而中，君子存心治身，莫宜于此。①

十分清楚，他还是从"天人本一"的宇宙本体论上，去推断人类社会的政治生活和每个人的思想行为。认为这也是由共同的"理义"决定的，只是一则因个人"私意害之"，二则因国家无礼法防范（"无法以闲之"），才使一些人不守"理义"，变成了"小人"。因此，他得出结论：只有每个人一面"克己"，不断克服个人的私欲，国家又一面"复礼"，颁布各项礼法，使人有礼可循，天下之人便皆可修养成"君子"。这明明只是讲道德修养的政治取向，和二程"存天理，灭人欲"的思想一脉相承，还尚未触及如何具体"存心治心"的问题，所谓"礼所以正心修身，非礼弗履，则威严行而天下服"（《大壮·象》解）就是佐证。诚然，他也承袭了张载"民胞物与"的宇宙意识，注意到"克己复礼，则天下莫非吾体，此其所以大也"，但这里他着重强调的却是礼在政治层面上的意义。

其次，吕大临非常简略地说明了君子修养的要点：

（1）随时："君子不过时而已矣，以道徇身，随时也；以身徇道，亦随时也。惟变所适，无往而非义，故曰'随时之义'。如不合于义，天下靡然成风，亦往随之以取凶咎，非所谓'随时之义'也……"（《随·彖》解）"君

---

① 陈俊民辑校：《蓝田吕氏遗著辑校》，中华书局，1993年，第66页。

子之于天下，可以仕则仕，可以已则已；不居所当居，不事所可事，以是为常，卒于无所获而已。"（《恒·九四》《象传》解）凡此，均要求君子要善于识时务，"知通塞之有时"（《节·初九》解），当仕则仕，该隐则隐，始终坚守"中正"之道不渝，如文王、箕子诸贤一样。

（2）仁爱："君子之于物，无不爱也，虽有甚恶，闵之而已，正之而已，不可疾也。持不可疾之心以为正，则君子用兵皆出于不得已也。"（《明夷·九三》解）此即要求君子"有济难之志"（《解·彖》解），要兼善天下，如孟子所云"或远或近，或去或不去，君子亦仁而已矣"。

（3）自反："君子之行不得于人，不得于人，反求诸己而已。故爱人不亲反其仁，治人不治反其知，礼人不答反其敬。"（《蹇·彖》解）此即要求君子在不被世人理解时，要善于自反，反身修德，绝不怨天尤人，但也不可"志穷而巽"，"失之太卑，不能以自立"（《巽·九二》解）。

（4）至诚："至诚虚心，乐善者也。……慎独为善，不愧屋漏也。至诚慎独，则凡同气类者虽远必应……至诚好善，则乐与贤者共之，故'我有好爵，吾与尔靡之'。"（《中孚·九二》解）此即要求君子正心修身，必须达到"至诚"的最高精神境界。

以上就是吕大临以礼"正心修身"的修养大纲。这也是他承袭传衍张载"以礼立教"的关学传统之表现。他潜心礼学，撰《礼记解》专著，无不是受"礼所以正心修身"这一思想支配的结果。但可惜的是，正因过分注重"礼"的外在规范作用，未能像张载《易说》那样，充分发挥人内在的"性命之理"，使他难以达到张、程易学的理学高度，也导致张载关学由此产生了新的转向。

五、结语

综上所述，可以得知：第一，吕大临生当张载在关中创立"关学"、二程在洛阳创立"洛学"的北宋新儒学兴起时期。这一时期，他同大忠、大钧兄弟三人，共尊张载师事焉，唯他无意仕进，而以圣贤为法，博及群书，深研六经，礼学甚为精博，《论》《孟》《学》《庸》尤所致意，为张载弟张戬（天祺）之婿，被戬誉作"吾得颜回为婿矣"！正在他才思横溢的"而立"之年，张载不幸谢世，关学一时失去主心。但因张、程之间有一层亲戚关系，学术交往向来甚密，于是，他投奔二程门下，成为程门"四先生"之一；正当他义理、涵养深醇之际，不幸早逝，程颐深为痛惜。这种学术生涯，构成了他理学发展的两个阶段，从而使他实际肩负着兼传张程关洛二学之使命，其理学思想的形成和发展，便自然具有对张、程思想进行简择的性质。这是研究吕大临易学以及所有张载后学，必须首先把握的学术特征，也是本文依然坚持从整个宋明理学思潮发展的共同规律中，去探索关学学派发展之特殊规律的史实依据。

第二，吕大临对张程关洛二学的简择与承传，主要体现在他的所有理学论著中。从他现存的理学遗著看，《易章句》和《礼记解》无疑是他早年从学张载时期的力作，奠定了他整个理学思想的理论架构及发展方向。仅就《易章句》而论，他援引儒家经史，以儒家《易传》义例释《易》义，表明他在拯救北宋理论危机的儒学复兴思潮里，完全承袭了张载《易说》的"原儒"思路；但他的理论任务同张载一样，并不是简单的全然恢复原始儒学本身，而是要借说《易》对原始儒学先天不足的宇宙本体论哲学进行重构创新工作。由于他亲炙张载门下，张载其学"以《易》为宗"，早在京师"尝坐虎皮讲《易》"，同二程曾有"洛阳议论"之盛举，《横渠易说》又已成书问世，而《伊川易传》直至大临卒后十五年，即程颐去世前几个月，才始授于尹焞、张绎，大临终生不可能得见其书。因此，他受张载易学影响最深，同张载一样，先从释《易》立说。他著《易章句》，运用张载"体用不二"的方法论原则，先确立"天人本一"的宇宙本体论，再由此推出"居尊守中"的"中道"政治论，最后提出了以礼"正心修身"的修养取向与方法。这种粗疏的理论架构，从立论到方法，都是张载理学思想的承传，其"大义所在"，与张载"性与天道合一"的《易说》主题大致相同，而与程颐《易传》分明有异。尽管，他没有多少充足的论证，叙说也十分简约，却足以见其为学之趋向。此乃考察其礼论、"中"说的出发点。

第三，吕大临在简择张程关洛二学中，尽管基本上承传于张载，"守横渠学甚固"，但他为维护君主专制统治秩序的"百世不易"所做的本体论论证，却不仅和张载同曲同工，且与二程毫无二致。虽说他三十一岁以前未直接受二程教诲，毕生也不曾见到程颐《易传》，而他《易章句》所演奏的这一共同的道学主旋律，却决定了他同二程洛学的差异，只是同"曲"而异"调"罢了。虽说他同张载一样重视"礼"的道德规范作用，但张载最终还是将"礼"归结为"理"，认为"礼出于理之后"，只有先"知理则能制礼"（《张子语录下》），因而在《易说》中，同二程一样，把"穷理""尽心""尽性"作为修养核心，充分体现出道学作为"心性义理之学"的理论特色。而吕大临《易章句》却远未做到这一点，即使以后的礼论、"中"说，亦与张载心性之说难相伯仲，难怪张载早就批评他"求思褊隘"（《张子语录下》）。这又是他同张载同"曲"之异"调"也！然而，正是吕氏兄弟一同合奏的"礼云礼云"之音，竟演变成了张载以后关学传衍的基调。这就是本文所要揭示的宋明理学与关学的辩证法。高山仰止，浚而求之而已。

1986年秋稿于新加坡东亚哲学研究所，1990年改定于浙江大学求是村家。

原载《吕大临易学发微》，新加坡东亚哲学研究所，1987年，第3—76页；又刊载于《浙江学刊》1991年第2、3期；收入《张载哲学与关学学派》，台湾学生书局，1990年，第175—238页。

论朱子的"圣贤"人格理想[*]

宋明理学自北宋五子（周、邵、张、二程）始，就把实践道德理性的自我完善、精神境界和人格超越的理想追求作为建构新儒学的主题。周敦颐教诲二程要寻找"孔颜乐处"，知其"所乐何事"；邵雍则洞察到"世态逾翻掌"，"人情不易窥"，告诫人们在"世间多少不平声"中，要安时处顺，自得其乐，"安乐窝中职分修，分修之外更何求"；张载《西铭》视天地万物皆我，提出"民吾同胞，物吾与也"的"大心"境界，更是受到二程的特别推崇；二程则说"人须当学颜子，便入圣人气象"，要世人在"安于义命"的前提下，去追求人格的超越，攀登那"仁说"的理想境界。的确，他们共同开拓了整整七百年宋明理学的新风气，但是，如何实现这一新的人格境界，他们却没有提出一套完整的为学之方，这就导致了朱子哲学在道德人格理论上对北宋五子的传承与创新。本文仅就此做简要论述，旨在说明朱子确如门人黄干《行状》所云"绍道统，立人极，为万世宗师"，不仅从理论上，而且从亲身践履中，为宋明理学解决了这一"为学之方"的难题。

---

[*] 本篇是笔者1992年6月1日应邀在台湾"国际朱子学会议"上宣读的论文修正稿。

一、圣贤气象

毫无疑问，朱子（名熹，字元晦，建草堂曰晦庵，1130—1200）和其他宋明理学家一样，以"圣贤气象"作为毕生最崇高的人格理想追求。史称他自幼读《孟子》，喜得圣贤之旨，少长即"有志于圣贤之学"，确属实情。《朱子语类》包扬所记朱子云：

> 某十数岁时读《孟子》言"圣人与我同类者"，喜不可言！以为圣人亦易做。今方觉得难。[①]

据钱穆《朱子新学案》考索，这应是淳熙癸卯、甲辰、乙巳三年间，即"朱子年五四至五六"岁时所说的话。究竟是哪一年朱子说了这段话，对我们来说，无关紧要。重要的是，这条记载表达了朱子大半生追求圣贤人格理想的一个主要体验：从少年"以为圣人亦易做"，到"知命"之年"方觉得难"。这一转变，虽然是针对陆学似禅，教人成圣失之"太简"的偏颇而发，但毕竟表明朱子承袭了张载"圣心难用浅心求"的思路，对周敦颐提出的"孔颜乐处"的人格追求，有一个不同于陆王学说的很高的想象和理想。这突出地反映在朱子主编的《近思录》第十四卷以整卷集中论述的所谓"圣贤气象"之中。

《近思录》成书于淳熙乙未（1175）之夏，是朱子四十六岁时和吕祖谦专为初学者精心编撰的道学入门之书，掇取于周张程四子书中"关于大体而切于日用者"，总六百二十二条，分十四卷，起自"道体"，终至"圣贤气象"，"盖凡学者所以求端用力，处己治人之要，与夫辨异端，观圣贤之大略，皆粗见其梗概"。朱子及其以后的理学家都非常看重它，朱子甚至把它视作领会四子和《六经》的阶梯，说"《近思录》好看。四子，《六经》之阶梯；《近思录》，四子之阶梯"。[②]所以，《圣贤气象》卷凡二十六条，虽摘自四子之书，实即体现了朱子思想。我们只要参照朱子其他有关这方面的言论，对此卷

---

① 《朱子语类》卷一〇四《朱子一》，中华书局，1986年，第2611页。
② 《近思录集注》原序，1990年江苏广陵古籍刻印社影印清代江永集注本。

加以综合分析，便可以通晓朱子所谓的"圣贤气象"究竟是何等高尚的理想
人格。

首先，朱子用"圣贤气象"来标示一种具体人格。《圣贤气象》卷共列举
出二十二个人物，自尧、舜、禹、汤、文、武、孔子、颜回、曾参、子思、孟
子、荀子、毛苌、董仲舒、扬雄、诸葛亮、王通、韩愈，直到北宋周、张、二
程四子。除了荀、毛、董、扬、诸葛与王通七人外，其余十五位都是宋明程朱
理学所标榜的儒家道统中之圣贤。朱子用绝妙的文笔，形象地描绘比况出这些
圣贤的胸襟、气度、志趣、德业、风范、态度等，虽意在标榜，毕竟活灵活现
地突出了他们的为学和为人。例如，举孔、颜、孟诸先圣云：

> 仲尼，元气也；颜子，春生也；孟子，并秋杀尽见。仲尼无所不
> 包；颜子示不违，如愚之学于后世，有自然之和气，不言而化者也；
> 孟子则露其才，盖亦时焉而已。
>
> 仲尼，天地也；颜子，和风庆云也；孟子，泰山岩岩之气象也。
> 观其言皆可见之矣。仲尼无迹，颜子微有迹，孟子其迹著。孔子尽是
> 明快人，颜子尽岂弟，孟子尽雄辩。[1]

又举周、程、张四理学家云：

> 周茂叔胸中洒落，如光风霁月。其为政精密严恕，务尽道理。
>
> 明道先生资禀既异，而充养有道，纯粹如精金，温润如良玉，
> 宽而有制，和而不流，忠诚贯于金石，孝悌通于神明。视其色，其接
> 物也如春风之温；听其言，其入人也如时雨之润，胸怀洞然，彻视无
> 间。测其蕴，则浩乎若沧溟之无际；极其德，美言盖不足以形容。先
> 生之门，学者多矣；先生之言，平易易知，贤愚皆获其益，如群饮于
> 河，各充其量。先生为政，治恶以宽，处烦而裕。当法令繁密之际，

---

① 《近思录集注》卷一四，1990年江苏广陵古籍刻印社影印清代江永集注本，第
508页。

未尝从众为应文逃责之事，人皆病于拘碍，而先生处之绰然；众忧以为甚难，而先生为之沛然。虽当仓卒，不动声色。

明道先生坐如泥塑人，接人则浑是一团和气。朱公掞见明道于汝，归谓人曰：光庭在春风中坐了一个月。游、杨初见伊川，伊川瞑目而坐，二子侍立。既觉，顾谓曰：贤辈尚在此乎？曰：既晚，且休矣。乃出门，门外之雪深一尺。

横渠先生气质刚毅，德盛貌严；然与人居，久而日亲。其治家接物，大要正己以感人，人未之信，反躬自治，不以语人，虽有未谕，安行而无悔。故识与不识，闻风而畏，非其义也，不敢以一毫及之。①

很显然，朱子心目中的"圣贤"人格典范，不同于禅宗和道教所理想的成佛成仙那样玄空幽远而难以捉摸，而是历史上确实存在过的儒家道统中的真实人物，"观其言皆可以见之"，从其日常待人接物、为政处世、治家语人、教授门徒等一切视听言动中，均可以领略到"圣贤"人格的巨大力量。程颢待人"一团和气"，门人朱光庭（公掞）拜见问学，如在春风中熏陶，程颐师道尊严，弟子游酢、杨时侍侧待见，为中国教育史上留下了"程门立雪"的美谈，至今仍激励着后辈学子。所以，朱子一再强调，凡看《论》《孟》《学》《庸》及北宋四子之书，"非但欲理会文字，须要识得圣贤气象"（《四书集注》《公冶长·颜渊季路侍章》注），要知圣贤之为学，更要学圣贤之为人。

由此可见，朱子所谓的"圣贤气象"不仅是指孔孟圣人之"气象"，更主要的是指本朝道学家的高尚人格之精神力量。"圣贤气象"，实即道学家气象也。他之所以强调"《近思录》说得近世学问规模，病痛亲切"，"日诵《四书》"之同时，若"更能兼看亦佳"②，正是要世人学习理学家的人格风范，这也正符合他编纂《近思录》的主要宗旨："四子，《六经》之阶梯；《近思录》，四子之阶梯"是也。

① 《近思录集注》卷一四，1990年江苏广陵古籍刻印社影印清代江永集注本，第519—533页。
② 《近思录集注》原序，1990年江苏广陵古籍刻印社影印清代江永集注本，第4页。

二、继天立极

朱子在综合北宋四子"圣贤气象"思想的基础上，不仅标举了圣贤人格的具体表现，而且比北宋四子更高明的是，系统揭示出圣贤人格"继天立极"的本质特征。

"继天立极"，是自《易传》以来，儒家对"圣贤"这一最高标准的理想人格所建立的基本理论根据。《易传》作者实际把《易》看作"圣人之道"，说："天生神物，圣人则之；天地变化，圣人效之；天垂象，见吉凶，圣人象之；河出图，洛出书，圣人则之。系辞焉，所以告也。"（《易传·系辞上》）道学家大都把《易》及其《传》的理论架构作为建构自己道学体系的凭借，并发挥《易传》这一"圣人之道"的思想。周敦颐《太极图·易说》虽说得非常简约而意颇含混，但他说："惟人也，得其秀而最灵。形既生矣，神发知矣，五性感动而善恶分，万事出矣。圣人定之以中正仁义而主静（自注：无欲故静），立人极焉。故圣人与天地合其德，日月合其明，四时合其序，鬼神合其吉凶。"这无疑表明了圣人"继天立极"的思想。张载从他"体用不二"的方法论出发，隐约地指责了周子"体用殊绝""天人二本"的弊端，但没有把《太极图·易说》纳入"理"学体系。朱子确实是位处处从"圣贤千言万语"中"求其贯通处"着眼的道学集大成者，只有他真正把《太极图·易说》纳入"理"学的体系，给予详注解义，肯定其"盖有以阐夫太极、阴阳、五行之奥"，使儒者得知其"中正仁义"道德之所自来；"言圣学之有要"，使下学者得知只要"胜私复礼"，便可以驯致于上达；"明天下之有本"，使言治者得知只要"诚心端身"，便可以"举而措之于天下"。所以朱子说它"上接洙泗千岁之统，下启河洛百世之传"，使道学之传得以复续。[1]由此出发，他详尽地阐述了圣贤何以"继天立极"的问题。

首先，给圣人以贯通"天""人"的双重使命和特殊地位。《朱子语类》卷一四记载永嘉沈僩录朱子回答"继天立极"一段云：

---

[1]《朱子文集》卷七九《韶州州学濂溪先生祠记》，陈俊民校订，台湾德富文教基金会，2000年，第3932页。

> 问："继天立极。"曰："天只生得许多人物，与你许多道理。
> 然天却自做不得，所以生得圣人为之修道立教，以教化百姓，所谓
> '裁成天地之道，辅相天地之宜'是也。盖天做不得底，却须圣人为
> 他做也。"①

非常清楚，朱子在本体论上虽承袭张载《西铭》的思路，肯定"圣人之于天地，犹子之于父母"②，但就功用而言，他明确指出：二程说圣人"赞化"处，谓"天人所为，各自有分"，说得好。他认为："人在天地中间，虽只是一理，然天人所为，各自有分，人做得底，却有天做不得底。如天能生物，而耕种必用人；水能润物，而灌溉必用人；火能烧物，而薪爨必用人。"这就是只有人才具有"裁成天地之道，辅相天地之宜"，"赞助"天地之化育的特殊作用。但是，不是所有的人都能如此，而真正能"裁成辅相"天地之化育者，只有圣人。他引述历史为证，说："盖天下事有不恰好处，被圣人做得都好。丹朱不肖，尧则以天下与人。洪水泛滥，舜寻得禹而民得安居。桀纣暴虐，汤武起而诛之。"③他特别强调，圣人不只是本体有如此"发育万物，峻极于天"之高明广大，更重要的是"圣人将那广大底收向实处来，教人从实处做将去"，而不像佛老之学那样一味"说向高远处去"，而"无工夫了"。他始终坚持"本体"与"工夫"分而不离的方法论原则，反复向人们说明："圣人虽说本体如此，及做时，须事事着实。如礼乐刑政，文为制度，触处都是。体用动静，互换无端，都无少许空阙处。若于此有一毫之差，则便于本体有亏欠处也。"④这比张载、程颐所谓"为士必志于圣人""圣人，天也"的一般说教要实际得多，从而使圣人获得了通天人、兼体用的高贵人格，所谓"继天地之志，述天地之事"，便是如此。

接着，朱子从宇宙生成论上分析了"圣人"与"天""人""物"的关

---

① 《朱子语类》卷一四《大学一》，中华书局，1986年，第259页。
② 《朱子语类》卷一三《学七》，中华书局，1986年，第230页。
③ 《朱子语类》卷六四《中庸三》，中华书局，1986年，第1570页。
④ 《朱子语类》卷六四《中庸三》，中华书局，1986年，第1584页。

系。他承袭宋儒"天人合一"与"人物气禀"的说法，认为：

> 人之所以生，理与气合而已。……凡人之能言语动作，思虑营为，皆气也，而理存焉。故发而为孝悌忠信仁义礼智，皆理也。然而二气五行，交感万变，故人物之生，有精粗之不同。自一气而言之，则人物皆受是气而生；自精粗而言，则人得其气之正且通者，物得其气之偏且塞者。惟人得其正，故是理通而无所塞；物得其偏，故是理塞而无所知。且如人，头圆像天，足方像地，平正端直，以其受天地之正气，所以识道理，有知识。物受天地之偏气，所以禽兽横生，草木头生向下，尾反在上。……人所以与物异者，所争者此耳。然就人之所禀而言，又有昏明清浊之异。故上知生知之资，是气清明纯粹，而无一毫昏浊，所以生知安行，不待学而能，如尧舜是也。其次则亚于生知，必学而后知，必行而后至。又其次者，资禀既偏，又有所蔽，须是痛加工夫，"人一己百，人十己千"，然后方能亚于生知者，及进而不已，则成功一也。①

关于人物之性异同与气禀偏全问题，从孔子肯定"天地之性人为贵"（《孝经》引孔子语），孟子责难告子"犬之性犹牛之性，牛之性犹人之性与"（《孟子·告子章句上》），董仲舒明确断言"人之超然万物之上，而最为天下贵也"（《春秋繁露·天地阴阳》），都认为人之性不同于物之性，这似乎已是儒家传统的人性论思想。到宋儒，为了给传统的性善论寻求本体论的根据，自二程到朱子都肯定"人物皆禀天地之理以为性，皆受天地之气以为形"，人人一"太极"（理），物物一"太极"，万物各具一"太极"，认为人与万物之性都是禀受天地之理而来，人物之性皆同，只是气禀或理禀之不同。这虽然在宋明理学家的哲学理论上，通过"心性论"这一枢纽，使"本体论"同"道德论""致知论"得以上下贯通，但同儒家传统的人性论思想总是

---

① 《朱子语类》卷四《性理一》，中华书局，1986年，第65—66页。

一个矛盾，于是北宋四子和朱子为此都做过复杂的讨论，他们之间也有气禀理禀异同的微妙差异，在此我们可以不论。这里重要的是，就人之禀受而言，朱子突出强调了以下几点：

（1）由于人之气禀有昏明清浊之异，天下便产生了"圣人""君子""贤人"这几类不同等级品次的人格。朱子认为，尧舜是最崇高的"圣人"，尧舜以其上智生知之资，禀受之气清明纯粹，无一毫昏浊，所以他们是"生知安行"，不待学而能的"圣人"；其次一等的"必学而后知，必行而后至"者，大概是"君子"了；又其次者，就是"贤人"了。朱子在这里坚守的是儒祖孔子的说法："生而知之者，上也；学而知之者，次也；困而学之，又其次也；困而不学，民斯为下矣！"（《论语·季氏篇》）孔子说"圣人吾不得而见之，得见君子斯可矣"（《论语·述而篇》），朱子解释说，这是"说底大君子，便是圣人之次者"，而非"一般对小人而言底君子"，所谓"君子者，才德出众之名。德者，体也；才者，用也。君子之人，亦具圣人之体用；但其体不如圣人之大，而其用不如圣人之妙耳"。所以，"君子不及圣人"，但"贤人"往往"获此而失彼，长于此又短于彼"，因而"贤人"又不及"君子"。①不过在朱子之书中，随处可见"圣""贤"连用，如编《近思录·圣贤气象》卷那样，这往往是对他理想的最高人格——"圣人"的统称，并不是他有意混淆"圣"与"贤"的上下等次。他如此界定人格的高下，固然不科学，却表明他严格遵循了儒家传统，把三代圣贤作为最崇高的"标的"②。

（2）"圣人"人格虽高难为，但绝不是可以不为的。《朱子文集》卷

---

① 《朱子语类》卷二四《论语六》，中华书局，1986年，第578—579页。

② "圣""贤"连称，"贤"次于"圣"，这是儒家普遍的共识。朱子《近思录》选录北宋四子之说多见，"为学大要"卷首条录周敦颐《通书》云："圣希天，贤希圣，士希贤。伊尹、颜渊、大贤也。……志伊尹之所志，学颜子之所学。过则圣，及则贤，不及则亦不失于令名。"（《近思录集注》卷二，1990年江苏广陵古籍刻印社影印清代江永集注本，第103页）朱子"注"中索隐此说见《书》和《论语》，并说这皆指"贤人之事也"。显然他赞同周子关于"天"—"圣"—"贤"—"士"的上下次第。至于他在这里又说"贤人不及君子，君子不及圣人"，把"君子"又排列在"圣人"之下、"贤人"之上，这大概是对孔子"圣人吾不得而见之，得见君子斯可矣"一语的具体引申，他特别说明此"君子"不是同"小人"对称的"君子"，而是与"圣人"连称的"大君子"。其实此"大君子"，即道学家一般通称的"贤人"是也。

七四《策问》首条记载，朱子早年对"古之学者始乎为士，终乎为圣人"，"今之为士者众，而求其至于圣人者或未闻焉"的学界现状，就非常不满。他一方面承认，尧舜这样的"圣人"的确是"仰之弥高，钻之弥坚，瞻之在前，忽焉在后"，一般人很难达到圣人所至处；但另一方面，他十分赞同"去圣人尤近"的颜子和孟子愿就近学孔子的态度，肯定"士之所以为士而至于圣人者，其必有道矣"，必可以由"贤人"而"君子"，以追求最高的"圣人"。①其关键还是，要像"人一己百，人十己千"那样"做工夫"。所以，他曾回忆说，他"年十五六时，读《中庸》'人一己百，人十己千'一章，因见吕与叔（大临）解得此段痛快，读之未尝不竦然警厉奋发"！他相信"人若有向（圣人）学之志，须是如此做工夫"，就一定可以达到圣处。②这种重工夫、循次第的渐学入圣道路，显然不同于陆学，甚至是有意针对陆学而发。

然而，这仅仅是为圣方法论上的分歧。若从本体论和人性论上来说，朱子之所以坚信通过渐学工夫可以"终乎为圣人"，是因为他同所有道学家一样，都首先肯定了"天即人，人即天"的天人合一观念，主张"万物之心便如天地之心，天下之心便如圣人之心。天地之生万物，一个物里面便有一个天地之心；圣人于天下，一个人里面便有一个圣人之心"③。这同陆王之学"人人心中有仲尼"，肯定人人都可成圣贤，又是一脉相承的，都是以孔孟儒祖"人性本善"的性善论为最后的支撑点，尽管朱陆所说的"心"之内涵并不完全相同。这便是朱子综合宋代道学为圣贤立意之大成，确立圣贤"继天立极"本质特征之理论根据。

三、为圣要方

"圣贤"可学可为，这是儒家之通义。道学家都做了肯定的回答，只是为圣之方略有"尊德性"与"道问学"的不同。《近思录》卷四《存养》首条引

---

① 《朱子文集》，陈俊民校订，台湾德富文教基金会，2000年，第3712—3713页。
② 《朱子语类》卷四《性理一》，中华书局，1986年，第66页。
③ 《朱子语类》卷二七《论语九》，中华书局，1986年，第689—990页。

周子《通书》云：

> 或问："圣可学乎？"濂溪先生曰："可。""有要乎？"曰：
> "有。""请问焉？"曰："一为要。一者，无欲也。无欲则静虚动
> 直，静虚则明，明则通；动直则公，公则溥，明通公溥，庶矣乎！"①

朱子认为"此章之言，甚为紧切，学者不可不知"②，他同"学者"进行过详细的讨论，《朱子语类》卷九四《周子之书·通书》和《近思录集注》卷四《存养》都有明确的记载。他先申明："此章之旨，最为要切"，"学者能深玩而力行之，则有以知无极之真，两仪四象之本，皆不外乎此心，而日用间自无别用力处矣"。③要"学者"从养心、守心的根本上，寻找学圣之要方。

孟子把"学问之道"归结为"求其放心而已矣"；宋明理学各派为学之要，亦无非要学者"收心"二字，只是收心之法各有见地。周子主静，以心一无欲为要；二程又进一"敬"和"穷理"，程颐认为"中有主则虚，虚则邪不能入"，提出主敬之说，以心无不敬，则纯一虚静，表里俱一，纯彻无二，所以主张"涵养须用敬，进学则在致知"，正如黄宗羲所说，此即"伊川正鹄也"；朱子将周程之说加以整合，提出了"主一"即是"敬"，以"持敬"为养心之法，以"穷理"为守心之工的为圣要方。

这里先说"主一之敬"的养心之法。对"心"的理解，朱子承袭了孟子"心之官则思"和荀子"心生而有知""心者，形之君也而神明之主也"的思想，比较赞同张载"合性与知觉，有心之名"的说法，认为："心者，人之知觉，主于身而应事物者也"（《大禹谟解》）；"心者，人之神明，所以俱众理而应万事者也"（《孟子集注》）；"心之神明，妙众理而宰万物"（《大学或问》）。朱子无论把心看作"知觉"而"应事物"，或视为"神明"而"俱众理""宰万物"，总的来说，他肯定两条：①心主要是指人知觉思虑等

---

① 《近思录集注》第四册，1990年江苏广陵古籍刻印社影印清代江永集注本，第253页。
② 《朱子语类》卷九四《周子之书》，中华书局，1986年，第2406页。
③ 《近思录集注》，1990年江苏广陵古籍刻印社影印清代江永集注本，第253页。

意识活动的主体（即"灵明"），有时亦作为人的道德意识的主体（即"良心"），其本然状态是"寂然不动，湛然虚明，如鉴之空，如衡之平"①，此即心"未发"之本体。②但是，心总是要同事物发生关系，或"随物以应"，或主宰万事，其"湛然虚明"的本然之"真体"，必然产生变化，此即心的"已发"状态。这样，便发生了如何在"已发"状态中始终如一地保持心体的"湛然虚明"，使其明如镜，无尘垢之蔽，虚无影，空空如也，以便识物虑事不受任何情绪干扰，没有任何偏见误差，这是所有道学家都必须回答的问题。

朱子全面系统地继承了儒家传统，同北宋四子一样，主要着眼于"人可学圣"的道德实践，他总是把复杂的认识论问题归纳为道学的"心性论"来加以解决。首先，他纠正了孟子"求放心"之说在道学家中引起的误解。他说："自古无放心的圣贤"，"求放心"，也"非以一心求一心，只求底便是已收之心"；"操则存"，为"非一心操一心，只操底便是已存之心"。因为人只有一个心，人心才觉时它便在，如"只觉道：'我这心如何放了！'只此念才起，此言未出口时，便在这里。不用拟议别去求之"，只需"常省之而勿失耳"。所以，他认为，孟子"求放心"之说有理论逻辑上的缺点，说"求"，"早是迟了"，"知求，则心在矣"，若"今以已在之心复求心"，便会产生"有两心"的错误，正像程子"以心使心"之说，把本来"只是一个心，被他说得来却似有两个"的偏失一样，这都是违背"人只一心"这一事实的。②

接着，他指出："收放心，只是收物欲之心。如理义之心，即良心，切不须收。"特别强调要"学者"们"须就这上看教熟，见得天理人欲分明"。③为此，他细致分析了"物欲之心"和"理义之心"，即"人心"和"道心"，以及与之相关的"天理"和"人欲"在人之一心"已发"之后其整个意识活动中的地位与"危微"。当然，朱子始终坚持从人"只是这一个心"的事实出发，进行论证，他说：

---

① 《朱子文集》卷五一《答黄子耕七》，陈俊民校订，台湾德富文教基金会，2000年，第2364页。
② 以上参看《朱子语类》卷五九《孟子九》，中华书局，1986年，第1407—1409页。
③ 《朱子语类》卷五九《孟子九》，中华书局，1986年，第1408页。

心，只是一个心，只是分别两边说，人心便成一边，道心便成一边。

道心是义理上发出来底，人心是人身上发出来底。虽圣人不能无人心，如饥食渴饮之类；虽小人不能无道心，如恻隐之心是。但圣人于此，择之也精，守得彻头彻尾。

人心者，气质之心也，可为善，可为不善。道心者，兼得理在里面。①

那么，同一个"知觉思虑"主体之心，为什么会有两种不同的"知觉思虑"的内容呢？朱子认为，凡人之生，均禀气成形，产生血肉之躯，禀理为性，形成以"天理"为本的道德意识（即"良心"）；为了维持人自身——血肉之躯的生存延续，就必然产生饮食男女之类的生理欲望和物质要求，这就是北宋四子所谓的"人欲"和"私欲"，皆指人的生理意识，所以亦称"人心"。朱子承认"人心只是那边利害情欲之私，道心只是这边道理之公"②，但他不赞成程子把"人心"等同于"人欲"或"私欲"，说"人心，人欲也，此语有病"。因为，如果把"人心"等同于"人欲"，"道心"等同于"天理"，在逻辑上便会陷入"两个心"之弊，"如两个石头样，相挨相打"，此一也；同时，更重要的是，朱子反复说明，作为生理意识的"人心"，并不是"十分不好的人欲，只是饥欲食，寒欲衣之心尔"，连圣人也"不能无人心"，它"不全是不好"，不全是邪恶，所以圣人舜禹相传，只是说"人心惟危，道心惟微，惟精惟一，允执厥中"，只言"危微"，不言"凶咎""善恶"。当然，若不以"道心"主宰"人心"，"人心"便会无节制地发展为"邪恶"。因此，朱子特别强调，对每一个现实的人来说，固然作为生理意识的"人心"不可没有，仅从这个意义上他也赞同二程"人心人欲，故危殆；道心天理，故精微"的说法；但是，作为以"理"为本之道德意识的"道心"，尽管潜隐于人的内心深处而不显，但它是人心的主宰，支配着人日用常行之一切。他还以船、舵做比喻，说："故圣人不以人心为主，而以道心为主。盖人心倚靠不得。人心如

---

① 《朱子语类》卷七八《尚书一》，中华书局，1986年，第2009—2013页。
② 《朱子语类》卷七八《尚书一》，中华书局，1986年，第2011页。

船，道心如舵。任船之所在，无所向，若执定舵，则去住在我。"①据南剑廖德明记录，他甚而形象地"以手指身"说："所谓人心者，是气血和合做成，嗜欲之类，皆从此出，故危。道心是本来禀受得仁义礼智之心。圣人以此二者待而言，正欲其察之精而守之一也。察之精，则两个界限分明；专一守着一个道心，不令人欲得以干犯。"这就是朱子认为自尧舜以来"无以易此"，再"未有他议论"的"圣人心法"。②

最后，朱子得出结论，要学"圣贤"，就要以"圣人心法"为要方，用"道心"主宰"人心"，以"天理"节制"人欲"，从而使"心体"永远保持"广大虚明，物物无遗"，浑然太极之体，"粹然无极之真"。可见，这种"主一之敬"的养心妙法，不单是针对孟子"求放心"之说在宋儒中引起的误解所深入探讨的结果，而且是对荀子"君子养心莫善于诚"，致诚以达"虚壹而静"的"大清明"之主体境界这一"养心"思想的继承与改造；不仅是对周子《通书》"圣学"章的直接发挥，而且同陆王心学"尊德性"的主旨相互发明而不悖。如汤用彤《理学谵言》引王阳明论朱子所说："朱子之言则最切其学，大抵穷理以致其知，反躬以践其实，而以居敬为主，全体大用兼综条贯，表里精粗交底于极，谓圣人之学，本心以穷理，顺理以应物，是则尽心之外又有功夫焉。故王阳明之论朱子曰：'晦庵之言曰居敬穷理，曰非存心无以致和，曰君子之心常存敬畏，虽不见闻，亦不敢忽。所以存天理之本源，而不使支离于须臾之倾也。是其为言虽未尽莹，亦何尝不以尊德性为事，而恶其支离乎？'……则阳明之于朱子实亦力为推许，力为辩护……"③如果说，以上学圣"心法"是"涵养德性本原"，表明朱子和陆王一样，把"尊德性"作为学圣之根本；那么，朱子有进于陆王的是，为这一根本还辅之以完整系统的"道问学"之穷理守心工夫，从而才使"圣贤"人格有可能变成现实。

① 《朱子语类》卷七八《尚书一》，中华书局，1986年，第2009页。
② 《朱子语类》卷七八《尚书一》，中华书局，1986年，第2018、2014页。
③ 《理学·佛学·玄学》，北京大学出版社，1991年，第13页。

四、圣贤多能

现在，我们再来说朱子"以穷理为先"的守心准则。乾道五年己丑（1169），朱子四十岁时答张栻（敬夫）书说：

> 儒者之学，大要以穷理为先。盖凡一物有一物之理，须先明此，然后心之所发，轻重长短，各有准则。……若不于此先致其知，但见其所以为心者如此，识其所以为心者如此，泛然而无所准则，则其所存所发，亦何自而中于理乎？且如释氏擎拳竖拂、运水搬柴之说，岂不见此心？岂不识此心？而卒不可与入尧舜之道者，正为不见天理而专认此心以为主宰，故不免流于自私耳。前辈有言："圣人本天，释氏本心。"盖谓此也。来示又谓"心无时不虚"，熹以为心之本体固无时不虚，然而人欲己私汩没久矣，安得一旦遽见此境界乎？故圣人必曰"正其心，而正其心必先诚意，诚意必先致知"，其用力次第如此，然后可得心之正，而复其本体之虚，亦非一日之力矣。①

这封书信清楚地表明：①朱子虽"尊德性"，以"主一之敬"的养心方法为学圣之本，用"敬"贯彻动静、知行之始终，但他毕竟不同于陆王"心学"，更有别于"释氏本心"之说。他认为"一物有一物之理"，而"心虽是一物，却虚，故能包含万理"，②心是意识主体，是理论理性；而且"心是神明之舍，为一身之主宰，性便是许多道理，得之于天而俱于心者"③，以性见心，则"仁义礼智根于心"，心又是道德主体、道德理性，"心统性情"，包含先验的道德准则。所以，朱子主张"儒者之学，大要以穷理为先"，掌握守心"准则"，才能"入尧舜之道"。他从"心"与"理"、与"性"既联系又区别的复杂关系中，反复申明了这"以穷理为先"的道理，这里可以不论。②值得注

---

① 《朱子文集》卷三〇《答张敬夫二》，陈俊民校订，台湾德富文教基金会，2000年，第1156页。
② 《朱子语类》卷五《性理二》，中华书局，1986年，第88页。
③ 《朱子语类》卷九八《张子之书一》，中华书局，1986年，第2514页。

意的是，朱子无论是论证"心"与"理、气"还是"心"和"性、情"的关系时，总是归结为《大学》格致诚正的"用力次第"，认为只有如此"穷理"工夫，方"可得心之正"而成圣，这亦是朱陆"心说"的根本不同。正是从这一"穷理"实学的意义上，朱子突出阐明了"圣贤多能"，圣贤必须德业并举、德才兼备的人格要求。

《朱子语类》卷一一七记载朱子训示陈淳云：

> 自古无不晓事情底圣贤，亦无不通变底圣贤，亦无关门独坐底圣贤。圣贤无所不通，无所不能，哪个事理会不得？如《中庸》"天下国家有九经"，便要理会许多事物。……所以圣人教人要博学！（注：二字力说。）须是"博学之，审问之，慎思之，明辨之，笃行之"。①

这是朱子晚年专门教诲亲炙高足陈淳之语，旨在纠正学者"关门独坐"而"以为圣贤"的"异端"倾向，要学者遵循《中庸》所规定的"学、问、思、辨、行"五个阶段，从知和行两方面，究天人之际，通古今之变，以掌握全面的知识和才能。为此，他不厌其烦地引述了"武王访箕子陈《洪范》""周公经国制度"等史实，说明"天理大，所包得亦大"，"圣人虽是生知，然也事事理会过"，如律历、刑法、天文、地理、军旅、官职之类，无不通晓；批评陈淳"只就一线上窥见天理"，"只理会得门内事，门外事便了不得"，仅"于一事一义上，欲窥圣人之用心"，非"上智"是绝不可能的。为此，他甚至要学者"须如僧家行脚，接四方之贤士，察四方之事情，览山川之形势，观古今兴亡治乱得失之迹"，从接应万事的实践中，求得周偏的道理，期望陈淳不要局促在那窄狭的一隅，"孤陋寡闻"，"须出四方游学"，放阔去做"下学"工夫。

总之，朱子认为，道德无妨事功，事功必待于道德，须是才德兼全，体用兼尽，方可为圣贤。"有禹汤之德，便有禹汤之业；有伊周之德，便有伊周之

---

① 《朱子语类》卷一一七《朱子十四》，中华书局，1986年，第2830—2831页。

业";"有一家,便当理会一家之事,有一国,便当理会一国之事"。倘若凡事不理会,不作事功,无才无能,像个"无骨肋"的乡愿之人,"东倒西擂,东边去取奉人,西边去周全人,看人眉头眼尾",一事无成,那只能是"德之贼",空谈心性道德,绝"不可与入尧舜之道",成为圣贤的。①

由此可见,第一,朱子和宋明理学家所追求的"圣贤"人格理想,虽然主要是实践道德理性的自我完善性质,但绝不同于释老二氏之学"成佛为仙"的自我追求。朱子不仅赞许为政与事功,而且亲身参政议事,他同北宋四子以及有明一代的所有理学家,几乎都为当朝做过大小职事,为国家或某一地县奉献过自己的才能和心血。尽管他们多半因不能与朝廷同流合污而被迫辞官就学,但因主教于乡,为社会教授人才,从事民间教育活动,而推进了社会文明的发展与进步。虽说他们中间也有如顾炎武所说"南方士大夫,晚年多好学佛;北方士大夫,晚年多好学仙"的情况,但其主要倾向,也正像顾炎武所自况:"夫一生仕宦,投老得闲,正宜进德修业,以补从前之阙。"而绝不愿流于佛道之"异端"。吕大临与富弼书说得好,他说:"古者三公无职事,惟有德者居之,内则论道于朝,外则主教于乡。古之大人,当是任者,必将以斯道觉斯民,成己以成物,岂以位之进退,年之盛衰,而为之变哉?今大道未明,人趋异学,不入于庄,则入于释,疑圣人为未尽善,轻礼义为不足学,人伦不明,万物憔悴。此老成大人恻隐存心之时,以道自任,振起坏俗。若夫移精变气,务求长年,此山谷避世之士,独善其身者之所好,岂世之所以望于公者?"②正道破了儒和佛道在共同致意于"做人"上的根本不同,表明道学家追求"圣贤"人格理想所要求的德业才用兼尽的价值评判,至今仍有现实意义。

第二,朱子和宋明理学家的"圣贤"人格理想,是以"修齐治平"的社会理想为最终目标的。从孔孟原始儒家到宋明理学家,都非常清楚,提倡"圣贤"人格是为了建造一个理想的社会。《大学》提出的"三纲八目",规定得非常明白,"明明德""亲民",是要达到道德上的最高境界和政治上的理想

---

① 《朱子语类》卷六一《孟子十一》,中华书局,1986年,第1477页。
② 以上参看陈俊民辑校:《蓝田吕氏遗著辑校》,中华书局,1993年,第610页;《原抄本日知录》卷一七《士大夫晚年之学》,文史哲出版社,1979年,第403—404页。

社会；"格物""致知""正心""修身"，其目的还是要"齐家、治国、平天下"，最终实现《礼记·礼运》提出的"天下为公"的大同世界。自孔夫子到孙中山，无数仁人志士，前仆后继，均为此而奋斗不息；自程朱陆王诸宋明理学家，以至现代思想家、政治家，几乎又都以张载的名言自许，要"为天地立心，为生民立命，为往圣继绝学，为万世开太平"[①]。这正表明"圣贤"人格理想的追求和"大同"社会理想的追求，是统一不可分割的整体，它反映了中华民族的真精神，是中国文化传统的活灵魂。尽管其具体内容可因时代而损益，但其精神实质必将永远为推进中华民族的"现代化"文明而发挥巨大作用。挹此精华，为今所用，而不失理学研究仍有现代之意义矣！

1992年3月稿于德国特里尔大学。

原载《国故新知：中国传统文化的再诠释——汤用彤先生诞辰百周年纪念论文集》，北京大学出版社，1993年。

---

① 《张载集》，中华书局，1978年，第302页。

关学思想流变[*]

　　"关学"是北宋时期产生于今陕西关中的一个重要的、相对独立的理学学派。它的思想行程，大致经历了北宋的开创、奠基时期，元明的"中兴"、全盛时期和清代的转型、终结时期。张载（横渠）、吕柟（泾野）和李颙（二曲）恰好是这三个时期的关学代表人物。他们思想的逻辑演进，基本表达出了整个宋明理学的发展程序。

　　三十年来，国内哲学史、思想史界，研究张载的论著，确实为数不少；但对关学的创建及其思想流变，却无专门文字。因此，本篇就此做提要论究，旨在具体探寻整个宋明理学的基本特征和发展路径。

一、张载对关学的开创和对宋明理学的奠基

　　总的来说，关学是在北宋社会阶级、民族、思想诸矛盾运动的推动下产生的宋代新儒学（道学）思潮中的必然产物。张载是这一学派的领袖人物，无论在形成关学学派上，还是在确立整个道学体系上，都具有开创、奠基之功。

　　由于隋唐佛学思潮中的"三教"论争，安史之乱以来两百年的变乱相寻，

---

　　[*] 本篇是笔者1981年10月在杭州"全国宋明理学讨论会"上宣读的论文《关学源流辨析》的改写稿。

这两种性质不同的冲突分裂局面，按照历史的必然逻辑，首先带来了北宋王朝"两世太平日""四朝全盛时""百年无内乱"的政治高度集中、社会安定和平的时期。在这近百年间，统治阶级痛定思痛，思想家热心于理论探索，政治家与思想家配合默契，在政治变革的同时，终于找到了一条实现"三教融合"的途径。这就是以儒家伦理纲常思想为核心，在注经、通经的形式下，融佛道于儒经的经学哲学化的新儒学运动。

这一过程概括地说，先是真、仁之世的儒学复兴。由范仲淹、欧阳修诸贤"以直言谠论倡于朝"，"尽去五季之陋"，以名节廉耻相尚，首开宋世风气（顾炎武《日知录》卷一三）。同时，胡瑗、孙复、石介起于南北，"始以师道明正学"。辟佛老，黜浮艳，专讲儒学名教，强调"尊尊""亲亲"，"天下之士从者如云"。道学"实自三先生而始"（《宋元学案》卷二）。

接着，便于庆历之际出现了巨大的道学思潮。一时间，"学统四起"，"筚路蓝缕，用启山林"（《宋元学案》卷首）。别的学统不论，尤其是华阴申侯二子，面对西夏虎视中原的形势，"以气节自喜"，"笃志为学，祁寒酷暑，未尝废业"。特别是能"博物强记，于《礼》之制度，乐之形声，《诗》之比兴，《易》之象数，天文、地理、阴阳、气运、医算之学，无所不究"，"非法不言，非礼不履"。并以讲学授徒为己任，"主华学之教者，几二十年"，"自陕而西，多宗其学"，使关学初具规模。（《宋元学案》卷六）所以，黄宗羲说："关中之申（颜）、侯（可）二子，实开横渠之先"（《宋元学案》卷首）。总之，各方诸子同时异地而起，其旨均以崇儒为宗，有功于"正学"，使儒学由此重霸鳌头。

可是，儒学那一套"天人感应""道统""心传"的说教及其烦琐的"注经"方式，都不能同富于思辨的佛学相匹敌，而继续维护伦常名教的理论权威和实际效用。因此，继之而起的便是英、神之世的周、邵、张、程诸子对儒学的创造性转化活动，关学便由此而兴。

在这一艰苦的儒学再造过程中，诸子共同的志趣是，以传统儒经中充满哲理的《周易》为武器，将往日人们对寂灭、长生的空幻理想，转入对现实伦常名教合理性的全面肯定。但张载与其他诸子不同的是，如果说周、邵、二程以及后来的朱子，都是在自觉地批佛道的前提下，又不自觉或半自觉地采取了援二氏入儒经的方法，将道家的宇宙生成演化论与佛学的思辨哲学认识论，有机地融注于儒学的纲常伦理之中，完成了"三教归一"，使封建伦常从而具有"天理不灭"的权威和尊严；那么，生长在"风土厚""气节著"的关中的张载，则独辟蹊径，岿然承袭申、侯"华学"传统，既不援老人儒，也不取佛精义，而是直接将当世自然科学的最高成果，同传统的《易传》思想融诸一途，从根本上力辟二氏"浅妄"的"有无"之说，创立了朴素唯物辩证的"气本论"。尽管这同周、邵、程、朱的"太极图说"、"先天"象数说和"理本论"，在哲学性质上迥然有别；但对于宋儒道学的主旨来说，这一点并不十分重要，而更重要的是：张载同所有道学家一样，都是仅仅把宇宙论作为出发点，企图通过对"心性之学"的详明论证，达到将现实的封建伦常本体化、永恒化的目的。所以，如果说宋明理学中有程朱"理学"、陆王"心学"，那么张载创立的关学其实就是"气学"。令人惋惜的是，不仅张载以后的关中后学除了宋代李复和吕大临、明代吕柟和韩邦奇外，几乎无人真正承袭张子的气学思想，而且就连他本人也没有把这一思想真正贯彻到底；可喜的是，却被关中域外的湘西王夫之继承和发展。

尽管这样，张载处在道教、禅宗盛行的关中，为了理论上彻底击溃佛、道，他首先"深于《易》"的"阴阳之道"，推本溯源，精心撰写了《正蒙》一书，开卷就提出了"太虚无形，气之本体"的中心论题。认为"气有阴阳"，"一物两体"：阴阳、刚柔、虚实、动静、聚散、清浊等，"絪缊相荡"，"循环不已"，形成"天地变化"。虽因"阴阳之气，散则万殊"而"无感无形"，但这"犹冰凝释于水"，绝不是"释氏销碍入空"的"无"。同样，虽因"阴阳之气"，"形聚为物"而"有形""有感"，但这如"海水凝则冰"，也绝不是老氏的"有生于无"。总之，"形聚为物，形溃反原"，"万物本一"，"其究一（气）而已"。显然，张载是站在自己时代自然科学所能达到的高度上，彻底地进行了思考，力求从"气"自身本然的矛盾运动，来说明宇宙的统一性。这一点，的确具有前无古人，后启来者，足以推进中华民族理论思维的哲学价值。

然而，这并不是张载的本义。王夫之说"张子之学以立礼为本"（《张子正蒙注》卷八）。当然，要"立礼"，要巩固专制伦常秩序，就先需重点解决人的"正心""尽性"问题。张载由统一的"太虚之气"出发，继《太和篇》，在《诚明篇》中专门论证了这个问题：

> 由太虚，有天之名；由气化，有道之名；合虚与气，有性之名；合性与知觉，有心之名。
>
> 天性在人，正犹水性之在冰，凝释虽异，为物一也。
>
> 湛一，气之本；攻取，气之欲。口腹于饮食，鼻舌于臭味，皆攻取之性也。[①]

在张载看来，人与动物虽均秉"气"而生，但人不同于"动物"，不能像告子那样"以生为性"。因为，人的生死，乃"气"的"聚散"。既然"聚散""凝释"杂异，而"气"不灭；那么，人死气散，而"天性"（即"天德""天理"）就必然"死无所丧"，永远长存。因而，"性于人无不善"，"命于人无不正"。对人来说，"性"本来"无所谓生灭也"（《张子正蒙注》卷三）。只是人"形而后有气质之性"，"口腹""鼻舌"产生了"饮食""臭味"的"嗜欲"，往往"累其心"，需要自觉地不"徇人欲""尽其性"罢了。

正是由此，张载推出了人性就是普遍、永恒的"天地之性"与具体、有限的"气质之性"的对立统一（"总合两也"）的著名结论，而且提出了一系列诸如"上达反天理，下达徇人欲""养其气""尽其性""善反之则天地之性存焉"等理学命题，成为宋明理学经常讨论的主题。

那么，怎样"尽性穷理"呢？张载主要强调如下两点：

一是"大心"。这是张子的"致知之要"。因为，按照张载的逻辑，"合性与知觉"，才有了"心之名"；而"性者，万物之一源，非有我之得

[①]《张载集》，中华书局，1978年，第9、22页。

私也"，即"生无所得"，"死无所丧"，存在于个人"气质"之中，又超越个人"气质"之外，与天地合德，与万物同体。那么，"合性与知觉"的"人心"自然本有这种"天性"，但由于意欲之蔽，"闻见之狭"，使心变小（"梏其心"），妨碍"尽性穷理"。因此，只有"大其心"，"不萌于见闻"，才能由"见闻之知"，反归"德性所知"，才能"体天下之物"，达到"民吾同胞，物吾与也"的精神境界。这也就是尔后所有理学家梦寐以求的"天心"（即"道心"）与"人心"合一的最高理想。可见，张载这一番论证，基本上奠定了宋明理学思维逻辑的格局。若要说还有什么不同的话，那除了后来的理学家直接把"理"或"心"变成了出发点，不再像张载那样从"气"论起外，就是张载关学"世所渊源，皆以躬行礼教为本"这一点了。

二是"立礼"。这是张子的"笃行之实"。张载在《中正篇》《至当篇》中，发挥《学》《庸》思想，专门论述这个问题。他认为，世人要能"大其心"，真正做到"不萌于见闻"，就必须把"三代之礼"作为日常行为的唯一规范，并亲身践履。他说："学者中道而立，则有仁以弘之。无中道而弘，则穷大而失其居"；要想"中道而立"，不"失其居"，只有"强礼，然后可与立"；如果"学者舍礼义，则饱食终日，无所猷为，与下民一致"，仅能得到"贱儒"的"衣食""燕游之乐尔"，那就无法达到"为天地立心，为生民立命，为往圣继绝学，为万世开太平"的最终目的。为此，他终生视听言动，从不违礼，他的亲炙弟子蓝田三吕，制定并推行《乡约》《乡仪》。所有这一切，不仅从理论上把中国传统专制社会后期的统治秩序，抬高到了永恒"天理"的本体论高度，而且在实践上，使民众不知不觉地被束缚在封建礼教之中。这就是"张子探本穷归之要旨"。

由此可见，张载的这一套"心性之学"，一方面奠定了程朱理学的理论基础；另一方面又"与程子之言自别"，而"与孟子之言相为发明，而深切显著"（《张子正蒙注》卷三）。这种力排佛道，直接承袭孔孟儒学传统，以"崇儒""明道"为宗，以"躬行礼教为本"的宋代新儒学（道学），实开了七百年的关中风气。

令人惋惜的是，由于张载本人不是"巨公耆儒"，关学学派又无任何党派依傍，张子一死，弟子多半投奔洛学，只有长安李复著《潏水集》，吕大临著《易章句》，先后承袭张子"气本论"正传。加之，遭逢"完颜之乱"，北方失陷，全国政治、经济、文化重心南移，造成了南宋至元关中"百年不闻学统"的"寂寥"局面。

二、明代关学在互救朱、王之失中的独立思路

当关学的"正传"仅仅由李复、吕大临先后"独承"的时候，程朱理学在皇权的支持下，自南宋理宗始，经元之世，一步一步地成了当时社会的统治思想。至明初，"诸儒皆朱子门人之支流余裔"（《明史》卷二八二），学者非朱子注的四书五经不读，非"代圣贤立言"之学不讲，尤其是明成祖钦定《性理全书》的颁布，使全社会几乎都程朱化了。结果，导致弘、正之际（1488—1521），王阳明以其新说"鼓动海内"（顾炎武《日知录》卷一八），极盛于明末之世。

关学在这一思想激流中，既要坚守"以躬行礼教为本"的"崇儒"宗旨，又不能不随波逐流，先宗程朱，再尊陆王。同时，既反对朱子"即物穷理"的烦琐方法，又力辟阳明子"杂佛氏"的虚空作风。这就形成了一条折中朱、王，反归张载，还原"儒学"的曲折路径。

既然明代关学的思路，是从革除朱、王思想的弊端出发，我们当然还得从王阳明对朱子的思想变革说起。

"格物致知"论，是朱子认识论的核心，也是王阳明创立"致良知"的理论前导。它看起来，属于哲学认识范围，其实是以"正心""诚意""修身""齐家"等道德问题为中心而关系到本体论、修养论、政治论等一系列的理学理论，南宋以来，一直是道学家们讨论的中心问题。但是，朱熹把"格物致知"规定为彻底的"即物穷理"，要人们依靠体现着"天理"的"人心之灵"，从天下的"一草一木""麻麦稻粱""事事物物"中，去把握其中固有的"天理"，以达到对"天理""人伦""圣言""世故"的豁然贯通（《四书章句集注》）。这对他本人建立理学体系来说，固然十分精密，而且翻筋斗

式地接近了客观真理，但其理论毕竟过分曲折，其方法也实在支离、烦琐，使人们困惑莫解，难以理会。

因而，从宋末的陆九渊到明初的陈献章，先后都用"心即理"的命题，对这一庞大体系，做了一点"简易"工作。但在"此亦一述朱耳，彼亦一述朱耳"的朱学统治时期，收效不大。人们仍然没有找到一条可行的"作圣之路"。

王阳明的情况不同。由于他的治学道路是"始滥于词章，继而遍读考亭（朱熹）之书"，深知其中"物理"与"吾心"之矛盾；于是多年"出入佛老"，"其学三变"，最后才创立了"致良知"的心学体系。他认为"良知"就是"心"，"心外无物"，"心外无理"，通过知行合一的"力行"工夫，自我体认，"不假外求"，人人便皆可成尧舜。这确实是一个对后世影响很大的思想变革。可是，由于王阳明"致良知一语，发自晚年，未及与学者深究其旨"，结果又使人感到空虚、玄妙，无从下手。关学学者正是从如何避免朱子学的烦琐，克服阳明学的玄远来建立自己的学说的。尽管"北方之为王氏学者独少"（《明儒学案》卷二九），关学除了渭南南氏（大吉）兄弟外①，从吕柟到冯从吾，一百年间，都是以"恪守程朱"为标识的；但实际上，他们从来不反王学，而是尊崇王学，顺应着新的王学思潮，把如何"识心""正心""持心"作为自己研究的主要课题。其总的倾向是：以恢复孔孟"心性论"为核心，以"格物致知""戒惧慎独"为工夫，以关学"躬行礼教为本"的思想为归宿。这正像南大吉（瑞泉）在示门人诗中所说的那样：开始"授我大道方"的不管是"朱"还是"王"，一旦"归来三秦地"，总是要"后窃横渠芳"的。关学立场始终不变。

请看这一具体过程。首先是渭南薛敬之（思庵）（1434—1508）的"气心说"。薛敬之是周蕙的学生、吕柟的老师，成化时贡入太学，同陈献章"一时相与并称"，并有盛名。陈是陆王心学的中间环节，薛则是明代程朱之学传入关中的重要人物。但薛把"识心"看作"为学"的根本，认为只有先弄清

---

① 明代嘉靖年间，关中只有南大吉兄弟传授王学，有《瑞泉南伯子集》传世至今。

"此心是何物，此气是何物，心主得气是如何，气役动心是如何"，才能进入理学之门。他提出了"人皆是气，气中灵底便是心"，"心乘气以管摄万物，而自为气之主"的观点，企图把"心"与"理"统一于"气"上，对朱熹"心虽主乎一身，而管乎天下之理"的说法，来一点修正。但因他一方面看到了当时"天下只是一个名利"堵住不知多少"俊才""正当的心"，另一方面又相信先儒说的"至诚"可以"贯金石"，所以还是相信只要"心笃"，则"理足以驭气也"。（《明儒学案》卷七）他想用张载"性气一源"的观点解决心、气、理的关系，但始终未找到支点，"穷理""正心"仍是空话。

接着是吕柟的"仁心说"。吕柟是敢于同王阳明唱对台戏的人，是当时"关学之冠"，其学"以穷理实践为主"，公开反对王阳明把"良知"看作普遍抽象的人"心"。认为以良知教人，于学者无益。因为"此是浑沦的说法"，不是像孔子回答颜渊、仲弓、樊迟"问仁"那样，"因人而施"。所以，它只"可以立法"，而不可施教。至于朱子要人君"以诚意正心"，他也觉得"亦未尽善"。因为，这也依然空洞，不是"活法"，不是像孟子针对人君之"好色"或"好货"那样，"即事即学"。因此，他提出了一个能"立成法，诏后世"的为学良方，这就是："格物致知，博学于文，约之以礼。"（《明儒学案》卷八）这似乎"皆是儒生所习闻"，不是什么新东西。但吕柟所谓的"穷理"，"不是泛常不切于身，只在语默作止处验之"的高论空说，而是要"从下学做起"，即从事父母，待兄弟、妻子、奴仆等日常人伦的"实处做来"的一种"实学"。

所谓"实学"，就是要从"正己"入手。以"正心为本，务实为要"，通过"戒惧慎独"，改过行善的工夫，"从闻见之知，以通德性所知"，最后成为"仁有余"的"仁"人。他说，这也就达到了张载《西铭》所说的："乾坤便是吾父母，民物便是吾胞与，将己身放在天地万物中作一样看，故曰：仁者以天地万物为一体"的精神境界（均见《关中四先生要语录》卷一和《明儒学案》卷八）。

可见，吕柟的"实学"，实质就是传统的"仁学"。他把"致良知"变换为"仁心"，这个"仁心"也同"良知"一样，不只是一种道德规范，也是一种精神本体，特别还是十分现实的礼教。他为官时，劝皇帝"克己慎独，上对天心，亲贤远谗，下通民志"；亲自实施《吕氏乡约》和《文公家礼》(《明史》卷二八二)，并且获得了实际效果，使做过贼的人都能"自悟其非"，"追还主者"。真是"岂有仁人能过化，雄山村里似尧时"。所以他的"实学""仁心说"，也是他为维护朱明王朝统治秩序所创立的政治论。难怪当时的朝鲜国闻吕柟大名，曾"奏请其文为式国中"(《明儒学案》卷八)；也难怪吕柟去世时，"高陵人为罢市者三日"，"四方学者闻之，皆设位，持心丧"，连皇帝也"辍朝一日，赐祭葬"(《明史》卷二八二)。这不只表明了吕柟作为学者的高德重望，更重要的是显示出了关学不同王学的现实品格。当然，他突出强调的要从实处下功夫，也是不大容易做到的。

最后，冯从吾沿着吕柟这个思路，提出了"善心说"。因为，冯从吾的学术活动主要是在万历二十年(1592)以后，即他退居长安的二十五年间(1592—1617)。这时，一方面是王阳明"致良知"的理论早已确定；另一方面是阳明学中佛教"性空"弊端，早为明儒厌恶。所以，冯从吾不同于吕柟，他一面恪守程朱"理与心一"之说，坚决反对"丢过理字说心说知"；另一方面又推崇王阳明的"致良知"，认为"圣贤之学，心学也"，"自古圣贤学问总只在心上用功，不然即终日孳孳，总属枝叶"。他从来不公开反王学，而只是按照张载以来的关学传统，"独辟禅说"，反对王阳明融合二氏的学术风旨，写了《辨学录》，发明儒佛之分。认为"吾儒之旨，只在'善'之一字，佛氏之旨，只在'无善'二字"。由此，他发挥了王阳明"至善是心之本"的说法(《传习录上》)，得出了"吾学只有一个'善'字"，直从"源头说到究竟"，实质都是一个"善"的结论：

> 善即理也，即道也，即中也。精乎此，谓之惟精；一乎此，谓之惟一；执乎此，谓之执中。以之为君，谓之"仁"；以之为臣，谓之敬；以之为子，谓之"孝"；以之为父，谓之慈；以之交朋友，谓之信；以之视听言动，谓之礼；以之临大节而不夺，谓之节。(《冯少墟集》卷一)

总之，这同"良知"一样，是宇宙本体，也是道德规范，是孔孟以来"儒之正传"。因此，他干脆把"良知说"变换为"善心说"。

至此，已十分清楚，在明代理学思潮的辩证发展中，朱子学的"支离"，导致了阳明学的"简易"，又因朱、王的玄远虚空，产生了关中学者的"实学"。以"实学"为特点的明代关学，从形式上看是顺应王阳明的思想变革，沿着同一方向前进的，但由于它始终坚守张载关学"躬行礼教为本"的宗旨和坚决排佛、注意实践的关学传统，因此，它在调停朱、王，互救其失中，没有形成像永嘉学派那样的异端性格，而处处表现出一种敦厚典雅的中和性格。而且很像中国人接受外国语一样，总是用自己关学的思想来融解朱、王的"理学"和"心学"。薛敬之用"气"折中"理"和"心"，吕柟用"仁心"代替"良知"，冯从吾进一步把"良知"复原为"善心"。他们的为学方法，又都是在"人伦日用之常"中，寻求"天道性命之妙"，真如张载《圣心》诗所云："圣心难用浅心求，圣学须专礼法修。"他们表面是以张载思想为归，其实是向原始儒学还原。这不仅是对整个理学，也是对张载关学自身的否定趋势，表明关学同理学一样，已到转型终结的时候了。这便是关学以"气节""风土"，又加之"学问"诸因素中，所形成独立思路的真谛。

三、李颙向张载的复归和关学转型终结

关学作为宋明理学思潮中一个独立学派，它的终结也同整个理学一样，是始于明清之际的理学自我批判的思潮中，是由李颙开其端的。

李颙同顾炎武、黄宗羲、王夫之同处于"天崩地解"的明清之际。明末农民起义和清军入关，造成明王朝的覆灭，极大地震动了当时的知识阶层。一些有识之士，特别是"以气节著"的启蒙学者，亲眼看到了理学家的不中用：平日里，"无事袖手谈心性"，"自矜有学"，分门标榜；敌兵临城，国难当头时，则"拱手张目，授其柄于武人俗士"，"置四海之困穷不言"；束书不读，终日空谈性命。这一弊病的恶性膨胀，使人们对它从厌倦发展到憎恶，甚至把明亡之祸归咎于朱、王末流"积弊"所造成的"学术蛊坏，世道偏颇"。

于是，终于酿成了以顾、黄、王诸子为代表的反思、总结宋明理学的新思潮。李颙也是其中推波助澜的人物，与浙江黄宗羲、河北孙奇逢，一并"高名当时"，世称"海内三大儒"。

不过，李颙的批判，使用的是十足的关学方式。他既不同于黄宗羲公然背叛王门师说，"矫良知之弊"，公开发出"君为天下之大害"的政治呼叫，直接向君主专制主义制度挑战；也不同于王夫之"希张横渠之正学"，站在当世理论思维发展的最高点，对理学家所提出的一系列哲学问题"别开生面"地进行缜密的理论清算，对中国古代哲学思想的发展做了一个总结；更不同于顾炎武"辨陆王之非，以朱子为宗"，提出"经学即理学"的口号，以求终结理学，独开清代"汉学"之先河。他同这三人，特别是顾炎武在学术倾向、思想渊源、民族气节诸方面，都有十分相似之处，但他没有那种勇敢地推进理论思维的精神和公开批评理学的勇气。相反，他是在他们大声疾呼开创新风气的时候，按照"躬行礼教为本"的关学宗旨，沿着吕柟、冯从吾的方向，悄悄地把《论》《孟》《学》《庸》与"致良知"熔为一炉，创立了"悔过自新说"，使理学转型还原为儒学，表现出了一种十分温和、不露锋芒的修正理学的态度和风格。

首先，他从"明道救世"的政治目的出发，继承了张载"学贵有用"和吕柟"下学""实学"的关学学风，明确主张"明体适用"之学。他认为，要匡正"道学之无用"，就得从如下两点着手：

一要改革宋儒学风，提倡"经济实学"。这就要做到"文武兼资"，博览群籍，"上至天官、舆地，以及礼、乐、兵、农、漕屯、选举、历数、士卒、典籍"，无所不读。为此，他开列了"明体"和"适用"两类书目（参看《二曲集》卷七），而且自己也是照此去做的。顾炎武作《广师篇》，其中云："坚苦力学，无师而成，吾不如李中孚"，"好学不倦，笃于朋友，吾不如王山史（即华阴王宏撰）。"李颙"坚苦力学"，王宏撰"好学不倦"，潜心于经济、兵、农，不正表明了关学就是以"经济实学"的方式，来匡正明季理学家讲学玄谈之风的"极盛"而又"极弊"吗？

二要"实修实证"，达到"开物成务，康济群生"（《二曲集》卷一四）。这就要学会"用兵"。因为，"经世之法，莫难于用兵"，加上学者们"往往于兵机多不致意，以为兵非儒者所事"，因此，导致汉民族沦丧受辱，明政权落入满人之手。阶级斗争、民族矛盾的现实，使他对"武侯之伟略，阳明之武功"心向神往。（《二曲集》卷七）一旦复明灭清成为泡影时，他便闭门专究学问，死守民族节操，宁可绝食而死，也不做清政府的官。在"事功"无望，直接"救世"不成的情况下，他才精心制作了"明体适用"的"悔过自新说"，把他的爱国热忱和修正理学的情绪深深地隐藏在这一理论核心中。

李颙既要倡导"经济实学"，又隐然不露锋芒，这一"实"一"隐"，正是关中学者检讨理学的独特方式。

其次，李颙以"悔过自新说"来还原儒学，导致关学步入了最后终结的道路。他先总结了关学和整个宋明理学"明道救世""明体适用"的不同宗旨。认为不管他们"或以主敬穷理标宗"，"或以致良知标宗"，"或以随处体认标宗"，"要之，总不出悔过自新四字"。同时，认为儒家的《六经》《四书》虽然"卷帙浩繁，其中精义难殚述"，而"悔过自新"却"宁足括其微奥"。说："《中庸》之寡过，《孟氏》之集义"，无非想让人"复其无过之体，而归于日新之路耳"。你看："悔过自新"，既是古今名儒"明道救世"的宗旨，又是《六经》《四书》的精义。由此，他自然得出"悔过自新，乃千圣进修要诀"，"学问""做人"均须从此处"着力"的结论，将"悔过自新"作为"明道"的唯一途径。（《二曲集》卷一）

那么，怎样"悔过自新"呢？他先给"过"和"新"做了规定。他说：学道要"先检身过，次检心过，悔其前非，断其后续，亦期至于无一念之不纯，无一息之稍懈而后已"，"苟有一念之未纯于理，即是过"，"苟有一息稍涉于懈，即非新"。这就是说，"过"和"新"都是由"理"规定的，违背"理"就是"过"，符合"理"就是"新"。"悔过自新"就是掌握"理"的认识论和方法论。

接着，在论述"理"存在于何处，以及究竟怎样掌握"理"时，他竟完全承袭了张载"反本"于"天地之性"的人性论。他说：

> 天地之性人为贵，人也者，禀天地之气以成身，即得天地之理以
> 为性。此性之量，本与天地同其大；此性之灵，本与日月合其明；本
> 至善无恶，至粹无瑕。（《二曲集》卷一《悔过自新说》）

这就是说，人禀受"天地之气"，有了身体，同时也就得到"天地之理"，有
了善性。这种纯粹的"善性"，是每个人先天固有的，但因人多为"气质所
蔽，情欲所牵，习俗所囿，时事所移"，后天的"知诱物化"，使人"旋失
厥初"。当然，这不是说先天的"善性"已经丧失了，而是说先天固有的"善
性"如同"明镜蔽于尘垢，而光体未尝不在"，"宝珠陷于粪坑，而宝气未尝
不存"。因此，就需要做"悔过自新"的工夫。显然，这是通过直接蹈袭张载
"天地之性"与"气质之性"辩证统一的人性论，向张载"性气一源"思想的
归复。

最后，他突出地强调了这种"悔过自新"，就是一种"复故""反本"的
工夫。他说："性吾自性也，德吾自得也，我固有之也"，因而所谓"新"，
绝不是在"本体之外，欲有所增加"什么新东西，而只能是"复其故之谓
也"，就像"日之在天，夕而沉，朝而升，光体不增不损，今无异昨，故能常
新"。（《二曲集》卷一）显然，这同张载说的"学者先须变化气质"，通过
"学礼""克己""集义""积善"以"生浩然道德之气"，而"复反归其天
理"，又是一脉相承的。不过，张载在这个问题上还有一个创新，即肯定了这
种"反本"实际是一个由"见闻之知"到"德性所知"的"尽心"过程，而李
颙却保留着王阳明"从自己心上体认""天理"的内省方法。因此，清代学者
多以为，他的学术渊源是把程、朱、陆、王"融诸一途"，"而终以陆、王为
主"。（王心敬《新刻二曲先生集序》，李元春《关中三先生要语录》序）梁
启超甚至认为他的思想倾向是"为旧学（理学）坚守残垒"，"其学风已由明
而渐返于宋"。（《清代学术概论》二）

其实，李颙倾向王学，这是事实，但这绝不是"为旧学坚守残垒"。相
反，他的"悔过自新说"，是在关学遗风的熏陶下，完全承袭了吕柟的"仁
心说"、冯从吾的"善心说"的独立思路。其学风论旨，不单是"由明而渐返

于宋"，由朱、王返归张载，而且是从王阳明的"致良知"向孟子的"四端"性善说的还原。他声称"道学即儒学""儒学即理学"，同顾炎武说的"理学经学也"，真如冰壶秋水，两相辉映，都是公开主张用儒学、经学代替理学，抛弃道学、理学，向原始儒学还原。这表明理学思潮已经衰落，也表明关学思想开始走向终结。所以，全祖望说的"关学自横渠而后，三原（马理）、泾野（吕柟）、少墟（冯从吾）累作累替，至先生（李颙）而复盛"（《鲒埼亭集》卷一二），其不知李颙以后，"复盛"的是作为清代"儒学"的关学，而不再是作为宋明"理学"的关学了！

至此可知，关学随着理学思潮的兴衰，必然展现出一个独特的"否定之否定"的辩证过程。这一过程是同时在两种力量相互作用下前进的。首先是整个理学思潮对关学思想的影响，即周、邵、程、朱、陆、王诸学派对它的推动，这虽是外在的，但却是重要的力量。其次是关学内部各家思想的矛盾运动。总的来说，因为关学世代恪守"躬行礼教为本"的"崇儒"宗旨，因此，各家思想基本是前后相承的同一趋向。但由于关学不能离开整个时代思潮的波动，又缺少有力的皇权、党派依傍，因而，在张载"融合"自然科学于儒学而奠定了关学体系之后，当李复坚持这种可贵的"融合"时，关学就表现为"正传"发展趋向。当程、朱、陆、王依次确立了统治地位时，则正巧是吕柟、冯从吾继"蓝田三吕"之后，把张载那种可贵的与自然科学"融合"的精神丢得一干二净，而几乎完全倾倒于朱、王之时。尽管吕柟、冯从吾"崇儒"宗旨未变，依然保持着关学以"躬行礼教为本"的旨趣，但他们的"仁心说""善心说"，毕竟是关学"气本论"发展的否定环节。当李颙重新注意了张载那种可贵的"融合"，向张载思想归复时，却因欲革除明儒的弊端，结果把理学还原为儒学，最后必将抛弃理学，也必将终结关学。这就是宋元明清七百年间，关学思想发展的历史辩证法。

1981年夏稿于陕西师大6楼新居。

原载《论宋明理学——宋明理学讨论会论文集》，浙江人民出版社，1983年。

李颙其人其学与其书

——《二曲集》点校整理弁言

一、李颙其人

李颙，字中孚，陕西盩厔（今周至）人。"山曲曰盩，水曲曰厔"，因此，李颙自署曰"二曲土室病夫"，学者称其为"二曲先生"。生于明天启七年（1627），卒于清康熙四十四年（1705），在世79年。是清初著名学者和思想家，与吴中顾炎武、富平李因笃、华山王宏撰学术交往甚密，同容城孙奇逢、余姚黄宗羲一并"高名当时"，时论以为"三大名儒"。当世或以"海内真儒""博学鸿儒""理学渊源"标榜，或以"关中大儒""一代龙门""躬行君子"称颂。

李颙起自孤根，家无一椽寸土之产，既无家学，又无师承，但上接关学六百年之统，寒饿清苦之中，却严守张载以来关学学者"以躬行礼教为本"的实学学风，"坚苦力学"，"自拔流俗，以倡明关学为己任"。他年轻时候，因贫不能早学，九岁始入小学，从师读《三字经》，仅二十天便因病休学，后随舅父读《学》《庸》。父亲李可从，字信吾，"为人慷慨有志略，喜论兵，而以勇力著，里中呼为'李壮士'"。①明崇祯十四年（1641），李自成攻进

---

① 《二曲集》卷二五《家乘·盩厔李氏家传》。笔者点校本《二曲集》已由中华书局于1996年3月出版，2012年第三次印刷。以下凡引此书，均依新点校本，只注卷数与篇名。

河南，官军屡败，李可从从总督陕西巡抚汪乔年、中军纪同知西安郡丞孙兆禄前往镇压。起义军攻陷襄城，李可从与同行五千人共阵亡，这是李颙少时生活中的最大变故。从此，母子饥寒交迫，茕茕在疚，过着"糊口罕资""突常无烟""东移西徙、流离失所"的穷困光景。李颙矢志读书，却无钱就学，而乡间塾师包括其舅父"知不能具束脩"，均拒之校外。（卷四五《历年纪略》）于是，在母亲彭氏"无师遂不可学耶？古人皆汝师也"（卷二五《家乘》）的激励愤启下，他利用拾薪采蔬之暇，取旧所读《四书》，借助亲友贻送的字典《海篇》，逢人问字正句，由是"识字渐广，书理渐通，熟读精思，意义日融"，然后再向人借经书以读。（卷四五《历年纪略》）年十七，借读《冯少墟集》，"恍然悟圣学渊源，乃一意究心经史，求其要领"（《关学续编》卷一本传）。年十九，偶得读《周钟制义》全部，见其发理透畅，言及忠孝节义则慷慨悲壮，遂流连玩摹，非常赞赏。既而听说周钟失节不终，则气愤不已，以为文人不足信，文名不足重，自是绝口不道文艺，厌弃俗学，一意求圣贤所以为学之道。曾专门收集有明一代"迹本凡鄙卑贱"而能自奋自立"卒成理学巨儒"者，诸如：盐丁王艮、樵夫朱恕、胥吏李珠、窑匠韩贞、商贾林讷、贫夫夏廷美、卖油佣陈晟、戍卒周蕙、网巾匠朱蕴奇等人的材料，编成《观感录》，借以师古自励。而是时，盩厔如二赵、南李，鄠县如杜氏者，皆博藏书籍，李颙借而观之，而且"不画畛域"，自经史子集以至百家释道之书，无所不览，无所不知。

据李颙门人惠霭嗣、马械士等编纂的《历年纪略》记载，仅从顺治二年（1645）至十年（1653），即李颙十九至二十七岁期间，他所读过的书，除了《四书》外，先后有《易》、《春秋》三传、《性理大全》、《伊洛渊源录》、《小学》、《近思录》、《程氏遗书》、《朱子大全集》、《九经郝氏解》、《十三经注疏》、《资治通鉴》、《通鉴纲目》、《通鉴纪事本末》、《大学衍义》、《文献通考》、杜氏《要典》、郑樵《通志》、《二十一史》、《道藏》、《释藏》，以及"西洋教典，外域异书"等。不到十年，上自天文河图、九流百技，下至稗官野史、壬奇遁甲，靡不究极，虽遭邑中四书八股士俗的讥讽，却被公认为"李夫子"了。

自顺治十三年（1656）即李颙三十岁以后，他在思想追求、读书为学、社会地位、家庭生活诸方面都有了新的转变。首先，从泛览群籍，一归于圣经贤传。正如李颙晚年其子慎言对康熙皇帝所说：

> 臣父少无师承，百家之书，靡不观览。及壮，则一归于圣经贤传，不复泛滥涉猎。晚年，非《六经》、四子、《性理》、《通鉴》及儒先语录，不轻入目。其教门弟子，亦以此相劝勉。（刘宗泗《墓表》）

同时从究心经济、兵法，"康济时艰"，转向一心切己自反，立志"明学术，醒人心"。三十岁以前，他目睹战乱所造成的民间疾苦，深痛"道学而无用，乃木石而衣冠耳"，认为司马迁谓"儒者博而寡要"，元人《进宋史表》称"议洵多而成功少"，皆"切中书生通弊"，主张"学须开物成务，康济群生"，倾慕王阳明"通变不迁，文武兼资"的"有用道学"。因此，他究心经济、兵法，"凡政体所关，靡不规划"，曾著有《帝学宏纲》《经筵僭拟》《经世蠡测》《时务急著》。但到顺治十四年（1657）夏秋之交，即年三十一岁时，他患病静摄，深有感于"默坐澄心"之说，于是一味切己自反，以心观心，认为"学所以明性而已，明性则见道，道见则心化，心化则物理俱融"。自是摒去一切，时时"返观默识"，涵养本源，并焚尽以前所著原稿，专阅洛、关、闽及河、会、姚、泾论学要语，聊以印心。正像嗣后他在《圣学指南小引》中所自题云：

> 余初茫不知学，泛滥于群籍，汲汲以撰述辩订为事，自励励人，以为学在是矣。三十以后，始悟其非，深悔从前自误误人，罪何可言；自此鞭辟着里，与同人以返观默识相切砥，虽居恒不废群籍，而内外本末之辨，则析之甚明，不敢以有用之精神，为无用之汲汲矣。（卷一九《题跋》）

顺治十六年（1659），李颙三十三岁时，临安骆钟麟于这年春天赴盩厔任邑宰，下车之始，一闻李颙名，即去拜谒，严奉师事。自是，政暇必趋其家，挹其德容，聆其谈论，从容盘桓，竟日乃返。并为之捐俸构屋，时继粟肉，以资食宿。还具文遍报各衙门，称颂李颙："其学以慎独为宗，以静养为要，以明体适用为经世实义，以悔过自新为作圣入门。流览甚富，著述良多，而其引进同志，开导学人，惟悔过自新之说。是故浅人见之以为浅，深人见之以为深，上下根人，俱堪下手耳！"（卷四五《历年纪略》）于是，一时台司道府始知李颙而莫不尊崇。

此后，李颙尽管时遭群小嫉谗，常蒙讪招毁，但其社会声誉毕竟越来越高，对社会的影响也越来越大，"不惟士绅忘贵忘年，千里就正，即农工杂技，亦皆仰若祥麟瑞凤，争以识面为快"（卷四五《历年纪略》）。康熙二年（1663）四月，蒲城王化泰来学；十月，东吴顾炎武来访。四年（1665）仲冬，其母病故，骆钟麟前来吊奠，捐俸购棺，既而置田十亩，聊资耕作。七年（1668）夏四月，同州（今陕西大荔）耆儒白焕彩偕王化泰肃车迎李颙东行，至蒲城谒横渠张子祠；五月抵同州，张珥、李士王宾、马秣、马逢年等北面从师受教，其答问之语，由门人记录于《东行述》《学髓》中；七月西返，过高陵谒泾野（吕柟）祠。八年（1669）四月，湖广进士罗诰来访论《易》；六月，陕西巡抚欲以"隐逸"荐举，李颙致书骆钟麟从中力挽，得免于荐；九月送骆赴常州上任，顺便东游太华，张珥闻而迎至同州，录其答语为《体用全学》，李士王宾录其答语为《读书次第》。九年（1670）冬十月，李颙赴襄城为父招魂，骆闻而迎至常州，先后在常州府武进、无锡、江阴、宜兴、靖江、毗陵等县应邀开堂讲学。在常州开讲时，"上自府僚绅衿，下至工贾耆庶，每会无虑数千人，旁及缁流羽士，亦环拥拱听"（卷一〇《南行述》）。这三个多月的江南讲学活动，使李颙以"性气一源"为基础的"悔过自新"之说更加纯熟，从而蜚声天下。后来由亲炙弟子王心敬编纂的《南行述》及毗陵、晋陵等地门人整理刊行的《靖江语要》《常州府武进录两庠汇语》《锡山语要》《东林书院会语》等，就是李颙在此期间主要学术活动与言论的真实记录。

从康熙十年（1671）春李颙返家以后，他后半生的主要活动仍是讲学授徒，闭门著述。十一年（1672）八月，李颙至长安县谒冯少墟（从吾）墓，汇辑《少墟全集》。次年，陕西总督鄂善政崇风教，修复少墟所建关中书院，肃币三往聘李颙讲学，李颙于五月十五日登座，并立《关中书院会约》《学规》，以约束礼仪，整束身心，各界人士环阶席而侍听者几千人，三月之内，士习丕变，使自少墟后久已绝响的讲会之风，起而振之。十四年（1675）八月，李颙偕同全家避兵富平共四年，至十八年（1679）八月由富平返回盩厔老家，后居他所作"垩室"中写作《垩室录感》，直到病逝。整整三十年间，他除了教授王心敬等弟子，同顾炎武、王宏撰、李因笃等几位旧友书信往还或一起聚会探讨学术外，基本闭门养病，不与世通。即是官府以"隐逸""海内真儒"等连连举荐，他也敢于绝食拒之，宁死不就。康熙四十二年（1703）冬十月，清圣祖玄烨西巡，欲见李颙，他仍以死坚辞，只以所著《四书返身录》《二曲集》让其子慎言前去陈情奏进。正因为如此，李颙其人其学，不仅得到崇尚气节的陕西志士的推崇，而且受到朝廷上下大臣、学士的赞许。认为：

> 其《反身录》一书，皆发明《四书》之理，真堪羽翼《朱注》，有功于圣贤之学。盖其书大旨，欲人明体适用，反身实践，人人能反身实践，则人人皆可为君子，世世可跻于唐虞。此书流行，有裨于圣治不浅。至《二曲》一书，乃其平日讲学语录，乃所著文字，亦皆醇正昌明，不愧儒者。（卷四六《潜确录》）

由此可见，李颙生平为学志趣不在做官，而在"明学术，醒人心"，以倡明关学为己任。然而，关学作为宋明理学思潮中一个独立学派，它的转型与终结，也同整个理学一样，始于明清之际的理学自我批判的思潮中。这恰恰又是由李颙开其端的。

二、李颙其学①

李颙同顾炎武、黄宗羲、王夫之同处于"天崩地解"的明清之际。明末农民起义和清军入关，造成明王朝的覆灭，极大地震动了当时的知识阶层。一些有识之士，特别是"以气节著"的启蒙学者，亲眼看到了理学家的不中用：平日里，"无事袖手谈心性"，"自矜有学"，分门标榜；敌兵临城，国难当头时，则"拱手张目，授其柄于武人俗士"，"置四海之困穷不言"；束书不读，终日空谈性命。这一弊病的恶性膨胀，使人们对它从厌倦发展到憎恶，甚至把明亡之祸归咎于朱、王末流"积弊"所造成的"学术蛊坏，世道偏颇"。于是，终于酿成了以顾、黄、王诸子为代表的反思、总结宋明理学的新思潮。李颙也是其中推波助澜的人物。

不过，李颙的反思是十足的关学方式。他既不同于黄宗羲公然背叛王门师说，"矫良知之弊"，公开发出"君为天下之大害"的政治呼叫，直接向君主专制主义制度挑战；也不同于王夫之"希张横渠之正学"，站在当世理论思维发展的最高点，对理学家所提出的一系列哲学问题"别开生面"地进行缜密的理论清算，对中国古代哲学思想的发展做了一个总结；更不同于顾炎武"辨陆王之非，以朱子为宗"，提出"经学即理学"的口号，以求终结理学，独开清代"汉学"之先河。他同这三人，特别是顾炎武在学术倾向、思想渊源、民族气节诸方面，都有十分相似之处，但他缺少顾、黄、王那种公开自我批判理学传统的理论勇气和风格。相反，他是在他们大声疾呼开创新风气的时候，按照"以躬行礼教为本"的关学宗旨，沿着吕柟、冯从吾的方向，悄悄地把《论》《孟》《学》《庸》与"致良知"熔为一炉，创立了"悔过自新说"，力图将理学还原为儒学，表现出一种十分明显的"原儒"指向。

首先，他从"明道救世"的政治目的出发，继承了张载"学贵有用"和吕柟"下学""实学"的关学学风，明确主张"明体适用"之学。他认为，要匡正"道学之无用"，就得从如下两点着手：

---

① 本节文字与前篇《关学思想流变》第三部分文字大体相同，为保持本篇完整性，仍其原貌，不做更改。

一要改革宋儒学风，提倡"经济实学"。这就要做到"文武兼资"，博览群籍，"上自天官、舆地，以及礼、乐、兵、农、漕屯、选举、历数、士卒、典籍"，无所不读。为此，他开列了"明体"和"适用"两类书目，而且自己率先照此去做。顾炎武作《广师篇》，其中云："坚苦力学，无师而成，吾不如李中孚"，"好学不倦，笃于朋友，吾不如王山史"。李颙"坚苦力学"，王宏撰"好学不倦"，潜心于经济、兵、农，不正表明了关学就是以"经济实学"的方式，来匡正明季理学家玄谈心性之风的"极盛"而又"极弊"吗？

二要"实修实证"，达到"开物成务，康济群生"。这就要学会"用兵"。因为，"经世之法，莫难于用兵"，加上学者们"往往于兵机多不致意，以为兵非儒者所事"，因此，导致汉民族沦丧受辱，明政权落入满人之手。阶级斗争、民族矛盾的现实，使他对"武侯之伟略，阳明之武功"心向神往。（卷七《体用全学》）一旦复明灭清成为泡影时，他便闭门专究学问，死守民族节操，宁可绝食而死，也不做清政府的官。在"事功"无望，直接"救世"不成的情况下，他才精心制作了"悔过自新说"，把他的爱国热忱和反清情绪深深地隐藏在这一理论核心中。

其次，李颙以"悔过自新说"来还原儒学，导致关学步入了最后转型终结的道路。他先总结了关学和整个宋明理学"明道救世""明体适用"的不同宗旨。认为不管他们"或以主敬穷理标宗"，"或以致良知标宗"，"或以随处体认标宗"，"要之，总不出悔过自新四字"。同时，认为儒学的《六经》《四书》虽然"卷帙浩繁，其中精义难殚述"，而"悔过自新"却"宁足括其微奥"。说："《中庸》之寡过，《孟氏》之集义"，无非想让人"复其无过之体，而归于日新之路耳"。"悔过自新"，既是古今名儒"明道救世"的宗旨，又是《六经》《四书》的精义。由此，他自然得出"悔过自新乃千圣进修要诀"，"学问""做人"均须从此处"着力"的结论，将"悔过自新"作为"明道"的唯一途径。

那么，怎样"悔过自新"呢？他先给"过"和"新"做了规定。他说：学道要"先检身过，次检心过，悔其前非，断其后续，亦期至于无一念之不纯，无一息之稍懈而后已"，"苟有一念未纯于理，即是过"，"苟有一息稍涉于懈，即非新"。这就是说，"过"和"新"都是由"理"规定的，违背"理"就是"过"，符合"理"就是"新"。"悔过自新"就是掌握"理"的认识论和方法论。

接着，在论述"理"存在于何处，以及究竟怎样掌握"理"时，他竟完全承袭了张载"反本"于"天地之性"的人性论。他说：

> 天地之性人为贵，人也者，禀天地之气以成身，即得天地之理以为性。此性之量，本与天地同其大；此性之灵，本与日月合其明；本至善无恶，至粹无瑕。（卷一《悔过自新说》）

这就是说，人禀受"天地之气"，有了身体，同时也就得到"天地之理"，有了"善性"。这种纯粹的"善性"，是每个人先天固有的，但因人多为"气质所蔽，情欲所牵，习俗所囿，时事所移"，后天的"知诱物化"，使人"旋失厥初"。当然，这不是说先天的"善性"已经丧失了，而是说先天固有的"善性"如同"明镜蔽于尘垢，而光体未尝不在"，"宝珠陷于粪坑，而宝气未尝不存"。因此，就需要做"悔过自新"的工夫。显然，这是直接蹈袭张载"天地之性"与"气质之性"辩证统一的人性论，向张载"性气一源"思想的归复。

最后，他突出地强调了这种"悔过自新"，就是一种"复故""反本"的工夫。他说："性吾自性也，德吾自德也，我固有之也"，因而所谓"新"，绝不是在"本体之外，欲有所增加"什么新东西，而只能是"复其故之谓也"，就像"日之在天，夕而沉，朝而升，光体不增不损，今无异昨，故能常新"。（卷一《悔过自新说》）显然，这同张载说的"学者先须变化气质"，通过"学礼""克己""集义""积善"以"生浩然道德之气"，而"复反归其天理"，又是一脉相承的。不过，张载在这个问题上还有一个创新，即肯定了这种"反本"实际是一个由"见闻之知"到"德性所知"的"尽心"过程，而李颙却保留着王阳明"从自己心上体认""天理"的内省方法。因此，清代学者多认为，他的学术渊源是把程、朱、陆、王"融诸一途"，"而终以陆、王为主"。（王心敬《新刻二曲先生集序》，李元春《关中三先生要语录

序》）梁启超甚至认为他的思想倾向是"为旧学（理学）坚守残垒"，"其学风已由明而渐返于宋"。（《清代学术概论》二）

其实，李颙倾向王学，这是事实，但这绝不是"为旧学坚守残垒"。相反，他的"悔过自新说"，是在关学遗风的熏陶下，完全承袭了吕柟的"仁心说"、冯从吾的"善心说"的独立思路。其学风论旨，不单是"由明而渐返于宋"，由朱、王返归张载，而且是从王阳明的"致良知"向孟子的"四端"性善说的还原。他声称"道学即儒学""儒学即理学"，同顾炎武说的"理学经学也"，真如冰壶秋水，两相辉映，都是公开主张用儒学、经学代替道学、理学，向孔子儒学还原。这表明理学思潮已经衰落，也表明关学思想开始转型终结。所以，全祖望说的"关学自横渠而后，三原（马理）、泾野（吕柟）、少墟（冯从吾）累作累替，至先生（李颙）而复盛"（《鲒土奇亭集》卷一二），其不知李颙以后，"复盛"的是作为清代"儒学"的关学，而不再是作为宋明"理学"的关学了！这便是李颙思想的基本倾向与学术地位。

三、李颙其书

如上所述，李颙青年时代泛滥群籍，"即以康济为心"，曾著《帝学宏纲》《经筵僭拟》《经世蠡测》《时务急策》等书，既而尽焚其稿（卷一二《匡时要务序》）。后来又著《十三经注疏纠缪》《二十一史纠缪》《易说象数蠡测》，"亦谓无当于身心，不以示人"（附录二《国史儒林本传》）。所至讲学，门人皆录其语，他却说："授受精微，不在乎书，要在自得而已。故其巾箱所藏，惟取《反身录》示学者。"（附录二《二曲先生窆石文》）因此，李颙的著作主要有《四书反身录》与《二曲集》两部，后合刻刊行，称《关中李二曲先生全集》，流传至今。《四库全书总目》分别有著录。

《四书反身录》七卷，续补一卷，计八卷。卷一《大学》，卷二《中庸》，卷三至卷六《论语》，卷七《孟子》，卷八《孟子续录》。是书本题曰"二曲先生口授，鄠县门人王心敬录"，依序文、书牍，实乃李颙所自定也。据许孙荃《四书反身录序》所述，康熙三十四年（1695）冬李颙正居"垩室"独处期间，矢志谦退，不欲以著述自居，而四方学者每从问答之余，辑其所闻，各自成帙，卿高足王心敬朝夕侍侧，敬从口授，集为《反身录》一书。时肥水许孙荃正督学陕西，竭诚趋谒，李颙举此书授之。许孙荃反复卒读，深知："大要以士人童而习之，袭其糟粕而不悟，其指归欲学者反身循理，致知力行；其指约，其趋端，其论说质实而不涉于高远。横渠有言曰：'为天地立心，为生民立命，为往圣继绝学，为万世开太平。'其先生是书之谓也。"于是决定"割俸授梓"，打算颁布全省学校，并拟进呈，李颙担心"触嫌招忌"，遭"搜山薰穴"之祸，贻书力阻（卷一七《书二·又答许学宪》）。许孙荃虽放弃了这一打算，但同李因笃精心校定，终将此书刊行于世。

《四书反身录》刊行之后，受到朝野士庶的普遍重视，各地刻本颇多。据初步考察，康熙二十六年（1687）以后，三原李彦瑁重刻于肇庆，上浣牛树梅利用《二曲集》刻工余资重刊于蜀中；嘉庆二十二年（1817），萧山汤金钊再刻于江苏；道光十一年（1831），广信知府韩铭德再校刻于江西；1923年上海扫叶山房、1936年西京克兴印书馆连连石印发行于上海、陕西。该书之所以如此倡行，盖因其内容宗旨符合当世政治需要，正像王心敬在该书《识言》中所云：

> 《四书反身录》者，录二曲先生教人读《四书》反身实践之语也。先生尝谓："孔、曾、思、孟立言垂训以成《四书》，程、朱相继发明，表章《四书》，非徒令人口耳也，盖欲读者体诸身，见诸行，充之为天德，达之为王道，有体有用，有补于世也。国家颁《四书》于学宫，以之取士，非徒取其它也，原因文以征行，期得实体力践、德充道明、有体有用之彦有补于世也。……否则，诵读虽勤，阐发虽精，而入耳出口，假途以干进，无体无用，于世无补，夫岂圣贤立言之初心、国家期望之本意耶？"（卷二《四书反身录序》）

《二曲集》，亦为门人王心敬所编，计二十六卷。每卷分标篇目，卷一《悔过自新说》，卷二《学髓》，卷三《常州府武进县两庠汇语》，卷四

《靖江语要》，卷五《锡山语要》，卷六《传心录》，卷七《体用全学》，卷八《读书次第》，卷九《东行述》，卷十《南行述》，卷十一《东林书院会语》，卷十二《匡时要务》，卷十三《关中书院会约》，卷十四《鳌峰答问》，卷十五《富平答问》，卷十六至十八《书》，卷十九《题跋》《杂著》，卷二十《传》，卷二十一《墓志》《行略》《墓碣》《赞》，卷二十二《观感录》，卷二十三《襄城记异》，卷二十四《义林记》，卷二十五《李氏家传》，卷二十六《贤母祠记》。该集自卷二十三至卷二十六共四卷，皆为李颙门人襄城刘宗泗、富平惠灵嗣分别汇辑的李颙家史，而非李颙的著述，但足见李颙"一门忠贞道德，先后辐萃，世济厥美，抑又可以风世励俗"（附录四，王心敬《新刻二曲先生集序》），所以王心敬将它们与前二十二卷一并汇辑成册。但所有这二十六卷，除其中《悔过自新说》《观感录》《关中书院会约》三种为李颙自著外，其余皆门弟子所辑，本各自为书，早以单本刊行，故于各卷前录原序，以保留本相。

王心敬在《小引》中叙述他的编辑意图与缘由时说：

> 先生平日讲学明道之言，散见于同、蒲、富平、江左、山右，板行者各自为种，睹彼遗此，未窥全貌。小子暨二三同志，每思汇辑合刻，顾卷帙浩繁，为费不赀，兹谬不自度，除《悔过自新说》《观感录》《关中书院会约》三种，乃先生手笔，《学髓》系先生传心要典，不敢妄有芟减；其余学人所录先生答问之语，仅撮其要，同书牍、杂著勒为斯集，庶观者无望洋之叹，而先生言论风旨之概具是矣。

王心敬看到李颙之书，"南北虽传布已久，而小种零碎，读者每以不获快睹大观为憾"，于是汇集散稿，编定成集。康熙三十年（1691）秋，司寇郑重及其门人陕西学宪高嵩侣"慨然以兴起绝学为己任，捐俸合刻"，工始于这年仲冬，竣于三十二年季秋。这就是《二曲集》的原刻本。康熙四十四年（1705）即李颙去世之年，盩厔县程正堂重刊此本时，在卷二十六之后增入了李颙康熙十七年（1678）、二十二年（1683）所辑撰的《司牧宝鉴》和《里室录感》，还在集末增加了由门人惠靇嗣等人编纂的《历年纪略》和《潜确录》。这是介绍李颙生平事略的文字，但这四种均未分卷编次。

光绪三年（1877），石泉彭懋谦首次将《二曲集》与《四书反身录》合集重刊，扉页题曰"关中李二曲先生全集"，集名则简称为《二曲集》。这个版本，在原本二十六卷之后，将盩厔程正堂本增入的《垩室录感》编为卷二十七，《司牧宝鉴》编为卷二十八，《历年纪略》编为卷四十五，《潜确录》编为卷四十六。并对《四书反身录》的分卷做了细致处理，将原八卷改为十六卷，放在卷二十八至四十五之间，共计四十六卷，是一个比较完善的本子。1930年，静海闻朴庭任陕西农矿厅长时，将此本交北京天华馆石印再版，以广其传。光绪九年（1883），新郑刘大来由石泉移宰盩厔时，曾将《二曲集》与《四书反身录》以李颙手著及口授者列为"正编"，弟子记述事迹者列为"外编"，重新编次付梓。但此本错舛太多，流布不广。

因此，前几年我对该书所做的点校整理，即以康熙四十四年盩厔县程正堂重刊的《二曲集》原刻本和光绪三年石泉彭懋谦合集本（简称石泉彭氏本）中的《四书反身录》为底本，并以石泉彭氏本为主要校本，同时参校了北京天华馆石印本（简称静海闻氏本）、上海扫叶山房石印本、西京克兴印书馆石印本，以及光绪九年新郑刘大来新编本（简称新郑刘氏本）。该书体例，基本依石泉彭氏本编次。其有关序文、志传，以及吴怀清《关中三李年谱》中的《二曲先生年谱》和佚文，记载李颙的生平活动及撰著，甚为翔实，特一并辑录于后，以供参考。我相信这一定有助于人们深入研究李颙思想，从中看到关学和整个宋明理学流变之趋向。这便是我费尽心力整理点校《二曲集》的真正用意。

1988年夏稿于陕西师大6楼家。
原载《河北师院学报》1989年第1期。

关学研究与古籍整理

——写在《二曲集》出版之后

李颙，世称"二曲先生"，他的《二曲集》（附录有"佚文""志传""年谱"等有关资料），由中华书局列入"理学丛书"，已于1996年3月出版。随后于9月初，在二曲故乡西安市周至县举行的"李二曲与清初思想学术讨论会"上，有幸同各地学者及乡亲们见面，受到欢迎。10月中，我指导过的德国慕尼黑大学博士毕业生施云德（Renate Soeden）专程来中国，商定出版她的博士论文《冯从吾的伦理哲学》。她到北京后，通话告诉我的第一句话就是："我在中华书局门市部买到了《二曲集》，它对修订我的论文太重要了！"这些信息，对于花费数年心血点校整理该书的笔者来说，无疑是最好的安慰和鼓励。在卷首前言中，我就该书的版本流传、编校情况及李二曲的思想发展与理学特点诸问题，已做过简要说明。①现在，看到这本还散发着油墨清香的新书，最勾起我回顾的还是我如何从关学及宋明理学的研究转向理学典籍整理的问题。据说，这也是学界不少关心我的朋友们很想知道的一段学术经历。

按说我从事的专业一直是"中国哲学史"和"中国古代思想史"，无论过去近三十年在陕西师大政教系、历史系读书任教，还是近十年在浙江大学中

---

① 参看前篇《李颙其人其学与其书》。

国思想文化研究所与哲学系教学研究，我多半是为历史学专业的学生开设"中国古代思想史"课，而又主要指导哲学专业的研究生攻读"中国哲学史"。但近十多年来，我却为古籍整理工作投入了大量的精力，几乎占用了教课之余的全部时间，先后完成了《关学编》《蓝田吕氏遗著辑校》《二曲集》《关中三李年谱》《朱子文集》共五部。前三部均列入"理学丛书"，已由中华书局出版；后二部列入"允晨丛刊"和"德富古籍丛刊"，已由台北允晨文化出版公司出版。这近五百万的校理文字，虽可告慰那些一直关心着我的学界友人，让他们大体知悉我"十年沉寂难会面"的缘由，但人们仍然不明白我做学术研究多年，并在海内外连续发表论文和专著，取得了可喜的成绩，为何转向古籍整理，而且是当作"正业"，力求全身心地进入"角色"呢？这还得从"文革"后我如何开启关学研究说起。

十年"文革"中，我因祸得"福"，苦中寻乐，比较系统地读了一点史书和关中人文典籍。喜逢1978年全国上下拨乱反正，中国哲学史、思想史研究也逐渐从多年来奉若绝对"原则"的"路线斗争"理论框架中解放出来，开始进入"百家争鸣"的独立研究的新时代。我自然选择了关学研究方向，我对关学虔诚执着的探索行动，得到了学校老书记李绵、室主任成一丰和一些师友的支持，陕西师范大学在历史系专为我设置了"关学研究室"，《陕西师大学报》特开辟了《关学研究》专栏。1981年10月中旬，在杭州召开了"全国宋明理学讨论会"，这是新中国成立以来首次邀请美国、德国、加拿大、日本等国知名学者（如陈荣捷、狄百瑞等）参加的学术盛会，我提交了论文《关学源流辨析》，这也是我研究关学的第一篇文字。我有幸"以文会友"，同国内外学者交流，并在会议闭幕大会上宣讲了我如何抛弃"对子"结构的研究思路，坚持"历史与逻辑相统一"的原则，得到与会学界前辈、师友的认同。

1985年夏，我应邀赴美国纽约州立大学参加"第四届国际中国哲学会"。我集结五年关学研究的成果，向大会提交了专著《张载关学导论》，这是我参与创办、刚刚成立的陕西师范大学出版社印发的内部试行本。万万预料不到的是，国外学者对这种"区域文化"的专题研究竟倍加赞赏，比对一般"通论""通史"性研究更有兴趣。记得当时大会主席、华盛顿天主教大学的轲文雄（Antonio S. Cua）教授特别索要一本送美国国会图书馆收藏，这促使我于会后尽快做了修订，于1986年4月，由人民出版社以《张载哲学思想及关学学派》为书名正式出版。随后，台湾学生书局以《张载哲学与关学学派》为题，列入《中国哲学丛刊》第26册，相继又出版了增订本。张岱年、张恒寿二老前辈还为该书作序写评，称它是"近年中国哲学史研究的又一丰硕成果"①，是"一部创见叠出的理学史专著"②。这无疑是对我等后学的殷切厚望和勉励，我当然要感谢他们，也要感谢所有关怀支持我的友朋知旧对我这一研究工作的同情、理解与肯定。

但是，更使我由衷感谢的还是常对我的论著有批评诘难的几位学者。他们依据侯外老《中国思想通史》中"北宋亡后，关学就渐归衰熄"的论断，先是在1983年1月于西安召开的关学讨论会上，非常尖锐地批评我论著中关于"关学是宋明理学思潮中由张载创立的一个重要独立学派，是宋元明清时期今陕西关中的理学"的定义。他们断言："关学"只存在于北宋时期。张载死后，这一学派就逐步泯灭。如果说北宋以后有所谓"关学"，那只是正宗理学在关中的发展。北宋以后，在整个理学思潮中，并没有一个相对独立的"关学"学派的存在。③作为会议主持人，我当时没有做任何反驳。因为，我非常珍惜拨乱反正带来的这个学术的春天，完全能理解"唯心—唯物""理学—反理学"的对子公式④还不同程度地束缚着研究工作者的思维。我也很自信我对关学的性质、对象、范围的界定是符合史实的，宋代吕公著、杨时、吕大临、朱熹等所谓的"张载之学"或"横渠之学"，无疑是关学之初义；而明清学者冯从吾、刘宗周、黄宗羲、顾炎武、全祖望等不仅称张载，亦称张载以后的关中吕柟、冯从吾、李二曲诸理学家为"关学"或"关中之学"，无疑此乃关学又一应有之义。合而言之，关学者，实涵地属关中、时系宋明、学为道学或理学之

---

① 拙著《张载哲学思想及关学学派》，人民出版社，1986年，张岱年序第2页。
② 张恒寿、马涛：《一部创见叠出的理学史专著——读〈张载哲学思想及关学学派〉》，载《中国哲学史研究》1989年第2期。
③ 董健桥：《"关学"讨论综述》，载《国内哲学动态》1983年第5期。
④ 丁冠之、傅云龙：《全国宋明理学研讨会综述》，载《光明日报》1981年12月19日第3版。

意，即宋元明清时期关中之理学也。尽管，张载关学的传衍错综复杂，但这一主旨，几乎已成为国内外学者的共识，所以我觉得无须辩解。

然而，接着一部巨著《宋明理学史》下卷于1987年6月正式出版，这是列入国家"六五"计划期间历史学科的"重点项目"，是一部在国内外很有影响的、被认为很有学术价值的集体成果，其主编与作者，也是我至今非常敬重的前辈专家学者。在该书第一编第五章"薛瑄的学传——'关中之学'"一节中，我关于"关学不只是一个张载思想，它同理学思潮相关联，共始终，也有一个相对独立的发展史"的观点①，再一次受到更为严肃的批评。作者再次断言：明代关学集大成者吕柟"其源出自山西人薛瑄"，"并非是上承张载"，张载到二曲不存在"一个'正反合'的递传关系"。②诚然，关学如何传衍，其传衍是否有如我论著中所说的"张载—吕柟、冯从吾—李颙的演进"过程，见仁见智，可各抒己见，不必一定要求"你服从我"，或"我服从你"；吕柟师承薛氏，本并非没有异议③，但关学于"北宋亡后"仍有传续，这已是事实。该书作者为了坚守张载之后关学无传衍的论断，引用史料为证，但短短两三页中竟至少出现三处失实和纰漏。

首先，不该改换"关学"一词。《明儒学案·师说》中有两段论述明代关学，一段在《周小泉蕙》一节，云：

是时关中之学，皆自河东派来，而一变至道。④

一段在《吕泾野柟》一节，云：

---

① 参看拙著《关学源流辨析》，见《中国哲学》第九辑，生活·读书·新知三联书店，1983年，第191—194页；《张载哲学思想及关学学派》，人民出版社，1986年，第1—4页。

② 侯外庐、邱汉生、张启之主编：《宋明理学史》下卷，人民出版社，1987年，第135页。

③ 参看拙著《张载关学的历史重构》（中华书局，2020年）第六章第二节"确立'接着张程讲'的致思方向"中的辨析。吕柟自称"白沙（陈献章）狂而未足，文清（薛瑄）狷而有余"，"二子之道，某未之能习也"就是明证。

④《明儒学案》上册，中华书局，2008年，第4页。

关学世有渊源，皆以躬行礼教为本，而泾野先生实集其大成。①

很显然，前一段的"关中之学"，明明指几乎整个明朝一代的关学而言；后一段的"关学"，明明是专就吕柟而言，肯定吕柟是"关学实集其大成"者。《宋明理学史》中的这一节，明明主要是为吕柟立说的，作者却有意将这两段加以换位拼凑，不用"关学"一词，而称：

吕柟是"关中之学"的"集大成者"（《明儒学案·师说》）和代表人物；……"关中之学"的代表人物吕柟……

吕柟作为"关中之学"的集大成者，……总之，以吕柟为代表的"关中之学"……必须指出，以吕柟为代表的"关中之学"……②

其实，只要再看看《明儒学案》卷九《三原学案》开卷所云"关学大概宗薛氏，三原又其别派也。其门下多以气节著，风土之厚，而又加之学问者也"③，便可得知，这一段同《师说·周小泉蕙》那一段的意蕴相通，都是讲明代关学的师承与变革，其"关中之学"，亦即"关学"，二词内涵并没有什么不同。而《宋明理学史》作者称述吕柟一节，却有意将《明儒学案》中"关学世有渊源"而吕柟"实集其大成"一段的"关学"，一律改换为"关中之学"，显然是认为"关中之学"有别于"关学"。既然"宋亡后，关学就渐归衰熄"，明代当然无"关学"的传续，那吕柟便不能冠以"关学"头衔而冯从吾也不是"关学"，只能从明代关学中排除掉；至于明末清初土生土长在关中的李二曲，连"关中之学"也不能冠，只能说是"理学家"而"讲学关中"了。④如此这般，固然维护了一家之言，却多少改变了史料真实，不能算"持

---

① 《明儒学案》上册，中华书局，2008年，第11页。
② 侯外庐、邱汉生、张启之主编：《宋明理学史》下卷，人民出版社，1987年，第131、134页。
③ 《明儒学案》上册，中华书局，2008年，第158页。
④ 侯外庐、邱汉生、张启之主编：《宋明理学史》下卷第二十九章"李颙的反身悔过之学"，人民出版社，1987年，第823—853页。

之有故",让人完全信服。

其次,明万历年间的关中冯从吾,不可能给清顺康年间的关中李二曲立"关学"传。为了进一步确立"明清无关学传续"的论断,《宋明理学史》作者在吕柟一节最后一段,特别评论到"明清时期的一些学者对'关中之学'资料的搜集和整理"问题,其一曰:

> 如万历年间关中人冯从吾,把吕柟与宋代张载、李颙(二曲)的资料汇辑为《关学编》,统称为"关学"。……所谓"关学"的始作俑者冯从吾,他所汇编的《关学编》,原不过是地志的性质,一如《金华丛书》、《江西丛书》、《岳麓丛书》之类。①

《关学编》究竟有无理学价值,诚然可再商量,评价或高或低,均无多大关系,但绝不能说它属"地志性质"之类。只要看看成书于《关学编》前后的《闽南道学源流》(十六卷,明嘉靖甲子年建安杨应诏撰刻)、《道南一脉》(二十二卷,明同安黄文炤撰刻)、《浙学宗传》(不分卷,明崇祯戊寅年晋江刘鳞长撰刻)、《闽学宗传》(不分卷,明崇祯丁丑年晋江刘廷焜撰刻)等,就会明白,《关学编》是孙奇逢《理学宗传》、黄宗羲《明儒学案》之前,稍迟于周汝登《圣学宗传》(明万历乙巳年成书),而同这类浙、闽《宗传》一样,属地方理学史传性质。它不是以后的《陕西通志》《关中丛书》,怎能同《金华丛书》《江西丛书》《岳麓丛书》之类比附呢?

我更不知作者看到的《关学编》是什么版本,但无论什么版本(包括不易见到的明万历壬子年初刻的《冯少墟集》本),据我所见,只要是冯从吾所撰,编中均实断自宋横渠张载始,而迄于明秦关王之士止,没有哪个版本迄于"清初李颙"止的。因为,前朝人无法给后朝人"汇编资料",这已是尽人皆知的常识。

再次,《关学编》续编,非由李元春一人增订。《宋明理学史》作者又曰:

---

① 侯外庐、邱汉生、张启之主编:《宋明理学史》下卷,人民出版社,1987年,第135页。

其后，清代李元春又进一步增订《关学编》。接着，张骥又据此作《关学宗传》。经过这些人的搜集和论说，吕柟成了上承张载、下开李颙的这样一个承前启后的学者。……而李元春、张骥却从中牵率为承前启后的"宗传"关系，真可谓是好是者为之，殆无意义。①

不错，诚然清末民初张骥编辑的《关学宗传》无多大学术价值，我早在《关学源流辨析》中也说过：明清学者"对于关学资料的搜集整理"，"始终不能越出儒学'道统史'的旧辙"；②然而问题是，明清间所有《冯少墟集》本或《冯恭定先生全书》本中的《关学编》且不用说，而清代各类单刻本的《关学编》，几乎都注明是由刘得炯、王心敬、李元春、贺瑞麟等先后递补的，并非由李元春一人"进一步增订"；即使是道光庚寅（1830）由朝邑蒙天麻阴堂、三原刘传经堂分别重刻、书签卷首写明李元春的《增订关学编》，但翻卷可见，李元春也只增补了自宋游师雄到清王巡泰共计姓字二十一人，而重要的关中理学家如冯从吾、李二曲等，乃由李二曲门下高足王心敬续补③，况且王心敬、李元春、贺瑞麟等，都是一些治学严谨的关中学者。这怎能说从张载到李二曲，是李元春"从中牵率为承前启后的'宗传'关系"呢？

以上所举三处失误，连同引用《明儒学案·师说》时，将是时关中之学"皆自河东派来"改为"皆自河东来"④，这对一部巨著来说，无疑是"小疵"，瑕不掩瑜，无损于它的价值与影响。然而，正因为它那时在我心目中占有崇高的地位，诸位主编、作者又一直为我所敬仰爱戴，因此，这点"小疵"便深深地刺痛了我"文革"后刚刚焕发出的学术良心。无论在当时还是以后，也可以说直至今日，我所思考的都不是该做什么"答辩"，而是如何能让《关学编》《冯少墟集》《二曲集》，以及至今还流落在海外的那些明代地方理学

---

① 侯外庐、邱汉生、张启之主编：《宋明理学史》下卷，人民出版社，1987年，第135页。

② 参看拙著《张载哲学思想及关学学派》，人民出版社，1986年，第2—3页。

③ 参看冯从吾：《关学编》，中华书局，1987年，第65—96页。

④ 侯外庐、邱汉生、张启之主编：《宋明理学史》下卷，人民出版社，1987年，第135页。

"宗传"类的珍本，尽快点校整理出版，先使学人能读到该读的书，才能谈及学术研究，自然也就会避免上述那些不该出现的失误。正是从这个意义上，我才非常感慨地对"关学研究室"里我的同事与研究生说：古籍整理要比编写几本专著更重要，只有投身于古籍整理工作，才能真正使"学术以天下为公器"。看不到古籍，何谈学术？适逢中华书局哲学室熊国祯主任组织落实"理学丛书"的点校任务，我便自告奋勇地承担了关学典籍的校理、辑佚工作。1987年9月，中华书局将《关学编（附续编）》列入"理学丛书"出版，由此我便成了这个神圣学术舞台中的"票友"，立志在有生之年努力学习，再校理出几部好书。关学研究，确实需要做古籍整理。这就是我点校整理关学古籍之缘起。

最后，还必须特别一提的是，近十多年的关学古籍整理工作，也大大推进了我关学研究的深度。因为，这实际是再细致不过的读书过程，我从中触及宋明理学研究普遍存在的难点，比如宋明两朝一直争论的"道统"，其实是一个如何正确看待理学家的师承与学承问题。人们知道，宋明理学家无不推崇韩愈模袭佛教禅宗而首倡的"道统"说，竞相争夺谁是真正得"道"的儒家正学正宗，谁是见"道"不纯的儒家旁门别出。陈垣先生早就说过：

> 《景德录》为禅宗史最初之一部。自灯录盛行，影响及于儒家，朱子之《伊洛渊源录》、黄梨洲之《明儒学案》、万季野之《儒林宗派》等，皆仿此体而作也。灯录谓释迦牟尼以前为七佛，犹儒家谓孔子以前，有尧、舜、禹、汤、文、武、周公也。[1]

难怪《明儒学案》称："关学大概宗薛氏，三原又其别派也。"如果吕柟师承河东薛氏，自然当为正宗，而三原马理（溪田）虽同吕柟为"交相切劘"的学友，但因无师承传授关系，只能同王恕（石渠）及其子王承裕（平川）、韩邦奇（苑洛）等"三原之学"一并列为旁门"别派"了。显然，"道之所

---

[1] 陈垣：《中国佛教史籍概论》卷四《景德传灯录》三十卷，中华书局，1962年，第92—93页。

存，师之存也"，"师者，传道授业解惑也"，（《师说》）在理学家眼里，"道统"像禅宗一样，是以师承传授为前提的。可惜，孟轲之死，儒家正宗千余年"不得其传焉"，直至"北宋五子"以降的整个宋明理学，实际也不存在一个像禅宗那种一线单传、代代不绝的"道统"宗传。所以，全祖望《宋元儒学案序录》所说的北宋亡后，关学、洛学"百年不闻学统"，其实就是指关学百年中断了师承传授谱系而言。①

可是，一个不容忽略的史实是，"横渠之学，是苦心得之"（朱熹），张载没有师承；李二曲"坚苦力学"，也是"无师而成"（顾炎武）。他们固然无师承，但绝不等于无学承。张载"少孤自立，无所不学"，曾累年尽究"释老之书"，而后反"求之《六经》"，"一变至道"，成为以"气"为本、以礼立教的关学实际奠基者和开创者，同以"理"为本的程朱、以"心"为本的陆王，并列为宋明理学的"正宗"。张载死后，他的"气本"思想为宋代关中李复，明清关中韩邦奇、河南王廷相、湖南王夫之等人继承发扬；而他"以躬行礼教为本"的思想，则一直为宋元明清七百年间关中的吕大临、吕柟、马理、冯从吾和李二曲代代相承。从《二曲集》中可以清楚地看出，李二曲虽对关中以外的程朱陆王各派思想兼容并蓄，但他最推崇的还是关中理学家张载、吕柟、冯从吾。他认为："横渠之后，诸儒著述，惟吕泾野、冯少墟足以继响"，而"惟《冯少墟集》为最醇"，可"与薛文清《读书录》相表里"，其"词无枝叶，语不旁涉，精确痛快，豁人心目"。倘若要向朝廷进呈关中理学书，除张子书外，自然当推"吕冯二集"了。但他又认为"理学、经济，原相表里，进呈理学书而不进呈经济之书，则有体无用"，并非他所主张的"明体适用"之学也。②如果说，他因特别服膺出于甘泉门下的冯从吾，而使他的"明体"学倾向王阳明，那么，他突出强调"经济"的"适用"学，无疑是对张载"礼教"、吕柟"实学"这一关学传统学风的发展。

由此可见，在关学及整个宋明理学的传衍中，每个理学家的学承，实际

---

① 拙著《张载关学的历史重构》第十二章第四节"关学'学统'与关学精神"，对此有进一步的辨析和论证。

② 参看《二曲集》，陈俊民点校，中华书局，1996年，第156、176页。

要比其师承更重要。我们在研究这一复杂的学术思想流变时，如果不注重细致分析其学承变化，而只按一些"学案""宗传"中的师承谱系找寻"正宗"传人，那只能重蹈"道统史"的窠臼。当然，每个理学家的学承也不是单一的，更不是简单的组合。用现代通行的新说法，应是在本土传统思想基础上，对所吸收的一切外来思想的"整合"，亦即"创造性转化"。关学正以其"风土厚""气节著"之地域文化为背景，逐渐形成了自张载至李二曲，代代学承不宗主一家，不各立门户，多能吸收会通各家之长，而不断丰富充实"以躬行礼教为本"的关学特点。这便是我从校理《二曲集》、辑校《蓝田吕氏遗著》中获得的启迪。知我罪我，企盼正之。

1997年1月稿于浙江大学求是村家。

原载《书品》1997年第1期，中华书局。

"道学""政术"之间

——论宋代道学之原型及其真精神

一、道学原型

（一）"宋代学术之复兴"

从中国古代社会的经济、政治和文化发展总过程来看，比较汉唐宋明先后不同之政风习尚：如果说，汉唐之盛在于武功，那么宋代之兴则由于文治；而宋"以儒立国"①，尤崇道学（新儒学），自胜于唐，明则尚吏治，而学人却淡泊仕进，无意科第，政风难同宋代比拟。所以，史学家陈寅恪早就断言："华夏民族之文化，历数千载之演进，造极于赵宋之世。后渐衰微，终必复振。""将来所止之境"，必将是"宋代学术之复兴，或新宋学之建立是已"。②

显然，陈寅恪所预料的"宋代学术之复兴"，绝非近多年几乎成为显学的所谓"儒学的第三期发展"，"新宋学"也绝不等同于"当代新儒学"。③但自20世纪80年代迄今，在世界中华文化地域出现的"儒家文化热"，无论研

---

① 陈亮《上孝宗皇帝第三书》云："艺祖皇帝用天下之士人以易武臣之任事者，而五代之乱不崇朝而定。故本朝以儒立国，而儒道之振独优于前代。"见《陈亮集增订本》上册，中华书局，1987年，第14页。

② 陈寅恪：《邓广铭宋史职官志考证序》，见《金明馆丛稿二编》，上海古籍出版社，1980年，第245页。

③ 参看本书上编《道学与宋学、新儒学、新理学通论》。

究者的种种议论是否能得出合理的结论，也不管诸如"内圣"一心如何能开出"民主"与"科学"这二门一类问题，如何陷入经院哲学论证之困惑，其总体研究取向，却始终集中在对传统儒家思想进行现代阐释，探索宋代道学经过创造性诠释和转换，如何为促进21世纪人类文明发展继续提供哲学资源这一大关节上。毫无疑问，这对中国传统哲学走向现代化有着不可估量的积极意义。

尤其值得注意的是，在后现代史学的挑战下，西方研究宋明理学的思想史家率先以创新的研究成果做出了积极的学术回应。1992年，田浩（Hoyt Cleveland Tillman）发表了他在导师余英时指导下完成的博士论文《儒家论说与朱熹地位之提升》（"Confucian Discourse and Chu Hsi's Ascendancy"），后用中文改写并扩充为《朱熹的思维世界》，于1996年在台湾出版；[①]1999年，余英时为我点校整理的《朱子文集》撰写引言，后发展成一部即将面世的学术专著，名曰《朱熹的历史世界——宋代士大夫政治文化的研究》，其思想要点，已提示于台湾出版的《朱子文集》序文中，立即引起了哲学界的反响。[②]新千年初，又得知沈清松（加拿大多伦多大学中国思想与文化讲座教授）新作《感谢他者与建构体系——纪念朱熹辞世八百周年》直接用后现代思潮中最重要的"他者"观念，重新解读《朱子文集》中感谢君臣、师友这类"重要他者"的文字，以及"他者"在其心性论、格物致知论、理气论与成德工夫方面的地位，并以朱熹建构体系的负责态度和认真精神来回敬和济补后现代思潮的轻佻。[③]这些论著，无论是声称以后现代理念为架构，还是明言运用

---

① 参看Hoyt Cleveland Tillman, "Confucian Discourse and Chu Hsi's Ascendancy" (Honolulu: University of Hawaii Press, 1992)；田浩：《朱熹的思维世界》，台北允晨文化出版公司，1996年。

② 田著已有刘述先撰写的《田浩〈儒家论说与朱熹地位之提升〉评介》，见《中国文哲研究通讯》第8卷第3期，台湾"中央研究院"中国文哲研究所，1998年。余序可见《朱子文集》第一册，陈俊民校订，台湾德富文教基金会，2000年，第13—27页。在2000年两岸举行的有关纪念朱熹逝世八百周年国际学术讨论会上，该书及余序受到好评，本文亦受启迪而为作，谨此谢忱。

③ 参看沈清松：《展望宋明儒学研究的几点浅见》，载《鹅湖》（台北）2001年第308期，第14—16页；《感谢他者与建构体系——纪念朱熹辞世八百周年》，载《哲学与文化》（台北）2001年第322期，第193—205页。

孟子"知人论世"之名言①为"惟一指导原则"②，给我最深刻的认同还是，只有整体重构宋代道学之原型，才能对它的意蕴做出合情合理的现代诠释，才可以进行"创造性的转换"。

（二）"道学原型"之追求

南宋著名史学家李心传以程朱"褒赠、谪居、荐举、弹劾"之有关文献为线索，精心考辨"百四十年之间，道学废兴之故"，以明"天下安危、国家隆替之所关系者"，于理宗嘉熙三年（1239）撰辑为《道命录》一书。实开"道学命运"研究之先河，亦首次显示出道学群体之原型，只可惜并未引起后世研究者足够的重视。

那么，究竟什么是道学之原型？有没有一个"道学原型"？肯定地说，每一位研究者心目中都有一个自认为符合史实的"道学原型"。尽管人人明白，赵宋之世已过去近千年，再也不会复返，但谁也不会对"道学原型"仍存留在传世的宋代史料之中有所怀疑，自信只要严格按照以往行之有效的传统方法和现代—后现代诸如"整体重构"或"话语分析"的研究程序去探索，总会不断接近历史上的这个原型。当然，由于每一位研究者所处之时代背景、所受之史学哲学训练各不相同，所习用的理论方法及其学养功力、治学态度亦有差别，即是运用完全相同的传世史料，重构出来的"道学原型"也必然不尽相同。可以说，没有任何一个"道学原型"可以成为赵宋之世道学之最后定本。大概正因为如此，争取最后的定本，便自然成为每一位以学术为志业的学人穷年皓首、孜孜以求的学术动力。

诚然，争取"道学原型"的最后定本永远是诱人的美好理想，而寻求这一原型所固有的真精神，则是本文企求实现的良好愿望。记得1998年春，我在为宁新昌《本体与境界——论新儒学的精神》一书撰写的序文中曾表示，

---

① 《孟子·万章下》云："以友天下之善士为未足，又尚论古之人。颂其诗，读其书，不知其人可乎？是以论其世也。是尚友也。"见朱熹：《四书章句集注》，中华书局，1983年，第324页。

② 《朱子文集》第一册，陈俊民校订，台湾德富文教基金会，2000年，第13页。

近二十年来，中西方学者沿用冯友兰英文本《中国哲学史》中的"新儒学"（Neo-Confucianism）一词，不仅指称宋代道学，而且泛指整个七百年间的宋明理学，甚至清代"汉宋之争"中的"宋学"和民初以来的儒学研究（所谓"当代新儒学"），的确已泛而失当，我很赞同田著用"道学"而不用"新儒学"。1999年春夏，我又以"道学与宋学、新儒学、新理学通论"为题，应邀为德国哥廷根大学有关专业研究生开学术讲座，进一步申述了陈寅恪在英文"新儒学"（Neo-Confucianism）出现之前，为冯著写《审查报告》（1932）时用"新儒学""新儒家"给以朱熹为代表的宋代道学重新定位的学术思想史意义。[①]其用心只是为了给宋明理学（或新儒学）确立"道学原型"，强调戴震笔下的朱学不同于王阳明眼中的朱学，王、戴批判继承的朱学更不是南宋的朱学，绝不可有意或无意地以后代对朱子思想的发挥来代替朱学本身。

要言之，以濂、关、洛、闽"五星聚奎"[②]为主轴的道学群体，以及由五子先后共同建构的道学体系，就是宋代道学之原型，亦即整个宋明理学（新儒学）之原型。朱熹无疑是这一原型之"典范"[③]。

当然，这丝毫无意排除对当世和后世有巨大影响的诸如二陆心学、陈（亮）叶（适）事功学等其他道学学派的存在，更不否认作为中国哲学的道学典范在其形成与发展过程中，同"因史明道"的温公朔学（史学）、"因文进道"的三苏蜀学（文学）、以文献寓道的吕祖谦浙学（文献学），尤其是以经世明道的宋代主流意识荆公新学（政治哲学）之间相互影响和相互促进的学术

---

① 详见宁新昌：《本体与境界——论新儒学的精神》序二，陕西人民出版社，1999年。

② 朱熹在《江州重建濂溪先生书堂记》中最早使用"五星聚奎"一语，叙述"道统"自周衰孟没，历秦汉晋唐，"以至于我有宋，圣祖受命，五星聚奎，实开文明之运"的盛况。见《朱子文集》第八册，陈俊民校订，台湾德富文教基金会，2000年，第3899页。明代黄宗羲在《蕺山学案》末进一步发挥说："识者谓五星聚奎，濂、洛、关、闽出焉；五星聚室，阳明子说昌；五星聚张，子刘子之道通，岂非天哉！岂非天哉！"旨在为其师刘宗周继承道统张目。见《明儒学案》卷六二，中华书局，2008年，第1514—1515页。

③ 1962年库恩（Thomas Kuhn）发表"典范"（Paradigm）论，说明科学发展的阶段性及科学革命发生的必然性，向当时由逻辑实证论主导的所谓"科学统一"主流思想提出了挑战，曾引起科学哲学界的巨大震动。本文借助这一词义，说明集宋代道学之大成的朱学实具有"道学原型"之典范意义。

关系。我们仅仅只是需要暂改换一下视觉，借用当今世界上方兴未艾的普世伦理学"异中求同"的方法去观察，便会从这些多元复杂的学派及其关系中，从这些哲学家、文学家、史学家、文献学家、政治学家及通过宗学、太学教养的皇帝大臣们诸多不同的话语辞令中，简择出至少一条共同的为学为人之大纲，即体用兼备，经世明道。正如朱熹所说：

> 秦汉以来，道不明于天下，而士不知所以学。言天者，遗人而无用；语人者，不及天而无本；专下学者，不知上达，而滞于形器；必上达者，不务下学，而溺于空虚。优于治己者，或不足以及人；而随世以就功名者，又未必自其本而推之也。夫如是，是以天理不明而人欲炽，道学不传而异端起，人挟其私智以驰骛于一世者，不至于老死则不止，而终亦莫悟其非也。①

> 夫道之体用，盈于天地之间，古先圣人既深得之，而虑后世之不能以达此，于是立言垂教，自本至末，所以提撕诲饬于后人者，无所不备。学者正当熟读其书，精求其义，考之吾心，以求其实，参之事物，以验其归。则日用之间，讽诵恩存，应务接物，无一事之不切于己矣。②

显而易见，体用兼备，经世明道，不仅是朱熹本人及濂、关、洛诸子为拯救汉唐三教"天人二本""体用殊绝"之失，共建儒学新典范（道学原型）所预设的理论目标，也是有宋一代士大夫知识群体"应务接物""出处进退"的行为准则。它实际涉及学术与政治两大方面，道学家置身其间，为了不单在道学自身，而且在朝廷（国家）实现两方面体用的完善统一，必然引起两者关系

---

① 《韶州州学濂溪先生祠记》，见《朱子文集》第八册，陈俊民校订，台湾德富文教基金会，2000年，第3932页。
② 《答许生（中应）》，见《朱子文集》第六册，陈俊民校订，台湾德富文教基金会，2000年，第2937—2938页。

的紧张与冲突，甚至发生了儒学史上绝无仅有的元祐、庆元两次"道难"，从而决定了两宋道学兴废之命运，以及"两宋治乱存亡之所关"①，也表现出两宋道学之真精神。

二、学政不二

（一）"学政不二"的"帝王之道"

在宋代道学诸子中，张载确实是一位"勇于造道"、敢于创新的哲学家。他不仅在哲学上明确提出了"体用不二"的方法论原则，而且从政治上论证了"学政不二"的"帝王之道"（内圣外王之学）。他在《答范巽之书》中说：

> 朝廷以道学、政术为二事，此正自古之可忧者。巽之谓孔孟可作，将推其所得而施诸天下邪？将以其所不为而强施之于天下欤？大都君相以父母天下为王道，不能推父母之心于百姓，谓之王道乎？所谓父母之心，非徒见于言，必须视四海之民如己之子。设使四海之内皆为己之子，则讲治之术，必不为秦汉之少恩，必不为五伯之假名。巽之为朝廷言，人不足与适，政不足与间，能使吾君爱天下之人如赤子，则治德必日新，人之进者必良士，帝王之道不必改途而成，学与政不殊心而得矣。②

范育（巽之）和吕大临、苏昞同列张载门下，可谓"横渠三公"，但除吕大临外，范、苏却未见著作传世。清代史学家全祖望早就为南渡后"洛中弟子虽下

---

① 全祖望《元祐党案序录》云："元祐之学，二蔡、二惇禁之，中兴而丰国赵公弛之。和议起，秦桧又禁之，绍兴之末又弛之。郑丙、陈贾忌晦翁，又启之，而一变为庆元之锢籍矣。此两宋治乱存亡之所关。嘉定而后，阳崇之而阴摧之，而儒术亦渐衰矣。"见黄宗羲原著，全祖望补修：《宋元学案》卷九六《元祐党案》，中华书局，1986年，第3153页。

② 《张载集》，中华书局，1978年，第349页。

中之才皆得见于著录，而张氏诸公泯然”而惋惜“三叹”。[①]后人大概只能从宋人著作中看到范育有关镇边的议论，而他究竟在什么背景下向张载提出了“朝廷以道学、政术为二事”？张载回答这个问题的旨趣又到底何在？我们不妨参照张载其他有关论述和后世有关传记资料，仅就张载这段答书的内容，略做分析如次。

张载（1020—1077）生当北宋真、仁、英、神四朝，“慨然有志三代之治”[②]。仁宗嘉祐二年（1057），同程颢、朱光庭、二苏、曾巩等同登进士第[③]，在《策问》中，“欲举三王教胄之法”，以“励朝廷政治”[④]。神宗熙宁二年（1069），应召入见，“上问治道，皆以渐复三代为对”[⑤]。范育生卒事迹不详，依据明代关学学者冯从吾于万历年间编撰刊布的《关学编》记载推断，范育为关中邠州三水人，于仁宗朝末，继张子后亦“举进士，为泾阳令”，以养亲归谒，从张载学；于神宗朝初，应召入京师，授崇文校书、监察御史里行，神宗特以“堲（陈按：堲同即，疾恶也）谗说殄行”五字[⑥]谕之曰“此朕任御史意也”，范育则“请用《大学》诚意、正心以治天下国家，因荐张载等数人”。熙宁三年（1070）四月，西夏始入侵环庆，受命离朝先后镇秦州、知熙州，至哲宗元祐年间（1086—1093）入为给事中，以户部侍郎仕终而卒。[⑦]由此可以推知，这篇答书，即写于范育在神宗朝初任御史里行年间（熙宁一二年），亦即张载被荐入见神宗之前。

再就这篇答书的内容看。前一段，朱门称《横渠“物怪神奸”书》，是张子开导范育诸公：只要对他平日教诲的“精气为物，游魂为变”的气化论“守之不失”，“则物怪不须辨，异端不必攻，不逾年，吾道胜矣”。此段张

① 全祖望在《吕范诸儒学案》中“谨案”云：“横渠弟子埒于洛中，而自吕、苏、范以外寥寥者。吕、苏、范皆以程氏而传，而南渡后少宗关学者，故洛中弟子虽下中之才皆得见于著录，而张氏诸公泯然，可为三叹！”见黄宗羲原著，全祖望补修：《宋元学案》卷三一，中华书局，1986年，第1116页。

② 冯从吾：《关学编》卷一《横渠张先生》，中华书局，1987年，第4页。

③ 参看欧阳修：《居士集》卷四八《策进士局》，《四库全书》本。

④《张载集》，中华书局，1978年，第356页。

⑤《张载集》，中华书局，1978年，第382页。

⑥《尚书·舜典》，见《十三经注疏》上册，中华书局，1983年，第132页。

⑦ 冯从吾：《关学编》卷一《巽之范先生》，中华书局，1987年，第13—14页。

载多次讲说，并有专论①，朱子也有阐释②，在此可以不论。这后一段，可谓《"学政不二"书》，朱、吕编入《近思录》卷八《治国平天下之道》中，往日少有议论，更无人追索张子所谓"巽之谓孔孟可作""巽之为朝廷言"这两层关纽其意趣归之何处。我想，只要把这段答书放在刚刚登上皇位的神宗"锐意为治"、信用王安石变法的历史背景下③，就可以看出，张载是针对范育请神宗"用《大学》诚意、正心以治天下国家"的谏言而发。前者申论孟子推行"保民而王"的王道实践，后者进而论述孟子"格君心之非"的"治德"理论。前者（西铭）已表述得"意极完备"，程门专以此开示学者，朱子又以"推亲亲之恩以示无我之公，因事亲之诚以明事天之实"两句（或化约为"事亲底道理便是事天底样子"一句），"说尽（西铭）之意"④这一关纽，无论对范育还是对程朱弟子来说，都是容易理解和接受的"讲治之术"（政术）。而更重要的关纽还是，如何才能使朝廷君相自觉地去实施这一"政术"呢？

后者，张载特别引述孟子"人不足与适也，政不足与间也"，来说明儒家以"治德"为本的"帝王之道"（即王安石与神宗讨论的"帝王之道"，亦即朱熹《壬午应诏封事》所说的"帝王之学"、程颢赞邵雍的"内圣外王之道"）。注释家说："适，过也。间，非也。"其实，只要把孟子接着说的"惟大人为能格君心之非。君仁莫不仁，君义莫不义，君正莫不正。一正君而国定矣"这一章完整地引出来，张载所说的"巽之为朝廷言，人不足与适，政不足与间"，其意便十分清楚。正如朱子《集注》所解："言人君用人之非，不足过谪；行政之失，不足非间。惟有大人之德，则能格其君心之不正以归于正，而国无不治矣。"⑤推此之义，张载首先肯定弟子请神宗"用《大学》诚意、正心以治天下国家"的直谏是得体知本之言，进而向弟子特别强调：朝廷用人之不当，政事之失误，智者能更之，直者能谏之，这不是治道之本；治道之本唯是"治德"，即"能格君心之非"，"能使吾君爱天下之人如赤子"。

① 参看《性理拾遗》，见《张载集》，中华书局，1978年，第373页。
② 参看《朱子语类》卷九八《张子之书一》，中华书局，1986年，第2529页。
③ 《朱子语类》卷一二七《本朝一·神宗朝》，中华书局，1986年，第3046页。
④ 《朱子语类》卷九八《张子之书一》，中华书局，1986年，第2522、2526页。
⑤ 朱熹：《四书章句集注》，中华书局，1983年，第285页。

只有如此，三代"帝王之道"，即今世之政事；今世之"政术"（政治），亦即平日之道学（学术）。学政不二，体用兼备，这就是张载向往的三代内圣外王的帝王治道。

（二）"欲复三代"的超唐史观

现在的问题是，这一学政不二、体用兼备的三代治道理想，是否能代表道学群体的普遍意识呢？南宋陈亮在《问古今治道治法》中，虽然站在汉唐"霸道"立场，反对三代"王道"之说，以"综核名实，信赏必罚"的功利观念，批评这种"有体有用"的"治法"是"大而无当、高而未易行"之说，但他却肯定"此其说皆汉唐之所无，推之三代，宜有合也"。①朱熹在论"自国初至熙宁人物"时说得十分中肯，他认为："国初人便已崇礼义，尊经术，欲复二帝三代，已自胜如唐人，但说未透在。直至二程出，此理始说得透。"②那么，二程究竟是如何说透宋人早有"欲复三代"而"自胜如唐"的历史意识的呢？

据《程氏文集》记载，神宗朝初，同范育一并时为监察御史里行的大程（颢），给神宗上有一封著名的《论王霸札子》，朱、吕《近思录》特节录云：

> 明道先生尝言于神宗曰：得天理之正，极人伦之至者，尧舜之道也；用其私心，依仁义之偏者，霸者之事也。王道如砥，本乎人情，出乎礼义，若履大路而行，出复回曲。霸者崎岖反侧于曲径之中，而卒不可与入尧舜之道。故诚心而王则王矣，假之而霸则霸矣，二者其道不同，在审其初而已，《易》所谓"差若毫厘，缪以千里"者，其初不可不审也。惟陛下稽先圣之言，察人事之理，知尧舜之道备于己，反身而诚之，推之以及四海，则万世幸甚。③

---

① 《陈亮集增订本》，中华书局，1987年，第167—168页。
② 《朱子语类》卷一二九《本朝三·自国初至熙宁人物》，中华书局，1986年，第3085页。
③ 《近思录》卷八《治国平天下之道》，见清江永集注本，上海书店，1987年，第16页。

朱熹称赞："自古论王霸，至明道先生此札，无余蕴矣。"①他把此札的这段话和张载《"学政不二"书》列入《近思录》同卷，足见在"复三代，行王道"的治国理论上，大程同张载见解相同。

略有不同的恰恰是，朱子略去此札中的两段话。一段是"推之以及四海"句下的"择同心一德之臣，与之共成天下之务……"，二段是"其初不可不审也"句与"惟陛下稽先圣之言"句之间的所谓：

> 陛下躬尧、舜之资，处尧、舜之位，必以尧、舜之心自任，然后为能充其道。汉、唐之君，有可称者，论其人则非先王之学，考其时则皆驳杂之政，乃以一曲之见，幸致小康，其创法垂统，非可继于后世者，皆不足为也。②

如果将前一段同小程（颐）于元祐元年（1086）《上太皇太后书》《论经筵札子》，尤其是《第三札子·帖黄二》中所称"臣以为，天下重任，唯宰相与经筵：天下治乱系宰相，君德成就责经筵"③这一著名论断联系起来思考，再置身仿佛于"元祐更化"前后：大程早已去世，朝廷中神宗母高太后垂帘听政，维护新法的顾命大臣（蔡确、章惇等）和更化新法的元丰旧臣（司马光等）各树朋党，明争暗斗，而小程幸入京师，荣任经筵，精心辅导少主，后却被诬为"颐党"④，遂遭"道难"⑤这一特定的历史背景之中，便可以清楚地看出，二程兄弟比其表叔张载前进一步的是，不仅具有"欲复三代"的历史意识，而且提出了通过宰相、经筵制度，以实现君臣士大夫"共成天下"的政治宏图。尽管，它只能看作道学群体所向往的美好理想，但这毕竟是对影响宋代以后政治、学术走向的熙宁变法经验教训的哲学总结，可按下不论。

再将这后一段上推到英宗治平二年（1065）至仁宗皇祐二年（1050），

---

① 《近思录》卷八《治国平天下之道》，第16页。
② 《河南程氏文集》卷一，见《二程集》第二册，中华书局，1981年，第451页。
③ 《河南程氏文集》卷六，见《二程集》第二册，中华书局，1981年，第540页。
④ 《河南程氏遗书》附录，见《二程集》第一册，中华书局，1981年，第344页。
⑤ 《道命录》卷一至卷四，《知不足斋丛书》本。

同小程《为家君应诏上英宗皇帝书》和《上仁宗皇帝书》中所称"汉、唐小康，行之不醇"①、"今言当世之务者……所尤先者有三焉，……一曰立志，二曰责任，三曰求贤。……三者之中，复以立志为本，君志立而天下治矣。所谓立志者，至诚一心，以道自任，以圣人之训为可必信，先王之治为可必行，不狃滞于近规，不迁惑于众口，必期致天下如三代之世"②等论述结合起来研究，亦同庆历新政前后，"才俊之士"云集朝廷，士大夫振作精神，"大厉名节""学统四起"③的历史实际相联系，就会明白，朱子之所以说"直至二程出"，"欲复三代"之理"始说得透"，透就透在二程特别强调，"复三代、行王道"不是历史的倒退，更不是不识时务的因循复旧，而是"自胜汉唐""超越古今"的社会跃进。二程在《入关语录》中，还自信十足地一口气举出"五事"来说明，云：

尝观自三代而后，本朝有超越古今者五事：如百年无内乱；四圣百年；受命之日，市不易肆；百年未尝诛杀大臣；至诚以待夷狄。此皆大抵以忠厚廉耻为之纲纪，故能如此，盖睿主开基，规模自别。④

这便是宋代道学"欲复三代"之本旨。

由此可知，从宋初石介（1005—1045）作《汉论》，提出"三代之道"，李觏（1009—1059）著《周礼致太平论》，设计出改制方案，到张载答范育《"学政不二"》书，"慨然有志于三代之治"，二程《论王霸札子》《论经筵札子》，说透了"复三代"乃"超汉唐"之旨，直至宋末朱熹、陈亮之间的"王霸义利之辨"，其实皆可归结于王安石变法这一中国历史上的重大事变。无论西方的文艺复兴，还是中国的变法、维新，均稽之"三代二王"之旧史，取"托古改制"的形式，以推进社会历史向前迈进。所以，"欲复三

---

① 《河南程氏文集》卷五，见《二程集》第二册，中华书局，1981年，第511页。
② 《河南程氏文集》卷五，见《二程集》第二册，中华书局，1981年，第521页。
③ 《朱子语类》卷一二七《本朝一》，中华书局，1986年，第3086页；黄宗羲原著，全祖望补修：《宋元学案》卷六《士刘诸儒学案》，中华书局，1986年，第251页。
④ 《二程集》第一册，中华书局，1981年，第159页。

代"，"超越古今"，正是宋代道学最可贵的积极进取之真精神。

三、学者典范

（一）"学术""学者"的重新定位

如何将"学政不二""明体达用""内圣外王"的三代治道理想，具体落实在现实的学术与政治之中，能否在当世的君臣或士大夫（学者）中找到具体实施这一理想的典范，这是宋代道学群体普遍关注的问题，也是道学自身价值取向之所在。因此，我们还得从宋人的眼光出发，先看看张程朱诸子是如何为当世的"学术"与"学者"定位的。

张载的理论贡献主要是，站在当世哲学思维发展的最高点，"独以命世之宏才，旷古之绝识"，"勇于造道"之精神，自觉"奋一朝之辨"，而与佛道二氏之学"较是非曲直"，计得失长短，划清了儒与佛道之界限，为道学奠定了"天人合一""体用不二"的理论格局。此功大矣，为程朱赞许，可以不论。二程则进而将佛道二学之外的宋代"学术"与"学者"归类为三，说：

> 古之学者一，今之学者三，异端不与焉。一曰文章之学，二曰训诂之学，三曰儒者之学。欲趋道，舍儒者之学不可。

又说：

> 今之学者，歧而为三：能文者谓之文士，谈经者泥为讲师，惟知道者乃儒学也。[1]

显然，二程眼里的"儒学"，不仅是同佛道异端对立的传统儒学，而且是有别于文学、经学（包括史学）的宋代新儒学，即作为哲学的"道学"。他们通

---

[1] 以上见《二程集》第一册，中华书局，1981年，第187、95页。

常所说的"儒者"，也不是泛指不同于佛道二氏的"文士""经师"等"学者"，而是"趋道""知道"，专治道学的道学群体。这一界定，无疑促使道学中人士逐渐形成了一个无形而默然存在的群体心态[1]，其意义十分深远，却常被人们忽略。

晚清藏书、校勘学家陆心源（1834—1894）似乎早就注意到宋代学者中已有集文学、经学与儒学于一身的典范，他在《仪顾堂集·临川集书后》云：

> 三代而下，有经济之学，有经术之学，有文章之学，得其一皆可以为儒。意之所偏喜，力之所偏注，时之所偏重，其者互相非笑，盖学之不明也久矣。自汉至宋，千有余年，能合经济、经术、文章而一之者，代不数人，荆国王文公其一焉。[2]

王安石究竟够不够汉宋千年间"代不数人"中的一位真正能合经济、经术、文章于一身的典范，这并不重要；重要的是，这一论断足以将我们的视线从观察张程如何对道学进行分类定位，引向朱熹对道学及有宋一代思想文化进行综合集成这一哲学思考的方向。

朱熹面对的理论任务不同于关洛诸子，他不仅要为两宋道学做出总结，树立典范，而且要为整个宋代士大夫（学人）确立风范。在他看来，文士、经师、儒学等所有"学者"（佛道除外），都属于同一个"士大夫"阶层，他在《封事》《奏札》和《语类》中，经常使用这一概念来论述"天下国家之

---

[1] "群体心态"，是借用近年西方有关宗教心态意义的讨论中所使用的"宗教心态"一词。所谓"宗教心态"，指的是人之所以会持有某种信仰的心理因素和一些默然存在，但并不在信仰中凸显出来，不一定为信仰者自己所感觉到，也不一定有任何系统的习惯和传统，这些心理因素和习惯、传统是影响人们之所以会接受某种宗教的原动力，是一种宗教信仰生长的精神土壤。本文认为，道学实际是具有类似这种心态的"道学中人"形成的群体。可参考Aron Gurevich, *Medieval Popular Culture: Problems of Belief and Porcepian*, Cambridge: Cambridge University Press, 1988, pp.xiii-xx；蒲慕州：《神仙与高僧——魏晋南北朝宗教心态试探》，见《汉学研究》第8卷第2期，台北汉学研究中心，1990年，第149—176页。

[2] 转引自杨希闵：《王文公年谱考略节要附存》卷一，见《王安石年谱三种》，中华书局，1994年，第645页。

治"。孝宗淳熙八年（1181），朱熹"去国二十年"、提举两浙常平茶盐公事之后应召回朝，于延和殿得见孝宗皇帝，极陈浙东灾异之由与帝王修德、任人之说，他直谏云：

> 夫天下之治，固必出于一人，而天下之事，则有非一人所能独任者。是以人君既正其心、诚其意于堂阼之上、突奥之中，而必深求天下敦厚诚实、刚明公正之贤以为辅相，使之博选士大夫之聪明达理、直谅敢言、忠信廉节、足以有为有守者，随其器能，置之列位，使之交修众职，以上辅君德，下固邦本，而左右私亵、使令之贱，无得以奸其间者。有功则久其任，不称则更求贤者而易之，盖其人可退，而其位不可以苟充；其人可废，而其任不可以轻夺，此天理之当然，而不可易者也。

这无疑是对上述二程君臣"共成天下"治道理想的具体阐发。值得注意的是以下所说：陛下"欲兼听士大夫之公言，以为驾驭之术，则士大夫之进见有时，而近习之从容无间；士大夫之礼貌既庄而难亲，其议论又苦而难入；近习便僻侧媚之态既足以蛊心志，其胥吏狡狯之术又足以玄聪明，……陛下虽欲微抑此辈，而此辈之势日重；虽欲兼采公论，而士大夫之势日轻"。[①]朱熹在此连连使用的"士大夫"一词，其内涵显然要比张程所用"相、臣"宽得多，它不仅指朝廷官员中的治国精英集团，而且包括朱熹道学群体在内的学人阶层。此乃宋代"学者"的新定位。

（二）"以天下为己任"的参政意识

只要稍加注意，我们便可以发现，在南宋史学家的记载中，北宋君臣其实早已习用"士大夫"一词来称官僚精英及学人阶层。李焘（1115—1184）《续资治通鉴长编》卷二二一中，有一段记载神宗于熙宁四年（1071）三月在资政

---

① 以上见《朱子文集》卷一三《辛丑延和奏札二》，陈俊民校订，台湾德富文教基金会，2000年，第418—420页。

殿召宰、枢二府文彦博、王安石讨论变法，三人争辩如下：

> 彦博又言："祖宗法制具在，不须更张以失人心。"上曰："更
> 张法制，于士大夫诚多不悦，然于百姓何所不便？"彦博曰："为与士大
> 夫治天下，非与百姓治天下也。"上曰："士大夫岂尽以更张为非，亦自
> 有以为当更张者。"安石曰："法制具在，则财用宜先，中国宜强。今皆
> 不然，未可谓之法制具在也。"彦博曰："务要人推行尔。"①

这一争辩中，各方的是非曲直可以不论；但三人脱口而出的"士大夫"及其相互认同的"为与士大夫"共治天下之现实，却比二程"君臣共成天下"的理想，更清楚地表明士大夫（学人）理所当然地参与政事，已成为宋代社会上下的共识，这也是从张程到朱熹的整个道学群体最强烈的时代意识。

正是在这种"与士大夫"共治天下、"共成天下"的参政意识支配下，朱熹特别称颂王安石"跨越古今，斡旋宇宙"、敢破"宋朝家法"而改革图强的气概和精神。②认为"新法之行"，亦是朝中道学诸公"实共谋之"③，是道学真精神之具体体现。但他更推崇的士大夫典范，还是参与仁宗庆历新政的范仲淹。他认为范仲淹是首开宋代风气的"天下第一流人"，"振作士大夫之功为多"。其大端可归结为二：一曰"自做秀才时便以天下为己任"，慨然以"先天下之忧而忧，后天下之乐而乐"为其志，"无一事不理会过。一旦仁宗大用之，便做出许多事业"。二曰一生始终注重教育，兴办学校，重振师道，启发"宋初三先生"、导引张载等学者同入儒学（道学）之途，厥功伟然。他说：

> 自范文正以来已有好议论，如山东有孙明复（复），徂徕有石守

① 《续资治通鉴长编》卷二二一《熙宁四年三月戊子》条，中华书局，1979—1992年，第5370页。
② 《朱子文集》卷八三《跋王荆公进邺侯遗事奏稿》，陈俊民校订，台湾德富文教基金会，2000年，第4090页。
③ 《朱子语类》卷一三〇《本朝四》，中华书局，1986年，第3097页。

道（介），湖州有胡安定（瑗），到后来遂有周子、程子、张子出。故程子平生不敢忘此数公，依旧尊他。①

在朱熹看来，宋代道学其实应从范仲淹始，宋代士大夫（学人）参政意识的觉醒，亦同范仲淹"先天下之忧而忧，后天下之乐而乐"的名言直接相关，范仲淹无愧为"宋朝一代人物之冠"，是道学群体亦是历代学者之典范。②

四、以道进退

（一）"出处进退"问题引起的公论

王安石之所以没有被道学诸子推尊为士大夫（学人）之典范，主要是他的"新学"不为道学群体接受，他的"新法"不可能得到士大夫（学人）阶层的完全赞同。但他不仅同范仲淹一样，具有强烈的"以天下为己任"的参政意识，而且比范仲淹进一步的是，他以同神宗"共治天下"的平等身份，坚持"以道进退"的原则立场③，推动神宗进行了一场政治试验——熙宁变法。虽然这是一次彻底失败的试验，但在这场政治改革中，王安石"出处进退"所表现出的士大夫（学人）之主体精神，却在南宋道学群体中得到更深一层的发挥。《朱子文集》卷二四至二九共六卷书信，特以"时事出处"标目，即其明证。

我很赞同余英时在《朱子文集》序文中的论断："士的'出处'问题自先

---

① 以上参看《朱子文集》卷八三《跋范文正公家书》，陈俊民校订，台湾德富文教基金会，2000年，第4008—4009页；《朱子语类》卷一二九《本朝三》，中华书局，1986年，第3088—3090页。

② 清初尊程朱之学的顾炎武有"天下兴亡，匹夫有责"之名言，晚年流寓关中，与关学学者王弘撰（山史）结为至交。王弘撰著《山志》，在《碧云騢》条中专为范仲淹辩诬，称范为"宋朝一代人物之冠"。参看《山志》，中华书局，1999年，第73页。

③ 叶梦得《石林燕语》卷七载：神宗初即位，向大臣周维询问："王安石今在甚处？"维对在金陵。上曰："朕召之肯来乎？"维言："安石盖有志经世，非甘老于山林者。若陛下以礼致之，安得不来？"上曰："卿可先作书与安石，道朕此意，行即召矣。"维曰："若是，则安石必不来。"上问何故，曰："安石平日每欲以道进退，若陛下始欲用之，而先使人以私书道意，安肯遽就？然安石子雨方见在京师，数来臣家，臣当自以陛下意语之，彼必能达。"上曰："善。"于是荆公始知上待遇眷属之意。（中华书局，1984年，第101页。）

秦以后论者寥寥，直到宋代才再度受到这样普遍而集中的注意。这在中国士大夫史上是必须大笔特书的。"①的确，宋代以前，学人们的"出处进退"完全处于从属地位，只能着眼于诸如"天下有道则见，无道则隐"②，君子"所就三，所去三"③，从这些外在条件去思考；只有到了宋代，特别经历了范、王参与其政的"庆、熙变法"这两次重大的政治试验，学人们的"出处进退"才真正成为政治文化中的一个主题。如果我们将南宋道学三大家（朱熹、张栻、吕祖谦）④文集中有关"出处进退"问题的讨论结合起来考察，其意义便十分清楚。现仅举《朱子文集》内朱熹与"前辈平交""知旧门人"往复书答涉及此问题中的一例，略做说明。

朱熹（1130—1200）生当南宋高、孝、光、宁四朝。据宋人记载，光、宁之际，朱熹虽遭"道难"，被诬为"伪学"，但其道学典范之地位已经确立，名扬国中，连北方金人也似乎关心起"南朝朱先生出处如何"的问题⑤。宁宗在潜邸即闻先生大名，"每恨不得先生为本宫讲官"，至绍圣五年（1098）七月即位后，便首召远在湖南知潭州的朱熹入朝奏事，并除以"焕章阁待制兼侍讲"之职，而朱熹却以"圣恩过厚，私义未安"，连连三具奏状恳辞，学人们大为不解。《朱子文集》卷二六《答李晦叔五》中，有一段记载着朱熹同一位学生李晦叔（辉）之间的答问。李晦叔问：

> 先生顷者次对，实以侍讲之故，除此，与伊川除说书而授朝官者
> 何异？伊川罢说书而辞朝官，先生罢侍讲而辞待制，事体实同。伊川
> 素不曾陈乞封叙，先生既用次对奏荐，又却力辞职名，学者多未喻。
> 陈和父以为伊川出处，与先生不同，居其位则受其恩数，乃理之常，
> 至他日不合而去，但当辞其职耳，不当并辞恩数也。不知如何？

---

① 《朱子文集》第一册，陈俊民校订，台湾德富文教基金会，2000年，第19页。
② 朱熹：《四书章句集注》，中华书局，1983年，第106页。
③ 朱熹：《四书章句集注》，中华书局，1983年，第347页。
④ 周密：《齐东野语》卷一一《道学》，中华书局，1983年，第202页。
⑤ 王懋竑《朱熹年谱》卷四引朱子《语录》王过记载："过甲寅年（1194）见先生，闻朋辈说，昨岁虏人问使人云：'南朝朱先生出处如何？'归白庙堂，所以得帅长沙之命。"参看《朱熹年谱》，中华书局，1998年，第226页。

朱熹回答说：

> 此事不敢自分疏，后世须自有公论也。

朱熹自信他同二程同当"道难"之时，程"罢说书而辞朝官"与他"罢侍讲而辞待制"，其"出处进退"之异同，"后世自有公论"，他表示"此事不敢自分疏"。其实，他在《文集》中早已做出了回答。

（二）"以道进退"的自尊自主原则

《朱子文集》卷二二、二三两卷专列《辞免》，收入奏状、札子共一百四十五封，在宋人文集中实不多见。而在卷二三的七十二封奏状、札子中，竟有三十五封专门申说"此事"。如果将其"分疏"归结起来，大要莫外三则。其一曰"学殖荒落"，"资浅望轻"，"闻见甚浅，记识不强，忘意本原，亦未知要"，无以"感格君心，大明谨始之规，以为出治之本"。其二曰"年龄晚莫，目盲听垂，脚气发作，手足拘挛，步履艰难，不堪拜起"，有"污侍从之选"，"有累维新之政"，等等。这是朱熹晚年之实情，亦是作为学人的谦词，不必细究。其三曰"未得进说，先受厚恩"，若"除侍从职名"，"宠加峻秩"，既违"迁进之序，选用之方"，不合法理，更失道义。[①]这才是朱熹"口与心誓"，敢冒万死乞"罢侍讲而辞待制"的根本理由。

史实是，朱熹与陈傅良同为丞相赵汝愚（子直）推荐入朝，赵是朱熹前辈知旧汪应辰（玉山）之学侣，是朱熹之讲友，是当时朝中的道学领袖。赵同知阁门事的韩侂胄密谋而立宁宗，而韩因同皇室有错综复杂的亲属关系[②]以定策立帝有功，居中用事。韩以内批逐丞相留正出知建康，引起了应诏赴行中的

---

① 以上参看《朱子文集》第三册，陈俊民校订，台湾德富文教基金会，2000年，第858、860、864、865、877页。
② 韩侂胄为韩琦曾孙，神宗女齐国长公主之孙，其父娶高宗宪圣皇后女弟，其妻乃宪圣皇后女侄，其侄孙女又为当朝宁宗韩皇后。参看《齐东野语》卷三《绍熙内禅》，中华书局，1983年，第40页；李心传：《建炎以来朝野杂记》甲集卷一《恭淑韩皇后》，中华书局，2000年，第39—40页；《宋史》卷四七四《韩侂胄传》，中华书局，1977年，第13771页。

朱熹之忧虑，他虽向学者解释"大臣进退，亦当存其体貌"，但朝中幸臣近习用事，操纵御笔指挥的严酷现实，不能不使他预感到将陷入"彼方为几，我方为肉"的危险境地。①因此，绍熙五年（1194）八月某日，他接到宁宗皇帝的《晦庵先生除焕章阁待制侍讲诰词》，当他看到所云："具位朱熹，发《六经》之蕴，穷百氏之源，其在两朝，未为不用，至今四海，犹谓多奇。擢之次对之班，处以迩英之列，若程颐之在元祐，若尹焞之于绍兴。副吾尊德乐义之诚，究尔正心诚意之说，岂惟慰满于士论，且将增益于朕躬……"②如此美好的称颂，并没有像神宗传信给王安石那样真正打动朱熹的心。朱熹"行且辞，章四上。入见面辞者一，退又入章辞者再"。未得上许，翌日又辞"待制"职名，待宁宗再次手谕"卿经术渊源，正资劝讲，次对之职，勿复牢辞，以负朕崇儒重道之意"③，他才勉强受命。以后便是连连不断的所谓"辞免两次除授待制职名""乞追还待制职名及守本官改仕"等六封奏状和十四封《申省状》《与宰执札子》。

在这些奏状、札子中，朱熹首先申明，无论《诰词》以"待制"，还是手诏以"次对"，均属侍从、献纳职事官。此职虽然实无职守，仅为职名，但若带此职名，就须"劝讲经幄，出入禁闼"，"班通禁近"，伴随皇帝周围。而得此职者，通常只有两种情况，或"自内而除者，犹有岁月（资历）之限"，或"在外而擢者，必以劳效（事功）而升"，此乃"殊命""异恩"，绝非一般士大夫（学人）轻易可获得的恩宠。所以，在他看来，他作为外官，既无显著"劳效"，而上"特以次对异恩，无故超授"，显然不合法理，"在臣私分，实难自安，是以彷徨，未敢拜受"。④依据李心传《建炎以来朝野杂记》甲集卷一二《外官除次对》条记载：

---

① 《朱熹年谱》，中华书局，1998年，第232—233页。

② 参看《朱熹年谱》第231页和《道命录》卷七上。《道命录》和《年谱》所引文字略有出入，前者无"具位朱熹"四字。

③ 以上参看李心传：《晦庵先生除焕章阁待制侍讲诰词》按语，见《道命录》卷七，《知不足斋丛书》本；黄榦《朱先生行状》，见《朱子文集》第十册，陈俊民校订，台湾德富文教基金会，2000年，第5404页。

④ 《朱子文集》第三册，陈俊民校订，台湾德富文教基金会，2000年，第858、862页。

祖宗时，自三司使、御史中丞、翰林学士、知制诰之外，未有侍从职事官，故边帅积劳者，率以直龙图阁除天章阁待制。元丰官制后，惟实历权侍郎以上，乃得之。淳熙中，吴茶马（摠）、程舍人（叔达）皆自外除待制，盖殊命也。赵子直当国，言者以为"今贤士大夫往往不乐为外官，盖外权太轻，虽欲有所施设而不得骋故也。今日之势，莫若稍重外。重外之术，必使帅、漕、总领，可以驯致于从官而后可久任，可久任而后可以责事功。"诏可。（绍熙五年十一月戊申）未几，子直去位，亦不克行。庆元初，杨廷秀始自外祠蹑除华文阁待制。[1]

由此可见，朱熹所申，"皆出实情"，绝非"饰词备礼，姑应故事"。[2]表现了学者"当仕有职"，守之有法，在任何情势下不为"殊命""异恩"所动的自尊自主立场。

然而，朱熹认为，至关重要的还是，作为学者，毕其一生，其"出处进退"，皆应以道义为重，义理为先。他在《辞免两次除授待制职名及知江陵府奏状一》之《贴黄》中，明确回答了李晦叔等学者的质疑，他说：

臣伏睹元祐初特起河南处士程颐，以为通直郎崇政殿说书，后以人言罢守本官，权同主管西京国子监。颐上奏乞归田里，其间有云："若臣元是朝官，朝廷用为说书，虽罢说书，却以朝官去，乃其分也。臣本无官，只因说书授以朝官，既罢说书，独去朝官而去，极无义理。"臣今实以侍讲之故得此待制职名，既罢侍讲，即所授职名理合追夺，与颐所陈事理实无以异。[3]

---

[1]《建炎以来朝野杂记》上册，中华书局，2000年，第242—243页。

[2]《朱子文集》第三册，陈俊民校订，台湾德富文教基金会，2000年，第860页。

[3]《朱子文集》第三册，陈俊民校订，台湾德富文教基金会，2000年，第871—872页。朱熹所引程语，见元祐二年十一月初六日程颐《乞归田里第一状》之《贴黄》，参考《二程集》第二册，中华书局，1981年，第553页。

朱熹不仅同小程"出处进退"所坚持的义理原则"实无以异"，同安石"平日每欲以道进退"的立场全然相同，而且同张载辞崇文院校书、谒告西归前回答执政安石所说的"朝廷将大有为，天下之士愿与下风。若与人为善，则孰敢不尽！如教玉人追琢，则人亦故有不能"①，其旨趣亦一脉相承。他们均表现出宋代士大夫（学人）之独立自尊意识正在觉醒，这正是宋代道学趋于近代化的主体精神之体现，是中国哲学在21世纪仍能大放异彩的真精神。

五、简短结语

总括以上所论，我们可以比较清楚地看到，中华文化历经汉唐千年之演进，至两宋已达极盛，而宋代文化之所以超越汉唐，实由于宋代学术之复兴。以濂关洛闽五子为轴心的道学群体，是宋代士大夫（学人）阶层之精英；由五子创立的道学体系，是宋代学术文化之精华。它所追求的"天人合一""明体达用""学政不二""经世明道"的理论架构和理想境界，实即宋代的"道学原型"，亦即整个宋明理学（新儒学）之原型。这一理论目标，也是宋代士大夫知识群体"出处进退"的行为准则。道学家为实现此目标、履行此准则，不能不置身于政治和学术之冲突与调合的现实之中。元祐、庆元两次"道难"就是学术与政治冲突尖锐化的集中表现，虽使宋代道学趋向更加哲理化，但丝毫没有改变这一原型固有的"欲复三代，自胜唐人"、"超越古今"、积极进取的现实性格，而且凸显了士大夫（学人）"以天下为己任"的参政意识和"以道进退"的主体精神。

朱熹无愧为代表这一原型精神之典范。他称范仲淹是"天下第一流人"，"振作士大夫之功为多"；赞王安石具有"跨越古今，斡旋宇宙"之气概，虽"学术不足"，但"德行"高尚。他赋诗明志："经济夙所尚，隐沦非素期。"②仕途五十年间，历事四朝，外官仅九考，立朝仅四旬，直至晚年惨遭"伪学之禁"，落职罢祠，愤然而终。道行虽艰难如此，却无一念不在天下国

① 《张载集》，中华书局，1978年，第382页。
② 《朱子文集》第一册，陈俊民校订，台湾德富文教基金会，2000年，第144页。

家："闻时政之阙失，则戚然有不豫之色；语及国势之未振，则感慨以至泣下。"①这正是一位道学"学者"的本色，即"横渠四句"精髓的具体体现，是宋代道学的真精神。

归结起来，恰如冯友兰先生所说："吾先哲之思想，有不必无错误者，然'为天地立心，为生民立命，为往圣继绝学，为万世开太平'，乃吾一切先哲著书立说之宗旨。无论其派别为何，而其言之字里行间，皆有此精神之弥漫，则善读者可觉而知也。"②这便是中国哲学能够在新世纪生生不息、焕发青春的根本所在。

2001年盛夏稿于陕西师大工作室。

原载《哲学与文化》（台北）2002年第5期。

---

① 《朱子文集》第十册，陈俊民校订，台湾德富文教基金会，2000年，第5410页。
② 冯友兰：《中国哲学史》自序二，中华书局，1961年，第2页。

道学与宋学、新儒学、新理学通论

研究道学，进路多方，大要莫外或经学的、或史学的、或哲学的三种法门。

哲学的方法是20世纪初由西方传入的，经学和史学的方法为中国古已有之。然而，"史学本于《春秋》，专家著述本于周礼"[1]，中国自秦汉至民初的两千年间，实际只有一门学问，那便是经学。《汉志》诸略缺"史略"，《隋志》才有"经、史、子、集"四部之名，史部开始独立，但仍次于经部；[2]只有到了清代乾嘉（1736—1820）以后，史学家才有"六经皆史"[3]、"史外无学"[4]的论断，但仍没有脱离古文经汉学的立场。所以，对宋明理学的研究，唯清儒经学家的专利，三种进路，实乃一种经学的方法。尽管，经学今已成为绝学，治经学史者，亦凤毛麟角，我们仍应由此讨论起。

----

① 《章氏遗书》卷七《立言有本》，文物出版社，1985年，第56页。
② 参看班固：《汉书》卷三〇《艺文志》，颜师古注，中华书局，1962年，第1701—1784页；《隋书·经籍志》，中华书局，1982年，第903—1099页。
③ 章学诚：《文史通义校注》内篇一《易教上》，叶瑛校注，中华书局，1985年，第1页。
④ 梁启超：《中国历史研究法》，上海古籍出版社，1987年，第32页。

一、道学与"宋学""清学"

（一）道学是经学的必然分化

据考证，"道学"作为宋明性理之学的专名，最早出现于《张子文集》和《程氏文集》。张载批评："朝廷以道学、政术为二事，此正古之可忧者。"（《答范巽之书》）程颐自称："自予兄弟倡明道学，世方惊疑。"（《祭李伯端文》）察其语气，此词在北宋初已经通行，非张程自创。"理学"之名，则晚出于南宋。①这两个名称，自清至今，一直互相通用，同指宋元明清七百年间儒家心性义理之学，即中国具有近代哲学意义的道德本体哲学思潮。

但是，不容再忽略的史实是，道学（理学）本是宋儒从经学中分离演化出来的新学术形态，而经学家却往往把它同宋学一滚论之。现在通行的颇有权威的辞书，甚而把它与宋学等同起来，认为：

> 宋儒理学，称为宋学，别于汉学而言。东汉以来，治经专重训诂，宋儒则以义理为主，故有理学之称。又以其兼谈性命，故也称性理学。《宋史》为周敦颐、程颐、朱熹等人特立《道学传》，故也称道学。后来，元明清的理学也称宋学。②

显然，这是不符合中国经学发展的历史实际的。

史实是，儒家《五经》（《易》《书》《诗》《礼》《春秋》）作为先秦典籍，本是中国远古夏、商、周三代政教典章的历史记录。那个时代，学在官府，官师合一，"官师守其典章，史臣录其职载"③，"左史记言，右史记事"，世代相传（《汉书·艺文志序》），但"无私自作经以寓道之

---

① 参考80年代初冯友兰、陈荣捷对"道学"名称的考证意见。参看冯友兰：《道学通论》，见《中国哲学史新编》第五册，人民出版社，1988年，第20—24页。陈荣捷：《宋明理学之概念与历史》，台湾"中央研究院"中国文哲研究所，1996年，第289—293页。

② 《辞海》修订本，商务印书馆，1980年，第810页。

③ 章学诚：《文史通义校注》内篇一《诗教上》，叶瑛校注，中华书局，1985年，第62页。

理"①。春秋后期，产生了孔子儒家之儒。②韩非子称："世之显学，儒、墨也"，"孔、墨之后，儒分为八，墨离为三"，孔、墨"俱道尧舜，而取舍不同"。③战国后期，孟子常讲到《诗》《书》《春秋》，荀、管、庄书中已有"经"名。④可以推知，《易》《书》《诗》《礼》《春秋》已是儒家学派编定的"经籍"，但还不是官方法定的"经典"。

自汉武帝罢黜百家，独尊儒术，为专治儒经者设立学官（"置《五经》博士"），⑤《五经》始成为国家法定的经典。但因秦汉百年间，中国文字发生了从篆到隶的形体演变，儒家经籍又经受秦火、战乱的严重破坏，辑佚、校勘、训释、注疏，就自然成为经师们的治经门径，并各自形成独特的研究家法，推动了经学的兴盛。派别虽多，主要是西汉的今文经学和东汉的古文经学。经师家法和官学特权，固然保证了经学的世代传承，但严守家法、师说的章句之学，却严重扼制了儒学思想的发展。一部经书的章句，多则百万字，少则几十万字。解释一字，往往一两万言。这不仅使儒生们吃尽了苦头，甚至穷年白首，尚未通一经，连光武皇帝也深受其烦琐之苦。⑥直到唐代，尽管太宗、高宗相继钦定《五经正义》，以求统一明经、取士的标准，⑦也无法挽救两汉经学的没落。

---

① 《章氏遗书》卷七《立言有本》，文物出版社，1985年，第397页。
② 参看本书首篇《孔子儒家考辨——关于孔子儒家之儒的形成及其历史地位》。
③ 陈奇猷校注：《韩非子集释》卷一九《显学》，上海人民出版社，1974年，第1080页。
④ 《荀子·劝学篇》载："学恶乎始？恶乎终？始于诵经，终乎读礼。"《庄子·天道》载：孔子"翻十二经"。《管子·戒》载："泽其四经。"可见各种版本。
⑤ 班固：《汉书》卷六《武帝纪》，颜师古注，中华书局，1962年，第159页。
⑥ 桓谭《新论》卷中《正经》云："秦近君说《尧典》，篇目两字之说，至十余万言，但说'曰若稽古'，三万言。"见《新论》，上海人民出版社，1977年，第35页。刘勰《文心雕龙》卷四《论说》云："若秦延君之注《尧典》，十余万字；朱普之解《尚书》，三十万言：所以通人恶烦，羞学章句。"见范文澜：《文心雕龙注》，人民文学出版社，1978年，第328页。并参考范文澜：《经学讲演录》，见《范文澜历史论文选集》，中国社会科学出版社，1979年，第314页。
⑦ 唐代以《易》、《书》、《诗》、三《礼》、三《传》合为九经。孔颖达作《周易》《尚书》《毛诗》《礼记》《左传》等五经义疏，称为《五经正义》；后来贾公彦又撰《周礼义疏》《仪礼义疏》，徐彦撰《公羊义疏》，杨士勋撰《谷梁义疏》，合称"九经义疏"或"九经正义"。以此帖经课试取士。参看皮锡瑞：《经学历史》，周予同注释，中华书局，1981年，第210页。

通常理学研究者无不称道北宋复兴儒学的成就，文学研究者无不高扬宋代古文运动的业绩，但两者往往皆忽略了一个最基本的史实，即北宋的儒学复兴，其实是在变革汉唐章句之学的经学形式中，通过一场以"尊孔、尊韩"为旗帜的古文运动而实现的。儒者大多兼经术与文章于一身，又大都在朝任职，同当时政界有密切联系。远者不论，从"宋初三先生"（胡瑗、孙复、石介）立师道，讲《春秋》，神化道统，建构道体；①经范仲淹主持庆历新政，引导儒生读《中庸》、志"名教"、矫厉风节，②欧阳修、司马光、苏轼、苏辙、李觏先后依己意用古文解经，提倡疑经变古、通经致用风气；直至王安石变法，颁行《三经新义》，组建"经义局"，"罢诗赋及明经诸科，以经义论策试进士"，③废唐"帖经课试之法"，改用墨义笔答，是为义理新学正式推行之始，亦为尔后元明经义八股文风之滥觞；④遂引发元祐（1086—1093）诸儒力排"新学"，而张载著《易说》，程颐作《易传》，在关洛各标新说，将"新学"引向专明心性理气的"道学"之途。前前后后，共历六帝百年之久，专明义理、敢于创新的宋代经学，已完全代替了两汉经学的历史地位，并演化出了道学新思潮，这不能不说是宋儒真正继承了韩愈文统与道统而复兴古文运动的结果。

（二）清儒对道学与经学的调合

宋儒不尊汉注、不守唐疏的自由精神，使道学得以长足发展。至南宋乾、淳年间（1165—1189），已达极盛。各地学派林立，主要是程朱理学、二陆心学、吕叶陈事功学及张载气学四派。朱熹可谓集宋代道学之大成者，但他以忠实传承二程之学为己任，亲手校编《程氏遗书》，感叹："夫以二先生倡明道

---

① 黄宗羲原著，全祖望补修：《宋元学案》卷一《安定学案》、卷二《泰山学案》，中华书局，1986年，第19—120页。《徂徕石先生文集》卷七《读原道》《尊韩》等，中华书局，1984年，第76—80页。

② 黄宗羲原著，全祖望补修：《宋元学案》卷三《高平学案》，中华书局，1986年，第135—138页。

③ 《原抄本顾亭林日知录》卷一九《经义论策》，文史哲出版社，1979年，第473页。

④ 参看皮锡瑞：《经学历史》，周予同注释，中华书局，1981年，第210—211、274—278页。

学于孔孟既没、千载不传之后，可谓盛矣。"①尤其集毕生之力，完成了《四书章句集注》，成为元明科试取士之范本。从此，《四书》与《五经》并列，《十三经》正式确立，程朱一派，功绩大矣。

但至明代，王学毕竟已成理学主流。《明史·儒林传序》云：

> 明初诸儒，皆朱子门人之支流余裔，师承有自，矩矱秩然。……学术之分，则自陈献章、王守仁始。……宗守仁者曰姚江之学，别立宗旨，显与朱子背驰，门徒遍天下，流传逾百年，其教大行，其弊滋甚。嘉、隆而后，笃信程朱，不迁异说者，无复几人矣。要之，有明诸儒，衍伊、洛之绪言，探性命之奥旨，锱铢或爽，遂启歧趋，袭谬承伪，指归弥远。至专门经训授受源流，则二百七十余年间，未闻以此名家者。经学非汉、唐之精专，性理袭宋、元之糟粕，论者谓科举盛而儒术微，殆其然乎。②

这是对有明一代儒学衰变的扼要概括，基本符合当世学界"八股行而古学弃，《大全》出而经说亡"③，学者"束书（经）不观，游谈无根"，导致经学、道学（朱学、王学）俱衰的严酷现实。经历明亡之祸乱，清初诸儒痛定思痛，认定国家之亡在于道学流弊，道学之弊在于道经分离，再三申明道学（理学）与经学不可分离的关系。诸如顾炎武云：

> 理学之名，自宋人始有之。古之所谓理学，经学也，非数十年不能通也。……今之所谓理学，禅学也，不取之《五经》而但资之语录，校诸帖括之文而尤易也。④

① 《河南程氏遗书》目录跋，见《二程集》第一册，中华书局，1981年，第6页。
② 《明史》卷二八二《儒林传序》，中华书局，1974年，第7222页。
③ 《原抄本顾亭林日知录》卷二〇《书传会选》，文史哲出版社，1979年，第526页。
④ 《顾亭林文集》卷三《与施愚山书》，中华书局，1983年，第58页。

李二曲云：

> 儒者之学，明体适用之学也。秦汉以来，此学不明，……独洛闽诸大老，始慨然以明体适用为倡，于是遂有道学、俗学之别。其实道学即儒学，非于儒学之外别有所谓道学也。①

汤斌云：

> 夫所谓道学者，《六经》《四书》之旨，体验于心，躬行而有得之谓也。非经书之外，更有不传之道学也。故离经书而言道，此异端之所谓道也。外身心而言经，此俗儒之所谓也。②

这些批评，同宋儒当初指责两汉经师"传经不传道"的说法，如出一辙，何其相似。因为，作为儒家，他们都要树立儒经在社会纲纪人伦中的权威，都不能离经说道，必须从"道备于《六经》"上立论。只是宋儒借用"文以载道"的古文旗号，旨在建立新的道学系统，而不再拘守于经学体系；而清儒却以"理学即经学""道在于《六经》""通经即所以明道"等等说法，旨在重建有清一代的新经学。这一道学（理学）与经学关系之论争，一直进行到乾嘉（1736—1820）考据学兴盛之时。经学史学大家章学诚著《文史通义》，以《原道》三篇总括全书，才对这一问题做出了比较完满的回答。他说：

> 道备于《六经》，义蕴之匿于前者，章句训诂足以发明之。事变之出于后者，《六经》不能言，固贵约《六经》之旨，而随时撰述以究大道也。③

---

① 《二曲集》卷一四《周至答问》，陈俊民点校，中华书局，1996年，第120页。
② 《潜庵先生遗稿》卷一《重修苏州府儒家碑记》，清同治九年苏廷魁等刊本。
③ 章学诚：《文史通义校注》内篇二《原道下》，叶瑛校注，中华书局，1985年，第139页。

章氏高于顾炎武到戴震诸儒的是，他不否认道在《六经》，认为只要用汉儒以来的章句训诂之学，便"足以发明之"；但他认为，最根本的还是，必须肯定道存在于事物之中，初不出乎人伦日用之间，所以学者明道，应即事物之变化而求其所以然，《六经》不足以尽之。可见，他要超越经学的局限，运用史学方法来揭示经道之关系，给道学一个新的地位。

然而，章氏毕竟身处经学的"复盛"时代，同乾嘉诸儒一样，不能不用经学的眼光，视道学为经学。他们多以"宋学"之名，统称宋代以来的经学与道学，而用"汉学"之名，统称两汉的经今古文学。他们以汉学"去圣贤最近"而佛道未起为由，明确尊行汉学，自称"汉学家""朴学家"，将两汉以来的经学发展概括为汉学与宋学两大主流。①可以此时纪昀主编的《四库提要》，以及稍后江藩撰写的《汉学师承记》《宋学渊源记》和阮元为《国史儒林传》写的序为代表。《四库提要》在《经部·总叙》中说：

> 自汉京以后，垂二千年，儒者沿波，学凡六变，……要其归宿，则不过汉学、宋学两家，互为胜负。夫汉学具有根柢，讲学者以浅陋轻之，不足服汉儒也；宋学具有精微，读书者以空疏薄之，亦不足服宋儒也。消融门户之见而各取所长，则私心祛而公理出，公理出而经义明矣。②

这大概是关于中国儒学要归"汉学、宋学两家"的最初记载，也是至今仍影响学界的权威说法。与其说这是对两千年儒学流变的总括，不如说这是对有清一代儒学尊汉还是崇宋的学术导向。从阮元声称"我朝列圣，道德纯备，包涵前古，崇宋学之性道，而以汉儒经义实之"，"兼收历代之说"，③到龚自珍致函江藩，以"十不安"要江改"汉学""宋学"之书名，以"本朝自有"之学（即"清学"）代替之。④这种汉宋调合的趋势，足以表明清儒由反思宋学

① 江藩：《国朝汉学师承记》阮序、卷一序，中华书局，1983年，第1—6页。
② 《四库全书总目》上册，中华书局，1965年，第1页。
③ 阮元：《揅经室集》卷二《拟国史儒林传序》，中华书局，1993年，第36—38页。
④ 《龚自珍全集》第五辑《与江子屏笺》，上海人民出版社，1975年，第346—347页。

而复兴汉学，其结果是形成"非汉非宋"、亦汉亦宋的清学。这便是中国经学"否定之否定"的发展历程。

由上可知，宋学是经学，道学是哲学。道学孕育于经学之中，随着经学的演变而发展。汉学尊经太过，传经不传道；宋学尊道太过，传道不传经；清学尊经崇道，反宋复汉，最终"尊宋贬汉"而接引近代"新学"，终结了两千年的经学，也终结了七百年的道学（理学）。史学家以两部同名《中国近三百年学术史》的名著，早为这段精彩的中华民族精神史做出了很好的总结。①

二、道学与"新儒学""新宋学"

如上所述，道学本是从宋学中演化出来的哲学流派，实与宋学异趣，不可能在经学中得以独立发展。元人似能体会宋儒开拓道学路向的意图，官修《宋史》，以《道学》与《儒林》分为二传，却备受后人的非议，被清儒讥为"不知此即周礼师、儒之异，后人创分而暗合周道也"②。真正摆脱经学体系，从有宋一代学术文化及整个中国哲学思想发展演进之态势中，给宋明理学及其研究以正确定位的，还是20世纪20年代以来的史学家和哲学家。

（一）"新儒学"即道学（理学）

"宋学"作为有宋一代学术文化的总称，可上溯至明代唐枢写的《宋学商求》。③唐枢"少学于湛若水，深造实践"④，所学杂驳，"援儒入墨，纯涉狂禅"，所撰此书，"皆评论宋儒，大抵近禅者则誉，不近禅者则毁"，虽"不足辨是非"，但离开经学系统，把宋儒置于与宋禅佛道对应的宋代学术中

---

① 参看梁启超约撰于1923—1925年间的《中国近三百年学术史》，见1932年中华书局版《饮冰室合集》专集第十七册，或朱维铮校注本《梁启超论清学史二种》，复旦大学出版社，1985年；钱穆写于1937年的《中国近三百年学术史》，台湾商务印书馆，1980年。

② 阮元：《揅经室集》卷二《拟国史儒林传序》，中华书局，1993年，第36页。

③ 唐枢撰《宋学商求》一卷，附录一卷，《四库全书总目提要》卷一二四《子部·杂家类存目》有著录。收入唐《木钟台集》初集，有清咸丰六年唐氏书院刊本。

④ 《明史》卷二〇六《唐枢传》，中华书局，1974年，第5441页。

评论，值得一提。①清代经学盛而史学衰，治史者皆为"朴学"之徒，②在经学体系中论道学，不可能给道学以应有的历史地位，此可不论。

清末民初，在"国人内感民族文化之衰颓，外受世界思潮之激荡"的事变中，学者论史，"渐能脱除清代经师之旧染"，以合于近代史学之真谛。③1918年，胡适运用西方历史的与逻辑的"哲学方法"撰成《中国哲学史大纲》卷上。虽只写了先秦诸子，终其生也未写到宋代理学，但诚如冯友兰所说："无论如何，在中国哲学史研究近代化的工作中，胡适的创始之功，是不可埋没的。"④1930、1933年，冯友兰相继完成了《中国哲学史》上、下册巨著，以历史之眼光，"了解之同情"，首次肯定了宋明理学在中国哲学史上的地位。陈寅恪先后为上、下册写了《审查报告》，特别指明：

> 此书于朱子之学，多所发明。昔阎百诗（若璩）在清初以辨伪观念，陈兰甫（沣）在清季以考据观念，而治朱子之学，皆有所创获。今此书作者，取西洋哲学观念，以阐明紫阳之学，宜其成系统而多新解。

---

① 《四库全书总目》上册，中华书局，1965年，第1070页。

② "朴学"一词，本指上古朴质之学。《汉书》卷八八《儒林传·欧阳生》记载：欧阳生、大小夏侯氏学皆出于倪宽，"宽有俊材，初见武帝，语经学。上曰：'吾始以《尚书》为朴学，弗好，及闻宽说，可观。'乃从宽问一篇"。见班固：《汉书》，颜师古注，中华书局，1962年，第3603页。后来，泛指经学为朴学，亦作"樸学"。《苏轼诗集》卷四二《和犹子迟赠孙志举》诗云："我家六男子，朴学非时新。"见中华书局1982年点校本，第2435页。陆游《剑南诗稿》卷一二《雨后极凉料简箧中旧书有感》诗云："区区朴学老自信，要与万卷归林庐。"见《陆游集》，中华书局，1976年，第349页。清代乾嘉学者继承汉儒学风，融经学、史学于考据。据章太炎《检论·清儒》称："初，太湖之滨，苏、常、松江、太仓诸邑，其民佚丽。自晚明以来，喜为文辞比兴，饮食会同，以博依相同问难，故好浏览而无纪纲，其流遍之南北"；自惠栋兴于吴，戴震起徽州，入四库馆诸儒皆其弟子，从此"天下视文士渐轻，文士与经儒始交恶。而江淮间治文辞者，故有方苞、姚范、刘大櫆皆产桐城，以效法曾巩、归有光相高，亦愿尸程、朱后世，谓之桐城义法"。桐城派姚鼐（姚范从子）欲从震学，被震谢绝，"鼐不平，数持论诋朴学残碎"。其后方东树为《汉学商兑》，自附宋学，本以文辞为宗；"其余为俪辞者众，或阳奉戴氏，实不与其学相容。夫经说尚朴质，而文辞贵优衍；其分涂，自然也"。可见，乾嘉汉学即"朴学"，清代"朴学"之名，既对宋学而言，又直接针对桐城文派而立。参看《章太炎全集》三，上海人民出版社，1984年校点本，第476—477页。

③ 陈寅恪：《陈垣元西域人华化考序》，见《金明馆丛稿二编》，上海古籍出版社，1980年，第239页。

④ 冯友兰：《三松堂自序》，生活·读书·新知三联书店，1984年，第228页。

由此引发出有关道学产生问题的诸多发人深省的精辟议论。近五六年来，我曾在拙著《中国近世"三教融合"与"中西会通"》《论全真道及其内丹长生思想之演变》等中，多次引用和阐释他那惊世骇俗之高论，但今仍觉得犹有未发之覆在也。主要还是如何进一步揭示道学产生及传衍的真谛，正确评判它在中国思想史上的真实价值。陈寅恪有两段常为学者引用的名言，一曰：

> 佛教经典言："佛为一大事因缘出现于世。"中国自秦以后，迄于今日，其思想之演变历程，至繁至久。要之，只为一大事因缘，即新儒学之产生，及其传衍而已。

二曰：

> 南北朝时，即有儒释道三教之目，至李唐之世，遂成固定之制度。如国家有庆典，则召集三教之学士，讲论于殿廷，是其一例。故自晋至今，言中国之思想，可以儒释道三教代表之。此虽通俗之谈，然稽之旧史之事实，验以今世之人情，则三教之说，要为不易之论。①

根据冯友兰在《三松堂自序》中的回忆，30年代，他在清华讲中国哲学史，有一位荷兰裔的美国人卜德（Derk Bodde）常来听课，并用英文开始翻译他刚由神州国光社出版的《中国哲学史》上册（1931），于1937年由北京的"法国书店"出版，但下册及全书，直到1952年才由普林斯顿大学出版社出版。1947年，他应邀赴美国宾夕法尼亚大学（University of Pennsylvania）讲授中国哲学史，特用英文写了讲稿，题名《中国哲学小史》（*A Short History of Chinese Philosphy*），后经卜德整理修饰，于1948年由纽约麦克米伦公司出版，可谓节本（该书一直没有中译本，直到1985年，方由涂又光译为中文，题名改定为《中国哲学简史》）。在这两部大小《中国哲学史》英文本中，冯友

---

① 陈寅恪：《冯友兰中国哲学史下册审查报告》，见《金明馆丛稿二编》，上海古籍出版社，1980年，第250—251页。

兰与卜德用了一个可译为"新儒家"或"新儒学"的英文词Neo-Confucianism翻译冯著中"道学"之名。又据蒋天枢《陈寅恪先生编年事辑》所载，上引《审查报告》"当作于民国二十一年"①，可知，陈寅恪在此所说的"新儒学"及《报告》中使用的七处"新儒家"，无疑也是指宋代道学而言。

然而，陈寅恪不同于冯友兰与卜德的是，他作为历史学家，又对宋代学术情有独钟，而以继承"宋贤史学"为己任，因此深知宋代道学产生之意义，犹如佛出现于世一样，为"一大事因缘"。而且认为，中国自秦、晋至今，其思想包罗至广，可以儒、佛、道三教代表之，其思想演变历程至繁至久，要旨只为这个新儒学的产生及传衍而已。显然，他之所以用"新儒学"或"新儒家"，而没有沿用宋儒（张、程、朱、叶）自称和冯著所用的"道学"或"道学家"，主要是"稽之旧史之事实，验以今世之人情"：一则明示道学仍是儒学，道学只能定位在中国儒学思想发展的历史上；他以"宋代新儒家"对应秦汉晋唐"儒家"的行文方式，就是明证。二则特别明示，道学不是一般的儒学，既不同于孔孟原儒，也不同于汉唐及清的"经儒"，甚至同北宋初年的"文儒"也不尽相同，②而是历经汉唐近千年间的徘徊、简择，同佛道交融、吸收，最终形成了自己独立的、以纲纪伦常为核心的儒学体系。这是儒学继承道教真精神，既对输入外来之佛教思想尽量吸收，又不忘华夏民族本来之独立地位，始终坚持纲常名教、忠孝为本的结果。可见，他把道学不是定位在一般的儒学发展史上，而是定位在儒与佛、道相互交涉而自成系统的学术思想史的坐标上。

（二）道学（理学）的学术定位

可以进一步印证这一定位的是，十年之后的1943年，陈寅恪为邓广铭《宋史职官志考证》一书写序时，又发覆畅言：

---

① 蒋天枢：《陈寅恪先生编年事辑》增订本，上海古籍出版社，1997年，第74页。

② "文儒"一词，参看王辟之《渑水燕谈录》卷六《文儒》条，中华书局，1981年，第70—73页。"经儒"一词，参看章太炎《检论·清儒》。

> 吾国近年之学术，如考古、历史、文艺及思想史等，以世局激荡
> 及外缘薰习之故，咸有显著之变迁。将来所止之境，今固未敢断论，
> 惟可一言蔽之曰，宋代学术之复兴，或新宋学之建立是已。华夏民族
> 之文化，历数千载之演进，造极于赵宋之世。后渐衰微，终必复振。①

显而易见，这里的"新宋学"既不等同于作为道学（理学）的"新儒学"，也不等同于作为宋代经学的"宋学"，而是对有宋一代的史学、哲学、艺术，当然也包括"宋学"和"新儒学"在内的整个学术文化的统称。

自30年代迄今，史学家正是以学术文化的视角为道学（理学）定位的。只要看看近十多年来史学家们发表的诸如《略谈宋学》《宋学的发展和演变》等很有影响的论文，②就会得知这一定位的学术意义。

三、道学与"新理学"

40年代末，当冯友兰深长赞叹当代"对西方哲学深有所见"的历史学家、考古学家王国维，因"为哲学家则不能，为哲学史（家）则又不喜"，产生了"知其可信而不能爱，觉其可爱而不能信"的最大之哲学烦恼，不得不由哲学研究而移于文学之时，③他自己的兴趣，则早"由研究哲学史转移到哲学创作"。④十年间，在民族兴亡与历史速变的激发与启示下，他创作了《贞元六书》（《新理学》《新事论》《新世训》《新原人》《新原道》《新知言》）和《中国哲学简史》英文稿，创立了他自号"新理学"的哲学思想体系，把道学研究推向了"中西会通"的中国哲学重构阶段。

---

① 陈寅恪：《邓广铭宋史职官志考证序》，见《金明馆丛稿二编》，上海古籍出版社，1980年，第245页。

② 邓广铭：《略谈宋学》，见1984年《宋史研究论文集》；漆侠《宋学的发展和演变》，载《文史哲》1995年第1期。

③ 参看涂又光据英文翻译的冯友兰《中国哲学简史》，北京大学出版社，1985年，第361—362页。又详见王国维1905年为《王静庵文集》撰写的《自序》与《三十自序》，台北偹勉出版社，1978年，第45—50页。

④ 冯友兰：《三松堂自序》，生活·读书·新知三联书店，1984年，第245页。

（一）对道学的重新审视

冯友兰作为20世纪二三十年代"真懂西方哲学"的极少数人之一，他审视道学，不同于经学家，也不同于史学家，首先基于他对哲学的深刻理解和会通中西哲学的研究实践。

1946年至1947年，冯友兰在美国为西方人讲授中国哲学史，开宗明义，乃"中国哲学的精神"。他首先申明，他所说的哲学，"就是对于人生的有系统的反思的思想"，而人生最根本的问题，就是"对超乎现世的追求"，这是"人类先天的欲望之一"，天下"同此心同此理也"，中国人毫不例外。当然，共相寓于殊相之中，"按照中国哲学的传统，它的功用不在于增加积极的知识，而在于提高心灵的境界——达到超乎现世的境界，获得高于道德价值的价值"，使人能够在精神上达到"与宇宙同一"、"与万物同体"、"入世"与"出世"统一的思想境界。所以，哲学所讲的"就是中国哲学家所谓内圣外王之道"。①

以此为准，他重新审视中国哲学发展的历史，勾画出了孔孟（儒家）—名家—老庄（道家）—玄学（新道家）—禅宗—道学（新儒家）如此一脉相承的思想主流线索，比史学家的"时代思潮"之说②更涵一番新意。他说：

---

① 冯友兰：《中国哲学简史》，涂又光译，北京大学出版社，1985年，第1—17页。
② 梁启超1920年在《清代学术概论》中，开宗明义曰："今之恒言，曰'时代思潮'。此其语最妙于形容。凡文化发展之国，其国民于一时期中，因环境之变迁，与夫心理之感召，不期而思之进路，同趋于一方向，于是相与呼应汹涌如潮然。始焉其势甚微，几莫之觉；浸假而涨—涨—涨，而达于满度；过时焉则落，以渐至于衰熄。凡'思'非皆能成'潮'；能成'潮'者，则其'思'必有相当价值，而又适合于其时代之要求者也。凡'时代'非皆有'思潮'；有思潮之时代，必文化昂进之时代也。其在我国，自秦以后，确能成为时代思潮者，则汉之经学，隋唐之佛学，宋及明之理学，清之考据学，四者而已。"详见《梁启超论清学史二种》，复旦大学出版社，1985年，第1—3页。陈寅恪1930年为陈垣《敦煌劫余录》撰写序文，开宗明义亦云："一时代之学术，必有其新材料与新问题。取用此材料，以研求问题，则为此时代学术之新潮流。治学之士，得预于此潮流者，谓之预流（借用佛教初果之名）。其未得预者，谓之未入流。此古今学术史之通义，非彼闭门造车之徒，所能同喻者也。"参看陈寅恪：《金明馆丛稿二编》，上海古籍出版社，1980年，第336页。冯友兰晚年撰写的《中国哲学史新编》，采用了"书不以人为纲，以时代思潮为纲；以说明时代思潮为主，不以罗列人名为贵"的体裁，将全书分为"先秦诸子""两汉经学""魏晋玄学""隋唐佛学""宋明道学""近代变法""现代革命"等七个时代思潮，可见其思想的发展。参看《中国哲学史新编》第五册自序，人民出版社，1988年，第1—2页。

中国哲学有一个主要底传统，有一个思想的主流。这个传统就是求一种最高境界。这种境界是最高底，但又是不离乎人伦日用底。这种境界，就是即世间而出世间底。这种境界以及这种哲学，我们说它是"极高明而道中庸"。①

他认为，宋明道学中张载之《西铭》、程朱之理学、陆王之心学，最能体现这种"最高底境界"，它是中国哲学的主流，也是儒家精神之所在。

那么，如何使"极高明"与"道中庸"（即"出世"与"入世"）统一起来？"这是中国哲学所求解决的问题。求解决这个问题，是中国哲学的精神。"②再用中国哲学之精神反观清学，他认为，清儒中的汉学与宋学之争，实际上是对古代文献（六经）进行"哲学的解释"与进行"文字的解释"的论争。而"文字的解释"是着重在它相信的文献原有的意思，汉学家在这一相关的校勘、考证、语文学等领域做出了惊人的成绩；但"哲学的解释"是着重在它相信的文献应有的意思，汉学家在这一方面的贡献微不足道，甚至可以说它使中国哲学走入歧途。因为，清儒不了解创立道学的宋明新儒家，是"儒家、佛家、道家（通过禅宗）、道教的综合"，新儒家把儒、佛、道三条异质的思想路线统一起来，"这种统一并不是简单的折中，而是形成一个同质的整体的真正系统"，这就是道学思想体系。他特别解释说：

因为新儒家的确是先秦儒家理想派的继续，特别是孟子的神秘倾向的继续，……正因为这个原故，这些人被称为"道学家"，他们的哲学被称为"道学"。"新儒家"这个名词，是一个新造的西洋名词，与"道学"完全相等。③

所以，新儒家不是被谴责的那种"朱子道，陆子禅"的假儒家，或不纯粹的儒

---

① 《新原道》绪论，见《贞元六书》，华东师范大学出版社，1996年，第706—707页。
② 冯友兰：《中国哲学简史》，涂又光译，北京大学出版社，1985年，第9—10页。
③ 冯友兰：《中国哲学简史》，涂又光译，北京大学出版社，1985年，第298页。

家。若用哲学的观点审视，从中国哲学发展的历史看，"三教归一"，这样的综合，"代表着发展，因此是好事，不是坏事"。①所以，他自己要建立的新理学体系，正是"接着"程朱理学讲的"哲学创作"。

（二）"接着讲"的哲学创作

冯友兰在《新理学》绪论中首先申明，他之所以把他的哲学体系自号为"新理学"，其理由主要是：一则"宋明以后底道学，有理学、心学二派"，而他所讲的系统是"接着"而不是"照着"宋明以来的理学一派讲的；二则他所讲的理学非通常所谓"讲理之学"的意义，而是"讲我们所说之理之学"，"可以说是最哲学底哲学"。无疑这是他一生最重要的"哲学创作"。此后，他在《简史》《四十年的回顾》，以及晚年所撰的《自序》中，多次解说过他新理学体系的意蕴，无论是"检讨"文字还是"回忆"文字，无不流露出他"贞"下起"元"的哲学宏愿和创作自信。近年，学界对新理学体系的理论和方法亦多有论述②，此不赘述。但很值得后学思考的是，冯友兰这一哲学创作的理论意义，以及其对20世纪中国哲学研究的实际影响，究竟如何。

平心而论，在当代中国哲学界最有名望的几位思想大家中，冯友兰对中国哲学研究的影响，超过了任何一位大家，尤其是对宋明道学研究的影响，可谓至深至远。他精心建构的新理学体系，可以说是会通中西哲学的结晶，也是"研究哲学史和哲学创作"相统一的典范。我赞同张岱年先生所说：

> "西学东渐"以来，中西哲学的结合是必然的趋势。当代中国哲学界最有名望的思想家是熊十力先生、金岳霖先生和冯友兰先生，三家学说都表现了中西哲学的融合。熊先生的哲学是由佛学转向儒学的，也受到柏格森生命哲学的影响，在熊氏哲学体系中，"中"层十分之九，"西"层十分之一。金先生惯于用英语思考问题，然后用中

---

① 冯友兰：《中国哲学简史》，涂又光译，北京大学出版社，1985年，第354页。
② 参看王中江、高秀昌编：《冯友兰学记》（生活·读书·新知三联书店，1995年）一书中张岱年、涂又光等学者的论文。

文写出来，对于中国古代哲学的精义也有较深的体会和感情，金先生的体系可以说是"西"层十分之九，"中"层十分之一。唯有冯友兰先生的哲学体系可以说是"中"、"西"各半，是比较完整的意义上的中西结合。

从其内容来说，冯先生的中西结合主要是中国的正统派哲学与西方的正统派哲学的结合，亦即中国的古典理性哲学与西方的古典理性主义的结合，亦即中国的程朱理学与西方柏拉图主义的结合。①

由此可见，儒学经历了汉唐经学、宋明道学（即新儒学或清儒眼中的宋学）之演变，至清学，乃已走向终结。此后，"新学"与"旧学"、"中学"与"西学"之矛盾冲突、交融会通，自然已成为近百年来中国思想文化及其哲学发展的主线。一切学术形态，各人文学科的研究，皆是这一主线的表现。熊十力的"新唯识论"、冯友兰的"新理学"，概莫能外。冯友兰晚年"自序"他"接着"程朱理学讲的主旨，是要振兴中华民族的传统文化精神，而不是复兴新儒学；是要进行中西哲学会通的"哲学创作"，而不是"照着"新儒家"怎么说"讲的哲学史陈述，新儒家"怎样说的"，仅仅是他阐述"自己怎么想"的哲学创作所凭借的思想资料而已。②他不做"当代新儒家"，他是闻名于世的当代中国哲学家，这已是不言自明的史实。

所谓"当代新儒家"，无论是"照着讲"还是"接着讲"，其实都不过是凭借道学史料而在不同层次上会通中西的哲学重构。他们大体都是不再践履传统"儒行"，而是在某一学术文化单位任职教授或研究员的现代学者；他们因所处时势背景及文化教育、学术训练、学养程度的不同，哲学重构的作品，自然会有康德式的、杜威式的、马列式的等种种不同成色的"新儒学"体系。这本是近世"三教融合"与"中西会通"的应有之义，绝非史学家预言"新宋学复振"的应验。

---

① 王中江、高秀昌编：《冯友兰学记》，生活·读书·新知三联书店，1995年，第93页。

② 冯友兰：《三松堂自序》，生活·读书·新知三联书店，1984年，第245—246页。

近几年来，中国史学界似乎无法再忍耐"现代新儒学研究"的不断升温，已向学界发出了纠正"把理学代替宋学"之偏向的呼吁；①1996年5月，还在河南举行了"中国宋学与东方文明国际学术研讨会"②。看来，宋学研究正在兴起。这对道学（理学）研究的深化无疑具有积极的促进作用。但道学即哲学，宋学乃学术，各有不同的定位，各有不同的研究理路。盖学问之道，各崇所见，本可同兴无碍。何况道学作为"一大事因缘"出现于宋代，其包罗至广、演变至繁、传衍至久，历史罕有，而今对它进行多角度、多方面的多元研究，亦当是当代中国学术发展的应有之义。然而，我以为，它作为哲学，最好还是放在中国哲学史中深入研究，亦即沿着冯友兰"接着讲"的路向，继续进行哲学重构。我辈深知其中甘苦，虽不能至，心向往之；非曰能之，愿学习焉。

1999年3月稿于浙江大学求是村家。

原载新加坡《儒家文化》创刊号，2001年。

---

① 邓广铭：《略谈宋学》，见1984年《宋史研究论文集》；漆侠：《宋学的发展和演变》，载《文史哲》1995年第1期。

② 参看杨翰卿：《中国宋学及其与东方文明的关系》，载《学习论坛》（郑州）1996年第6期。

孙中山大同理想的终极关怀（论纲）

中国十年改革开放的现代化进程举世瞩目，早就有人预言21世纪将是"中国的世纪"。在世人呼唤"中国的世纪"到来之际，海内外学术界已召开过几个国际学术会议来纪念把中国从封建专制引向民主共和时代的孙中山先生的丰功伟绩。作为孙先生革命事业继承者的现代中国人，今天纪念这位伟大革命先行者的实际行动，实莫过于将中国改革开放的现代化事业进行到底。

回忆我个人的学术生涯，可以说，自从我七八岁入村私塾开始"有志于学"，第一个占据我思想世界的伟人，就是呼吁"革命尚未成功，同志仍须努力"的孙中山先生。尽管，我那时每次进学堂首先要向他立正鞠躬，诵其"遗嘱"，被他"天下为公""世界大同"的豪言壮语感动，为他毕生为"求中国之自由平等"而"百折不回""愈挫愈奋"的顽强精神所激励，但我从来没有认真想过孙中山大同理想的终极关怀究竟是什么。直到这次赴港参加"孙逸仙思想与21世纪国际学术研讨会"，才有缘对这一古老问题做出现代思考。

一、天下为公

早在同盟会成立之前，孙中山就公开宣称过："余之主张为'大同主义'。"①以后他多次书写《礼记·礼运》"大道之行"一段，表明其"大同主义"的基本宗旨。《礼运》篇以"孔子曰"开宗明义：

> 大道之行也，天下为公，选贤与能，讲信修睦。故人不独亲其亲，不独子其子。使老有所终，壮有所用，幼有所长，矜寡孤独废疾者，皆有所养。男有分，女有归。货，恶其弃于地也，不必藏于己；力，恶其不出于身也，不必为己。是故谋闭而不兴，盗窃乱贼而不作，故外户而不闭。是谓大同。

这就是孔子以后的秦汉儒家精心设计的"大同"理想社会。在这个社会里，财富共同享有，人人劳动，互助平等，各尽其能，各得其所；"天下为公"是它奉行的最高原则，是"大同"社会的主要特色。这一理想成为中国古代优秀的文化传统，为近代洪秀全、康有为和孙中山继承、发挥。

孙中山毕竟是一位具有世界意识的革命实践家。他"幼读儒书"，"志窥远大"，切磋西学，信仰耶稣之道，以达尔文进化论为指导，充分发展了"天下为公"的"大同"社会准则。他认为，世界潮流如同长江、黄河，由神权流到君权，由君权流到民权；现在已流到民权时代，虽有曲折，但其趋势不可阻止。他还引述史实驳斥了国内外保守派所谓"中国人民的程度太低，不适宜于民权"的谬论，指出：

> 两千多年前的孔子、孟子便主张民权。孔子说："大道之行也，天下为公。"便是主张民权的大同世界。又"言必称尧舜"，就是因为尧舜不是家天下。尧舜的政治，名义上虽然是用君权，实际上是行民权，所以孔子总是宗仰他们。孟子说："民为贵，社稷次之，君为轻。"又说："天视自我民视，天听自我民听。"又说："闻诛一夫纣矣，未闻弑君也。"他在那个时代，已经知道君主不必一定是要

---

① 冯自由：《革命遗史》第三集，中华书局，1981年，第209页。

的，已经知道君主一定是不能长久的，所以便判定那些为民造福的就称为"圣君"，那些暴虐无道的就称为"独夫"，大家应该去反抗他。

由此他得出结论："中国人对于民权的见解，二千多年以前已经早想到了"，只是那时还"不能做到"；"现在欧美既是成立了民国，实现民权，有了一百五十年，中国古人也有这种思想，所以我们要希望国家长治久安，人民安乐，顺乎世界的潮流，非用民权不可"。[①]

显然，用"民权"代替"君权"，以"共和"取代"专制"，"驱除鞑虏，恢复中华，建立民国，平均地权"，这便是孙中山大同理想的直接奋斗目标，是"天下为公"最高原则的实际内容。

二、大同之世

孙中山大同理想的基本点是他的三民主义，即欧美资产阶级的"自由、平等、博爱"的观念。他认为，"自由、平等、博爱"三个名词，好比中国革命用民族、民权、民生三个主义一样；"自由、平等、博爱是根据于民权，民权又是由于这三个名词然后才发达"，而这三个名词最根本的还是"平等"。[②]"我人所抱之唯一宗旨，不过平其不平，使不平者底于平而已矣。"[③]

辛亥革命胜利之后，1912年10月，孙中山在上海中国社会党的演说中，不失时机地提出了只有"社会主义"才能挽救社会进化论的"缺憾"，只有"社会主义之国家"才是"一真自由、平等、博爱之境域也"。因为，它主张"土地、铁路、邮政、电气、矿产、森林皆为国有"，"消灭贫富之阶级"差别，"人民平等，虽有劳心劳力之不同，然其为劳动则同也。即官吏与工人，不过以分业之关系，各执一业，并无尊卑贵贱之差也"。"农以生之，工以成之，商以通之，士以治之，各尽其事，各执其业，幸福不平而自平，权利不等而自等。"孙中山认

---

① 以上参看《孙中山全集》第九卷，中华书局，1986年，第262、263页。
② 《孙中山全集》第九卷，中华书局，1986年，第271页。
③ 《孙中山全集》第二卷，中华书局，1981年，第509页。

为，"自此演进，不难致大同也"，即达到"共产社会主义"。他说：

> 共产云者，即人在社会之中，各尽所能，各取所需。如父子昆
> 弟同处一家，各尽其生利之能，各取其衣食所需，不相妨害，不相竞
> 争，郅治之极，政府遂处于无为之地位，而归于消灭之一途。

同社会主义比较，他肯定："共产主义本为社会主义之上乘。"①可见，孙中山所追求的"大同之世"，其实就是由社会主义演进到共产主义的理想社会。

诚然，孙中山不是一个马克思主义者，他的"社会主义"与"共产主义"，不能完全等同于马克思的社会主义与共产主义，但他的这一大同理想毕竟远远超出了中国古代传统的"大同"思想，而越来越接近马克思勾画的社会主义与共产主义社会蓝图。在他眼里，"夫苏维埃主义者，即孔子之所谓大同也"②就是明证。不容置疑，他为五四运动以后的马克思主义和科学社会主义在中国广泛传播做了铺垫，起了先导作用。现代中国人不应忽略孙中山在这一方面的"先行者"贡献。

三、民族主义

孙中山的大同理想，不限于中国，而要推广至亚洲、全世界，要让地球上人类得到"最大之幸福"，这的确具有"世界大同主义"的意蕴。然而，从孙中山"致力国民革命凡四十年"的整个革命活动来看，他的大同理想的终极关怀主要还是中国这个国家，而不是亚洲和世界，这是一种民族主义的国家意识，而不是世界主义的全球意识。

面对列强征服世界、瓜分中国的形势，针对当时的英美和以前的俄德，以及中国提倡新文化的新青年都赞成"世界主义"而"反对民族主义"的倾向，孙中山在临终前一年的1月至8月《三民主义》讲演录里，详细分析了中外古今奉行"世界主义"思想架构所造成的弊端，肯定指出：

---

① 《孙中山全集》第二卷，中华书局，1981年，第508、524页。
② 《孙中山全集》第八卷，中华书局，1986年，第405页。

> 民族主义这个东西，是国家发达和种族图生存的宝贝。……民族主义能够令我们的良心不安，所以民族主义就是人类图生存的宝贝。好比读书的人，是拿什么东西来谋生呢？是拿手中的笔来谋生的。笔是读书人谋生的工具，民族主义便是人类生存的工具。如果民族主义不能存在，到了世界主义发达之后，我们就不能生存，就要被人淘汰。

但是，他并不否认世界主义，认为："我们受屈民族，必先要把我们民族自由平等的地位恢复起来之后，才配得上来讲世界主义。"因为世界主义"是从民族主义发生出来的。我们要发达世界主义，先要民族主义巩固才行。如果民族主义不能巩固，世界主义也就不能发达"。由此他得出结论："世界主义实藏在民族主义之内，民族主义是世界主义的基础。"①

因此，孙中山针对五四新文化运动带来的盲目、狂热的反传统主义思潮，坚决主张在吸收欧美、日本先进科学技术、思想文化的同时，必须继承和发扬我们中华民族优秀的文化、道德传统，以"忠孝、仁爱、信义、和平"做基础，恢复民族精神，"去统一世界，成一个大同之治"。他认为"这便是我们四万万人的大责任"，"便是我们民族的真精神"。②

由此可见，孙中山丝毫没有离开他所处的时代主题，他的大同理想实际是以"三民主义"为内容，其终极关怀同梁启超等中国近代史上一批仁人志士一样，是以"民族主义"的理念架构来挽救中国的危亡，声称"三民主义就是救国主义"。显然，这是一种民族意识，而不是全球意识，尽管孙中山是他那个时代最具有全球意识的思想家。

1991年春稿于浙江大学求是村家。

原载《浙江大学学报（社会科学版）》1992年第1期。

---

① 《孙中山全集》第九卷，中华书局，1986年，第210—231页。
② 《孙中山全集》第九卷，中华书局，1986年，第253—254页。

中

接引篇

唯心主义平议

本文平议的唯心主义，是马克思主义以前哲学史上尤其是中国哲学史上的唯心主义。多少年来为它说好话的人实在不多，可是，它在历史上的进步作用却是无法否认的事实。许多研究者早就注意到了这一点，又觉得是一道难题；近来有人称它是哲学史上一个"尖锐的、尖端的问题"，这并不过分。

1957年春，在北京大学召开的中国哲学史讨论会上，郑昕先生写有《开放唯心主义》①一文，不少同志还发表了很能启迪人思考的意见，自由活泼的学术争论，曾有一个良好的开端。谁料想，急剧的政治变化，带来了对学术民主的严重破坏，终于使唯心主义成了"反动"的代名词，理论思维的科学遭到了不容言辩的"凌辱"！随之，对唯心主义的评价问题就成了哲学史研究中的禁地。

急风暴雨的斗争过去三年了，学术界几经动荡之后，目前几乎各个领域皆处于深沉的"反思"状态。在这种情况下，重新平议唯心主义，不是没有意义的。

---

① 哲学研究编辑部编辑：《中国哲学史问题讨论专辑》，科学出版社，1957年，第1—10页。

一、哲学党性原则是评价唯心主义的论据吗?

人们通常认为，哲学上一直存在着唯物主义和唯心主义的对立和斗争，唯心主义是一种反动的世界观，它总是节节退败，而唯物主义是革命的理论武器，它必然旗开得胜。二者竞长争高，水火难容。这种看法，不是没有道理。问题是经过长期的宣传、熏陶之后，至少在哲学和哲学史工作者的头脑里，它已经凝固化为强硬的公式，这就是各类哲学教科书开宗明义的命题："哲学史上的两军对战"。

在这一公式的支配下，哲学界以往主要从政治界限、阶级立场方面，对唯心主义进行了严厉的讨伐和批判。在那些激烈斗争的年代里，这是十分自然而可以理解的事。而且，这种做法也不是无有成绩，起码给复杂的哲学思想划出了一条分明的界限。但总的来说，它带有极大的偏颇，甚至导致了理论上的混乱。

因为，只要仔细考究一下，就会发现哲学史工作者之所以一直对唯心主义万分憎恶，怀抱偏见，是由他必须坚持哲学党性原则的立场决定的。贺麟先生说过："尽管在划分唯物主义同唯心主义的界限的时候可能碰到很多困难，但是原则上我们不能否认有唯物主义与唯心主义的斗争，不然，难免不犯原则性的错误。这表示他不懂得恩格斯关于哲学上的根本问题的提法。"[①]这的确道出了绝大多数哲学史家的共同心声。

二十余年尖锐的政治斗争局势，使人们的性格都具有一种特殊的政治敏感。当大家一触及唯心主义，不管对它做肯定还是否定的评价，立即便遇到对哲学党性原则的态度问题。谁也不愿做哲学上无党性的人，因为"哲学上无党性的人，像政治上无党性的人一样，是不可救药的蠢才"[②]。所以，坚持唯物主义反对唯心主义的党性原则，简直如同政治上坚持无产阶级反对资产阶级的敌我观念一样，成了我们研究哲学及哲学史一切问题的出发点，自然也就是评价唯心主义的理论根据。谁若要稍微给唯心主义说几句公正的话，便像政治上

---

① 贺麟：《对于哲学史研究中两个争论问题的意见》，见哲学研究编辑部编辑：《中国哲学史问题讨论专辑》，科学出版社，1957年，第186页。
② 《列宁全集》第十四卷，人民出版社，1957年，第302页。

站错阶级立场一样，犯下了难以饶恕的"原则性的错误"。

于是，一个根本问题由此发生了。这就是哲学史研究的对象和范围，通过一个所谓贯彻了哲学党性原则的日丹诺夫定义固定化了。从而，唯心主义的历史地位也便被确认为哲学史上的"反面教员"。

早在1947年，苏联哲学界召开过一个关于亚历山大洛夫著《西欧哲学史》一书的讨论会。会上，日丹诺夫以联共（布）中央委员会书记的身份发言，说什么：

> 科学的哲学史，是科学的唯物主义世界观及其规律底胚胎、发生与发展的历史。……唯物主义既然是从与唯心主义派别斗争中生长和发展起来的，那么，哲学史也就是唯物主义与唯心主义斗争的历史。[①]

这就是有名的日丹诺夫定义。这个定义不仅在苏联哲学史界长期占据统治地位，成为那套曾独霸学坛的《哲学史》编著的圭臬；而且，在我国通过1957年的中国哲学史讨论会，被奉为中国哲学史研究工作的"指南"和"基本原则"，一直体现在各种哲学史的论著中，影响至今。

这个定义，其所以发生如此巨大的作用，除了日丹诺夫本人是代表联共（布）党"裁决"学术的权威性身份外，大概和我们同行学人中长期存在着的"政治上的高位，必然是学术上的权威"这种传统迷信观念直接相关。大家以为是他把列宁的哲学党性原则运用到哲学史中了。列宁说"唯物主义和唯心主义按实质来说，是两个斗争着的党派"[②]，他便说"哲学史也就是唯物主义与唯心主义斗争的历史"。由此，我们的哲学史家便把中国哲学史研究的对象和范围，理所当然地归结为主要是划分唯物与唯心的定性工作。唯心主义在哲学史上，也就不容申辩地被钉在耻辱柱上，同"反动""没落""腐朽"等贬词结下了白头姻缘；它同唯物主义斗争必然溃败的结局，早已默默地包含在日丹

[①] ［苏］日丹诺夫：《在关于亚历山大洛夫著〈西欧哲学史〉一书讨论会上的发言》，人民出版社，1956年。

[②]《列宁全集》第十四卷，人民出版社，1957年，第379页。

诺夫定义这一理论前提中了。

然而，这是不科学、不公正的。是混淆了哲学与哲学史的界限，不符合哲学发展的历史实际的。一旦深入哲学史的具体领域，这个"定义"便立即显得软弱无力。

第一，我们发现，尽管几千年的哲学发展过程中唯心主义和唯物主义的斗争不会陈腐，但列宁的这个"党性原则"和哲学史上每一具体的哲学体系之间的关系，并不是必然的，而是具有极大的偶然性。

因为，按哲学党性原则和日丹诺夫定义的要求，唯心主义和唯物主义之间主要是对立斗争、水火不容的联系，可是哲学史上的客观实际却是：在马克思主义以前，可以说没有一个纯而又纯的唯心主义，也没有一个清一色的唯物主义。每个哲学家的思想，都是一个驳杂的体系。仅从唯心主义这方面而言，就有如下纷糅的情况。

一则，唯心与唯物同时结合在同一哲学大家的同一哲学体系中。

康德哲学，可算一个典型。他的《纯粹理性批判》，人们公认是唯心主义的；但这往往是针对康德哲学体系的本质和发展趋向而论，若面对现实的康德，谁也不会忘记，列宁对他有过一段经典的概括：

> 康德哲学的基本特征是调和唯物主义和唯心主义，使二者妥协，使各种相互对立的哲学派别结合在一个体系中。当康德承认我们以外的某种东西、某种自在之物和我们表象相符合的时候，他是唯物主义者；当康德宣称这个自在之物是不可认识的、超验的、彼岸的时候，他是唯心主义者。在康德承认经验、感觉是我们知识的唯一泉源时，他是在把自己的哲学引向感觉论，并且在一定的条件下通过感觉论而引向唯物主义。在康德承认空间、时间、因果性等等的先天性时，他就把自己的哲学引向唯心主义。[1]

---

① 《列宁全集》第十四卷，人民出版社，1957年，第203页。

这显然不符合那个"原则"和"定义",但在康德哲学中,居然是事实。列宁承认这个德国古典哲学史上把唯物与唯心有机地结合在一起的事实,并对它进行了具体分析,做出了科学的评价。同一个列宁,难道不觉得这个康德,同他提出的"哲学党性原则"大相径庭而不能容忍吗?!

像康德这样的唯心主义,在中国哲学史上也屡见不鲜,儒家大师孔子、朱熹均属此类。这是一些聪明的、清醒的唯心主义者,他们能面对现实,不崇尚空疏之言。所以,我称他们的唯心主义为"唯物"的唯心主义,其物观的程度,当然各有千秋。

二则,与此略同,还有唯心与唯物之间,如同"今日之我"与"昨日之我"之间前后否定,但共同存在于同一个哲学大家的整个哲学思想的发展过程中的情况。

现代哲学史上,无论中国的鲁迅和毛泽东,还是德国的马克思和恩格斯,他们的哲学体系,从最后完成意义上来讲,诚属极其彻底而严整的唯物主义,这是他们的"敌人"也承认的。但若考察一下各自世界观的形成过程,就不难发现,他们早期都热烈地信奉过各种唯心主义,他们早期的著作皆明白地留着唯心的痕迹。这种唯心与唯物前后否定的关系,虽然不同于康德一类并存结合的关系,但在唯物与唯心均存在于同一个哲学家这一点上,却是相同的。

至于马克思主义以前的一切哲学体系,唯物的自然观和唯心的历史观相互结合,几乎已成为铁则。这类唯物主义,也可叫作"唯心"的唯物主义,即不彻底的唯物主义。

这表明唯心主义和唯物主义在每一具体的哲学体系中,并不像哲学党性原则所昭示的那样,只有对立斗争、水火不容一面,而多是你我互涵、水乳交融的情形。足见,哲学党性原则不能代替对每一哲学体系的具体分析,更不能成为评价唯心主义的唯一论据。

三则,除了唯心主义与唯物主义既对立又统一的关系外,还有唯心主义与辩证法共存于同一哲学体系的情况。

如果说,中国先秦哲学史上的老子哲学,还不能算作这方面已有定论的例证的话,那么足以代表德国古典哲学最高成果的黑格尔,真堪称"在每一领域中都起了划时代作用"的辩证唯心主义大师。

过去人们根据那个"原则"和"定义"，总以为只有唯物主义才有独占辩证法、与辩证法结合一体的特权，而唯心主义仿佛只配同形而上学相依为命。倘若一碰见黑格尔哲学，那只有祭起唯一的"法宝"：体系与方法矛盾，随心立说了事。岂不知，恩格斯说的黑格尔体系与方法的矛盾，是确指黑格尔苦思冥想出来的体系，实际是一个企图克服一切矛盾、终结事物发展的形而上学的封闭结构；这同他肯定矛盾是绝对精神演化的内在动因，一切事物都是作为过程而暂时存在的这一辩证法核心，是一个矛盾，即形而上学与辩证法的矛盾。而且，这个矛盾在黑格尔那里并不是明显地存在着，而是恩格斯分析得出的结论。恩格斯还特别提醒人们千万不要忽视这一点。[①]

这说明，黑格尔的唯心主义和辩证法，在他的哲学体系中是紧密融合在一起的，并不存在根本的矛盾。尽管，他的形而上学体系是产生于他唯心的绝对精神的永恒需要，但这只表明了他的形而上学体系和他的唯心主义宇宙观有渊源关系，却并不证明其辩证方法和唯心主义就不能有机地结合，非对立不可。

这种辩证法同唯心主义的结合，在中国哲学史上，也不绝如缕。《周易》、老子、禅宗思想、程朱理学就是如此。这类唯心主义，可叫作"辩证"的唯心主义。这更是哲学党性原则和日丹诺夫定义没有包含的内容。

第二，唯心主义尚有如上"唯物"的唯心主义、"辩证"的唯心主义、历史唯心主义等等错综复杂的哲学体系，再加上各种不纯粹的唯物主义体系所构成的哲学史，那更是纷然杂陈，犬牙交错，丰富多姿。美其名曰贯彻了哲学党性原则的日丹诺夫定义，在此必然一筹莫展，难以适从。

因为，既然按照哲学党性原则，每一哲学家的哲学体系，不是纯粹唯物的，定是纯粹唯心的，二者只有"红白关系"，不能有"青蓝关系"。那么，全部哲学史就必然变为纯粹的唯物主义与纯粹的唯心主义两条直线的延伸。这显然违背了哲学发展的史实。过去有的《中国哲学史》为了处处照"定义"去办，简直不顾时序，硬让相距两百多年的王充与董仲舒"两军对战"，曾演出过不少"关公

---

① 参看《马克思恩格斯选集》第四卷，人民出版社，1972年，第213页。

战秦琼"的笑剧。这难道不正表明了日丹诺夫定义是不科学的吗？

我认为科学的哲学史，应该忠实地沿着黑格尔—马克思、恩格斯—列宁的思路前进。哲学史的对象和范围，应该像恩格斯、列宁说的：是"关于人的思维的历史发展的科学"[①]，"简略地说，就是整个认识的历史"[②]。而人类的认识正如列宁指出的，是活生生的、多方面的、辩证的无限发展过程，"其中包含着无数的各式各样观察现实、接近现实的成分"[③]。哲学史上各种类型的哲学体系，就是由这些认识现实的成分发展而成的。而人们认识现实的过程，又"不是直线（也就是说，不是沿着直线进行的），而是无限地近似于一串圆圈、近似于螺旋的曲线。这一曲线的任何一个片断、碎片、小段都能被变成（被片面地变成）独立的完整的直线"，而这条直线就会把人们引向唯心主义。所以，唯心主义是人类认识史不可避免的环节，不是人类的罪过，也不应是哲学史上的"反面教员"。它同唯物主义一样，是人类认识之树上盛开着的百花中的一朵花，虽然"它无疑地是一朵不结果实的花，然而却是生长在活生生的、结果实的、真实的、强大的、全能的、客观的、绝对的人类认识这棵活生生的树上的一朵不结果实的花"[④]。

听听列宁这些精辟的论断，我们丝毫不觉得他背离了哲学党性原则，而我们的哲学史家居然担心对日丹诺夫定义的一点怀疑，就会"必然引导人们走向对唯心主义让步"[⑤]。这岂不是很值得人们深思吗？

以上事实，足以证明：（1）坚持哲学党性原则和对哲学史上包括唯心主义在内的每一哲学体系的具体分析与科学评价，虽有联系，但诚属两个问题，不能混为一谈。坚持哲学党性原则，主要是指：承认全部哲学重大的基本问题是思维和存在的关系问题，承认哲学家们在回答这个问题时会分成唯物和唯心两大对立的阵营。"唯物主义"和"唯心主义"这两个名词只能在这个意义上

① 《马克思恩格斯选集》第三卷，人民出版社，1972年，第465页。
② 《列宁全集》第三十八卷，人民出版社，1959年，第399页。
③ 《列宁全集》第三十八卷，人民出版社，1959年，第411页。
④ 《列宁全集》第三十八卷，人民出版社，1959年，第411—412页。
⑤ 朱谦之：《关于中国哲学史的对象和范围问题》，见哲学研究编辑部编辑：《中国哲学史问题讨论专辑》，科学出版社，1957年，第87页。

被使用，否则就要造成混乱。这是针对哲学基本问题而言，是谁也不否认的。

但是，哲学不等于哲学史。哲学史上的每一哲学家的哲学体系，并不是一个哲学基本问题，它所解决的哲学问题是多方面的。即使是同一个哲学基本问题，各人也有不同的命题，欧洲的哲学家叫"思维和存在"，中国古典哲学却称"究天人之际"，这二者十分相似，但又不完全雷同。同时，每个哲学家对同一哲学基本问题的回答，也是一个复杂的认识过程，他可能在这一点上是唯物的，在另一点上又可能是唯心的；他昨日可能是唯心的，今日又可能是唯物的。况且唯物与唯心又不是全部哲学的唯一内容。因此，对哲学史上每一哲学体系的研究，就是要具体分析、全面评价这种复杂的认识现象，主旨在于揭示其内在的规律性，而不是拘泥一个哲学基本问题，去审定"成分"。日丹诺夫定义的根本错误在于全然不顾这些史实，把复杂的哲学问题简单化为一个区分唯物与唯心的"基本问题"。实质是用一般的哲学原理去代替生动的哲学史。

（2）哲学史不同于阶级斗争史，它是人类的认识史。日丹诺夫定义将复杂的认识史归结于一个唯物与唯心"两军对战"的公式，是违背人类认识发展规律的。在人类认识的大圆圈中，虽然有唯物与唯心的对立，但唯心主义与唯物主义同属于认识大圆圈中不可缺少的圆圈。二者所处的地位，不只是"敌我"关系，而且是朋友关系。它们既对立又统一，成为推动人类认识发展的内在动因。所以，日丹诺夫的定义是不科学的，应该推翻；唯心主义在人类认识史上的地位是客观存在，应该给予恢复。

二、唯心主义对人类理论思维发展的能动作用是客观事实

在人类理论思维的发展过程中，唯心主义是否起了积极作用，这并不是理论问题，而是一个是否承认事实的问题。同样，只要我们不再抱守偏见，真正从日丹诺夫定义的"魔法"中解脱出来，把中国哲学史看作中国人的认识史，我们应当公正地承认，中国哲学史上的唯心主义，也同马列肯定过的欧洲哲学史上的唯心主义一样，在特定的历史条件下，能动地推进了中国人理论思维的发展。

列宁非常赞赏黑格尔"非常深刻而确切地"把哲学史比喻为人类认识的"圆

圈"。多次指出，哲学史上"每一种思想＝整个人类思想发展的大圆圈（螺旋）上的一个圆圈"[①]。中国哲学的发展史，也是中华民族思想的一个螺旋式前进的历史过程。这一过程，同样可以划分为一系列小圆圈，每一个圆圈都是中国人的认识沿着辩证的否定之否定规律前提的一个小段。我认为，在唐宋以前，中国封建社会的哲学思想，至少经历了两大圆圈。第一个圆圈是由孔子原始儒学，到魏晋玄学的发展；第二个圆圈是由隋唐佛学，到程朱理学的发展。这样，我想只需将第一个圆圈稍加解剖，上述的各类唯心主义的积极意义，就会显露出来。

第一个圆圈，是由前后两个小圆圈和交织随行的一个大圆圈构成的一个大螺旋。第一个小圆圈是由孔子经过荀子到董仲舒；第二个小圆圈是由董仲舒经过王充到王弼。与之交织随行的一个大圆圈是由老子经过稷下黄老、汉初黄老和东汉末年的道教到王弼。而孔子和老子，大概又都发端于《周易》所代表的阴阳数度之术。若以图示便是：

《周易》　　　　孔子 ⟶ 荀子 ⟶ 董仲舒 ⟶ 王充 ⟍ 王弼
（阴阳数度之术）　老子 ⟶ 稷下黄老 ⟶ 汉初黄老 ⟶ 道教 ⟋（玄学）

先说图中的第一个小圆圈。

孔子，学者公认他是有史可考的中国古代第一个唯心主义哲学大家。我基本上同意此说，但觉得不够全面。应该说孔子是富有唯物内容的唯心主义者。即属"唯物"的唯心主义体系。尽管说，这样的体系"同自己的物质存在条件的联系，愈来愈混乱，愈来愈被一些中间环节弄模糊了"。但倘若细究一番，"这一联系是存在着的"[②]，并不是我随意要触犯传统说法。

孔子生当春秋战国之际，中国社会剧烈转变的时代，他代表从下层奴隶主转化过来的新兴地主阶级利益，登上了"社稷无常奉，君臣无常位"这样大动

---

① 《列宁全集》第三十八卷，人民出版社，1959年，第271页。
② 《马克思恩格斯选集》第四卷，人民出版社，1972年，第249页。

荡的历史舞台。大变革的时代、转化而来的阶级和大动乱的社会，使孔子思想处处呈现出不能"一以贯之"的二重性质。"中庸"就是他这一矛盾性格的哲学形态，是整个原始儒学的哲学基石。

在"究天人之际"的哲学基本问题上，孔子也表现出了一种"中庸"矛盾观。他一则相信天命，同时又怀疑鬼神。他承认"天""帝"是宇宙的主宰，"死生有命，富贵在天"（《论语·颜渊篇》，以下引《论语》只注篇名），"天之历数在尔躬"（《尧曰篇》），他高尚的德性，也是天予的。所以，"唯天为大"（《泰伯篇》），人不得"欺天"，要"畏天命"（《季氏篇》），知命而顺天。显然，这是唯心的宇宙观。

可是，若果全面地分析一下孔子的所有言论，就会发现：（1）孔子平时很少谈论天命和迷信。《论语》说："子不语怪、力、乱、神"（《述而篇》），"敬鬼神而远之，可谓知矣"（《雍也篇》）诚属确当的评论。但《论语》编撰者，却不知这是孔子从他的教育实践中必然得出的结论。孔子一生主要是以教育家的身份，从事哲学理论活动的，他认为人生本"性相近也"，后来才"习相远也"（《阳货篇》），只要相信人力，通过"学""习"的途径，就能改变习俗，培养出治世的"贤才"来。所以，他广招门徒，传道授业。当弟子子贡向他"问鬼神""问死"时，他明确回答："未能事人，焉能事鬼？""未知生，焉知死？"（《先进篇》）在此，尽管孔子未完全否定鬼神的存在，却公然不承认它对人事有赏善罚恶的威力；尽管孔子还主张保持对鬼神的丧、祭之礼，"所重民、食、丧、祭"（《尧曰篇》），但只是为着"慎终追远"（《学而篇》），崇拜先祖，以维系传统的宗法关系。这便给鬼神和人事划出了"地盘"，将信奉鬼神局限在崇拜先祖的意义上。这无疑是对殷周以来传统的天命权威的亵渎，是唯物的因素。

（2）孔子多半是在危难之际才呼天叫地，信从天命。《论语》所载有关孔子讲天命的话，约十九见，其中人们通常引以证明孔子是唯心论的章句，却多半是孔子及其弟子们人身遇到敌对势力的围困，或生命受到病魔的摧残，或人格遭受无法言辩的侮辱，才发出的呼叫。而且他呼出的"天"，乃是一种自然的神秘力量，所谓"天何言哉？四时行焉，百物生焉，天何言哉？"

（《阳货篇》）这个"天"已不是殷周那种能发布绝对命令的人格神，而是一种自然神。尽管说，这仍未摆脱宗教唯心主义的羁绊，但毕竟是对有神论的修正，至少对以后的唯心主义者来说，是摆脱宗教唯心主义的一种简便易行的方法。

总之，孔子的哲学思想，是未形成严密体系的一种"唯物"的唯心主义。这是原始儒学唯心主义的特点，它反映了由奴隶主转化而来的地主阶级，既不满当世现状，要求改革，又非常软弱，缺乏锐气的矛盾心理。但它在哲学史上的积极意义，却是一望而知的。既对传统的宗教唯心主义做了一点不大不小的反叛，又为以后各类哲学思想的发展留下了广阔的地盘。

战国初年，自命孔门嫡传、"乃所愿，则学孔子也"（《孟子·公孙丑上》，以下引《孟子》只注篇名）的思孟学派，便把它向右发展为一种比较纯粹的主观唯心主义体系。到了战国末年，荀子则把它又向左发展成先秦最大的唯物主义体系。这两大体系，仿佛截然异趣，不可同日而语；但它们却都是从原始儒学唯心主义重人事而轻天命的物观出发的，都受了这种唯心主义的诱发。

孔子第一次提出了"仁"这一历史哲学的范畴，表现了原始儒学唯心主义重人事而轻天命的现实精神。孟子由此出发，干脆将"天命"扔在一旁，专讲"人心"的能动作用。首先，他把原来多义的"仁"，规定为专一的"人心"。认为它是人人生来具有的善性，包括"仁、义、礼、智"等"四端"（《告子上》）。这是人心内在的本性，"非由外铄我也，我固有之也"（《告子上》）。接着，他得出结论说："万物皆备于我矣"，只要"我"充分发挥自我意识的能动性，"尽其心"，就能"知其性"，达到"知天矣"（《尽心上》）。最后，他建议君主，只要按照人心内在的善性实行"仁政"，自然就会出现太平盛世。而且他"案往旧造"的阴阳五行说（《荀子·非十二子篇》）还推出："五百年必有王者兴，其间必有名世者。""如欲平治天下，当今之世，舍我其谁也？"（《公孙丑下》）由此他便自然引申出了天才史观。

这样，他就以人性论为基础，把宇宙观、仁政说和历史观严密地组成了一个比较精致的唯心主义体系，基本摆脱了宗教唯心主义的"天命论"，而明确地宣扬主观唯心主义的"天才论"。这虽是过分地发展了"人心"的能动性的结果，却表明了人类认识的进步。

荀子也是从孔子重人事而轻天命的物观出发的，但他却得出了与思孟学派相反的结论。因为，他虽然没有背叛儒家立场，处处讲"人道""政事"，认为"君子敬其在己者，而不慕其在天者"，"惟圣人为不求知天"（《荀子·天论篇》），而要相信人力；但他并不严守原始儒学的传统，不"党同门，妒道真"，而是批判地吸收了先秦诸子百家，尤其是道家"天道自然"的长处，把人的能动作用仅仅局限于人对自然规律（"天道"）的认识和对自然的征服与主宰。从而得出了人"不与天争职""天人之分"和"物畜而制之""制天命而用之"（《荀子·天论篇》）的唯物主义结论。建立了一个像我在《论荀学体系结构及其思想史观》里所分析的：它大体上是从自然天道观出发，以性恶论为基础，以"学"为中心的修养论为主题，以圣王礼治为中心的社会政治论为依归的唯物主义体系。①

在这个体系中，不仅各类唯物主义，而且各种唯心主义都留下了明显的痕迹。《不苟篇》里，思孟学派的"诚心""慎独"就是明证。这种运用逻辑形式，通过综合杂糅各种学说，创建新的理论体系的概括能力，标志着中国人理论思维的重大进步。诚然，荀子本人因儒术"大醇小疵"之嫌，一直不受儒门敬重，但这个体系对后世哲学思想的影响，却不能低估。

战国末年，沿着荀子唯物主义路径，继续推进人类认识发展的是韩非的法家理论和《吕氏春秋》为代表的新道家学说。这两种唯物的和具有唯物因素的哲学体系，又同老子哲学、稷下邹衍阴阳五行说有微妙的渊源关系。这里我们不论。

再说董仲舒及第二个小圆圈。

经过秦始皇的"焚书坑儒"和秦末农民战争这两大历史巨变，西汉封建大一统的中央集权制国家终于建立了。为了证明这个政权的合法性，迫切需要借助昔日抛去的神学力量，重新"把世俗问题化为神学问题"，"用迷信来说明历史"。②因此，董仲舒开始创造了第一个在封建社会占据统治地位的汉代官

---

① 参看本书上编第65页。
② 《马克思恩格斯全集》第一卷，人民出版社，1956年，第425页。

方哲学。这就是以"天人感应"的神学目的论为特征的经学唯心主义。

这个体系在"究天人之际"的哲学基本问题上，把自然的"天"说成是超自然的有意志的至上神；又把人间的封建王权和儒家"三纲五常"一类伦理道德，说成是天神的有意安排，使"天""人"二合为一，为王权神授制造了哲学根据。不用说，这种唯心主义是十分荒谬的，是对传统的宗教唯心主义的天命论的回复，是对荀、韩唯物主义的否定。仿佛这是倒退，不会有任何积极意义，应该彻底摒弃。

然而，事实并非如此。这个体系同孔子原始儒学"天命论"相比，有着明显的不同：（1）它在传统的天命论里增添了阴阳五行变异的内容。原始儒学讲天命而疑鬼神，思孟学派侈谈心性又改造"五行"，但"天"和"人"究竟怎样发生关系，一直非常模糊。只有董仲舒在"百物皆有合"（《春秋繁露·楚庄王第一》，以下引《春秋繁露》只注篇名）的原则下，把阴阳五行与四时变化相融合，使自然的"天"合乎逻辑地披上了神秘的外衣，担负起支配四时更替变化、万物生长收藏的神圣使命。同时，又把阴阳五行与社会人事相附会，使神化了的"天"与"人"合而为一。他说："天地之气，合而为一，分为阴阳，判为四时，列为五行"（《五行相生》），"君臣父子、夫妇之义，皆取阴阳之道"。而且它们在"合"中有主有从，有尊有卑，并不并列，也不等同。（《阳尊阴卑》《基义》《顺命》）这样，他就在"道之大，原出于天，天不变，道亦不变"的形而上学体系中，到处布满了矛盾、变异的对立统一关系。这些矛盾、变异的内容，都是当世现实的曲折映象。神权里充满了世俗的内容，这不能不算中国人认识发展的一种进步。

（2）在肯定"天意"具有主宰性的前提下，突出了人的能动性。原始儒学宣扬的是"死生有命，富贵在天"的命定论，董仲舒抛开了这一套，他在"天人感应"的前提下，认为人间的治乱祸福不是单由"天意"决定，天不能随意凭自己的喜怒爱憎去决定人事的命运和前途。治乱祸福，形式上是天给予人的，但具体途径却是通过人自己的行为对天"感应"的结果。因而，他建议："为人君者，其要贵神。神者，……视而不见其形，听而不闻其声……不见不闻，是谓冥昏。能冥则明，能昏则彰。能冥能昏，是谓神人。君贵居冥而明其位，处阴而向阳，恶人见其情而欲知人之心。"（《立元神》）听听这些讲人君南面之术的话，使人油然倍觉在"神权"的喧嚣声中，反而突出和强调了人的地位、力量和作用，在"天"的面前，反而声称"人主之大，天地参也"（《天地阴阳》），极端信任人的"参天"之力。这同韩非的某些篇章，何等相似！显然吸收了法家唯物主义的东西。这大概便是汉武帝之所以接受董仲舒的主张"罢黜百家，独尊儒术"的奥秘。

不过，这种"儒术"，已不是原始儒学。这种神学目的论，也不是传统的宗教唯心主义的"天命论"。这是西汉的新儒学，这里包含着辩证观念和唯物因素的经学唯心主义。它表现了上升时期的统治阶级生气勃勃，既对自己前途充满信心，又对已经尖锐起来的社会矛盾小心翼翼的精神面貌。可见，董仲舒建立起来的经学唯心主义，也反映了中国人理论思维经过否定之否定而螺旋上升的趋势。

然而，随着刘汉王朝的衰败，这种新儒学也发生了蜕变。汉武帝之后，儒学已丧失了学术的尊严，完全投入当世政治的怀抱，变成士大夫阶层向上爬的"禄利之路"。研究它的人们，也成了"家世传业"的"经术世家"。儒学成了政治的侍婢，已没有一点学术的气味。因此，西汉末年和整个东汉，便被一种赤裸裸地宣扬宗教迷信的谶纬神学独占了学坛，经学唯心主义一步一步走向绝路。

虽说东汉初年出现过王充唯物主义的元气自然论，但在当时"图谶"遍天下的神权重压下，只能算是对宗教迷信的挑战和抗争。而且它本身也不能不感染上浓重的唯心主义命定论的色彩，使以往各类唯心主义突出强调过的人的能动性黯然失色，终于被王弼为代表的魏晋玄学代替，这似乎是人类认识前进中的"倒退"！

魏晋玄学是在汉代神学目的论的宗教唯心主义走上绝境的情况下，直接从汉代新道家唯物的元气自然论出发的。富有才智的少年王弼，总结了以往理论思维发展的教训，吸收了王充反对谶纬神学的积极成果，打出了"自然""名教"的旗帜，把儒、道融合为一，建立了一种提倡用"得意忘象""得象忘言""言不尽意"的方法，以直接探讨宇宙本体为宗旨的"贵无""崇本"的唯心主义体系。

这是比以往一切唯心主义都更加精巧细密的唯心主义体系。在这里，完全摒弃了粗糙的宗教唯心主义命题，人们看到了"有无""本末""动静""言意""一多"等等更为抽象的哲学范畴。精神、思维似乎挣脱了现实"物质"的禁锢，达到了自然思辨的哲学境界。这是我国思想史上继先秦百家争鸣之后，又出现的一次思想自由发展的光辉时代。按照黑格尔《哲学史讲演录》导言所说的，这应算是最有哲学意义的时代。"清峻、通脱、华丽、壮大"的文学风格，放荡不羁、玩世不恭的名士风度，便是这一时代哲学达到高度发展的旁证。所以，有学者说，这时的哲学不但远超过烦琐和迷信的汉学，而且胜过清醒和机械的王充。我看并非夸张之词。隋唐以后的宋明理学，就是中国人理论思维在此基础上的更大发展。我相信，今后一定会有更多的学者对此认真地做出清算和研究！

由此可见，哲学思想和任何意识形态一样，一旦从它生活的经济条件以及由这些条件决定的社会关系和政治关系中产生之后，就按它自身规律独立地向前发展。无论孔子儒家、思孟学派、董仲舒、王弼的各种唯心主义，还是荀子、韩非、王充的各类唯物主义，都是隋唐以前中国人认识大螺旋上不可缺少的环节。它们"相灭亦相生"，"相反而相成"，彼此对立、相互斗争，又相互影响、彼此吸收，构成了中华民族理论思维发展的内在动因，对人类的认识，从不同方面起了同样的推进作用。如果说，唯物主义使人类的认识一步一步接近客观真理；那么，唯心主义就以它过分发挥了的思维的能动性，促使人类的认识一步一步走出了神学的殿堂而趋向思辨的科学。

三、必须具体分析唯心主义在政治上的进步作用

唯心主义在政治上的作用问题，其实就是哲学家的政治态度、阶级立场与其世界观的关系问题。这也是中国哲学史方法论研究中长期未解决的又一难点。

最近，在中国哲学史讨论会上，大家一致认为，这两者不是等同关系：是唯心主义哲学体系的，不等于他的政治态度必然反动，必然会阻碍社会发展；

是唯物主义哲学体系的，也不等于他的政治态度必然革命，必然能推动社会前进。曾风靡二十余年的所谓"革命或进步阶级＝唯物主义、辩证法，反对或保守阶级＝唯心主义、形而上学"这种"等同论"是错误的；必须肯定唯心主义在一定条件下，也起过政治进步作用。[①]这些，我是同意的，可以不论。

但是，为什么唯心主义在政治上能起进步作用呢？政治作用是唯心主义本身固有的，还是由其他条件决定的？我觉得这确是需要哲学史工作者深入研究的理论问题，不是用几个例证可以解决的；这也不像分析唯心主义在人类认识史上的积极意义那样单纯，这是更复杂的、涉及更多方面的问题，更需要做具体分析，全面评价。在此我仅提出如下两点解决这一难点的思考线索，与同行学人商量。

（一）任何哲学在政治上有无进步作用，一般并不由它本身决定，它的命运和一切意识形态一样，取决于一定时代的阶级需要

通常我们说的哲学和政治的关系，或哲学的政治作用，实质是指哲学家在当世阶级斗争中的立场和态度，而他们所提出的一系列哲学观点和治世方案，往往又是衡量他们政治态度和阶级立场的根据。比如，我们肯定董仲舒哲学在政治上起过进步作用，但这个结论只能建立在如下分析的基础上。

首先，董仲舒改制的"天人感应"的神学目的论，是从总结秦"以乱济乱，大败天下之民"的历史教训出发的。他把奉劝君主以"爱民"为治国方略，进行"更化""善治"为其立论的根本，他的"人副天数""尊权神授"也是着眼于这一点的。他将是否"爱民"看作君主能否"受命于天"的先决条件，认为只有"为政而宜于民者，固当受禄于天"。（以上均见《汉书·董仲舒传》）因为"天常以爱利为意，以养长为事"，所以，"王者亦常以爱利天下为意，以安乐一世为事"（《春秋繁露·王道通三》），"爱民"就是顺从"天意"。你看，"天命"在他眼里成了限制"君权"的手段。为此，他主张"限民名田"，反对兼并土地，实行"薄赋敛，省徭役，以宽民力"（《汉

---

① 参看《中国哲学史方法论讨论集》，1979年在太原召开的"中国哲学史方法论问题讨论会"论文集。

书·食货志》）的经济政策。显然，这对保护社会生产力，发展生产，巩固大一统的中央专制主义王权，均起了促进作用。

诚然，这一切都是代表当权的统治阶级利益，为着西汉封建国家服务的。但这时的统治阶级处在上升时期，还保持着昔日创业时的进取精神，能注意调整社会的矛盾，关心生产的发展。当然，这也不是它的本意，而是剥削阶级追求富贵安乐的私欲支配的。

可是，我们不要忘记，我们分析的对象是处在阶级社会。"自从阶级对立产生以来，正是人的恶劣的情欲——贪欲和权势欲成了历史发展的杠杆。"①因而，我们的结论是：董仲舒唯心主义的历史作用是应该肯定的。

由此足见：我们研究一种唯心主义为什么在政治上能起进步作用时，不能以自己是"彻底的唯物主义者"，从对它本能的义愤出发。必须严守马克思主义的历史主义原则，从唯心主义者产生的历史条件，所属的阶级、阶层或社会集团，以及其所处的历史地位和对生产发展的作用等等方面的联系中去考察。义愤绝不能推进学术的发展。

对统治阶级的唯心主义哲学家应当如此，至于对通常为被压迫阶级的革命所利用的宗教唯心主义，也应作如是观。无论整个中国封建社会的农民起义，还是16世纪初的德国农民战争，或者17世纪英国的资产阶级革命，之所以都把宗教唯心主义作为他们反抗统治阶级的旗帜，唯心主义之所以在革命者手中起了进步作用，同样也不能以自己是"无产阶级革命者"，从本能的对他们的同情出发，把他们手中的唯心主义旗帜，硬说成是唯物主义武器，"而要用整个中世纪的历史来解释"。欧洲的"中世纪只知道一种意识形态，即宗教和神学"②。在中国封建社会，唯心主义一直是占据统治地位的官方哲学。加之，革命阶级开始都是弱者，"弱者总是靠相信奇迹求得解救"③。所以，他们一般要拿起宗教唯心主义作为战斗的精神武器，与统治阶级对抗。何况，每一时代的哲学除了受特定政治斗争制约外，还要受当时整个意识形态斗争的状况和

---

① 《马克思恩格斯选集》第四卷，人民出版社，1972年，第233页。
② 《马克思恩格斯选集》第四卷，人民出版社，1972年，第231页。
③ 《马克思恩格斯选集》第一卷，人民出版社，1972年，第607页。

前辈们给它留下的思想资料的影响。

（二）马克思主义以前的唯心主义在政治上的进步作用，不是偶然现象；其进步作用之大小，与它本身所包含的因素有关

通常我们说，哲学家的哲学思想在当世政治斗争中起了进步作用，一般是直接指它的政治历史观而言。但马克思主义以前的哲学家，无论唯物主义者还是唯心主义者，归根到底都是唯心史观。这种唯心史观，不可能揭示出历史发展的客观规律，给人们指明历史前进的方向，它是不科学的。这一点毫无疑义。

但是，哲学家们尽管都以制作高悬在空中的抽象理论为本职，但他们谁也无法逃避严酷的政治斗争现实。尤其是中国的哲学家们，在这种现实面前，都抱着"思以其道易天下"的救世目的，"以研究人类现世生活之理法为中心"①，提倡"经世致用之学"。因此，他们可以提出一系列诸如"节用爱人，使民以时""民贵君轻""人皆可为尧舜""民以食为天"等等唯物的命题，以及一整套忠恕、仁义、谦骄、义利、王霸等等处理社会矛盾的范畴。他们的唯心史观，居然包含着丰富的历史辩证法的内容。因此，在政治上可以起进步作用就不是偶然现象，而是由它本身存在着的合理因素决定的。

因此，我们在研究马克思主义以前的任何一个哲学家时，不能因为他们均是唯心史观，就否定它的合理因素，认为他们在政治上必然是毫无作为，甚至反动透顶。

不错，历史上的确有在政治上十分反动的哲学家，但我们必须区分开精神世界的唯物或唯心，与政治现实中的革命或反革命这两者的界限。谁都知道，近代法国哲学史上，启蒙思想家大都狂热地抱着革命信念，或者为行将到来的革命付出了极大的个人牺牲，或者为"对真理和正义的热忱"献出了生命。他们无疑都是政治上的革命派，然而，唯心论者在他们中间却大有人在。可见，一个人世界观属唯物或唯心，同他的政治态度、阶级立场一般是不相干的。

---

① 梁启超：《先秦政治思想史》，见《饮冰室合集》九，中华书局，1989年，第1页。

"'唯物主义'这个名词以及两个派别的全部对立"，在这里"已经失去了任何意义"。①因此，"等同论"在理论上应予推翻。

总之，只要我们从日丹诺夫定义、哲学政治"等同论"等人为的各种"魔法"中，真正把自己拯救出来，不再拘泥于"两军对战"的格式，坚定地沿着列宁关于哲学史是人类的"认识史"的方向，从中国历史实际出发，我们就一定能进一步解放思想，打开思路，从各个方面去深入探索中国人理论思维发展的条贯。既重视唯物论的研究，又十分注意对各类唯心论的研究，大胆地写出诸如孔子、孟子、董仲舒、朱熹、王阳明等在中国哲学史上确有重大影响的唯心主义哲学大家的专著来，推进更多优秀的中国哲学史论著出世。这是历史和现实给我们提出的要求，也是本文之所以要平议唯心主义的目的所在。

1979年8月稿于陕西师大6楼新居。

原载《陕西师大学报（哲学社会科学版）》1980年第1期，部分转载于《新华文摘》1980年第16期。

---

① 《马克思恩格斯选集》第四卷，人民出版社，1972年，第228页。

论中国哲学史的基本特征及其研究方法

研究中国哲学史，不能不注意它的基本特征。但以往的论著，多着重论列中国哲学不同于西方哲学的表现，很少从辩证方法论的意义上，把哲学的发展和社会历史的变革联系起来加以考察。所以，尽管提供了许多启迪人们思考的线索，但论题毕竟还只限于对哲学思想本身的一般说明。笔者认为，当前哲学史研究工作的主要任务是遵照列宁一再指出的：应当辩证地研究那些"构成认识论和辩证法的知识领域"的人类整个认识的历史①，把哲学史的研究对象，确立在揭示中华民族哲学思维辩证发展的规律上。这就必须从中国历史实际出发，把我们的视野从哲学本身扩展到"对哲学发生最大的直接影响的"政治、伦理的范围②，从它们之间的相互关联中，认识中国哲学史确实具有哲学、政治、伦理三者融合一体的基本特征。这一特征，不仅表明中国哲学史具有自己独特的、不同于西方哲学史的发展路径，而且构成了足以影响整个中华民族文化思想的心理结构。认识这一点，对我们建立科学的中国哲学史辩证方法论体系，无疑是有益的。

---

① 《列宁全集》第三十八卷，人民出版社，1959年，第159、399页。
② 《马克思恩格斯选集》第四卷，人民出版社，1972年，第486页。

一、中国传统哲学的"幸运"和"厄运"

哲学的命运和一切意识形态一样，不由它自己决定。决定它命运的倒是一定时代的阶级需要。自梁启超的《先秦政治思想史》（一名《中国圣哲之人生观及其政治哲学》），特别是胡适的《中国哲学史大纲》卷上相继问世以后，中国哲学虽然幸运地挣脱出两千年经学体系的牢笼，却被套上了欧洲哲学格式的枷锁，穿上时髦的服装，走上了西洋化的路径。中国哲学家尽力想让它"摩登"一些，以示他们同封建经学体系的决裂，可欧洲的哲学家仍不愿承认它是真正的哲学。结果它的面目被弄得不伦不类，这不能不算是它的一次"厄运"。

五四运动以后，尤其是新中国成立以来，不少史学家和哲学史家，开始运用马列主义这个全新的武器，重新研讨中国传统哲学。从典籍的整理、史料的考订，到人物的评价、哲理的剖析，均取得了显著的成果。中国思想史、中国哲学史相关论著大量出版，使中国哲学史研究的面目为之一新，这可说是它新的"幸运"。

然而，它毕竟还是一门非常年轻的学科。"福兮祸之所伏"，当它由于马克思主义唯物史观的指导，获得新生的时候，却一步步显露出被简单化、公式化的端倪。看看"四人帮"时期那些大大小小的所谓《中国哲学史》（除了个别稍好的外），只要不"党同门，妒道真"，平心公正的人们，不管他是否真正懂得中国哲学史，也同样会像欧洲人那样产生异乡之感。因为它除了文字语言是中国的之外，从内容到形式，几乎和通行的马克思主义哲学教科书差不多，大都是以法家—唯物主义与儒家—唯心主义的斗争为经，以本体论、认识论、方法论、历史观，再加上一项"局限性"为纬，组成了一副活像豆腐干样的拼盘。使人难以领悟到古代中国人理论思维发展的脉络，看不出中国哲学思想发展的规律。这不能不算是它又一次遇到新的"厄运"。

诚然，这一新的"厄运"，对我们的同行学人来说，是在运用马列观点研究中国古典哲学这个正确的理论前提下派生的，不能同梁、胡一类学者仅是简单地反叛经学的做法同日而语。但究其本质，并无多少异趣，都不合乎"马克思主义的历史主义", 都是一种用当代观点改铸古代历史, 依照自己一时的意愿, 滥施刀斧, 随意剪裁史料的极左的教条主义。

近二三十年, 主要的直接影响和危害哲学史研究的依然是: 不是实事求是地从中国历史实际出发, 而是从日丹诺夫给西方哲学史下的"两军对战"的"定义"出发, 用马克思主义经典作家对西方哲学家评价的标准来要求中国古代的思想家, 把马克思主义哲学的基本原理, 硬嵌在古人名下, 把中国哲学史与历史上一般哲学等同齐观。过去对孔子、老子和《周易》思想的评价连连出现的偏颇, 就是明证。"四人帮"一伙伪造的各类"儒法斗争史", 更是这种倾向极度发展的典型表现。

这就提出了一个值得认真深思的问题: 我们的思想史、哲学史工作者, 既然大家都诚心诚意地致力于中国哲学史、思想史的研究, 为什么却不能实事求是地对待它? 学术界尽管在1956—1957年、1962—1964年曾两次进行方法论问题的讨论, 为什么却没有真正纠正这一偏向, 而竟使这种倾向愈演愈盛, 以至同"评法批儒"的政治运动相结合, 把这门学科搞得混乱不堪?

仔细追究, 除了政治的原因外, 对我们的同行学人来说, 大概出自这样的指导思想: ①认为日丹诺夫的"定义", "是一向作为我们工作指南的", 是指导我们研究中国哲学史唯一的"基本原则"。谁若对它有半点怀疑, 就"必然引导人们走向对唯心主义的让步"。为了不发生这样方向性的错误, 便只有一法: 按唯物主义与唯心主义斗争或儒法斗争的表格, 填充中国古代思想的内容。②进而认为, 日丹诺夫的"定义"就是马克思主义哲学的普遍原理。马克思主义是"放之四海而皆准"的, 谁要强调"必须大力地探求中国哲学的特点, 从头做起", 谁就好像与封建的"经学史""道统史"没有决裂, 是用中国哲学的特殊性对抗马列主义真理的普遍性。于是大家都以为这是高于一切的"党性原则", 只要坚持它, 即使违背了史实, 好像也是"革命"的需要。

就是在这种思想支配下, 三十年来, 不仅在中国哲学史这一比较窄狭的研究领域中, 而且在历史学, 乃至经济学那些比较宽广的学科里, 普遍地、连续地都发生过类似的公式化的倾向。像关锋那些人不是也袭用了"春秋笔法", 以当代的政治标准, 去褒贬古人的是非功过, 用虚拟的史实, 填补现实的需要！这同资产阶级"中货西装"的西洋化倾向，本质难道不是一模一样吗？

这清楚地表明，究竟怎样才算是真正坚持马克思主义的党性原则，如何从理论和实际的结合上，解决方法论问题，始终是中国哲学史、思想史研究中的一个纽结。能否彻底解开这个纽结，直接关系到中国哲学史研究的根本方向和进一步科学化的问题。

因此，我认为从中国历史实际出发，正确认识中国哲学史的特征和性质，乃是我们把哲学史研究的对象，确立在揭示中华民族哲学思维辩证发展的规律性上所必须解决的一个问题。

二、从时代思潮中看哲学思想与政治伦理的融合

我所说的研究中国哲学史必须从中国历史实际出发，不是一句泛论，而是指要从中华民族哲学思维发展的历史实际出发。这一"历史实际"，可以从两方面去考察。

一方面，中国哲学史，无论按哪一种社会分期法，它主要应是中国封建社会里哲学思想产生、发展的历史。中国封建社会的主要特点，可以举出种种，概而言之，可说是建立在小农经济基础之上的、以血缘关系为纽带的封建宗法性的、中央集权的封建专制主义制度，它发展完备，衰而不死。这就决定了中国哲学思想具有与政治、伦理三者融合一体的基本特征。所以，中国封建社会经济政治发展的历史，依然是我们探索中华民族哲学思维发展逻辑的实在主体和理论前提。我们不能像以往的经学史家和哲学史家那样，用哲学思想臆造社会历史，而要用社会历史说明哲学思想。当然，这种说明绝不是如研究一般中国社会史那样，直接从社会经济政治的事变中着重去考察历史人物的历史行动。

另一方面，中国哲学史本身是一种理论思维形式的学术形态。它同任何理论体系一样，固然就其理论的社会内容来说，总是它所产生的中国社会的经济政治发展历史的反映，是一定阶级利益和社会倾向的思想表现；但就其理论形式来说，它作为一种理论体系，一旦构造起来，又不能不同以往各时代的各种学说发生肯定或否定、改造与继承的内在联系。这个观念形态的相对独立性，

就决定了哲学史尽管从总的发展趋向来说，它是由基础产生，必然反映基础，并同基础平行而进，但在各种具体的历史条件下，往往是通过无数的偶然性和一系列的曲线来表现基础的。正像恩格斯1894年《致瓦·博尔吉乌斯》的信里所说的："我们所研究的领域愈是远离经济领域，愈是接近于纯粹抽象的思想领域，我们在它的发展中看到的偶然性就愈多，它的曲线就愈是曲折。"①所以，如果以为坚持马克思主义的唯物史观，从历史实际出发，就直接由经济基础入手，或直接从追索每一具体的哲学思想的经济根源下笔，那便是违背了社会意识形态相对独立性的规律，写出来的也就不是哲学史了。因此，为了正确认识中国哲学史的性质和特点，不仅要弄清它反映着中国封建社会什么样的物质经济要求，以确定其政治属性和阶级倾向；还必须弄清楚它利用和改造了什么样的思想资料，以怎样的理论思维形态表现着中国封建专制主义制度的历史过程。

怎样才能把以上两个方面有机地统一起来，具体认识中国哲学史呢？我觉得最好的方法还是从中国古代社会每一特定的时代思潮着眼，注意研究那些足以表现时代思潮的哲学思维发展的具体形态及其辩证发展。②黑格尔在他的《哲学史讲演录》导言里说：哲学史作为绝对精神的历史，是"最盛开的花朵"，是一个民族丰富的精神的整个形态的有机结构。它与这个民族的法制和政体、伦理生活、社会生活、社会生活中的技术、风俗习惯和物质享受是同时并存的，是这些客观环境的精神本质。因而，它是时代的精神，理所当然地表现着时代的逻辑黑格尔。③黑格尔用"绝对精神"说明社会历史，诚属唯心主义，但他反对把哲学看作"纷歧意见的堆积"，各种材料的罗列，确认它是表

---

① 《马克思恩格斯选集》第四卷，人民出版社，1972年，第507页。

② 中国近世梁启超始以"时代思潮"为主线论中国哲学思想的发展，他在《清代学术概论》中，开宗明义，曾对"时代思潮"一词做过说明。简言之，所谓"时代思潮"，并非指一时代哲学学派的分化或组合，而是指一种与时代环境、社会心理相互联系的哲学致思趋向与价值认同趋势。梁启超之后，陈寅恪、冯友兰等都论述过"以时代思潮为纲"对学术史、哲学史研究的方法论意义（详见本书上编《道学与宋学、新儒学、新理学通论》中"道学与'新理学'"一节注）。

③ ［德］黑格尔：《哲学史讲演录》第一卷导言，贺麟、王太庆译，商务印书馆，1959年，第55—56页。

现一个民族法制、政体、伦理、风俗的时代精神，强调从社会的时代思潮着眼，这无疑是精当的见解。

思想史证明，每一社会经济政治的变革对哲学思想发展的决定作用，每个民族哲学思维发展的历史和社会经济政治发展的历史相互平行、辩证统一的关系，都是通过整个时代思潮发展的总趋势表现出来的。在我们中华民族哲学思维发展过程中，曾经先后出现的殷周阴阳数度之术、先秦诸子百家之学、汉代经学、魏晋玄学、隋唐佛学、宋明理学和近代中西、古今、新旧学之争，就是一些主要的时代思潮。从这些社会思潮着眼，不仅在仿佛五光十色交织杂陈的各种思想形态中，可以发现中华民族哲学思维的逻辑，看到每一时代思潮的演变，都不是偶然的孤立现象，而是中华民族整个思想螺旋形上升的必经路径。而且，特别是在这些似乎纯粹的思想领域里，可以比较清晰地透视出中国古代社会经济政治发展的历史，在那些时代思潮的曲线背后，显露出中国社会时代逻辑的曲线。

但是，倘若仅仅只从时代思潮着眼，那毕竟还是比较抽象的研究方法。因为时代思潮和时代逻辑，只是表明了哲学思想和社会历史发展的必然性，而这一必然性只能通过各个富有不同特色的哲学思想家的哲学范畴、哲学命题、哲学体系等等偶然性表现出来。比如，在先秦时代，"百家"诸子都为自己创造了独特的哲学语言，或论"仁义"，或讲"兼爱"，或尚"无为"，或道"法术"。其中有唯物，也有唯心，有辩证法，也有形而上学，甚至交织共存于每家、每派和每个思想家的学说中，真是各家自有千秋。这些活生生的哲学，正是我们的研究工作需要花费气力、狠下功夫的地方。不然的话，从时代思潮着眼就成了空疏之言。

这里值得注意的是：在这些诸子哲学的个性中，还包含着一个基本的普遍性的品格。你看，他们似乎大相径庭的哲理，都围绕着一个"究天人之际""通古今之变"的基本问题，一面开展，一面深入。孔子第一个把"仁"作为原始儒学的一个重要范畴，对殷周以来占据统治地位的"尊天敬祖"的"天命"观念，进行了一次不彻底的包含着否定传统、怀疑"神""怪"倾向的改造。孟子又从"恻隐之心，仁之端也"等"四端"里，推出了"人性善"

的结论，并以人性善为基础，把"仁"发展为"仁政""王道"。接着，荀子否定了"人性善"，以"人性恶"为出发点，从环境引起的"欲望"着眼，提出了"制礼义以分之。使有贫、富、贵、贱之等，足以相兼临者，是养天下之本也"（《荀子·王制篇》），主张实行严格的封建等级制度。结果，荀子以这样的"王霸"理论，既否定了墨家的"兼爱""尚同"思想，使墨学渐绌；又诱发弟子韩非在综合商鞅、申不害和慎到"法""术""势"的基础上，建立了系统的法治理论，成为秦始皇中央集权制的封建政治体制的一部分，从而结束了先秦诸子百家争鸣的学术民主局面。

可见，在这一时代思潮中，每一个具体的哲学范畴、命题和思想，皆是中华民族哲学思维发展的总"螺旋"中不可缺少的"圆圈"，而每个"圆圈"又都是"天下大乱"的社会变革过程的理论表现。这些理论表现，原也是为着"议以治国"，"思以其道易天下"的救世目的而产生和发展的，但其结果竟然不妙，为政治权力直接论证的"百家"哲学，却被政治权力递相翦黜。秦的"法家"哲学在汉武帝"罢黜百家，独尊儒术"的政令下，被汉代官方经学宣告了汉儒的胜利，经过魏晋南北朝到隋唐的"三教"论争，相互融合，最后才出现了高度发展的宋明理学新潮。理学以经世致用为儒学致思主流，通过兴学设教，"置官立师"，变法改革，直接卷入政治和"党争"的纠纷，成为封建专制主义的一个重要部分。看起来，这是多少富有戏剧性的思想变迁！但却恰恰说明，哲学思想就像地球上的物体摆脱不了重力的吸引一样，总不能脱离政治权力的摄制。

其次，无论是直接为政治论证的官学"博士"，或间接为政治论证的私学"鸿儒"，一般地不是用制定政策、颁布法令的形式直接干预政治，而是以构造理论体系的形式影响政治。如墨家用"摩顶放踵"的"自苦"精神感动君主，名家以"析辩抗辞"的"通变"才能使君主折服，道、佛借"长生""出世"的神秘力量使君臣仰服，儒家、道学家以敦厚典雅的风度、献身理论的决心，说动君主，感召臣民，使上下敬畏。总之，他们都主张"以修身为本"（即使法家也不是不讲修身），认为只有通过"兴学"教育的修养途径，先"致其道"成为圣人，才可以"外王"，达到"易天下"之救世目的。这种伦理道德思想及其规范，是君主所需要的，也是臣民可以接受的，成了哲学家、思想家以理论权威来影响国家政治权力的最好方式。因此，哲学家、思想家讲知行关系的认识论，往往便包含在正心修身的修养论中，讲"天人之际"的宇宙观，常常贯彻在治国治民的社会政治论里，"究天人之际"，乃是为了"通古今之变"以"易天下"。这种哲学思想与政治、伦理的直接融合、互相渗透、三位一体，就是影响整个中华民族文化思想的心理结构。那种体现在各种意识形态中的"格、致、诚、正、修、齐、治、平"的"大学之道"（《四书集注·大学》）、所谓"道心""人心"十六字真传（《尚书·虞书》）的儒家道统理论，就是这种心理结构的典型表现。

以上，便是我们从中国古代社会的时代思潮中，发见的中国哲学史不同于西方哲学史的显著特征。

三、中国封建社会政治伦理的"代数学"

"五四"以来，梁启超、胡适等哲学史家，依照西方哲学的特性，称中国传统哲学为"政治哲学""人生哲学"，出现过"中国哲学属政治伦理型"的说法。这不是没有一点道理，只是他们看到了现象，并未真正识透其本质，更不可能明白形成这一特征的历史根由。

唯物史观认为，"任何真正的哲学都是自己时代精神的精华，所以必然会出现这样的时代：那时哲学不仅从内部即就其内容来说，而且从外部即就其表现来说，都要和自己时代的现实世界接触并相互作用"[①]。一切真正的哲学，都是特定的历史时代的产物。经济最终决定着它对历史既定的思想资料的继承、改造和发展方式，而对它"发生最大的直接影响的，则是政治的、法律的和道德的反映"[②]。我们研究任何一个国家的哲学史，都必须从它产生发展的历史实际出发。

古希腊哲学产生在相对稳定的奴隶制巩固和发展时代，这是一个主要致力

---

① 《马克思恩格斯全集》第一卷，人民出版社，1956年，第121页。
② 《马克思恩格斯选集》第四卷，人民出版社，1972年，第486页。

于发展生产、技术的和平环境。在这种历史条件下，哲学与科学浑然为一，造成了一批称为"智者"的哲学思想家。他们本人都是自然科学家，一开始从事科学研究，就把自己的哲学观点同当时的自然科学紧紧结合在一起，充分地发展了他们的自然观，直接向人们提出了关于宇宙生成、演化和意识产生、发展的哲学问题。因此，他们的哲理，不需要通过政治伦理的形式，而可以直接表现出来。

先秦诸子百家之学则不同。孔子作为诸子中一个最大的儒家学派的首领，一登上历史舞台，就碰上了周王朝的礼崩乐坏，各诸侯国的形成发展。随后，接连不断的奴隶逃亡，你死我活地争利夺权，直到统一的中央集权制秦王朝建立。二百余年急剧变动的客观趋势，推动着诸子百家之学蜂起和兴盛。此后，长期的封建专制主义统治，迫使农民揭竿起义。封建王朝的前后更替，更为频繁。这种严酷的政治斗争现实，迫使各家各派的思想家不得不从政治上思考问题，探讨那些与当世政治关系最大的、最直接的哲学问题，从这一方面发挥和锻炼自己的理论思维能力。加之，旧社会遗留下来的宗法观念和传统文化，驱使他们不得不从反观自身的心性修养入手，采取"近取诸身，远及诸物""以浅持博，以古持今"的逻辑方法，来表达自己的哲学观点。这势必使哲学思想与政治伦理思想互相渗透、直接融合，使每一个哲学范畴（诸如天人、阴阳、有无、性命、道器、理欲、知行……）都印上了政治伦理的时代色调。这自然就产生出一种以研究人类现实生活之理法为中心、通过政治伦理间接表达哲学思想的理论思维形态，形成了中国哲学史的二重性质：抽象的哲理竟渗透在非常现实的政治伦理之中。这就决定了我们研究中国哲学思想史的方法论，不能简单地根据哲学原理的格式，去摘章寻句，臆造出一个自认为非常纯粹的哲学思想。必须从这种历史实际出发，把理论逻辑统一在特定历史的基础上，从现实的政治伦理学说中，全面地揭示每一思想大家的哲学体系。当然，这绝不是否定中国传统哲学的哲学意义，重蹈经学史的旧辙。恰恰相反，我们充分肯定，中华民族有自己丰富的哲学，这是中国人思想的精华，它同政治伦理融合，这本是它的独到之处。因为，它同政治伦理思想直接融合的结果，毕竟产生出来的是中国哲学，而不是中国政治或中国伦理。

赫尔岑有句名言："辩证法是革命的代数学。"那么，中国哲学就其二重性质来说，也就是中国政治伦理的"代数学"。它所特有的一整套忠恕、仁爱、谦骄、义利、王霸等概念，都是从现实的政治斗争和伦理关系中抽象出来的有关思想矛盾的范畴，充满着历史辩证法的内容。这是中华民族认识高度发展的理论表现，是中国政治的"代数学"，而又不等于中国的一般政治。

我们必须充分估计中国哲学特别是它在社会历史观方面的价值，同时还须指出中国哲学的这个优点，必然带来中华民族的哲学思维在自然观上得不到充分发挥的缺点。但是，哲学史毕竟不同于政治史和伦理史。哲学史是以更枯燥的逻辑分析形式，更直接地来表达历史发展的必然。个人的品行修养，人间的祸福治乱并不是它论证的主体，而思维本身才是它论证的主体。因而，它不能脱离生产技艺和自然科学，更不应直接为政治论证。可是中国传统哲学，从先秦诸子开始，就不大注意对自然科学的研究，而把哲理融合在政治伦理之中，政治伦理有时反客为主，造成本末倒置，这怎能不妨碍哲学思维本身的充分发展呢！加之，它直接为政治论证，往往便会失去一门学科应有的尊严，使自己丧失相对的独立性，必然成为维护封建专制主义和宗法制度的御用工具。可能正因为如此，黑格尔才不把它放在眼里，将它从根本上排斥在他的哲学史之外。

如果说，黑格尔的错误是只抓住了它的政治伦理性一面，而看不到其对社会矛盾运动的哲学分析是属于历史辩证法的内容，那么，西洋化、公式化的倾向，其错误就在于只着眼先天不足的哲理性一面，而忽视充满历史辩证法的政治伦理性一面，不懂得哲理性往往是通过政治伦理性表现出来的。这两方面融为一体，才显示了中国哲学史不仅有特殊的哲学形态，而且有非常丰富的哲学内容，尤其在一些有影响的哲学大家那里，还创造了独特风格的理论体系。

因此，中国哲学史的研究，应从中国哲学史的特殊性出发，既避免经学史的错误，又特别要防止公式化的倾向，真正按照"马克思主义的历史主义"，从中华民族思维发展的历史实际出发，把各家、各派、各个哲学思想家置于特定的历史环境，从他们各自独特的理论体系中，探寻他们的哲学思想及其特殊路径和相互关联；从中国哲学史的特殊形态里，发现人类理论思维发展的普遍规律。把逻辑与历史有机地统一起来，逐步使中国哲学史的研究走向科学化和专业化。

1980年春稿于陕西师大6楼新居。

原载《人文杂志》1980年第6期。

论中国哲学史研究的对象问题

中国哲学史研究是一门什么性质的科学？它的对象到底是什么？这是哲学史工作者十分关心，而至今尚未解决的问题。

关于这个问题，大家通常是以"哲学史是唯物主义和唯心主义、辩证法和形而上学斗争的历史，是整个人类的认识发展史"这样的定义来说明的。这是从20世纪50年代以来，在日丹诺夫的哲学史定义的基础上，经过历次的方法论讨论和长期的教学实践逐步形成的。然而，这个定义是值得商酌的。

在我看来，上述定义之所以值得商酌，主要在于它规定的"对子斗争史"，没有把握住中国哲学史研究的客观对象，不是以这门学科特有的基本矛盾为根据，因而不能构成这门学科特殊的本质，混淆了哲学史研究与历史上的哲学的界限，混淆了研究哲学史的"马克思主义方法"与哲学史本身的界限。由此引出来的一系列方法论不仅是形而上学的，而且不是唯物的。

因此，笔者认为，应当把中国哲学史研究的对象，确立在揭示中华民族哲学思维自身逻辑发展的规律性上。这是当前哲学史方法论讨论中的关键问题，也是建立中国哲学史学，推进中国哲学史研究走向科学化的重要问题。

一、哲学史研究对象与哲学研究对象之同异

哲学史研究对象与哲学研究对象虽然密不可分，但我们仍能找出二者本质的差别。为此，我们需要采用"同中求异"的分析方法，首先从论证哲学史研究对象与哲学研究对象的共性中，辨明哲学史研究的个性，以便准确地规定哲学史研究的对象。

（一）决定哲学史与哲学共性的基本矛盾

要使哲学史研究真正成为一门相对独立的学科，首要的是必须应用科学概念的形式，准确地把握住它自己的对象。

所谓准确的对象，就是指能决定这门学科基本性质的基本矛盾。这个基本矛盾亦即区分这门学科研究领域不同于其他任何学科的特殊矛盾。这个特殊的矛盾，也就构成了这门学科的对象。现在的问题是：哲学史研究有没有自己的特殊矛盾？如何确认哲学史研究的特殊矛盾？

自从毛泽东在《矛盾论》中，把哲学中的"唯心论和唯物论、形而上学观和辩证法观"规定为哲学的"特殊矛盾和特殊本质"以来，在相当长的时期里，一直存在着把哲学中的这"两论""两观"的"对子"，看作哲学史研究的对象和性质的情况。在60年代初出版的《中国哲学史新编》的绪论，就是这样做的。近年来在关于哲学史研究定义的讨论中，主张"对子斗争史"与"认识发展史"两个定义完全统一的学人，其实也是以此立论的。

那么，这种观点，是不是符合马克思关于哲学研究对象的科学规定？这种做法，是不是符合中外哲学史研究的史实？这是认识哲学史研究的特殊矛盾首先需要回答的问题。

马克思曾指出：（哲学）用它所专有的方式掌握世界，而这种方式是不同于对世界的艺术的、宗教的、实践——精神的掌握的。实在主体仍然是在头脑之外保持着它的独立性；只要这个头脑还仅仅是思辨地、理论地活动着。因此，就是

在理论方法上，主体，即社会，也一定要经常作为前提浮现在表象面前。①

这就是说，哲学虽然是一种更远离物质经济基础的意识形态，但它同任何社会科学一样，必须把独立于我们头脑之外的自然界、人类社会这个"实在主体"作为前提，作为自己主要认识的对象。

但是，哲学又不同于其他任何实证科学。它不具体研究这个"实在主体"的特殊的结构、成分、功能、关系等等特殊规律，而是研究这个"实在主体"最一般的规律。它把自有人类以来的整个世界的一切现象，归结为思维和存在（或精神与物质、主观与客观）两大部分，认识这两大部分之间的本质关系及其辩证发展的一般规律，就是"全部哲学，特别是近代哲学的重大的基本问题"。②这个"基本问题"亦即哲学要解决的特殊矛盾，这便构成了哲学这门学科研究的对象本身。

这样的研究对象，就决定了哲学研究的范围和理论内容是异常广阔和十分丰富的。它不单涉及人类的思想领域，而且必须涉及自然界和人类社会这些外部的物质世界；不仅要研究人类哲学思维辩证运动的一般法则，而且特别要揭示自然界对人类社会这个"实在主体"辩证发展的普遍规律；并要把这两个系列在本质上看作对立统一的同一个辩证过程。这就是马克思主义哲学以及历史上的一切哲学研究的对象本身。

在中外哲学史上，从古代希腊的智者"七贤"、中国先秦的诸子百家，到近代法国唯物主义的"两个派别"、德国古典哲学中的康德和黑格尔，以及中国的孙中山，几乎每个有影响的哲学家、思想家，无不把现实社会和整个自然界看作他们哲学研究的"实在主体"。他们总是既论"天道"，又明"人伦"，并寻求天人、古今、治乱的变化及其一般规律；既研究已有的哲学思想材料，又实地考察"实在主体"。然后才综合概括出自己的理论体系。这正如汉代伟大的史学家司马迁说的："究天人之际，通古今之变，成一家之言。"（《汉书·司马迁传》）所以，凡较深邃的思想家，无一不是把类似于我们今天所谓的思维与存在的关系问题，作为他们哲学研究的对象。

---

① 《马克思恩格斯选集》第二卷，人民出版社，1972年，第104页。
② 《马克思恩格斯选集》第四卷，人民出版社，1972年，第219页。

由此可知，哲学本质上是人类的认识论。思维与存在、主观与客观两者之间辩证发展的一般规律，就是哲学研究的对象本身。而哲学史研究则是要探讨以往"全部哲学"自身逻辑的发展历史。仅就"全部哲学"这一主词而言，哲学本质既然是人类的认识论，哲学史也自应属于人类的认识史；哲学研究的对象，也自然是哲学史研究所应涉的范围。它们均是人类一种理论思维形式的认识。这是两者的共性。

黑格尔也正是从这个意义上，用哲学的对象和性质来规定哲学史研究的对象和性质的，认为哲学史研究也是一种哲学。单就区分作为哲学史的认识史和作为其他科学史的认识史之间的界限来说，这一类推，显然是有重要意义的。否则，就难以分清什么是哲学史，什么是社会史和科技史了！

（二）规定哲学史研究的个性的特殊矛盾

现在，我们再来分析一下哲学"基本问题"是不是哲学史研究的对象，看看哲学史与哲学在研究对象上，究竟有什么区别。

从理论上讲，作为"认识史"的哲学史同作为"认识论"的一般哲学，既然都是人类一种哲学认识的矛盾运动，而人类认识的基本问题就是思维与存在、主观与客观的矛盾，那么，人类在回答这个矛盾时，必然会产生出"两论""两观"的答案。这样，历史上的"全部哲学"不是"唯物论"，就是"唯心论"；不是"辩证法"，就是"形而上学"。这些不同性质和形态的哲学的聚集，不就是哲学史吗？它同哲学的对象不是一模一样吗？哲学史研究哪里还有什么特殊矛盾，有什么个性呢？

的确，这个关于哲学史的普通观念，一般地说，完全符合用形式逻辑对这个问题进行推论的结果。但这一观念无论在理论上还是在史实上，都会遇到无法避免的困惑。

第一，"两论""两观"只是人类认识"基本问题"的结果，而不等于整个的"基本问题"，不能代替认识的对象本身。它们仅仅在回答思维与存在、主观与客观，谁是第一性、谁是第二性，二者是否发展、怎样发展这样的意义上，才获得了自己的规定性。而哲学"基本问题"的科学概念，却不仅仅只有这一方面的意义，它还具有：客观存在自身的辩证性、内在的规律性，主观思维的社会性、反映性和抽象性，以及这两个系列在社会实践中辩证统一的螺旋形发展的规律性等等。这是一个外延最广、内涵最深的科学概念。如果我们不把作为人类一种认识的哲学放在认识客观存在（自然界、社会）和主观思维辩证运动的一般规律这些广泛的概念里，那么，从定义的内容上，不仅不能准确地指明哲学研究对象的特殊性，而且从定义的形式上，也不符合下定义的逻辑要求。

所以，"两论""两观"的本义，不等于整个哲学的"基本问题"的本义，它们的简单汇集，也不等于历史上的"全部哲学"。通常的哲学史观念，在理论上难以完全成立。

第二，在史实上，无论在西方，从亚里士多德的"四因说"到康德的"二律背反"，还是在中国，从孔夫子关于"仁"的思想到孙中山的"生元"说，中外哲学史上，确实都有不少很难用一个唯物论或唯心论、辩证法观或形而上学观来准确规定的哲学。你看：孔子有时似乎"畏天命"，但又"不语怪力乱神"；老子把"道"视作"万物之宗"，认为"天下万物生于有"，而"有生于无（道）"，但又讲"道法自然""天道自然无为"；柳宗元既激烈地反对"天命"，却又非常虔诚地信奉佛教。若照往旧，定要用一个"非唯物即唯心"的两难推理来论断，那难免疑窦产生，致使长期争论不休。

考其原因，我想大概因为近代以前，哲学"基本问题"还没有获得完全的哲学意义，人类的理论思维还不可能发展到把世界复杂的现象，高度抽象为一个思维和存在的关系问题。因此，在漫长的古代社会，这个基本问题尽管存在，但并未作为哲学家们研究的中心课题。尤其在中国，大体上说，先秦两汉，人们主要探求的是万物为何生成；魏晋隋唐，人们主要寻找何为万物本体。人们依次关心的是：天道、心性、天人、有无、本末、言意、形神等问题。只有宋代以后，人们才开始注意探索万物之间的共同本质及其相互关系，哲学家们才开始把理气、心性作为哲学研究的中心，比较明朗地接近于哲学基本问题。即使如此，也仍然有一些像张载那样的哲学家，撇开"理""气"关系的难题，就"气"论"气"，就"理"论"理"。"理""气"究竟谁是第一性、谁是第二性，仍不明确。

即使到了近代，哲学"基本问题"已经获得了完全的哲学意义，依然存在着休谟、康德等"二元论"哲学。我们仍然不能简单地只把那些符合"第一性、第二性"的"两论"，作为哲学史研究的对象。否则，相当长的历史阶段上的哲学思想和相当多的哲学家，必然会因未做出思维与存在"谁是第一性、谁是第二性"的答卷，而或者被赶出哲学史的舞台，或者硬让其改头换面，削足适履。无论怎样，均不是真实的哲学史了。

以上困惑连连出现，正表明把"两论""两观"作为哲学的对象，本身就有弊端，另外，在日丹诺夫定义的影响下，用它来规定哲学史的对象和性质，那更是缺乏应有的科学性。所以，我认为：①如果说，哲学的研究对象是思维与存在、主观与客观的关系问题，而不是"两论""两观"，那么，哲学史中虽然有"两论""两观"，但"两论""两观"的简单汇集，只能算作"纷歧意见之堆积"①，而不等于是哲学史。②哲学史作为认识史，虽然处处要涉及哲学"基本问题"，但这是哲学研究的对象，而不是哲学史研究的直接对象。哲学史研究的对象，只是要求哲学史研究必须把人类回答这个"基本问题"的全部哲学思想，不管采用什么方式回答，也不管产生的是什么形态的哲学思想，都要作为自己的研究范围。仅仅从这个意义上说，哲学史与哲学作为两个独立的学科研究领域，却有共同的"基本问题"，因而构成了它们在研究对象上区别其他学科的共性。但这里的问题是，单就它们两者而论，哲学史研究本身的确有自己的特殊矛盾，这就是哲学本身与其发展史的对立统一关系，黑格尔称作"哲学"与"历史"的矛盾。这个特殊矛盾就规定了哲学史在研究对象上不同于哲学的个性：它研究的是不同于社会史的哲学本身逻辑发展的历史，是人类理论思维发展的另一种方式，是人类理论思维在不同历史阶段上，在螺旋发展的不同环节里，在前后变化着的形态中，在各个民族、各个国家不同的经济政治条件下，揭示给我们的一幕一幕有内在联系的戏剧。总之，是人类的认识逻辑与其发展历史的辩证统一过程。这就是我对这门学科的基本观点。

---

① ［德］黑格尔：《哲学史讲演录》第一卷，贺麟、王太庆译，商务印书馆，1959年，第16页。

二、哲学史研究本质上是探讨人类哲学认识辩证运动的科学

我之所以主张把中国哲学史的研究对象，确立在研究中华民族哲学思维自身逻辑历史发展的规律性上，认为哲学史研究对象与哲学研究对象不同，是有历史根据的。现在就从历史考察中，再进一步进行论证。

（一）哲学史研究是人类理论思维发展到一定阶段的产物

哲学思想是在一定的社会历史条件下萌芽、形成的。哲学思想一旦出现，就以自身"否定之否定"的必然性独立向前发展，这就形成了客观自在的哲学史。尔后才有人出来以不同的形式，对客观自在的哲学史进行概括和反映，创立各类人"写的哲学史"。

不过，这是一个复杂而漫长的思维发展过程。我们从各民族野蛮时代遗留至今的原始宗教仪式及其宗教观念中可以推知，哲学思维最早发端于神学和道德，特别是神学。康德说得好：

> 神学及道德，乃以后人所致力之一切抽象的理性研究之二种动机，或宁谓为二种关联之点。其逐渐以此等以后以玄学著名之劳作委之纯粹思辨的理性者，主要实为神学。[1]

恩格斯在《路德维希·费尔巴哈和德国古典哲学的终结》里，更加明确地论证了全部哲学的基本问题，就根源于人类在蒙昧时代的狭隘而愚昧的宗教神学观念。以我们中华民族为例，简约地说，这一过程是：

首先，人类通过生产实践，以它天然纯朴而富于智慧的眼光，采取"天才的直觉"的方法，把世界二重化为天神和人伦。殷墟卜辞里，到处看到的"天""帝"与"王""臣""众""人"的对立观念，就是中华民族开始已有对外部世界抽象、隔离的思维能力的明证。自然这是个非常简单的理论思维

---

[1] ［德］康德：《纯粹理性批判》，蓝公武译，生活·读书·新知三联书店，1957年，第577页。

形式。

接着，在尊天敬祖的神秘殿堂中，出现了阴（‑‑）、阳（—）两个符号，用"二二相耦"的构造，来推测宇宙"非覆即变"的规律（《周易正义·序卦》孔颖达疏）。这就是殷周之际产生的《易经》哲学，是中国最早的哲学形态。

随后，生产力的日益增长，社会关系的剧烈变动，思维能力由主要是直观的形象思维提高到主要是抽象的理论思维，于是春秋战国的诸子百家之学便应运而生，并盛极一时。《易传》作者借释《易经》，提出了"一阴一阳之谓道"的命题，依照"二二相耦"的易卦构造，从"太极"—"两仪"—"四象"—"八卦"，推演出"天地"—"四时"—"吉凶"—"圣人"—"君臣"，创立了多层次对立统一的宇宙起源论。孔子、老子、荀子等，无不从这里吸收思想营养，在相互论争、相互吸收、批判综合的基础上，先后形成了各种哲学体系，把中华民族的理论思维推进到新的阶段。

只有在这时，《庄子·天下篇》的作者和荀子才首开了中国哲学思想史研究的先河。他们把以往全部哲学：阴阳数度之术①、《诗》《书》六艺之学和诸子百家之学，按历史时序加以系统的组合排列，形成了道术演化图式的哲学史观及其方法论。固然，这还不能说就是中国的先秦哲学思想史，却表明了研究中国哲学史、思想史已有了良好的开端。

汉代史学家司马谈和班固，在此基础上便写出了《论六家要旨》和《诸子略》，用划分学派的方式，对以往的哲学思想进一步做了概括和分类，说明了它们的产生和联系。此后，因为儒学独尊，经学兴盛，佛教传入，道教滋生，三教论争，促使各种哲学思想互相融合，中华民族的理论思维发展到了宋明理学阶段。只有这时，朱熹与吕祖谦才按"道体""为学""致知"等哲学问题的形式，摄取北宋四子"关于大体而切于日用"的哲学言论，条分类别，集辑成《近思录》，为当日"初学者"了解北宋思想逻辑发展的历史，提供了

---

① 刘师培在《国学发微》里，按"体用"思想，把先秦诸子书中的"学"和"术"做了区分。他说："学也者，指事物之原理言也；术也者，指事物之作用言也。学为术之体，术为学之用。如阴阳家流，列于九流之一，此指阴阳学之原理言也，……列于术数类中，则指其作用之方法言矣。"其实，这一界说，正表明"学"与"术"不可分割的一致性。

一个"梗概"(《近思录前引》)。接着，清初，黄宗羲、全祖望又按地域、人物编著了《明儒学案》《宋元学案》，"以志七百年儒苑门户"(《宋元学案考略》)。最后，戴震又借释《孟子》一书，仿佛采用范畴(如"理""天道""性"……)的形式，写出了《孟子字义疏证》，总结了宋明以来理学思潮发展的历史及其弊端。

这几种不同体例的哲学著作，实质上属于中国的经学史。它在叙列儒家经学方面，其形式的确"如大禹导山，脉络分明"(《宋元学案考略》)，其内容却缺少内在的必然逻辑。在欧洲，黑格尔以前那些神谕式的哲学史，也如同这类经学史一样。

人类的理论思维只有发展到了黑格尔时代，才产生了真正意义上的哲学史研究。黑格尔从历史和逻辑辩证统一的规律上揭开了人类哲学思维逻辑发展的历史，在马克思以前，除了他从哲学发展固有的内部联系上来说明其规律的尝试之外，几乎再无第二个人。所以，马克思早在关于希腊哲学史的《博士论文》里就肯定："一般说来哲学史(按：指哲学史的研究)是从它(按：指黑格尔的哲学史)开始的"。恩格斯称赞他的《哲学史讲演录》是"最天才的著作之一"①。

总而言之，无论在中国，从《庄子·天下篇》的作者和荀子对中国先秦以前哲学思想史的开始研究，到朱熹、黄宗羲、全祖望、戴震的断代哲学史著作的出现，还是在欧洲，从神谕式的哲学史研究的流行，到黑格尔真正的哲学史研究的创立，不管它们是多么地"唯心"，何等地不科学，毕竟都是历史上的哲学发展到一定阶段的产物。它研究的对象不是历史上的任何一种哲学本身的"基本问题"，而是以往全部哲学至少是某一历史阶段的全部哲学自身有机的产生、演变、逻辑发展的历史。这便形成了哲学史研究不同于哲学的特殊根据。

（二）逻辑范畴的演化是中国哲学自身历史发展及其内在规律的体现

哲学史毕竟不是社会史本身。哲学史研究一经产生，就必然要同现有的哲

---

① 《马克思恩格斯选集》第四卷，人民出版社，1972年，第494页。

学思想材料相结合，并对这些材料做进一步的加工。这样，它就"把思想当做独立地发展的、仅仅服从自身规律的独立本质来处理了"①。它除了同现实社会经济政治发展的历史必然联系外，还有其自身的规律；它除了要受现实社会经济政治发展历史的制约外，还要受其内在规律的直接支配，而且外在的社会历史的制约作用还是通过内在的自身规律发生效力的。问题的焦点在于，如何揭示和展现这一内在关系和自身规律。

我认为，唯一的妙法是借助唯物辩证法的威力，剥去一切外在的非本质的联系，基本顺时序、依层次，直接从哲学范畴的自身矛盾入手，"充分地占有材料，分析它的各种发展形式，探寻这些形式的内在联系"②，中国哲学发展的内在逻辑、中国哲学史的各种自身规律，总是可以找到的。列宁说："从逻辑的一般概念和范畴的发展与运用的观点出发的思想史——这才是需要的东西！"③中国哲学史和欧洲哲学史一样，也有自己一套基本的概念和范畴，例如：阴阳、天道、天人、仁义、礼法、体用、有无、本末、言意、形神、一多、理气、道器、心性、古今、知行等等。它们不仅体现了历史上每一哲学逻辑发展的程序和层次，而且成为各家各派哲学思想彼此联系、前后递进的中介。

客观自在的哲学史本身就表明，它不是历史上各种哲学资料的"展览馆"，而是通过人类哲学认识过程中一系列哲学概念和范畴自身的演化，表现出来的哲学本身逻辑发展的历史。认识逻辑与其发展历史辩证统一的关系问题，就是它固有的特殊矛盾，自然，这就构成了历史上的一切人"写的哲学史"研究对象的实际内容。所以，作为认识史的哲学史研究，本质上也就是研究人类哲学认识自身逻辑历史发展的科学。正如列宁所说：

> 逻辑不是关于思维的外在形式的学说，而是关于"一切物质的、自然的和精神的事物"的发展规律的学说，即关于世界的全部具体内

---

① 《马克思恩格斯选集》第四卷，人民出版社，1972年，第250页。
② 《马克思恩格斯全集》第二十三卷，人民出版社，1972年，第23页。
③ 《列宁全集》第三十八卷，人民出版社，1957年，第188页。

容及对它的认识的发展规律的学说。换句话说，逻辑是对世界的认识的历史的总计、总和、结论。①

三、确定中国哲学史研究对象的原则和方法

如此说来，人们一定会担心按照这样的对象来研究哲学史，岂不是重蹈黑格尔唯心主义哲学史观的旧辙？哲学史岂不是有陷入唯心主义的危险？我觉得，关键在于，我们确立对象、揭示对象的原则和方法是否科学。

客观自在的哲学史，既然不是历史上一般哲学的简单汇集，而是人类哲学思维自身逻辑发展的历史，它本身既有严密的逻辑性，又有严格的历史性，是二者的辩证统一。我们要想准确地把握住这个现象，把它如实地描绘出来，就必须坚持逻辑与历史统一的原则和方法，处处要让它表现出"史"的性格来。

的确，黑格尔是"卓越地坚持哲学史中的严格的历史性"的第一个人。他"反对把我们所能了解的而古人事实上还没有的一种思想的'发展'硬挂到他们名下"。②这一点，列宁是十分赞许的。但黑格尔所谓的"历史性"，并非适应真实的时间次序的历史，而是"观念在理性中的顺序"；所谓的哲学史，并非哲学在真实的历史上发展的历史，仅仅是"他自己的哲学的历史"③。

从这一立场出发，黑格尔又是最早把逻辑与历史的统一，作为研究哲学史的根本原则的人。这不仅为哲学史研究提供了一个根本原则，而且，"这给整个逻辑学提供了又一个新的方面"④。毋庸置疑，黑格尔在论述这个原则中，虽然也说过，必须善于从"历史"内容里去认识"逻辑"，但他实际不是从现实社会的历史发展中说明哲学思想的历史发展，而是把历史发展说成是"绝对理念"自我推演的"体现"；不是从哲学发展的"历史"中抽出"逻辑"，使逻辑范畴符合于历史发展，而是宁可篡改哲学史的史实，也要满足他逻辑推演的次序。这当然是唯心的，我们不能蹈袭。

---

① 《列宁全集》第三十八卷，人民出版社，1957年，第89—90页。着重号为笔者所加。
② 《列宁全集》第三十八卷，人民出版社，1957年，第272页。
③ 《马克思恩格斯全集》第四卷，人民出版社，1958年，第143页。
④ 《列宁全集》第三十八卷，人民出版社，1957年，第117页。

然而，黑格尔划时代的功绩在于他提出了这个极为深刻的见解。如果抛掉他的唯心主义基础，他所提出的这一原则，他所坚持的"历史性"，也就是我们准确地把握中国哲学研究对象的科学方法。但是，我们至今还没有完全把探索中华民族哲学思维自身逻辑发展的历史及其内在的规律性，真正当作自己研究的对象。所以，我们重提这个并不新鲜的原则，是为了真正把握住中国哲学史如下最基本的史实。

第一，中国历史上一切真正的哲学，都是自己时代精神的精华，都是具体社会历史的产物。

倘若没有春秋战国之际"天下大乱，圣贤不明"（《庄子·天下篇》），"三后之姓，于今为庶"（《左传·昭公三十二年》）的社会政治变动，就不会产生"百家争鸣"中的诸子哲学，《庄子·天下篇》的作者和荀子也就不会开创研究中国哲学思想史的伟业。如果没有中国封建经济和中央集权制的封建专制主义国家的确立、兴盛、巩固和完善的过程，中国哲学就不会以汉代经学、魏晋玄学、隋唐佛学、宋明理学等一个否定一个的方式，前后有机地联系起来，朱熹、黄宗羲与全祖望、戴震也就不会制作出各种形式的哲学史、思想史著作。所以，就中国哲学思想产生、发展的根本而言，哲学史也可说是社会史的一部分，是一种独特的历史科学，它是"哲学"与"历史"的辩证统一。在这一矛盾关系中，中国社会经济政治发展的历史，归根到底仍然是中华民族哲学思维逻辑发展的决定力量，是中国哲学史的理论内容，而各种理论思维形态，只不过是对中国现实社会历史间接或直接的反映和回声，哪怕是何等唯心虚妄的东西，也是人们"物质生活过程的必然升华物"[①]。它若离开了现实社会的历史发展，就失去了存在的根基，也就不配称作"时代精神的精华"。

可见，坚持逻辑与历史统一的原则，尤其强调"历史性"，就是要把哲学史当作一种社会意识来研究，要从社会基础去说明，这就是我们确定研究对象的基点。

第二，中国历史上的任何哲学，都是整个中华民族认识逻辑历史发展总过

---

① 《马克思恩格斯全集》第三卷，人民出版社，1960年，第30页。

程中的必然环节，每个环节又都是对前一环节辩证否定的结果，即对前一哲学批判继承的产物。

因为：①人类的哲学认识，不同于其他政治的、道德的、文学的、宗教的认识，它必须借助于特定的概念、范畴、命题进行抽象的理论思维。人们通过层层抽象，最后可以把一切事物都变成逻辑范畴，范畴是人们一切认识成果的最高概括。例如，宋明哲学中的"理"，就是集当日人们一切认识的最高成果。而这种概括，又是自人们用阴（－－）阳（—）符号，开始探寻"天道"规律以来，经过了长期的抽象过程才完成的。②在这一整个抽象过程里，必然就出现了一系列层次不同的哲学范畴。各个特定的范畴，皆体现了中华民族哲学认识高低不同的逻辑发展程度和大小不同的历史阶段，也均是对世界、对社会的历史发展采用不同方式的反映。这就形成了不同性质和倾向的哲学形态，其中有唯物的，也有唯心的，有比较正确的，也有根本错误的。但都是有其必然性的认识环节，也都有其存在的合理性。③结果，正如从范畴的辩证运动中必然产生哲学系列一样，从哲学自身的辩证运动中，自然就形成了整个认识史的哲学史，出现了中华民族哲学认识的"大螺旋"。

显而易见，逻辑范畴是人类认识历史发展的必然产物，它的演化也是人类认识历史发展的必然过程：范畴所体现出的哲学内容，有其必然出现的世纪，也有其必然发展的历史。范畴的这种逻辑联系与其发展历史的辩证统一，正是哲学史的本质，"思想史的精华"[1]。

由此可知，我们坚持逻辑与历史统一的原则，特别强调"历史性"，就是既要把哲学史作为一种社会意识来研究，用"基础"说明"思想"，坚持唯物史观；尤其要把哲学史作为人类认识逻辑辩证发展的历史过程去把握，从哲学意识相对独立发展的辩证性上来揭示，处处体现唯物辩证法。这样，就能使我们确立的研究对象展现出哲学史的本质来。否则，就无所谓科学的哲学史研究了！

总括以上所论，可以初步探明：

---

① 《列宁全集》第三十八卷，人民出版社，1957年，第186页。

哲学史研究不是历史上的一般哲学，而是哲学自身逻辑发展的结果。它本质上是研究人类哲学辩证运动的科学，认识逻辑与其发展历史的矛盾，就是哲学史研究的对象本身。

中国哲学史是中华民族哲学思维发展的逻辑与中国社会发展的历史两者辩证统一的认识史。诚然它有不同于西方哲学史的显著特点，但它也是有规律可循的。当前，我们应当把中国哲学史研究的对象，确立在揭示中华民族哲学思维自身逻辑历史发展的规律性上。既要用现实社会的经济政治发展的历史，说明中华民族哲学思维发展的逻辑，坚持唯物史观，又要遵照哲学意识的相对独立性，从时代思潮着眼，注重探索思潮的更替、每一思潮中的哲学流派之争，各学派中不同哲学思想之间的内在联系，还有各个时代的哲学发展与该时代的政治、道德、文学、宗教等意识形态发展之间的相互影响，特别要研究那些高度体现这些内在联系的哲学范畴的逻辑发展，以展现中国哲学的思想发展历史的自身规律。

只要我们从现在起，认真利用前人的研究成果，在探索中国哲学发展的规律性上下功夫，就一定能够做出成绩来的。

1980年10月改定于陕西师大6楼新居。

原载《中国哲学史研究》1981年第2期。

论中国哲学史的逻辑体系问题

一、值得探讨的新课题

中国哲学，作为中华民族最高的理论思维，称"哲学"是近代的事，名为"学"，却由来很早。倘若从《韩非子·显学》"世之显学，儒、墨也"之说算起，至今也足有两千多年的历史了。但是，把中华民族哲学思维发展的规律作为科学来研究的中国哲学史，那确实是一门十分年轻的学科。探索这门学科的逻辑体系，无疑更是一个新课题。

在马克思主义传入中国以前，无论是黄宗羲《宋元学案》《明儒学案》，还是胡适的《中国哲学史大纲》卷上、梁启超的《先秦政治思想史》，不消说，其本身均不可能成为科学，自然，也无什么学科的逻辑体系可谈。30年代以后，尽管由于几位前辈的辛勤开拓，所有哲学史、思想史工作者的潜心研讨，我们已经有了一些较好的中国哲学史、中国思想史论著；但因这五十余年间，中国哲学史适逢种种政治"波折"，很难逃脱政治的"侍婢"或一般哲学的"附庸"之地位，因而，想要提出这门学科的逻辑体系问题来探讨，也是不可能的事。

粉碎"四人帮"之后，这门学科真正获得了新生，一个显著标志是：它有了独立的科学研究。尤其是近两年，除了对专题、专人的哲学思想已有较深入的研究外，中国哲学史本身的研究对象、方法、定义、作用、动力，以及同各门自然科学和社会科学之间的关系、中外哲学之异同等等理论问题，日益引起了人们的重视。1979年10月，全国就中国哲学史方法论问题，举行了学术讨论会；接着，很多学人对历史上唯心主义的评价问题、哲学史的定义问题，发表了很有价值的见解；现在，据我所知，已有不少有识之士正在思索和研究中国哲学思想发展的逻辑问题。这些均说明：大劫之后，正当这门学科复兴的春天，建立一门"中国哲学史学学"，像"科学学""史学学""哲学学"一样，来专门研究它本身发展的规律问题，这是很自然的，也是这门学科发展的客观要求。

因此，本文就此立论，想对哲学史的体系问题，提出一些看法，与方家、同好商量。并期望有更多的学人来研究这个新课题，共同来建立"中国哲学史学学"，为推进中国哲学史研究走向科学化做出努力。

二、关于逻辑体系的基线问题

科学的中国哲学史，需要有一个严密的逻辑体系。建立体系的关键在于寻找基线、确定结构、设计层次。这一切，都不能随心臆造，均须从它研究的对象本身去考察。

（一）建立逻辑体系的客观依据

哲学史同一切科学一样，首要的问题是应用逻辑，准确地把握自己的研究对象。对象的内容，决定着体系的形式。

德国的古典哲学中，康德尤其黑格尔，算是花费了毕生"艰苦的思想工作"的创造体系的大师[1]。康德说：

> 我之所谓建筑术，乃指构成体系之技术而言。……我之所谓体

---

[1]《马克思恩格斯选集》第四卷，人民出版社，1972年，第216页。

系，乃指杂多之知识在一理念下之统一而言。此种理念乃理性所提供之概念，即"一全体之方式"之概念……故全体乃一有机组织的统一体（articulatio）非一集合体（coacervatio）。此种统一体自内成长（……由内摄取），非由外部的增加（……由于附加）所致。①

黑格尔更加明白地说：

只有真理存在于其中的那种真正的形态才是真理的科学体系。

科学只有通过概念自己的生命才可以成为有机的体系。②

康德和黑格尔在自然科学和社会科学的许多领域中，都起过划时代的作用。他们站在唯心的立场，从"理念"或"绝对真理"自身演化的需要出发，各自都创造了一个庞大的哲学体系。虽然，这是人为的强制性结构，还不是科学的体系；但他们把体系看作表现对象的结构形式，而且认为，这个结构形式不是由许多乱七八糟的外部成分的"附加"所致，而是按照对象本身的辩证性质，"有机组织的统一体"，这无疑是正确的。

特别是在黑格尔的体系中，整个自然的、历史的和精神的世界，被描写成处在不断的运动、变化、转变和发展的自然历史过程中，这更是巨大的功绩。所以，恩格斯才称赞说：黑格尔体系，是哲学的最后的最完善的形式。通过这个形式，给他的继承者留下了辩证的思维方式，以及关于整个世界发展变化的辩证观念。要求不仅哲学，而且一切科学，现在都必须在自己的特殊领域内揭示这个不断的转变过程的运动规律。③

可见，建立哲学史体系的根本任务就在于：通过逻辑形式展现研究对象自身的规律性，而不是为体系而体系。黑格尔的巨大功绩是提出了这个任务，

---

① ［德］康德：《纯粹理性批判》，蓝公武译，生活·读书·新知三联书店，1957年，第565—566页。

② ［德］黑格尔：《精神现象学》上卷，贺麟、王玖兴译，商务印书馆，1979年，第3、35页。

③ 《马克思恩格斯选集》第三卷，人民出版社，1972年，第63页。

但他没有也不可能解决这个任务。只有马克思、恩格斯、列宁才是黑格尔"遗产"的忠实继承者。他们天才地完成了这项任务。

诚然，他们也都没有真正建立起一个完整的哲学或哲学史的科学体系，直接供我们参考。但马克思却创立了《资本论》体系，为建立各门科学体系指明了方向和进程。马克思首先将资本主义生产关系的运动规律，准确地规定为《资本论》研究的对象，然后依据这个对象本身的内在矛盾，才建立了一个完整、严密的《资本论》的科学体系，从而揭开了资本主义社会的全部奥秘。在这一惊世的科学研究中，马克思的一个伟大功绩是："发现了人类历史的发展规律"[①]；创造性地改造和运用了黑格尔关于历史与逻辑相统一的原则和方法，为研究各门社会科学提供了一把"钥匙"。这些都是我们建立中国哲学史逻辑体系的理论根据，值得认真学习和借鉴。

因此，我认为，准确地规定中国哲学史的研究对象，就是建立科学的中国哲学史逻辑体系的前提。对象自身怎样，体系形式也就怎样。对象是体系的客观内容，体系是对象的逻辑形式。怎样建立科学体系，"这决不是（如通常所说的）'我们随心所欲的事'，——这取决于'那些必须认识的对象本身，这是这些对象的形式'"[②]。

问题的焦点是，怎样准确把握中国哲学史的对象，如何从对象自身的内在矛盾中找到建立逻辑体系的基线。

（二）中华民族哲学思维发展的"历史"，是构成中国哲学史逻辑体系的基线

细想起来，以往我们大都习以为常地坚信"坚持以唯物主义与唯心主义的斗争作为哲学史的对象，有重要的理论意义"[③]，从没想到过去探索这个对象本身的规定性是否科学的问题。

我主张将哲学史的对象，确立在研究哲学思维发展的规律性上，并认定：

---

① 《马克思恩格斯选集》第三卷，人民出版社，1972年，第574页。
② 《列宁全集》第三十八卷，人民出版社，1957年，第254页。
③ 任继愈主编：《中国哲学史》绪论，人民出版社，1978年，第4页。

中国社会经济政治发展的历史与中华民族哲学思维发展的逻辑之间辩证运动的根本规律，以及由此派生的中华民族哲学思维发展的各种内在规律，就是中国哲学史、思想史研究的对象本身，亦即中华民族哲学"认识史"的理论内容。这一点，另有专文，在此略去不论。①

现在，需要申说的是：这样规定的中国哲学史研究的对象，自身就包含着一个内在矛盾；这个不同于其他社会科学的特殊矛盾，就必然构成一条中国哲学史逻辑体系的基线，按照这条基线形成的逻辑结构，就可能是一个比较科学的体系。

先解剖对象本身所包含的内在矛盾。

当我们一旦深入中国哲学史（外国哲学史也一样）的研究领域，就会立即发现自己面前的对象本身有一个特殊性质：它是一个"哲学"与"历史"的矛盾统一体。它既不是像中国史学那样，把人们直接生活于其中的中国社会的历史过程，作为单一的客体，通过研究一系列历史事件，向人们显示出它背后隐藏着的社会发展规律；也不像中国历史上的任何哲学那样，把人们对主客观世界一般规律的认识，作为单一的主体，通过一系列逻辑论证，直接表现出某一哲学思维发展的逻辑。它必须把这单一的"客体"与"主体"有机地结合起来，使其"二而一也"。就是说，它既要研究中国社会的历史过程，又要摆脱历史本身的自然形态，着重探索那些在人们哲学认识的逻辑中再现的历史规律；它既要研究中国历史上的各种哲学，又不能抛开现实的历史过程，孤立地分析某一种抽象的哲理，而是要着重昭示出与现实历史平行而进的整个哲学发展过程的内在逻辑。所以，中国哲学史不是单一体，也不是集合体，而是中国社会经济政治发展的现实历史与中华民族整个哲学思维发展的内在逻辑两者之间辩证的统一体，是中华民族哲学认识发展的逻辑与哲学认识发展过程（即历史）的统一体。

中国哲学史中的每一哲学思潮、每个哲学流派、每个哲学家，甚至每个哲学概念、哲学范畴，既是中华民族哲学认识的逻辑，也是中国社会现实历史的

_____

① 参看前篇《论中国哲学史研究的对象问题》。

缩影，是在历史规律中再现出来的历史。因而，我认为现实的历史始终制约着认识的逻辑。往下，我们将在逻辑结构的层次中进一步印证这一点。

这里，值得指出的是，现实历史的制约作用，总是通过哲学家、思想家对先前的思想材料的加工、改造、批判、综合而制作新学说的方式实现的。而且，在这个过程中，中国的哲学家们往往还是采用政治伦理的规范形式进行的。就拿中国哲学史、思想史中的儒学流变来说吧。

在中国传统哲学史上占据主导地位的儒学，一直是围绕着中国封建专制主义制度的发展而改变形态。从原始儒学，经汉代经学、魏晋玄学，直到宋明理学，两千余年的演化中，主旨始终是"以人道率天道"，达到"官天府地，裁成万物"（王夫之《问思录内篇》），"以易天下"的救世目的；其方法一贯采取从政治伦理上提出问题，又通过对政治伦理的一系列规定，比较直接地来表示对社会运动的认识逻辑，而不是像康德、黑格尔那样，把现实历史抽象得十分稀薄。

殷周社会的全部政治，集中于一个"礼"字。《左传》上说："礼，经国家，定社稷，序民人，利后嗣者也。"（《隐公十一年》）儒家就是由改良"礼治"出发，创立了以"仁"为核心的儒学体系。孔子最早把"仁"作为儒学的基本范畴。一部《论语》，"仁"字竟有一百零五见，而要旨却在"克己""爱人""忠恕""孝悌"的"仁之方"，求得"天下有道""天下归仁焉"。

接着，孟子又以孔子的"仁学"为出发点，将"仁"推溯为人先天固有的"善性"。他从表现"善性"的"四端"（"恻隐之心""羞恶之心""辞让之心""是非之心"）引申出"四德"（"仁""义""礼""智"）；又把"四德"归结为"五伦"（君臣、父子、兄弟、夫妇、朋友），并突出强调了其中的"君君臣臣""父父子子"这两伦。认为"未有仁而遗其亲者也；未有义而后其君者也"，"仁之实，事亲是也；义之实，从兄是也；智之实，知斯二者弗去是也；礼之实，节文斯二者是也"。（参看《孟子》的《告子上》《梁惠王上》《离娄上》等）。这样，孟子就将道德和等级制、宗法制三者融为一体，创立了"德治""仁政"哲学。这反映了战国后期建立统一的中央集权专制制度的历史趋势，也为尔后中国封建制度的巩固奠定了理论基石。

到了宋明时期，自誉为"接乎孟氏之传"（《大学章句序》）的理学家，便很自然地将孔孟哲学的核心——"仁"和"仁政"，发展为一个完整的世界观。他们沿着孟学的思路，采用"通经"的形式，吸收了玄学的本体论方法，道家、道教的宇宙生成演化论思想和佛学的思辨精神，主张"学者须先识仁"，说什么"义、礼、智、信，皆仁也"，而"仁者，浑然与物同体"，善恶，"皆天理也"。孟子所讲的"心、性、天"，其实只是一"理"也（参看《河南程氏遗书》卷二、卷二二），将道德的属性扩张到整个宇宙。结果全部社会，甚而自然界也都伦理化了，而伦理道德却走向了哲理化。儒学发展到最完备的理性主义阶段，这是中国封建制度发展到更加完善的理论表现。

由此足见，儒学的逻辑中贯串着中国社会矛盾运动的历史，儒学本身的演变也始终围绕着中国专制主义制度的历史进程而发生波动。现实的历史，决定着儒学的倾向，是儒学体系的基线。

儒学是中国古代哲学发展的一个主流。由此可以推定：中国哲学史研究的对象本身，包含着哲学与现实历史相统一的内在矛盾；这个矛盾，就内容实质来说，就是中国社会经济政治发展的现实历史，与中华民族哲学思维发展的内在逻辑两者之间矛盾运动的统一体；现实历史与哲学逻辑相统一，就统一在中国社会的现实历史上，现实历史及其规律，经过哲学家、思想家特有的理论方式，再现在中华民族哲学思维发展的逻辑中，就形成了中国哲学史逻辑体系的基线。"历史常常是跳跃式地和曲折地前进"[1]着的曲线，因而，逻辑体系的基线也绝不能变成简单的直线，按照这条基线构成的逻辑结构，也不可能是一个"对子"结构。这就是我们研究中国哲学史逻辑体系问题的出发点。

三、"对子"结构，还是"螺旋"结构

哲学史毕竟是一种理论思维形式的知识系统。它同一切社会科学一样，

----

[1]《马克思恩格斯选集》第二卷，人民出版社，1972年，第122页。

总是要凭借人类的抽象能力，竭力同现实对象脱离，把自己起源于现实历史的真实内容深深埋藏起来，看作无关紧要的东西置之一边，把曲折的基线当成直线。这作为"逻辑的研究方式是唯一适用的"①，可以不论。现在需要研究的是我们建立的逻辑体系，在逻辑的论述方式上究竟应该采用什么样的结构，才能真实地再现出中国社会现实历史的曲线。是采用"唯物主义与唯心主义斗争"的"对子"结构呢，还是采用由多序列、多层次的认识"圆圈"有机构成的"螺旋"结构？

在此，先须辨明"对子"结构是否科学。

自从毛泽东在《矛盾论》中，把"哲学中的唯心论和唯物论、形而上学观和辩证法观"，规定为整个哲学研究对象的特殊矛盾以后，特别是自日丹诺夫将哲学史定义确定为"唯物主义与唯心主义斗争的历史"以来，无论在党的辩证唯物主义教育中，还是在我们的哲学和中国哲学史教学研究里，普遍认为，自古到今，哲学上只有一个唯物与唯心的"两军对战"。这是哲学史研究的对象，也是编著各种哲学史的逻辑结构，现行的各种教科书，大都采用了这个结构。而且奉若神明，视为标尺，当作区分马克思主义的哲学史与以往一切旧哲学史、哲学家的政治倾向是革命还是反动的"党性原则"，谁也不敢妄加怀疑。然而，这个"对子"结构，在理论上和史实上却是难以成立的。

下面，我们就先从理论上给"对子"做一点历史考察，以明本义；然后再用中国哲学史的史实加以印证，以定取舍。

（一）"两军对战"不是现成的逻辑结构

唯物论和唯心论，本来是马克思主义对以往全部哲学划分的派别，它是以哲学的最高问题立论的。恩格斯在他的《路德维希·费尔巴哈和德国古典哲学的终结》中，第一次明确宣布：唯物主义和唯心主义是哲学上的基本派别。他"把唯心主义和唯物主义的'各派'哲学家所分成的'两大阵营'之间的根本差别提到首要地位"②，集中论述了唯物与唯心的根本差别只在于：哲学家

①《马克思恩格斯选集》第二卷，人民出版社，1972年，第122页。
②《列宁全集》第十四卷，人民出版社，1957年，第94页。

们对"思维对存在、精神对自然界的关系问题",即世界的本原"是精神,还是自然界"——这个问题的不同回答。并且十分明确地指出:"除此之外,唯心主义和唯物主义这两个用语本来没有任何别的意思,它们在这里也不能在别的意义上被使用",否则,就会造成极大的"混乱"。显然,这是强调划分一切哲学派别使用标准的唯一性。所以,恩格斯把它称作"全部哲学的最高问题",即我们通常说的"思维和存在的关系问题"的第一方面。至于第二方面(思维与存在的同一性问题),特别是这两个方面之间的关系,为什么把这两方面合称为"全部哲学,特别是近代哲学的基本问题",恩格斯并未作为"首要问题"加以详论。

列宁在《唯物主义和经验批判主义》一书中,有一个主要功绩,我认为就是实际解决了这个问题。他把哲学看作关于思维与存在、主观与客观对立的认识论,把"从物到感觉和思想呢,还是从思想和感觉到物"这个世界的本原问题,当作认识论的"基本前提",并包含在他重点论述的认识论范畴之中。他反复强调要把握"恩格斯的公式":"对哲学上的一个派别说来,物质是第一性的,精神是第二性的;对另一派别说来,则恰恰相反。……对于认识论(着重号为笔者所加)的这两个根本概念,除了指出它们之中哪一个是第一性的,实际上不可能下别的定义。"①并且用实践的观点,揭示了真理的辩证法是人类全部认识所固有的,把哲学基本问题的两个方面统一起来,从而认为本体论,尤其辩证法实质就是一个认识论。这的确抓住了哲学问题的"本质",是当时所有其他马克思主义者均没有注意到的,更不用说去正确地解决它了。②

可以推想,如果真正按照列宁的思想,将所有哲学问题(本体论、辩证法、逻辑学),从本质上看作认识论,从而将哲学史看作"认识史";那么,完全有可能防止用"两军对战"的"对子"结构,迫使全部哲学和哲学史去就范的简单化做法。可是,由于当时哲学战线上出现了新情况,列宁尚未顾及充分论证这个问题,我们一直也没有真正理解他的思想。

20世纪初,俄国的马赫主义者在"马克思主义"的幌子下,利用当代自

---

① 《列宁全集》第十四卷,人民出版社,1957年,第146页。
② 参看《列宁全集》第三十八卷,人民出版社,1957年,第410页。

然科学的新发现，以"玩弄新奇的名词、古怪的术语、狡猾的'主义'"为手法，对马克思主义哲学进行了真正的讨伐。正是针对这种有意混淆唯物主义与唯心主义"根本差别"的修正主义哲学的特点，列宁才采用由今及古、旁征博引的论战方法；从现实到历史，从时髦的"最新哲学"到它的开山祖宗，从当代的主要论敌旁及他们的盟友、同路人，总之，在五光十色的哲学书面里，在经验批判主义认识论的烦琐语句背后，直截了当地向人们指出了："哲学上有唯物主义路线和唯心主义路线，在两者之间有各色各样的不可知论。"这就形成了"哲学上的党派斗争，这种斗争归根到底表现着现代社会中敌对阶级的倾向和思想体系。最新的哲学像在两千年前一样，也是有党性的"。①这便是由列宁第一次明确规定的"党性原则"。

列宁的全部哲学言论，都是以贯彻这个"党性原则"，说明这两条路线的根本对立为中心的。他在自己的一切哲学著作中，也如同马克思、恩格斯在他们的所有论著里一样，始终不变的"基本论点"是："坚持唯物主义，轻蔑地嘲笑一切模糊问题的伎俩、一切糊涂观念和一切向唯心主义的退却。"②这就是我们通常说的哲学党性原则的本义。

综上所述，我们可以得出这样的结论：从恩格斯首次提出哲学的"两大阵营"，到列宁第一次明确肯定坚持哲学"党性原则"，经典作家所说的"对子"，均是借用政治术语（"基本路线""党派斗争"等等），主要依据现代欧洲哲学所做的一个马克思主义的概括，它不是指历史上一切哲学的原始形态。这个概括的唯一根据是哲学家对世界本原问题的不同回答，属于所谓"本体论"的范畴，并不代表全部的哲学内容。这个概括的理论意义只在于：①突出强调在哲学研究中，必须依据哲学"最高问题"这个唯一的标准，确定出各种哲学的性质和倾向，分清什么是唯物论，什么是唯心论；②进而要求哲学研究工作者，必须坚持唯物主义立场，不为形形色色的唯心主义所迷惑。

显而易见，这是给一切哲学和哲学史工作者进行研究工作指出的一个基本立场，提供的一种简易的定性分析方法。毫无疑义，我们在中国哲学史研究中

---

① 《列宁全集》第十四卷，人民出版社，1957年，第147、379页。
② 《列宁全集》第十四卷，人民出版社，1957年，第356页。

坚持这种立场和方法，也就是坚持了哲学党性原则。

但是，在哲学史研究中，坚持唯物主义立场，从根本上说，就是要坚持一切从史实出发，按照哲学史研究对象本身包含的内在矛盾，去揭示它的规律性。科学地运用"两大阵营"的两分法，是必要的，但这不等于坚持了唯物主义立场。同时，这种方法，只是一种逻辑的研究方法，而不是唯一的逻辑的研究方法，更不是建立逻辑体系的逻辑的论述方法。因此，"两军对战"的"对子"不能构成哲学和哲学史体系的逻辑结构。否则，就会造成理论上一系列的混乱，更不符合中国传统哲学发展的史实。

（二）中国传统哲学中的矛盾并不简单归结为一个"对子"

纵观中国传统哲学的发展，的确各序列各层次都充满着复杂的矛盾。从时代思潮的序列来说，儒、墨、道、法、阴阳、名辩，是先秦诸子思潮中的矛盾；经今古文学，是汉代经学思潮中的矛盾；"崇有论""崇无论"，是魏晋玄学思潮中的矛盾；儒、佛、道三教，是隋唐宗教哲学思潮中的矛盾；司马、周、邵、张、程、朱、陆、王，是宋明理学思潮中的矛盾。这些矛盾展现出了一场场犬牙交错的争鸣局面，真是争奇斗艳，美不胜收。

可是，它们一般不是按照"对子"那样发生关系。除了少数像王充、陈亮一类，似乎属"异军突起"，多数是按地域、学派及其各种师承、学承的形式，相互对峙，争论不休。中国古代断代哲学史《宋元学案》《明儒学案》，就是照这种形式编撰的。虽说这实属经学体系，不堪崇奉，反映的是哲学发展中的外在关系，不能以此为据；但是，这种形式的存在却是史实。

为什么会造成这种形式，原因固然很多，我觉得主要可能同中国哲学缺乏相对独立性有关。最初它在原始宗教中形成，长期又直接为社会的政治伦理论证，一直是在这个理想化的政治领域或化为哲理的宗教领域内活动，不是在自然科学和生产技艺中活动。因此，很少有人真正把人类的精神，完全看作自由发展的"实体"与外物相对立。儒学、经学和理学一直推崇的"天人合一"说，可以不论，就是最富有思辨特征的老庄、玄学，说到底还是要达到"天地与我并生，而万物与我为一"，"物我同根，是非一气"，精神与自然同体。

仅就这个意义而论，中国哲学史上的确有一个讲究实际、不尚玄谈的好传统，但随之也带来了一个经验主义盛行、理性主义不足的弊端。

正因为如此，尽管哲学上有"天—人""古—今""礼—法"之争，也有"有—无""本—末""体—用""言—意"之辨，还有"天理—人欲""王—霸""义—利""理—气""道—器""知—行"等激烈论战，但是，像恩格斯说的那个"思维对存在、精神对自然界的关系问题"，可以说，直到中国近代，还不可能获得"它的完全的意义"。[①]这个哲学的"最高问题"既然还没有从"完全的意义"上突出地提出来，那么，唯物与唯心的"党派"关系，也就不是十分明显地存在着。

当然，这绝不是说中国哲学史上根本没有"两个党派""两条基本路线"的"对子"。按照划分"对子"的唯一标准，上述诸如"天—人""理—气"的矛盾，的确与哲学的"最高问题"颇相类似，但又不完全等同，这是众所周知的事实。所以，我认为，中国传统哲学中，无论时代思潮序列、学派序列、人物师承序列甚至范畴序列，以及它们的各个层次里，都充满着复杂的矛盾，有的矛盾（像三教论争、"鹅湖之辩"等等）也确实达到了非常尖锐的程度。但是，争论的内容和争论者之间的关系，还没有"简单化"到一个"对子"关系。我们在研究这些矛盾时，应该坚持党性原则，也必须去做定性分析，弄清每一种哲学思想的性质和倾向。但绝不能违背史实，把尚未"简单化"的矛盾，简单地归结为一个"对子"，更不能把这种研究方法，当作哲学史研究的对象，看作建立逻辑体系的结构形式，臆造出一个"对子"结构，让人们只去填充内容。否则，那就等于取消了这门学科研究的自主性。

因此，"对子"结构，实质是一个人为的强制性结构，在理论上和史实上都难以成立，哲学和哲学史都不应再承袭这个结构。中国哲学史的逻辑体系，只能根据对象本身包含的内在矛盾所形成的基线，采用"螺旋"结构。

---

① 《马克思恩格斯选集》第四卷，人民出版社，1972年，第220页。

四、对"螺旋"结构层次的设想

由上所论，我们已经了解了中国哲学史是中华民族哲学认识矛盾运动的历史，现实历史和认识逻辑的辩证统一构成了中国哲学史体系的基线，而以往的"对子"结构是不科学的，这就必然导致出一个否定的"螺旋"结构。

现在，问题是：究竟怎样去建造这个"螺旋"结构？

的确，这是需要哲学史工作者，一代一代，同心协力，付出极大的心血，经过多方面的探索，才能完成的艰巨"工程"。一个人的才智，往往是难以完成的。然而，我想可以先从哲学思潮演变的总体上，设计一下这个"螺旋"结构的构成层次。

要设计出一个比较合理的"螺旋"结构的层次，主要应从总体上把握住这样一些基本事实：第一，中国哲学史不是一堆既成哲学的集合体，而是哲学认识过程的矛盾统一体。它的整个过程的核心是中国社会各时代精神精华的"否定之否定"趋势。第二，"否定之否定"是辩证法的本性，它贯彻在中国社会时代精神辩证过程的各个方面。各种哲学形态之间、每一哲学形态自身及其每一哲学概念、每一哲学范畴，都是"否定之否定"的必然逻辑。第三，中华民族哲学思维发展的逻辑，同中国社会经济政治发展的历史，实际是同一个起点、同一条基线，哲学上最初的东西，也必定是历史上最初的东西。两者是平行而进的。"文变染乎世情，兴废系乎时序。"认识的逻辑与现实的历史这两者的"时序"，基本应是一致的。黑格尔的《哲学史讲演录》和马克思的《剩余价值学说史》，在这方面都给我们提供了范例。

所以，可以把中国传统哲学史体系的"螺旋"结构，初步设想为如下六个层次：

殷周阴阳哲学→先秦诸子哲学→两汉经学→魏晋玄学→隋唐佛学
→宋明理学

这六个层次，无论根据哲学发展的任何一个序列，从任何一个层次论起，都可以构成一系列"否定之否定"的"圆圈"。现在，仅从作为时代精神精华的中国哲学自身独立发展上着眼，我认为至少有两个"圆圈"很值得注意。

（一）前三个层次构成的第一个"圆圈"

这是中国哲学从中国原始宗教中争得独立，走向政治伦理化的"否定之否定"过程。

殷周的阴阳哲学。这是在尊天敬祖的神圣殿堂里，用阴（－－）、阳（—）两个符号，"二二相耦"，来猜测宇宙"非覆即变"（《周易正义·序卦》孔颖达疏）规律的神秘思想，是中华民族最初的哲学思维形态，还不是完全独立的哲学。但它是在"宗教形式中形成"，在"宗教领域内活动"，因而必然以它自身的积极内容，发展到"消灭宗教本身"。①

先秦诸子哲学。这标志着中华民族第一次精神解放，中国哲学开始了相对独立发展的阶段。这时，孔子儒家一派，从社会政治伦理中抽象出了种种"人道"，老庄道家一派，又从"天地""万物"中概括出来一系列"玄之又玄"的"天道"。哲学初步摆脱了宗教神权束缚，在各个领域开始显露出自己特殊的理论威力。因而，《庄子·天下篇》的作者和荀子，以及汉初的司马谈和《淮南子》先后对哲学思想的演进，进行了简单的归类综合工作。然而，它在宗教领域所获得的独立性，却在政治领域开始丧失。诸子在"天下无道"的环境下，不能不为政治划策，不得不替君主设想。为了政治的需要，又不能不每每回首，借助神力，结果它自身又一步一步宗教化。这就产生了两汉经学，注经之风大兴。注经且成了当时哲学思想主要的表达方式。

两汉时期，中华民族的哲学思维，从两个方面产生了"复归"。一是从先秦的原始儒学，历经汉初陆贾、贾谊的"道法"思想，走向经学化；一是从先秦的老庄道家，经过汉初的"黄老之术"，走向宗教化。前者的结果是经今古文学的迭相替争，导致了谶纬神学的政治统治，这主要产生在社会上层；后者的结果是鼓吹"长生不死"的方士（即金丹道士）的产生，导致了原始道

---

① 《马克思恩格斯全集》第二十六卷第一册，人民出版社，1972年，第26页。

教的出现，这主要活跃于社会下层。从官府到民间，几乎是"图谶满天下"。所以，这种"复归"，实际是哲学对自身在先秦赢得的一点独立的否定，对自身在殷周那种依附性的"否定之否定"。但均非对两者的简单重复，而是带有戏剧性的进军。董仲舒、司马迁和《论衡》《淮南子》就是所达到的最高点。

（二）后三个层次构成的第二个"圆圈"

这是哲学从政治中谋求独立，走向理性思辨化的"否定之否定"过程。

魏晋玄学。这是中华民族哲学思维历经转折的重要时期。长期的社会动乱，引起了人们对自身性命的极端珍视，老庄的自然无为思想得到了"复归"，儒家"名教"与道家"自然"，经过争论，相互渗透，融为玄学。追求长生，吃药喝酒，论道谈玄，"言不尽意"，成了一时的风尚；"以无为本""崇本息末"的本体论，成了哲学讨论的首要课题，很有一点"思维与存在"关系问题的性质；不同阶层的思想家（如阮籍、陶渊明、鲍敬言那样），居然敢于公开提出"无君论"，用哲理干预当世政治，表明了哲学开始从政治摄制中谋求独立的趋势。

哲学的相对独立和深入发展，玄学思潮不仅迫使经学改变了学风，从章句训诂的"经注"，变为探求义理的"经疏"，尤其使外来的印度佛教完全中国化、玄学化。高僧们深深懂得"不依国主，则法事难立"（《高僧传·释道安传》）的奥妙。于是，名僧、名士互相结合，道人、贤人互感共鸣，变成知音之友（参看孙绰《道贤论》）；般若学的"二谛"说，积极向玄学的"本无"论靠拢。道安的"无在元化之先，空为众形之始"（昙济《七宗论》），与何晏、王弼的"有之为有，恃无以生"（《列子·天瑞》注引《道论》）、"天地虽广，以无为心"（《老子》三十八章注），几近同调。直到南北朝，儒、佛、道三教论争，佛学与玄学始终同站一条战线，充分显示了玄学思辨的威力。

隋唐的佛教各宗，也皆以哲理思辨见长。《华严金师子章》能使自信无比的武则天折服，它不单凭借宗教信仰的神力，而主要是用哲理辩说取胜。

所以，自南北朝迅速兴盛起的佛教，既不同于殷周的原始宗教，也不是汉代的谶纬神学，它已摆脱了宗教的粗俗形式，变成了哲学化的宗教，这就是中国佛教。

尽管如此，佛教毕竟还是一种宗教形态。因而哲学本身要求独立发展的趋势，又必然导致对宗教的否定。最后产生了宋明理学，这是唐代"新禅学"的逻辑结果。

宋明时期，适应巩固中国专制主义制度的政治需要，儒家重视"人道"，究心"性与天道"，推崇"仁政""德治"的经验主义，成了以程、朱、陆、王为代表的理学的出发点。但是，盛极一时，又影响深远的玄、道、佛的思辨精神、惮悦之风，却召使理学家们找到了一个天地间至善、至真、至高无上的哲学范畴——"天理"。他们把"天理"解释成人间智慧的唯一泉源、人性的唯一标准、道德的唯一规范，是超现实而又支配现实的精神实体。主张"存天理，灭人欲"，并以此为骨架，集一切哲学思想之大成，创立了一个"理一元论"的唯心主义哲学体系。宋代以后的七百余年间，它一直独霸着中国思想的论坛，几乎没有机会遇到堪与匹敌的任何唯物主义者出来与之对垒。表明中国哲学发展到了理性主义阶段。

直到明清之际，在农民起义席卷全国的政治激流中，才出现了黄宗羲、王夫之几位思想大家，对理学进行深沉的自我批判。这一反思的结果是：王夫之恢复了唯物主义的"王权"，预示中国传统哲学将走向终结；黄宗羲发表《明夷待访录》，指控"君为天下之大害"，反映了一部分地主阶级对政治民主的要求和中国专制主义制度面临崩溃的趋势。黄宗羲、全祖望又编撰《明儒学案》《宋元学案》"以志七百年儒苑门户"（《宋元学案考略》），表明中国哲学在政治权力的制约中有了相对独立的发展，中国哲学史、思想史，必将成为一门独立研究的科学。这就是中华民族哲学思维发展的必然逻辑。

由此可见，中国哲学史体系的"螺旋"结构，不是由单元的"对子"构成，也不是由多元的人物排列组合，而是由多序列、多层次、多环节构成的动态的辩证统一体。虽然，大可推至哲学思潮序列，中可推至学派流变序列，小可推至每一哲学家及其哲学范畴、哲学概念的序列，其中，思潮、学派和人物都还没有最后脱出哲学史的"外在形式"，但每一序列都是沿着"否定之否定"的必然层次，不断前行的一串"圆圈"，毕竟确然无疑。现图示如次：

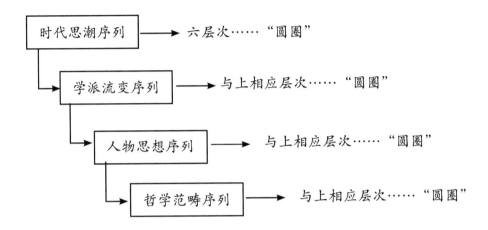

我们无论从哪个序列开始展开论述，都必须把它们看作中国社会整个时代精神生命过程中不断跳动着的脉搏，想法从逻辑上展现出它们递相竞长争高的步伐，让人们能够听到它们向前推进的呼声！

不过，这里还有一道难题，就是逻辑起点问题。

我觉得，基本上按时代思潮序列的层次，剥去一切外在因素，直接从范畴序列论起，可能是建立科学的中国哲学史体系的一个方向。因为，范畴如同高质压缩饼干一样是人类哲学思维发展的浓缩形态，是认识的总计、综合，表现着哲学史、思想史的阶梯、阶段。比方，如果我们把中国哲学范畴中的"道"作为逻辑起点，那就会看到：从《周易》的"一阴一阳之谓道"，经过《中庸》的"率性之谓道"、老庄的"道常无为而无不为"、玄学的"道有本有末"、张载的"太和之谓道"……最后朱熹创造了一个统摄万物的"天理"（陈按：宋代理学家受隋唐佛学关于理的界说之影响，一般都用"理"来代替"道"，"道"与"理"通用）。这同以上论述的思潮层次大体相应，也是一个"否定之否定"的过程。

由此可知，每一个哲学思想、每一个哲学范畴，都是个"精神胚胎"。范畴在逻辑体系结构中推演的次序，同它在整个哲学思维发展历史中的次序基本是一样的。它们二者的关系，就如同"精神胚胎学"与"精神古生物学"之间的关系、母腹内人的胚胎发展史和整个人类的发展史的关系。因此，我们不能把哲学范畴总是限制在像"对子"那样僵硬的定义中，而是要在它们自身历史和逻辑的演化中加以阐明。虽说这可能会遇到许多困难，但正如列宁所说："从逻辑的一般概念和范畴的发展与运用的观点出发的思想史——这才是需要的东西！"①这便是中国哲学史研究走向科学化的一条路径。

五、建立逻辑体系的辩证方法

至此，我们便可将如上所论做以下小结：

第一，中国哲学史是中华民族哲学认识矛盾运动的历史。它不仅要研究民族哲学思维发展的逻辑，还要研究中国社会现实历史的客观过程及其规律，这是哲学思想产生发展的根基。现实历史总是通过哲学家对先前思想资料批判综合的理论方式，对认识逻辑发生制约作用。中国社会现实的历史是建立哲学的逻辑体系的基线，是我们确立逻辑结构及其层次的客观依据。

第二，通常我们所采用的"对子"结构，其所以不科学，不单因为它把哲学史看成简单的"斗争史"，实质问题还在于它不是从现实的历史出发，没有把历史看作体系的基线，而是把哲学和哲学史工作者仅就世界本原问题对以往哲学的性质和倾向所做的一种理论概括，当成了哲学史研究的对象本身，从而把研究过程中可以采用的"二分法"，当作表述过程中唯一的体系结构。这不仅在理论上违背了马恩关于科学体系中逻辑的方法与历史的方法、从具体到抽象的研究法和从抽象到具体的论述法既有联系而又"必须不同"的诸原则，而且，也不符合中国传统哲学的"基本问题"还没有获得"完全意义"的史实。加之，这个"对子"结构已经造成了危害，极大地妨碍了中国哲学从传统向近现代的"创造性转化"。

---

① 《列宁全集》第三十八卷，人民出版社，1957年，第188页。

第三，哲学党性原则的基本点，是要求哲学和哲学史工作者在研究中始终坚持唯物主义立场。这就必须从历史出发，而不从定义出发，要把历史作为建立科学体系的基线。

体系基线同历史本身一样，是曲线，而不是直线。固然，哲学史的研究过程中，我们应该由具体到抽象，采取层层"脱衣法"，尽力舍弃那些无关紧要的、扰乱逻辑进程的偶然性材料，应当把曲线抽象为直线；但是，建立科学体系是属于逻辑的表述过程，旨在通过体系再现历史。因此，必须从抽象到具体，采用件件"穿衣法"，使抽象的直线重新显现出原形——曲线。按照这条曲折的基线构成的逻辑结构，也就只能是一个"螺旋"结构。

由于历史本身是一个错综复杂、永无止境的"否定之否定"过程，人类的全部认识也必然是沿着这个过程无限前进的一系列曲线。因此，这个"螺旋"结构也自然是围绕着这一历史曲线，由多序列、多层次、多环节上的小"圆圈"构成的"大圆圈（螺旋）"。

第四，所谓"螺旋"结构中各序列的"圆圈"，其实就是中国哲学史特有的否定方式。"每一种事物都有它的特殊的否定方式，经过这样的否定，它同时就获得发展"①，哲学思想本身的发展不能用其他的否定方式，只能通过自我否定的"圆圈"方式。例如，时代思潮序列的六个层次，无论从殷周阴阳哲学开始，还是从先秦诸子哲学、两汉经学、魏晋玄学开始，顺次都是一个"否定之否定"的"圆圈"。这丝毫没有什么神奇奥妙，这是中国社会现实历史波浪式前进运动在中华民族认识逻辑中的真实再现。

由此表明，我们给中国哲学体系设计的"螺旋"结构，不是随心所欲；我们为"螺旋"结构设计的层次，也不是别出心裁。这均是中国哲学史对象本身所包含的内在矛盾的特殊性决定的，也是中国哲学史体系基线对其逻辑结构的必然要求。

第五，因此，我认为建立任何哲学或哲学史体系的方法，不应从体系的形式出发，而应从体系的内容出发。首先，分析研究对象自身的内在矛盾，找寻

① 《马克思恩格斯选集》第三卷，人民出版社，1972年，第182页。

出构成体系的基线；接着，根据基线本身"否定之否定"的阶段性、过程性，确定体系的逻辑结构；最后，按照在逻辑中再现历史的这一体系要求，设计出构成逻辑结构的层次，选择好逻辑的起点。总之，要处处体现出辩证法关于自身否定的本性。要建立科学的中国哲学史体系，推进中国哲学史研究走向科学化，就必须应用这个最根本的原则和方法。这就是本篇的结论。闭门造车，未必合辙！

1980年夏稿于陕西师大6楼新居。

原载《陕西师大学报（哲学社会科学版）》1980年第4期；后收入《哲学史方法论研究》，武汉大学出版社，1984年。

论哲学史研究中的"党性原则"问题

一、从一个相沿成习的"说法"论起

长期以来，在哲学和哲学史研究中，通行着一个相沿成习的说法，认为要用马克思主义观点研究哲学史，就一定要坚持唯物主义对唯心主义的斗争，即必须坚持所谓的"党性原则"，否则，那就不是马克思主义的哲学和哲学史了。对此，人们不曾觉得有何不当，自然也不想去对它做任何思索。

这样，年深日久，竟使我们的哲学和哲学史工作者产生了一种自我心理的约束，总怕自己违背了所谓的"党性原则"，像政治上无党性的人一样，迟早变成"不可救药的蠢才"。

于是，一个简单化的做法日渐发生：你要研究哲学和哲学史吗？"党性原则"就是你的出发点，就是你的研究对象本身。你要探索人类哲学思维发展的规律性吗？"党性原则"早已是现成的结论。你要研究哲学和哲学史的逻辑体系吗？"党性原则"所规定的"两军对战"，就是现成的结构模式。你要科学地评价历史上的一切哲学吗？"党性原则"就是唯一的凭证。你要给唯心主义哲学在人类认识史上以应有的地位吗？那你岂不是有意违背"党性原则"，给唯心主义哲学进行"评功摆好"？你若再要说，我们这是从史实出发，用科学的态度，肯定唯心主义哲学该肯定的部分，否定唯心主义哲学该否定的部分，这是实事求是的立场，同样会被他接过去说：那你这正同"党性原则"完全一致。总之，这个所谓的"党性原则"，就是哲学史研究的"基本前提"，就是哲学史研究的"唯一内容"，就是区分马克思主义的哲学史与以往一切旧哲学史的"唯一标准"。"党性原则"可以代替哲学史的一切，一切哲学史都可以归结为一个"党性原则"。

一门学科的研究，居然可以简单化到如此贫乏枯燥的地步，真会使早已长眠的恩格斯和列宁感到不安和诧异！可是，这毕竟是多少年来哲学和哲学史研究中曾存在的事实。尤其是这一简单化的做法，常常是在贯彻党的政治思想路线的政治气氛里进行的，它对哲学史研究的影响之深、作用之大，就不可低估。

因此，很有必要认真辨明究竟什么是马克思主义的哲学党性原则，它是不是哲学史研究的根本原则和方法；通常所谓的"党性原则"，到底是不是恩格斯和列宁的本义，它能不能成立。

1979年，笔者在《唯心主义平议》等著中，对这个问题已有触及。兹因至今余意未尽，又承蒙方家、同好的指正和启示，所以，本文想专就哲学党性原则的问题，再谈几点看法，与同行学人商量。

二、对哲学党性原则本义的历史考察

什么是哲学党性原则，这是首先应当弄清楚的问题。

自从毛泽东在《矛盾论》中，把哲学中的"唯心论和唯物论、形而上学观和辩证法观"规定为整个哲学研究对象的特殊矛盾以后，特别是自日丹诺夫将哲学史定义确定为"唯物主义与唯心主义斗争的历史"以来，无论在党的辩证唯物主义教育中，还是在我们哲学和哲学史教学与研究里，普遍认为，自古到今，哲学上只有一个唯物与唯心的"两军对战"，这是哲学史研究的对象，也是贯穿全部哲学史的"两条基本路线"。在阶级社会里，"两军对战""两条基本路线"的斗争，归根到底反映着社会上各敌对阶级之间的根本利害冲突。一般地说，唯物主义代表进步的革命的社会阶级的利益，唯心主义往往是反动阶级进行统治的哲学武器。坚持这个哲学史就是"对子斗争史"的观点，即称"党性原则"。

这个所谓的"党性原则"，长期以来，被我们的哲学和哲学史工作者（笔者也不例外）视若神明，奉作圭臬，谁也不敢妄加怀疑。然而，这并不是马克思主义的哲学党性原则的本义。

众所周知，"哲学的党性"概念，是列宁根据恩格斯关于哲学"基本问题"的思想，在《唯物主义和经验批判主义》中第一次明确提出来的。在那本书中，列宁借用了许多政治术语（"党性""党派""基本路线""基本派别"等等），从认识论上，集中阐明了如下一个基本观点：

> 哲学上有唯物主义路线和唯心主义路线，在两者之间有各色各样的不可知论。
>
> 唯物主义和唯心主义按实质来说，是两个斗争着的党派，而这种实质被冒牌学者的新名词或愚蠢的无党性所掩盖着。
>
> 最新的哲学像在两千年前一样，也是有党性的。①

列宁特别强调要像恩格斯在《路德维希·费尔巴哈和德国古典哲学的终结》中那样，"把唯心主义和唯物主义的'各派'哲学家所分成的'两大阵营'之间的根本差别提到首要地位"②。

这个"根本差别"，就是恩格斯在《路德维希·费尔巴哈和德国古典哲学的终结》第二章里所做出的那两个"凡是"的论断：

> 哲学家依照他们如何回答这个问题（陈按：指"思维对存在、精神对自然界的关系问题"）而分成了两大阵营。凡是断定精神对自然界说来是本原的，从而归根到底以某种方式承认创世说的人……，组成唯心主义阵营。凡是认为自然界是本原的，则属于唯物主义的各种

---

① 《列宁全集》第十四卷，人民出版社，1957年，第147、379页。
② 《列宁全集》第十四卷，人民出版社，1957年，第94页。

学派。①

这样看来，恩格斯和列宁所说的哲学"党派"及其"根本差别"，就是哲学党性原则。它的本义，仅仅是给哲学史工作者提供了一个以哲学基本问题的"第一方面"为唯一标准来划分哲学派别的方法。

我赞同有人把它称作简易的"两分法"，我也觉得列宁用"党性""党派"等政治概念来表述它，不是完全不可。现在的问题是，须要进一步考察恩格斯和列宁提出的原则和方法，究竟有何史实做依据，以弄清哲学党性原则产生和存在的具体历史条件。只有这样，才能真正确定这个"两分法"到底在多大范围内和何等程度上具有实际的意义。

恩格斯在《路德维希·费尔巴哈和德国古典哲学的终结》里，还说过一段往往不为我们深究的话。他说：

> 思维对存在、精神对自然界的关系问题，全部哲学的最高问题，象一切宗教一样，其根源在于蒙昧时代的狭隘而愚昧的观念。但是，这个问题，只是在欧洲人从基督教中世纪的长期冬眠中觉醒以后，才被十分清楚地提了出来，才获得了它的完全的意义。②

这恰恰是我们要辨明党性原则本义的关键。因为，照恩格斯的意思，由于哲学的"最高问题"（即思维与存在"谁是第一性，谁是第二性"的问题），到了近代"才被十分清楚地提了出来，才获得了它的完全的意义"，因而近代欧洲哲学史上才明显地出现了"两大阵营"的学派对立，"两分法"才有了提出的可能和存在的必要。究竟为什么只有到了近代，哲学家才能够提出哲学的"最高问题"呢？这个"最高问题"怎样才算是"获得了它的完全的意义"？我看，这只有用近代欧洲的历史来解释，只能以人类哲学思维在近代已取得的相对独立性来说明。

---

① 《马克思恩格斯选集》第四卷，人民出版社，1972年，第220页。
② 《马克思恩格斯选集》第四卷，人民出版社，1972年，第220页。

先说近代人类哲学思维本身的独立发展。

近代欧洲哲学，可说是一种理性主义思潮。它是在15世纪下半叶以后的四百年间，人类在认识自然界方面获得了巨大进展的基本条件下，资产阶级经过像法国大革命那样对封建教会的殊死斗争，政治上已获得了统治地位以后，才独立发展起来的。资产阶级，一方面要发展工业、改革技术，就须提倡自然科学，这便使自然科学经历了"搜集材料"和"整理材料"两个阶段，而彻底改变了其在古典时代希腊哲学中的从属地位，有了突飞猛进的独立发展；另一方面，它要彻底动摇宗教神学的权威，便特别对理论充满兴趣，这就得为哲学思维的发展开辟道路，就要想法证明人类不需要经过上帝的启示，自己完全能够认识真理。这就要求人们必须独立思考，尊重理性，用理性的眼光重新评判一切，不承认任何外界的权威。宗教、自然观、社会、国家制度等等，"一切都必须在理性的法庭面前为自己的存在作辩护或者放弃存在的权利。思维着的悟性成了衡量一切的唯一尺度"①。因此，笛卡尔发明了"我思故我在"的著名公式，斯宾诺莎提出了"实体说"，洛克发表了《人类理智论》，卢梭和狄德罗都写出了"辩证法的杰作"，康德创立了以"二律背反"为精华的"批判哲学"，最后由黑格尔构筑出一个"绝对观念"的庞大体系。

黑格尔把"精神现象学""逻辑学""自然哲学""精神哲学"都包括在他那无与伦比的巨大的认识领域中，并且把"精神哲学"分成"历史哲学""法哲学""宗教哲学""哲学史""美学"等历史部分，一一进行了研究。只有这时，哲学史才因哲学思维本身的独立发展，真正成了一门独立的科学。这表明，哲学所研究的课题已发生了显著变化，思维与存在的关系问题，已成为近代哲学研究的中心。

再具体点说，在德国，哲学思维独立发展的过程，是伴随着德国资产阶级的形成，围绕着进一步清算莱布尼茨-伏尔夫的"形而上学"，以批判康德的二元论、不可知论为形式，以论证思维与存在具有同一性为基本目标而兴起的哲学运动展开的。

---

① 《马克思恩格斯选集》第三卷，人民出版社，1972年，第56、404页。

莱布尼茨-伏尔夫的"形而上学",是18世纪德国思想界的中心。它是一个以论证上帝存在、意志自由和灵魂不死为主要对象的唯心主义体系。到了18世纪末,在法国启蒙运动的感召下,康德首先奋起推翻这个体系,掀起了德国资产阶级的哲学革命。康德抓住了这个"形而上学"片面观点的弊病,在批判它的理性宇宙论时,提出了四组二律背反①,认为每当人们企图超越现象去把握"自在之物"时,在理性中就必然会陷入不可解决的矛盾("二律背反")中,人的认识就必然要出现违反"同一律"的"甲是甲"同时"又是非甲"的判断。康德以此为武器,既彻底否定了那个"形而上学"体系关于"上帝""灵魂"等对象永恒存在的独断论,同时,又得出了人的认识能力是有限的,只能认识事物现象,而不能把握"自在之物"的结论。这样,他就否定了"理念"可以转化为现实的可能性,为思维与存在之间掘了一条不可跨越的鸿沟,终于陷进二元论、不可知论的泥潭。

谁料想,1789年爆发的法国资产阶级革命迅速激起了德国资产阶级反封建的热情。他们睁开了蒙眬的双眼,似乎看到了理念能够转化为现实的希望。所以,黑格尔提出了包含着辩证法"内核"的著名命题:"凡是合乎理性的东西都是现实的;凡是现实的东西都是合乎理性的。"②并继费希特、谢林之后,克服了康德从"二律背反"走向不可知论的缺陷,形成了一个以论证思维与存在同一性为核心的哲学体系。不过,黑格尔采取的方法是,先把康德那个仅仅存在于人脑之中的主观"理念",移置于人脑之外,成为一个客观的"绝对理念";同时规定它先于存在,是存在的本质,并在存在中不断实现自己,使存在与自己相合;最后自然达到思维与存在同一。其实,这就是"绝对理念"的自我同一。所以,黑格尔要证明的"同一性",早已默默地包含在它的前提之中了。

费尔巴哈机智地抓住了黑格尔这个十分明显的唯心主义弊端,在批判中进一步论证了思维与存在的真实关系。他认为,康德早已提出了思维与存在的矛

---

① 参看〔德〕康德:《纯粹理性批判》,蓝公武译,生活·读书·新知三联书店,1957年,第330—351页。

② 〔德〕黑格尔:《法哲学原理》,范扬、张企泰译,商务印书馆,1961年,第11页。

盾，黑格尔看得很清楚，黑格尔哲学就是"思维与存在的矛盾的扬弃"，只不过是在思维的范围以内的扬弃。因为"在黑格尔看来，思维就是存在，思维就是主体，存在是宾词"。可是，"思维与存在的真正关系只是这样的：存在是主体，思维是宾词。思维是从存在而来的，然而存在并不来自思维。存在是从自身、通过自身而来的——存在只能为存在所产生"①。费尔巴哈由此而走向了唯物主义道路。所以，这个思想，不仅成了费尔巴哈全部哲学的基础，而且被马克思、恩格斯当作唯物史观的基础。

这一历史过程，清楚地表明，人类哲学思维发展到近代，不仅已同宗教分离，而且也同科学分离，不管是唯物的哲学，还是唯心的哲学，其实质都已成为一门独立的主要论证思维与存在、主观与客观辩证统一的认识论的哲学学科。黑格尔的"逻辑学"就是典型（它实际是逻辑、辩证法和唯心主义认识论三位一体的哲学认识论）。哲学史也就是作为探索人类哲学认识矛盾运动的认识史而产生的。这是人类哲学思维已经独立发展的表现。只有这时，人们对世界本原问题的认识，对思维的存在"谁是第一性、谁是第二性"的疑问，才以十分尖锐的形式针对以前教会的神权统治而提了出来。但必须注意，这是在认识论范畴中提出来的本体论问题。

所以，恩格斯仅仅只隔了两小段，接着便立即写道：

> 但是，思维和存在的关系问题还有另一个方面：我们关于我们周围世界的思想对这个世界本身的关系是怎样的？我们的思维能不能认识现实世界？我们能不能在我们关于现实世界的表象和概念中正确地反映现实？用哲学的语言来说，这个问题叫作思维和存在的同一性问题，绝大多数哲学家对这个问题都作了肯定的回答。②

而且，他还依据从笛卡尔到黑格尔和从霍布斯到费尔巴哈这一长时期内，欧洲哲学在自然科学和工业实验迅速进步的推动下日益发展的历史事实，做了论证。

---

① 《十八世纪末—十九世纪初德国哲学》，商务印书馆，1975年，第598—599页。
② 《马克思恩格斯选集》第四卷，人民出版社，1972年，第221页。

这说明，尽管恩格斯没有把思维和存在的同一性问题，像世界本原问题那样放在"首要地位"加以详论，但他实际是把这两个方面看作不可分割的统一体。这是全部哲学的基本问题，亦即整个认识论的基本问题。第一方面是人类认识论的基本前提，第二方面是人类认识论的实际内容。前者着重讲思维与存在、主观与客观之间唯一的对立性，后者着重讲思维与存在、主观与客观之间根本的同一性。这正同马克思在《经济学哲学手稿》里所说的"思维和存在虽有区别但同时互相在统一性中存在着"是完全一致的。

列宁在《唯物主义和经验批判主义》里，正是为了阐发恩格斯的这个思想，才特别强调指出：

> 物质和意识的对立，也只是在非常有限的范围内才有绝对的意义；在这里，仅仅是在承认什么是第一性的和什么是第二性的这个认识论的基本问题（着重号为笔者所加）的范围内才有绝对的意义。超出这个范围，物质和意识的对立无疑是相对的。①

所以，我认为：

（1）恩格斯讲的哲学的基本问题，其实就是人类认识论的基本问题。哲学基本问题的第一方面，也就是认识论的第一方面。同古典时代的希腊人，尤其中世纪的欧洲人，因生产力低下，盲目崇拜外界的异己力量，而把自然界或神灵世界当作唯一的"客体"，只重点研究"世界本身"怎样起源、如何构成的古代希腊哲学和经院哲学相比而言，哲学实际已成了研究主体、思维和客体、存在两者之间辩证统一的认识论，哲学史也真正成了一门研究人类哲学认识矛盾运动的认识史。从而，在相当长的历史时期内，被人们孤立起来加以考察的哲学基本问题的两个方面，已借助人类高度发展起来的辩证思维方式，开始被联系起来作为全部哲学研究的对象和哲学史必须涉及的范围了。正是从这个意义上说，哲学基本问题的第一方面，"获得了它的完全的意义"，即真正

---

① 《列宁全集》第十四卷，人民出版社，1957年，第148页。

哲学的意义。这样，各种纷然杂陈的哲学现象，也就能够比较明显地表现出具有唯物或唯心两种不同性质和倾向的基本派别了，这就为划清什么是唯物论、什么是唯心论提供了可能。

（2）正因为只有到了近代，哲学才真正独立，认识论成了哲学研究的主题，所以，各种介乎唯物与唯心之间的"中间派别"（二元论、不可知论）产生了。当时恢复了唯物主义"王权"的费尔巴哈，也不能克服德国庸人通常把"唯物主义"理解为吃喝玩乐、爱财、牟利的一切龌龊行动，因而拒绝接受"唯物主义"这个名词的哲学偏见；而想要公正地评价费尔巴哈的施达克，也不能不向庸人这种偏见做了不可饶恕的让步，致使他找错了费尔巴哈哲学唯心主义的地方。这就必然给哲学和哲学史工作者提出了一个站在什么立场上、用什么方法、根据什么标准来划分哲学性质和派别的任务。因此，恩格斯才特别提出了要哲学和哲学史工作者站在辩证唯物主义的高度，坚持以哲学基本问题的"第一方面"为唯一标准，采用简易的"两分法"来划分哲学"两大阵营"的原则。其理论目的，全在于辩证地解决思维与存在、主观与客观两者对立统一的哲学认识论问题，证明人类按照自身思维的本性，可以正确地认识世界，也能够科学地改造世界。

列宁在新的历史条件下，因为在哲学上也遇到了经验批判主义者有意混淆唯物与唯心"根本差别"的新情况，所以，在上述意义上，才进一步发挥了恩格斯的思想：把全部哲学的实质看作认识论；把哲学史明确规定为"认识史"；把哲学史工作者按"两分法"划分哲学派别的原则，称作"哲学的党性"。

由以上可知，马克思主义的哲学党性原则，不是超越时空的公式。它是在人类哲学思维已得到独立发展、思维与存在的关系问题已成为一切哲学研究的主题、哲学实际上已明显地成了认识论这种历史条件下，以及德国到处流行着"哲学偏见"的特殊环境中，恩格斯才提出的原则和方法。这个原则和方法，只是在哲学和哲学史工作者划分哲学派别，解决哲学认识的基本前提这个范围内，才具有实际意义。我们也只能在这个意义上来使用，绝不可到处滥用这个概念。下面，我们将会看到通常把它作为哲学史本身的"对子斗争史"公式去使用，就必然会遇到怎样的困惑，造成理论上的混乱。

三、哲学党性原则不是规定哲学史研究对象的依据

肯定地说，我们研究哲学和哲学史，应该坚持恩格斯和列宁提出的党性原则那样的立场和方法，也必须承认历史上的哲学的确有唯物主义和唯心主义两大基本派别，两者之间也有尖锐的斗争，这一点大家没有分歧。但问题的焦点在于：能否由此推演出通常所说的这个"对子"就是全部哲学的基本矛盾，就是哲学史的唯一内容？我们按马克思主义的哲学党性原则及其"两分法"，经过分析综合、科学抽象出来的唯物主义与唯心主义的"对子"结论，是否就等于我们研究的哲学或哲学史的对象本身？

我认为，这个逆定理是难以成立的。首先，从理论上讲，唯物主义与唯心主义只是人类认识哲学基本问题"第一方面"的结果，而不等于整个的"基本问题"，它不能代替认识的对象本身。它们仅仅在回答思维与存在、主观与客观"谁是第一性，谁是第二性"这样的意义上，才获得了自己的规定性。而哲学"基本问题"的科学概念，却不仅仅只有这一方面的意义，它还具有：客观存在自身的辩证性、内在的规律性，主观思维的社会性、反映性和抽象性，以及这两个系列在社会实践中辩证统一的螺旋形发展的规律等等规定性。这是一个外延最广、内涵最深的科学概念。列宁在《唯物主义和经验批判主义》中，谈到如何下定义时说过：

> 下"定义"是什么意思呢？这首先就是把某一个概念放在另一个更广泛的概念里。例如，当我下定义说驴是动物的时候，我是把"驴"这个概念放在更广泛的概念里。现在试问，在认识论所能使用的概念中，有没有比存在和思维、物质和感觉、物理的和心理的这些概念更广泛的概念呢？没有。这是些广泛已极的概念，其实（如果撇开术语上经常可能发生的变化）认识论直到现在还没有超出它们。[①]

---

① 《列宁全集》第十四卷，人民出版社，1957年，第146页。

如果我们不把作为人类认识论的哲学放在认识自然界、社会和人类思维辩证运动的一般规律这些广泛已极的范畴里，而只是放在回答思维与存在"谁是第一性，谁是第二性"的答案里，那么，不仅不能准确地规定哲学研究的对象本身，而且也不符合下定义的逻辑要求。可见，唯物主义和唯心主义的本义，不等于整个思维与存在关系问题的本义，把唯物主义和唯心主义简单汇集起来，也不等于历史上"全部哲学"的内涵。

是的，恩格斯晚年在总结他同马克思创立的新世界观时，曾两次科学地预言：他们所创立的唯物辩证法和历史唯物主义，一旦使每一门科学都能"弄清它在事物以及关于事物的知识的总联系中的地位"，都能从事实中发现客观世界的总联系，那么，以往凌驾于其他科学之上的那些所谓研究历史领域的"历史哲学"，以及所谓研究自然领域的"自然哲学"，就都成为多余的了。于是，对于这些以往的"全部哲学"来说，"要是还留下什么的话，那就只留下一个纯粹思想的领域：关于思维过程本身的规律的学说，即逻辑和辩证法"，"其他一切都归到关于自然和历史的实证科学中去了"。①这段话，似乎给以纯粹思想领域中的唯物主义与唯心主义作为哲学和哲学史研究的唯一对象和内容提供了论据。

其实，恰恰相反，这明明指的是马克思主义哲学创立以后，"全部哲学"未来的发展方向，即成为纯粹的思维科学，而不是指马克思主义哲学本身和以往的"全部哲学"所研究的实际。可以设想，未来的哲学，如果真的成了纯粹的思维科学，思维与存在、主观与客观"谁是第一性，谁是第二性"的问题肯定不再是认识论的基本前提，人们早已解决了这个古老的问题；那么，科学的"逻辑和辩证法"也就不会有唯物主义和唯心主义这两个基本派别。当然，这不是说这门科学不再存在派别，也不是说人们的认识再没有正确与错误的差别，而是说照以往按党性原则来划分的唯物与唯心可能已失去了本来的意义。

因此，把坚持哲学党性原则，当作坚持哲学史就是唯物主义与唯心主义的"对子斗争史"，无论现在还是未来，在理论上和逻辑上都是难以成立的。

---

① 《马克思恩格斯选集》第三卷，人民出版社，1972年，第65页；第四卷，人民出版社，1972年，第253页。

其次，再从史实上看，无论在西方，从亚里士多德的"四因说"到康德的"二律背反"，还是在中国，从孔子的"仁"学到孙中山的"生元论"，中外哲学史上，确实都有不少很难用一个唯物主义或唯心主义来准确界定的哲学。从哲学家们的全部言论里，很难简单得出他们究竟主张什么是第一性、什么是第二性的结论。他们往往或者不明确回答，或者不做肯定回答，或者干脆就避而不答这个问题。你看：孔子有时似乎"畏天命"，但又"不语怪力乱神"；老子把"道"视作"万物之宗"，认为"天下万物生于有"，而"有生于无"，但又讲"道法自然""天道自然无为"；柳宗元既激烈地反对"天命"，却又非常虔诚地信奉佛教。他们均有"二元论"的色彩。若照往旧，定要用一个"非唯物即唯心"的"两难"推理来论断，那就难免疑窦丛生，争论不休。

考其原因，大概还是因为，近代以前哲学"基本问题"还没有获得完全的哲学意义，人类的理论思维还不可能发展到把世界复杂的现象，高度抽象为一个思维和存在的关系问题。因此，在漫长的古代社会，这个基本问题尽管存在，但并未作为哲学家们研究的中心课题。尤其在中国，大体上说，先秦两汉，人们主要探求的是万物为何生成。魏晋隋唐，人们主要寻找的是何为万物本体，人们依次关心的是诸如天道、心性、天人、有无、本末、言意、形神问题。只有宋代以后，人们才开始注意探索万物之间的共同本质及其相互关系，哲学家们才开始把理气、心性作为哲学研究的中心，比较明朗地接近于哲学基本问题。即使如此，也仍然有一些像张载、二程那样的哲学家，撇开"理""气"关系的难题，就"气"论"气"，就"理"论"理"。讲"气"是万物的本根时，不讲"理"，而讲"万物只一天理"时，又不讲"气"。"理""气"究竟谁是第一性，谁是第二性，仍不明确。

可见，即使到了近代，哲学基本问题已经获得了完全的哲学意义，在中外哲学史上，依然存在着像康德那样的"二元论"哲学。我们仍然不能简单地只把那些符合"第一性、第二性"的唯物主义或唯心主义作为哲学史研究的对象本身。否则，相当长的历史阶段上的哲学思想和相当多的哲学家，必然会因未做出思维与存在"谁是第一性、谁是第二性"的答卷而无法列入"党"谱，而被赶出哲学史的舞台，或者硬让其改头换面、削足适履以适从这个舞台。无论怎样，那均不是真正的哲学史了。

以上困惑，之所以在哲学史研究中连连出现，正表明恩格斯和列宁提出的哲学党性原则，只是划分唯物与唯心的原则与方法，而不是哲学和哲学史本身规定研究对象的依据。《矛盾论》中把唯心论和唯物论作为哲学的对象，可能本身就有弊病。尔后，在日丹诺夫定义的影响下，用它来规定哲学史的对象和性质，那更是缺乏应有的科学性。

所以，我认为，①如果说，哲学的研究对象是思维与存在、主观与客观的关系问题，而不是唯物主义与唯心主义的斗争，那么，哲学史中虽然有这个"对子"的斗争，但把这个"对子"简单汇集，只能算作"分歧意见之堆积"，而不等于哲学史。②哲学史作为认识史，虽然处处要涉及哲学的"基本问题"，但这是哲学研究的对象，而不是哲学史直接研究的对象。哲学的对象，只是要求哲学史必须把人类回答这个"基本问题"的全部哲学思想，不管采用什么方式回答的，也不管产生的是什么形态的哲学思想，都作为自己研究的范围。仅仅从这个意义上说，哲学史与哲学作为两个独立的学科研究领域，却有共同的"基本问题"，因而构成了它们在研究对象上区别于其他学科的共性。但单就它们两者而论，哲学史本身的确还有自己的特殊矛盾，这就是哲学本身与其发展历史的对立统一关系，黑格尔称作"哲学"与"历史"的矛盾。这个特殊矛盾就规定了哲学史在研究对象上不同于哲学的个性；它是关于哲学本身逻辑发展的历史，是思想史或学术史、文化史的核心部分，而不是社会史的一部分。这是人类理论思维发展的另一种方式，是人类理论思维在不同的历史阶段上，在螺旋发展的不同环节里，在前后变化着的形态中，在各个民族、各个国家不同的经济政治条件下，揭示给我们的既是世界的又是民族的"思维逻辑和辩证法"。总之，是人类的认识逻辑与其发展历史的辩证统一过程。这一个性，就决定了我们研究哲学史最根本的方法论，还是马克思主义的历史与逻辑相统一的原则和方法，而不是党性原则及其"两分法"。

由此可知，哲学党性原则只是划分唯物与唯心的原则和方法。它既不是我们确定哲学研究对象的依据，也不是衡量哲学发展程度高低的尺度；它既不是我们确定哲学史研究对象的依据，更不是我们研究哲学史的最根本的原则和方法。一句话，它只能在本来意义上被使用，否则，就会造成混乱。

四、通常所谓的"党性原则"根源于政治斗争的需要

最后，还应当探明这个"对子斗争史"式的所谓"党性原则"，是从哪里产生出来的，为何能对哲学和哲学史研究工作发生如此巨大的影响。这实际涉及哲学思想与政治倾向之间的关系问题。

我认为，这不是产生于哲学或哲学史的深入研究之中，而是产生于哲学或哲学史研究之外，是在那些为了适应我们多年以来进行政治斗争的需要，随心采用少数几条经典作家的哲学词句，进行各种政治论证（而不是科学研究）的过程中产生的。

新中国成立以后，在一定范围内还长期存在着阶级斗争。各门社会科学甚至自然科学均围绕着这个轴心运动，作为党的理论基础之一的马克思主义哲学，理所当然地要为这个主题论证。于是，实际发生了这样一个理论过程：政治上，我们把一切社会关系简单化为"两个阶级""两条道路"的斗争，并通过各种文件法定为我们党的"基本路线"。为了追溯这个"基本路线"的哲学基础，就顺理成章地把当代无产阶级的辩证唯物主义世界观同资产阶级形形色色的唯心主义世界观之间的对立，强加于阶级关系尚未简单化、哲学的"最高问题"还没有获得完全意义的古代社会的全部哲学上。而且，为了同党的"基本路线"挂钩，又将只有到了近代才在欧洲哲学史上明显形成的两个哲学"基本派别"，说成是全部哲学史上的"对子"，从而引申出一个"唯物主义＝革命""唯心主义＝反动"的公式，最后就形成了上述"对子斗争史"的所谓"党性原则"。从"社教运动"到"文化大革命"，康生、陈伯达一类几番掀起的所谓"学哲学、用哲学"的运动，实质就是这样的过程。

这个过程，纯属从政治追溯哲学、用今人强求古人的主观主义的求证法。它不能不漏洞百出，处处失足。首先，这个所谓的"党性原则"，肯定唯物主义与唯心主义的对立是表现着敌对阶级的根本利害冲突。可是，无论是在中国

长期的封建时代的哲学史中，还是在欧洲长期资本主义时代的哲学史里，唯物主义（无论从中国的荀子到王夫子，还是从英国的培根到德国的费尔巴哈）与唯心主义（无论从中国的孔子到王阳明，还是从英国的贝克莱到德国的黑格尔）这两个"基本派别"的斗争，恰恰都是在没有根本利害冲突的统治阶级内部进行的。

其次，为了摆脱这个困境，不少学者都曾尽力寻找"奴隶哲学"和"农民哲学"，结果却令人失望。奴隶制和封建制时代，奴隶和农民都无法逃脱被压迫、被剥削的小生产经济地位，这一事实决定了他们始终提不出一个与封建思想体系相对立的哲学世界观，一般只能采取异端教派的唯心主义理论形式。中国、外国，古代、近代，所有农民，概莫能外。那个"唯物主义＝革命""唯心主义＝反动"的公式，仍然无法成立。

再次，这一公式的唯一论据是列宁《唯物主义和经验批判主义》"结论"中最后一段话：

> 在经验批判主义认识论的烦琐语句后面，不能不看到哲学上的党派斗争；这种斗争归根到底表现着现代社会中敌对阶级的倾向和思想体系。①

怎样理解"对子"的斗争"表现着现代社会中敌对阶级的倾向"呢？列宁未做说明。可是，紧接着他说："经验批判主义的客观的、阶级的作用完全是在于替信仰主义者服役，帮助他们反对一般唯物主义，特别是历史唯物主义。"可见，这里的"阶级的倾向""阶级的作用"，仍然是借助政治术语来讲哲学派别之争。我们再通观全书，列宁不仅明确声称，他要批判的那些"因敌视辩证唯物主义而联合起来的人"，其"政治观点"却"截然不同"。②而且，事实上，列宁把这些"哲学上是我们的反动派"，在政治上则分别看待，有的看作"我们的同志"（如波格丹诺夫等），有的看作"马克思主义的死敌"（如切

---

① 《列宁全集》第十四卷，人民出版社，1957年，第379页。
② 《列宁全集》第十四卷，人民出版社，1957年，第5页。

尔诺夫等）。列宁丝毫没有把哲学上的派别与政治上的敌我，完全等同起来。

因此，我认为，哲学世界观上的唯物主义或唯心主义与政治上的革命倾向或反动倾向，没有必然联系。黑格尔很富有唯物内容的"彻底革命的思维方法"，竟然产生了极其温和、保守的政治结论，而谭嗣同唯心主义的"仁学""心力"却带来了激进主义的政治行动。是否追求政治进步，献身革命事业，这是"同唯物主义和唯心主义的对立绝对不相干的"[①]。

但是，这绝不是说哲学和政治无关系，也绝不否认哲学史上有的唯物主义者政治上非常进步，有的唯心主义者政治上确实反动；而是说哲学性质和政治倾向之间的关系，没有必然性，而只有或然性。二者不能构成一个等式，更不能变成我们研究工作的"原则"。古代社会如此，即使当今社会，也不例外。

诚然，哲学和政治"归根到底"是有密切关系的，但它们只能像银河两岸的织女和牛郎一样，间接地发生关系。这就是说，哲学的政治作用和社会效能，只能通过哲学家本人在当世政治斗争和社会生产中的立场和态度表现出来；而他的立场和态度，又是由其经济地位、历史条件、时代需要和个人环境所决定的。仅就时代需要和历史条件而论，比如，尼采的唯意志论，20世纪初叶，在德国法西斯势力甚嚣尘上的历史条件下，它成了希特勒推行侵略战争的信条；在我国五四运动以后，它居然成为一些像鲁迅那样的进步作家改革政治、对抗时俗的思想武器；而自30年代以来，它又成了蒋介石、林彪、"四人帮"一流人物进行反革命活动的主要理论渊源。同一主观唯心主义哲学，竟能在不同国家、不同时代、不同阶级那里，发生截然异趣的政治作用，这难道不正表明哲学派别和政治作用并无直接的必然联系吗？

历史上的唯物主义，不一定只为历史上的一切革命阶级所利用，一切剥削阶级所抛弃；历史上的唯心主义，也不一定就只为历史上的一切反动阶级所专有，一切革命阶级所拒绝。哲学史上的唯物和唯心，只能用世界本原问题这个唯一标准来区分；哲学家政治上是革命还是反动，只能根据他本人在政治活动中的立场和态度来鉴定。不同质的矛盾，只能用不同的分析方法来解决。我们

---

① 《马克思恩格斯选集》第四卷，人民出版社，1972年，第228页。

绝不可为了一时政治斗争的需要，像"把鞋刷子综合在哺乳动物的统一体中"一样，把哲学硬统一在政治中，臆造出一个"对子斗争史"式的所谓"党性原则"，驱使哲学史去适从。

总之，这样的"党性原则"，不合乎恩格斯和列宁的本义，不是马克思主义的哲学党性原则。马克思主义的哲学党性原则，绝不是给哲学史本身制定的"对子斗争史"公式，而仅仅是为哲学和哲学史工作者提供的一个划分哲学派别的方法。而且，这个原则和方法产生于具体的历史条件下，也只能适用于哲学史研究的特定范围中，我们不反对在哲学史研究中坚持哲学党性原则，但我认为绝不能按照相沿成习的"说法"，依旧把它当成永恒的教条和公式，迫使哲学史去就范！

1980年冬稿于陕西师大6楼新居。

原载《陕西师大学报（哲学社会科学版）》1981年第1期，转载于《哲学杂志》（台北）1992年第2期。

中国传统哲学逻辑范畴研究的历史必然性*

　　中国传统哲学有没有自己民族化的逻辑范畴理论，是否只是重伦理政治而轻逻辑思辨，只有"经注经解"而无逻辑体系呢？近年，人们开始注重直接"从逻辑的一般概念和范畴的发展与运用的观点出发"，来研究中国传统哲学发展的历史规律，这是不是"套用西方哲学模式"，必然会"回到黑格尔"呢？这是当前哲学史工作者十分关心，而又关系到如何把包括马克思主义哲学在内的西方哲学同中国传统哲学相结合的重大问题。

　　中国哲学的逻辑范畴，是富有辩证思维能力的中华民族，对客观"天人"世界辩证认识的历史思想结晶。早在殷周之际，当希腊人还处在"稚气的"英雄神化时代，中华民族便开始进入哲学的觉醒。先民们抱着"通天下之志""定天下之业""断天下之疑"的目的，历经长期的生产实践，以天然纯朴而富于智慧的眼光，"仰则观象于天，俯则观法于地"，采用"类万物之情"的天才的直觉方法，先把絪缊混沌的客观世界，自觉地抽象、分离为"天地人"的对立统一体，产生了奇偶、阴阳等矛盾观念，同时，通过"奇偶数卜"的占筮活动，运用奇偶阴（－－）阳（—）符号"二二相耦"，"三三"一组，构成了由"八卦"而"六十四卦"的《周易》卦象体系，每一卦象"其

---

　　* 本篇是笔者1983年11月在西安主持召开的"中国哲学范畴学术讨论会"上演讲内容的整理稿。

称名也小，其取类也大；其旨远，其辞文"，都是一个蕴含着丰富内容的辩证范畴，其自身奇偶阴阳的矛盾性质，使各个卦象（范畴）之间按照"非覆即变"、对立而不对抗的矛盾规律，有机地联结在一起，形成了最初的中国哲学辩证逻辑范畴体系。这种卦象形式的范畴体系，标志着中华民族一旦哲学觉醒，就犹如刚刚发育但早已成熟的婴儿一样，不管认识运动何等带稚气的歪歪扭扭，其本质却是一个个辩证相关的思想纽结。

如此丰富充实而朴素唯物的辩证思想，也就成为中国传统哲学的一大特点。此后，先秦诸子百家各自从"天道"系统或"人道"系统都提出了一系列辩证的逻辑范畴，就是贵仁尚义，主张"修齐治平"的儒家所创造的诸如"仁义""忠恕""中庸""礼乐""圣智"等基本范畴，也无不是从不同侧面、不同程度地反映了认识对象本质自身中的矛盾，而且，力求"一以贯之"，构成自己的范畴体系，这是大家公认的史实。这种在长期实践中形成的认识的辩证法，就自然成为滋生各种不同类型的逻辑范畴体系及范畴论的深厚土壤。对先秦、两汉、宋明诸阶段所凝结的逻辑范畴进行理论总括的《墨辨》《荀子·正名》《白虎通义》《北溪字义》和《孟子字义疏证》等，就是明证。

先秦时期，当希腊人和印度人的哲学兴趣，从对周围客观世界的考察，开始转向探讨思维过程本身的规律，并产生了像亚里士多德关于形式逻辑的《范畴篇》时，中国人则通过诸子百家的哲学论争，尤其是名辩思潮，已深谙以概念、范畴、理论体系的方式来掌握世界，并明显地表现出辩证逻辑的倾向。因此，继《庄子·天下篇》首开中国思想史研究先河之后，《墨辨》和《荀子·正名》便创建了中国传统哲学的逻辑范畴理论，足以同开西方哲学逻辑范畴研究之先的《范畴篇》相媲美。

《墨辨》《荀子·正名》同《范畴篇》的共同特点，都是从逻辑学上规定概念范畴。但《范畴篇》仅仅是运用简单的主宾词结构（"甲是乙"）的形式逻辑，对词进行初步分类，提出了"十范畴"；而《墨辨》和《荀子·正名》比它高明之处在于：首先严格遵照"循名责实""综核名实"的唯物主义反映论原则，对先秦各家所提出的一系列概念范畴，从表示"天道"的"宇""久（宙）""物""化""动""止"，到表示"人事"的

"仁""义""礼""行""忠""信"以及表示人们对"天人"世界认识的"性""情""知""虑""能""为""名""实",一一为其"正名",规定了各自应有的内涵与外延；同时，依据其内涵与外延之大小深浅程度，不但将概念范畴（"名"）分为"达、类、私"或"单、兼、共、别"几种，而且面对"圣王没，名守慢，奇辞起，名实乱，是非之形不明"的理论局势，提出了要认真研究范畴的演变，"若有王者起，必将有循于旧名，有作于新名"；特别要根据"以故生，以理长，以类行"这一"类—故—理"主要范畴的内在矛盾运动，依照由抽象到具体的逻辑方法和从个别到特殊并从特殊到普遍的认识路线，来安排整个范畴体系。显然，这无疑具有辩证逻辑范畴的方法论意义，而且直接影响着之后各种类型的哲学逻辑范畴研究。

汉代，自西汉武帝"罢黜百家，独尊儒术"，彻底终结了先秦百家争鸣的哲学思潮以后，儒学经董仲舒的改造，取得了正统思想的地位，到东汉章帝令"诸儒会白虎观，讲议《五经》同异"，命班固撰成《白虎通义》，谶纬神学化的儒学，最终被确立为一朝的"国宪""经典"。《白虎通义》开卷以释"爵"（"天子者，爵称也"）始，卷末以释"崩薨"（"天子称崩""诸侯称薨"）终，全书共采用了四十四个"概念范畴"。可以说，这是我国第一部以范畴形式构筑成的政治神学体系。尽管，它还不是真正的哲学范畴体系，但毕竟表明了汉代官方哲学的主要特征及其对范畴应用的极端重视。

汉唐以后，在宋元明清七百余年间，伴随着《宋元学案》《明儒学案》《理学宗传》等各种断代哲学史研究的出现，同时产生了《北溪字义》和《孟子字义疏证》这样两部真正的哲学逻辑范畴专论。《北溪字义》就其内容，称作《四书性理字义》，是朱熹晚年的亲炙高弟陈淳（北溪先生），为了阐扬程朱理学，从《四书》《五经》中择取"性""命""心""诚""敬""道""理""德""太极"等二十五个基本范畴，"合周程张朱之论"，加以疏释贯通而成的一部不同于《尔雅》《玉篇》之类的宋代理学范畴书。它"虽不及周程张朱五子全书之广大闳博"，但"所言则太极理气之原头，性命道德之宗旨，心学一贯之会归"，"其间体用分合，源流本末，无不纲举目张"。陈淳特别申明：自"性、命而下"，二十五个范畴，分中有合，既要"随本字各逐件看"，又要"合做一处看"，方"得玲珑透彻，不相乱"。这表明，二十五个范畴不是平列的，而是互相隶属的，是一个包含着一定内在逻辑的性理之学。

《孟子字义疏证》则与《北溪字义》的思想主旨决然不同。它产生于清初理学自我批判思潮之后，是著名汉学家戴震在一代学风业已转变为以乾嘉朴学为主流的关键时刻，坚定地站在唯物主义立场上，采取"由训诂以明义理"的方法，以借释《孟子》字义为名，集中批判程朱理学的范畴专著。全书列举出理学最基本、最习用的"理""天道""性""才""道""仁义礼智""诚""极"等几个范畴，条陈缕析，不但考证了每一范畴的本义和演变，尤其可贵的是，揭示了各个范畴在"天道"到"人道"流动过程中所处的不同层次及其相互关系。这不只为当世"正人心之要"，也是七百余年宋明理学思潮发展及其规律的哲学总结，是研究中国传统哲学逻辑范畴的最高成果。

戴震之后，当中国哲人还未顾及把自己本民族的哲学范畴研究进一步向前推进之时，在马克思主义的故乡，自康德到黑格尔的德国古典哲学家，便运用唯心辩证法，明确"以逻辑的联系作为基础"，完成了建立逻辑范畴体系这一可谓"更高的逻辑事业"，从而有了马克思主义哲学逻辑范畴论的诞生。

由此可见，中外历史上各种类型的哲学逻辑范畴论，都是理论思维发展到一定阶段的必然产物。近年来，国内之所以重视研究中国传统哲学的逻辑范畴，不仅是中国哲学史研究发展的必然趋势，也是马克思主义哲学与中国传统哲学相结合的理论需要，是实现马克思主义中国化的一条重要途径。

1983年冬稿于陕西师大6楼家。

原载《求索》1984年第1期。

既开风气也为师

——中国哲学范畴研究启示录

劫后踏破燕园尘，陋室闻道始觉新。

翠竹青青开风气，亦友亦师释古今。

这是2000年我六十初度时写的一首纪事感怀诗，今摘引于此，以祝贺老友汤一介先生八十华诞。我少于先生整十二岁，自当晚辈后学；加之，身世经历，又不尽同，恨不逢时，无缘立雪程门。但先生却不见弃，早得亲炙，许为忘年之交，每每以新作论著见惠，以"难得"的"老朋友"相待。将近三十年间，我出处进退，无论在陕西师大还是在浙江大学，无论一帆风顺还是处逆境中，不管为"官"还是为学，先生总是无微不至地给予关怀和鼓励，甚至远道登门看望，引导我做好学问，又做好事业。而我在先生面前，向来无拘无束，以诚相待，无话不说，从无遮掩，心里奉若良师益友，口头一直以"老汤"相称，至今仍然觉得只有用这两个字才能表达出我对他的真情实意。

究其原因，固非一端。但为人为学，志趣相投，都奉行"己欲立而立人，己欲达而达人"的做人原则；都想通过中国哲学史的研究，为创建一个符合中国传统哲学发展的现代中国哲学体系而尽心尽力。这可能是最主要的友谊基础。

今天若要全面具体地评赞先生的哲学思想，我是没有资格的，但先生开启的中国哲学范畴研究，我是亲身参与其事者，并得先生支持在西安筹备主持召开过全国第一次"中国哲学范畴学术讨论会"。我们从相识、相知,到结成延续至今而期之以后的学术友谊,正是在这一长达数年的讨论中形成的。近几年来,我常常想到一个问题,就是:北京大学自冯友兰到汤一介,这些无愧为当代中国哲学的大家、大师们,究其所大,大在何处?现以我的体悟,自作一答。

一、陋室闻道始觉新

清人龚自珍有句名言说:"但开风气不为师。"我觉得大师之大,不在于知识如何渊博,而主要在于其学能开一代风气。顾炎武之学,以"博学于文""行己有耻"标宗,"卷帙之积,几于等身"(王弘撰《山志》卷三《顾亭林》),可谓渊博通达。王国维在《沈乙庵先生七十寿序》中指出:清代"三百年间,学术三变:国初一变也,乾嘉一变也,道咸以降一变也。……故国初之学大,乾嘉之学精,道咸以降之学新。"他以"大、精、新"概括清学三变的特点,认为"国初之学,创于亭林",亭林之学,其所以"大",不在于博,而在于"以经世为体,以经史为用",开启了汉学之先河,为三百年清学建立了以考据明义理的"典范",这无疑是对学术之"大"的最好解释。(参看《观堂集林》卷二三)胡适之学,在于求博,清代考据学是其起点,亦是其归宿,但他之所以能成为20世纪中国学术思想史上的中心人物,同样不在于博,而在于用"实验主义"和"科学方法",建立了具有示范作用的"中国哲学大纲",开创了"新文化运动"的风气。可见,"一代之治,即一代之学"(龚自珍语);一代风气,亦即"一代之学"。这正是大师之大、其学之大处。

我想,一介之学,也不会例外。尽管,他曾多次声言:"1947年,我选择读北大哲学系,是想做一位哲学家,而且想做一位有创造性的哲学家。"令他遗憾的是,由于个人的天分,特别是所处的时代,使他无法超越父辈,成为人们所公认的哲学家。而让他尚可告慰的是:从1980年初他思考"中国哲学的范畴问题",到20个世纪末他提出"创建中国解释学问题"和"新轴心时代中国哲学的走向问题",近三十年间,他一直没有停止对"哲学问题"的独立思考。所以，他自谦地告诉国内外学界：我虽不敢自称是"哲学家"，但我无疑是有兴趣思考一些哲学问题的"哲学史家"。回忆我与先生多年的学术交往，我觉得，他在中国"哲学贫困"的特殊年代，与时俱进，总是适时地提出一些哲学问题，来推动当代中国哲学的研究，在《中国社会科学》上连续发表的一些哲学论文，确实是具有典范意义的开风气之作。这说明他不只是一位"哲学史家"，他首先是一位"既开风气也为师"的哲学家。

就以1980—1985年中国哲学界的哲学范畴问题讨论来说吧。二十五年后的今天，一般学人也许早已看不出像《论中国传统哲学范畴体系的诸问题》《论中国传统哲学中的真善美问题》发表后，究竟为什么能够震动当世的哲学视听而引起小会大会争鸣了，所以这里有必要对这段学术史事略做解说，以证实上述学术以开风气为"大"的观点。还得从燕园初谒先生说起。

记得我第一次见到先生，是在1978年秋季。那年我因撰写《儒家考辨》参加了在济南召开的"全国哲学社会科学规划会议"，这是"文革"后全国学界首次盛会，著名专家学者大都光临与会。我三生有幸，先结识了另一位亦友亦师般的终生忘年交，就是武汉大学的萧萐父教授。说也奇怪，我俩被分在同一个小组，不约而同地发现会议名单没有汤一介大名，便相约会后过北京，专程去拜访他。具体时间，我已记不清楚了，只记得在一天的下午，地点是中关园一个用泥土矮墙围着的平房，屋内堆满了"文革"后发还的书籍，好像家里拥挤得只能坐下我们三人。虽然老萧早同老汤是朋友（由此迄今，我们三人都以"老某"相称），没有多少寒暄，似乎不用相互介绍，一见如故，而眼前的一切，也好像都在预料之中，谁也不用介意。老汤询问了我俩开会的情况后，我递给他我写的《儒家考辨》打印稿，请他指正，但我当时感兴趣的还是道教，便问他如何读《道藏》。他没有正面回答，只是说他家不少道书佛书已丢失了，归还回来的书他还没来得及整理。又说他需要重新反思以往北大的中国哲学史的教学和研究，"要好好想想，看能为中国哲学做点什么事"。还说："我现在正准备为学生开一门'道教史研究专题课'。"他谈吐文雅，声调不高，给我留下的印象是，深思熟虑、富有哲理。我如坐春风，诲听不倦。直到临别，他把我俩送到小院，我看到柴门一边青青翠竹，随风摇摆，给先生的陋室多少增添了点色彩，脑海里突然浮现出十多年前我在燕园看到的先生旧居，不由得倒有些寒酸之感。可先生泰然处之，说他在这里已住了快十年，回头看了看院内翠绿的竹子，好像临别致意："柴门今始为君开，翠竹点头送远客。"握着我的手认真地说："感谢你们来看我。待我看过你的大作后，再写信告诉你好吗？"

回到西安后不久，我就先后收到了王明、孙叔平和老汤诸位先生的大札，一致赞扬我在"批林批孔"的特殊年代，躺在硬板病床上还自修考据训诂，来考证儒家形成的这种刻苦钻研精神。王、孙两先生认为，《考辨》的观点"颇有见地，读之令人有新颖之感"，鼓励我今后在考据学上再下功夫。而老汤却认为，考证儒家的形成是"外在的"，要正确评价儒家在中国传统社会中的历史地位，关键在于分析它内在的思想。这一开示，引起了我长时间的思考，我思考的不单是如何修正那篇歪歪扭扭，尚未脱离康有为《新学伪经考》羁绊的习作，而是我以后的研究方向。记得次年先生还接连给我寄来他"道教史研究专题"讲义及他从国外复制的《老子想尔注》，并叮嘱我要读《道教义枢》，要注重道教理论的研究。随后，还通过一位朋友写信告诉我："您思维敏捷，思想活跃，思考深入，文笔流畅，当是极有前途的学者。自从您的文章出现在中哲史论坛以来，一直引起我们的兴趣和重视。"显然，这是针对1979—1980年我继《儒家考辨》之后，在全国有关刊物上连连发表的《唯心主义平议》《论中国哲学史的基本特征及其研究方法》《论中国哲学史研究的对象问题》《论中国哲学史的逻辑体系问题》《论哲学史研究中的党性原则问题》等等而言的鼓励之词。接着，我又收到了先生通过《中国社会科学》寄来的《论中国传统哲学范畴体系的诸问题》一文的抽印本，经过认真拜读，反复比较之后，我才真正明白先生指点我从"外在的"研究转向"内在的"研究的意义，其实，就是要从"思想史"方法，转向"哲学史"方法。

这对多年在历史系从事"中国古代思想史"教学研究的我来说，不单是个方法论的转变，而实际是学术方向的变化。检点我此后在《哲学研究》上发表的《张载哲学逻辑范畴体系论》（1983），可说就是这一变化的标志。就我多半生对中国哲学的研究来说，如果说，《儒家考辨》表明我的哲学思维还停留在"中国哲学"这座宝塔之外,"对塔说相轮";那么,从这篇论文中也许可以看出,我已"直入塔中,上寻相轮,辛勤登攀,迤逦而上",虽犹未见相轮,然却"实在塔中,去相轮渐近"(《二程集·遗书》卷一),已进入中国哲学研究之中。这就是前引我"六十感怀"小诗"劫后踏破燕园尘,陋室闻道始觉新"之"新"义。我常想,虽说这不能同昔日万木草堂谒康有为,引起梁启超思想震动的"自述"相提并论(梁启超《三十自述》),但我一生中的学术转向,同先生引领中国哲学范畴研究新风气,却是直接相关的。

二、"哲学思考"开风气

现在,我们不妨再把范畴研究放置在1980年以后的整个中国哲学研究中来观察,看看先生开启的这一研究,其真正意义到底何在。

记得先生十年前发表过一篇名曰《对中国传统哲学的哲学思考》的重要论文,回顾1980年以前他亲身参与其中的中国哲学研究实际:

> 从1949年开始,我们对中国传统哲学,可以说主要进行了一种政治的思考,没有做哲学的思考,或少做哲学的思考。做政治的思考也是比较简单化的、教条的。(汤一介《我的哲学之路》)

因为,那时我们完全接受了日丹诺夫的哲学史定义,按照恩格斯关于思维与存在的关系问题为哲学的"基本问题"和列宁关于哲学的"党性原则"来剪裁中国哲学史,结果就形成了千篇一律的"唯物—唯心""进步—反动"的中国哲学史模式。他说,自1980年始,他从另一个角度来考虑中国传统哲学,即把它作为一个整体来考察:它同西方哲学、印度哲学一样,也有它一套概念,由概念构成命题,然后有一些判断,经过推论而成为理论体系,在中国哲学中就叫类、故、理。经过这样一番哲学思考,他便写成了《论中国传统哲学范畴体系的诸问题》,发表在1981的《中国社会科学》第5期上,他特别说明:"当时写这篇文章的目的是冲破原来的唯物唯心对立的框架。"显然,这也是我和老萧以及全国绝大多数学者的共同心声。我还以陕西省中国哲学史研究会名义，邀请先生来西安做学术报告，引导陕西的学者共同思考这个问题。

1981年10月，中国哲学史学会在杭州举行"全国宋明理学讨论会"，《中国社会科学》杂志副总编辑丁伟志曾召集与会部分学者，方克立（南开大学）、杨柳桥（天津）、张军夫（广西大学）、臧宏（安徽师范大学）、周继旨（安徽大学）、刘蔚华（曲阜师院）、萧萐父和我，围绕《论中国传统哲学范畴体系的诸问题》，进行了热烈的座谈。先生虽未到会，但会后参加了"笔谈"。丁伟志特别指出："《中国社会科学》杂志发表汤一介同志文章的目的，是为了提出新问题，启迪大家思考，促进百家争鸣，共同探寻中国哲学史研究科学化的道路。"会后还发表了纪要《关于研究中国传统哲学范畴问题的讨论》（《中国社会科学》1982年第1期），可见先生这一研究开创风气之端绪。

然而，细心的读者一定能够觉察到，每一位学者的发言，几乎都有担心"怕搞不好会离开马克思主义而陷入黑格尔主义"的顾虑，总要挂上几句诸如"研究哲学范畴的逻辑发展，并不否定哲学基本问题和哲学的党性原则"之类的套话。其实，今天说开了，也很简单，自1979年至1981年间，中国哲学界连连举行了太原"中国哲学史方法论问题讨论会"和"中国哲学史学会成立大会"（1979年10月）、黄山"正确评价历史上唯心主义哲学讨论会"（1980年9月）、桂林"中西哲学比较研究讨论会"（1981年10月）和这次首次邀请有美、日、德、加等海外学者参加的"宋明理学会"，唤醒了学者们长期被束缚的哲学思考，"哲学逻辑范畴""哲学史定义""唯心主义""党性原则"等一系列哲学问题，都被重新提出，引起热烈讨论。我有幸同老萧成为大家推举出来的中国哲学史学会常务理事，而且都参加了这些讨论。老萧根据他的经历告诉我："这是自1957年春北京大学召开的中国哲学史讨论，迄今三十多年难得的解放思想，百家争鸣！"我们无论当时，还是现在，都觉得那是学术讨论会，而不是过党的"组织生活"，没有什么不正常。可谁料想，随着哲学春天的到来，同时刮起了一阵不小的狂风。据说是由那个号称"以坚持马列主义和双百方针，实现中国哲学研究的科学化为宗旨"的《中国哲学史研究》编辑部发起，不仅在宋明理学会上发简报批判老专家孙叔平的所谓不要唯物唯心的"光头哲学"，而且于会后连年召开"夏季学术讨论会"，发表"评论员"文章和"纪要"，把上述那些新问题、新观点，统统说成是"为了摆脱简单化束缚"而"偏离了哲学基本问题的原则"，认为，这是1980年以来中国哲学史研究正面临着的"两种不良倾向的干扰"。编辑部还选择了"天与人、力与命"等六十多个范畴和重要概念引导大家"立即着手这方面的研究工作"，但反复强调的是："研究中国哲学史的概念和范畴，必须坚持以马克思主义的辩证唯物主义和历史唯物主义的基本原理为指导。"还特别具体地列举了六个"必须坚持"，以保证范畴研究不脱离马克思主义的轨道。①这就是当时主流媒体对先生所提出哲学范畴问题的强烈反响。

无疑，这仍然是对中国传统哲学做"政治思考"，根本不可能把范畴研究引向正确的轨道；但从另一方面，却表明先生的"哲学思考"，确实起了开风气的意义。

三、范畴研究会中西

有鉴于此，为了推动中国哲学范畴研究的深入开展，在张岱年会长和全国学者的指导、支持下，我同老汤、老萧、方克立、金春峰共同协商策划，历经整整两年的准备，于1983年11月在西安召开了全国第一次"中国哲学范畴学术讨论会"。张岱年、王明、冯契、庞朴、萧萐父、方克立、方立天、蒙培元、金春峰、丁祯彦、臧宏、吴熙钊和杜维明（美国哈佛大学）等专家学者都到会发言，提供论文，当年的《哲学研究》第12期和《求索》1985年第1、2期，都有"动态"综述和"笔谈"报道，其主要成果，可见于人民出版社1985年出版的《中国哲学范畴集》一书，这里不再赘述。

值得回味的是，范畴研究的哲学旨趣到底在哪里？先生对传统哲学究竟是

---

① 以上参看本刊评论员：《坚持"哲学基本问题"实现中国哲学史学的科学化》《本刊编辑部就如何研究中国哲学史上的范畴和重要概念举行讨论会》《关于中国哲学史范畴、概念和思潮发展规律问题》，载《中国哲学史研究》1982年第1期、1981年第3期、1984年第1期。

怎样进行"哲学思考"的，"哲学的思考"难道真的是远离了马克思主义吗？最近，我翻箱倒柜，找到先生1983年给我的两封珍贵信件，一封是1月20日给老萧和我的信，这时离西安范畴会议召开还有十个月，他对会议充满期望地说：

> 我十分希望能开成一次深入讨论学术问题的会，我参加各种讨论会不多，但都觉得收获不大。究其原因，可能由于人多且杂，无法畅所欲言。我自己深感思想很不开阔，因此提不出一些新见解来。但是，我们总不能安于现状，应该在中国哲学的研究上有较大的突破。所以我想，如果在西安今秋的会可以开成，是否可以同时讨论一下"中国哲学史研究的前景"问题。

> 我最近有一个想法，我们的报刊有不少文章，都引用古人的话或古人行事的故事，来说明今天的问题。有那么多古人的话都对我们今天是有教益的，那么从总体上说，我们应该如何看待我国的古代文化与古代哲学？这里是不是有一个"文化价值观"的问题？如果我们不能正确地看待中国传统哲学的价值，不能正确地解决中国传统文化与马克思主义的关系，我觉得可能产生两个问题，一是马克思主义就不能牢固地生根，马克思主义不能很好地在我国得到发展；二是我国传统文化中坏的东西就可能起更大的作用。

> 学术应该有思想的自由，这样才可能有所创新。在自由探讨中当然可能发生错误，即使有错误，总比不思想好。

另一封是11月21日，即西安会后刚十天，他在寄给我的信中说：

> 西安的会后，我更加感到我们应加强研究，加强和国外学者交流。我们应主动地影响他们并了解他们，吸收他们合理的、有意义的思想。中国传统哲学面对现实世界的种种问题，我觉得其中优秀部分自然有生命力。我曾设想，能否在马克思主义和中国传统哲学中找到某些结合点。如果能找到某些结合点，这样，一方面可以促进马克思

主义中国化，另一方面也就可以看到中国传统哲学的价值所在。我曾大胆地从三个方面寻找结合点：一是中国传统哲学中的理想主义；二是中国传统哲学中的"实践"（道德实践）的观点；三是中国传统哲学中"对立斗争"和"对立统一"的看法。我想这三个方面是中国传统哲学的价值所在，它们或可在某些方面丰富马克思主义。另外，我也还想到"人文主义"的问题，现在不大好谈，只是想想吧！

这就是西安范畴会前后，先生对中国传统哲学所做"哲学思考"的真实具体的写照。会前所说的对中国传统哲学"文化价值"问题的哲学思考，就形成了他提交会议的《论中国传统哲学中的真善美问题》，这也是他于当年参加蒙特利尔"第十七届世界哲学大会"面对海外"新儒家"问题所做出的哲学回应，为中国哲学在当代西方世界开了风气。会后所说的对中国传统哲学与马克思主义"三个结合点"的哲学思考，经过了十年多的"中西文化"冲突与融合的真实体验和反思，便凝结成1995年正式发表的《对中国传统哲学的哲学思考》，这也是他针对"古今、中西"这个时代主题的哲学思考，所形成的中国哲学"三大理论体系"。

由此可见，（1）范畴研究，只能是"哲学的思考"，而不能做"政治的思考"。"政治的思考"，犹如上述"评论员"文章和"夏季学术讨论会"纪要所说的"必须坚持哲学的党性原则""必须坚持辩证唯物主义能动的反映论的原理""必须坚持历史唯物主义经济基础决定上层建筑的原理"等等。明眼人一看就知道，那是直接投合当时"反自由化"的政治斗争现实，根本不是真正研究哲学范畴。若论80年代中国哲学范畴研究的成败得失，这无疑是最大的失！所以先生才无可奈何地说："'人文主义'的问题，现在不大好谈，只是想想吧！"但先生所做的"哲学的思考"则不同，它是将唯物辩证法理论作为研究方法，融化在中国哲学本来的历史发展中，揭示出逻辑思维的类、故、理范畴体系（暂定二十对范畴）；由于范畴之间的逻辑联系，便形成了传统哲学的三大命题（"天人合一""知行合一""情景合一"）及其"真、善、美"的理想境界；最后自然归结出关于中国传统哲学的三大理论体系（"普遍和谐论""内在超越论""内圣外王论")。这就形成了"一介哲学"。尽管,这个体系还有待于进一步精致与完善,但它毕竟已奠定了基础与骨架,清楚地表明了先生范畴研究的真正旨趣。

（2）范畴研究,其真正旨趣乃在于:"究天人之际,通古今之变,会东西之学,成一家之言。"这是先生最喜欢的名言,原话是司马迁说的,其中"会东西之学"（或"会中西之学"）,是先生加上的。这一增加,不仅表明,上述范畴研究的终极目的,是要建立以"究天人之际"为哲学基本问题,以"天人合一""知行合一""情景合一"为主要哲学命题,以"真善美"为理想人格和精神境界,以"普遍和谐""内在超越""内圣外王"为理论特征的中国传统哲学体系;而且,是要将这一体系置于包括中、西、印等整个世界哲学系统的现代学术轨道,完全脱离"字义疏证""经籍纂诂"一类的传统学术旧辙,成为汤一介"一家之言"的当代中国哲学。所以他写信特别强调:加强和国外学者交流,吸收他们合理的、有意义的思想;会通中西之学,使马克思主义中国化,中国传统哲学现代化。

我觉得,这同冯契"化理论为方法,化理论为德性"的哲学思考,异曲同工,都是把马克思主义哲学和中国传统哲学相结合的一个创新。以上所引的一介"三论"（《范畴体系诸问题》《真善美问题》《哲学思考》）,也同冯契"智慧三说"（《认识世界和认识自己》《逻辑思维的辩证法》《人的自由和真善美》）,百虑而一致,都是哲学史家通过对中国传统哲学的深入研究,从中国哲学史中概括和总结出来的当代中国哲学（"一介哲学""冯契哲学"）;而他们讲授和论述的中国传统哲学（《郭象与魏晋玄学》《中国古代哲学的逻辑发展》）,又都是他们的哲学在中国哲学史中的展开和运用。可见,他们都以自己的哲学研究实践,真正解决了王国维最苦恼的"可爱与可信"的哲学矛盾,成为继冯友兰、金岳霖之后难得的两位"亦哲学亦哲学史"的大家。究其所大,就在开了中国哲学范畴研究的风气。记得张岱年先生在西安范畴会上讲过一句名言:"开创者难为功。"反思这段学术史,有失有得,但产生的"一介哲学""冯契哲学",毕竟体现了范畴研究的真义和方向。

元遗山说得好："画图临出秦川景，亲到长安有几人？"我虽土生土长在长安，亲身参与了范畴研究和西安范畴会议，但绝不敢说，以上所述是"自知其中有真味"。至今唯能让我终生聊以自慰的是，80年代正是我一生为人为学的最重要阶段，我从与先生的学术交往中，获得了人生最宝贵的"财富"，这就是1987年先生在他的《魏晋南北朝时期的道教》后记里所说的："我和他是老朋友，常常在一起讨论，我们的这种友谊在今天也是很难得的。"我想，珍惜和永存这份友谊，沿着先生开启的风气"接着讲"，就是对"老朋友"八十华诞的最好祝福。虽不能至，心向往之！

2006年盛暑稿于浙江大学求是村家。

原载《探寻真善美》，北京大学出版社，2007年。

中国文化传统与现代化问题[*]

中华民族同世界任何一个民族一样，是充满生机的、具有无穷智慧的伟大民族，它不单是一个地域的、政治的或种族的概念，而且是一个文化范畴、文化系统。自古以来，它同印度、欧美等文化系统相互冲突、相互交融、相互吸收，形成了今日世界灿烂的文化图景，表现了世界走向现代化的历史趋势。当前世人都在关注中国这个具有悠久文化传统的国家是如何向现代化迈进的，这正是当代中国学者（包括海外的中国学者）正在重新认真探索的"中西文化问题"，亦即中国文化传统与现代化问题。

这个问题之所以会在近年引起中国学术界新的理论热忱和哲学思考，并不是偶然的一时激情造成的，而是在新的历史转机和民族觉醒下逐渐酿成的，目前还在深入发展。现在就我个人十年来亲身参与的一个学术侧面，谈谈中国学者对这个问题的现代思考。

一、历史转机所引起的哲学思考

自1976年以来，中国社会经历了巨大的变革。十年之间，"天若有情天

---

　　* 笔者接受新加坡东亚哲学研究所聘请，于1986年2月抵新，在该所从事儒学研究工作。3月，应邀出席新加坡亚洲研究学会1986年年会，会上以"中国学者的现代思考：中国文化传统的现代化问题"为题发表讲演。本文为讲演记录修正稿。

亦老",但"人间正道是沧桑",中国人像沉睡的雄狮一样,终于睁开了蒙眬的双眼,真实地看到了世界,清醒地觉察到自己的国家因长期"作茧自缚",失掉了数次奔向现代化的良机,同周围世界先进国家相比,已落后了至少一代人的距离。"文革"的惨痛历史,唤醒了整个知识群体,大家直面人生,正视世界,勇敢地抛弃了长期禁锢思想界的所谓"阶级斗争"和"继续革命"的理论,确立了新时期向"四化"迈进的具体目标和对外开放、对内搞活的长久国策。全社会首先意识到的是,世界新的技术革命向我们提出了挑战,中国必须有自己的对策,绝不能再一次失掉时机。于是"科学技术救国"的观念似有复活,盲目的"西化"倾向时有出现;接着,各项体制改革的决定提出了,但预想到的和未预料到的新问题随之而来,于是更加突出地强调改变不适时宜的传统观念,建设更高的精神文明的历史任务。这就是中国当时的历史转机。

适应这一史无前例的历史转变,中国哲学界产生了如下的回响:

重新探讨了中国哲学研究的方法论问题。1979年秋季在山西太原先后召开"中国哲学史方法论问题讨论会""全国现代外国哲学讨论会",主要讨论哲学研究的方法论问题,包括批判与继承的关系问题、如何评价哲学唯心论的问题、学术与政治的关系问题等。其旨趣在于克服以往哲学研究的政治化、教条化、公式化、简单化倾向,提出了使哲学研究进一步科学化的任务。

为此,成立了全国性的"中国哲学史学会",1981年10月在杭州举行了"全国宋明理学讨论会",第一次邀请国外许多朋友一起参加研讨,陈荣捷、狄百瑞……群贤毕至。一方面表现了学术思想的活跃,打开研究儒学的禁区;另一方面又暴露出长期存在的"左"的教条主义倾向,仍然阻碍着中国哲学研究的进一步科学化。

于是,一方面,中国哲学范畴概念的研究有了新的进展。1983年冬,我与萧萐父、汤一介、方克立、金春峰等朋友筹备并在西安召开了全国首次"中国哲学范畴学术讨论会",杜维明教授也参加了这次盛会。1985年由人民出版社出版的《中国哲学范畴集》,就是这次讨论会所反映的中国学者的研究成果。另一方面,各地区的"乡贤"、专题、学派研究,显得格外活跃。湖南、湖北、四川的学者开展了"三经"(《道德经》《易经》《山海经》)和王夫之哲学的研究,西安地区组织了张载关学的研究与著作整理,山西召开了傅山学术讨论会,河南开始了二程的研究,山东组织了孔孟学术讨论会,浙江准备1986年10月召开黄宗羲讨论会,河北也准备召开颜、李讨论会,安徽也有组织方以智讨论会的打算,广东还举行过康、梁、孙中山的讨论会。值得注意的是,各地的研究都是以重新挖掘、整理史料为基础的,同时促进了这些古籍的出版,进而推动了全国研究的深入发展。比如,在各地关于明清之际诸子思想的分别研究基础上,我们正筹划近年举行一次全国性的关于17世纪中国社会思潮的讨论会,重点探讨中国如何走出"中世纪"、走向近代化的问题。①

在以上带有微观性研究的基础上,自1984年以来,全国不约而同地开展起中西文化与中国文化史的宏观综合研究。首先,北京大学汤一介主持在京成立了"中国文化书院",已举行过两次系列讲座。同时,上海王元化、周谷城和北京庞朴等主持开展了中西文化比较研究与中国文化史研究工作。1985年3月,北京、上海、西安、武汉等在深圳大学召开了东西文化比较研究协调会,杜维明、魏克曼也参加了这次会;5月,在广州召开了全国性的中国近代哲学讨论会;6月,在北京成立了中华孔子研究所(即"中华孔子学会"前身),同时举行了全国孔子学术讨论会;10月,在山东由谷牧、匡亚明名誉会长主持召开了带有国际性的中国孔子基金会。1986年1月,由复旦大学组织在上海举行了全国首届国际中国文化学术讨论会。这些会议都有海外朋友参加,大家讨论的主题是中国文化传统与现代化的关系问题。

围绕这一主题,虽然大家思考的问题很多,比如,中国传统文化的特质、中国文化的深层结构、汉唐中西文化的交融、近代中西文化的冲突、中国国民性问题、儒学对中国文化的影响等等,但中心问题,实质还是一个中西文化问题。如果说,前几年大家强烈意识到的是世界新技术革命对中国提出的挑战,那么,现在知识界已明显感到西方思想文化也向中国传统文化提出了新挑战。面对这一挑战,中国人的抉择究竟如何?是盲目"西化"呢?还是本能地保护

---

① 1987年9月,在武汉已举行了"中国走向近代化的历程"学术讨论会。

"国粹"呢？还是把二者科学地加以比较，分别对二者进行分析，选择最佳的结合点，促进中西文化得以有机融合呢？这就是中国学者的现代思考。

二、对中西文化的历史反思

当中国学者重新思考中西文化时，首先碰到了对"文化"这一概念理解的差异。但大家没有纠缠在这一近百年尚无定论的"文化"定义上，大家都同意对"文化"做广义的、"模糊"的理解，即从三个层次上（物质文化、精神文化及介于二者之间的制度文化）去把握，主要还是从观念形态的文化上去把握。重点是从对历史上中西文化的冲突与交融的反思中，寻求当今更为科学的对策。

中国历史上，中西文化曾有过三次较大的接触与汇聚：

（一）汉唐中印文化的融合

人们知道，汉唐上千年是中国古代社会的上升时期，中国古代文明达到了高度发展。今日之西安是周秦汉唐十三个王朝建都的长安，从今天西安地上宝藏的、地下发掘的文物，可以清楚地看到汉唐（尤其唐代）是一个多种文化汇聚而致文化昌盛的时代。如果说从典章制度上看，"汉承秦制"，唐又因革了汉制，没有因外来文化的影响而发生任何重大改变。但在宗教、艺术、哲学等观念文化方面，我们可以看到通过丝绸之路，中国文化传到了东亚、中亚、西亚和印度，而印度、中亚、西亚的文化也传到了中国，通过南海也传来了南亚文化，这些外来异质文化对中国产生了深远的影响。唐代以世界文明的大帝国姿态，对一切外来文化采取兼容并蓄的政策，真正做到了"中学为体，西学为用"。但唐代是一个多民族第一次大团聚的王朝，因此它根据各自所处社会环境的不同，而对外来文化做出了不同的遴选与抉择。它既不一概排斥，也不全盘吸收，而是在选择中加工，在加工的基础上移植。这当然是一个十分复杂的机制过程，从今日敦煌文书的内容就可以清楚地看到这一复杂过程。敦煌文书大体包括三部分：①以儒、道与汉化的佛为主的汉族文化；②混居敦煌、西域地区的汉、吐蕃、回鹘、于阗等相互作用的混合文化；③印度、中亚、西亚等外来异质文化与当地各民族文化相汇聚的嫁接文化。这些内容分别适应着各个民族不同阶层的需要，是既能满足上层精英，又适合于下层大众的多层次文化。

由此可以看出：

（1）唐代中国虽居于世界领先地位，但对外来文化采取开放政策，大胆吸收，毫无戒惧，因而更促进了本土文化的繁荣昌盛。

（2）唐代对外来文化的吸收，是以中国文化为主体的"中国化"过程。印度佛教中国化为"中国佛学"，就是成功的例证。各阶层对印度大乘佛教都有自己选择，印度僧人深知"不依国主则法事难立"，中国僧人（如玄奘）则勇敢地进行了改造加工，双方均表现出十分主动而自然，显示出历史的必然性。

（3）这一中国化过程是长期的、复杂的，急于求成是无济于事的。佛教文化大体经过译经（汉化的第一步）、立宗（建立各宗派）、判教（对各宗派批判综合）等长达几百年的过程，最后形成了中国化的禅宗佛教。佛又与道、儒"三教论争"而趋于"三教圆融"，最后产生了宋明理学和金元全真道。可以说，这是整整吃了上千年的一餐饭。

（4）唐代中国文化又反过来影响了自己的邻邦（日本），构成了东亚文明的基本格局。这些历史经验，对我们今日研究中西文化均有值得借鉴的参考价值。

（二）明清之际中西文化的交流

唐代以后，中国经历了五代纷争和南北宋的分裂时期，后来蒙古人入主中原，建立了元帝国。但元朝皇帝深知汉人心目中的蒙古人是征服者、占领者，因而不信任文人学士和文职官僚，竭力吸引世界各地有才华的人，以便建立起文职行政机构。于是对外实行开放，以那游牧民族特有的宽广胸怀，接纳了威尼斯冒险家马可·波罗以及不少阿拉伯商人在大汗政府中供职。这是蒙古文化的汉化过程，也是中国文化与阿拉伯文化交融的过程。

明清之际，由于航海事业的发展，以利玛窦为代表的一批欧洲耶稣会传教士来到中国。他们借口布道，在传布天主教的同时，给中国带来了西方的近代文化（主要是天文、历算、舆地、数学、物理学、兵器制造以及某些实验科学），一定程度上打开了中国人的眼界，促进了当时经济与科学文化的发展。毫无疑问，中外两种异质文化通过耶稣会传教士，有了第一次真正的知识交流，但这对中国文化传统的变革却没有发生任何作用；相反，中国文化通过传教士对欧洲产生了深刻的影响。最明显的例证：一是儒家《易经》对莱布尼茨、黑格尔的影响，二是中国的世俗文化对法国一批反教会的伏尔泰等启蒙学者的影响。中国世俗化的高尚的儒家伦理道德观念，经传教士的介绍，反过来成了启蒙学者批判宗教的武器，而莱布尼茨等受中国哲学之启发而制作的第一部"计算机"经传教士带到中国时，却变成了宫廷的玩物，传教士奉献的"阿基米德抽水管"只能引起皇后妃子们的欢心，而后竟被朝廷视为"邪恶的淫技"被禁止，未能推动中国传统科学步入现代化。这真是一场耐人寻味的历史悲剧。

（1）中国古代封建制度在明清之际已面临崩溃，为了巩固中央集权制的专制统治，朱明王朝受汉人因长期受蒙古人统治所激起的惧外仇外情绪的支配，早已改变了唐宋外向的开放、兼容的胸怀，而长期推行排外政策；清王朝又出于狭隘的民族意识，实行了闭关锁国的政策。结果，形成了一个更加具有排外性的自我封闭的文化系统。

（2）这一自我封闭的文化系统，是由中国小农生产方式决定的。早在唐代中外文化汇聚中出现的一种试图将外来文化因素认同于自身文化体系的倾向，一种尽量使外来文化因素"俯就我范"的趋势，实际已导致了"异中求同"的封闭模式，但唐代毕竟能高度自信，能主动接受外来文化而为我所用、为我所取，清代却完全丧失了这种勇气和信心。

（3）虽然耶稣会传教士来华的目的是传教，传播科技只不过是手段而已，但明清王朝却因排异教（天主教）而拒绝接受西方先进的科学技术，这同唐代全然不同。这不正说明，明清以后中国古代封建社会开始衰落，小生产的偏狭心理更加发展，成了中外文化交流的巨大阻力。

（三）近代中西文化的冲突

鸦片战争的炮火终于打开了中国的大门，揭开了近代史的篇章，西方文化像潮水般冲入中国人的生活领域，中西文化之争便一直困扰着中国人。这一历史给中国人带来的最大不幸是：

（1）先进的西方文化恰好是西方列强实行殖民主义统治的手段之一，是用洋枪大炮打进来的，而不是友谊的文化传播。因为，整个18、19世纪，欧洲人对中国的主要兴趣，并不仅仅在于使中国人皈依基督教，而在于想得到中国的茶叶、漆器、丝绸、瓷器等各式各样的特产，何况16、17世纪的中国，整个科技水平并不亚于西方。可是，随着欧洲18世纪末工业化的到来，加之，这时新教传教士到中国接触了中国下层社会，对中国风尚习俗抱有强烈的敌对态度，结果导致英、法、德等欧洲人对中国的看法开始发生巨大的转变，从一些著名思想家的著作中都可以看到，中国作为人类"模范社会"的观念，在欧洲知识分子的心目中像幻觉一样破灭了，一种强烈反华传统开始发展起来。欧洲经济学家十分担心中国特产的出口使欧洲大量金银流向东方，于是所谓东印度公司想到了用鸦片交换中国产品，发动了鸦片战争。随之而来的西方文化，正是以这一武力掠夺为其目的的。

（2）与唐代不同，清朝之所以允许西方宗教与文化在中国传布，并不是因为中国社会的需要，很大程度上仍是软弱的满清政府在多次战争中失败而迫不得已做出的让步。

（3）中国广大的人民群众迫在眉睫的问题是反侵略、反压迫。民族、国家的存亡是最逼人的严重问题，救国救民是社会各阶层不可回避的历史使命。因此，民族的义愤使广大人民群众难以区分开殖民主义野蛮侵略与伴随而至的先进科学文化，无法认识到西方文化的长处和本民族的需要，反而更强化了小生产方式必然产生的"天国"意识。即使在知识阶层里，大多数人也因民族义愤和传统文化的负担，而不同程度上怀着仇视和鄙视西方文化的心理，无法科学地做出判断和回应。

在这一历史背景下，只有少数先进的知识分子为了救国救民，尽力摆脱各种障蔽，向西方寻求真理，比较冷静地探索着中西文化的冲突问题。当然，这也经历了一个曲折的过程。

首先是"师夷长技以制夷"。由于连连战败，中国人首先看到的是英国"以其船坚炮利而称其强"，"乘风破浪，是其长技"。于是1840年10月，林则徐给道光皇帝的奏折中，最先提出"师敌之长技以制敌"的建议。这一建议经过魏源《海国图志》的系统阐发，形成了一个以"师夷"为手段而达到"制夷"之目的的完整的爱国主义思想体系。这一学习西方船坚炮利的观念虽然肤浅，却毕竟动摇了封闭的中国文化系统。

其次是"中体西用"。中国如何"师夷"？按照什么立场和原则学习西方文化？自19世纪60年代至甲午战争前，从资产阶级改良派冯桂芬、王韬、郑观应、沈寿康、孙家鼐等，到洋务派李鸿章、张之洞等，都把"中学为体，西学为用"作为解决中西文化冲突与结合的理论原则。

冯桂芬在《校邠庐抗议》中早就提出中国"六不如夷"："人无弃材不如夷，地无遗利不如夷，君民不隔不如夷，名实必符不如夷，船坚炮利不如夷，有进无退不如夷。"主张："以中国之伦常名教为原本，辅以诸国富强之术。"这就是"中体西用"之胚胎。

王韬、郑观应以"道""器"关系来说明中西文化之关系。王说："道为本，器为末，器可变，道不可变，庶知所变者富强之权术，非孔孟之常经也。"

1896年，沈、孙先后明确概括出"中体西用"的理论原则。8月，工部尚书孙家鼐在《议复开办京师大学堂折》中主张：大学堂"自应以中学为主，西学为辅；中学为体，西学为用。中学有未备者，以西学补之；中学其先传者，以西学还之。以中学包罗西学，不能以西学凌驾中学"。"中体西用"，便如此首见报刊与奏折。

1898年，张之洞《劝学篇》问世，给"中体西用"以理论形态，虽旨在攻击改良派，但毕竟加速了西学东渐的步伐，使西学各种著作大量传入。

再次是"鼓民力，开民智，新民德"。甲午战败，使中国有识之士猛然觉醒，明白了西方"船坚炮利"的根源不单在于科技发达本身，而且在于政治制度的先进。于是从康、梁到孙中山、黄兴，先后从西方文化中搬来了进化论、天赋人权论和共和国方案，或"以俄大彼得之心为心法，以日本明治之政为政法"，企图仿效日俄，在中国建立君主立宪政体，或努力以美国独立战争和法国大革命为榜样，为建立民主共和国而奔走呼号，浴血奋战。

值得注意的是严复，他兼通古今，融汇中外，是近代史上第一个认真系统全面介绍西方文化，对中外文化做了比较研究的启蒙学者。他在《论世变之亟》中云：

> 尝谓中西事理，其最不同而断乎不可合者，莫大于中之人好古而忽今，西之人力今以胜古；中之人以一治一乱、一盛一衰为天行人事之自然，西之人以日进无疆，既盛不可复衰，既治不可复乱，为学术政化之极则。
>
> ……中国最重三纲，而西人首明平等；中国亲亲，而西人尚贤；中国以孝治天下，而西人以公治天下；中国尊主，而西人隆民；中国贵一道而同风，而西人喜党居而州处；中国多忌讳，而西人众讥评。其于财用也，中国重节流，而西人重开源；中国追淳朴，而西人求欢虞。其接物也，中国美谦屈，而西人务发舒；中国尚节文，而西人乐简易。其于为学也，中国夸多识，而西人尊新知。其于祸灾也，中国委天数，而西人恃人力。[①]

这不满三百字的短文，几乎从历史观、伦理观、政治观、民俗观、学术观和自然观各方面，对中西文化做了有相当力度的比较研究，虽偏于现象罗列，但毕竟比王韬诸人进了一步。他看到政治、科技之后还有一个更重要的文化机制和民族素质问题，因此他主张"以自由为体，以民主为用"——学术自由，政治民主，竭力呼吁"鼓民力，开民智，新民德"，以便找到中西文化交融的结合点。

最后是提倡"民主与科学"的新文化运动。辛亥革命虽然成功了，中华

---

① 《严复集》第一册，中华书局，1986年，第1、3页。

民国建立了，但民国徒有其名而无其实，国家一天天坏下去。于是，人们从中西文化的比较中，进一步"从文化根本上感觉不足"，"觉得社会文化是整套的，要拿旧心理运用新制度，决计不可能，渐渐要求全人格的觉悟"（梁启超《五十年中国进化概论》）。这样，在严复、梁启超"开民智，新民德"的思想基础上，陈独秀、李大钊、鲁迅、胡适等锐敏地看到了文化背景、文化机制同社会改革不可分割的内在联系，举起了"科学与民主"的旗帜，掀起了波澜壮阔的新文化运动，努力用西方的新文化、新道德、新思想、新观念，来彻底批判中国旧文化、旧道德、旧思想、旧观念，以期唤起多数国民"伦理的觉悟"，进行"国民性改造"，以求建立一个真正的"共和立宪"政府。

在新文化运动中，先进的中国知识分子深刻地剖析了中西文化冲突的实质，清楚地觉察到中国传统的以纲常名教、等级制度为中心的伦理政治，同西方以"自由、平等、独立之说为大原"的道德政治，乃水火不容。于是，随着这一运动的发展，出现了彻底否定中国文化传统的"全盘西化"论和坚决拒绝西方文化的"整理国故"论，又引起了30年代的"东西文化论战"。最后，由李大钊、瞿秋白等人对新文化运动做了比较科学的总结，他们从东西双重文化的危机中寻找新路。

然而，由于救国救民、反帝反封建的历史任务始终是当务之急，因此，中西文化问题一直未得到科学解决，这就是今天中国学者仍然要思考这个问题的历史根据。

三、今日中西文化研究的新旨趣

今日的中国学者之所以对中西文化进行重新研讨，固然是历史遗留下来的旧任务，但中国学者的现代思考，却有历史赋予的新旨趣。

（一）世界走向中国，中国走向世界

中国学者首先清楚地意识到，与先辈相比，我们是在完全不同的历史条件下重新面对同一问题。先辈是在西方殖民主义者的炮火打进中国的形势下，

面临最紧迫的救国问题，带着强烈的民族主义色彩，开始匆忙地解决中西文化问题，因而极少有人能平心静气地、科学地在总结本土文化的基础上，去观察、体验、充分认识西方文化的价值。这不能不容纳相当多的保守成分，不能不发生"全盘西化"或"保存国粹"那样的偏颇。今天我们是在"世界走向中国，中国走向世界"的形势下，主动打开大门，迎接西方文化进来，全社会都强烈要求现代化。这是千载难逢的机运，在世界上具有不寻常的意义，表现了全民族的觉醒。所以，这是对中西文化问题更加理智的思考，是历史发展的必然。

（二）知识群体的自我觉醒

十年来，中西文化在中国大地上的冲突和交融，其进程颇似中国近代百年间中西文化冲突历史的重演，但从中国学者所思考的问题看，却表现出新的自我觉醒。他们通过总结历史经验，旨在确立一种比较自觉的、健全的中西文化观，即对两个文化系统均采取分析态度，既看到各自的积极面，又看到各自的消极面，绝不重犯历史上的盲目性错误。同时，又充分估计到在吸收、阐扬任何一个大文化体系的积极面时，会同时带来消极面，但绝不会因必然带来消极面而拒绝、排斥、否定其本身在中国存在的合理性。中国学者更加清醒地觉察到，吸收外来文化如同一个人吃饭进食一样，目的是吸收有益于身体的营养，但绝不能像莎士比亚笔下的夏洛克那样，妄想得到不带一滴血的纯粹的一磅肉。正因为中国学者开始树立起健全的中西文化观，所以在近年几次不大不小的"波折"中，才表现得那样清醒和自觉。这种知识群体的觉醒，为中西文化的科学结合提供了可能。

（三）增强文化交流，活跃中国文化生机，提高民族创造力

中国学者对中西文化现代思考的根本目标，既不是否定中国文化传统而把"西化"当作"现代化"，也不是发思古之幽情而抵制西方文化，而是要从西方文化中吸取新鲜血液，以改造、重构中国传统文化，增强它的活力，提高中华民族的创造力，推进整个人类文化的发展。中国人的聪明才智，不亚于

世界任何民族。美国著名专栏作家艾尔索普说过一句名言："中国人只要得到一半的机会，就会创造出伟大的奇迹。"然而，由于各种历史的原因和政治的波折，中国失掉过不止一次的良机。和任何一个民族一样，有过自己光荣的时期，也度过了一些倒霉的年代，曾经长期处于世界文明的前列，但近三百年却落后于世界。今日自知落后，发愤为雄，仍不失一个伟大的民族，仍然能为人类创造出新的业绩。正是为了这一目标，中国学者正在重新思考中西文化问题，正在重新学习、研究欧美、东欧和东亚"四小龙"奔向现代化的历史经验。

1986年3月稿于新加坡东亚哲学研究所。

原载新加坡《亚洲文化》1986年第8期，后修改以《中西文化冲突的历史反思》为题刊载于《文星》（台湾）1987年卷106。

中国文化研究与文化反思平议[*]

一、理论方法

如何看待近年来中国学术界的"文化研究热"与海外学术界的"中国学（汉学）研究热"的问题，其实就是当前人们普遍关注的关于中国文化传统与现代化的发展前景问题。

从20世纪以来的世界哲学研究发展趋向看，现在确实出现了一个十分有趣的"中西双向互转"现象。这就是在中西思想文化不断冲突与融合中，当中国人越来越不满足于自己几千年来所习惯的那种"天人合一""体用不二"的直觉、内省、体验式传统思维，而倾心于引进运用西方"科学""理性"的辩证逻辑思维模式时，西方同中国一样，也经历了近百年的自身反省，却从自己习用的科学抽象、建构严密理论体系的"逻辑"思考，转向对"现象""潜意识""言不尽意""存在与本质"不定性的探讨，其研究取向也从人的外部世界转向人的"自我意识"。你看，这的确不单是中国传统思维形式向西方"逻辑"思维形式的单向转向，而是中西方哲学思维形式的双向互转。

那么，造成这一"互转"现象的根本原因是什么？这是需要进行具体分

---

* 本篇是笔者1988年9月应邀在南京大学"中西文化研讨班"上所做的演讲记录整理稿。

析、个案研究，才能得出结论的。哲学思维形式作为文化深层的积淀，同社会心理结构一样，其格局、方向变化的原因是极其复杂的。从外部看，自然有近两年常说的"西学东渐"或"中学西渐"这种中西文化相互交流与影响的原因，但也有其非常复杂的情况。人们怀疑新加坡推行儒家伦理是受中国儒家文化的影响问题，也同样如"西学东渐"或"中学西渐"中的各种复杂情形，亦应做具体分析。我在下篇《儒家伦理与新加坡精神——对新加坡推行儒家伦理的文化考察》中已做过专案解析，这里不再重复。现在我要强调说明的是，观察任何一个地区的文化演化现象时，不能只看它所受到的外部影响，更应着眼于探讨在外部影响下其自身内部的因果关系、文化价值系统，以及不同社会中独立发生的文化变迁过程及其规律。

我在新加坡曾拜读美国人类学家斯图尔德（Julian H. Steward，1902—1972）写的一部文化学名著《文化变迁的理论》。该书开宗明义指出：

> 人类学在社会科学中能够独树一帜，大致是因为人类学用一种历史的与比较的研究途径来研究文化。其目标有二：描述世界上的各个不同文化，与解释不同文化的发展。

他认为，描述性的民族学已积累了大量不同人群之风俗习惯的资料，而考古学与历史学共同重建了这些习俗资料在时间、空间上的出现。但是关于什么才算是最适切的对文化的"解释"，"这基本上涉及对文化发展之本质的不同观点，而这些不同观点反过来也表示看待文化事实的不同方式"，这本是文化人类学所担负的任务，但至今还是众说纷纭。无论19世纪的摩尔根、泰勒，还是当代的柴尔德、怀特等文化学家，都试图以"大体相似的阶段论述文化的发展过程"，但斯图尔德的目标却是"寻求文化变迁的原因"。

斯图尔德对人类学的最大贡献是，他不仅指出了生产活动这个领域值得做系统的深入研究，建立了文化生态学，而且创立了一套文化生态研究法。我在这里之所以提及他的《文化变迁的理论》，不是要全面介绍他的理论，而是为了强调说明他的一个重要方法论，这就是"多线演化"论，它有似于我们常用的马克思术语："多元论"或"多源观"。这一理论高明之处在于：它从世界文化着眼，肯定跨文化比较研究的可行性，并以比较法所建立的"文化类型"为基础，认为"若干基本的文化类型在相同状况下会以相同的方式发展，但文化的各项具体层面之中几乎没有一样会以一规律的序列出现于所有的人类群体"。它的兴趣在于探讨每一个别的文化，它承认不同地区的文化传统可能具有完全的或局部的独特性，它只过问某些文化之间是否存在某种真正的或有意义的类似之处，以及这些类似之处是否可以归结出来，但其目的绝不是要从"地方性差异"或这些"类似之处"的发现，而将参考构架由特殊性转为一般性。斯图尔德这一"多线演化"的方法论原则，恰恰是我们在"文化研究热"中常常忽略的重要方面。无论是主张"抛弃传统""彻底重建"，还是主张"回归原典""复兴儒学"，或者是"坎坷启蒙""冲突融合""中体西用"等等新说旧说，都还没能把注意力真正从探讨文化外部的功能性关系，转移到揭示文化内部的因果性规律。

那么，这同我们文化研究的理论准备不足有关系，还是研究方法不当？

当然首先是理论准备不足。研究方法不当，正表明我们缺少文化理论指导。现实总是走在理论的前面。十年来，中国社会发生了巨大的变革，改革开放首先引起了社会各阶层、各集团和个人之间的利害冲撞，从而震动了全社会的传统心理结构，使各种根深蒂固的传统观念、价值系统、审美情趣、利益原则，都面临着"危机"和"崩溃"的征兆。于是，中国哲学界率先提出了"中国传统文化与现代化"的问题。自1984年起，全国举行了各种文化研讨会，短短两三年，便酿成了1986年以来的"文化研究热"。1986年春季，我在新加坡应亚洲学会等五个学术团体之邀，为其年会做过一次学术讲演，原题是"中国学者的现代思考：中国文化传统与现代化问题"，我的目的是着重向海外学人介绍国内学术研究的最新取向，但首先分析了形成"文化热"的根源，记得其中说道："这个问题之所以会在近年引起中国学术界新的理论热忱和哲学思考，并不是偶然的一时激情造成的，而是在新的历史转机和民族觉醒下逐渐酿成的，目前正向更加深沉而更富有理性的阶段深入发展。"①今天，我仍然认为我的这个估计是正确的，基本上符合这两年的研究状况。

现在，我们到处都可以看到各种各样有关文化研究的论著。尤其可喜的是青年学者的成果最丰，或者翻译引进，或者自立新说，其中的确不乏有心之作。但是，也必须看到在商品经济的杠杆作用下，目前的文化研究成果中，确实有不少粗制的商品化的东西。别的不论，我这里主要觉察到的是，历史转机诚然已引起了学人文化研究的热忱，但文化理论修养的先天不足，却使学人的文化研究遇到了新的困惑，面对中国社会心理的激荡、西方思想文化的挑战，却因缺少新的理论构架而难以做出应有的积极回应。虽然已翻译了不少文化学著作，但重要的名著要真正消化、理解还需要一个过程。

二、价值系统

我们怎样才能对西方思想文化的挑战和中国社会心理的激荡做出积极的回应呢？我认为，在积极补习我们一直非常薄弱的人类学、社会学、民俗学等学科以加强文化理论训练的同时，必须引导、推进全民族深入理智地进行两个历史反思，既要对传统文化做整体的历史反思，也要对自"十月革命一声炮响"给我们送来的"马列主义"做整体的历史反思。

最近我看到过不少学者所写的诸如《对中国传统思维形式的反思》《中国社会主义实践的回顾》和《当代新儒家思想批评的回顾与检讨》等反思中西文化的文章，他们的历史反思进行得深入且富有理性。虽说在近几年的"文化研究热"中，时有不少好的研究论著见诸书市报端，但总的来说，我们的研究尚无根本的突破，甚至还未超出30年代对中西文化辨差异、评优劣的范围与高度，我们仍有可能重蹈近代史上每次变革均以西方文化清算东方文化为始终的简单化的覆辙。这里的关键在于，要真正把握中国文化自成的一套独特系统，深入认识中国文化不同于西方文化的深层心理结构、思维方式及西方文化不可

---

① 参看前篇《中国文化传统与现代化问题》。

替代的价值特征。

记得这两年我在西安、南京、武汉、上海、杭州等地的学术讲演与文化座谈中，都接受到这样的提问：这么多年了，难道我们还没有清醒地认识到中西文化各有不同的独特系统吗？我肯定地回答：这是全民族的觉醒程度问题，首先还是知识分子独立人格和社会批判意识是否真正建立的问题。在海外，我们可以清楚地看到，知识分子作为"社会的良心"的确是一个以某种知识技能为专业的相对独立的阶层，他们把自己从事的学术工作视为"上帝"赐予他们的神圣天职，很少受到政治风浪的干扰，他们本人及家庭大多无"温饱"的担忧；而西方社会也把他们看作人类最基本的"理性""自由""平等""博爱""公平"等价值取向的捍卫者，所以，他们可以根据这些基本价值取向而不断努力使其实现。因此，有人称西方知识分子这种独立人格和批判意识是一种"宗教承当"的精神。事实上，自牛顿至爱因斯坦等一些科学家，至少都接受了这样一个基本信念："上帝"创造的宇宙是有法则的，而人的职责则是运用"理性"去发现宇宙的法则。这表明西方有着独特的基督教文化传统，西方的知识分子在这种文化环境中，自欧洲宗教改革和科学革命以来，经过自觉的历史反思和对宗教传统观念的不断重新解释，至少不再把"上帝"与"理性"、"宗教"与"科学"这两对最高的价值观念理解为相互对立的东西，而且从中开出了新方向，使它成为西方现代化的精神源泉。我曾好奇地去教堂看一些教授学者做"礼拜"，也同一些学者去听"布道会"，我发现他们头脑中并没有"传统"与"现代化"的对立，或"传统"因"现代化"的实现而崩溃的观念。尽管，他们也明显觉察到西方传统的价值系统在今天面临严重危机，试图从东方文化中寻找补救；不少哲学家也明显觉察到自欧美分析哲学一代一代发展，"存在主义"者一代一代各种努力，自身仍无法挽救西方哲学思维遇到的困境，整个"后现代主义"思潮早有转向东渐的现象；不独东西方哲学，东西方文学、宗教、美术的比较研究也因此而非常时兴。但这些转向，丝毫不意味整个西方文化独特的价值系统发生了变化。

尤其值得注意的是，一些著名学者如美国的陈荣捷、余英时，我国港台地区的钱穆、牟宗三、唐君毅、徐复观等，他们在比较稳定的学术环境和生活条件下，比照中西方文化，著书立说，每人都有相当可观的鸿篇巨制在世流传。这是他们四顾苍茫，冷静沉思，对中国传统文化迭经反思的结果。面对西方汉学对中国文化了解之偏浅，面对华人对中国文化发展前途的忧虑，张君劢、唐君毅、牟宗三、徐复观经过近一年的"反省检讨"，共同商定于1958年元旦正式发表《中国文化与世界》的郑重"宣言"，陈述了他们"对中国学术研究及中国文化与世界文化前途之共同认识"。"首先恳求：中国与世界人士研究中国学术文化者，须肯定承认中国文化之活的生命之存在"，并要求人们不能只用了解西方思想文化之态度来了解中国文化。他们还一再指出，诚然中国文化传统面临现代化的变革必须有所调整与适应，甚至在某些方面还必须有点"西化"，但就整体而言，中国文化深层的价值系统是经得起现代化以至"现代以后"（Postmodern）的挑战而不致失去它的存在根据的。我认为这些说法是很有道理的，因为有港台现代化的历史实践做证。

1987年2月，我在新加坡听过杨振宁教授的演讲。他说，他个人的道路、观念和作风，是受到东方传统影响的。虽然他在美国已住了四十多年，对西方的做人方法也有了解并受到影响，但他处世做人，仍旧是从自己成长过程中所获得的价值观念出发。在东西文化传统的比较了解中，他对自己的传统又增加了更深一层的认识，对自己原来的优点有了更多的认识。他说：

> 有些人在中西文化的冲击下而产生不谐调和冲突，我也许是比较幸运的，在这种冲击下，我一切还觉得很好。这大概和我学习科学的经验相像，中国人研究科学的价值观和西方人不一样的，而我把两者最好的部分都拥有了，这是很占便宜的。[1]

记得他还举日本为例说，日本战后在工业化过程里，吸收了很多西方的观念、技术和体制，甚至把英文也纳入自己的语言文字中。日本老一辈的人都曾抱怨日本变得太快了，如此下去，老一辈都会变成文盲。但是日本的风俗、习惯和

---

[1] 参看新加坡《联合早报》1987年2月2日。

传统文化却仍然受到很好的保护和重视。这表明不仅中国文化，就是今天的日本文化、西方文化、希伯来文化、伊斯兰文化、印度文化等各大文化系统都经历过多次变迁，但其深层的社会心理结构、价值系统核心，至今仍充满着活力，仍是各大地区和国家现代发展的精神源泉。所以，对海外华裔学人的中国文化反思，绝不能单用"寻根意识""恋故情怀"做浮面了解，必须看到，他们的如上观点，主要是在"世界意识"支配下理性思考的结果。

三、社会承担

照这样说来，是不是其中也有一个方法论问题，就是说海外学者多从传统与现代转承的统一性上着眼，而中国大陆学者总是在传统与现代化的对立性上绕圈子。这到底是何原因？

这看起来是个方法论问题，其实还是同中国知识分子"天下兴亡，匹夫有责"的政治关怀的传统文化精神直接相关。远的不说，自五四新文化运动到"四五"反"四人帮"运动，直至今日中国现代化改革所带来的文化研究热潮，有"社会良心"的中国知识分子始终关切着国家大事。他们忧国忧民、救国救民的政治热忱，往往高于他们对社会变革所做的理性思考。何况急速的政治运动，只求温饱的生活条件，也实在不允许他们找到平静宽松的环境去做冷静深沉的历史反思。这也可以说是中国知识分子的优点和长处。但正是这样的"优点"和"长处"，使他们一直没有机会对中国传统文化进行有系统、有意识的现代清理，结果总是在情绪的困扰下，不是主张"现代化"而抛弃"文化传统"，便是维护"文化传统"而抗拒"现代化"，始终无法摆脱这种"非此即彼"的两难局面。

现在，改革开放的现实、西方文化的挑战，迫切需要中国知识分子代表全民族清醒地反思传统，总结历史经验，调适国民心态。然而，由于种种客观的或主观的、历史的或现实的原因，改革的急流震撼了整个知识群体的心灵，也使少数人滋生了争权谋官、唯利是图、虚张名声的"官僚化""政治化""商品化"倾向，更使一部分中老知识分子深感自己开始失落到新的"知识越多越无用""卅年寒窗苦，不如个体户"的"贫困"境地。加之"小生产王国"里成长起来的国民，对"现代化"复杂性的理解往往带有难以避免的先天幼稚病，时而心情急切、浮躁、狂热，时而情绪消极、失望、悲观，这必然导致人们产生"今朝有酒今朝醉""手里有权赶紧用"等急功近利的变异心态。这种社会心灵环境，怎能不使少数知识分子人格异化，怎能不直接影响新一代知识学人的素质和"社会良心"，怎能不使知识群体重新陷入新的情绪纠结之中，而实在难以对"传统与现代化"的冲突做出理性思考？

我认为，当代中国知识分子既要密切关注中国大地上每天发生的"物质运动"所引起的社会心理变化，同时又应超脱于现实的"政治情结"之外，更要注重唤起民众对几千年的文化传统进行整体的、理智的历史反思。首先要平心静气地反思一下我们六七十年所接受的"马列主义"文化传统。看看我们中国的马列主义前辈，从李大钊到毛泽东，在解释、"格义"这一西方文化使其"同中国实际相结合"时，是否有失真之处、附加成分或遗漏之精粹，比如关于人、自由、知识分子、科学技术、商品经济、资本主义、社会主义等等理论。然后仔细想想，我们当前所说的那些不适应现代化的传统观念，究竟是属于古老中国的独特文化系统，还是中国新近接受、重释使之"中国化"的西方文化系统（包括马列主义文化系统）。比如"穷光荣""富则修"的价值观念，既不是中国传统文化的价值系统，也不是德国、苏联马列主义的价值系统，而是由于长期革命战争所形成的"革命传统"中的价值取向，其实也是现代中国这个文化主体附加给马列主义的东西。因此，我们不可笼统地、简单化地谈论"传统"与"现代化"的冲突。

与此同时，我们要审慎小心地反思中国几千年的传统文化。毫无疑问，中国传统文化是以儒家思想为主流的文化，难免会带有意识形态的外壳，但问题的复杂性，正是在这一封建意识形态的外壳里，却包含着中华民族智慧的结晶。往日知识学人或因"迫在眉睫"的"救国救民"运动，或因"反修防修"的"社教运动""文化大革命"，都未能从学术的、文化学的角度对这一智慧结晶做出科学的理论清理，以己之昏昏，怎能让世人明白中国文化的真实价值呢？因此，清理传统文化，进行现代诠释，重构中国特色的中国现代新文化，就是我们今后几代人的历史任务和现代使命。这是一项非常艰巨复杂的理论研究工作，要不断提高理论修养，也要提倡务实的科学精神。只有这样，才能使知识群体不断自我完善人格，也才能唤起全民族的不断觉醒，真正认识到自己国家的过去、现在与未来，从而产生"危机"意识，发奋图强。

1988年春节稿于陕西师大6楼家。

原载上海《书林》1989年第4期，1991年修改于德国特里尔。

儒家伦理与新加坡精神

——对新加坡推行儒家伦理的文化考察

近几年来，国际学人从对韦伯（Max Weber）关于"新教伦理与资本主义精神"的理论探讨中，把中国儒家文化传统与现代化的关系问题正式提到了国际学术研究的议程，"儒家伦理与工业东亚的现代化"已成为当前海内外中国文化研究的热门课题。新加坡可说是当今世界上独一无二的在政府领导下有组织、有计划地向全社会推行儒家伦理教育的现代化国家，它自然成了各派学人在探索这一课题时所共同援引的例证。人们最感兴趣的问题首先是，现代化的新加坡为何要推行儒家伦理。我因1986至1987年曾应邀在新加坡东亚哲学研究所做儒学研究，便中对此略有考察，获益良多。

一、立国心态

人们都知道，亚洲文化发展史上曾出现以汉文字为主要传播手段的东亚文化圈，新加坡、韩国、日本和中国台湾、香港便是近代以来这一文化圈内最活跃的地区。远自李朝（14世纪）以后的朝鲜、德川幕府（17世纪）以后的日本，都不同程度地受到过中国儒家传统的影响，这乃毋庸置疑的史实，但是长期并未引起学界的特别关注。随着日本战后的经济起飞，新加坡、韩国和中国台湾、香港在经济上也取得了惊人的成就。它们成了近三十年来世界现代化最迅速的东亚"五龙"，被人称作"工业东亚"。经济成长的特殊经验，使不少社会学家、经济学家和思想史家开始注意到儒家伦理的积极功用。美国哈佛大学社会学及国际事务讲座教授傅高义（E. Vogel）甚至认为："儒学原是传统旧社会的维护者，但它却在适应现代社会变迁下，变成日本和东亚四小龙改革社会和促进经济的一股重要动力。"①所以，他把工业东亚又称为"后期儒家文化的地区"（H. Kahn，R. MacFarquhar）②，而把新加坡视为在这一地区中成功地推行儒家伦理的典范。

这种价值判断是否符合历史真实，让我们还是从新加坡的建国宗旨说起吧。

凡是去过新加坡的人，大概都曾到旅游胜地圣淘沙岛上去观赏"星洲"风光。但您可注意到，这里有一座以蜡像为主体的新加坡历史博物馆，门口刻有十分醒目的李光耀总理多年前的一句名言："生存（Survival）安全（Security）成功（Success）。"只要分析一下这三个"S"，我们不仅可以了解到新加坡在建国创业过程中独有的艰难险阻，还能真正明白新加坡政府的各种忧患，以及举国上下基于忧患而形成的社会文化心理结构。

首先，新加坡是一个历史短、面积小的岛国。若从1819年英人莱佛士（Raffles）登陆算起，开埠至今只有一百七十个年头；而到1965年从马来西亚联邦独立出来，其建国的历史仅有二十三年光景。加之，地理位置特殊，位于马来半岛的南端，北有马来西亚，南有印度尼西亚，对它形成包围、夹击之势。它其实只是在夹缝中生存，面积仅有六百余平方公里的一个大岛。疆域之小，限制了天然资源，除了有充足的阳光和空气外，连饮水都得向邻国添购，更何况不可缺少的农产品。因此，如何"生存"下去，就是新加坡立国的第一大问题。

其次，新加坡是一个多民族、多宗教的多元社会。除了占总人口（250多万）70%多的华人外，还有马来人、印度人以及其他种族的欧亚人士。他们各自有其不同的宗教信仰，诸如基督教、天主教、伊斯兰教、佛教等，又各自使用着不同的语言媒介，如华语、马来语、印度语等，这便构成了这个社会潜在

---

① 新加坡《联合早报》1987年1月8日。
② 香港《九州学刊》第1卷第1期。

的冲突。加之，这里曾长期是英国的殖民地，40年代又受过日本帝国主义的统治和奴役，五六十年代还接受过中国革命输出的极左政治影响，社会各层人士自有不同的政治倾向。因此，只有维持全社会各族人民的安定和睦，国家才得以生存。

然而，种族关系、宗教关系始终是这个国家最敏感的问题。华人虽占据绝大多数，但在东南亚，华人通常被视为从外地移民过去的少数民族。尽管华人已在当地生根，为新加坡的现代化建设做出了巨大贡献，但在本土人的眼里仍然是"异族"，他们之间戒惧排挤的心理难以消除。在这种多元社会立国的新加坡，自然便产生了"如临深渊，如履薄冰"的忧患意识，以及只能"成功"、不敢失误的刻苦敬业精神。至今我们依然会深深感受到，新加坡人一方面为他们已经取得的惊人成就而自豪，一方面又不免为潜在的危机和未来的发展而担忧。无论是国家领袖、知识精英，还是工商小贩、职员、学生，都非常清楚地意识到自己国家生存发展的最大凭借还是人力资源，需要使有限的人口素质和品格提升再提升。每个人不但要有丰富的知识、精熟的技能，同时还需要有较高的涵养。日日夜夜的工商贸易风险，更要求人们要有自我节制、自我调整的能力，不能陷于情绪、私欲以及各种个人意气之中，要时时冷静地面对现实，周密地思考，独立地判断，实事求是，灵活应变，尽心竭力，精益求精。身处中华文化、本土文化和殖民地西方文化冲突的多元社会，新加坡人更需要有开阔的胸襟、远大的眼光，彼此尊重，相互容忍，培养智慧，建立共识，以会通不同文化传统。所有这一切有关人格的价值取向，正表现了华人移民所特有的追求"安身立命"的生命意识。这正是新加坡能够推行儒家伦理的历史文化根据。

二、认同危机

这里特别需要说明的是，新加坡立国之初，固然就有推行儒家伦理的社会文化心理之需求，但它最迫切的问题还不是道德伦理建设，而是如何组成一个强有力的高效能的廉洁的政府，以带领全体国民进行现代化建设。只有在实现现代化之后，它固有的忧患意识，才导致了它提倡儒家伦理的实际行动。

任何国家的现代化，都必然会引起全社会的急剧变迁。新加坡自1960年开始推行工业化政策以来，整个70年代，同韩国和中国台湾、香港等地一样，都经历了急速的社会变革，影响最大的莫过于工业化和都市化这两大过程。

先说工业化过程。根据1860年中英《北京条约》的规定，华人可以自由移居英属殖民地，新加坡的华族移民因而与日俱增，到1901年便达到总人口的71.8%，基本与今天的华人比例相当。这些华人绝大多数是来自福建、广东工农子弟出身的"苦力"，他们同本土人民一样，多数从事农耕、渔业，经商者极少。19世纪以后，随着新加坡天然自由的海港地位不断提高，转口贸易蒸蒸日上，华商随之开始扮演起决定新加坡发展方向的角色。尤其经五六十年代李光耀领导的人民行动党消除了政治风潮与种族冲突的危机之后，接受英国式的西方民主政制，建立了具有东方特色的、掌握现代科技而富有进取精神的共和国政府，大量引进西方的现代化经营管理经验及高科技与人才，全面推行工业化政策。铲平了山岭，填平了沼泽，迫使一个个农村、鸡场相继破产转行，成为工业区。弹指二十年间，新加坡便跻身东亚"新兴工业国"（Newly Industrialized Countries）行列，平均国民所得为亚洲第二，仅次于日本。

工业化政策的实施，使社会进入现代化，这是新加坡完成"第一次长征"的巨大胜利。[①]同时，正因为工业化，新加坡面临了新的困扰。这主要表现为，工业化使社会经济生产结构发生变化，原来家庭集体的经济生产功能大大削弱，个人相对于家庭的独立性得到提高，尤其女士的就业机会增加，导致社会价值观蜕变，出现了更加理性化以及极端个人主义的倾向。结果，人文价值被忽略，人际关系转为冷漠而功利，个人利益变得高于家庭、社会利益，社会凝聚力受到了破坏。这怎能不使新加坡领导人不断地向社会发出种种"危机"的呼唤，要"人们不能够太过迅速地改变他们的文化。一个人改变得太突然，他可能要面对不良的后果"。1986年12月16日，李光耀总理接受《纽约时报》驻曼谷办事处主任克罗西特专访时，曾忠恳地告诫国人：

---

① 《第一副总理吴作栋在南洋理工学院的演讲》，载新加坡《联合早报》1986年8月5日。

> 回顾过去三十年，促使新加坡成功的其中一股推动力是：大多数的人民，把社会利益的重要性放在个人利益之上。这也是儒家思想的基本概念，社会是比个人更为重要，家庭是最重要的单位，把所有的家庭组合起来就形成一个社会。人们都愿意为共同的利益而牺牲个人的利益，这意味着有一股社会凝聚力使我们得以避免卷入工业斗争中。工业斗争使得许多国家感到困扰，特别是一些发展中国家，在分配成果之前，就先发生冲突。当你了解到大家各尽自己的能力一起去解决问题这个道理时，所强调的就是群体利益和妥协。①

显然，这不单是对工业化之后"世风日下""人心不古"的消极哀叹，而且表明了新加坡政府对工业化给东方传统的价值体系所带来的"危机"与变革，已开始具有十分清醒的自觉意识。

再说都市化过程。自60年代初，随着工业化政策的实施，为了振兴建筑业，更为了解决因农业破产、乡村解体而出现的严重住房困难，新加坡政府及时成立了"建房发展局"，大兴土木，尽力投资建设国民组屋。至1980年前后，已是组屋林立，绿茵盖地，成了世界著名的"花园城市"国家，84%的人口迁入政府组屋，屋荒已经解决。然而，都市化的趋势，一则造成了人口的流动，传统的同乡人聚居的习惯被破坏，人际关系变得淡薄而具有契约性；二则改变了家庭生活形态，三代同堂的大家庭解体，一个个现代化家庭成了基本的社会单位，小的商业公司往往为一个家庭所经营。据说，政府以为这样做有利于培育独立的新加坡意识，但其结果，固然传统的宗乡会意识日渐淡漠，而以孝道为核心的家庭伦理也随之动摇，更加突出的是"单身父母"家庭越来越多，直接关系到新加坡的前途和命运。

婚姻生育问题，确实变成新加坡政府近年最关切的民生大计。原因非常简单，为了工业化而不能不都市化，为了谋求经济起飞而不能不依赖引进西方科技，从而不得不面对西方价值观与风尚的入侵流行。一方面是社会下层犯罪、

---

① 新加坡《联合早报》1987年1月8日。

嗜毒、色情、"人妖"日趋严重，造成了道德危机；另一方面是社会上层，特别是知识阶层，如同西方一样，许多大学毕业的女士都把事业看得比结婚生子更重要，而许多父母对子女一视同仁，又都寄希望于自己的女儿同男子一样出国或在国内受到高等教育。但每个男子按规定通常在高中毕业后都要先去服兵役，这便导致新加坡的女大学生数目实际比男的多。十分有趣的是，不论男女，都没有改变东方传统的价值观念，往往是男子向"下"（低于自己学历）追，而女子向"上"（高于自己学历）找，结果，便合乎逻辑地出现了近几年越来越多的受过高等教育的女士不愿嫁或嫁不出，而越来越多的未受过高等教育的男子找不到或不愿找的"单身父母"家庭。据统计，约有39%的大学毕业的女士可能会独身到老，38%的无任何学历的男子也无法避免同样的命运。1986年12月12日，李光耀总理在新加坡国立大学对学生的演讲中还明确指出，新加坡每年已欠缺一万五千多名初生婴儿，人口下降率以华人最为严重。这对一个只有250多万人口的年轻国家来说，是多么严重的生育危机啊！

无论是生育危机还是道德危机，其实都是因为东方传统的价值体系随着现代化的失落而必然形成的文化认同危机。正如李光耀总理所说：

> 在过去二十多年里，我们转用英文，我们更换学校的课程、教科书，而随着这个改变，西方的哲理已灌输入孩童的脑海里。他们阅读越来越多的美国杂志或是英国教科书，这些课本灌输对个人权利的信仰。这种概念在提倡儒家思想的社会里是不被接受的。我想假若我们偏离儒家思想而朝向个人主义的道路发展，我们就会变成另一种社会，我不能肯定它最终对我们是有利的。①

因此，随着现代化的实现，新加坡越来越比较自觉地推行起儒家伦理教育运动。

---

① 新加坡《联合早报》1987年1月8日。

三、文化再生

新加坡推行的儒家伦理教育，是由国家政府领导的有组织有计划的自觉行动。究其实质，乃是为了重构新加坡精神，也是东西方文化冲突中必然产生的新加坡文化再生运动。

1977年，新加坡开始策划教育改革。3月，第一副总理兼教育部长吴庆瑞主持的教育报告书（"吴氏报告书"）正式公布，其中提出了道德教育的建议。9月，教育部便公布了一份《道德教育报告书》，提出了道德教育改革方案。同时，李光耀总理亲自主持揭开了"讲华语"（即推广普通话）运动。第一次全国礼貌月运动、敬老周运动，也从这一年开始。这些都是正式推行儒家伦理教育的前奏。

1982年，教育部郑重宣布，自1984年起，中三、中四学生必须选修一门包括"儒家伦理"课在内的宗教课程。6月，吴庆瑞率代表团访美，专门请教华裔儒学研究专家。7月至9月，余英时、杜维明等八位学者应邀到新加坡讲学，并参与政府共同具体策划部署了推行儒家伦理教育的组织工作。

1983年1月，成立了新加坡东亚哲学研究所，由第一副总理吴庆瑞直接领导，确立以研究儒学为中心，并开始有计划地招聘世界各国儒学研究专家赴新做研究工作，力图将研究所办成"国际儒学研究中心"。3月，正式成立了"儒家伦理课程编写组"，在教育部课程发展署领导之下，决定开始抽调全国精英，与研究所专家学者相互配合，逐步编写出供中学使用的《儒家伦理课本》以及有关辅助读本。

1985年，儒学研究会、亚洲研究会、南洋学会、新社等学术团体相继产生。与中华总商会、宗乡会馆联合会等相互合作，开展了各类学术活动，使儒家伦理教育运动从学校走向社会，从政府走向民间。

尤其是最近两年，不仅完善了华、英文儒家伦理课程的整套教材，对所有中学任课教师连续七届开设诸如"中国历史与儒家思想""新加坡社会史与儒家文化""日本史与儒家学说""儒家伦理课程纲要与教学法"等课程，进行了系统训练；而且，于1986年1月单独主办了以"儒家伦理与工业东亚的现代化"为题的国际研讨会，于1987年9月与中国孔子基金会在曲阜联合召开了以"儒学及其演变与影响"为题的儒学国际会议，1988年8、9月间还将单独主办以"儒学发展的问题与前景"为题的小型国际学术讨论会。这表明新加坡推行的儒家伦理教育，已变成国际学人非常感兴趣的重要学术问题。所谓"当代新儒学就在新加坡""儒学是推动工业东亚现代化的一股重要动力"，便是这些学术会上争论的热点。

这里且不说如是说法是否正确，作为学术问题，自然还需要继续深入探讨。但仅从上述儒家伦理教育的实际进程中，我们便可以初步明白：

（1）新加坡推行的之所以是"儒家伦理"教育，而不是笼统地"复兴儒学"，这固然如前所说，是拯救工业化、都市化之后社会道德危机与家庭人伦危机的需要，但的确也是新加坡人在东西文化冲突中，对传统的儒家文化进行反思与选择的结果。

早在1985年元旦，张君劢、唐君毅、牟宗三、徐复观等四位海外知名学者在台湾《民主评论》及《再生》上同时发表了一篇宣言：《中国文化与世界——我们对中国学术研究及中国文化与世界文化前途之共同认识》，他们批评了西方汉学对中国传统文化了解之偏浅，呼吁要重新认识中国儒家的心性之学。此时，牟宗三还提出了儒学"三期说"，认为儒学已经历"先秦儒学""宋明儒学"而发展到现在的"当代新儒学"。随后，在60年代，美国加州大学的列文森发表《中国儒学的现代命运》，认为由于西方文化的撞击，儒学到20世纪初早已被埋葬，今天自然更无生命力可言。针对列文森所代表的当时美国这一流行说法，自70年代至今，杜维明便致力于"当代新儒学"的探讨。他除将牟宗三的"三期说"广布天下，更重要的是将儒学分成两个层面：一是作为官方封建意识形态的"孔孟之道"，一是代表中华民族优良传统的文化精神。前者集中表现在那些为了做官发财的"政治儒"身上，后者则以那些无意仕途、只求完善自己人格的"学术儒"为代表。熊十力、梁漱溟、牟宗三、唐君毅、徐复观等，就是以追求理想人格为求学方式的五位"当代新儒家"，而一直影响着工业东亚诸国走向现代化的那种"敬业乐群"的儒家伦理，也就是儒学所代表的真正有价值的中华文化精神。

新加坡政府基本接受了这种观点，从反思华人文化传统中，选择了儒家伦理作为向国民实行道德教育的主要内容。其颁发的《儒家伦理课本》，不外是对儒家有关道德修养和人伦关系两个方面的思想进行了现代诠释。新加坡副总理王鼎昌在1987年儒学国际学术讨论会开幕典礼的演讲中，特别强调说明他个人对儒学有两点认识，其一认为"儒学所重视的道德修养，是导致社会安定、天下太平的重要条件"，其二认为"儒家思想以人为本位，非常重视人际关系的融洽"，在今天仍有现实意义。这正表明了新加坡所要重构的"儒家伦理"，其实就是当今海外一些学者所谓的那种扬弃了官方封建意识的"民间儒家伦理""世俗化的儒家伦理"，亦即"第三期"的"当代新儒学"之主要旨趣。

（2）新加坡之所以会形成自上而下的儒家伦理教育运动，不单是政府哪位领导人的主观政治意愿，而是一个充满忧患心态的现代化都市国家，在发生民族或文化认同危机之后必然会出现的文化再生运动。

任何一个走向现代化的国家，都会遇到传统与现代的矛盾，从而产生价值系统的危机与文化重构的问题。按照文化人类学家林顿（R. Linton）、华莱士（A. Wallace）的观点，当社会成员开始意识到传统危机的时候，必然会本能地采取两类相关的行动，或者是以恢复优秀文化传统为目标的"复古运动"，或者是以排拒外来异质文化不良因素为目标的"本土运动"。当然，如果都是非常理性的行动，那就会做到既保存了本土文化的优秀传统，又吸收了先进的外来文化，使二者融合为生气勃勃的新文化。华莱士称之为文化"再生运动"。

不过，这在各个社会所表现的方式和结果都不尽相同。日本有过"明治维新"，中国有过"康梁变法""中华文化复兴运动"，韩国有过"新民运动"，都可以说是不同形式的文化再生运动。新加坡正在推行的儒家伦理教育，无疑也是新加坡形式的文化再生运动，它"再生"的价值取向和所要达到的目标同样也有自身的特点。尽管它的价值取向是儒家伦理，但它绝不是要向中国文化认同，而只是向华夏民族认同，且又表现得非常有分寸，不像韩国一些学者那样，干脆宣称朝鲜才是儒家的宗主国，箕子是朝鲜的先圣先贤。它的价值取向，尽管是儒家"修齐治平"的群体模式，而不取西方文化的个体模式，但它却一步一步取消了所有华文学校将英语作为第一的、共同的"工作语文"，同时又要防止"西化"，不采取近代日本那种对西方文化包容的"和魂"与"洋才"并举的方针。

总之，新加坡无论在建国立业还是在推行儒家伦理的整个过程里，一举一动都十分审慎小心，既担心"西化"，又不愿"中国化"，始终关怀的乃是如何在多元社会建立起统一、独立的国家主体意识，亦即要树立一个敬业乐群、勤劳进取、廉洁奉公、讲求效率的新加坡精神。这才是新加坡推行儒家伦理教育的真谛。人们可以对这一道德教育的上述说法和做法提出种种疑问，这一道德教育本身也确实存在这样或那样的矛盾和困境，但这种文化再生运动在新加坡的产生，毕竟是这一社会现代化发展的必然逻辑，其旨趣更具有非常现实的意义。

1987年冬稿于陕西师大6楼家。

原载《江淮论坛》1988年第6期，摘要刊载于《文史知识》1988年第6期及《儒佛道与传统文化》（中华书局，1990年）。

中国知识分子的功利意识*

同世界上任何国家的知识阶层一样，中国知识分子也有非常强烈的功利意识，只是它的功利取向主要是"学而优则仕"的仕宦之途，而主要不是"经世致用"的事业表现。"读书—做官—致富"，这是中国知识分子最显著的功利价值传统。

尽管，孔子"罕言利"（《论语·子罕》），认为"放于利而行"，必然"多怨"（《论语·里仁》）；孟子批评梁惠王"何必曰利"，认为"上下交征利而国危矣"（《孟子·梁惠王章句上》）；司马迁读到孟子答梁惠王问"何以利吾国"时，乃至不由得废书而叹曰："嗟呼，利诚乱之始也！"认为"夫子罕言利者，常防其原也"，"自天子至于庶人，好利之弊何以异哉"（《史记·孟子荀卿列传》）。孔、孟、司马迁这些古代知识精英如此指斥从天子、诸侯到臣僚、士大夫上下的"好利之弊"，但他们绝不反对君子士人去做官。《孟子·滕文公章句下》记载：周霄问孟子："古之君子仕乎？"孟子肯定回答："仕。"因为《传记》所说"孔子三月无君，则皇皇如也"，公明仪所说"古之人三月无君，则吊"，若三个月还无君主任用做官，连孔夫子都非常焦急不安，何况一般士君子，更需要去同情安慰。所以，"士之失位，犹

---

* 本篇是作者1988年11月17日在华东师范大学"功利主义反思"学术讨论会上发言的整理稿。

诸侯之失国家也", "士之仕也，犹农夫之耕也"。孔孟都肯定古代知识分子不是不想做官，而只是"不仕无义"，仅仅反对那些"不由其道"而靠钻营谋取官位的小人，特别强调的是"君子之仕也，行其义也"（《论语·阳货》）。这也就是要君子士人不为一己之私利去当官，正像黄宗羲代表的明清之际的知识精英所追求的那样："我之出而仕也，为天下，非为君也；为万民，非为一姓也。"（《明夷待访录·原臣》）

同样，孔孟也不反对君子士人做官致富。他们都承认"富与贵是人之所欲也""贫与贱是人之所恶也"（《论语·里仁》），求取"富贵利达"是"人之同心也"（《孟子·告子章句上》），具有天然的合理性。他们反对的只是"不义而富且贵""不以其道得之"的不正当手段和门路，以及因谋取富贵功名而滋长起来的贪婪成性、骄奢淫侈的无限私欲，要求君子士人能"居天下之广居，立天下之正位，行天下之大道；得志，与民由之；不得志，独行其道"，做一个"富贵不能淫，贫贱不能移，威武不能屈"的"大丈夫"（《孟子·滕文公章句下》）。显然，这是对知识分子做官致富的道德约束。在"上下交征利"的时代，任何道德自律的实际约束力无疑都是十分有限的，要做到"贫而无谄，富而无骄""贫而乐，富而好礼"（《论语·学而》），确实难啊！"为富不仁，为仁不富"，乃天下最普遍的现实。"君子谋道不谋食"，"君子忧道不忧贫"，其实只能成为士人孜孜以求的道德理想而已。

尽管如此，以道义原则来衡定"读书—做官—致富"的适度，这毕竟是古代知识分子长期选择的功利取向。这种价值取向，是历经诸子百家多次"义利""理欲"之辩才得以确立并被全社会认同的。先秦儒墨显学的"义利"论争，可以说为其奠定了"理想类型"。孔子逝后，儒分为八，墨离为三，两大"显学"的自我分裂，为其他学派的发展提供了可能。至孟子时代，墨家学派与杨朱道家学派几乎占领了思想舞台，造成了"处士横议，杨朱、墨翟之言盈天下，天下之言不归杨则归墨"的争鸣格局（《孟子·滕文公章句下》）。杨朱坚持"为我"的利己主义功利观；墨翟从"天下之士君子皆欲富贵而恶贫贱"（《墨子·尚贤下》）的历史实际出发，主张"以利为义"，通过"兼相爱、交相利"（《墨子·兼爱中》）这一关键的中间环节，而达到人人爱己、利己的根本目的（"爱人者人必从而爱之，利人者人必从而利之"），这是墨家为士君子设计的最理想的道德功利主义。孟子肩负弘扬孔子之道的使命，不能不全力从思想理论上"距杨墨，放淫辞"，对墨家的道德功利主义做出积极回应。

严格说来，孟子和孔子以及整个先秦儒家一样，并不排斥一切功利，否定利己，更不以为利己必然要损人，也同墨家一样主张"爱人利人"，反对"以亏人自利也"。而墨家也不是不重"义"，只要"利"。墨子说过："万事莫贵于义"（《墨子·贵义》），"天下有义则生，无义则死；有义则富，无义则贫；有义则治，无义则乱……"天下之美名善名：圣知、仁义、忠惠、慈孝均聚于"义"（《墨子·天志上下》），墨家把"义"抬高到无以复加的地位。儒墨争辩的根本分歧不在于"重义轻利"或"重利轻义"，而在于"以宜为义"，还是"以利为义"。墨家巨子坚持义利一元，以"兼""利"为"义"，认为"兼"能生天下之大利，除天下之大害，"上利乎天，中利乎鬼，下利乎人，三利无所不利，是谓天德"（《墨子·天志上下》），当然也就是义，"义，利也"（《墨子·经上》）。这种义利一元论，必然导致墨家为当世设计出天子统三公，三公统诸侯，诸侯统大夫，大夫统士，士统庶人，上下绝对"尚同"的一套高度中央集权的君主专制主义政治架构，以及"天志""明鬼"的宗教神权统治。

孟子对墨家批判的要旨，主要在于把墨家"非义之义"（《孟子·离娄章句下》）的道德功利主义扭转回孔子"以宜为义"的道德理想主义。孟子认为墨家所谓的"义，利也"，违背古义，言似"义"而实非"义"，它最能迷人，也危害最大，"作于其心，害于其事；作于其事，害于其政"（《孟子·滕文公章句下》）。因为"以利为义"所表达的"欲富贵而恶贫贱"，仅仅只是"人异于禽兽者几稀"的自然属性，却抹杀了只有人才具有适当的合理地去抉择"富贵利达"的内在道德超越性，因此，孟子严守孔子"义者宜也"（《中庸》第二十章）的本训，把"义"解释为"人之正路"（《孟子·离娄章句上》），表明人在"四端"善体的推动下，能够自觉、自愿地沿着"正路"恰当地做出"富贵利达"的实践努力。这种尊道行义，是一种"集义所生"的正义行为，实即每个人都能做到的尽己之性，是"求则得之，舍则失之"的道德自律。

正因为"义者宜也"，行义是人人都可以自我把握的意志和行为的适当性（"宜"），属自律性的道德实践，因此，儒家坚信"人皆可以为尧舜"，做到"内圣外王"，"尊德乐义"。做君主的自然能"惟仁者宜在高位"，做到"尊贤使能，俊杰在位"，使知识分子"愿立于其朝"，获得一官半职（《孟子·离娄章句上》和《公孙丑章句上》）。而知识分子能"穷不失义，达不离道"，"得志，泽加于民；不得志，修身见于世。穷则独善其身，达则兼善天下"（《孟子·尽心章句上》）。如果做君主的行为不合于义，或居其高位而无德无才，那么，做下臣的士君子应该坚守"从道不从君，从义不从父"这一"人之大行"的政治原则（《荀子·子道篇》），先可以通过"诤谏"批评的手段，"格君心之非"，使其得以转化；若反复批评还不悔改，便可以"易位"，让其下台，或自己挂冠辞职，以示抗议（《孟子·万章章句下》）。只有这样，才能"致君尧舜上"，达到"君仁莫不仁，君义莫不义，君正莫不正，一正君而国定矣"（《孟子·离娄章句上》），天下便"定于一"。这是多美好的政治理想！

很显然，墨家"以利为义"的道德功利主义，把行义的目的只看作单纯为增加个人和社会的福利，由"兼相爱，交相利"而导致对专制主义王权政治的维护，以及对宗教神权统治的崇拜。儒家"以宜为义"的道德理想主义，认为行义的根本目的是成就个人真善美的理想人格，由强调每个人行为的适当性（"义者宜也"）和道德自律原则，而引发出士君子"从道不从君"的人格尊严及其对仁者无高位、"不仁者在高位"诸多不合理现实的独立批判精神。经过儒墨的"义利之辩"，使士君子的道德功利主义转向道德理想主义，增强了士君子的社会批判功能和独立人格，这是古代知识分子的巨大进步，但儒墨共同的功利取向并没有丝毫变化。

此后，法家纠正了儒家过分强调道德自律，而不重视其外在化和客观制度化的弊端，主张"以吏为师""唯法为治""不务德而务法"，结果却造成了"要在中央"的极权政治，否定了社会的多元文化价值，使知识分子丧失了人格的独立和群体的社会批判意识。

汉唐以降，博士制、科举制和翰林制的设立，迫使绝大多数知识分子只能走上仕宦之途，否则，便只有遁迹山林，落入空门。宋明理学家批判佛道，复兴儒学，又过分强调了内在的道德超越和"天理、人欲"之间的绝对对立，造成了知识分子高扬心性、不重事功的空疏禅化倾向。虽然，南宋叶适"以经制言事功"，陈亮申明"义利双行，王霸并用"（《宋元学案》卷五六《龙川学案》）；明清诸子提倡"正其谊以谋其利，明其道而计其功"（颜元《四书正误》），认为天理"必寓于人欲以见"（王夫之《读四书大全说》卷八）；近现代从康梁变法到五四运动，知识精英不乏伟大的事功业绩，但是，他们均没有改变"读书—做官—致富"的传统功利取向。这是中国"官本位"的政治文化必然派生的功利意识。

这种功利意识，主张义利统一，"以宜为义"，特别强调：在获得物质利益的同时，重视道义精神追求；在顾及个人私利的同时，更要维护他人和社会的利益；在满足个人必要的私欲时，要能理智地掌握其应有的限度。尽管，这是何等地理想而不合乎实际，却毕竟是经过社会长期选择而遗存下来的优秀文化精神，在进行现代化建设中将继续起到作用。但是，这种做官致富的功利取向，一定会伴随传统政治文化向现代新文化的转承而发生变化。中国知识分子必须自觉地淡化做官意识，增强事业精神，健全独立人格，使自己真正成为社会公正的代表，发挥"义而不治"的社会批判功能。这乃现代知识分子的共同使命。

1988年秋稿于陕西师大6楼家。

原载《时代与思潮（1）》，华东师范大学出版社，1989年。

世纪之交的中国文化建构断想

一、对"文明冲突"与"儒学复兴"的疑惑

世纪之交，世界正处在新旧格局交替转折的大变动、大调整的历史关头，万事万物似乎都处在极不确定性之中。有关人类终极关怀的命题，便自然又一次凸现出来，成为学界议论的焦点。

近年最引人关注的命题有二，一是来自国外的所谓"文明冲突"，二是来自国内的所谓"儒学复兴"。这两大命题在各国理论界都曾引起不大不小的反响，至今仍是学人们的热门话题。前者是由美国哈佛大学教授亨廷顿（S. P. Huntington）在美国《外交》季刊1993年夏季号上发表的长篇论文《文明的冲突》中提出的，后者则是中国海峡两岸，尤其是大陆连连召开大大小小有关的学术会议的主题。这足以发人深省，也足以令人疑惑。

对于"文明冲突"，我不赞同继本世纪"冷战"之后，新世纪仍将以"冲突"为主题，把文化看作"将是截然分隔人类和引起冲突的主要根源"，认为"文明的冲突将左右全球政治"。①但我很欣赏这种以"文化实体"的"文明"作为观察未来世界形势的一种"范式"（参考科恩《科学革命的结

_____

① 引文见《现代外国哲学社会科学文摘》1994年第8—9期转载的译文。

构》），来代替本世纪"两大阵营""三个世界"的"冷战"范式，它不失为一种供世人思考和预测现实走向的借鉴。我认为，本世纪的最大罪恶是发生了两次世界大战，本世纪的主要功绩是结束了世界的"对抗"与"冷战"，新世纪的文明将是多元统一，从"冲突"走向"融合"。"和平与发展"，将是人们期待的主旋律。

对于"儒学复兴"，我既不相信中国"21世纪需要新孔子出世"，将是"儒家文化的世纪"，更怀疑儒学具有"重建"整个"人类文化"的功能，绝不敢相信诸如"儒家文化将成为21世纪世界文化的中心""我们已经看到了儒家的复兴，21世纪必将看到儒学在世界范围的兴旺发达"之类的宏论，竟是专家学者做出的结论。[1]因为，人所共知，日本和东亚"四小龙"工业化、现代化的直接动力是吸引西方的高科技，儒家思想并不是其成功的唯一因素和直接原因。我亲自考察过新加坡实现都市化、工业化的历程，我也在日本询访过东京大学的学者，我发现这两国亲身经历过现代化实践的专家学者，对这一问题的回答都是非常理性而客观、具体的。对于儒教曾在日本明治维新以后的近现代化过程中，为强化天皇国家体制，为尔后向外侵略扩张奠定思想基础方面，都起过十分明显的负面的反动作用，日本学界几乎没有异议。

同样，中国近几年经济腾飞，也绝不是因为学术界有"复兴儒学"的呼唤。"现代化要靠高科技，高科技靠的是人才"，这几乎已成了中国家喻户晓的真理，而为了造就千千万万适应新世纪需要的人才，学术界从包括儒学在内的传统文化中寻找思想资源，这本是世纪之交学术研究的应有之义。正如研究基督教的学人不都是"基督徒"，研究佛教、道教的学人不都是"高僧"与"道士"一样，本世纪的儒学研究者，其本人也并不都是要做所谓儒家几代嫡派真传的"现代新儒家"。更何况这一加冕，对那些严肃的专家学者来说，真像如今西方炽传的"摩门教"所推崇的所谓"现代新基督"一样，绝非真正的尊重和恭维。前年我在国外听到几位被我们列入"现代新儒家"谱系中的朋友亲口说，他们非常讨嫌这种宗教味道十足的头衔，便是一个明证。至于他们

---

① 参看《哲学研究》1994年第8期及《光明日报》1994年10月7日第5版报道的北京"孔子诞辰2545周年纪念与国际学术研讨会"著名专家学者的观点。

研究儒家的旨趣，连处在上一个"世纪之交"的康有为都毫不隐讳，并非真要孔子再世，儒学复兴，而是为了托古改制，变法维新，建立"大同太平之治也"。

因此，我难以相信"儒学复兴"能成为新世纪世界文明的主题。但我坚信，包括儒学在内的中国传统文化，一定有可供我们实现现代化，特别是造就人才必需的精神资源。伴随新旧世纪的交替，中国社会的转型，这一精神资源，必然在中西文化的冲突与融合中，通过重新发掘与"解释"，而转化为新世纪的中国现代新文化。"中西文化"既冲突而又融合，这仍将是未来新世纪中国社会变奏的基调。当然，这一切又都需要通过一个非常漫长而自然的历史的过程来实现。

二、中国文化传统中是否有相近不变的主题

近年来，人们一方面清楚地目睹着中国文化研究的长足进步，以及社会上引发起弘扬民族优秀文化传统的所谓"文化热"的良好效应；另一方面，却为当今市场经济激烈竞争中，"功利意识"的急速膨胀、人格等次的明显下降、"人文精神"的不断失落而忧患担心，文化学人甚至还发出了"金钱夺走了人格""我们何处安身立命"的惊呼。这表明在我们的社会文化心理中，传统的"人格理想"与现代的"功利意识"之间出现了新的冲突。我觉得，它正反映我们这个"改革开放"的中国社会，一切都处在由"传统"向"现代"转化的变革过程之中，当然，最核心的还是价值系统发生了变化，它给我们带来了欢乐，也带来了痛苦。总之，顺乎自然，不必忧天。

那么，在这个迅速变革、转型的社会里，作为传统文化价值系统，到底有没有相对不变的东西，可作为人们追求安身立命之所的精神支柱呢？我想应当是有的。如果没有，中华民族何以能世代相传、延续不绝呢？西方社会学家断言：传统是秩序的保证，是文明质量的保证，是历经延传而持久存在或一再出现的东西。E. 希尔斯在其名著《论传统》里分析得十分明白，他称"传统"为"延传变体链"（chain of transmitted variants of a tradition），认

为"这些变体间的联系在于它们的共同主题，在于表现出什么和偏离什么的相近性，在于它们同出一源"。按照社会学家的说法，沿传至今而后的中国文化传统，虽然是一个"变体"，但始终围绕着相近的共同主题，这就是自孔孟提出"仁者人也"以来，中国文化所终极关怀的"人"之所以为"人"的价值，即对"人"存在意义的思考，对"天人合一"、"真善美"统一的理想人格的追求。这显然不同于西方文化"主客二分"的主题，是中国文化的"人文精神"。我看这就是中国文化传统之所以能维系中华民族，使之繁衍生息、经久不衰的"真精神"。

这种追求最完美的人格理想的主题和精神，其实也体现在中国思想文化的各个方面。就以儒、佛、道"三教"这三大思想支柱来说，儒家的理想人格是"圣贤"，正像张载《西铭》中所说的"乾称父，坤称母；予兹藐焉，乃混然中处"，"民吾同胞，物吾与也"，只有达到了浑然与宇宙万物同体的人格境界，才能算是儒家追求的"人"的终极价值——"圣贤气象"。至于能否"外王"而治世，那并不特别重要，主要的是必须做到"天人合一"的"内圣"。道教追求的是"人"的"长生久视""肉体成仙"，佛教尤其是禅宗追求的是"人"的"识心见性""见性成佛"。无论是"人"能不死而成"仙"，还是"人"能顿悟即成"佛"，其实"仙""佛"与"圣"，作为"三教"对人的终极关怀和最高精神境界的追求，都是相通一致的，其区别仅仅只是它们采用的道德修养或宗教修养的超越方式不同罢了。至于其他物质文化，建筑、艺术、制作、工艺，只要有"人"参与创造，便自然会赋予"人"的意境，也大体没有偏离"天人合一"理想境界的主题。

不仅如此，这一主题还贯彻于中国文化的过去、现在与未来。如果把中国以往的文化笼统地称作"传统社会"中的"传统文化"，那么，我们今天正需着手建设的恰是适应"现代社会"需要的"现代新文化"。毫无疑问，几千年的传统文化中，贯串着"人格理想"的主题，这一点可以不论。现在需要说的是：如何把握建设"现代新文化"的价值取向，是否还应沿着追求"天人合一"的理想人格境界的这一人文精神前进呢？

三、把握中国文化建构的价值取向

这是一个关系到中国现代化建设最终成败的重大课题，需要文化界、学术界和各方面的有识之士共同加以认真深入的研究，不能做"简单化"的想当然回答。但我想，至少可从以下几方面来把握研究的"大方向"。

首先，要立足于世纪之交中国进一步"改革开放"的社会现实，正视那些伴随市场经济发展、推动社会转型、人际关系重新调整而产生的新价值取向。比如，因市场经济的发展与主导，商品价值规律对人们社会生活的支配作用，"平等""民主""自由"的价值观念将从根本上取代传统社会中的"等级""特权""人身依附"（或人才单位所有）等传统观念。尽管这些新的价值观念，早在一百年前就流行于西方资本主义社会，1919年五四新文化运动以来，中国的无数先烈曾为此而流血献身，它对中国人来说并不陌生，但真正理解它、接受它，并正确地应用它，大概只有到市场经济发展后的今天。只有今天，人们才清楚地觉察到它的现代意义，它能在中国得以确立，标志着世纪之交的中国人的价值取向，已开始由传统意义的伦理精神转向现代意义的"法治"精神。这一价值取向，正是我们建设现代新文化价值系统的基础和坐标。

其次，要以新的价值取向为坐标，正确简择出传统文化中符合新的价值取向、可同现代社会基本价值观念相契合的"精华"，加以批判的继承和发展，使其转化为现代新的文化价值系统。这是一项非常细致的科研工作，眼下我们可先做大段功夫，先澄清那些易于使人迷惑不解的问题，诸如"人格理想"与"功利意识"的冲突、现代"法治"精神的新兴与传统"人文精神"的失落等等。

简要地说，"人格理想"与"功利意识"的冲突，表面上似乎是"传统"与"现代"的矛盾，其实质乃是如何解决人生两大基本需求，统一协调两类人生价值的问题，古人称之为"义利之辩"。"义"指"仁义""道义"，属人生道德精神需要；"利"指"功利""利益"，属人生物质利益需要：二者都是人生不可缺少的。但"人"往往难以和谐地处理好它们之间的关系，所以

"义利之辩"便贯穿于中国思想发展的始终，也是儒、墨、道、法各家各派经常讨论的题目。孔子儒家"以义为上"，重义轻利，提倡"正其谊（义）而不谋其利"，但并不排斥"功利"。仅仅只是反对"不义而利""为富不仁"。所以，往后的儒家，从孟、荀到朱、陆，在谈及"利"时，自然坚持"以义为上"，引申出了"公利"与"私利"的争辩，告诫世人："凡欲为学，当先识义利公利之辩。"（陆九渊语）"义利之说，乃儒者第一义。"（朱熹语）可见，儒家在肯定"义利"为人生两类不可缺一的价值取向的前提下，其实还是把二者统统归入"仁义"道德这一种价值取向之中来讨论，这里有得也有失。简择出传统文化的这一得失，便可使我们明确，在建立现代新的文化价值系统时，必须正确把握道德精神和物质利益这两类人生价值取向的对立统一关系，尽力使二者同步协调发展，做到"正其义而谋其利，明其道而计其功"，"为富而仁，为仁而富"，不再陷入"存天理，灭人欲"的传统伦理之途。

再简要地说说90年代中国"法治"精神的新兴与"人文精神"失落的问题。我想，这是中西方从"传统"走向"现代"（"后现代"）社会进程中共同面临的时代挑战与文化选择，它不单表现为"法治"与"人治"的冲突与转化，而主要展现出科学理性与"人文精神"的矛盾发展趋势。人们知道，市场经济内在地引出的是等价交换原则，在政治上必然导致民主平等——"法治"意识的发展，这对以往计划经济下以等级特权——"人治"为特征的传统社会来说，无疑是一个历史性的转换与进步。因为无论是等价交换的经济法则，还是民主平等的法制约束，都是外在的理性规律对人们行为的支配，正是人们按照科学理性办事，才推动社会由贫弱走向富强。但人们也清楚地看到：一方面是高科技已深入生活，智能产品的广泛应用，使人们日常工作趋于"简单化"、生活逐渐"消闲化"，因而更需要提炼情操，追求人格理想；然而，另一方面却是随同民主、平等、自由、公正等"法治"精神的新兴，残酷的竞争法则（公平的和不公平的）重新引入人际社会关系之中，原始的拜金主义复活了，赤裸裸的争名夺利、为己致富倾向受到了实际的鼓励，某些平庸甚至低级的生活趣味和价值取向开始悄然确立，几千年传统文化一直高扬的"人文精神"及其所追求的"真善美"和谐统一的人格理想境界，受到世俗社会的奚落和嘲讽。这怎能不使有识之士为现代化的中国又一次敲起了"勿使人文精神失落、沦丧"的警钟！

其实，人民大众对这个问题不是没有警觉，只是大家普遍地是从伦理道德的衰退、传统信仰的危机着眼，只看到市场经济——"法治"精神——科学理性与传统"人文精神"的直接冲突，往往忽略而未深入观察到，正是市场经济、法治社会给予了人们一种真实的公平、公正、自由交换的体验，为现代社会"人类精神的自律"、"自由意志"的训练，提供了一种人文前提，其取向是同传统"人文精神"所终极关怀的人的主体性、主体的尊严自主、主体的独立自由相统一的。所以，从根本上说，健康、有序的市场经济和法治社会，也需要高尚、有序的"人文精神"作为它发展的前提和内核，现代化亦不排斥传统的"人文精神"。我们应吸取西方现代化过程中"科学"与"人文"分离，人被异化为理性之工具的历史教训，在建构现代新文化中，使科学理性与"人文精神"同步协调发展，而当务之急则是既要健全法制秩序，弘扬科学理性，也要重建"人文精神"。

总之，我们在把握好以上两方面的同时，还必须重视认真研究和吸收一切外来优秀文化思想之精华，弥补东方文化之缺陷。例如，由于东方人缺少西方文化的"原罪—忏悔"意识，致使我们往往忘记历史、忘记传统，甚至忘记了"耻辱"和"罪恶"，结果便带来了一系列的麻烦。我想，这可能同缺少西方的"原罪—忏悔"意识有关，如果我们将这一文化精神当作已失去西方基督教内容的精神范式，便可用以丰富整个现代的东方文化和中国文化。只有如此，我相信"人文精神"一定可以重建，而适应现代化需要的中国现代新文化，经过一代一代人的努力，也必将成为现实。

1994年冬稿于浙江大学求是村家。
原载《开放时代》1995年第5期。

下

融通篇

论全真道的思想源流[*]

全真道在金元时期产生于关中，流布于北方，是一个以"三教圆融""返朴全性"的"道德性命之学"标宗的世俗化的新道教。

思想运动如同滔滔江海，一波未平，一波又起。自北宋陷于"完颜之乱"以后，作为宋明理学的"关学"，几乎"百年不闻学统"，"再传何其寥寥"；而作为金元道教的"全真派"，却在关中崛然兴起，并西向秦陇，东向海滨，南薄汉淮，北至朔漠，炽传北方各地。百年之间，"山林城市，庐舍相望，什百为偶，甲乙授受，牢不可破"。虽"遐荒远裔"或"十庐之邑"，也必有"香火一席之奉"。①真是："万水千山遮不住，自南自北自西东。"（《正统道藏》洞神部川字下《终南山说经台历代真仙碑记》。下引《道藏》只注篇名。）

为什么在金元统治时期会出现这种思想现象？全真道思想和宋明理学的发展有无内在的必然联系？它为何能"势如风火"般地兴替传播？这对认识中国传统社会后期的思想文化，无论就道教思想的变革而言，还是就宋代新儒学思

---

* 本篇是笔者1982年秋为出席在厦门大学召开的"全国宗教学术研讨会"提交的论文修正稿，原题为《全真道思想源流考略》。

① 参看元好问：《遗山集》卷三五《紫微观记》，《四库全书》本；姬志真：《云山集》卷八《南昌观碑》，《正统道藏》本。

想的发展趋向而说，都是很值得研究的一个重要课题。早在40年代初，老一辈史学家陈垣、蒙文通、刘鉴泉诸贤，就在史料搜集、考核以及研究方法方面做过大量工作，提出过十分宝贵的意见。[①]但是，全真道的思想及其源流问题，却需要我们这一代人继续努力探索。本篇仅就此做初步考察，而主要不在于做历史叙述。

一、史料依凭

要探究全真道的思想源流，必资凭以可靠的传记史料。但是，《道藏》所收宋以前的所有传记，从刘向《列仙传》、葛洪《神仙传》、隐夫玉简《疑仙传》、沈汾《续仙传》，到王松年《仙苑编珠》、陈葆光《三洞群仙录》和张君房《云笈七签》中有关传记，却往往多为搜奇集异，附会古初，侈陈天尊开劫度人之事，所度又"皆诸天仙上品"，并非真实的历史人物；所用年号如"延康""赤明""龙汉""开皇"，均非客观的历史时序（《隋书·经籍志》）。即使对真实道教人物的记述，也"大抵多后附之文，非其本旨"[②]。这便造成了道教史研究的一大困难。

相比之下，唯全真道的史迹彰彰可考。《道藏》太平部兄、弟、同、气、连、枝、交、友八字号内的《云山集》《仙乐集》《渐悟集》《葆光集》《磻溪集》《太古集》《重阳全真集》等等，都是全真诸子自写的诗文，这是研究全真教思想的最基本史料。过去，刘师培、刘鉴泉、陈国符诸先生，皆称道赵道一编修的《历世真仙体道通鉴》比诸家传记"最为详赡"，"而语均有所本"。其实，记金元全真事的《仙鉴》及其"续编"，所本不外元代遗存的有关石刻碑铭。自古文章，唯"铭诔尚实"（《典论·论文》）。所以，现存李道谦、朱象先、元好问、杨奂、姚燧、郝经、虞集等人编撰的有关全真宫观、道行的碑记铭文，就是认识全真道思想和历史的可靠依据。

① 参看陈垣《南宋初河北新道教考》、蒙文通《道教三考》、刘鉴泉《道教征略》等论著。
② 《四库全书总目》卷一四六《道家类》下册，中华书局，1965年，第1241页。

如果说，考正一、大道二教，不能舍虞集《道园学古录》，考太一教，不能舍王恽《秋涧集》；那么，考全真道，就不能不顾李道谦《甘水仙源录》《终南山祖庭仙真内传》和元好问《遗山集》、杨奂《还山遗稿》，以及姚燧《牧庵集》、郝经《陵川集》。虽然其中均不乏诞异不经之说，但因他们本人多半是亲历金元时期，身与全真道事的著名全真家、道教提点，或与之为友的儒学教授、关学学者，他们的文字凿凿可信，最能反映全真思想本相。因此，将碑铭所记述的道史同全真诸子诗文集所表达的道论两者结合起来，就是我们探索全真道思想源流的主要史料依凭。

当然，运用正史、笔记、方志和现存的碑文拓片，进一步考核史料，也是不可缺少的工作。

二、道法传绪

全真道建立"祖庭"，确立名称，形成宗派，应当从终南山王嚞开始。王嚞的地位，有似禅宗六祖，其道法传绪，基本留存着全真道兴替的史影，因而我们先须由此考起。

根据李道谦《终南山祖庭仙真内传》《甘水仙源录》、朱象先《终南山说经台历代真仙碑记》《古楼观紫云衍庆集》和秦志安《金莲正宗记》记载，王嚞全真道的传授源流，按其时序，可撮要如下：

东华少阳、钟离正阳、吕嵒纯阳、刘操海蟾——①王嚞重阳（1112—1170）——②马钰丹阳（1122—1183）、谭处端长真（1122—1185）、刘处玄长生（1146—1203）、丘处机长春（1147—1227）、王处一玉阳（1142—1207）、郝大通广宁（1140—1212）、孙不二清净（1118—1182）——③赵悟玄了真……"玄门十解元"、尹志平清和（1169—1251）、李志常真常（1193—1256）、于善庆洞真（1166—1250）、宋德方披云（1183—1247）、綦志远白云（？—1255）、李志远无欲（1169—1255）、高道宽圆明（1195—1278）——④李道谦天乐、秦志安通真、姬志真知常……孙德彧开玄（1242—1321）……

这个传授系统，虽非全真道传系之全部，但大体可窥其发展之历程。它除了东华子、钟离权、吕纯阳外，从王嚞到孙德或都是确凿可信的历史人物。其中，王嚞、马钰、丘处机三人是直接推动全真道兴替的重要人物，尤其是王嚞，始终居于"祖师"地位，元代全真家将他与东华、钟、吕、刘并称为"五祖"。他生当赵宋南渡、金人入主陕右中原之日，金熙、世宗之世，是他在终南创教时期。马钰是继王嚞之后的"全真第二代"（《甘水仙源录》卷一《马宗师道行碑》），他同谭、刘、丘、王、郝、孙合称为"七真"，金世、宣宗之世，是以马钰为首的"七真"在关中和北方传教时期。丘处机生当金末元初，他最重要的道行是在元太祖时应诏西行，把全真道传至西域，宫观立于阿不罕山，并大葺祖庭，广建丛林，弘扬道法，使全真道达到极盛时期。

七真羽化后，全真道随之中衰。他们的再传、三传、四传、五传弟子，或者如李志常、李志远"委师入秦"，"整治玄纲"，"重整祖庭"（《祖庭内传》卷下）；或者如宋德方始倡搜罗道经，刊镂经板，"来终南祖庭"，"闲居雪堂"，"始终十年，朝夕不倦"地校雠"《三洞》灵文"，重刊元代《道藏》（《甘水仙源录》卷八《纯成子李君墓志铭》）；或者如李道谦、秦志安撰写碑文，搜集编纂全真道史。这均表明元世祖统一南北以后，程朱理学北传，"七真"弟子们虽极力振兴祖庭，但也无法阻挡理学的思想巨流，而逐渐进入衰落时期。这就是从全真道法传绪中，可以看到的全真道的部分史影。

关于全真道的兴衰，元代学者有各种说法。宁海州学正范怿说"长生刘公（处玄）谓，全真之风，起于西，兴于东，遍于中外"（《重阳全真集序》）；陇山全真高道赵九渊说"全真道教其来尚尔，重阳祖师发其源，继有七真畅其委，接其武而开祖庭之基者"，乃丹阳（马钰）弟子"冲虚大师吕（道安）君其首也"（《甘水仙源录》卷五《冲虚大师吕君墓志铭》）；史礼部尚书高鸣说"全真之教，始于少阳君（东华子），兴于重阳子（王嚞），大盛于长春公（丘处机）"，长春传之五代而终（《甘水仙源录》卷七《淳和真人道行碑》）。他们所说，无论就地域，还是就人物而言，基本符合全真道在金元两代一百五十余年间，兴于终南祖庭而又终于终南祖庭的史实。

这里，自然提出了一个全真道为何能发源于关中的问题。

全真道士和一切道门一样，首务"开立教之源，以为入道之本"（《道门十规》）。秦志安撰写《金莲正宗记》《金莲正宗仙源像传》，始倡"五祖"传绪，将自己的宗祖直追溯到太上老子、文始尹喜；宋德方、李志全编刊《元藏》（参看《道藏阙经目录》），以承道教传绪。这固然是全真家"欲引古人为重"（《南宋初河北新道教考》卷一），有意神其说，并非全真道真实渊源，不可尽信；但老子、文始、五祖、七真，从事道教活动的关中终南楼观、华山云台，早为唐宋道教圣地，确是事实。全真道由此崛起，绝非偶然。

自古凡为道者多在山林，选择"名山洞府、洞天福地、古迹灵坛"，历来是道门立教的首要条件（《道门十规》）。李志常弟子王粹云：

> 凡道观之称于世者，或占山水之秀，或擅宫宇之盛。非宫宇则无以示教，非山水则无以远俗，是二者难于兼得；虽使兼之，非有道德之士，亦莫能与焉。（《甘水仙源录》卷一〇《神清观记》）

在全真家的眼里，"山水之秀""宫宇之盛"和"道德之士"三者是难于兼得的。可是，位于汉唐古帝都关中的终南华山，却能使三者相得益彰。华山之形胜，宫观之富丽，史多有载①，早为世人所知，可以不论。单就终南山来说，它今虽不为世人所重，自古却是"中国之巨镇"，又名曰"中南山"，言其"据天之中，在都之南"。《诗》《书》皆称其"有纪有堂"，"有条有梅"，"球琳琅玕"，"至于鸟鼠"（《诗》卷六《秦风·终南》和《尚书·禹贡》）；潘岳《关中记》、柳宗元《终南山祠堂碑》特赞美其"西至陇首，以临于戎"，"东至于太华（华山），以距于关。实能作固，以屏王室"（《柳河东集》卷五《古圣贤碑》）。所以，唐宋以后，诗人名贤"题咏"不绝（见《古楼观紫云衍庆集》卷下《名贤题咏》），方外之士无不称道："天下形势之雄者在郡曰长安，长安形胜之巨者在山曰终南，终南名胜之最者在宫曰楼观。"（《古

---

① 据《汉书·地理志》、桓谭《仙赋序》和《三辅黄图》卷三所载，华山宫观仅汉武帝所建就有集灵宫、集仙宫、存仙殿、望仙台、望仙观，这是尔后道教最理想的"洞天福地"。

楼观紫云衍庆集》卷中《终南山古楼观宗圣宫图跋文》）

终南楼观，传说本是尹喜之故宅，老子开教讲授《道德经》之处，以"结草为楼，观星望气"，因即为号。秦汉以降，历朝皇帝在此构清庙、立齐宫，诏敕缮修，给户洒扫，赐田养道，乃至銮舆躬谒，代代不绝。尤其到"崇道之代"的唐宋，其营建规模，胜过历朝。唐奉老子为远祖，高祖武德三年（620），重修楼观，改名为宗圣观；北宋承唐崇道旧制，太宗端拱元年（988）复赐"顺天兴国"观额，这就造成了"紫云楼阁面山岿""殿阁凭高玄胜绝"的盛况，使终南楼观成为天下"道之源、仙之祖"、"洞天之冠"、道教"张本之地"。由此，"天下名宫伟观""登先得道之士"，几乎无世无不"出乎其间"，或与其发生这样那样的联系。全真道在这个道脉源深流长的地域里崛然而兴，便是自然的事。

由此可见，元代全真思想家，从李道谦的《甘水仙源录》到秦志安的《金莲正宗记》，从赵道一的《历世真仙体道通鉴》到朱象先的《终南山说经台历代真仙碑记》，其要旨无非想从师承传绪上，说明"仙源流到全真海，关令家声万代芳"（《终南山说经台历代真仙碑记》尹志平真人"赞"），为全真"五祖""七真"之说提供历史根据。其不知这个道法传绪中的史影，对于全真道的渊源来说，至多只是表明关中终南华山之形胜，为全真道教的形成提供了前提，准备了条件。对于这个有殊于以往一切道派的世俗化的全真道来说，这仅仅还是一种可能性，究竟是什么力量推动它变成了现实，我们只有从宋金之世的社会矛盾和道教自身的变革来说明。

三、王嚞立教

全真道到底因何兴起，这是宋金以后的全真家和儒门学士经常议论的问题。明代"好为诗古文""声华意气笼盖海内"的司寇王世贞（弇州山人）首先不相信王嚞师承钟、吕之说，而肯定"重阳得无师，智似六祖"。他在《跋王重阳碑》中说得最详，其略曰：

全真之名始自王重阳。重阳名喆（即喆或嚞），初业儒不成，去，业武不就，偶以遇异人得度，遂为全真教祖。张大其说而行之者，皆其徒丘处机也。其说颇类禅而稍粗，独可以破服金石、事铅汞之误人与符箓之怪诞，而其徒不尽尔也。重阳所为说未尝引钟、吕，而元世以正阳（钟离权）、纯阳（吕嵒）追称之，盖亦处机意，所谓张大其说而行之者。重阳得无师，智似六祖，其悬记似志公，显迹又似万回，异哉。（《少室山房笔丛》卷四二《玉壶遐览》引）

王世贞依据王嚞为说"颇类禅"而从未称引钟吕的特点，否定其师承钟吕，断定这是王嚞亲炙高弟丘处机有意"张大其说而行之者"，这一点无疑是正确的。然而，他没有进一步追溯出王嚞立教特点形成的历史根据，反而依旧蹈袭了金代世宗之孙密国公金源璹《全真教祖碑》"遇异人得度，遂为全真教祖"的说法。

元代姬志真和杨奂虽不敢直接否定师承钟吕之说，却与王世贞不同。姬祖籍长安，虽身在方外，"天文地理阴阳律历之学"却"无不精究"（《甘水仙源录》卷八《知常真人事迹》）。杨是敢于"指陈时病"，为文"务去陈言"的著名关学学者，曾与许衡先后教授姚燧，"且许醮以女"，同为当世名儒，却非常留意稽考全真教史，"最爱雪窗无事客，寂然心月照重玄"（《元史》卷一五三《杨奂传》与《还山遗稿》卷下《重阳观》）。他两高明之处在于能"顾时之何如"来探求全真道之兴起。姬志真认为：

夫道之所以兴乎世，世之所以兴乎道，道与世交兴，则俱饮玄化。（《云山集》卷八《开州神清观记》）

杨奂说得更具体：

人心何尝不善，而所以为善者，顾时之何如耳。方功利驰逐之秋，而矢曾缴已施，陷阱步设，则高举遐飞之士不得不隐于尘外，此有必然之理也。然则古之所谓避地避言者，其今之全真之教所由兴邪！①

把全真道看作宋金时期"道与世交兴"的"必然之理"，这是姬杨论说最精妙之处。尽管，他们还不可能科学地说明这个必然性，也没有具体分析"道与世"是如何"交兴"的，但在元时，能提出这个看法，这毕竟比道法传绪之说，大大前进了一步，无疑有助于今人思考。

历史事实正如杨奂所述。自宋偏安东南之后，"天兵南涌，喋血千里"，关中先后沦为金元铁蹄之下，"干戈不息""十门九绝"的严酷形势，迫使北方士人"苟全性命于乱世，不求闻达于诸侯"，普遍走上了废儒业、"应武举"，文武无成而"慨然入道"的道路。尤其是"以气节著"的关中学者，在两宋亡国的特殊社会矛盾的推动下，除了一部分如杨奂和杨天德子孙三代艰难地维持着关学学统外，另一部分人便坠入这一门径，王嚞就是典型。据李道谦《七真年谱》所载，宋徽宗政和二年壬辰（1112），王嚞生于终南刘蒋村，"始名中孚，字允卿。自稚不群，既长美须眉，躯干雄伟，志倜傥，不拘小节。弱冠修进士业，系京兆学籍，善于属文，才思敏捷，尝解试一路之士。然颇喜弓马，金天眷初（1138），乃慨然应武略，易名世雄，字德威；后入道，改称今名（王嚞），仍以害风自呼之"。从政和二年到天眷初，仅仅二十七载，王嚞三易其名字，这不正表明他青年时代所历经的坎坷之途和整个社会的巨大变动嘛！

当时社会的最大变动是汉人与女真间民族矛盾的尖锐化。女真贵族以征服者的姿态，在金太宗统治时期（1123—1134），占据了中原与华北的大片土地，"率用猛安、谋克之名，以授其首领"（《金史》卷四四《兵志》），"棋布星列，散居四方"（《大金国志》卷八《太宗纪》），与汉人杂处，形成了新的屯田军户。他们利用军事政治特权，各自大肆掠夺、兼并汉人的肥田沃土，河南、陕西近十万顷民田，又被金政府强占为牧场。这不仅致使广大贫民无地可耕，流离失所，而且直接妨害了汉人富室的经济利益，使其投入反金群体，"寻踪捕影，不遗余力"（《遗山集》卷二八《完颜公神道碑》）。于

———————

① 杨奂：《还山遗稿》卷上《重修太清观记》，《四库全书》本。《甘水仙源录》卷一〇有此《记》，题曰"奉天王奂撰"，即杨奂之误。

是，本来的阶级矛盾，乃发展而为民族仇视。由此形成了知识士人以"高尚不仕"，不做金主之官相尚的民族意识。加之，抗金战争对武臣的特别需要，宋南渡后，汉人统治阶层中，早就一反北宋习俗，形成了武臣卑视文士的社会风气，韩世忠"轻薄儒士，尝目之为子曰"，"呼为萌儿"，就是证明（《鸡肋篇》卷下）。就在这种金人鄙视汉人，武将轻薄儒士的双重社会重压下，关中士人欲修儒业而不能，金朝赐官而不就，只能"怀玉于中，同尘于外"，甚而"囚首丧面"，"佯狂垢污"，隐遁山林，慨然入道。（《金石萃编》卷一五八《全真教祖碑》），全真道便应运而生。

王嚞首先于金世宗大定三年癸未（1163）结茅刘蒋村（即后来的祖庭重阳万寿宫），与玉蟾和公、灵阳李公三人同居，倡道关中；接着，于大定七年丁亥（1167）过北邙山（今河南洛阳北），直抵宁海州（今山东牟平），收七真，立三教会，正式创教。以"三教圆融""诚心见性""独全其真"为其宗旨，名曰"全真"（《全真教祖碑》）。

这正是中华民族意识的特殊表现，是宋金之世社会矛盾尖锐化的产物，亦即杨奂所谓的"必然之理"。

四、三教圆融

"全真之旨，酝酿有年"（《云山集》卷七《终南山楼云观碑》）。作为一种宗教意识形态，它之所以能独立存在和发展，主要还是道教自身几经变革的必然结果。

任何宗教的确立，都必须仰赖能唤起人们无限信仰的经典和教义。道教毫不例外，增广经箓，几乎是历代道众的"第一事也"（《道门十规》）。它同佛教相比，本来理论就十分贫乏，五千言的《道德经》成了它最基本的经典，"以清净无为为宗，以虚明应物为用，以慈俭不争为行"，是它最原初的教义（《经进东坡文集事略》卷五五《上清储祥宫碑》）。然则，汉魏以降，所谓"飞仙变化之术""黄庭大洞之法""太上天真木公金母之号""延康赤明龙汉开皇之纪""天皇太乙紫微北极之祀"，乃至于"丹药奇技""符箓小数"，皆归于道家（《经进东坡文集事略》卷五五《上清储祥宫碑》）；浸浸乎直至唐宋，上至皇帝大臣，下及文人学士，无不习尚，连五千言也被"束之高阁"，变为"无用之具"。这便造成了道教"徇末以遗本"的严重危机。

"弊极则变"（《秋涧集》卷五八《奉圣州永昌观碑》）。王嘉正适应道教自身变革的需要，从革除唐宋以来道教的种种弊端中，确立了全真教的根本宗旨。元代研究全真教史的学者，大都看到了这一点，元世祖中统四年癸亥（1263），太原虚丹道人李鼎撰《大元重修古楼观宗圣宫记》说得好，其略云：

> 昔自玄元，文始契遇于兹，扶先天之机，辟众妙之门，二经授受而教行矣。世既下降，传之者或异，一变而为秦汉之方药，再变而为魏晋之虚玄，三变而为隋唐之禳襘，其余曲学小数，不可殚纪，使五千言之玄训，束之高阁，为无用之具矣。金大定初，重阳祖师出焉，以道德性命之学唱为全真，洗百家之流弊，绍千载之绝学，天下靡然从之。（朱象先《古楼观紫云衍庆集》卷上）

《道德》二经，经道教传之"三变"，既已失其本旨，变成了"曲学小数"，王嘉要"洗百家之流弊，绍千载之绝学"，那自然要把恢复二经本旨作为他立教的首要任务。

为此，王嘉首先以"全真"之名为其教标宗。据《金莲正宗仙源像传》记载，金世宗大定七年（1167），当他抵宁海州，会见马钰时，因"问答契合，乃筑室于马氏南园"，便题曰"全真"，并书一长歌，其中云："堂名名号号全真，寂静逍遥子细陈；岂用草茅遮雨露，亦非瓦屋度春秋。""全真"之名，盖由此而始。金元两代的全真家们对这个名称做过种种解释：金源璹说"摒去幻妄，独全其真者"谓之全真（《全真教祖碑》）；姬志真说"全本无亏，真元不妄"，"撮实去华，还淳返朴"，即是全真（《云山集》卷三《全真》；卷七《终南山楼云观碑》）；虞集说"豪杰之士，佯狂玩世，志之所存则返其真而已，谓之全真"（《道园学古录》卷五〇《非非子幽室志》）；范怿和张宇初进一步说，"谓真者，至纯不染，浩劫常存，一元之始祖，万殊之大宗也"（《重阳全真集序》），能"养其无体，体故全真"（《道门十规》）。元代儒学家鄂州教授俞应卯和翰林学士徐琰解说得更明白，俞说："祖师重阳以全真名教者，即'无极之真，二五之精，妙合而凝'，所以为万善之原也。"（《甘水仙源录》卷九《鄠县秦渡镇重修志道观碑》）徐说："其修持大略以诚心见性，除情去欲，忍耻含垢，苦己利人为之宗。"（《甘水仙源录》卷二《广宁通玄太古真人郝宗师道行碑》）凡此种种，无不认为王嚞以"全真"名教，是本于老子二经"见素抱朴，少私寡欲"，"如婴儿之未孩"之旨，必欲使民"全大宗之朴，守真正之源"（《抱朴子内篇》卷一〇《明本》），达到"性若婴儿"，"自适自得"而后已（《重阳全真集序》）。表面看来，这当然不错，但这绝非王嚞"全真"之本义。

王嚞以"全真"名教，固然是要承《道德经》本旨，但绝不是复老子之旧，更重要的是要创"三教圆融"之新。即在《道德经》的基础上，融会三教"理性命之学"，走"三教合一"的道路。他以"通五千言之至理"，"若太上老子无为真常之道者"的身份，公然声称"儒门释户道相通，三教从来一祖风""心中端正莫生邪，三教搜来做一家""释道从来是一家，两般形貌理无差""满坐谈开三教语，一杯传透四时春"（《重阳全真集》卷一、卷一〇），而且常常以《孝经》《心经》和《道德经》三经，教其门徒。他在云游三州期间，于文登建"三教七宝会"，于宁海建"三教金莲会"，至福山又立"三教三光会"，至登州又立"三教玉华会"，至莱州又起"三教平等会"。凡立会必以"三教"名之，真如"子思、达摩之徒欤"！其用意无非表明他"不独居一教"，而主张"三教平等"（《全真教祖碑》），这才是"全真"的主旨。他写的《三州五会化缘榜》，就是专门弘扬这个主旨的（《重阳全真集》卷三）。

那么，如何使三教"平等"而"合一"呢？

王嚞以道教立场，首先从三教共同尊称的"道"这一范畴上，找到了三教归一的契机。他在《金关玉锁诀》中，把三教排列为"太上为祖，释迦为宗，夫子为科牌"，认为，自完颜之乱以后，"三教既寂"，"一切男女在爱河内煎煮，苦海漂沉，受其烦恼"，往往是"著空尽落空"，究其原因，皆不知"三教者是随意演化众生，皆不离于道也"。面对这种"今人各不晓真道"

的现实，他得出结论说："三教者如鼎三足，身同归一，无二无三。三教者不离真道也，喻曰似一银树生三枝也。"这就是说，三教表面上分立，但都不离"真道"，"道"是它们得以融合的基础，在这个基础上，它们是"平等"的，不能互相分离。

接着，他从道教最关心的生死问题上，具体分析了"道"的性质。他认为"世界性命事大"，人生至重者莫过于"性命"，而要保存性命之真，非"大道"则不行。因此他说："性命本宗，元无得失，巍不可测，妙不可言，乃为之道。"（《重阳真人授丹阳二十四诀》）"道"即"性命"，是王嘉全真教对"道"的基本规定，这同《中庸》所谓"天命之谓性，率性之谓道"的说法，的确十分相似。但王嘉认为要保全性命之真，就得"降心""洗心""出家""修行"，因为"心生则性灭，心灭则性现"，"心清意静天堂路，意乱心慌地狱门"。从这个意义上，他进而又把"道"规定为"心"，说什么"心本是道，道即是心，心外无道，道外无心"，这又同他所证引的《金刚经》所谓"澄其心而神自清"的思路，完全相契，因此，金源璹将他同子思、达摩并称道：

> 三教各有至言妙理，释教得佛之心者达摩也，其教名之曰禅；儒教传孔子之家学者子思也，其书名之曰《中庸》；道教通五千言之至理，不言而传，不行而至，若太上老子无为真常之道者，重阳王真人也。（《全真教祖碑》）

最后，王嘉将"性命之道"归结为"全真"。他说："性者是元神，命者是元气。""根者是性，命者是带。""神者是龙，气者是虎，是性命也。"认为"三教圣主之意"，就是要人"忘情去欲""心虚气住"，只有"气住则神清，神清则德合道生矣"。"精、气、神"的统一，就是"性命之道"，王嘉称之为"内三宝"（《重阳真人授丹阳二十四诀》）。他告诫道友："自然消息自然恬，不论金丹不论仙。一气养成神愈静，万金难买日高眠。"（《重阳全真集》卷九《赠道友》）当然，他并不是一点"不论金丹不论仙"的，但他所说的金丹铅汞，绝不同于丹鼎之术、神仙之说，而是认为"铅者是元神，汞者是元气"（《重阳全真集》卷九《赠道友》），始终不违背自己"精、气、神"统一的"性命之道"。也只有如此，方能达到"全真"境界，正如李道纯《全真活法》所云：

> 全真道人，当行全真之道。所谓全真者，全其本真也。全精、全气、全神，方谓之全真。才有欠缺，便不以全也；才有点污，便不以真也。全精可以保身，欲全其精，先要身安定，安定则无欲，故精全也；全气可以养心，欲全其气，先要心清净，清净则无念，故气全也；全神可以返虚，欲全其神，先要意诚，意诚则心身合而返虚也。是故精气神为三元药物，身心意为三元至要，学神仙法，不必多为，但验精气神三宝为丹头，三宝会于中宫，金丹成矣。岂不易知？岂为难？难知者，邪眩惑尔。（《中和集》）

这寥寥数语，正道破了全真之秘要。

由此足见，王嚞之所以以"全真"名教，就是想表明他在力辟道教种种弊端，恢复老子本旨的前提下，要创立一种"三教圆融"的"道德性命之学"，以达到"全精、全气、全神"的最高"神仙"境界。既然，这是对传统道教的变革，是王嚞的创新，根本不存在什么神异的师承传绪。如果一定要找寻它的思想渊源，那大概只能从彭耜《道德真经集注》中所保留宋代诸儒的经注里，看到筚路蓝缕。①

五、性命双修

"全精、全气、全神"，既然是王嚞立教的真实本意，是全真道追求"三教圆融"所要达到的最高"神仙"境界，那么，如何使"精、气、神"统一，

---

① 据《青岩丛录》所载，彭耜鹤林系传唐代丹鼎派的南宗正一七传弟子，但他撰《道德真经集注》专门收宋代尤其北宋诸儒的注文，并视丹灶、符箓、奇技为"小数""土苴者耳"（见该书序）。该书古楼观说经台有藏版流传，可以推测，全真思想与宋儒的注经思想之间，可能有一定的渊源关系。

就成了全真家们必须解决的重要问题，从而构成了全真道修持真功，涉世制行的主要内容。

金元以后的学者，从道教在宋金之世形成南（正一）北（全真）二宗的分派上①，曾多少触及这个问题。明初，同宋濂一起总裁编修《元史》的王祎认为："全真之名昉于金，世有南北二家之分。南宗先性，北宗先命。"②后世或云："南宗主性，北宗主命，主性者由服食炼养，保留吾人之真性，所谓自力派也；主命者由符咒科教而得延命，所谓他力派也。"（傅勤家《中国道教史》第十六章引）大概承袭此说。与此相反，明正一嗣教领教事的张宇初却说："近世以禅为性宗，道为命宗，全真为性命双修，正一则惟习科教。"（《道门十规》）清初刘献廷亦沿张说，认为："道家有南北二宗，南宗不言性，北宗则曰性命双修。"（《广阳杂记》卷三）虽然张、刘这一看法是比较符合全真教特点的，但他们均没有注意考察"性命双修"和"全真"本旨的关系，以及如何实行"性命双修"的问题。

的确，在道教各派中，重视修行真功的，莫过于全真道。《重阳全真集》《重阳教化集》的主要内容，不外"修行"二字，所谓："修行便发好枝条，不逐轻飘信任飘"，"修行便发好枝条，不会修行枉折腰；经教岂曾穷义理，香烟只会漫焚烧"。（《重阳全真集》卷九《定定歌》《劝道歌》）这类诗句几乎随处可见。不过，修行以求登仙长命，这是道教各派共同的目标，全真道当然不会例外，王嚞羽化前告谕弟子马钰曰："学道无他，在于养气，心液下降，肾气上腾，至脾元，氤氲不散，则丹聚矣。肺与肝为往来之路，习静既久，当自知之。"像这种修命之说，在七真的著作里，也是俯拾皆有。但值得注意的是，七真绝不像正一诸教独重修命，他们往往为了讲修性，才讲修命，

① 道教极盛必分宗派。关于道教分派，史书有种种说法，元陈采《清微仙谱》序认为：老君之后，道分四派，曰真元、曰太华、曰关令、曰正一，十传至清微侍元昭凝元君，又复合于一，宋金之世所谓全真者，乃关令派，张道陵者，乃正一派，此外还有清微派。明王祎《青岩丛录》倡"南北二宗"之说，《元史·释老传》又有：南方正一，北方全真、真大道、太一等四派之说。其实，无论按传经、按宗旨，还是按活动地域，道教在金元时期，主要分为全真和正一南北两大派。

② 《少室山房笔丛》卷四二《玉壶遐览》引《青岩丛录》。王祎把全真道分为南北二宗，显然不合乎史实。

而且将佛教禅宗和宋代理学习用的"体用"范畴引入全真，从体用、本末的哲学高度，来论证"性命双修"之理，这确实是全真道独有的显著特征。

全真道之所以要"性命双修"，是它追求"三教圆融"的立教本旨决定的。本来"三氏之学"各有其旨，宋儒主"理"，禅宗主"性"，道教主"命"，三足鼎立。七真因普遍经历由"儒"而"道"的生涯，对此无疑十分清楚，要使三教归一，当然必须说明"理""性""命"三者是如何统一的。王嚞巧妙地运用道教"精""气""神"三个范畴来论证这个问题，他首先肯定："道者，了达性命也"，"性命者，是精血也"，精血聚而成人形体，它仅"是肉身之根本"，而"真气者"才"是性命之根本"（《重阳真人金关玉锁诀》）。全真道者视"形骸为逆旅"，常常"衣絮带索，面垢首蓬"，从不介意，因而对于"全精"，很少去讲，着重讲的是"气神""性命"的统一。马钰《示门人》云：

> 夫大道无形，气之祖也，神之母也。神气是性命，性命是龙虎，龙虎是铅汞，铅汞是水火，水火是婴姹，婴姹是阴阳，真阴真阳，即是神气。种种异名，皆不用著，只是神气二字。（《丹阳真人直言》）

这就是说，道教所说的"龙虎""铅汞""水火""婴姹""阴阳"，实质"只是神气二字"，而"神气"即"性命"。"神气"之间和"性命"之间，同样都是一种"体用""本末"的关系，《全真清规》中有一篇名曰《全真体用》，是专门论证这个关系的，所谓"俾归元而造理，警心妄以全真""心条达性，玲珑自然""气融冲神""体同太虚"等等。另一篇《长春真人规榜》说得更明白：

> 夫住庵者，清虚冷澹，潇洒寂寥，见性为体，养命为用，柔弱为常，谦和为德，慈悲为本，方便为门。……见三教门人，须当平（等）待，不得怠慢心。

归根到底，还是王嚞说的"真气者，性命之根本也"。"神气""性命"能

"体用"如一，也就达到了"三教圆融"的"全真"境界。所以，王嚞《述怀》反复申明："气壮神清爽，心闲性逸安"，"了了通三道，圆圆做一团"，"上中下正开心月，精气神全得祖风"。（《重阳全真集》卷一）

元末明初的陶宗仪，可能有见于此[①]，特作《三教一源图》，以示"三教圆融"的内在逻辑。

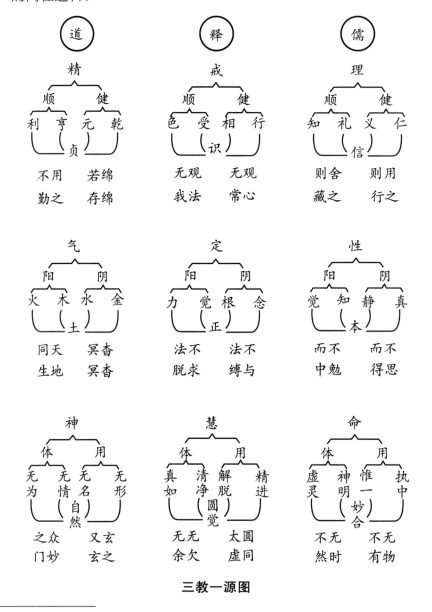

三教一源图

① 陶宗仪《南村辍耕录》，采录了元代"凡六合之内，朝野之间，天理人事，有关风化"的各种史料，卷五有"三教"一条，卷二九有"全真教"一条。由此可以推测，载于卷三〇的《三教一源图》，可能与全真教"三教圆融"的宗旨相关。

这个图，虽不能说是直接针对全真道"三教圆融"思想而做的图解，它所示之"理性命"，虽与全真家所谓"三氏之学"的"理性命"亦不尽相同；但它通过"健顺""阴阳""体用"三对范畴，将三教分别使用的"理性命""戒定慧""精气神"等基本范畴，一一对应，相互类通，说明"三教一源"，这正切中了全真本旨。表明全真道主张"性命双修"，不仅和北方禅宗主张的"定慧双修"一脉相承，同时也是本教"精气神全得祖风"的必然要求，而且合乎三教思想的内在逻辑，尽管七真还不可能理会这一点。

那么，怎样具体实行"性命双修"以达到"精气神全"呢？《重阳立教十五论》做了明确规定，其略云：

（1）凡出家者先须投庵，身依心安，气神和畅；

（2）云游访师，参寻性命；

（3）学书，不寻文乱目，宜采意心解；

（4）精研药物，活人性命；

（5）修盖茅庵，以遮日月，但不雕梁峻宇而绝地脉；

（6）道人必须择高明者合伴，以丛林为立身之本；

（7）凡静坐者须要心如泰山，不动不摇，毫无思念；

（8）剪除念想，以求定心；

（9）紧肃理性于宽慢之中以炼性；

（10）调配五行精气于一身；

（11）修炼性命是修行之根本；

（12）入圣之道，须苦志多年，积功累行；

（13）超脱欲界、色界、无色界；

（14）养身之法，在于得道多养；

（15）超离凡世，非身不死，而在心离凡世。

除此之外，还严格规定，不娶妻室，不茹荤腥，同南宋的正一教别然两样。

所有这些教规，归结起来，无非要道众"绝世所欲"，苦炼心性，"内而修己"，"外而济世"。元初，栖云真人王志谨"领门众百余"在终南"开涝水"，"为民用"一事，就是这种"性命双修"最典型的道行表现，充分显示出全真道人高尚的"自苦"精神。难怪当世人们赞誉：全真氏"涉世制行，殊有可喜者，其逊让似儒，其勤苦似墨，其慈爱似佛，至于块守质朴，澹无营为，则又类夫修混沌者"（《甘水仙源录》卷九《大金陕州修灵虚观记》）。

正是在这种"自苦"精神的感召下，士流归附，百姓信仰，全真道开始进入全盛时期。

六、长春弘教

如果说，宋金之际王重阳在拯救道教之弊中，确立了以"三教圆融"为特征的全真宗旨，规定了以"性命双修"为实质的全真教规，使全真道由关陕而东，得以兴起，真不愧为全真"祖师"；那么，真正贯彻、实施全真宗旨与教规，创建丛林、传戒制度，使全真道在宗教组织上转变为正式道教，并发展到能与正一派相互对峙，成为中国传统社会后期道教的南北两大宗派之一，这却是"仙翁"丘长春的主要道绩了。不过丘并不只是简单承袭重阳之学，而是在坚持全真本旨的前提下，变革了王嚞的立教初意。

最明显的重大变化是，全真道由原来背离金朝的民族意识，发展为热衷结交权贵，公开依附金元朝政的阶级意识。

这是从王嚞谢世以后，在七真于关中弘教中逐渐发生的。据《七真年谱》和《磻溪集》序记载。金世宗大定十二年壬辰（1172），"丘刘谭马"四子共奉重阳遗柩归葬咸阳刘蒋村，庐墓两年后，在鄠县秦渡镇武庙"月夜共坐，各言其志"，"各议所之适"：马钰以"全真第二代"的身份于刘蒋居环，三年后曾西游陇州行化，东到长安祈雨，共在关中"悟理""弘教"十年，才东归宁海，次年（1183）羽化，始终死守重阳之旨不变；谭处端先后居洛阳朝元宫、华阴纯阳洞，刘处玄居洛阳土地庙，同马钰一样，不改全真初意。

丘处机却与之不同。他尤"乐秦陇之风"，西入磻溪（今宝鸡虢镇附近），穴居磻溪庙六年，后又迁隐陇州龙门山七年，一蓑一笠，寒暑不异，胁未沾席，正如他自己所述："一别家乡整十年，飘蓬云水入秦川"，"秦川自古帝王州，景色蒙茏瑞气浮"，"十年苦志忘高臣人，万里甘心作远游"，"安贫只解同今日，抱朴畴能继古仙"（《磻溪集》卷一）。这种自放草泽，"散发披襟还市朝""持峭行不屈于俗"的全真精神，显然是继重阳之仙风。但这仅仅是一个方面，另一方面，他却首开了结交权贵、依归朝政的先例。现据长春真人《本行碑》《成道碑》《西游记》等所载，我们不妨先来看看他磻溪、龙门山之后的主要宗教活动吧。

大定二十五年乙巳（1185），京兆统军夹谷公奉疏请长春还刘蒋旧隐，葺建王嘉故居，定名"祖庭"，初创全真三大祖庭之一的大重阳万寿宫。一时玄风大振，全真道蔚然始为道教大宗。

二十八年戊申（1188）春二月，应金世宗诏，征赴燕京，帝特建庵于万寿宫之西，以便咨访，问答称旨，并旨令主万寿谯事。四月，敕居宫庵，为御书篆额。五月，召见于长松岛。七月，再召见便殿，应制进献《瑶台第一层曲》，翌日，遣中使特赐上林桃。八月，得旨还终南，赐钱十万，表谢不受。

章宗明昌二年辛亥（1191），东归栖霞（今山东栖霞），乃大建琳宫，敕赐其额曰"太虚"，雄伟壮丽，时称"东方道林之冠"。

泰和七年丁卯（1207），章宗元妃重道，"遥礼"长春于禁中，特赠《大金玄都宝藏》一藏，驿送栖霞太虚观，以为常贮。从此，"海上达官贵人敬奉者"，与日俱增。"当代名臣"如定海军节度使刘公师鲁、邹公应中二老，"皆相与友"。

宣宗贞祐二年甲戌（1214），蒙古入侵，威胁日甚，乃南迁开封。秋，山东大乱，驸马都尉仆散公将兵讨伐，登州、宁海未服，长春请命前往抚谕，"所至皆投戈拜命，二州遂定"。其声望益发轰动朝野，宋、金、蒙古三帝，随之争相结纳。

兴定三年己卯（成吉思汗十四年，1219），兵镝烽火，遍于河朔。金宣宗、宋宁宗先后相召，长春皆辞不赴。冬，成吉思汗自奈蛮国遣近臣刘仲禄、札八儿持诏召请，长春慨然应命。第二年，率尹志平等十八弟子启程北行，历时四年，行经数十国，历地万余里，"不辞暴露于风霜，自愿跋涉于沙迹"，喋血战场，避寇叛域，直达大雪山。

元光元年壬午（1222），成吉思汗于大雪山之阳接见长春，设庐赐食，礼遇至隆。问以"为治之方""长生久视之道"，长春大略"答以敬天爱民为本"，"告以清心寡欲为要"。成吉思汗大悦，赐以"仙翁"，并命左右录其所言，是谓《玄风庆会录》。第二年三月，车驾至赛兰，诏许东归，长春欣然称臣，所赐不受，成吉思汗随即下诏尽免全真赋役，又派甲士千人护送，车骑所过，"迎者动数千人"，所居传舍，"户外之履满矣"，每每起行，甚至"有拥马首以泣者"。入关之后，"四方道流不远千里而来"，所历城郭，竞相挽留，感动人心可谓深矣。

正大元年甲申（1224），长春应行省之请，住燕京大天长观，即太极宫，旋改称为长春宫。又赐予万寿山太液池，改名为万寿宫。自尔，凡"使者赴行宫，皇帝必问神仙安否，还即有宣谕，语尝曰：朕所有地，其欲居者居之"。住持三年，建立八会（"平等""长春""灵宝""长生""明真""平安""消灾""万莲"），在都名儒，远近僚庶，或尝以诗贺之，或争献钱币，葺修两宫。成吉思汗还赐以金虎符，让其掌管天下道事，许以自由行事之特权。于是"诸方道侣云集，邪说日寝，京人翕然归慕，若户晓家喻，教门四辟，百倍往昔"。长春宫成了北方道教的活动中心，全真道的第一丛林，全真道达到了极盛。正如姬志真所云：

> 至于国朝（元）隆兴，长春真人起而应召之后，玄风大振，化洽诸方，学徒所在，随立宫观，往古来今，未有如是之盛也。（《云山集》卷七《终南山楼云观碑》）

以上可见，从金世宗大定二十五年到元太祖二十二年，短短四十余年，全真道竟如此之盛，究其原因，除了丘处机继承发挥王嚞"付畀得人"，以"损己利物为行"的全真特点，能以不断赢得下层人民信仰外，主要还是取决于全真道符合了"人主一时之好尚"，它既适应宋金二主挽救朝政危机的政治需要，更适应成吉思汗统一中国，建立元帝国的政治需要。元代的全真史家，往往有意神化前者，而忽略了后者。例如元好问，他把"丘往赴龙庭之诏"仅仅视为"制止杀机"，"为民请命"，甚至说什么："亿兆之命，悬于好生恶死之一言，诚有之，则虽冯瀛王之对辽主不是过，从是而后，黄冠之人，十分天下之二，声焰隆盛，鼓动海岳，虽凶暴鸷悍，甚愚无闻知之徒，皆与之俱化。"（《遗山集》卷三五《清真观记》）其实，在宋、金、元三足鼎立，你死我活的残酷争斗下，丘处机面对北方"十年兵火万民愁，千万中无一二留"的现实，慨然应诏西游，殷殷以止杀为劝。这固然一方面是为了弘扬"全真"本旨，但另一方面，他凭多年的宗教实践，已深知不依国主则教事难兴，所以，这无疑也是为了依靠政治的力量，来推进全真道的兴旺发展。

此两方面的动意，对全真家来说，虽不相悖，但对元代统治阶级来讲，却完全是为了用"仙道以辅其政"，麻痹人民，"解除邪暴"。虞集《相山重修保安观记》所说的豫章太守栾巴、南昌尉梅福（《道园学古录》卷四），元好问《紫微观记》中的东平左副元帅赵天锡之母、《太古观记》中的龙山大族名士京甫之伯姨、《朝元观记》中的崞山军节度使阎德刚（《遗山集》卷三五），都是明证。成吉思汗和朝中大臣将长春尊为"万乘之国师"，也是这个用意。就在这种相互为用的过程中，全真道由原来作为北宋遗民、士流敌视女真贵族的一种民族意识，蜕变为公开为元代统治论证，与其共同麻醉下层百姓的一种阶级意识。

与此紧密相关的另一变化是，全真道在"三教圆融"中，突出了儒家"修齐治平"和"诚敬""仁孝"的思想。

丘处机、刘处玄同金元皇帝的多次答问，最清楚地反映了这个变化。如果说，早在大定二十七年丁未（1187）和承安二年丁巳（1197），刘处玄先后奉诏赴阙，以"惜精全神修身之要，端拱无为治天下之本""寡嗜欲则身安，薄赋敛则国泰"，回答帝问"至道"（《七真年谱》），这还没有越出道家的本旨。那么，到长春西游大雪山，回答成吉思汗所问"长生药"时，便"数论"起"仁孝"了。《玄风庆会录》所记载他的这段言论，更是以"治国保民之术"为主题。尔后，承诏即燕京专门"教蒙古贵官之子"的长春随从弟子李志常，则进一步强调"治国保民之术"，"应诚而至"。元宪宗五年乙卯

（1255），宪宗"数召见咨以治国保民之术"，他上奏说："自古圣君有爱民之心，则才德之士必应诚而至。"并"历举勋贤并用，可成国泰民安之效"，得到了皇帝的采纳（《甘水仙源录》卷三《玄门掌教大宗师真常真人道行碑铭》）。所以，重阳万寿宫讲师张好古说："全真之道，一言可以尽之，曰诚而已。"（《甘水仙源录》卷八《清平子赵先生道行碑》）

王守道撰《玉华观碑》，更是强调"圣人"在"治国保民"中的决定作用。他说：

> 原夫太极未判，道在混茫；两仪肇分，道在天地；成位乎中，道在圣人。圣人者，为天地赞化育，为生民正性命，为往圣启玄学，为万世开太平。（《古楼观紫云衍庆集》卷中）

这是公然蹈袭宋儒张载"为天地立心，为生民立命，为往圣继绝学，为万世开太平"的思想。结果，导致了全真道的另一变化：从"不资参学，不立文字"，发展到"渐知读书""讲论经典"，把"涵泳义理"明确视为"真实入门"（《甘水仙源录》卷五《诚明真人道行碑》）。

总而言之，全真道之所以在金末元初达到盛况空前，主要是依附统治阶级政治势力支持的结果。为了替政治论证，它不能不突出儒家思想；为了实现儒家思想，它不能不强调"读书究理"。其结果是，愈来愈使自身世俗化，而作为一种宗教，便愈来愈接近衰落。

七、贵盛而衰

丘处机变革王嚞立教初意的现实后果是，全真道被元政府已认作道教正宗，受到皇帝臣僚的无上尊崇，有了政治支柱。从丘"飞升"，尹志平继丘掌教，到宪宗元年，命"以僧海云掌释教事，以道士李真常掌道教事"（《元史》卷三《宪宗本纪》），历经张志敬、王志坦，直至祁志诚继王掌教，前前后后六十余年，随着多民族统一的元帝国的建立，全真家们"冠之以宝冠，荐之以玉珪，被之以锦服"（《牧庵集》卷一一《长春宫碑铭》），贵盛空前。他们常常打起"为天子致福延寿"的旗号，法制无所禁，为所欲为，大侈国家之赐予，广建丛林，营缮宫观，"务其宏丽"，却万万没料到，这竟引起了佛教西僧（即喇嘛僧）的忌恨，使自身遭受了焚经、削发的厄运。一场导致全真由盛而衰的佛道论争，终于在元宪宗、世祖之世爆发了。

道家向来讳言这场辩论，《道藏》无载，而佛家却有意加以渲染，《明藏》《清藏》均有专书载之。若以《元史》和元人文集收集的有关碑文加以核定，去其不实之词，我们大体可知这场争论的起因、经过与实质。

先说佛道论争的起因和经过。据祥迈《至元辨伪录》和唐力、王盘等奉敕撰的《焚毁诸路伪道藏经碑》所载，宪宗八年戊午（1258），全真道众麇集丛林，每以长春感化时主为应"老子化胡"之谶，遂造出《老子八十一化图》，聊以自慰，并与《老君化胡成佛经》一起镂版传布，"意在轻蔑释门而自重其教"，触犯了佛教的尊严。于是，总统嵩山少林寺的长老福裕（雪庭）"以其事奏闻"宪宗，宪宗旨令佛道二家各十七人入朝辩论。佛以福裕为首，道以张志敬为首，双方约定："道胜则僧冠首而为道，僧胜则道削发而为僧。"福裕主动进攻，首先质问"汝书为谕化胡成佛"，那"佛是何义"？张志敬回答："佛者觉也，觉天、觉地、觉阴、觉阳、觉仁、觉义之谓也。"佛以为不然，以"自觉觉他觉，行圆满，三觉圆明"来反驳道："特觉天地阴阳仁义而已。"是时，宪宗语左右，认为"仁义是孔子之语"，道说非也。道又以《史记》诸书为据，欲辩解取胜，遭到了帝师西僧八思巴的反驳。八思巴以《史记》中无"化胡之说"，老子所传唯《道德经》，而《道德经》里也无"化胡之说"为理由，断定《道藏》除《道德经》外，皆是"伪妄"，弄得"道者辞屈"，无理以对。尚书姚枢只好宣告以"道者负矣"，结束了这场辩论。

最后，宪宗"命如约行罚"，勒令十七道士削发为僧，焚道经四十五部，归还所占佛寺二百七十三枢。经此之役，全真道知荣守辱，痛定思痛，但当它还未及弄清失败的真实原因而重新振兴起来的时候，佛教再次发起了攻击。

自元世祖中统建元（1260年，忽必烈即位），僧众依仗帝师八思巴之功，大兴佛教（《道园学古录》卷四八《佛园普安大禅师塔铭》），到至元十七年庚辰（1280），南宋新亡，南北统一，佛教的至尊地位已定。西僧气焰嚣张，借口"长春宫道流谋害僧录广渊"，"往年所焚道家伪经"，"多隐匿未毁"，于十七年、十八年两次上奏，要求世宗为其"辩诬"，继续惩罚道教。世宗"诏谕天下"，再次焚毁所谓"《道藏》伪妄经文及板"（《元史》卷一一《世祖本纪八》）。从此，全真道的正宗地位被彻底动摇。尽管，十年以后在京师已开"经厄"，允许"道流宿儒"信仰自由，但以"不涉释言"为限（《牧庵集》卷一一《长春宫碑铭》）。而全真受宠的那段历史，只能留给李道谦、秦志安诸全真家在终南祖庭收集、编撰全真教史中，去默默地回顾罢了。

这里自然提出了一个问题：有元立国，为什么当崛起漠北之时，那样尊崇全真，而到了灭掉宋金、一统天下之日，竟如此扶持西僧呢？从上述佛道论争发生的时间、内容看，这实质是关系到元代立国思想的选择和全真"三教圆融"思想能否适应这一政治需要的问题。

这场辩论，正值世祖建元、即将统一全国的重要时期，确立什么样的统治思想，对于一个蒙古统治者来讲，是迫在眉睫的重大课题。他们深知自己"武功迭兴，文治多缺"，"毡裘旧俗"，若不"改用中国之法"，就无以立国；而要"附会汉法"，当然先得通习体现汉人思想文化的儒学。从太祖成吉思汗始，"其时已有混一区夏之志"，太宗皇帝随之"首诏国子通习华言"（《日下旧闻》卷一四《马祖常大兴府学碑》），至宪宗时，蒙人已有通汉语而"又雅重儒术"者（《元史》卷一三六《哈剌哈孙传》）。所以，无论是太祖"遣使赍金牌征丘处机"，还是丞相忠宪王（安童）过云州，"屏骑从见"祁志诚（《道园学古录》卷四六《白云观记》），表面上看，这对全真确实尊崇备至，但实则"虚崇礼貌"，其本心一是"但希长生"（《元史译文证补》卷二九），其二，则主要在于通过全真家来学习"汉法"，以领略"修身治世之事"。而全真家以"三教圆融"为宗旨，身为北宋遗民，特别熟悉"儒业"，丘处机更是"博物洽闻，于书无所不读"（《长春真人西游记》序），他们完全可以满足太祖诸帝的这一要求。况且，这时"南北不通，程朱之书，不及于北", 北方儒学未兴, 要想掌握"修齐治平"之术, 也只有求之于全真家。因而, 全真之贵盛, 理所当然。

但是, 元主毕竟起自西域, "崇尚释氏", 尤重西僧, 自然是立国应有之义。如果说太祖、太宗之世, 还是"尚巫信鬼, 初无所谓教也", 成吉思汗命其后裔给各种宗教以平等待遇; 那么, 到宪宗、世祖之世, 便将西藏名僧八思巴"尊为国师, 授以玉印", 给予了各种特权(《元史》卷二〇二《释老传》)。是时, 全真道竟侵占佛寺, "轻蔑释门", 极大地妨碍了佛教政治特权和寺院经济利益的发展, 因而, 皇帝公开支持西僧惩处全真, 也是"必然之理"。

这表面看来, 也确实是重佛轻道, 厚爱西僧, 其实, 自世祖之后, 上至皇帝, 下至僚庶, 尊佛只不过是一种信仰而已。宋金元鼎革之现实, 使他们越来越清楚地认识到佛教与道教一样, "清净寂灭, 自治可也", 但不能治天下, "若治天下, 舍仁义, 则纲常乱矣"(《元史》卷一三六《拜住传》)。所以, "盖元之所藉以立国者", 只有儒学。

诚然, "大元制典", 将人分为十等, "介乎娼之下, 丐之上者, 今之儒也"(《叠山集》卷六《送方伯载归三山序》)。所谓"九儒十丐", 表明儒家其人, 社会地位的确低下, 但儒家其学, 却是他们选定的立国之本, 须臾不敢离弃。加之, 南北统一, 朱学得以北传, 忽必烈悦受"儒教大宗师", "旨蠲儒户兵赋"(《元史》卷一六三《张德辉传》), 亲征许衡为京兆提学, 招致赵复为师, 令姚枢"即军中求儒、释、道、医、卜之人", 百年之间, "上自朝廷内外名宦之臣, 下及山林布衣之士, 以通经能文显著当世者, 彬彬焉众矣"(《元史》卷一八九《儒学一》)。这时, 蒙古统治者已经能直接运用儒学治理天下, 再无须从全真道那里去学习儒学"汉法"了。全真家那种"清静无为""返朴全性"的说教, 同"思大有为于天下"的忽必烈, 更是格格不入了。全真由盛而衰, 势所难免。

由此可见, 成吉思汗诏求长春, 并非真心崇道, 忽必烈扶持西僧, 也非真心尊佛。他们无论怎样褒贬三教, 儒学仍然是有元一代的统治思想。正如字术鲁羽中子羽军所云: "释如黄金, 道如白璧, 儒如五谷", "黄金、白璧无亦何妨，五谷于世岂可一日缺哉"！（《南村辍耕录》卷五《三教》）这正是全真教贵盛而衰的根源所在。

八、简短结语

总括以上可知：

全真道作为一种世俗化的新道教，是宋金之际民族矛盾尖锐化的必然产物。它在宋金元鼎革过程中，"势如风火"般地发展到极盛，又在元统一全国之际，经过长达二十余年的佛道论争而走向衰落，社会的政治变革，始终是它产生、兴盛和衰落的直接杠杆。考察全真道思想源流，与研究任何一种宗教思想一样，如果离开这一基点，就无法看清其真相。

全真道以"三教圆融"的"道德性命之学"为其宗旨，这既是特定社会政治的产物，同时又是唐宋道教"弊极而变"的必然结果。从王嚞到丘处机，从丘处机到张志敬，尽管全真思想倾向已从北宋遗士的民族意识，蜕变为适从元代统治需要的阶级意识，从而促使"三教平等"转化为以儒为主、"不立文字"转化为"讲论经典"、"投住茅庵"转化为聚集丛林，但"三教圆融"的思想宗旨，一直未变。这正是决定全真道作为道教北宗而有别于其他教派的内在根据。

"三教圆融"的全真思想，虽"非声音笑貌可名"（张伯淳《养蒙集》卷一《赠祁真人制》），是道之传，虽"古所未有"（《甘水仙源录》卷四《真常子李真人碑铭》），但这一思想的出现，从一个侧面展现出中国古代思想矛盾运动的必然趋势。魏晋隋唐形成的三教鼎立，虽冲破了两汉儒学独尊所造成的思想僵化局面，却造成了北宋"天人二本""体用殊绝"的理论危机；宋儒要纠正三教之弊，往往一面力辟佛道，一面吸收佛道，在儒学基础上，形成了"三教融合"的新儒学（"道学"或"理学"），但又极力讳言"三教融合"；金元全真家想复老子五千言本旨，以救唐宋道教之失，却因出身"儒业"，又熟知"三教之学"，居然站在道教立场上，创立了明确以"三教圆融"标宗的"道德性命之学"，但它毕竟属于一种道教思想；金元以后，全真道衰落了，但"三教归一之说，浸淫而及于儒，明代讲学之家，为矜秘密，实则嘉之绪余耳"（《四库全书总目》二八《甘水仙源录提要》）。这便是中华民族思想融会、发展的历史辩证法。

1982年秋稿于陕西师大6楼家。

原载《世界宗教研究》1983年第2期，《中国哲学》1984年第11辑；收入《张载哲学思想及关学学派》，人民出版社，1986年。

论全真道及其内丹长生思想之演变*

一、大事因缘

（一）立论主旨

在中国思想史上，如果说新禅宗在唐代的出现是中国佛教的"一大事因缘"，新儒学在宋明的形成与传衍是中国儒学的"一大事因缘"，那么，以全真道为代表的新道教在金元明清的产生与演变，无疑也是中国道教的"一大事因缘"。①只要细心读一读唐宋以来的儒、佛、道典籍，就会发现，不但如陈寅恪所说："佛教经典言：'佛为一大事因缘出现于世。'中国自秦以后，迄于今日，其思想之演变历程，至繁至久。要之，只为一大事因缘，即新儒学之产生，及其传衍而已。"②而且《道藏》中亦不乏全真道宗师们自称其道为

---

　　* 本篇是笔者1997年秋应台湾"中央研究院"史语所邀请，在其举办的"中国思想史上的道教"专题讲座上发表主题演讲的修正稿。
　　① 近世西方学者将宋明道学（或理学）称为"新儒学"（Neo-Confucianism），冯友兰1982年7月在美国夏威夷国际朱子学讨论会上，以"宋明道学通论"为题发言，认为"新儒学可以说是关于'人'的学问。它所讨论的大概都是关于'人'的问题"，本文沿用这一称谓。见《冯友兰学术精华录》，北京师范学院出版社，1988年，第562页。"新禅宗"与"新道教"之称谓，见陈垣：《南宋初河北新道教考》，中华书局，1962年，第3—4页；余英时：《中国近世宗教伦理与商人精神》，台北联经出版事业公司，1987年，第15—40页。
　　② 陈寅恪：《冯友兰中国哲学史下册审查报告》，见《金明馆丛稿二编》，上海古籍出版社，1980年，第250页。

"教外别传"，"本分圆成，真真实实"，可"合天地、合圣贤、合鬼神、合万物，如此一大事因缘"之记录。①虽说这三"大事因缘"各有其新义，但就其形成与发展来说，却都以唐宋以来中国思想史上出现的儒、佛、道三教融合思潮为之先导和依归，并且各自为本位，先后都实现了圆融会通两对方而成为真实纯熟的"三教归一"的一家之学，再也无法辨清（也无须辨清）究竟是谁抄袭了谁的问题。因此，我认为这是中国思想上的"一大事因缘"，无论探讨唐宋以后的哪一家思想，不能不从这点立说。

自陈寅恪1933年在审查冯友兰《中国哲学史》下册的报告书中提出："自晋至今，言中国之思想，可以儒释道三教代表之。此虽通俗之谈，然稽之旧史之事实，验以今世之人情，则三教之说，要为不易之论。"②至今已六十余年，虽说这一论断已为学界公认，但真要从三教关系上立说来探索中国思想史、哲学史，绝非易事。

十五年前，我因研究宋明理学及关学学派之必要，曾闯入这座明确以"三教圆融""性命双修"标宗立教的全真道之仙宫圣殿，习作了有关金元全真道"思想源流"的文字，③算是刚刚踏进门槛，便自觉功力欠缺，难入堂奥，只得再读书炼养。直至今日，才写出了这篇拙稿，可算是"下篇"，旨在探讨元末至明清间全真道，尤其是全真内丹长生思想之演变路向及其生命科学之意义。

（二）史料检讨

从近世道教史的研究状况看，无论对中国学者还是对西方学者来说，它本来就是一个十分棘手的学术范围；而要探讨元末以后的全真道，那无疑更为困难。其困难除因个人三教学养功夫未到之外，主要还是：

一因明清道书不全。根据80年代末的初步调查，元末以后，明清两代

① 参看王志谨：《盘山楼云王真人语录》，见《道藏》第二十三册，文物出版社、上海书店、天津古籍出版社三家影印本，1988年，第729页。
② 陈寅恪：《冯友兰中国哲学史下册审查报告》，见《金明馆丛稿二编》，上海古籍出版社，1980年，第251页。
③ 参看前篇《论全真道的思想源流》。

（1368—1911）五百年间所出现的新道书，明正续《道藏》未收者至少也在五六百种以上。而清康熙年间彭定求编入《道藏辑要》者仅一百一十种，清乾嘉年间闵一得编入《道藏续编》第一辑者仅十余种。①1992、1994年四川巴蜀书社先后编纂出版的《藏外道书》，共三十六册，可谓当今集正续《道藏》之外新道书之大成，但细观内容，除去与正续《道藏》、《道藏辑要》、《道藏续编》重复者及误作道书辑入者，也是"知而不全""觅而不得""求而不能"，并非"藏外全书"，②且惜印刷极劣，不堪卒读。况且散失流落在民间、道观及海外者不计其数，始于金元、盛行于明清的民间"宝卷"中，也保存有大批的明清道教史料。③

二因传承法系不明。唐宋以来，三教各自建立了自己的法嗣道统。新禅宗自称"教外别传"，假托所谓灵山会上，释迦拈花示众，迦叶破颜微笑，即心心相印之传法，传之印度第二十八祖之菩提达摩而东渡来华，成为东土初祖，至五祖弘忍后，其门下弟子神秀与惠能分别开山创立北渐、南顿两派，随之又有"六家七宗"之说。④道教继隋唐佛教立宗分派之遗风，伴随宋徽宗以道法抗御金兵的失败和南宋金元的鼎革兴替，像新禅宗出现一样，也发生了一次历史性的变革，以符箓道法为主的传统道教日趋衰落，而以丹鼎炼养为主的新道教开始兴起，至元代，终于形成了传统的正一道和新兴的全真道两大道派交相统领南北大小各派道教的格局。但从明初朱元璋起，实行崇正一而抑全真的总方针，正一天师成为全国道教的统领，世袭官爵，实际成了官方道教，而全

---

① 胡道静等：《藏外道书序》，见《藏外道书》第一册，巴蜀书社，1992年，序第1—3页。

② 胡道静等：《藏外道书后记》，见《藏外道书》第三十六册，巴蜀书社，1992年，第1—2页。

③ 据初步考察，继唐、五代时民间流行之变文与讲经文之后，大约在金元时开始出现"宝卷"，明初民间宗教开始利用"宝卷"。明清间，道教经典也以"宝卷"形式在民间流行，民间宗教家又纷纷编撰经典，均冠以"宝卷"之名，从此道书与"宝卷"相混而行。清道光间，沧州知州黄育楩便曾没收民间宗教"宝卷"，编著《破邪详辩》六卷，共收六十八种。1961年，中华书局出版了李世瑜的《宝卷综录》，著录"宝卷"达六百五十二种，是迄今较完整的一部"宝卷"目录。二次大战时，中国大批"宝卷"被掠入日本、苏联等国，至今流落海外，尚不明其数。

④ 汤用彤：《论中国佛教无"十宗"》，见《汤用彤学术论文集》，中华书局，1983年，第355—370页。

真新道教却避世沉寂于民间,其传承世系之道史,当世甚少有人记载。全真家的著述亦不多见,且语多忌讳,或故作神秘,以表坚守所谓"教外别传,言思路绝,悟者自得"的"真师密传之妙也"。[①]直到清代,先后有全真龙门派第十一代宗人闵小艮一得(1758—1836)编辑《金盖心灯》八卷、第十七代宗人陈铭珪教友(1824—1881)撰《长春道教源流》,[②]全真道在清始有史;但这仅是龙门一派的历史,且二人记载多有出入,若不借助正史、方志、文集、类书、碑帖、笔记等史料,严肃地进行一番钩稽考证功夫,实难获得全真历史真实之全貌。难怪连陈教友也感叹:

> 惟元时北方全真教,长春与诸真递相传授,尚可考见;厥后自北而南,地与世相去日远,李道谦后,纂辑无人,世但知为全真教,无有识其渊源者矣。不特此也,当明之世,全真之显著者多出南方,而北方无闻焉;岂元末北方大乱,于时宫观残毁,徒众星散,遂尔失传耶?[③]

何况我们今日研究全真道教史者,绝不同于闵一得、陈教友等全真宗师,我们须了然于各派之源流,但不是为了给全真续谱接宗,而是为了探知元明清至今全真各派学说之思路与风格。当然,若不首先探明道史,其学将实难获从入之途。

三因丹道入门不易。全真道和传统道教一样,以长生成仙为主要信仰,来满足社会个体的心灵需求,又以济世安民为己任,来满足社会整体的现实期望。但这一双重功能的实现,不同于新儒家积极入世的社会参与,也有别于新禅宗出世成佛的顿悟解脱,而是依凭长期苦修一套套神秘的丹道方术为其根本

---

① 见《道藏》第二十三册。丘处机《大道歌》早就唱道:"大道渊微兮,现在目前;自古上达兮,莫非师传。"由此可知,后之信奉全真者,"非师传无以继其统,亦非师传无以世其系";而今之研究全真者,若不弄清其师承法系,则实难以入其门径。《藏外道书》第三十一册,巴蜀书社,1992年,第419页。

② 二书向有单本流传,今俱收入《藏外道书》第三十一册,巴蜀书社,1992年,第1—405页。

③ 《藏外道书》第三十一册,巴蜀书社,1992年,第119页。

途径。然而，魏晋隋唐期间，史不绝书的皇帝、官僚服食金丹中毒的事例，以及儒、佛对肉体飞升理论的逻辑诘难，已从根本上动摇了人们对黄白外丹成仙的信仰。于是，弊极则变，全真新道教继承钟吕金丹（内丹）学传统，借儒家经学"《易》外别传"阴阳爻辰之理论架构，"缘《参同》炉火而言内丹，炼养阴阳，混合元气"，"惟以性命交修，为谷神不死、羽化登真之诀"。①从此，内丹术代替了外丹术，"内丹成仙"说成为宋元明清七百余年间道教的主流思想。明正续《道藏》所收的内丹书，约有一百二三种，连《藏外道书》所收及民间流传的内丹典籍，至少二三百种，足以使人望而生畏，苦难而止。就连编撰这些书的内丹理论大家也不得不常向人们吐露难言："丹经难读难解，古今同之，立言困难，知言也不易也。"②

我看困难还不单是品种包罗至繁，义理奥妙奇异，单就行文用语来说，其困难有二：

一曰内丹术语往往与外丹相同，而其意迥别。这也许是唐宋间儒道二教中的内丹学家，接受了"佛教宗派中道教意义最富"的天台宗第二代祖师慧思《立誓愿文》所传达的信息：

> 愿得深山寂静处，足神丹药修此愿，借外丹力修内丹，欲安众生先自安。③

难怪我们从王重阳与七真的"全真集"中所看到的"铅汞""火候""黄庭""刀圭""河车""还丹""抽添""金公""黄婆""婴儿""姹女""青龙""白虎""乾坤""坎离"等名词，几乎都是专主外丹的汉代魏伯阳《周易参同契》中的术语，但论述的却是内丹心性修炼的内容。尽

---

① 参看清嘉庆十七年桐城方维甸《校刊抱朴子内篇序》，见王明：《抱朴子内篇校释》增订本，中华书局，1985年，第389页。
② 陆西星：《周易参同契测疏序》，见《藏外道书》第五册，巴蜀书社，1992年，第255页。
③ 参阅《大正大藏经》卷四六《南岳思大禅师立誓愿文》，以及陈寅恪的评述，见陈寅恪：《金明馆丛稿二编》，上海古籍出版社，1980年，第251—252页。

管，这些早期全真著作不得不多次反复解释："金公是神，黄婆是气。阳气是婴儿，阴气是姹女。青龙者是肝之气也，白虎者是肺之气也。坎离是精血……"①但在不同著作或不同地方，所述往往又有差异，甚难掌握。而且内丹术分"清修"（男女单修）与"双修"（男女合修）两大流派，又各有不同支流，大都涉及房中术，所用名词，又与内丹、外丹术语相同，而意义不同。《孙不二元君法语》（坤道功夫次第诗）、《真金诀》、《女丹要诀》中所谓"骑牛赴月撞金钟，捉得金精锁毒龙""救人先救己，内外两功收"，即是明证。

二曰丹道功法实系口传心授的密记、秘传，语多寓意，隐晦难懂。如王重阳给七真秘传的《金关玉锁诀》中所举"治病长生"之法，有所谓："太子游四门之法，有金鞭指轮之法，有芦芽穿膝之法，有轩辕跨火之法，有玉女摸身之法，有钟离背剑之法，有吕翁钓鱼之法，有陈希夷大睡之法。"虽然他强调："三教内行法门者，尽各治于疾病也。"②其实至今也少有人能真正明其如此法门者。更有甚者的是，有些全真高道为渲染神秘色彩，还故意错杂排列丹经文句顺序，使人望文兴叹，如坠云雾之中。③

当然，近年也不乏高功内行公开署名声言，他已"破译"了全真伍柳派托名吕洞宾等"八洞仙祖合著的《天仙金丹心法》"。④我欣然拜读了这部出现于清嘉庆年间的全真丹书，尤其使我高兴的是，该书的序文竟是我从少年时代在故乡华山云台观中学读书时就认识，至今一直敬慕的著名道长闵智亭所撰。闵出身华山派黄冠，知识渊博，精于琴棋书画，熟谙道教经忏科仪，著有《全真正韵谱辑》《全真高道传记》等书，后为西安八仙宫监院、北京白云观律坛

---

① 王嚞：《重阳真人金关玉锁诀》，见《道藏》第二十五册，文物出版社、上海书店、天津古籍出版社三家影印本，1988年，第804—805页。

② 王嚞：《重阳真人金关玉锁诀》，见《道藏》第二十五册，文物出版社、上海书店、天津古籍出版社三家影印本，1988年，第804—805页。

③ 参阅《天仙金丹心法》，见《藏外道书》第二十五册，巴蜀书社，1992年，第592—668页。

④ 参看署名"松飞破译"的《天仙金丹心法》，中华书局，1990年。

戒坛大师。①他称赞该书经"巧为破译，去其神秘之烟雾，使庐山真面目得以显现，使读者易晓，使炼者得法"。②我非修炼丹功者，自然尚不得法，只觉得经破译后的《心法》，的确"使读者易晓"，但是否真是清代全真伍柳派思想的庐山真面目，我看只有破译者自己明白，别人都是说不准的。

我本不通丹法，更没有破译者能入其内的丹道素养和钻研勇气，因此，本文只能站在丹道之外，就其史迹，举其大端，来寻求丹道中所蕴含的金元全真道这一"大事因缘"的思想路向和现代意义，亦算是钩玄提要，做大段功夫。

二、诸派之兴

（一）全真诸派兴起于元明之际

有元立国，正值南北不通，程朱之书不及于北，北方儒学未兴，因此，既尊西僧，尤重全真，便自然成其最基本的宗教国策。迨及元世祖忽必烈平定江南，统一中国，全真道随之南传，教被江南各地。但恰不逢时，当过和尚的朱元璋顺应时势，以理学立国，以《大学衍义》治国，开前古之所未有；对潜藏遗民意识、前朝贵盛的全真道始终怀有戒忌，视其"务以修身养性，独为自己而已"，于国于民无益，反不如正一教所擅长之斋醮符箓"专以超脱，特为孝子慈亲之设，益人伦，厚风俗，其功大矣哉"！③于是，他为整个朱明王朝制定了永赖儒教、兼取佛道、三教并用的宗教政策，④而对道教，则始终抱着尊崇正一而贬抑全真的态度，几近三百年间，几乎未变。所以，总体来说，自元末以后，全真道基本处于沉寂状态。

然而，不容忽略的史实是，一则，全真道在宋金之际兴起时，其第一、

---

① 参看李养正：《当代中国道教》第八章"现代著名之道教人士扫描"第二节"著名道教学者"闵智亭条，中国社会科学出版社，1993年，第234—237页；［日］蜂屋邦夫《中国の道教——その活动と道观の现状》第一章"北京·白云观"，东京大学东洋文化研究所，1995年，第4页。

② 《天仙金丹心法》，中华书局，1990年，第1—2页。

③ 参看明太祖洪武七年（1374）《御制玄教斋醮文序》，见《道藏》第九册，文物出版社、上海书店、天津古籍出版社三家影印本，1988年，第1页。

④ 参看朱元璋《三教论》《释道论》《问佛仙二篇》等，见《明太祖集》，黄山书社，1991年，第208—216页。

二代主要成员，都是来自"怀玉于中，同尘于外"而隐遁山林乡间的北宋遗民，避世清修，原本是其固有的教旨道风；①二则，自元明之际到明清之际，"三百年之运，已尽庚申；一二士之心，犹回天地"，在传统王朝中，实际上已形成一个不仕二主、不同当权者合作的遗民隐士阶层。②从明初洪武中出现《宋遗民录》，到清末民初出现的各种版本《明遗民录》，就是明证。这就为全真道在沉寂中继续发展，并不断深入民间社会，普遍而长久地影响到中国人的社会文化心理提供了土壤和条件。正如陈教友所说：

> 全真虽微，而山林隐逸之士，或借以脱桎梏而治其身，其徒所立宗派，亦至今不绝于天下；然立派虽殊，所学则一。③

因此，全真诸派之兴，实起于元明之际，尔后唯龙门派得以中兴，真是派别林立，"所学则一"，虽统称全真道，实际已突出呈现出不同于金元全真道的会通南北、调合正一、圆融三教的思想特点。

（二）全真诸派兴起、传衍之状况

金元之际，继王重阳之后，虽有七真在关中及北方各地弘教，并无各自开山创派的记载。全真道名为历代掌教宗师主持的统一教团，但因直接师承受授、传授宫观所在之不同，实际已孕育着不同的派别。兹因多数传承不明，可考者只有龙门、南无二派。所以陈教友推断：

> 今世全真教，大抵长春法嗣为多，所谓龙门派也。然询之道教中人云：嗣马丹阳者为遇山派，嗣谭长春者为南无派，嗣刘长生者为随山派，嗣王玉阳者为昆嵛派，嗣郝广宁者为华山派，嗣孙清静者为

---

① 参看前篇《论全真道的思想源流》。
② 参看洪亮吉：《蒋清容先生冬青树乐府序》，转引自谢正光、范金民编：《明遗民录汇辑》，南京大学出版社，1995年，钱仲联序第1页。
③ 《藏外道书》第三十一册，巴蜀书社，1992年，第119页。

清静派。考长春及诸真门人，无有以派名者，诸派之兴，其起于明代欤？[1]

究竟陈教友所询之道教中人是谁，我们无从得知，但今日能看到关于七真如何开出此七派的较详记载，只有北京白云观于1927年收藏的《诸真宗派总簿》。[2]据说，此簿是专为考核来往游方道士用的，共列出当时全国所有道门八十六字派，每派以创派人所传本派之谱诗排辈取名，游方道士必须熟记背诵，倘若说不清本派谱系源流，即可能被视为冒充之伪道。[3]此簿将全真诸派分为"五祖派"与"七真派"，[4]可谓全真正传。"七真派"每派排辈系谱诗先为二十字，后增续为八十字，甚至一百字，可谓代代相承，香火不绝。若参究史实，便可以看到诸派之兴主要有以下几种情形。

1.龙门律宗显明清

按照龙门排辈谱诗："道德通玄静，真常守天清，一阳来复本，合教永圆明。至理宗诚信，崇高嗣法兴……"这本是全真道单传独受宗谱；参考《万历野获编补遗》（明·沈德符撰）、《钵鉴》（明·王常月撰）、《玄门必读》（清·梁教无撰）和《金盖心灯》《长春道教源流》等记载，金元以

① 《藏外道书》第三十一册，巴蜀书社，1992年，第119页。

② 详见［日］小柳司气太编：《白云观志》卷三，见《藏外道书》第二十册，巴蜀书社，1992年，第574—581页。据考此簿是清末民初白云观依据云游挂单道士口述记录整理而成，世界各有关"中国道教史"书中多有转载。除此簿之外，白云观还有《登真簿》，记录清同治十年至民国初年白云观及其他少数地区（如陕西楼观台等）传戒、受戒之宗派、道士的情况。可参阅［日］蜂屋邦夫编：《中国道の现状——道士·道协·道观》第一部《1988年本调查篇》，东京大学东洋文化研究所，1990年，第16—80页。

③ 参看李养正：《道教概说》，中华书局，1989年，第347页。

④ 所谓"五祖派"，即道教所尊奉之：（1）东华帝君王玄辅（号少阳）所传之"少阳派"；（2）钟离帝君钟离权（字云房，号正阳）所传之"正阳派"；（3）纯阳帝吕岩（字洞宾，号纯阳）所传之"纯阳派"；（4）海蟾祖师刘操（字宗成）所传之"海蟾刘祖派"；（5）重阳祖师王嚞（号重阳）所传之"重阳派"。所谓"七真派"，即传承"重阳派"之：（1）长春祖师丘处机（号长春）所传之"龙门派"；（2）长生真人刘处玄（号长生）所传之"随山派"；（3）长真祖师谭处端（字长真）所传之"南无派"；（4）长玄真人马钰（号丹阳）所传之"遇山派"；（5）广宁祖师郝大通（号广宁）所传之"华山派"；（6）玉阳真人王处一（号玉阳）所传之"嵛山派"；（7）清静散人孙不二（号清静散人）所传之"清静派"。详见［日］小柳司气太编：《白云观志》卷三，见《藏外道书》第二十册，巴蜀书社，1992年，第573—576页。

后，龙门派在整个全真教团贵盛而衰、旁门邪教反通行于天下的沉寂中，或以教义（"教"）、宗谱（"宗"）代代传信，或以戒律（"律"）、法术（"法"）师徒相承，至明初已逐渐形成了一个戒行精严、组织严密，以戒律密传为特点的龙门律宗，成为全真道自明清至今发展的玄门柱石、仙道正传。此宗尊丘长春门下赵道坚"道"字辈为龙门第一代律师，赵传第二代"德"字辈张德纯，张传第三代"通"字辈陈通微（山东东昌人），陈于洪武丁卯（1387）传第四代"玄"字辈周玄朴（西安农夫），师徒两代均为北方人而隐居青城山。但自周传戒于第五代"静"字辈张静定（余杭人）和沈静圆（句容人）起，龙门律宗主要分为两支，始传于江南。

一支从张静定（无我子）始，代代仍冠以"律师"道衔。张大约生当明永乐、嘉靖间，远游青城受戒后，回家乡余杭，居天台山桐柏观。此观门联曰："东渐无双地，南宗第一家。"显然，此观本是尊紫阳真人张伯端为祖师的南宗祖庭。据《总簿》紫阳派谱诗"陵源觉海静，宝月性天明……"共六十字，表明自元末陈致虚（1290—?）合并南北二宗于全真道之中后，至张静定律师居观，南宗虽仍有传绪，但桐柏观同南方其他主要宫观一样，早已成为全真龙门律宗传教之地。据我考察，直到1984年，此观尚有九十三岁的老道长谢崇根住观修炼，按排辈谱诗"崇高嗣法兴"，已是龙门二十六代了，真是嗣法不绝。

尤其值得注意的是，张于嘉靖戊子（1528）传戒于赵真嵩（复阳子）；赵于崇祯戊辰（1628）传戒于王常月（1522—1680），为龙门第七代律师。这正是清人即将入关之时，赵、王师徒以为道行之时来临，于是广行戒法，传教于大江南北，待时至而兴。至清顺治年间，王常月北游京师，得到世祖皇帝赐"国师"封号，三次公开于白云观设坛传戒，共度龙门弟子千余人，实开龙门中兴之气象。许多受戒弟子相继开启出不少龙门支派，其中有史记载的第八代主要有：江西伍守阳（冲虚子）与清代柳华阳的"伍柳派"，苏州吕守璞（云隐）的"冠山支派"，湖州陶守贞（靖庵）的金盖山纯阳宫"云巢支派"，苏州黄守正（虚堂）的"太微律院支派"，云南黄守中（鸡足道者）的"西竺心宗支派"，杭州黄守元（赤阳）的"大德观支派"，余杭盛青崖（金筑老人）的"金筑坪天柱观支派"，辽阳郭守贞的盛京"太清宫支派"。第

十、十一代主要有：四川陈清觉的成都二仙庵"碧洞宗支派"，甘肃刘一明（悟元子）的金县"栖云山支派"，广东曾一贯（山山子）的罗浮山"冲虚观支派"。①真是盛况空前，世称龙门、临济半天下！

另一支从沈静圆（顿空子）始，则称以"宗师"。沈传戒于嘉兴石门卫真定（平阳子），卫曾于明末入蜀，被张献忠师尊为"老神仙"，后传戒于桐乡沈常敬（太和子）。沈常敬为龙门第七代宗师，居茅山乾元观，门下有孙守一（玉阳子）和曾受戒于王常月的黄守元；黄又传戒于周太朗（明阳子），周开启杭州栖霞岭金鼓洞支派，从学者千余人，清嘉庆年间刊刻的《金鼓洞志》中，列有这一支派从沈静圆到第十四代"复"字辈为止的各代宗师，足见其影响之大。②（以上参看附图一"龙门律宗传授简表"）

至此，龙门律宗以北京白云观为祖庭，盛于东南，波及全国。它不仅为后世留下了诸如《龙门心法》（王常月撰）、《天仙正理》、《佛仙合宗》（伍守阳撰）、《天仙大戒》（柳守元撰）等一类全真戒律丹法名著，而且产生了像闵一得、刘一明（1734—1821）、陈教友这些专门汇辑、编纂本派典籍与道史的著名全真学家，是我们今天研究全真道的宝贵史料。

2.龙门岔派入武当

现在通行的道史著作，大都以为龙门派分岔传衍始自第五代"静"字辈，其实只要细看《总簿》，就会发现丘祖岔派从"玄"字就开始分支，这就是明嘉靖戊午（1558）敕封为"护国天师左赞教主紫阳真人"的孙玄静（清）。孙号金山，山东崂山人，自立"金山派"（或称"崂山派"），为龙门北方一支。显然，孙玄静与周玄朴同为龙门第四代。

更值得注意的是，明代全真道在沉寂中仍不乏最荣贵的道士，这当首推明洪武、永乐间，因屡屡"奏对有验"而"授监察御史转太常卿"并封三代的丘玄清。丘本陕西富平人，初从黄得祯出家为全真道士，洪武初游方武当，师

---

① 参看《金盖心灯·龙门正宗流传支派图》与《龙门正宗觉云本支道统薪传·龙门正宗支派传流图》，见《藏外道书》第三十一册，巴蜀书社，1992年，第166—169、427—453页。

② 《藏外道书》第二十册，巴蜀书社，1992年，第283—289页。

事张三丰，遂名声显贵。从名字看，孙亦当属龙门第四代无疑。陈教友颇有见识，他在《源流》卷七中，依据《武当山志》等史料，专门罗列出元明之际入主武当的著名全真道士或全真而兼正一派者：鲁大宥（洞云子）、汪贞常（寂然子）、张道贵（雷翁）、张守清（月峡叟）、无为子、黄明佑、彭通微（素云）、单道安、李素希（明始）、周自然、李德囵（古岩）、卢秋云、蒲善渊、邓羽、王宗道和张三丰等。①足见元明之际，武当山已成为全真道南传江南的一大重镇，从而为全真各派相继扎根江西、递传两湖江浙奠定了基础，使其会通南北、调合正一，实现"三教归一"之教旨成为可能。正所谓：

> 全真之教，行于北方；其始至南方者，武当一派也。惟当世祖平宋时，遣使召龙虎山三十六代天师张宗演，命主领江南道教；终元之世，江南掌教，皆其后裔。……故武当全真一派，亦不得不修正一清微之法，盖其势然也。②

3.南无据北史无显

除龙门派之外，全真其他六派之传承，可考者唯南无派了。按南无派排辈谱诗："道本崇真理，玄微至妙仙，升至云霄上，功成必有名……"据《南无道派宗谱》，该派尊谭处端（长真子）为第一代宗师，从第五代"理"字辈杨理信始，递经第六代"玄"字辈胡玄宗、第七代"微"字辈马微善、第八代"至"字辈刘至洞、第九代"妙"字辈周妙超，至第十代"仙"字辈陈仙后，已当明中后期；再经明清之际，直至第二十代"名"字辈刘名瑞（盼蟾子，1839—1931），已是清末民初。历代宗师中，除刘名瑞隐居京华桃源观，撰有《道源精微歌》《清静经图注》等著作传世外，③其余宗师徒众，均无著述，基本据守山东、河北、河南三省，活动于华北、东北一带，史无显著，可以不论。

---

① 《藏外道书》第三十一册，巴蜀书社，1992年，第119—139页。
② 《藏外道书》第三十一册，巴蜀书社，1992年，第122页。
③ 《藏外道书》第二十三册，巴蜀书社，1992年，第388—472页。

4.遇山分支扎江西

按遇山派排辈谱诗："自元来正志，冲寿成仙丹，忠靖得礼义，了然见朝天……"该派尚有传承，但史无记载。考明正《道藏》，太玄部"夫"字号中有署名"紫霄绛宫上阳子观吾陈致虚撰"的《上阳子金丹大要》《上阳子金丹大要图》《上阳子金丹大要列仙志》《上阳子金丹大要仙派》等；洞真部"律"字号与"往"字号有《紫阳真人悟真篇三注》与《太上洞玄灵宝无量度人上品妙经注解》；①明嘉靖间《金丹正理大全》中还有《周易参同契分章注》等著作。②其中《金丹大要》是元代内丹名著，在"虚无卷之一"中，作者追溯了他的师承授受，其大要云：

> 自华阳玄甫（少阳）、云房（钟离权，正阳）、洞宾（吕岩，纯阳）授受以来，燕相海蟾（刘操）受于纯阳，而得紫阳（张伯端）以传杏林（石泰）、紫贤（薛道光）、泥丸（陈楠）、海琼（白玉蟾），接踵者多。我重阳翁（王嚞）受于纯阳，而得丹阳（马钰），全真教立。长春、长真、长生、玉阳、广宁、清静诸老仙辈，枝分接济，丹经妙诀，散满人间。我黄房公（宋有道，披云真人）得于丹阳，乃授太虚（李珏），以传紫琼（张模）。我缘督子（赵友钦）得于紫琼，博物精通，抱尽群书，或注或释，总三教为一家，作《仙佛同源》《金丹难问》等书，到此而丹经大备，后之所述，无以易此。仙圣用心，普接未来，惟只先天真一之气而已。③

接着，陈叙述了他"游浪人间，年且四十"，才幸遇老师缘督子亲授以金丹大道的学术经历。在"卷之一"之前，又有写于至元改元（1335）的陈门弟子明素蟾和欧阳天璹两"序"，正文后还附有陈撰的《列仙志》和《仙派》，

---

① 《道藏》第二十四册，文物出版社、上海书店、天津古籍出版社三家影印本，1988年，第1—80页；第二册，第392、968页。
② 《藏外道书》第九册，巴蜀书社，1992年，第220—271页。
③ 《道藏》第二十四册，文物出版社、上海书店、天津古籍出版社三家影印本，1988年，第2—3页。

从中我们十分清楚地看到，陈致虚上绍马丹阳"正传之脉"，直承缘督子"至秘之文"，下传江西明素蟾、紫元诸徒，同全真"五祖""七真"一脉相承。这正好是一幅全真南北二宗同源异流之图谱（参看附图二、三之南北二宗传授简表）。

这里值得注意的是，陈为江右庐陵人，他师承的缘督子即赵友钦是江西鄱阳人，①赵师承的紫琼子即张模是饶州德兴人，张师承于青城山太虚真人李珏，李师从著名的全真高道披云真人宋有道（德方），后至武夷山、龙虎山潜修金丹，为众祈雨消灾。从宋至陈四传，全真自北至南，已深深扎根于江西，而江西龙虎山是正一道重镇，两派冲突、调合，势不可免。据说这位赵友钦曾为大儒王阳明的六世祖王纲传授过蓍草占卜之法，②经常传教于江西、江苏一带。其徒陈致虚更为活跃，他自称早年一直浪迹天下，"遍游夜郎、邛水、沅江、辰阳、荆南、二鄂、长江、庐阜、江之东西，凡授百余人"。③可见，这一派的影响波及江南，明显呈现出融会南北二宗的思想特点。因此，有不少论著将其划作金丹南宗一系。④若按道术丹法系统，此说不无道理，但若依道统谱系，我以为最好还是应尊重道史中陈本人的自述，按照他师承的道统谱系和"游浪人间"的宗教活动历程，把他看作马丹阳遇山派流入江南的一支，似乎更为妥当。

除以上诸多支派外，江南原来弱小的内丹南宗一系，以李道纯（生卒不详）为代表，自入元以后，就自称全真道士，住扬州仪真长生观，撰《全真集玄秘要》《中和集》《道德会元》《三天易髓》等名著，创内丹"中派"，直接影响着元以后全真道在江南的发展趋向。而颇有传奇色彩的张三丰一系，以

---

① 明代宋濂为《原本革象新书》作序中，称赵缘督先生为"鄱阳人，隐遁自晦，不知其名若字，或曰名敬字子恭，或曰友钦，不能详也"。参看《四库全书总目提要》上册，中华书局，1965年，第892—893页。

② 参看柳存仁：《明儒与道教》，见《和风堂文集》中册，上海古籍出版社，1991年，第812页。

③ 参看陈致虚：《紫阳真人悟真篇三注序》，见《道藏》第二册，文物出版社、上海书店、天津古籍出版社三家影印本，1988年，第922页。

④ 参看任继愈主编：《中国道教史》第十七章"明清道教两大派"，上海人民出版社，1990年，第649页。

及扬州兴化陆西星（1520—1601）、四川乐山李西月以儒家隐士身份开启的全真"东派""西派"二支，更呈现出明清全真道圆融三教、会通南北、教义世俗化、丹法具体化诸多特征。兹因它们多未形成稳固的教团组织，这里不做专项罗列，拟置以下同各派之代表人物一滚论之，旨在揭示元末以后全真道各派的共同思路。

三、南北会通

元末以后，全真道诸派滋生的同时，最大的演变还是，陈致虚会通南北丹法，实现了全真道的南北统一。

道教的师承道统与道术丹法，本属两个系统。元明以来，所谓南北二宗之称，亦当有二义。大体说来，以当时南北地区和师承道统之不同，一般称传统的正一道为主的江南道教为"南宗"，称全真道为主的北方新道教为"北宗"，似为一般意义上的"南北二宗"。又因道史上无论这南北二宗会繁衍出多少支派，其实质不外是符箓道法与丹鼎炼养两大派，而内炼丹法又实为丹鼎炼养一派之核心教义内容，按南北二宗丹法主旨的不同，把主张"先性后命、性命双修"的全真道一系，称为内丹"北宗"（或"性宗"），把主张"先命后性、性命圆通"的紫阳派一系称为内丹"南宗"，这当是专门意义上的南北二宗。正是从这一专门意义上，不妨看看陈致虚及其以后的"三丰派"、陆西星、王常月、伍守阳、刘一明诸全真高道是如何沿着会通南北、圆融三教的思路，继续推进全真道向前发展的。

（一）探"性命"之源

长生久视，养性延命，终其天年，这是人类世世代代追求的美好愿望，古今中外，概莫能外。然而如何才能达到延年益寿，度百岁乃去，这单靠"自信人生二百年"的壮志，显然是不能奏效的，需要建立人体的生命科学、思维科学和环境科学，更需要发达的现代医学技术。但人类至今，并没有多少突出的进展。反观元末以后的三教历史，新禅宗不用说，新儒家除重复孔夫子"死生有命，富贵在天""不知生，焉知死"一类命定论或宿命论之外，只有或学习朱子对杨龟山"颜渊死而有不死者存"的疑问表示"未然其说"之存疑精神，或宣扬高景逸"人为万物之灵，必不随死而俱灭"的精神长存观念，几乎再无什么建树。①倒是史学家从唐代太宗、宪宗、穆宗、敬宗、武宗、宣宗等六帝服丹接连而亡，唯武则天服之却能"寿至八十一"的史实中，推测到服金石外丹，可能同人体自身之阴阳有关系。②这恰合中医学家反复告诫世人的所谓：

> 道家谓修金丹者，即调养精气神之功夫也。故曰：金丹之道，不外吾身。若修养之功夫纯熟，则精神充足而内守，心性圆明以自照。恬淡虚无，若存若亡，即是金丹成熟，非真以药物、火候修炼金丹也。③

这显然是清人对宋元以来的内丹学之推崇。表明只有道教从汉唐外丹术，经宋元内丹术，到明清全真丹法，一直积极、虔诚、认真、严肃地探索着人类自身的性命之道。

对"性命"二字，三教各赋予不同含义，宋元南北二宗，也各有不同解释。南宗曰：

> 神是性，性属离（坤之中阴）；气是命，命属坎（乾之中阳）。④

北宗曰：

---

① 仇兆鳌：《悟真篇集注》，上海古籍出版社，1989年影印本，第42—43页。
② 参看赵翼：《廿二史札记》卷一九《唐诸帝多饵丹药》，中国书店，1987年，第248页。
③ 汪昂：《勿药玄诠》，转引自王沐：《悟真篇浅解》，中华书局，1990年，第377页。
④ 白玉蟾：《白先生金丹火候图·性命图》，见石泰编：《修真十书·杂著·指玄篇》卷一，《道藏》第四册，文物出版社、上海书店、天津古籍出版社三家影印本，1988年，第606页。

> 神者，性也，性者，神也。①
>
> 命乃气之名，性乃神之字。②
>
> 神气是性命，性命是龙虎。龙虎是铅汞，铅汞是水火，水火是婴
> 姹，婴姹是真阴真阳，真阴真阳是神气二字而已。③

可见，南北二宗把"性命"与"神气"相对应，"其所谓'性'，致虚守静，寂然不动者是也；其所谓'命'，取坎填离，感而遂通者是也"。与儒家所谓"天命之谓性，率性之谓道"，指天赋为"命"、物受为"性"者，意各不同。④简言之，"性"即心性、理性，"命"即生命、寿命。两者在这一基本定义是一致的，其不同只是：南宗主命，《悟真篇》以言"命"为主；北宗主性，王重阳授丹阳《二十四丹诀》说："主者是性，宾者是命。"⑤丘长春声言："金丹之秘，在于一性一命而已"，"吾宗惟贵见性，而水火配合其次也"。⑥直到龙门中兴主帅王常月，仍告诉门人："应认命在性中，只以见性为主。"⑦两者表面看来只是修性与修命的主次不同，其实主要差异是，北宗内丹修炼的现实主体实际是心，而性则是摄心过程中必然显现的真实本体，是"性体"，亦同绝尘灭私的"本心""真心"，二者二而一也。所谓："心猿牢捉丹无漏，意马牢擒性自明。"⑧这必然导致与释氏主于心、新禅宗"明心见性"一样，只能是一种精神超越，而无法"形神俱妙"。马丹阳所说的"命

---

① 刘处玄：《无为清静长生真人至真语录》，见《道藏》第四册，文物出版社、上海书店、天津古籍出版社三家影印本，1988年，第709页。

② 马钰：《洞玄金玉集》卷五《真一吟》，见《道藏》第二十五册，文物出版社、上海书店、天津古籍出版社三家影印本，1988年，第589页。

③ 马钰：《丹阳真人语录》，见《道藏》第四册，文物出版社、上海书店、天津古籍出版社三家影印本，1988年，第706页。

④ 仇兆鳌：《悟真篇集注》，上海古籍出版社，1989年影印本，第37页。

⑤ 王嚞：《重阳真人授丹阳二十四诀》，见《道藏》第二十五册，文物出版社、上海书店、天津古籍出版社三家影印本，1988年，第807页。

⑥ 丘处机：《大丹直指》卷下，见《道藏》第四册，文物出版社、上海书店、天津古籍出版社三家影印本，1988年，第402页。

⑦ 王常月：《龙门心法》下卷，见《藏外道书》第六册，巴蜀书社，1992年，第770页。

⑧ 马钰：《渐悟集》卷上，见《道藏》第二十五册，文物出版社、上海书店、天津古籍出版社三家影印本，1988年，第465页。

清得长生，性静能久视"①实成空言。

因此，王世贞在《弇州续稿·书金莲正宗记后》中提出疑问：

> 道门既曰性命双修，王重阳、马丹阳亦极论养气，而遗身早逝，
> 似不及命者。长春临去以脾疾，至卧圊侧而化，后又别无神奇，此所
> 不可解也。②

对此，清代龙门派传人除了用"弇州探通释典，不甚喜道教，故多微辞，非事实也"一类话为本道辩解外，似乎再也找不到好的解释。③我想，除了从全真道初创时的南北不通、异族残酷统治的历史中去找答案外，还必须看到，无论先了心性的北宗，还是先了气命的南宗，都可能走向极端，而无法达到性命双修，长生久视。

陈致虚有见于此，在元至顺间（1330—1333），以他既作为兼承南北二宗的赵友钦丹道之嫡传，又受四川青城老仙之秘的特殊身份，通过注解《参同》《悟真》的形式，借《道德经》"上德""下德"的修道进路，以通晓的语言，在揭示这两部"修丹之金科，养生之玉律"之奥义中，巧妙地会通了南北二宗。他在《悟真篇三注序》中，开宗明义曰：

> "形以道全，命以术延"，此语尽备金丹之说。南华老仙云：
> "鱼相忘于江湖，人相忘于道术。"老子曰："上德无为而无以为，
> 下德为之而有以为。"上德者，内丹之不亏，故以道全其形；下德
> 者，外丹之作用，故以术延其命。若求天仙，须兼内外而修。④

---

① 《道藏》第二十五册，文物出版社、上海书店、天津古籍出版社三家影印本，1988年，第589页。

② 转引自《长春道教源流》卷八《辨证》第十一则，见《藏外道书》第三十一册，巴蜀书社，1992年，第150页。

③ 《藏外道书》第三十一册，巴蜀书社，1992年，第150页。

④ 《道藏》第三十一册、第二册，文物出版社、上海书店、天津古籍出版社三家影印本，1988年，第971页。

接着，他说明了"何谓道""何谓术"之后，特别指出："吾所谓术者，则非小技也，乃天地阴阳造化生生之道也。"但他说，当他按照"道不可禁秘，又不可妄泄"之"师训"，向王侯大人及各方求道者传授此道术时，可惜"凡授百余人，皆只以道全形之旨，至于以术延命之秘，可与语者，百无二三"。①显而易见，当时北宗"以道全形"之性功，多为人接受；而这种"天地阴阳造化生生之道"的南宗命功，却极少有人理解，其流传范围自然很小，只能局限于上流社会少数王侯大人、士大夫阶层。这无疑同他主张"男女合修"是有直接关系的。

尽管如此，陈致虚在性命之源（"生生之道"）的探讨上，沟通了南北二宗，深受以后南北全真家的推崇。清代刘一明著《参同直指》，进一步阐发了陈致虚"上德下德"之说。他借解释丹经"上德无为入性功，何须修补调亏盈"（《悟真篇》）和"上德无为，不以察求；下德为之，其用不休"（《参同契》）的诗句，强调说：

> 但修道有二法：一以道全形之事，一以术延命之事。上德者，以道全其形，抱元守一，行无为之道，即可了事，故曰"上德无为，不以察求"也；下德者，以术延其命，由勉抵安，行有为之道，方能还元，故曰"下德为之，其用不休"也。夫上德之所以不察求者，以其上德之人，天真未伤，客气未入，若顿悟本性，无休无证，直超彼岸，察求之功无所用。下德之所以用不休者，以其天真已亏，知识已开。虽能顿悟本性，不能断斩然驯顺，必用渐修之道，增减之功，增而又增，减而又减，直至无可增减，义精仁熟，方到休息之处，此不休之用所由贵也。上德下德，身份不一，故其用亦异。若下德者，到义精仁熟时，亦与上德者同归一途也。②

---

① 《道藏》第二册，文物出版社、上海书店、天津古籍出版社三家影印本，1988年，第971—972页。

② 《道书十二种·参同直指》中篇，见《藏外道书》第八册，巴蜀书社，1992年，第281页。

经刘一明的通俗解说，我们便可清楚地看到，陈致虚借"上德下德"会通南北二宗之用心，无非告诉道众，所谓北宗性功与南宗命功，只是指少数具有童贞之体、灵光未破的"上德之人"，与多数天真已亏、元气已伤的"下德之人"，在炼养进路、功夫入手次第上的不同，只要通过"筑基"阶段的炼养，两者便同归一途，而不再是内丹南北两派的不同。

不过，很有趣的是，陈致虚在行文论说中，处处流露着较明显的南宗口味，而刘一明的阐发注解中，则已看不清有南北哪一宗的印记。由此可知，自元末以后，陈致虚致力于会通南北、统一全真的宗教努力，实际已为道众认同与贯彻，从此再不存在性宗、命宗之别，都统称为全真丹法；而在全真丹法内部，唯有主张"一己清修"的清修派与"男女合修"的阴阳派的不同。性命之道，这是全真丹法的核心内容，是生命理论，亦是生命方法。

（二）阐"顺逆"之道

全真丹书之所以要把"心性命"与"精气神"结合一起论述，陈致虚一语点破：道门以精气神"乃性命之源也"。丹经称精气神为"三宝"，或称"药材""药草"。白玉蟾《快活歌》说："世人若要炼金丹，只去身中求药草。"石泰《还源篇》云："只寻身内药，不用检丹书。"[①]这同《全唐诗》卷八五八中吕洞宾的一首所谓"息精息气养精神，精养丹田气养身。有人学得这般术，便是长生不死人"[②]的绝句一脉相通，都认为"药材"不是外丹的五金八石，而是存在于人自身的精气神三宝。全真丹法，就是以自身为炉鼎，以自身之精气神为药材，经"炼精化气—炼气化神—炼神还虚"之炼养过程，以求成丹，达到"形神俱妙，寿无穷极也"。为此，陈致虚在注解丹经的基础上，贯通三教之学，撰成《金丹大要》巨著，从"三教一心""仙佛同源"立说，既广论金丹源流及大要，又细述金丹理论与方法，特别揭示了内炼成丹"颠倒颠"之玄奥。在该书《上药》卷四《精气神说下》中，他先旁征博引

---

① 以上参看陈致虚：《上阳子金丹大要》卷三、四《精气神说》所引，见《道藏》第二十四册，文物出版社、上海书店、天津古籍出版社三家影印本，1988年，第11—16页。

② 《全唐诗》第二十四册，中华书局，1960年，第9704页。

《黄庭经》及南宗祖师名言"仙人道士非有神，积精累气以为真""方寸之中谨盖藏，精神还归老复壮""精神气血归三要，南北东西共一家"，然后指明：

> 是皆不外神气精三物，是以三物相感，顺则成人，逆则生丹。何谓顺？一生二、二生三、三生万物，故虚化神、神化气、气化精、精化形、形乃成人。何谓逆？万物含三，三归二、二归一。知此道者，怡神守形，养形炼精，积精化气，炼气合神，炼神还虚，金丹乃成，只在先天地之一物耳。①

这同以前李道纯《无一歌》所说的"道本虚无生太极，太极变而先有一，一分为二二生三，四象五行从此出。无一斯为天地根，玄教一为众妙门……三五混一一返虚，返虚之后虚亦无"，②其意相通；也同以后张三丰《无根树词》《颠倒妙用诗》所说的"顺为凡，逆为仙，只在中间颠倒颠""寻真访道有何难，只要人心识倒颠"，③其理相同。这就是全真丹法先后一致确认的"顺生万物，逆炼成仙"的顺逆之道，也是道教丹鼎派的基本理论。

为了向道众广泛宣传这一理论，陈致虚及其前后的诸真们，普遍承袭了儒家经学中"《易》之别传"的阴阳易理，④又直接从周敦颐、朱熹等新儒家那里，几乎全盘摄取了相传由陈抟传授下来的《太极先天之图》与《太极图易说》之思想，创制出《太极顺逆之图》及各种金丹图像，⑤将内炼丹法的进程阶段，与乾坤坎离卦象、太极顺逆之图相结合，详细阐述了"逆则成丹""形神俱妙"的道理。现综合各图，撮其要义，概说如下：

---

① 《道藏》第二十四册，文物出版社、上海书店、天津古籍出版社三家影印本，1988年，第11—16页。
② 李道纯：《中和集》卷四《无一歌》，见《道藏》第四册，文物出版社、上海书店、天津古籍出版社三家影印本，1988年，第510页。
③ 《藏外道书》第八册，巴蜀书社，1992年，第542页。
④ 参阅皮锡瑞：《经学通论》，中华书局，1953年，第16页。
⑤ 《道藏》第二十四册，文物出版社、上海书店、天津古籍出版社三家影印本，1988年，第70—74页。

一日筑基炼己，玉液还丹。这是全真丹法的入手功夫，是正式进入炼丹前的准备阶段。丹经以"筑基"一词，比喻其为正式炼丹奠定基础，这是修炼丹法者所必知，本属于道术，还不是正式炼丹三阶段的仙术，所以图中不专门标示，但实际却为丹家普遍看重。从"三丰派"到王常月，都特别强调：欲修仙道，先修人道，恒尽凡心，积蓄阴德，按"孝悌忠信，礼义廉耻"八字，先持戒定慧而虚其心，去其私欲妄念而现赤子心；进而通过静坐、调息而修心炼性，臻于先天真息（胎息），三关通窍，元精、元气、元神将现。丹经谓之"玉液还丹"（小还丹），实为性功，相当于今日各类气功养生之法。丹家还特别提醒道众，先须力辟诸如御女房中、采补阴阳、服饵丹药、吐纳导引、守脐还精之类的旁门邪道；对于极少数"上德之人"，则可行最上乘无上至真之妙道："以太虚为鼎，太极为炉，清静为丹基，无为为丹母，性命为铅汞，定慧为水火，窒欲惩忿为水火交，性情合一为金木并，洗心涤虑为沐浴，存诚定意为固济，戒定慧为三要，中为玄关，明心为应验，见性为凝结，三元混一为圣胎，性命打成一片为丹成，身外有身为脱胎，打破虚空为了当。"①此即直接了性，以自然了命，而臻性命双全，形神俱妙。但对于众多"下德之人"，还是必须按图示，②从修命功开始。

二日炼精化气，炼气化神，炼神还虚。这是修命仙术之初、中、上三关，亦称"百日关""十月关""九年关"，即丹书所谓"金液炼形"的三阶段。依据明清身居教外的全真东、西派高道陆西星、李西月在《玄肤论》《三车秘旨》及丹经注解中的综合概括，这三阶段中所炼化的精气神，都是人体先天的元精、元气、元神。如《道德经》中的"道之为物，惟恍惟惚"，"其中有物"，"其中有精"，"其精甚真，其中有信"（见二十一章）。这个真精，"不是交感精，乃是玉皇口中涎"，实则先天元始的阴阳造化之精，即

① 以上参看李西月重编《三丰全集》卷三《大道论》、卷四《玄要篇上·金丹诗三十六首》，王常月《龙门心法》下卷，李道纯《中和集》卷二，等等。见《藏外道书》第五册，巴蜀书社，1992年，第439—470页；《道藏》第四册，文物出版社、上海书店、天津古籍出版社三家影印本，1988年，第490—492页。

② 《道藏》第二十四册，文物出版社、上海书店、天津古籍出版社三家影印本，1988年，第70—74页。

人体本来固有的真阴真阳，这是生命之本原。但真阴、真阳互藏其宅，正如《易》中离坎："离为日，日秉阳精，而离之中画却是阴，是阴藏于阳之宅也；坎为月，月秉阴精，而坎之中画却是阳，是阳藏于阴之宅也。"初关"炼精化气"，就是取坎水中阴精，填入离火之内，与离中之阳精经百日炼化，除去元精之杂质，与元气结成轻清无质之炁，成为丹母。此即"三归二"——精气神化而为炁、神的过程。

接着，通过中关乾坤辟阖，坎离水火相济后之乾象，成为纯阳之炁，沿着人体前后任督二脉所谓"河车之路"，上下循环，与元神交会。元神即性，本精气之主，"以其两在而不测，灵通而无方，故命之曰神"，神炁经十月合炼，神住则炁归，炁归则丹结，而成一黍粒大药，喻之"胎婴"，实为胎神在心，无形无体，圆明纯粹之灵体。最后，由二归一，完成命功，进入上关"炼神还虚"的纯性功阶段，有如达摩面壁，常定常寂，虚道合一，归于无极。针对佛教"往尘极乐、暂寄形骸"之弊端，全真丹法还主张在炼神还虚中，要把胎婴由下丹田经中丹田移至上丹田，经逐级炼养，形成阳神，由天门幻化飞出，而形骸仍永固如金，最终进入形神两忘的天仙之境。[①]

毫无疑问，这本是全真家神秘的宗教幻想，今人不值得信奉。但正是在这些被丹家反复论证的"顺逆"玄奥中，却最清楚地向世人表白着诸如："世上阴阳男配女，生子生孙代代传"（张三丰）这样最普通的人生哲理；"忠孝仁爱，礼义廉耻"，"仙佛之戒与王纲之律，治人治己，其理一也"（王常月）这类最基本的伦理常识。从李道纯、陈致虚，"三丰派"、陆西星、彭好古，到李西月、陶素耜、仇兆鳌等各派高道，都以南北会通的语调，公开向道众说明旁门邪道不足取，阴阳合修乃《易》之理，这本是人类天经地义的生理知识。这在新儒学主导的明清社会，虽不能登大雅之堂，却通过各类善书、宝卷、小说、话本、戏曲广泛流传于世，连朱熹、王阳明、王夫之等儒学大师也深受其影响，这不能不算是全真丹家最难能可贵之处。还是全真道中人一语破

---

① 以上参看陆西星编撰的《方壶外史·玄肤论》、李西月撰写的《道窍谈》和《三车秘旨》等内丹著作。见《藏外道书》第五册，巴蜀书社，1992年，第361—367页；第二十六册，第609—636页。

的：“修其性命，是为医世张本。从事医世，实即性命玄功。”①这便是元末以后，南北会通的全真丹法所蕴含的世俗化旨趣。

四、简短结语

总括以上可知，元末以后，全真道之所以能在沉寂中自北南传，诸派替兴，南北会通，教被全国，深深扎根于世俗化的民间社会，一直流传至今，传绪不绝，除了有社会历史的原因外，最主要的还是全真道在“心性”这个宋元明清思想的轴心问题上，通过“性命双修”的内丹学，真正实现了圆融三教这一“大事因缘”。

宋明新儒家，从北宋五子到朱、王，几乎都批评过道教，常为史家引用的还是朱子的话：“道家有《老》《庄》书，却不知看，尽为释氏窃而用之，却去仿效释氏经教之属。”朱子将此形象地比作“如巨室子弟，所有珍宝悉为人所盗去，却去收拾人家破瓮破釜”。②朱子的话，显然是针对唐以前道教仿佛经滥造道经的史实，但到明初王祎《青岩丛录》中，便演变为“佛学偷得老子好处，后来道家只偷得佛家不好处”的笼统指责。③如果说，对南宋以前的道教来说，这个批评不无道理，但对元末以后的全真道来说，它确如陈教友的辩白：“祎引是说，以讥正一诚当；若全真家，则以老庄为归，且兼采儒释粹言，是知有珍宝者，未可以一概论也。”④儒家的阴阳《易》理框架、《道德经》的宇宙生成论、新儒家的“太极图说”和“体用不二”的方法论原则、新禅宗“明心见性”的参究法门等，都是全真家用来论证丹法的珍宝。可贵的是，它把这些珍宝融合在它“性命之源”“顺逆”之道的理论探讨中，建立了全真丹道体系，终成一家之学。

如果说唐宋以前，道与儒佛一样，仅仅只是在三教外在的社会功能上高

---

① 参看清嘉庆间蒋元庭辑、闵一得订正的《金华宗旨》序，见《全真秘要》，中国人民大学出版社，1988年，第196页。
② 《朱子语类》卷一二五《老氏·论道教》，中华书局，1986年，第3005页。
③ 《藏外道书》第三十一册，巴蜀书社，1992年，第147页。
④ 《藏外道书》第三十一册，巴蜀书社，1992年，第147页。

唱三教平心、导民向善，那么，元末以后的全真道，则同新禅宗、新儒家一样，从三教自身的中心义理上着眼，各自建立了自身的心性论，其旨趣各有不同。对新禅宗来说，其明心见性，旨在顿悟成佛；其修证工夫，是建立在顿悟之上。《坛经》所谓前念迷即凡夫，后念悟即是佛，认为凡夫与佛祖之差，只在一念之间，只要去前念，明本心，本然之性即自现。显然，新禅宗是着眼于心，无须触及"性命之源"的问题。新儒家从这里获得的启迪是，存心养性不离日用常行，心即理也，性即理也，人人心中有仲尼，从而形成了程朱"理本论"和陆王"心本论"体系。全真道从这里获得的启迪却是，"性命双修，形神俱妙"。丹家认为，明心见性，不能顿悟，只能渐修；顿悟成佛，实即精神超越，而肉体未能解脱，只算是出阴神，入阴界，而不能出阳神，入圣域。所以，王常月在《龙门心法》中告诫道众："学仙须要学天仙，莫效迷僧空坐禅；徒谓涅槃还是鬼，分明身死入黄泉。寺边荒冢皆枯骨，也会生前说性缘；西土不知今到未，空留高塔使人怜。"[①]可见，全真道是要从新禅宗未解决的"性命"问题上立论。

对新儒家来说，全真道同它一样，都立足于现世世俗社会，但它存心养性的心性论，旨在探讨成贤成圣的内在根据，其目标是建立道德本体论哲学。而全真道的心性论，只是其"性命双修"丹法中之性功。对一般下德之人，丹家要求先修人道，学会做人，再修仙道，以求成仙。这种"忠孝仁爱"的伦理说教，也只是其进入命功前的筑基要求。不仅全真丹道，就是公开打着"忠孝"旗号的净明忠孝道，其宗教旨趣，也不是像新儒家那样执意建立道德本体哲学，而是为了探索人类生命的起源与延续，目标是创建生命哲学和生命科学。

尽管，全真道同新儒家都重现世，但新儒家着眼于"修齐治平"的现实政治层面，而全真道着眼于"长生济世"的现实人生层面。虽然，全真道内丹术同传统道教外丹术一样，其最高理想的肉身飞升、形神俱妙，都具有宗教幻想性质；其内炼仙丹与外服金丹一样，也都不排除为达到某种意想不到的快感之

---

① 《龙门心法》上卷，见《藏外道书》第六册，巴蜀书社，1992年，第643页。

欲望,正如王阳明诗云:"悟真非是《悟真篇》,平叔当时已有言;只为世人多恋著,且从情欲起因缘。"①但排除其不可避免的杂质,全真道开拓的生命哲学和生命科学研究之路,毕竟是值得后人继续研究的领域。这恰恰是儒、佛二教的缺憾,是长期被人们忽视的学问。我欣赏近年有不少关于中国心性论的著作问世,但我更期望有识之士不妨改换个视角,从生命哲学和生命科学的角度,深入揭开道教丹法的奥秘,此乃本文为作之旨也。

1997年盛暑稿于浙江大学求是村家。

原载《汉学研究》(台北)1998年第2期。

说明:拙文所列以下三图,主要依据《金盖心灯》《长春道教源流》《白云仙表》《道学系统》《龙门正宗觉云本支道统薪传》等绘制,所取仅限文中所及者。

---

① 《王阳明全书》卷二〇《外集》二《书悟真篇答张太常二首》,上海古籍出版社,1992年,第744页。

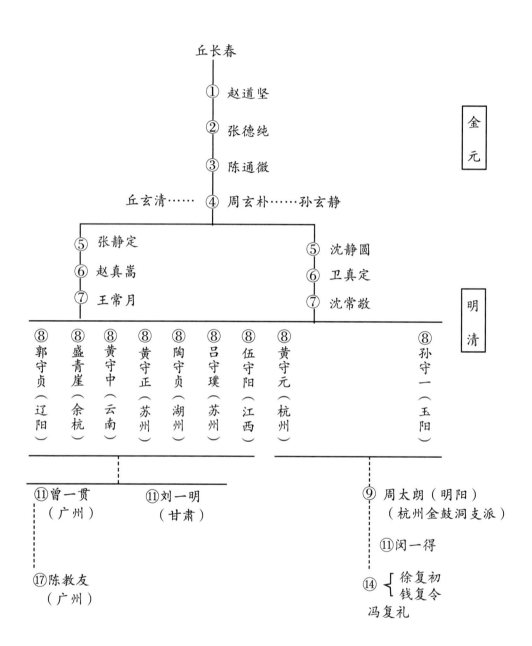

附图一 龙门律宗传授简表

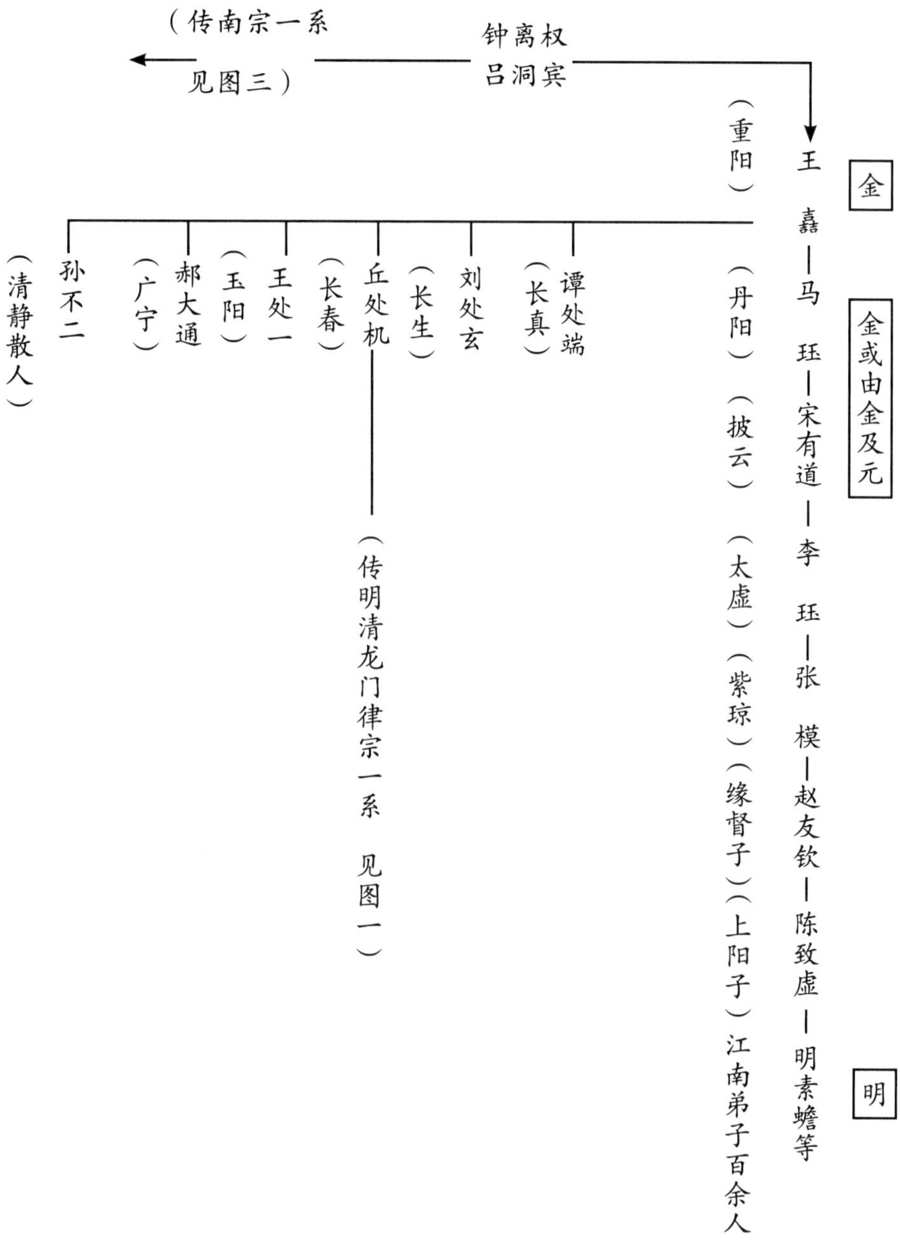

（传南宗一系
见图三） ← 钟离权
吕洞宾

金

金或由金及元

明

王　嚞—马　珏—宋有道—李　珏—张　模—赵友钦—陈致虚—明素蟾等
（重阳）（丹阳）（披云）（太虚）（紫琼）（缘督子）（上阳子）江南弟子百余人

谭处端（长真）
刘处玄（长生）
丘处机（长春）（传明清龙门律宗一系　见图一）
王处一（玉阳）
郝大通（广宁）
孙不二（清静散人）

附图二　北宗传授简表

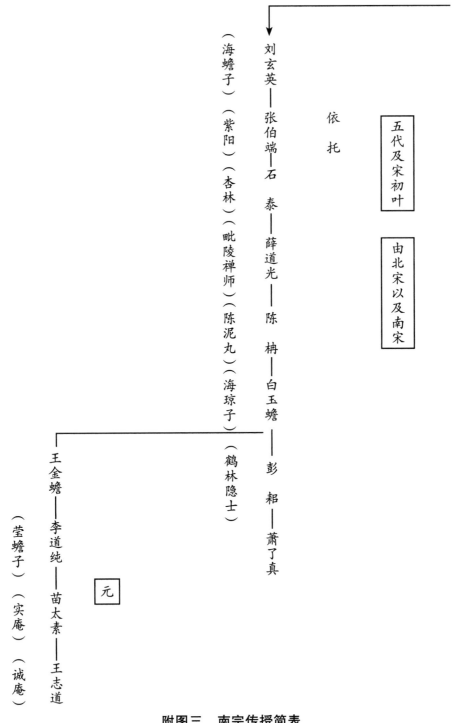

附图三　南宗传授简表

论宋明"三教合一"思潮中的心性旨趣[*]

明清之际的一些学人,非常尖锐地批评过王学末流"以明心见性之空言,代修己治人之实学",进而衍为"无事袖手谈心性,临危一死报君王"的王学风尚。他们很不喜欢晚明王学"禅学化"的空疏习气,甚至目之为招致亡国之祸根;但他们作为朱明王朝遗民,实际上却承袭了王学末流特有的"赤手以搏龙蛇""掀翻天地"的英雄"气骨"。这种"临危一死报君王"的殉道精神,据张君劢先生50年代写的《比较中日阳明学》所说,在日本明治维新运动中竟产生了不可估量的推进作用。由此使人们不能不提出这样的问题:"置四海之困穷不言"的"心性之学",为什么能派生出像泰州学派那样为"掀翻天地"、破除封建名教羁络而敢于"赤身担当"的主体精神?中西哲学中的"心性之学"是否都蕴含有这样的旨趣?宋明儒佛道三教各家之言心言性,究竟有没有共同的终极关怀?这无疑都是应慎思明辨的重大问题。

尽管,当世学人已无须学明遗民为"报君王"而捐躯,但却需为真正弄清宋明"三教合一"思潮中的"心性"旨趣而求索。"稽之旧史之事实,验以今世之人情",则这一探索,亦是研究宋明理学应有之义。

---

* 本篇是笔者1989年7月应邀在美国夏威夷大学举行的"第六届国际中国哲学会"上宣读的论文修正稿。

一、三教同道

宋明近七百年间，是中国思想界儒、佛、道三教的融合时期。三教虽别树新义，"各道其所道"，自立新说，但究其用心，都是在重构各自"三教合一"的心性之学。

晚唐兴盛起来的"新禅学"，暂且不做专论，先主要说说继"新禅学"之后在这七百年间形成的"新儒学"与"新道教"。

所谓"新儒学"，在中国，自北宋以来称"道学"，自南宋以来称"理学"，现在的中国哲学界多称之为"理学"。尽管名称不同，实际所指，都是针对这一时代的儒学新思潮而言，即都是指由北宋周张二程共同创始而由南宋朱熹集大成的"理学"，由南宋陆九渊"先立其大"而由明代王守仁为首的阳明学派完成的"心学"，以及由顾黄王等自觉对程朱"理学"与陆王"心学"反思总结的明清之际诸子学。当然，南宋和明末清初的"经世致用"学派，也应包括在这一新儒学思潮之内。

所谓"新道教"之说，大概肇于40年代末陈垣先生所著《南宋初河北新道教考》一书。它是指除流行于南方的"正一"道教旧派之外的"全真""大道""太一"三教，它们都是这七百年间在北方新兴而"与金元二代相终始"的道教新思潮。全真道可算其中最大的新道派，它由陕西咸阳王嚞（重阳真人）创道，弟子丘处机（长春真人）弘教，兴起于关中，炽传于北方，波及至江南，曾对金元社会政治、经济、文化、生活各个层面发生过很大的影响。其思想源流、发展概况，我在前篇《论全真道的思想源流》已初步考察，这里不再重复。

现在，我想进一步提出的问题是：全真道作为"新道教"，究竟新在何处？元代太原虚丹道人李鼎撰《大元重修古楼观宗圣宫记》说：

> 金大定初，重阳祖师出焉，以道德性命之学，唱为全真。洗百家之流弊，绍千载之绝学，天下靡然从之。[1]

---

[1] 朱象先：《古楼观紫云衍庆集》卷上《大元重修古楼观宗圣宫记》，见《道藏》第十九册，文物出版社、上海书店、天津古籍出版社三家影印本，1988年，第555页。

"以道德性命之学,唱为全真",这一"全真"之名,不管历来有多少注释,总结到一点,无非表明全真道的立教宗旨,是要会通儒、佛、道三教的"道德性命之学"。王嘉在他创作的"全真"诗歌集中,明确表示:

> 儒门释户道相通,三教从来一祖风。
> 悟彻便令知出入,晓明应许觉宽洪。
>
> 释道从来是一家,两般形貌理无差。
> 识心见性全真觉,知汞通铅结善芽。[①]

《重阳教化集》还记载说,王嘉在云游传教、度化弟子的整个宗教活动中,"或对月临风,或游山玩水,或动作闲宴,靡不以诗词唱和,皆以性命道德为意","玩其文,究其理者,则全真之道,思过半矣"(《序》)。他还时常规劝人们去读儒家的《孝经》、佛教的《般若心经》和道教的《道德经》,这无疑是他创立以"三教圆融"的"道德性命之学"标宗的"全真"新道教之理论依据。他在山东地区所组建的"三教七宝会""三教金莲会""三教三光会""三教玉华会"和"三教平等会"等五个宗教社团,均以"三教"之名冠其首,这不仅充分体现了他"三教合一"的立教宗旨,也表明他已经找到了与之相适应的宗教组织形式。这种新道教已取得了独立发展的地位。

王嘉之后,丘处机等七真在弘教过程里,虽说对全真道在理论、修持、教规、组织诸方面都有新的发展,但"三教圆融"的"道德性命之学"宗旨并没有根本的变化。元太祖成吉思汗在西域统治期间(1206—1227),其帐下同丘处机有过交往的耶律楚材,虽对丘处机的全真道并不十分推崇,甚至"以全真为老氏之邪",不能领会它的新意,但却清楚地看到了"三教合一"的思想动向,特别提醒人们注意:

---

① 《重阳全真集》卷一《孙公问三教》《答战公问先释后道》,见《道藏》第二十五册,文物出版社、上海书店、天津古籍出版社三家影印本,1988年,第691、693页。

　　三圣真元本自同，随时应物立宗风。

　　道儒表里明坟典，佛祖权宜透色空。

　　曲士寡闻能异议，达人大观解相融。

　　长沙赖有莲峰掌，一拨江河尽入东。①

　　三教根源本自同，愚人迷执强西东。

　　南阳笑倒知音士，反改莲宫作道宫。②

　　玄言圣祖五千言，不说飞升不说仙。

　　烧药炼丹全是妄，吞霞服气苟延年。

　　须知三教皆同道，可信重玄也似禅。

　　趋破异端何足慕，纷纷皆是野狐涎。③

这三首，表明了耶律楚材这位"为成吉思汗佐命，扞围边庭，国威遐震，草创法度，功在庙社"的元朝开国政治家的学术立场。他明确主张"振兴儒教，进用士人"，"以儒治国，以佛治心"的"三教同源"说（《湛然居士文集》后序二）。一方面批评"曲士寡闻"，"愚人执迷"，只能从浮面看到三教之"异议"；另一方面，要人们以"达人大观"的眼光去了解三教的"相融"本质。作为中国历史上少数民族中一位富有政治卓识和学术见解的思想家，这种"达人大观"的学术气度，无疑是正确而可供后人借鉴的。不过，他以"须知三教皆同道"的"大观"，自信"重玄也似禅"，所批评全真道颇似禅的种种说教，其实正言中了宋明时期禅学与全真道"三教同道"的共同思路。

　　就拿明末佛教著名的真可、袾宏、德清、智旭等四大禅师来说吧，真可

---

　　① 《湛然居士文集》卷二《题西庵归一堂》，中华书局，1986年，第34页。

　　② 《湛然居士文集》卷六《过太原南阳镇题紫薇观壁三首》其三，中华书局，1986年，第137页。

　　③ 《湛然居士文集》卷七《邵薛村道士陈公求诗》，中华书局，1986年，第147页。

（紫柏尊者）与李贽同被当世誉为"两大教主"，他明确主张：

> 学儒而能得孔氏之心，学佛而能得释氏之心，学老而能得老氏之
> 心，……且儒也、释也、老也，皆名焉而已，非实也。实也者，心也。
> 心也者，所以能儒能佛能老者也。……知此，乃可与言三家一道也。
> 而有不同者，名也，非心也。（《紫柏老人集》卷九《长松茹退》）

德清（憨山老人）是真可的好友，学通内外，更是竭力弘扬："若以三界唯心，万法唯识而观，不独三教本来一理，无有一事一法不从此心所建立。"（《憨山老人梦游集》卷四五《观老庄影响论》）而"大悟孔颜心法"的智旭（八不道人）进而一语破的："三教圣人，不昧本心而已。"（《灵峰宗论》卷二）这便是自唐以降转向"入世"的宋明"新禅学"面对三教的基本立场。

由此可见，明末禅师遵照六祖惠能"识心见性，自成佛道"（敦煌写本《坛经》第三十条）的禅学"大观"，把"三教同道"归结为"直指本心"，这比全真道对三教本质的领略，显得更为深透，而同理学家援佛入儒、引道入儒的实际立场，已没有多大差别。一言以蔽之。在宋明"新儒家"与"新道教""新禅学"的眼里，儒、佛、道三教已经由"鼎立"而趋向一种共同探究人的道德精神境界的"心性义理之学"。它们之所以"愿学新心养新德，旋随新叶起新知"（张载《芭蕉》诗），各自之"新"，也正是各自不同程度地融会三教"心性"思想的结果，只是理学家们多数不大愿意公开承认这一事实罢了。

二、心性一理

诚然，北宋五子，尤其是张载，在宇宙论和本体论上曾旗帜鲜明地批判佛道二氏"溺于空虚"，"以人生为幻妄，以有为为疣赘，以世界为阴浊"的"天人二本""体用殊绝"之理论弊端，创立了同佛老禅学迥然有别的"天人合一"的宇宙本体论，从而使道学独树一帜，成为宋明时期的"新儒学"思潮。观其立论发本，毫无疑问，它同"新道教""新禅学"，"固不当同日而

语"（《正蒙·乾称篇》）。

但是，理学家穷究宇宙本体论的直接理论冲动，仅是为了纠正汉唐儒学"语人者不及天而无本"之偏失，以挽救儒学的危机；而其为学要归，正如王夫之所说："有宋诸先生洗心藏密，即人事以推本于天，反求于性，以正大经、立大本。"（《读通鉴论》卷一九）是要"立人极"，为人类建构"心性之真"的最高理想人格。正是在这一理论取向上，"儒释之辨，其差眇忽"（杨时语），"真在毫厘"（黄宗羲语）。理学与全真道、禅学"三家一道"，旨趣相投，没有本质的不同。张载死后，二程可能正因为有见于此，才特别提醒门下高足吕大临等要高度重视禅学以"性命道德"之言向儒学挑战的严重性质。依据宋神宗元丰二年己未（1079）吕大临离陕东见二程先生时的真实谈话记录，二程曾说：

> 昨日之会，大率谈禅，使人情思不乐，归而怅恨者久之。此说天下已成风，其何能救！古亦有释氏，盛时尚只是崇设像教，其害至小。今日之风，便先言性命道德，先驱了知者，才愈高明，则陷溺愈深。[1]

思想界出现的"谈禅"之风，使二程"情思不乐""怅恨者久之"，清醒地看到禅学不同于以往佛教的显著特点是，它几乎同儒学一样，已经确立起自己的"性命道德"之说。这的确已使不少才智高明的儒者未容分辨清楚，便"已为引取，沦胥其间，指为大道"，"人人著信"（《正蒙·乾称篇》）；甚而导致许多著名的理学家如张载、程、朱、陆、王等，都曾出入于佛道几十年，又"返求诸六经而后得之"，才最后完成了他们各自的"心性之学"。可以肯定，他们的"心性之学"与"新道教""新禅学"的"性命道德"之说，其终极关怀是相通的。

然而，值得注意的是，在中国社会赋予儒学特有的神圣政治使命的驱使下，理学家们一如既往，竟不愿对三教"心性"旨趣的相通之处，做出任何理

---

[1] 《河南程氏遗书》卷二上《元丰己未吕与叔东见二先生语》，见《二程集》第一册，中华书局，1981年，第23页。

智的"高明"思考，居然将其视为"冰炭"，一代一代地进行着"三教之辨"的划界封疆工作。从南宋朱熹，到明代王阳明、罗汝芳（近溪）、王时槐（塘南）、焦竑（澹园）、冯从吾（少墟）、罗钦顺（整庵）、顾宪成（泾阳）、高攀龙（景逸）、刘宗周（蕺山）等，都在这方面有过突出的贡献，《朱子语类》中的"论道教""论释氏"，以及焦竑《答友人问释氏》、冯从吾《辨学录》、罗钦顺《读佛书辨》等，就是他们所做出的一些专论，我们透过这些辨"异"的言论，恰好可以看出宋明三教"心性一理"的相"同"旨趣。

朱熹开宗明义，把批判佛老之学"只是见得个空虚寂灭""只是废三纲五常"这一"极大罪名"，作为他全部立说的出发点，首先从"本体"上来说：

> 儒释言性异处，只是释言空，儒言实；释言无，儒言有。吾儒心虽虚而理则实，若释氏则一向归空寂去了。
>
> 释氏虚，吾儒实；释氏二，吾儒一，释氏以事理为不紧要而不理会。
>
> 吾以心与理为一，彼以心与理为二，亦非固欲如此，乃是见处不同，彼见得心空而无理，此见得心虽空而万理咸备也。
>
> 儒者以理为不生不灭，释氏以神识为不生不灭。……它之所谓心，所谓性者，只是个空底物事，无理。①

接着从"工夫"上再加以引申，认为佛所谓"性"，正圣人所谓"心"，"只是佛氏摩擦得这心极精细"，"磨弄得这心精光，它便认做性"，殊不知这是"认知觉运动做性"，如视听言貌，佛氏"只认那能视、能听、能言、能思、能动底便是性"，却不知"知觉之理，是性所以当如此者"。（《朱子语类》卷一二六《释氏》）显然，朱熹是从"性即理"的理论立场出发，以是否坚持以"理"为本做标准，来同佛老禅学划清界限。其推论方法是，先把佛"性"归结为圣"心"，再将佛"心"降低到"知觉""心识"的层面，最后得出结论："佛则人伦灭尽，至禅则义理灭尽"，与佛相比，老庄、道教于义理仅仅

---

① 《朱子语类》卷一二六《释氏》，中华书局，1986年，第3015—3016页。

只是"绝灭犹未尽"而已，"要其实则一耳"，均失之于"心空而无理"。

王阳明的着眼点毕竟与朱熹不尽相同，他把儒学（"圣人之学"）归结为"心学"，处处坚持陆九渊"心即理"的哲学命题。他在为《象山文集》作的序文中还追溯了"心学之渊"（十六字心法）和"心学"道统，批评朱熹"性即理"必然带来"析心与理为二而精一之学亡"的重大理论失误，极力为陆九渊辩诬，毫不留情面地抨击那"顾一倡群和，剿说雷同，如矮人之观场，莫知悲笑之所自""贵耳贱目"的风派"学者"，以陆氏"尝与晦翁之有同异，而遂诋以为禅"的偏见，明确指出："今禅之说与陆氏之说、孟氏之说，其书俱存，学者苟取而观之，其是非同异，当有不待辩说者。"如此坦诚的针砭，无疑有助于扭转学风时弊。可是，非常有趣的是，王阳明"辨三教异同"之标准，却同朱熹毫无二致，他说：

> 佛老之空虚，遗弃其人伦事物之常，以求明其所谓吾心者，而不知物理即吾心，不可得而遗也。①

> 仙家说到虚，圣人岂能虚上加得一毫实？佛氏说到无，圣人岂能无上加得一毫有？但仙家说虚，从养生上来；佛氏说无，从出离生死苦海上来，却于本体上加却这些子意思在，便不是他虚无的本色了，便于本体有障碍。圣人只是还他良知的本色，更不著些子意在。良知之虚，便是天之太虚，良知之无，便是太虚之无形。日月风雷，山川民物，凡有貌象形色，皆在太虚无形中发用流行，未尝作得天的障碍，圣人只是顺其良知之发用，天地万物俱在我良知发用流行中，何尝又有一物超于良知之外，能作得障碍？②

这便是刘宗周高度肯定的王阳明"辨三教异同大头脑处"（《阳明传信录》，

---

① 《陆九渊集》附录一《王守仁序》，中华书局，1980年，第538页。
② 《传习录》卷下第二六九条，参看陈荣捷：《王阳明〈传习录〉详注集评》，台湾学生书局，1983年，第328页。

见《明儒学案》卷一〇《姚江学案》）。所谓"头脑"，即"良知"二字。王阳明认为，"良知即是天理"，而"天理在人心，亘古亘今，无有终始"，故"天理即是良知"，"良知"亦即"原是明莹无滞"的"人心本体"。所以，朱熹视儒、佛、道三教界限只一"理"字，王阳明"辨三教异同"只在"良知"二字，其实同以"人心本体"为标准。只是朱熹批评佛"以心与理为二"，主张"以心与理为一"，却因同佛一样把"心"局限在"知觉""心识"层面，结果同样陷入"析心与理而为二"的弊端。而王阳明比朱熹前进一步的是，以"良知"为"人心本体"，真正解决了心、性与理为一，"本体"与"工夫"不二诸哲学难题，从而"遂使儒释疆界渺若山河"。这就是黄宗羲提醒世人不要忘却的"有目者所共睹"的史实（参看《明儒学案》卷一〇《姚江学案》）。

承接王学而对宋明理学开始反思总结的学者，"大概以高（攀龙）、刘（宗周）二先生，并称为大儒，可以无疑矣"（《明儒学案》卷六二《蕺山学案》）。刘宗周基本沿袭了王学思路，高攀龙则似与程朱同调，他们均具有融合朱王，由陆王"心学"返归程朱"理学"的倾向。他们为了检讨王学是否"禅学化"的问题，都力图同佛老禅学划清界限。高攀龙说：

> 圣人之学，所以异于释氏者，只一性字。圣人言性，所以异于释氏言性者，只一理字。理者，天理也。天理者天然自有之条理也。故曰天叙、天秩、天命、天讨，此处差不得针芒。先圣后圣，其揆一也。……
> 老氏气也，佛氏心也，圣人之学，乃所谓性学。老氏之所谓心，所谓性，则气而已。佛氏之所谓性，则心而已。非气心性有二，其习异也。性者天理也，外此以为气，故气为老氏之气；外此以为心，故心为佛氏之心。圣人气则养其道义之气，心则存其仁义之心，气亦性，心亦性也。[1]

---

[1]《明儒学案》卷五八《东林学案一》，中华书局，2008年，第1411页。

可见，高攀龙同朱学相似，是以"性即理"的立场，用一"理"字区分三教"心性"之差异，虽不比朱王高明多少，但却更加表现出"禅学化"的倾向。

依据刘宗周的高足黄宗羲记载，当高攀龙《高子遗书》初出时，他正陪伴先师（宗周）"自禾水至省下"的途中，"尽日翻阅"，而先师"时摘其阑入释氏者以示"他。他后来读到先师《论学书》，有批评高语云："古之有朱子，今之有忠宪（攀龙）先生，皆半杂禅门。"又读高《三时记》，有曰："释典与圣人所争毫发，其精微处，吾儒具有之，总不出无极二字；弊病处，先儒具言之，总不出无理二字。其意似主于无，此释氏之所以为释氏也。"其中融会了不少佛语禅言，因此，先师救正之，说高"心与道一，尽其道而生，尽其道而死"，这固非佛学，但他认为高"不能不出入其间，所谓大醇小疵者。若吾先师，则醇乎其醇矣，后世必有能之者"。黄宗羲如此把自己老师尊奉为不杂禅学的醇儒，而把高攀龙说成"半杂禅门"的"大醇小疵"之儒，显而易见，除深表推崇先师之意外，主要用意乃为了救正王学"禅学化"的流弊。

刘宗周正是从这一角度企图总结整个理学的。他在《来学问答》中说：

> 宋儒自程门而后，游（酢）、杨（时）之徒，浸深禅趣，朱子岂能不惑其说，故其言曰："佛法煞有高处"，而第谓"可以治心，不可以治天下国家"，遂辞而辟之。将吾道中静定虚无之说，一并归之禅门，惟恐一托足焉。……象山直信本心，谓"一心可以了当天下国家"，庶几提纲挈领之见，而犹未知心之所以为心也。……文成笃信象山，又于本心中指出良知二字，谓"为千圣滴骨血"，亦既知心之所以为心矣。……凡以发明象山未尽之意。……合而观之，朱子惑于禅而辟禅，故其失也支。陆子出入于禅而避禅，故其失也粗。文成似禅而非禅，故不妨用禅，其失也玄。①

这一总括是否正确，自然大可商量，本篇存而不论，但由此可以看到：

---

① 《明儒学案》卷六二《蕺山学案》，中华书局，2008年，第1549—1550页。

第一，宋明理学，无论程朱"理学"还是陆王"心学"，皆不同程度地融合了佛老禅学的"心性之学"，此乃宋明"三教合一"的时代思潮使然，并非由理学家是否"惑于禅而辟禅"，或"出入于禅而避禅"，或"似禅而非禅"的主观情势来决定。

第二，理学家无论是站在"性即理"还是"心即理"的理论立场，均以一个"理"字同佛老禅学划清界限，这只能表明他们如张载程朱那样，仍然是在宇宙本体论的范围，同佛老禅学"较是非曲直"。从朱熹谓"释言空，儒言实；释言无，儒言有"，到高攀龙谓"老氏气也，佛氏心也，圣人之学，乃所谓性学"，从王阳明谓"仙家说到虚，佛氏说到无，圣人只是还他良知的本色"，到刘宗周"本心之学，圣学也，而佛氏张大之，讳虚而言空"，尽管说法纷繁，甚而互相诋毁，却共同坚守着同一个"心性一理"的本体论原则。

同时，这丝毫不能否认佛老禅学实际同样有一个作为最高"本体"的"理"或"道"，只是在理学家的眼里，"佛氏之道，一务上达而无下学"，二程子视其"本末间断，非道也"（《河南程氏粹言》卷一《论道篇》）；黄宗羲看得更为真切："释氏正认理在天地万物，非吾之所得有，故以理为障而去之。……故世儒之求理，与释氏之不求理，学术虽殊，其视理在天地万物则一也。"（《明儒学案》卷二二《江右王门学案七·宪使胡庐山先生直》）很显然，"心性一理"就是宋明"三教合一"的哲学根据，是"新儒家""新道教"和"新禅学"各自追求道德本体的共同准则。诚可谓"圣人之教不同，同修其道以复于其性耳"（李纯甫《鸣道集说》卷三，明钞本）。

三、人皆圣佛

在宋明"辨三教异同"的长期论争中，"新儒家"获得了最大的重要成果。它不仅建立了"心性一理"的道德本体论，而且精心设计出一整套通过"知礼（理）成性"或"穷理尽性"的道德实践修养，而达到"心统性情""成圣诚明""人皆可以为尧舜"的人格理想境界，为现实社会各层人们找到了一个最后的"安身立命"之所。这无疑是曾经震惊思想界的，为了对付

"新禅学"入世挑战而做出的积极贡献。所以，陈寅恪先生早就指明："佛教经典言：'佛为一大事因缘出现于世。'中国自秦以后，迄于今日，其思想之演变历程，至繁至久。要之，只为一大事因缘，即新儒学之产生，及其传衍而已。"①

"新禅学""新道教"的思想演进历程，同"新儒家"的产生及其传衍一样，"至繁至久"，十分复杂。它们三家的冲突、融合关系，包罗甚广，更难了究。但从宋明"三教合一"思潮里，单就"新儒学"方面来说，我们可以清楚地看出，它们的"心性之学"中，至少共同涵摄着如下旨趣。

（一）同心同理

如果说，从六祖惠能的"超佛越祖之谈"，到程朱的"仁者浑然与物同体""一心具万理"，陆王的"宇宙便是吾心，吾心即是宇宙""大人者以天地万物为一体者也"，以及全真道的"精神气全""独全其真"，都是旨在解决人的"本心本性"，既在"日用常行"之中，又超乎"日用常行"之上的道德超越性问题。上述"心性一理"的争辩结果，说明他们对这个问题已取得共识，他们共同揭示了人的道德精神生命的永恒性。那么，这一永恒的道德生命，必然具有普遍性；否则，它的超越性就失去任何意义。所以，"新禅宗"创教之始，必然首先树立"我心自有佛""平等众生佛"（《坛经》第五十二条）和"砍柴担水，无非妙道"的宗教教义，使一切众生坚信"我心自有佛"、"顿悟"即"成佛"是可能的，也是现实的，从而导引天下之士"不归儒，则归禅"。这的确是中国佛教史上一场划时代的革命运动，时贤将它同马丁·路德和卡尔文的宗教改革相提并论。②我看一点也不过分。

但更为有意义的是，"新儒家"由此获得了启发，它竭尽全力让世人确信古今圣凡贤愚，"同心同理"，其"心一也"的道德观念。陆九渊讲得最好，

---

① 陈寅恪：《冯友兰中国哲学史下册审查报告》，见《金明馆丛稿二编》，上海古籍出版社，1980年，第250页。
② 参看余英时：《中国近世宗教伦理与商人精神》，台北联经出版事业公司，1987年，第15—40页。

他说：

> 人心至灵，此理至明，人皆有是心，心皆具是理。
>
> 千万世之前，有圣人出焉，同此心同此理也。千万世之后，有圣人出焉，同此心同此理也。东南西北海有圣人出焉，同此心同此理也。①

此"理"，即人心同具的"至善"本性。或称"仁体"，或称"天理"，或谓"良知"，或谓"佛性"，或云"全真"，其实均指同一"心体""性体"而已。正如清初关中大儒李二曲（颙）所说："先儒谓'个个人心有仲尼'，盖以个个人心有良知也。良知之在人，不以圣而增，不以凡而减，不以类而殊，无圣凡，无贵贱，一也。"（《二曲集》卷二二《观感录序》）只要"立志""尽心"，便能"成性""成圣"。

这同"新禅学"认为每个人"若识本心，即是解脱"（《坛经》第三十一条）似乎一脉相承，同样为每个人提供了一个既可能而又非常现实的精神归宿。只是"新禅学"和"新道教"毕竟是宗教，它们所说的"本心"（"佛性""全真"），实即一种宗教意识、宗教心理；而"新儒家"各种名称的"本心"，只能是一种道德意识、道德心理，或精神境界、理想人格。但它们三家之所以同"道"一"理"，同可冠之以"新"，大概因为它们创立的精神世界，本质上都是超现实的"现实"、此岸中的"彼岸"，人人均可直接达到，无须依附什么"教会"或"皇室"！

（二）满街尧舜

既然天下人"同心同理"，同具"至善"本性，那么，"满街尧舜，个个仲尼"和"佛在众生"，便是其"心性"中应有之旨。从孟子肯定"人皆可以为尧舜"，到毛泽东赞颂"六亿神州尽舜尧"，两人虽不可同日而语，各自推崇的"尧舜"虽可完全不同，但确实足以表现出，自古迄今，中国知识

---

① 《陆九渊集》卷二二《杂著·杂说》，中华书局，1980年，第273页。

精英一直不断追求着自己塑造出的如"尧舜""仲尼"那样的理想人格。至于这一理想人格能否实现，在不同社会背景下如何实现，均无关紧要；重要的是它肯定了每个人，上自君主，下至臣民，皆享有追求这一理想人格的平等权利。

黄宗羲在《明儒学案》里专列了以王艮（心斋）为首的"泰州学派"，认为，这一学派不满阳明师说，"跻阳明而为禅"，使王学更加"禅学化"；而泰州后学，"其人多能以赤手搏龙蛇，传至颜山农（钧）、何心隐（梁汝元）一派，遂复非名教之所能羁络"，终成"异端"。黄宗羲以为这是"祖师禅者，以作用见性"的结果，这里可以不论。值得注意的是，这一学派从首领王艮，到主要弟子朱恕、韩贞等，多出身平民，创立了"百姓日用之学"，提出了"人人君子，比屋可封"的社会理想，同张载《西铭》"民吾同胞，物吾与也"的思想境界，全然相契，李二曲特为这些平民学者立传编次，辑为《观感录》，流布于世。他在序文中赞美道：

> 昔人有迹本凡鄙卑贱，而能自奋自立，超然于高明广大之域，上之为圣为贤，次亦获称"善士"。如心斋先生，本一盐丁也，贩盐山东，登孔庙而毅然思齐，绍前启后，师范百世；小泉（周蕙）先生，本一戍卒也，守墩兰州，闻论学而慷慨笃信，任道担当，风韵四讫。他若朱光信（恕）以樵竖而证性命，韩乐吾（贞）以陶工而觉斯人，农夫夏云峰（延美）之表正乡闾，网（網）匠朱子节（蕴奇）之介洁不苟。之数子者，初曷尝以类自拘哉！[①]

二曲肯定了成圣成贤绝不"以类自拘"之后，接着反问那些"身都卿相，势位赫烜而生无所闻，死无可述者，以视数子，其贵贱为何如耶"？这难道不正是"新儒家"（以及"新禅学""新道教"）心性之学所反映出的平民文化意识吗？

[①]《二曲集》，陈俊民点校，中华书局，1996年，第273页。

可见，"满街尧舜""众生自佛"的道德人格理想，尽管不同于西方"在上帝面前人人平等"的宗教教义，但它们毕竟都是人类一直追寻的人格"真善美"高度统一的精神世界。

（三）任道担当

总括起来说，唐宋以后兴起的"新禅学""新儒学"和"新道教"及其在"三教合一"思潮中各自建立的"心性之学"，都是中华民族的"精神史"。人们的精神运动，归根到底，是无法脱离社会现实的物质运动。在宋明七百年间，中国传统专制制度得到高度完善，航海交通的发展，中西文化的交流，科学技术的进步，促使中国知识阶层产生了对如上理想境界和"自由"人格的不断追求和憧憬，王阳明的"无善无恶心之体"、丘处机的"无我无人性自由"（《磻溪集》卷二《钟吕画》，见《道藏》第二十五册），都是明证。然而，"自由"的人格理想和"平等"的平民意识，无疑成了不平等的专制特权社会无法容忍的"罪恶"，因此，它必然是一幕一幕的悲剧结局。

这种悲剧结局，便导致中国知识阶层在"三教合一"的思潮中，只能做出两种相关的选择。一方面是存心养性（儒），或修心炼性（道）、明心见性（禅），以"独善其身"；另一方面，自力更生、自苦利人（全真道），"一日不作，一日不食"（禅）以"兼济天下"。总之，他们只能走上"以道殉身"或"以身殉道"（《孟子·尽心章句上》）的悲剧道路。这便是宋明"三教合一"思潮中的"心性之学"，必然会引发出的"一心了当天下国家"之旨。这种为"天下国家"的献身精神、"从道不从君"的浩然正气，正是中华民族能自立于世界民族之林的思想支柱，亦是海内外中华儿女应当不断弘扬传承的中华文化精神。本文之用心，仅此而已！

1989年春稿于陕西师大6楼家。
原载《法言》（香港）1989年第3期、《鹅湖》（台北）1989年第10期。

"理学""天学"之间

——论晚明士大夫与传教士"会通中西"之哲学深意

一、观其会通

《周易·系辞》曰:"圣人有以见天下之动,而观其会通。""会通"者,会合变通之义也。自秦汉迄于清,在长达两千余年君主专制、代代相承的古代社会里,中国"自生系统"(sui generis)的学术思想①同外来文化的大规模接触和实质性会通,仅有两次:一次是汉魏以来由印度传入的印度佛学,一次是明清之际由欧洲传入的基督教"天学"。这两次"中印""中西"的接触会通,在哲学理论层面,都是通过儒道佛"三教融合"或儒道佛与基督教"四教融合"的学术形式进行的。

前者几乎经历了近千年的思想冲突、融合过程,至唐宋金元,先后形成了"新禅宗"、"新儒学"(宋明理学)和以全真道为代表的"新道教"这些唯有中国人才能发展出来的"最高智慧",可谓"纯粹之中国"式独立发

---

① "自生系统"一词,西方化学、人类学多有使用。荷兰莱顿大学资深汉学家许里和(Erich Zürcher)在其名著《佛教征服中国》(李四龙、裴勇等译,江苏人民出版社,1998年)开宗明义云:"早期中国佛教是一个自生系统(sui generis),是一种独立发展的结果。"(第1页)显然,这一观点对研究者的启发性,远胜于它本身的准确性。本文仅在中国传统学术思想未受外来影响而独立产生的意义上使用这一概念。

展的结果。①前贤对此发明颇多，十年前拙文《中国近世"三教融合"与"中西会通"——汤用彤、冯友兰、陈寅恪文化思想合论》②已有论述，这里不再重复。

至于后者，其问题意识、话语形构，无疑更具有近现代性。它是当代世界宗教伦理讨论必然涉及的热点，也是近年中国学术界探讨"西学东渐"和"中学西渐"必须同步研究的课题。然而，今天若要重构这段历史，那却比制定一份"普世伦理计划"，召开几次"世界宗教议会"，发表一个"世界伦理宣言"，更要复杂而艰难得多。③自20世纪初，陈垣发表他的成名作《元也里可温教考》和《基督教入华史》及有关人物传略④，以后张维华撰写《明清之际欧人东渡及西学东渐史》⑤，到世纪之交，方豪弟子李志刚撰《基督教早期在华传教史》、萧萐父与其弟子许苏民合撰《明清启蒙学术流变》、陈旭麓高足熊月之撰《西学东渐与晚清社会》等专著相继问世。百年之间，经几代学人披荆斩棘，不懈努力，筚路蓝缕，开启山林，终将这一问题导向学术研究的领域，这无疑是应当首先肯定的前提。

但更应当看到的是，这一以"天学"为中心的"西学"研究对象本身，毕竟有别于中印佛学，它还是一个新开拓的研究领域。老实说，作为严肃的中国哲学从业者，在当今之世，我们究竟能够阅读到多少长眠在中外图书馆，特别是教会档案馆里的原始材料及相关史著，而我们常见的诸如《在华耶稣会士列

---

① 汤用彤著《隋唐佛教史稿》（中华书局，1982年）绪言称："隋唐佛教，承汉魏以来数百年发展之结果，五花八门，演为宗派。且理解渐精，能融会印度之学说，自立门户，如天台宗、禅宗，盖可谓为纯粹之中国佛教也。"（第2—3页）牟宗三虽不同意"中国的佛教"之说，但他同样肯定："禅宗则为教外别传。以往的教派够多了，教义也讲得复杂而烦琐，而禅宗要做的是把其简单化后付诸实践，这就是禅定的工夫。禅宗又是最高智慧中的智慧，只有中国人能发展出这一套，世界任何其他民族皆发展不出来。目前美国人很喜欢禅宗，觉得很新鲜而好奇，其实完全不懂禅宗。"参看《中西哲学之会通十四讲》，上海古籍出版社，1997年，第17页。

② 参看本书下编。

③ 刘述先著《全球伦理与宗教对话》（台北立绪文化公司，2001年）一书，对其参与世界宗教伦理问题讨论之得失和进展之脉络，均有较详细的论述，值得一读。

④ 参看《陈垣学术论文集》第一集，中华书局，1980年。

⑤ 1983年秋，我于南京大学图书馆阅读过张维华1944年存于原金陵大学文化研究所的手稿《明清之际欧人东渡及西学东渐史》，共154页。此稿经作者修订后，改名为《明清之际中西关系简史》，于1987年由齐鲁书社正式出版。

传及书目》《利玛窦神父传》等史料，究竟是否翻译无误，符合原文，符合史实。我常常给自己提出这样的疑问。我不想苛求学术研究的任何现实，但本文只能从自己所能涉猎到的有关史料出发，运用哲学的概念辨析与史学的历史重构相结合的方法，从各种矛盾的记载中，尽力勾出一点历史的真相来。

在正式进入本题之先，首先必须肯定"天学"传入中国的时间还不长。唐代景教、元代也里可温教，均无新史料可考，尚且不论。今日学界公认，从16世纪80年代到18世纪80年代，即明万历（1573—1619）至清康、乾间（1662—1795）为中国明末清初即所谓"明清之际"，正值欧洲殖民列强迅速扩张的时代，也是西欧各国和天主教会及其以耶稣会为主体的各修会，大量派遣传教士进入中国的时代。传教士以传播"天主教义"、宣扬基督精神为宗旨，同时却把以"天主教义"为核心的西方文化带进中国，也把中国文化传到西方，在中西两地，同时开启了会通中西之学的尝试。前前后后，还不到二百年时间，中西双方都不可能酿成诸如"新禅宗""新儒学"和"新道教"那样具有"典范"意义的学术思想形态。如果说，戊戌维新变法后形成的梁启超所谓"不中不西、即中即西"的近代"新学"，是乾嘉（1736—1820）以后"西学"与清儒"经世学"融会的产物；①那么，这距利玛窦始传入"西学"的万历十年（1582），也只有二百三十八年。要促使中国传统儒学从宋明"理学"转化为近代"新学"，再由近代"新学"转化为"中国哲学"等现代学术体系，那还需要很长很长的历程。严格地说，只有待到20世纪乃至21世纪，这一问题才真正成为中国哲学的主题。现在中外中国哲学研究者进行的所谓"综合创新""创造性转化"工作，实质上是由中国士大夫和西方传教士早在晚明（万历至崇祯，1573—1644）即开其端的。徐光启惊世骇俗的所谓"欲求超胜，必须会通；会通之前，先须翻译"②，早已成为晚明一些士大夫非常超前的共识，就是最好的明证。

本文的问题意识，就建立在观其"会通"之上。

---

① 参看李双璧：《从经世到启蒙——近代变革思想演进的历史考察》，中国展望出版社，1992年，第218页。

② 《徐光启集》，王重民辑校，上海古籍出版社，1984年，第374页。

二、西学原型

问题的复杂性还在于晚明西方传教士输入的"西学",其原型并不像佛学那样内涵比较单纯,而是亦宗教、亦政治、亦科学、亦哲学的复合体。只要关注一下今日保存在中国和世界各地耶稣会档案馆里,有关晚明时期传教士带进中国的西方书籍和寄回欧洲的"年度报告"等两方面的史料,也许就可以找到解开这一复合体的切入点。

先看流入中国的西书。据法国费赖之(Louis Aloys Pfister,1833—1891)神父著《在华耶稣会士列传及书目》和方豪撰《明季西书七千部流入中国考》所载,明万历四十年(1612),继利玛窦之后,时任中国传教团监督(简称"会督")的龙华民神父(1559—1654),自意大利入华传教已十五年,深知中国乃文物之邦,素重"立言"典籍,只有借助文字工具,才能有效地推进传教布道之圣事,特命在华的耶稣会士金尼阁(1577—1628)赴罗马"谒教皇及会中诸道长,陈明必须增加新教区",并颁给藏书事宜。金尼阁"立时进行其所任之要务",经沙碛,冒热风,孤身一人,陆海兼行,历时两载,于1614年终抵罗马,获得教皇保罗五世(Paul V)前所未有"颁布之教谕":许译《圣经》,许在弥撒、祈祷中用华语,并以"重量藏书颁给新传教会"。于是,金尼阁费时三年,遍游欧洲意、法、德、比各地,"历说诸基督教之国王与民族",募捐到自鸣钟等珍宝及西书七千部,于万历四十八年(1620)七月偕汤若望、邓玉函、罗雅谷诸神父一行四人,重返澳门。据说,这七千部西书,十之八九留在澳门,带进者尚不足十之一二,自清以来,几乎无闻,仅于1938年在北平北天主堂藏书楼所见其余者,亦不过数百册而已。[1]这一说法能否成立,尚待进一步考证。但从现藏北京、北大、浙江等图书馆的《天学初函》里,却可察其内容梗概。

《天学初函》是杭州李之藻于崇祯二年(1629)编辑梓行的"天学"丛书,收入晚明耶稣会传教士译著十九种。第一种为罗马耶稣会派遣入华的艾儒

---

① 以上参看〔法〕费赖之:《在华耶稣会士列传及书目》第三十二传《金尼阁》,冯承钧译,中华书局,1995年,第115—125页。

略（1582—1649）著《西学凡》一卷，该书专门介绍欧洲教育及大学设置之课程纲要，书前有杭州杨廷筠等四名宦撰写之序文。杨序略云：

> 西学凡分六科：文科也，理科也，医科也，法科也，教科也，道科也。所有六科经籍，约略七千余部，业已航海而来，具在可译。此岂蔡愔、玄奘诸人近探印度各国寂寞数简所可当之者乎？
>
> 西教不然，其学有次第，其入有深浅。最初有文学，次有穷理之学，名曰费禄所斐亚，其书不知几千百种也。学之数年，成矣，又进天之学，名曰陡禄日亚，其书又不知几千百种也。

《西学凡》为天启二年（1623）初刻于杭州，上距七千部西书入华仅仅三年，杨序将此事与唐玄奘自印度取佛经一事相媲美，高度肯定其对中国传统学术之影响和意义，可谓晚明士大夫，至少是接受"天学"信仰之士大夫的共识。他们看到的"西学"原型，按此七千部和当时欧洲大学所设课程的学科分类，绝不止于文学、哲学（"理科""穷理之学"）、医学（"医科"）、法学（"法科"）、教育（"教科"）和神学（"道科""天学"）六科，亦包括数学、历学、工程学、物理学及其他学科等，显然是一个难以分类的"学科"复合体。正当七千部西书入华时，入选翰林院庶吉士、后任编修的黄景昉著《国史唯疑》，称他"所见世"流传的西书为"特精辩"的"天学格致学"①，就是一个最好的证据。

晚明以降，随着西方列强殖民扩张势力的急速发展，在各种不平等条约的保护下，一批批传教士涌进中国，西学诸书流入、译出越来越多，其原型真貌，反而更难以辨认。追究原委，我看主要还是后世有意为之。《四库全书》仅收《几何原本》（利玛窦撰）、《泰西水法》（熊三拔撰）、《职方外纪》（艾儒略撰）、《坤舆图说》（南怀仁撰）、《天步真原》（穆尼阁撰）、《天问略》（阳玛诺撰）、《表度说》（熊三拔译）等八种科技类西书，其余均未收入。梁启超说：乾隆皇帝"钦定《四库总目》，凡译出西书，悉予著

---

① 黄景昉：《国史唯疑》，上海古籍出版社，2002年，第275页。

录"①。乾隆以前，在明清之际的二百年间，中西学者究竟译出了多少西书，纪昀《四库全书总目提要》是否"悉予著录"，尚待考证。仅就《总目》卷一二五《子部·杂家类·存目二》所录利玛窦《辩学遗牍》《二十五言》《天主实义》《畸人十篇》《交友论》、庞迪我《七克》、艾儒略《西学凡》、毕方济《灵言蠡勺》、高一志《空际格致》、傅汎际《寰有诠》等十种"天学"（宗教）、哲学类西书来说，著录者明显地站在程朱理学的立场，将天主教神学（"天学"）和佛教混为一谈，认为耶佛"各持一悠谬荒唐之说，以较胜负于不可究诘之地"，"均所谓同浴而讥裸裎耳"。除对每一书之"提要"都有不同程度的曲解之外，最后在《寰有诠》下特作"案"云：

> 欧罗巴人天文推算之密，工匠制作之巧，实愈前古。其议论夸诈迂怪，亦为异端之尤。国朝节取其技能，而禁传其学术，具存深意。其书本不足登册府之编，然如《寰有诠》之类，《明史·艺文志》中已列其名，削而不论，转虑惑诬，故著于录而辟斥之。又《明史》载其书于道家，今考所言兼剽三教之理，而又举三教全排之，变幻支离，莫可究诘，真杂学也。故存其目于杂家焉。

从乾隆到纪昀，皆视"西学""天学"为杂学，"节取其技能，而禁传其学术"，这实际已成为晚明以来中国对待"西学"的基本国策，表明国人对西方传教士及其所传"学术"与科技"具存深意"的文化心态。

再看传教士寄回欧洲的"报告"。如果说，"佛教征服中国"或"中国征服佛教"之说②，系指中印不同文化类型或文化层次之间的相互认同或"同

---

① 梁启超：《西学书目表序例》，见《饮冰室合集·文集一》，中华书局，1989年，第122页。
② 荷兰许里和的《佛教征服中国》于1959、1972年初版、再版，1998年中文译本问世。加拿大多伦多大学已故华裔教授秦家懿在其名著《儒与耶》（1977年英文版、2000年中文版）中说："佛教是以调和态度为前提对待中国哲学的，由此引发了文化融合的漫长过程。在这一过程中，印度的佛教中国化了，因此，从六世纪到十世纪，'佛教对中国的征服'这一佛教主导情势，有时亦被视作中国人对佛教的征服。"参看台北文史哲出版社，2000年吴有能译本，第34页。

化"现象,尚无其他政治、军事的含义;那么,上述金尼阁1614年在罗马破例获得教皇"颁布教谕"之后,题献给教皇的报告《基督教远征中国史》,其"远征"的内容"深意",显然要比佛教复杂得多。从基督教发展的历史看,"天主教"本是基督教三大派中既不同于"东正教",更有别于"新教"的一个非常保守的旧派。13世纪,为适应开拓殖民事业的需要,由罗马教皇批准,天主教开始相继设立了本笃会、方济各会、多明我会、耶稣会等名目繁多的修士组织。其中耶稣会是派往中国人数最多、势力最大的修会,1534年由西班牙贵族依纳爵·罗耀拉在巴黎创立,1540年经罗马教皇保罗三世批准,1773年(乾隆三十八年)被教皇克莱芒十四世取缔,1814年庇护七世教皇又予以恢复。该会在欧洲的主要活动是,反对当时的宗教改革运动,维护日趋没落的欧洲中世纪政教合一的封建制度,为此,甚至不惜采取政治阴谋活动,弄得臭名昭著。该会派往中国的会士都身兼传教布道与搜集情报的双重职责,接受所属国家官员、罗马教皇及修会道长经常寄给他们的调查提纲,并与其保持频繁的通信来往。天主教、耶稣会及其传教士的这一政治特点,是研究"中西会通"问题的基本前提,绝不可有任何忽略。

然而,更值得注意的是,晚明来华的六十多位传教士,从利玛窦、龙华民、金尼阁、艾儒略,到邓玉函、汤若望、李方西、卫匡国等,"大都聪明特达之士"(《明史·意大里亚传》)、"海内博物通达君子"(徐光启语),个个都受过长期的修会训练,文化程度很高,宗教修养有素,学术功底深厚。其中许多人在神学、哲学、语言、地理、天文、数学、医学、物理、工程诸多学科里,都是颇有名气的学者或专家,并早就开始了汉语学习和"中国学"研究;入华之后,又经历了语言、文化、学术等方面的"中国化"过程。可以说,这批传教士是最早的外国"中国学"家,是延续至今的国外"中国学"的开创者或奠基人。他们凭借自己的特殊身份和学术专长,一方面很快进入晚明王朝的权力中心,不仅结交了一大批士大夫及高层官吏,甚至自由出入于皇宫深院,生活、工作在皇帝身旁,出任皇帝的西学老师或驻外特使;另一方面,又迅速分散在中国广大城乡,南自澳门、广州,北向南京、北京,东起杭州、山东,西到山西、陕西,足迹遍及全国各地。因此,他们很容易搜集到大批有关中国内政外交、社会经济、风土人情、历史地理、军事战争、科学技术、三教九流、名人轶事、宫廷秘闻、皇帝起居、重臣辅政等各方面的资料讯息，而且多为中国史籍所未载。现世通行的《利玛窦中国札记》，即为其中的一例。

据金尼阁称，他深知利玛窦1610年在北京临终前完成的这份"札记"，用他本国意大利文写成，其用意是先献给罗马耶稣会会长审阅，然后再让别人阅读，以便向欧洲人揭示中国的神秘面纱，报告在中国的传教事迹。于是，他利用回罗马漫长的旅途之便，将此译为当时西欧耶教文献通行的拉丁文，并增修了一些传教史和利玛窦本人生前死后的内容，先献给教皇，再于1615年在德国奥格斯堡正式出版。这个第一版的拉丁文本《札记》，封面原题字为：

耶稣会士利玛窦神父的基督教远征中国史　会务记录五卷　致教皇保罗第五　书中初次精确地、忠实地描述了中国的朝廷、风俗、法律、制度以及新的教务问题　著者同会比利时人尼古拉·金尼阁。①

这就是陈垣1934年撰《泾阳王徵传》中所说的金尼阁"曾集利玛窦笔记为蜡顶（拉丁）文中国开教史"之本来面目。原意大利文手稿仍保存于耶稣会罗马档案馆，于1910年，当利玛窦逝世三百周年之际，由汾屠立（Pietro Tacchi Venturi）神父以《中国报导》（*I commentarj della Cina*）为题，公布于世，立即受到学术界的重视，引起了一些讨论。

然而，直到今日，似乎谁也用不着去怀疑这一"报导"的历史真实性。按金尼阁《致读者》所说，它"简直没有留下什么可怀疑的余地"，因为"利玛窦神父是很有德行而不会去骗人的，又很有经验而不会受骗的"。②显然，单靠传教士个人的宗教虔诚，是保证不了历史真实性的。但必须承认，同当时传教士寄回欧洲的其他或依靠想象，或借助道听途说而臆造出来的各类"中国

① 以上参看《在华耶稣会士列传及书目补编》（中华书局，1995年）、《利玛窦中国札记》（中华书局，1983年）两书中译本序言。
② 《利玛窦中国札记》，中华书局，1983年，第41页。

报告"相比,它的确是一份利玛窦、金尼阁等会士亲身经历、耳闻目睹的"真实报告"。它对本文所研究的问题,具有重要的史料价值,其内容无疑亦同西书一样,也是一个亦宗教、亦政治、亦学术的"情报"复合体,而且传教这一"精神战争"居于主导地位。

对此,利玛窦丝毫也不隐讳。他说:中国自古就是一个偶像崇拜的国家,"从他们历史一开始,他们的书面上就记载着他们所承认和崇拜的一位最高的神,他们称之为天帝,或者加以其他尊号表明他既管天也管地"[①]。而"我们耶稣会同人依照本会成立的宗旨,梯山航海","做耶稣的勇兵,替他上阵作战,来征讨这崇拜偶像的中国","发动这精神战争的第一人,便是本会的沙勿略神父"(1506—1552)。[②]沙勿略为天主教方济各会派往中国的第一位传教士,因不得入内而死于澳门附近之上川岛。利玛窦可说是继沙之后真正进入中国腹地的耶稣会士,他在写给明朝铨部大臣虞淳熙的亲笔信中,清楚地道出了他入华的意图:

> 窦(利玛窦自称)西陬鄙人,弃家学道,泛海八万里,而观光上国,于兹有年矣。……然窦于象纬之学,特是少时偶所涉猎,献上方物,亦所携成器,以当羔雉。其以技巧见奖借者,果非知窦之深者也。若止尔尔,则此等事,于敝国庠序中,见为微末器物,复是诸工人所造,八万里外安知上国之无此?何用泛海三年,出万死而致之阙下哉!所以然者,为奉天主至道,欲相阐明,使人人为肖子,即于大父母得效涓埃之报,故弃家忘身不惜也。[③]

由此可见,晚明传教士输入西学的宗旨,并非真要传播西方先进的科技知识,

---

① 《利玛窦中国札记》,中华书局,1983年,第99页。
② 这段文字,可参考〔法〕裴化行著《利玛窦和当代中国社会》第一编所引利玛窦语,利语出自耶稣会史家汾屠立、德礼贤编校的《利玛窦全集》第一卷。裴著于1937年在河北献县出版过法文版,1947年有王书社中译本,题作《利玛窦司铎与当代中国社会》;1993年又有管震湖中译本,题作《利玛窦神父传》(初版作"利玛窦评传")。两译本文字差异很大,可惜手头无相关资料对勘。
③ 〔意〕利玛窦:《辩学遗牍》首篇《利先生复虞铨部书》,《天学初函》本。

而是向中国"发动精神战争",用"天学"归化中国。其核心是宗教与哲学。科学和技术仅仅只是一块"以当羔雉"的敲门砖,是西学之用之末,而非西学之体之本。正如尔后庞迪我对王徵宣教时所说:"吾西学从古以来,所阐发天命人心,凡切身心性命与天载声臭至理者,不下七千余部。而其最切大者,则人人能诵读焉,部盖二十有四。撮其大旨,要亦不过令举世之人,认得起初生天、生地、生人、生物之一大主,尊其命而无逾越,无干犯,无弃逆;于以尽昭事之诚,于以体其爱人之心以相爱,于以共游于天乡云耳。"①后世学者,或只着眼科技而无视宗教,或只肯定科技而否定宗教,均是对"西学"原型的本末倒置,恰合利玛窦批评一些士大夫所说出的肺腑之言:"其以技巧见奖借者,固非知窦之深者也。"这同前引《四库提要》所谓"国朝节取其技能,而禁传其学术,具存深意"之国策,正好针锋相对。这便形成了本文追溯晚明士大夫与传教士"会通中西"之"深意"所在的问题意识。

三、预流名士

现在先对本文正题略做说明。正题名曰"理学、天学之间",所谓"理学",不用多说,它指人们熟知的包括濂关洛闽或程朱陆王诸学派的"宋明理学",即出现于宋代哲学史上"一大事因缘"的新儒学(Neo-confucianism);所谓"天学",乃本文一关键词语,须略述其源。

万历二十三年(1595),利玛窦在华身着僧衣,上下叩门,自广州到肇庆,欲进两京而失败,经历了整整十三年的艰辛摸索,终于在瞿太素(汝夔)这位正热衷于炼丹求长生的江南贵胄的导引帮助下,进驻南昌,建立了广州以外的第一所耶稣会住院,居住三载,受到江右王门章潢(本清)一派大儒的学术礼遇。撰成汉学名著《天学实义》,可谓"天学"一名之始。该书据费赖之《列传》记载,"1595年初刻于南昌"。经罗马教会正式定名"天主"

---

① 王徵:《畏天爱人极论》,见宋伯胤编著:《明泾阳王徵先生年谱》附《王徵著作选辑》,陕西师范大学出版社,1990年,第240—241页。

之后①，1601、1604年先后校正重刻的北京本，1605年李之藻重刻的杭州本，1629年的《天学初函》本，以及之后屡有重刻的各种版本，均改称为《天主实义》。可知当时流行的"天学"（或"西学""道学"），除少数有"天文学"义外，多指天主教神学，一直沿用至清初。现藏于巴黎国家图书馆的法国传教士白晋所著《天学本义》手稿（写于康熙四十二年），就是明证。因此，正题标明本文所涉及的学科及其范围，即把副题"中西会通"的学术思潮，明确规定在晚明新儒学和天主教神学之间论争所形成的哲学形态内，通过对儒化的"天学"（《天主实义》）和耶化的"理学"（王徵《畏天爱人极论》）比较辨析，寻求"天学"对中国传统儒学思维可能造成的影响和意义，以别于中外关系史、中国文化史、比较宗教学史、学术思想史等学科内的"三教融合"与"中西会通"研究。

当然，"人能弘道，非道弘人"。"理学"与"天学"的相遇、冲突、调合、会通，完全是晚明一批又一批传教士和士大夫这个"少数创造者"前赴后继，不懈努力实践的结果。正如陈寅恪说：

> 一时代之学术，必有其新材料与新问题。取用此材料，以研求问题，则为此时代学术之新潮流。治学之士，得预于此潮流者，谓之预流（借用佛教初果之名）。其未得预者，谓之未入流。此古今学术史之通义，非彼闭门造车之徒，所能同喻者也。②

① 罗马教会何时将"公教"（原希腊文为Katholikos）定名为"天主教"，尚待考证。据德礼贤（Pasquale M. D'Elia）神父的《利玛窦全集》第一卷第186、198页记载："1583年7~8月间，上帝第一次被称为天主"；"1584年11月29日，刊印了第一本汉语教理书，即罗明坚的《天主圣教实录》"（见《在华耶稣会士列传及书目补编》，中华书局，1995年，第797页）。又据《在华耶稣会士列传及书目》第三十传《熊三拔》记载：1611年，"三拔乃改而研究水法，制造取水蓄水诸器。皇帝与廷臣皆赏其器之新奇，往观者不免经过教堂，赞美绘像。礼部尚书某因名教堂曰'天主堂'，自是以后遂为罗马公教教堂之通称。"（第107页）但按《天学实义》更名为《天主实义》，至迟在1601年北京重刻本问世之时，可知"天主教"在中国被教会定名，应在1583至1601年间。

② 陈寅恪：《陈垣敦煌劫余录序》，见《金明馆丛稿二编》，上海古籍出版社，1980年，第236页。

这是陈寅恪为陈垣编辑的《敦煌劫余录》作序时，针对30年代出现的"世界学术之新潮流"——敦煌学而发，却一语道破了"古今学术之通义"。我不敢说，今日的"治学之士"都能预于"时代学术之新潮流"之内，成为学术研究之"预流"者；但我相信，除去宗教层面，单就学术意义而论，晚明以利玛窦为代表的传教士和以徐光启、王徵为代表的士大夫，在晚明学术新潮流中，绝非"未入流"者。陈垣1927年将利玛窦来华传教之所以成功，归结为"六个条件"，实为以后来华之外国人传教成功与否，确立了一个"会通中西"的"利玛窦范式"，其要点如下：

（1）奋志汉学；（2）结交名士；（3）介绍西学；（4）译著汉书；（5）尊重儒教；（6）排斥佛教。

仅就"结交名士"一项而论，"他所结交的，并非乡人或下级社会的人，要结交士大夫。然第一他要有与士大夫往来的愿望；第二要名士肯与之往来。两者缺一不可"①。按照这两者，利玛窦究竟结交了多少士大夫，暂无统计，但只要举出利玛窦所说的"南京的领袖人物"，如"三教领袖"焦竑，以及有"教中三杰"之称的徐光启、李之藻、杨廷筠等，就可看出，这实际是一个参与"中西会通"的士大夫群体。

教中三杰，皆一时名士。他们或为传教士介绍西学科技、绘刻《山海舆地全图》所吸引，或为传教士"意专行教，不求禄利"之苦修精神所感动，或欲借"天学"急于摆脱个人危难之处境，各人动机虽不同，但皆深知"其所著书多华人所未道"，均是新材料、新问题、新观点。因此，首先接受其教，同情地了解其学，"首好其说"，导致"一时好异者咸尚之"②而从者如云的新潮流。无论是传教士与士大夫之间的结交，还是士大夫内部的交谊，都超越了外在的宗教宣传，而进入学理研讨层面。他们通过合作译著西书，相互写序评介、质疑送难，甚而著文攻击，一迎一拒，推波助澜。加

---

① 以上参看《陈垣学术论文集》第一集，中华书局，1980年，第104页。
② 《明史》卷三二六《意大里亚传》，中华书局，1974年，第8461页。

之，明尚吏治，科举不辍，"赴京会试"成为这批中西儒士结交的最好契机。且看这一过程：

万历二十六年（1598），杭州李之藻（1565—1630）赴京会试及第，成为进士，在传教士眼里是获得"博士学位"①。泾阳王徵二次落第。李、王结识。

万历二十九年（1601），利玛窦、庞迪我一行入京，利与李之藻"过从尤密"，"论道之余，兼及理数"。李之同乡友人杨廷筠（万历二十年进士）在京会见利，"与谭名理数日，颇称金兰"。李、利、杨结友。

万历三十二年（1604），上海徐光启（1562—1633）赴京会试成进士，利玛窦曾对杨廷筠称道：自抵中国，"所见聪明了达，惟李振之（之藻）、徐子先（光启）二先生耳"。②李在京数年，与利合译成《乾坤体义》，徐亦与利合译欧几里得《几何原本》，李、杨及冯应京等均参与研讨。冯是江右王门邹元标（南皋）的弟子，《明儒学案》《明史》均列有传，利玛窦在日记中称冯是："在享有声望的朝廷显贵中，因信仰基督教而出名"的"风采飞扬的中国士大夫"③。利去世后，徐又与熊三拔合译成《泰西水法》，徐作序文称赞："泰西诸君子以茂德上才，利宾于国"，"其实心、实行、实学，诚信于士大夫也"。认为"其教必可以补儒易佛"，而其"格物穷理之学（即哲学），凡世间世外、万事万物之理，叩之无不河悬响答，丝分理解"，"必然而不可易也"。④如此赞誉，真能打动传教士心扉的，恐怕只有"补儒易佛"四字如石破天惊，使利玛窦改变了传教策略。这一点，暂先按下，容下章专论。

此后，庞迪我撰成《七克》一书，杨廷筠为之作序，李之藻又将其书惠王徵一部；杨又撰《代疑篇》（即《徵信论》），李、王又为其作序。据陈垣统

---

① 《利玛窦中国札记》，中华书局，1983年，第489页。
② 以上参看陈垣：《浙西李之藻传》，见《陈垣学术论文集》第一集，中华书局，1980年，第71—72页。
③ 《利玛窦日记选录》，见《明史资料选刊》第二辑，江苏人民出版社，1982年，第173页。
④ 《徐光启集》上册，王重民辑校，上海古籍出版社，1984年，第66页。

计，《天学初函》所收诸书，"为作序者二十余人，皆士大夫表表一时者"；"此外名士攻教者亦复不少，如虞淳熙著《利夷欺天罔世》，林启陆著《诛夷论略》，邹维琏著《辟邪管见录》，王朝式著《罪言》，钟始声著《天学初徵》及《再徵》，许大受著《圣朝佐辟》，李生光著《儒教辩证》等，指不胜屈"。[①]如果再加上这些士大夫师承、学承、同年（同榜进士）关系中层层结交的一群群名士学人，这不正是汤因比所说的由"少数创造者组成的小社会（sub-societies）"吗？作为时代学术之"预流"者，古今中外一切"治学之士"，谁个能不奋力孜孜求索，以期从中"发现一个可以长入下一个新时代的萌芽"呢？[②]

四、三教归一

我们还得回到晚明"三教归一"的学术思潮里，看看这个"少数创造者"群体是如何面对由此而来的理论危机，这一"会通中西"的哲学"实验"中，究竟能否"长出一个新时代"（即中国近现代）的哲学萌芽。

史学家将"万历十五年"（1587）看作有明一代历史变革的界限，特别注意到此年以后，士大夫活跃于党争，学人文士热衷于结社，言官御史与内监、执政日相水火。皇帝乖戾，宦官专权。自"国本论""立储议""三王并封""福王之国""楚太子狱""科场案""京察""妖书""忧危竑议""熊廷弼案"等事件，到"梃击、红丸、移宫"等三大案，士大夫无不被卷入激烈的政治漩涡，或门户纷争的党祸之中，你不属东林党，便一定系昆、浙、宣三党之一。正如《明史》所云：

> 自是朋党论益炽。中行（吴）、用贤（赵）、植（李）、东之（江）创于前，元标（邹）、南星（赵）、宪成（顾）、攀龙（高）

---

① 《陈垣学术论文集》第一集，中华书局，1980年，第87—88页。
② ［英］汤因比：《历史研究》第三部"文明的生长"之十一"生长的分析"，上海人民出版社，1996年，第263—303页。

继之。言事者益裁量执政，执政日与枝拄，水火薄射，迄于明亡云。①

政风愈下，必然导致儒学衰变："经学非汉、唐之精专，性理袭宋、元之糟粕"，"科举盛而儒术微"②，"《大全》出而经说亡"③，儒学丧失了经学支柱。如果说"宋儒好附门墙，于渊源最悉"，那么明儒则"喜争同异，于宗派尤详"④。万历以来，风行天下的王学，按《明儒学案》，已分裂为浙中、江右、南中、楚中、北方、粤闽、泰州诸大学派，而浙中王畿（龙溪）、泰州王艮（心斋）为代表的两派影响最大。与王学各派递相出入的，还有甘泉（湛若水）、东林诸门派，以及或无所师承，或后之学者无传的特起独立成家者。真是派别林立，而宗旨历然。

值得注意的是，上述以徐光启、利玛窦为代表的"少数创造者"群体，虽为当朝政府的一级官吏，但多未直接参与各种党派之争；虽与王学江右、浙中、泰州三大派多有关系，徐光启同焦竑、李贽等泰州学派，利玛窦同冯应京、章潢等江右学派均保持非常友好的往来辩难，却几乎没有直接卷入各学派的门户相斗。他们似乎以局外人的冷静和敏锐，洞察到王学流弊的根源，不在于外在的派别分化，而在于内在的共同宗旨，即"三教归一"之旨趣。

万历二十七年（1599），利与徐在南京创建住院，为南京士大夫聚谈之所，三教名士以与利订交为荣，利亦以能同南京"领袖人物"，尤其是当时的"三教领袖"焦竑和李贽交结为圣教之幸。利在《中国札记》中专章（第一卷第十章）评述了中国的儒、佛、道三教，又特别记载了他专程拜访焦竑与李贽的真实情况。他说：

① 《明史》卷二二九《赵用贤传》，中华书局，1974年，第6002页。史学家的上述观点，最有代表性的是：［美］黄仁宇著《万历十五年》（中华书局，1982年）、谢国桢著《明清之际党社运动考》（中华书局，1982年）、孟森著《明清史讲义》（中华书局，1981年）等著作。

② 《明史》卷二八二《儒林传序》，中华书局，1974年，第7222页。

③ 顾炎武在《日知录》中批评明儒："自八股行而古学弃，《大全》出而经说亡。"《大全》系指明成祖永乐年间颁布胡广等奉敕编撰的《五经四书性理大全》，这是明代官方朱学的标准诠释本。见《原抄本顾亭林日录》，台北文史哲出版社，1979年，第526页。

④ 冯从吾：《元儒考略》，见《关学经典集成》第十册，三秦出版社，2019年。

当时，在南京城里住着一位显贵的公民，他原来得过学位中的最高级别。中国人认为这本身就是很高的荣誉。后来，他被罢官免职，闲居在家，养尊处优，但人们还是非常尊敬他。这个人素有我们已经提过的中国三教的领袖的声誉，他在教中威信很高。他家里还住着一位有名的和尚，此人放弃官职，削发为僧，由一名儒生变成一名拜偶像的僧侣，这在中国有教养的人中间是很不寻常的事情。他七十岁了，熟悉中国的事情，并且是一位著名的学者，他所属的教派中有很多的信徒。这两位名人都十分尊重利玛窦神父，特别是那位儒家的叛道者；当人们得知他拜访外国神父后，都惊异不止。不久以前，在一次文人集会上讨论基督之道时，只有他一个人始终保持沉默，因为他认为，基督之道是唯一真正的生命之道。①

李贽（1527—1602）一生坎坷，为官二十年，不堪忍受"管束"之苦，辞官为学，师事泰州学派王艮之子王襞，又崇敬罗汝芳，友善焦竑，佩服浙中王畿。晚年削发，鼓倡狂禅，依靠友人资助、和尚奉侍为生。主张"三教归儒""三教归一"之说，认为"儒、道、释之学，一也，以其初皆期于闻道也"。②的确是一位"不以孔子之是非为是非"的儒家的叛道者，王学至此，亦堕落而不复振。这是古今学界公认的事实。

焦竑（1540—1620）是晚明心学殿军，徐光启最推崇的"尊师"。笃信李贽之学，以"佛学即为圣学"，推李"可肩一狂字，坐圣门第二席"③，同李一样，追随泰州学派，师事耿定向、罗汝芳、王襞等人。以道德、经术、文章标表海内，时人尊之为"旷世豪杰，道学正宗"（吕坤语）、"巨儒宿学，北面人宗"（徐光启语），是晚明学术思想界的实际盟主，确实有"中国三教领袖"之声誉。但仕途险恶，党祸迭起，他自五十岁后大魁天下，成为明

---

① 《利玛窦中国札记》，中华书局，1983年，第358—359页。
② 《三教归儒说》，见《续焚书》，中华书局，1975年，第75页。
③ 《明儒学案》卷三五《泰州学案四·文端焦澹园先生竑》，中华书局，2008年，第829页。

代第七十二名状元，任翰林修撰，同陶望龄、马经纶、董其昌及长安冯从吾等为同年第。正当受命修明朝正史时，因史馆火灾遭祸，被免职离京，又因科场案被贬，终于在"碌碌京尘，自觉可厌"的自我觉醒中，于万历二十六年（1598），弃官归家，隐居讲学，以终其生。利玛窦和徐光启1599年专访焦竑，正是其人历经官场十年波折，而刚安居故里金陵，开始过起"卜居秦淮湄，在市罕人迹。开函读古经，落日照东壁"的讲学生涯，人称"澹园先生"。①焦讲学以罗汝芳（近溪）为宗，推重王阳明"良知"说与王艮"格物"论，视二者"如车两轮，实贯一毂"②，尤善耿定向与李贽。学人多知"李贽之才真可以鼓动海内，所以焦竑、刘东星、马经纶诸贤，咸为流连"，时人颇以禅学讥之，却不注意罗汝芳与王畿还酷信道教方术，"屡受欺不悟，强托于无人无我之学，殊不可晓"。③所以，焦与李、陶（望龄）、管（志道）诸至友，均是坚定的"三教归一"论者，焦认为：三教"道一也，达者契之，众人宗之。在中国曰孔孟老庄，其至自西域者为释氏"，"释氏之典一通，孔孟之言立悟"，"《六经》《语》《孟》无非禅，尧舜周孔即为佛"。"孔老释迦之出，为众生也"，"知佛则知孔老矣。后世源远流分，三教鼎立，非圣人意也"。④焦竑真不愧为晚明学术"三教归一"新潮流的向导与旗帜，利玛窦予以中国"三教领袖"之头衔，一点也不过分。

不过，利玛窦所谓"三教领袖"，并非表示他对"三教归一"论的赞同。如果说他的《中国札记》主要是送给耶稣会会长审阅，然后再让其他人士阅读，其目的是要让欧洲人了解中国，让教会知道在中国传教的事迹，具有明显的表功和"情报"的性质，往往有意隐去了对中国的指责；那么，他在《天主实义》这本主要向中国人宣传天主教教义的神哲学著作里，便毫不遮掩地批评有明一代的"三教归一"为"妖怪"。他在该书第七篇《论人性本善而述天主

---

① 以上参看《澹园集》附编二《尊师澹园焦先生续集序》（徐光启）、附编四《焦竑年谱（简编）》，中华书局，1999年，第1219、1299页。

② 《焦氏笔乘》卷三《王先生》，上海古籍出版社，1986年，第79页。

③ 《国史唯疑》，上海古籍出版社，2002年，第261、299页。

④ 《澹园集》上册，中华书局，1999年，第183、195页；《焦氏笔乘》，上海古籍出版社，1986年，第227、229页。

门士正学》中，专列一节，名曰"辩三教归一之说"，直指其失曰：

> 夫前世贵邦，三教各撰其一。近世不知从何出一妖怪，一身三
> 首，名曰"三函教"。庶氓所宜骇避，高士所宜疾击之，而乃倒拜师
> 之，岂不愈伤坏人心乎？

这显然是批评道教林兆恩融合儒佛而建立的"三一教"。接着，针对晚明儒
学虚空之弊端，运用西方"非此即彼"的形式逻辑思维武器，列举"五端实
理"，进行论证。现择其两端，以窥"天学"思辨之概，其一曰：

> 三教者，或各真全，或各伪缺，或一真全，而其二伪缺也。苟各
> 真全，则专从其一而足，何以其二为乎？苟各伪缺，则当竟为却屏，
> 奚以三海蓄之哉？使一人习一伪教，其误已甚也，况兼三教之伪乎？
> 苟唯一真全，其二伪缺，则惟宜从其一真，其伪者何用乎？

其二曰：

> 三教者，一尚"无"，一尚"空"，一尚"诚""有"焉。天下
> 相离之事，莫远乎虚实有无也。借彼能合有与无、虚与实，则吾能合
> 水与火、方与圆、东与西、天与地也，而天下无事不可也。①

这种把现实世界看作"虚与实""有与无""水与火""方与圆""东与
西""天与地"等等差异和对立的哲学观念，以及由此产生"非真即伪""非
此即彼"的形而上学思维方式，已成为利玛窦批判"三教归一"论的根本原
则，往后的诸多论辩，可以说没有超出这一原则。

这样空洞的逻辑论证，使中国士大夫首先感觉到"西儒所持论，古昔未

---

① 《天主实义》，明万历杭州李之藻重刻本。

闻也"，然后必然要怀疑猜忌这些西儒"不知到此何为"。正如李贽《与友人书》所说："我已经三度相会（利玛窦），毕竟不知到此何干也。意其欲以所学易吾周孔之学，则又太愚，恐非是尔。"①可见利玛窦所谓只有李贽一人认为"基督之道是唯一真正的生命之道"，似乎唯有李贽接受了他的"天学"宣教，显然纯属他个人的误断，绝非李贽的真实思想。

"西儒所持论"，李贽不能接受，那还能说服像焦竑这样融会"三教"之学的"士林祭酒"吗？这本是不言自明的事，但中西儒士的磨合，却往往因双方交往形式、应对策略的变化，双方哲学观念的误差或误解，而导致意想不到的学术结果。谁也想不到《天主实义》所持的"实理"，没有触动王学殿军焦竑与李贽，却暗合了焦氏后学徐光启力图走出"三教归一"的王学末路，而复归"实行实功，有体有用"的朱子学"正脉"的哲学探求和科学实践。

据王重民考证，徐光启有一篇"拟作的"《刻紫阳朱子全集序》，开宗明义云：

> 今世名为崇孔氏，黜绝异学，而定于一尊耳，乃二氏之说实深中人心，而浸淫焉欲窃据其上。此其是非邪正，深言之即更仆未罄，然而窃衷之以两言曰：有用与无用而已矣。夫学之精者，以为身心性命，其施及于家国天下，其道五，其德三，使居四民之业者人人得以从事，而天下已平已治，则儒效已。二氏之精者，能使贤智之士，弱丧忘归，然综其实，试令横目之民尽趋其途，能人人仙佛乎？即人人仙佛，可为世道乎？吾有以知其必不能，则二氏者果无所用于世。而自今以往，虽百世终不能浸淫焉窃据于孔氏之上也。

接着，徐重申了明自开国以来官方与学界共同遵循的思想准则，即"继孔氏而称儒术者无若元晦氏"（朱熹），"学孔氏者必从朱氏始"。然后，他批评："近世学士横生途辙，谬欲桃而棳之，曰吾独契圣宗，以上接洙泗为嫡传也，

---

① 《续焚书》，中华书局，1975年，第35页。

而实则阴用二氏之精者，以文文致傅会其说，使后进之士波荡而从之，即紫阳一脉几欲敝帚相视。"由此引申出一个重要的结论，即由朱学而"求诸孔氏之六经"，"其实行实功，有体有用，将必因朱子以见宣尼之正脉，而俾天下国家实受真儒之益"。显而易见，徐光启和利玛窦一同预流于晚明"三教归一"的学术思潮之中，同时评判儒与佛道各自的得失，但利立足于"天学"之宗教立场，其目的是用"天主正学"归化士大夫；徐则立足于"理学"这一哲学立场，其大旨乃在于由王学末流返归"朱学正脉"，以彻底革除阳明心学"逆取"所造成儒学之弊端，"顺守"朱子所传之"孔孟真传"[①]。

毫无疑义，徐的这一结论，是王学自身演变的必然结果，其深意远远超越了评判三教是否入世而"有用"，还是出世而"无用"之本身，它实开了"清学"之先河。尽管，为《朱子全集》拟作的序文究竟写于何时，今日还无法得知，但从王重民辑校的《徐光启集》中所收《与焦老师书》《复太史焦座师》两书、《焦氏澹园续集序》及徐骥（光启之子）所撰《文定公行实》等有关记载，可以推断：万历二十五年丁酉（1597），焦竑典试顺天，从落卷中获得徐光启卷，认定"此名世大儒无疑也"，拔置为乡试第一；随后，徐特致谢启《与焦老师书》，直称焦竑为"老师"，并恳切表示："吾斯未信，有怀立雪之心；求为可知，宁负面墙之训。"乡试后八年，徐成进士，入翰林院；万历三十九年（1611），徐撰《焦氏澹园续集序》，署名为"翰林院检讨门生吴淞徐光启"（按：授徐检讨为万历三十五年丁未）。因此，从两序的文义看，"朱序"大体应写于"焦序"前后，是徐已成焦氏门生之后拟作无疑。而且徐极力推崇："近世见阳明氏焉，于今见（焦）先生"，唯此二人不为无益于世的"文士之文"，而"能兼长而备美"，融"朝家之文""大儒之文""大臣之文"于一身，并从他自己"平心以求诸六经，终觉紫阳氏为顺守，而彼（阳明氏）为逆取"的切身学术体验中，找到了"三教归一"思潮发展的必然路向。[②] 很显然，徐的问题意识，不是指向"焦老师"，而是针对晚明的学术思潮。

---

① 《徐光启集》，王重民辑校，上海古籍出版社，1984年，第94—95页。
② 以上参看《徐光启集》，王重民辑校，上海古籍出版社，1984年，第88—90、95、501—502、552页。

五、易佛补儒

如前所述，"三教融合"与"中西会通"是中国哲学思想发展的总趋势，其焦点是两次中国本土自生学术系统与印、欧外来异质思想文化的冲突与融会；但仔细考察晚明的"三教归一"思潮，它并不同于唐宋之际的"三教融合"。

仅就儒学来说，以周张程朱为代表的宋代道学家，虽然为学之路大都是"出入释老之书累年，而后反求之《六经》"，但他们仅仅只是"阴取二氏"，尽量吸收其对重构儒学心性论、本体论有用的思想，而绝不忘儒学自身本来不离《六经》的正统地位。即融合为道学各派（"理学""心学""气学""功利学"）一家之说以后，仍坚持儒家道统不变。晚明诸儒则不然，他们讲学论道不以《六经》为根柢，认为"唐疏宋注，锢我精神"①，《六经》《语》《孟》，"障其童心"，均为"道学之口实，假人之渊薮"②。因此可以说，从王阳明起，就开始摆脱官方朱学的注经旧途，另辟新径，直接袭用佛道语录，公开称引释老之说，论证"儒佛老庄皆吾"所用之"大道"，至王畿而风行天下。尽管《明儒学案》多方开脱祖护，也无法掩饰阳明以"良知之学"为"三教之灵枢"，以"厅堂三间共为一厅"喻"三教归一"这一"晚年绝大理论"（钱穆语）传承至泰州、龙溪之后而衍为禅的史实。正如王畿自云：

> 先师提"良知"二字，乃三教中大总持。吾儒所谓良知，即佛所谓觉，老所谓玄，但立意各有所重，而作用不同。大抵吾儒主于经世，二氏主于出世。
>
> 《天泉证道》大意，原是先师之教本旨，随人根器上下，有悟有修。良知是彻上下真种子，智虽顿悟，行则渐修。……此学全在悟，悟门不开，无以征学。
>
> 人受天地之中以生，均有恒性，初未尝以某为儒、某为老、某

---

① 《焦氏笔乘》，上海古籍出版社，1986年，第227页。
② 《焚书》，中华书局，1975年，第99页。

为佛而分授之也。良知者，性之灵，以天地万物为一体，范围三教之枢，不徇典要，不涉思为，与百姓同其好恶，不离伦物感应，而圣功征焉。学老佛者，苟能以复性为宗，不沦于幻妄，是即道释之儒也。为吾儒者，自私用智，不能普物而明宗，则亦儒之异端而已。①

王畿这些发挥阳明师说"良知""四句教"和"三教归一"的言论，均出自焦竑、李贽熟读过的明绍兴官署刻板《龙溪王先生集》。李贽特别称道此书："无一卷不是谈学之书"，"无一篇不是论学之言"，可谓"前无古人，今无将来，后有学者可以无复著书矣"。②王学至此，确实已成为"道释之儒"，王畿、焦、李已毫无避忌地"跻阳明而为禅矣"（黄宗羲语）。这正是王学脱离儒家"治经，实学也"（程颐语）这一朱学正脉的必然结局。

面对这种被后世诟詈为招致"亡国祸根"的严重后果，作为"预流"于其中的传教士，首先迅速做出回应和对策。利玛窦锐敏地指出："三教归一"，实即"三教"归无，"于以从三教，宁无一教可从；无教可从，必别寻正路，其从三者，自意教为有余，而实无一得焉。"③他所谓的"正路"，只有一条，即他说的"天主正道"。于是，他理所当然地选定由徐光启口中说出的"易佛补儒"四字，作为今后在华传教的总纲与策略。他在《中国札记》里特别记载了这四个字对他确立不同于日本的"中国式"传教活动之意义：

当在大庭广众中问起保禄（徐光启）博士，他认为基督教律法的基础是什么时，他所作的回答可以在这里很及时地引述如下。他只用了四个音节或者说四个字就概括了这个问题，他说：易佛补儒（Ciue Fo Pu Giu），意思就是它破除偶像并完善了士大夫的律法。④

---

① 参看《龙溪王先生集》卷一〇《与李中溪》、卷一二《答程方峰》、卷一七《三教堂记》，日本内阁文库藏本。

② 《焚书》，中华书局，1975年，第117—118页。

③ 《天主实义》第七篇，明万历杭州李之藻重刻本。

④ 《利玛窦中国札记》，中华书局，1983年，第485—486页。

利玛窦如此把"易佛补儒"四字置于"基督教律法的基础"地位，这肯定是一个很值得深究的问题。只要将这一问题放在利玛窦驻南昌（1595—1598），入南都（1599—1601），进北京（1601—1610），面求万历皇帝"准许自由传教"、自由出入官府、广交士绅权贵，读儒书、讲西学，终于打进晚明士大夫上流社会这一历史背景之下，便不难理解"易佛补儒"之深意。

从表面看，"易佛"者，乃改易佛教僧服之谓也；"补儒"者，乃补救王学"三教"归无之失也。传教士在欧洲本来就是穿黑袍的出家僧侣，来华后遵照先驱沙勿略的"日本成规"，均脱下黑袍，换上袈裟，在中国人的眼里，他们同佛僧无异。只要看看李贽一类儒士且因好佛竟被世俗讥为"佞""狂"，"不宜居通州"，也不敢住南京，①那么这些身披袈裟的"西僧"，入华十多年，无法跻身士林，传教圣功甚微，便是意料之中的事。因此，利玛窦在南昌总结了同瞿、章等名流交往的成功经验，并征得视察员范礼安副主教的准许，大约于1595年《天学实义》撰成初刻之后，即决定改易服色，放弃僧衣，始穿儒服，首次换上了有如遗像那样的巾冠与绯袍。从此，他果然一步步踏进了宫廷官府大门，取得了和士大夫平起平坐的同等礼遇。

传教士如愿以偿，满以为通过"上层路线"，就可取得同昔日佛僧"依国主，立法事"的异曲同工之效，中国士大夫就能破除"三教"偶像崇拜，"诚心奉敬一天主"，接受"十诫"律法和"天学"教义，相信宇宙间只有一最高"天主"，"谓之物原"，其本性全能、全知、全善，故能"始制天地万物，而主宰安养之"②。如果士大夫真因传教士实行"易佛补儒"之策而信奉这些教义，便不难理解此四字委实具有"基督教律法的基础"之深意。但再深一层看，哲学历史的理性过程，总会让"少数创造者"迟早觉察到事与愿违之困惑。利玛窦改穿儒服，认同晚明儒士，本想打入士大夫上流社会以传播福音，"归化中国"，但让他始料未及的是，出家僧侣变为世俗儒士的角色换位，决定了他同时也必须改变传教士与士大夫交往的手段，即必须由布道、祈祷、洗

---

① 《国史唯疑》，上海古籍出版社，2002年，第298页。
② 《天主实义》第一篇，明万历杭州李之藻重刻本。

礼、斋戒等宗教仪式，改换为读经、著书、译书、书信、辩难等学术形式。结果是："自由传教"终成泡影，而传播"西学"，合译"西书"，成为他在北京最后十年的主要活动。"归化中国"者，反被中国"归化"；为"传扬圣教"而"发愿"入华，却以"西儒"形象而"荣耀"寿终。

这一"易佛补儒"式的戏剧性结局，固然不能不使西方传教士遗憾地发出"他（利玛窦）在天上将推进中国的传教工作"①的感叹，但却为中国士大夫提供了一次千载难逢的真正意义上"中西会通"的历史机遇。大概地说，晚明士大夫中，同传教士交往频繁的有两类人：一类是以李贽、焦竑为代表的"三教归一"论者，一类是以徐光启、王徵为代表的"中西会通"论者。面对"三教归一"与"易佛补儒"所造成的大明意识形态的严重危机，前者除深感"南京声利之场，中间大儒老学以崇正辟邪自任者尤多"②，必然给自身多少带来一些不安之外，"三教"归无，正好是他们挣脱儒家名教纲常羁络，欲从"三教"思维之外寻觅"新工具"而为之"赤身担当"的学术旨趣。他们迫切需要的，也许是比"三教"思想更先进的西方启蒙学说和近代哲学，可阴差阳错，传教士送来的却是西方最保守的天主教神学，他们只能怀着种种疑问而退隐还乡，为这一失之交臂的历史误会而发出"知其不可而为之"的哀叹。这也许预示中国传统"三教合一"思想的发展，已经走向终结，恕我不论。

至于后者，虽多身为受洗的教中人，却因此而从"天学"所追求的"实理"中得到启迪，毅然选择了返归程朱"实学"正脉，以求找到同传教士"会通中西"的哲学基础。为此，他们积极主动，利用一切可能的条件，不失时机地同传教士通过"西译中述"西方科技名著的学术形式，"开发学人心灵"（王徵语），为后世中国的科学研究，开启了一条"欲求超胜，必须会通"的近代新思路。以下仅举王徵"会通中西"的主要神哲学成果，略做分析，从中一窥晚明"理学"与"天学"冲突融会的"近代"意蕴。

---

① 《利玛窦中国札记》，中华书局，1983年，第617页。
② 《国史唯疑》，上海古籍出版社，2002年，第298页。

六、会通焦点

同上述李、焦、徐两类士大夫相比,生于陕西泾阳北十里一个偏僻桥头小镇的王徵(1571—1644),在晚明三朝间,既没有"三教领袖"那样的学界名望,更没有"教中三杰"(或称"三柱石")那种教内的尊荣。他和普通的世俗儒生一样,少年入于庠,青年举于乡,习章句,试帖括,走着"学而优则仕"的科举旧途。

只是他在这条道上走得比别人更辛苦。史称"困于公车垂三十年",才始博一第,"乃登天启壬戌进士",时年已五十二岁。此后的仕途,更为坎坷:先司理广平,丁继母艰,再补广陵,又丁父忧,服未满,受命任山东按察司佥事监辽海防军务,单车赴任,惨淡经营,因军变城陷,落职归里,潜心讲学著书,十二余年,终因甲申之变,绝食而亡。一生三次出任,实历官籍,仅三年余耳。①如此一生,怎能不使退隐山居的王徵大彻大悟,自咏自叹:"想当年经百战,苦工夫,积三余","上大夫、下大夫,前瞻后顾,争似我叩三生石边顿悟","名与利谁还顾"?"升沉变态同烟雾,那能够事事欢悦"?②

对王徵其人其事与其学,明清官私史书多无真实记录。《国朝献徵录》《国史唯疑》均无一字记载,《明史》仅在《祝万龄传》后载"王徵"姓名,而无史实。就是最早为王徵立传、写墓志铭的张炳璿、张缙彦及查继佐、屈大均、万斯同、王心敬等史家给我们留下的原始史料,其着眼点,全在事亲、从政、孝义、死节方面,特别突显二事:一是自做举人,便为文以范仲淹"以天下为己任"自誓,补广陵推官,廉劲有守,不为一己功名废朝廷法,联合在淮海任兵备副使的同乡来复(阳伯),毅然抵制各地为魏忠贤建生祠,一时有"关西二劲"之美名;二是至李自成陷北京,崇祯皇帝吊死

---

① 以上参看明清之际张炳璿《王端节先生传》、查继佐《王徵传》、王心敬《关学续编·端节王先生》;宋伯胤编著:《明泾阳王徵先生年谱》,陕西师范大学出版社,1990年,第408、410、412页;冯从吾:《关学编》,中华书局,1987年,第80—84页。

② 王徵:《山居咏》《山居再咏》,见宋伯胤编著:《明泾阳王徵先生年谱》,陕西师范大学出版社,1990年,第365—372页。

煤山，便手书"全忠全孝"四大字，口诵"忧国每含双眼泪，思君独抱满腔愁"之句，"七日绝粒"而卒，学人私谥曰"端节先生"。①而对其信奉"天学"、重构"理学"及在科技、语言诸学科上"会通中西"的学术贡献，则略而不述，或含糊略过。很显然，我看这是明清之际支配士大夫的遗民意识在作祟。

对此，近现代的史学家，自黄节1905年在《国粹学报》上发表《王徵传》，陈垣1934年在《北京图书馆馆刊》上登载《泾阳王徵传》，刘仙洲1940年在《新工程》上发表长篇论文《王徵与我国第一部机械工程学》（初稿），惠泽霖（H. Verhaeren）神父1947年在《上智编译馆馆刊》上发表《王徵与所译奇器图说》，同年王重民在上海《大公报图书周刊》上发表《跋王徵的王端节遗集》，直到1979年《陕西师大学报》第4期刊载杜松寿《罗马化汉语拼音的历史渊源——简介明季在西安出版的〈西儒耳目资〉》，1987年陕西人民出版社出版李之勤辑编《王徵遗著》，1990年陕西师大出版社出版宋伯胤《明泾阳王徵先生年谱》，诸位前修时贤，不辞劳烦艰辛，从海内外搜罗佚文，整理遗集，爬梳史料，钩玄提要，立传纂谱，开启了王徵研究之先声。他们给予王徵不少"中国第一"的学术头衔：第一位"中国人习拉丁文"者（陈垣语）、中国第一位"有功于采用拉丁字母为汉语拼音"者（杜松寿语）、中国"第一位机械工程学家"（刘仙洲语）等等。他们亦发现，清顺治七年（1650），即王徵去世后六年，原三原县令张缙彦依据王徵"至戚"知友、姑表兄弟张炳璿《王端节先生传》所写的《王公墓志铭》原本"稍详矣"，但有"徒称其政绩、其死节，于君学术无所阐扬"的弊端，原《墓志》有"公通西学，与利玛窦之徒罗（明坚）君善，造天主堂居之，著有《畏天爱人极论》，为前人所未发"一段。但自康熙九年（1670）编修的《泾阳县志》起，通行的《陕西通志》《泾阳志》所列王传，却无一例外地均删去了此段，"一若以此为君讳者"。然而，令人不解的是，时光几乎已过去百年，前修时贤们发现的问题，居然和明清

---

① 以上见宋伯胤编著：《明泾阳王徵先生年谱》，陕西师范大学出版社，1990年，第446—447页。

诸儒一样，他们对王徵会通西学、创立中国"畏天爱人"的神哲学，同样"无所阐扬"。

不过，值得珍视的是，黄节这位"国粹"派的主帅早已提醒人们：若再"不知宝贵"王徵对"西儒资心之书"的"究竟"，即对神哲学的发明，那不仅是王徵本人之不幸，而实乃"中国之不幸也"。他说：

> 当（王）徵之时，唯物、唯心论未入中国，而徵之言曰："耳目有资，手足有资，而心独无资乎哉！西儒资心之书，猝难究竟，其尚俟诸异日。"悲夫！设徵不遇国变死，则其所以饷后世者，亦复何限！乃仅仅得此，而后之论之者，又谓其"荒诞恣肆，不足究诘"（《四库全书总目》），诋之惟恐不力。悲夫！得之三百年上，而不知宝贵，今始骇而求之，则晚矣！则晚矣！[①]

百年以前，竟如此看重王徵的神哲学研究，如此"宝贵"之，如此恨"晚矣"，这绝非言过其实，也不是耸人听闻。它标志中国自20世纪之始，学界前修早已关注到李之藻、王徵等士大夫通过接受"天学"，对古希腊哲学特别是亚里士多德的著作翻译研习的成就。尽管，从王徵到黄节的四百年间，哲学在中国"尚未有一正名"，哲学的希腊古语"Philosophia"，或依音直译为"斐落苏斐哀""斐录锁费亚"，或依意用作"爱知学""神学"，而日本学界则译为"哲学"或"理学"，还没有统一为后世通行的"哲学"；但他们皆心知其意，会心其间，知"其价值不在欧几里得几何之下"[②]。因此，本文最后特举王徵《畏天爱人极论》一书，做典型剖析，以观接受"天学"的士大夫是如何具体"易佛补儒"、会通中西之学的，以期能补前贤"塞翁失马"之憾。

中西思想文化的冲突、中西之学能否会通，其核心全在"教义"，即中西

---

① 宋伯胤编著：《明泾阳王徵先生年谱》，陕西师范大学出版社，1990年，第430页。
② 陈垣：《浙西李之藻传》，见《陈垣学术论文集》第一集，中华书局，1980年，第77—78页。

根本不同的价值系统。1727年7月21日，大清雍正皇帝召见外国传教士时，总结历史教训，直言不讳地告诫耶稣会士：

> 汉明帝任用印度僧人，唐太宗任用西藏喇嘛，这两位君主因此受到了中国人的憎恶。先皇（康熙）让尔等在各省建立教堂，亦有损圣誉。对此，朕作为一个满洲人，曾竭力反对。朕岂能容许这些有损于先皇声誉的教堂存在？朕岂能帮助尔等引入那种谴责中国教义之教义？岂能像他人一样让此种教义得以推广？喇嘛教最接近尔等的教，而儒教则与尔等之教相距甚远。尔等错了。尔等人众不过二十，却要攻击其它一切教义。①

雍正皇帝一言九鼎，确实击中了明清之际"中西会通"的要害。若由此上推一百年，正好是王徵司理广陵（扬州）任上撰成《畏天爱人极论》之后，即崇祯元年（1628）七月。再过六年，徐光启卒，王徵归里，建"仁会"，立"会约"，兴教堂，往返三原、西安，专心于"天学"活动；同时，"辄出新思，再忆旧作"，撰成《仁会约》《两理略》《山居咏》《崇一堂日记随笔》《额辣济亚牖造诸器图说自记》等有关慈善、政绩、科技、奇闻、词曲的晚年作品。引人深思的是，在这些不同体裁的著作里，王徵反复申明的只是《畏天爱人极论》所要阐释的"天主教义"。他在《仁会约引》开篇说：

> 向余为《畏天爱人极论》，盖有味乎西儒所传天主教义，竭力阐明，用勖我二三兄弟之崇信。……夫西儒所传天主之教，理超义实，大旨总是一仁。仁之用爱有二：一爱一天主万物之上；一爱人如己。真知"畏天命"者，自然爱天主；真能爱天主者，自然能爱人。然必真真实实能尽爱人之心之功，方是真能爱天主。

---

① ［法］宋君荣：《有关雍正与天主教的几封信》，见杜文凯编：《清代西人见闻录》，中国人民大学出版社，1985年，第145页。

在《两理略自序》又曰：

> 比入官，以老书生两作司理。初任平干（广平），再则广陵。到手事皆生平梦寐所弗及，终日懵然，攒眉作苦，只得抖擞精神，只凭自家意思做去。独时时将畏天爱人念头提醒，总求无愧于心。曾书一对联自警曰："头上青天，在在明威真可畏；眼前赤子，人人痛痒总相关。"此外一切世法、宦套、时尚弗顾也。

在临终前又手题墓门对联及诗云：

> 自成童时，总括孝弟忠恕于一仁，敢谓单传圣贤之一贯；迄垂老日，不分畏天爱人之两念，总期自尽心性于两间。
>
> 老天生我意何如？天道明明忍自迷；精白一心事上帝，全忠全孝更无疑。[①]

由此可见，王徵可谓晚明士大夫中有大量遗著佐证的一位最虔诚的"天学"信徒，"畏天爱人"之论，是贯穿他一生的神哲学精粹，其主旨，只为阐明"天主教义"。

七、畏天爱人

现在的问题是，王徵作为"自束发来解读圣贤书"，又出入儒佛道，"为文自誓以天下为己任"的士大夫，为何能产生这样的问题意识？他如何从宋明理学的立场去阐明"天主教义"呢？

先说王徵对"天主教义"的阐释。据史家考证，明清以来，《畏天爱人极论》在国内未见刻本流传，亦无抄本，现在所传，乃系向达（觉明）1937

---

① 以上见宋伯胤编著：《明泾阳王徵先生年谱》，陕西师范大学出版社，1990年，第280、115、405、406页。

年旅居欧洲时，从巴黎国家图书馆古郎（Gourant）编目为6868号的抄本过录校点，整理成帙。前有武进郑鄤写于崇祯七年（1634）之《序》，后附王徵自己写的《记言》，中间正文约一万六千余言。郑是王的"同年"知友，二人"有目成之契"（郑语），郑《序》记载，王稿初成，曾请他予以"评点以传"，并极力推崇此书："直揭天人以昭世人，反复若干万言，君平（严遵）《道德指归》而后，说之宏畅，未有若此者也。"①但抄本未见"评点"，其正文形式，同《天主实义》一样，仍用明代讲学盛行的语录体，假设"客问""余答"，往返问答凡八次。从首问提出"有志学圣贤"的儒士为何信奉"天学"的疑难开始，直到第八次，以客表示已剖"心疑"，"明论照然，钦崇一主"，心悦诚服，并愿择日继续"相与尽穷西儒未尽之奥旨"而结束。其间六次问答，大要为：一论"天命之出于天主"，"天主"乃生天、生地、生人、生物之"大父母"；二论"天主惟一"，其教无二，"三教"无法代替；三辨天堂地狱之说；四论"来世之利害"；五论"灵魂不灭之理"；六论"畏天爱人"的修道工夫。最后，在文末《记言》中，王徵画龙点睛地指出：

> "畏天爱人极论"者，所以论天之不可不畏，人之不可不爱，而凡学圣贤者，"畏天爱人"之功必不可少也。然"论"焉足矣，而必曰"极"者何？盖"畏天爱人"本人人原具之良心，亦愚夫愚妇所可与知与能之平常事，而实千古希贤、希圣、希天者之真功用，只在吾人一提醒转念间耳。②

显然，这是沿袭阳明心学的说法，把"畏天爱人"既视作百姓日用常行的"真功用"，又置于人人本有的"良心"本体地位。亦工夫亦本体，体用不二，这不正是宋明理学的基本架构吗？"畏天爱人"，这不正是儒家常说的君子"畏

---

① 以上见宋伯胤编著：《明泾阳王徵先生年谱》，陕西师范大学出版社，1990年，第58、235页。

② 宋伯胤编著：《明泾阳王徵先生年谱》，陕西师范大学出版社，1990年，第278页。

天命""仁者爱人"（孔子语）、君子"仰不愧于天，俯不怍于人"（孟子语）的天人命题吗？

其实不然。王徵"极论"的不是中国传统儒学一般意义的"天人之学"，而是借用孔孟儒学的"天人"命题和宋明理学的"体用"架构，以"天人体用"观念为结合点，巧妙地融入"爱上帝"和"爱人如己"这两条"天学"律法最大的基本"诫命"①，以此为总纲，旨在详细阐释"天主教义"的中国晚明之神哲学。为此，他付出了毕生的学术生命，以极大的理论勇气，不畏"举世震骇""惶惑信问"，或"诮其狂腐"，或"诮其蔓延僻俚而无当"的种种议论和讥讽，向世人明确表示："吾惟尽吾畏天爱人一点"，"总之，欲吾四海兄弟，人人认得元初真父母，共尽昭事之道，以期归本乡云耳，无他肠也。"②因此，他将自己一生所有科学研究、诸器制作之成就，统统归功于"全能造物主开发学人心灵，独赐恩佑"的结果，晚年特以"圣宠"的拉丁文Gratla中译名"额辣济亚"，署在他继《远西奇器图说录最》和《新制诸器图说》之后的第三部机械工程学著作之冠，名曰《额辣济亚牖造诸器图说》（此书已佚）。可见王徵虽非"教中三柱石"，却是一位比较彻底的"天学"化了的工程学家和神哲学家。而且，他建构的"畏天爱人"之学，同利玛窦《天主实义》一脉相承，不仅论题宗旨相同，而且文字、结体也惊人地相似。《实义》凡八篇，分作上下两卷，共一百一十四次问答；《极论》则浓缩为八次问答，除首尾两次问答，其中六次问答所论上述问题，其内容层次，几乎同《实义》没有多少区别，甚至一字不差地转述了《实义》中的某些段落。依我粗略对勘，王徵除一论"天命出于天主"之外，二论"天主惟一"，即《实义》"引"与第七篇的节文；三辨天堂地狱之说，即《实义》第一篇和第六篇的节文；四论"来世之利害"，即《实义》第六篇的节文；五论"灵魂不灭之理"，即《实义》第三篇的节文；

---

① 《新约全书·马太福音》第二十三章记载：法利赛一位律法师问耶稣："律法上的诫命，哪一条是最大的呢？"耶稣对他说："你尽心尽性尽意，爱主你的上帝，这是诫命中的第一且是最大的。其次也相仿，就是要爱人如己。这两条诫命是律法和先知一切道理的总纲。"见《新旧约全书》，中国基督教协会，1982年，《新约》第30页。

② 宋伯胤编著：《明泾阳王徵先生年谱》，陕西师范大学出版社，1990年，第279页。

六论修道工夫，即《实义》第七篇的节文。看来《极论》受《实义》的影响极大，是与传教士有关译著相近的"天学"著作。这表明，它绝不是理学家的"天人"之学，不宜沿用中国哲学传统的"天人"架构去研究，应当同对待《实义》一样，最好从神哲学的视角去考察它是如何阐明"天主教义"的。

现在再说王徵怎样阐述"天主教义"，其哲学方法，同《实义》有无不同。平心而论，作为一部神哲学著作，大段摘引和转述《圣经》和传教士的作品，在"明季士大夫学问空疏，见解迂陋，而又好名特甚"（袁枚语）之学风和文风熏染下，本不足为怪，同为教中人，亦无"谁窃谁"的问题。我之所以要做如上对勘，主要是想寻求如此行文方式的背后，到底有没有他自己的哲学创造。我最主要的发现是，王徵虽虔诚地接受了"天主教义"，却没有接受利玛窦论证"天主教义"的神学目的论方法。神学目的论，本是以托马斯·阿奎那为代表的欧洲中世纪经院哲学关于"上帝论证"的主要方法论之一，它是通过事物之间常见的诸如因果关系、外力作用等客观规律性或人活动的自觉性为例，来证明世界的一切都是按上帝确定的目的活动的。利玛窦在《实义》中，主要就是运用这种方法论和亚里士多德的"四因说"，论证天主的唯一存在性。[1]王徵《极论》引述《实义》，至少有十二大段，却唯独没有直接摘引这方面的大量论述，而是沿用理学家的为学之道，通过对"天命"与"天主"的哲学会通，反复极论他所谓"畏天爱人"的"天学"旨要。

他先述自己求索"天命之所在"而"屡学之而屡更端"的为学历程：始读圣贤书，"欲求天之所以命我者而不得"，乃尽究释典，而"不见其要归"；故不得已转寻道家内丹养生之术，而"亦是茫无巴鼻"；偶读《孟子》"君子有三乐"章，"而忽有省于'仰不愧于天，俯不怍于人'之旨"；适逢西班牙籍传教士庞迪我惠赠《七克》，从而找到了"不愧不怍之准绳"，儒耶相契，"种种会心"，"语语刺骨"；像王阳明"格竹"一样，大病二十余日，"不下一粒"，终于从庞迪我所携"天学"西书中，"另开眼界，心目顿豁"，受

---

① 参考《天主实义》第一篇，明万历杭州李之藻重刻本。

洗皈依"天学"。前后三十余载，学凡四变，而始入"天学"之门。他从下学修德工夫下手，会通了孟子"三乐"与天学"七克"①，这是会通"天学"的第一步。

接下来的第二步是，由工夫上达本体，会通"天命"与"天主"。据王徵自述，这一步是他"与庞子时时过从，相与极究天人之旨"的多次研讨中完成的。王徵少读圣贤书，熟知"畏天命""知天命""天命之谓性"等"天命"之说，无疑也熟知宋明理学家"天惟运动一气"（张载语）、"天者，理而已矣""命犹令也""天命，即天道之流行而赋于物者，乃事物所以当然之故也"（朱熹语）等等对"天命"的定义或解释，但困扰他的问题，却不是这些或以苍苍之气言"天"，或以道或以理言"天"，而是"天"既"系之以命"，就必"有以所命之者，则必有所以出"者。那么，"所命之""所以出"者究竟是什么？他不赞同"命犹令"如此地同义反复，而认为"是命者，所谓主也"。将"命"释为"主"，而"主"又不等同"天"，而是"于天之上更有主也"，从而得出"天命之出于天主"的结论。可谓超胜以往儒学的一种新说。

为了证明这一结论的合理性，王徵完全接受了庞迪我关于"天主"唯一存在与全能、全知、全善的"天主论"，圣父、圣子、圣灵"三位一体论"，"天主造成天地万物"的"创世说"，以及灵魂不灭、天堂地狱、天主十诫等等说教。其理论前提，乃是承认"天主"的唯一存在性。他进一步推理论说：

盖天既有主，则不得徒视为形色苍苍之天，主冠之以天，则一尊

---

① 《孟子·尽心章句上》载：孟子曰："君子有三乐，而王天下不与存焉。父母俱存，兄弟无故，一乐也。仰不愧于天，俯不怍于人，二乐也。得天下英才而教育之，三乐也。"见朱熹：《四书章句集注》，中华书局，1983年，第354页。所谓"七克"，是庞迪我以天主教律法所禁罪宗凡七："骄傲、嫉妒、悭吝、忿怒、迷饮食、迷色、懒惰于善"，发明其义曰：（1）"伏傲"（即用谦让以克骄傲）；（2）"平妒"（即用仁爱以克嫉妒）；（3）"解贪"（即用舍财以克悭吝）；（4）"息忿"（即用含忍以克忿怒）；（5）"塞饕"（即用淡泊以克饮食迷）；（6）"防淫"（即用绝欲以克色迷）；（7）"策怠"（即用勤于天主之事以克懒惰之事）。王徵用此"七克"会通"君子三乐"，认为只有做到"七克"，才能达到"三乐"，从而进入"天学"之门。

而更无两大。诅但一人一家一国之主莫之敢并,即一世之共主、千万

世之共主,莫不在其统领纲维中,同受其赏罚也。

因为,这是最初生天、生地、生人、生物之一大主,它无形无象,但默宰于宇宙一切事物之中:

> 举四海万国之大,视同弹九,若运旋一掌之内,无所不照临,
> 无所不安养,无所不震摄而提扶;而且无远弗届,无微弗入,弗隐弗
> 烛;不疾而速,不行而至,天上地下,总皆临莅之区,往古来今,浑
> 圉一视之中,盖心神之宰一身之易之妙,犹未足仿佛其万一耳。

总而言之,"天主"是宇宙本体,是终极存在,是"所以然之初所以然"。这同艾儒略在《西学凡》里所介绍的经院哲学"三大支"内容①,完全相合,表明王徵在接受"天主教义"的同时,已不自觉地认同了西方哲学追求本体的哲学旨趣。

当然,王徵作为晚明"以天下为己任"的士大夫,最关切的还不是本体哲学问题,而是纲常伦理问题。利玛窦《实义》开宗明义:"平治庸理,惟竟于一,故圣贤劝臣以忠。忠也者,无二之谓也。五伦甲乎君臣,君臣为三纲之首。夫正义之士,明此行此。"徐光启依此,称道传教士"无一言不合忠孝大旨"。所以,王徵借"客问"之口,一字不漏地转述了这一长段,然后回答:"主既惟一,教岂有二。"由对"天主"唯一存在性的认同中,自然导引出必须肯定"天主教"神学唯一合理性的结论。显而易见,这既是针对晚明"三教归一"思潮而发,更是针砭他所谓世俗社会"人知事其父母,而不知天主之为大父母;人知国家有正统,而不知天主统天之为大正统也"的弊端。他认为"不事亲不可为子,不识正统不可为臣,不事天主不可为人"。只要人人知爱

---

① 艾儒略《西学凡》认为,托马斯·阿奎那的经院哲学基本内容有"三大支",第一支"先论徒禄日亚之学,次论天主之本体",第二支"论人究竟归向与人生前身后之真福",第三支"论天主必宜降生救世论"。参看前揭《天学初函》本。

天主，"而为天主者，爱人如己也"，那人人相爱如己，便是"一转眼即是"之事。因此，他的"畏天爱人"之大旨，其实集中一点，只是要人人"爱一天主在万物之上"而已，因为"真爱天主者，必由畏起敬，由敬起爱"，哪还能"有不爱人者乎"？①

由以上可见，王徵的"畏天"，不再是儒学的"畏天命"，而是"天学"的"爱一天主"；儒家的三纲五常，统统被"天主"这一"大父母""大正统"所取代。这同李贽、焦竑等"三教归一"论者，殊途同归，均包含着对以血缘为纽带的宗法专制王权统治秩序的否定。由此必然导致"自由、平等、博爱""在上帝面前人人平等""在真理（'实理'）面前人人平等"等等近代命题和社会价值原则的出现，这将是中国传统价值系统的重大变革。

正是在这一意义上，我一向赞同"明清启蒙学术"之说，这也正是本文所论晚明士大夫与传教士会通中西哲学深意之所在。

2003年秋稿于陕西师大工作室。

原载《中国哲学史》2004年第1、4期。

---

① 以上所引王徵语，均见宋伯胤编著：《明泾阳王徵先生年谱》，陕西师范大学出版社，1990年，第237—278页。

中国近世"三教融合"与"中西会通"*

——汤用彤、冯友兰、陈寅恪文化思想合论

上承胡适、梁漱溟"哲学方法"之主旨，继胡梁之后，在中国学术界能"以科学方法整理国故"，把西方的哲学方法论正确应用于中国传统思想文化的研究，真正能从中、西、印"三方面哲学史细细检察"中，"合中西新旧各种学问而统论之"者，无疑必推汤用彤、冯友兰和陈寅恪三位"最博学之人"了。他们虽然分别可以"哲学家""佛学家""史学家"名世，但都有长期留学欧美而精通英文、梵文、巴利文等多种外文，既受过西方文化的直接熏陶和专门的哲学训练，又精于考据与比较研究等共同之特长，在解决"中西文化"问题上，自然形成了较为相近的旨趣。

一、"文化之研究乃真理之讨论"

当汤用彤1922年自美国、陈寅恪1924年自德国先后学成归国之际，中国学术界刚经过杜威、罗素相继来华讲学，正面临着"新旧淆然，意气相逼"的严峻形势。梁启超、蔡元培、胡适等"维新者"曾热心于聘请"世界名哲"来华讲学，原本为了促进中西哲学文化的交流，以利提倡西方的"科学"与"民主"，削弱各类守旧势力；不料，杜威、罗素及接着而来的德国哲学家杜里舒

---

* 本篇是笔者1993年夏在北京召开的"第八届国际中国哲学会"上宣读的论文修正稿。

（H. Driesch）和尚未到过中国的"西洋学者"，出于解救西方工业化以后社会矛盾的需要，竟对中国文化大加赞美，"许多都想输入些东方文明，令他们得些调剂"。甚至在巴黎的柏格森之师、哲学家蒲陀罗（Boutreu）还告诫梁启超一行中国学者："一个国民，最要紧的是把本国文化发挥光大，好像子孙袭了祖父遗产，就要保住他，而且叫他发生功用。就是很浅薄的文明，发挥出来，都是好的，因为他总有他的特质，把他的特质和别人的特质化合，自然会产出第三种更好的特质来。"并称赞说："你们中国，着实可爱可敬，我们祖宗裹块鹿皮拿把石刀在野林里打猎的时候，你们不知已出了几多哲人了。"希望"中国人总不要失掉这份家当才好"。①名哲学家们如此称美之词，结果反成了"守旧者"固守中国文化本位论的重要依据，也使"唯新者""西化派"登时背负起创造"中西化合新文明"的历史责任。梁启超还为此提出了具体设计：

> 第一步，要人人存在一个尊重爱护本国文化的诚意；第二步，要用那西洋人研究学问的方法去研究他，得他的真相；第三步，把自己的文化综合起来，还拿别人的补助他，叫他起一种化合作用，成一个新文化系统；第四步，把这新系统往外扩充，叫人类全体都得着他好处。②

这种"中西化合新文明"的文化观，对梁漱溟中西文化"不能并行""不能融合"的观点来说，显然相反，但又似相成。这怎能不使中国知识学人感到像梦魇一样困惑，更使那些对西学"饥不择食，寒不择衣"的"可爱的青年"学子们，"聚议纷纷，莫衷一是"。

针对中国思想界的如此局面，汤用彤于回国的当年即在《学衡》第十二期上发表了《评近人之文化研究》，二十年以后，他在《学术季刊》一卷二期文

---

① 转引自《欧游心影录节录》下篇十三，见李华兴、吴嘉勋编：《梁启超选集》，上海人民出版社，1984年，第731—732页。

② 李华兴、吴嘉勋编：《梁启超选集》，上海人民出版社，1984年，第733页。

哲号（1943年1月）上又发表了《文化思想之冲突与调和》。1962年，他亲自选编《往日杂稿》一书时，将这两篇研究中西文化史的专论收入其中，尽管他当时特声言：

> 附录二篇是我在解放前对文化思想的一些看法，它表现了我当时的历史唯心主义的错误观点，编入本文集，便于读者在读本书和作者的其他著作时，于我的思想有所认识。[①]

但是，我们今天依据"唯物史观"，将它放在当时的历史环境中加以考察，其学术意义，我看绝不亚于胡适当年回国前夕专为驳章太炎而发表的《诸子不出于王官论》一文。因为，非常明确的是，《评近人之文化研究》专为评析"学界巨子"梁启超和"好学深思之士"梁漱溟所代表的"时学之弊"而发，对当时的中西文化研究具有"探源立说"之价值。

首先，汤用彤揭示了文化研究的本质和新旧两派中西文化争论的偏失。他从"唯新者""守旧者"的论著中，清楚地看出两派所谓文化之研究，"咸以成见为先"，是非常情绪化的"意气相逼"，而不是严肃的学术研究。维新西化派"诽薄国学""谩骂古人"，"以国学事事可攻，须扫除一切，抹杀一切"；对于输入之西学，"亦卑之无甚高论"，不加严格简择与研究，"于哲理则膜拜杜威、尼采之流；于戏剧则拥戴易卜生、萧伯纳诸家。以山额与达尔文同称，以柏拉图与马克思并论。罗素抵沪，欢迎者拟之孔子；杜威莅晋，推尊者比之为慈氏"。实在不类不伦，而且丧失国体。保守旧化派"亦常仰承外人鼻息，谓倭铿得自强不息之精神，杜威主天（指西方之自然研究）人（指东方之人事研究）合一之说，柏格森得唯识精义，泰戈尔为印化复兴渊泉"。听到几位西哲称美亚洲文化，"不问其持论是否深得东方精神"，也不探究其旨意何在，便误以为"欧美文化迅即败坏，亚洲文化将起而代之"。他们既妄自菲薄，又妄自尊大。"唯新者以西人为祖师，守旧者借外族为护符"，"对于

[①]《汤用彤学术论文集》，中华书局，1983年，第4页。

欧美则同作木偶之崇拜", "皆本诸成见", 不知文化研究之本质"乃真理之讨论"。这便造成了"是非颠倒, 真理埋没"的"时学浅隘"之弊。

接着, 他依据中外科技文化发展的史实, 具体剖析了梁启超、梁漱溟新旧两派以"科学之有无"来解释"中西文化之同异"所表现的理论"浅隘"及其根源。当时, 关于中西文化不同之点浅而易见的通行说法是: 西方重实际经验, 故科学发达; 中国人重人生理想, 故无科学。汤用彤特举出"近人解释其故"的两种说法: 一说即梁启超在《欧游心影录》中所谓"西洋文明, 总不免将理想实际分为两橛, 唯心唯物各走极端"的论调; 与此"可相表里"的另一说, 即梁漱溟在《东西文化及其哲学》里"意谓中国非理论之精神太发达"的观点。他指出, 前者失之太"浅", "浅则论不探源", "或以科学全出实用, 或以科学理想低下", 实际是把"工程机械"(应用科学)与"理想科学"(理论科学)混为一谈, "俱未深源立说", 不了解欧西科学之发源及其与哲学理论发展的关系; 后者失之太"隘", "隘则敷陈多误", "立义太狭"。两者立言均是"以一己主张而有意去取", 使广大读者往往"依一面之词而不免盲从", 结果导致了"浅隘"的不良学风, 故"求同则牵强附会之事多, 明异则入主出奴之风盛", "是非颠倒, 真理埋没"。这的确切中了时学之弊。

最后, 他明确指出:

> 时学浅隘, 其故在对于学问犹未深造, 即中外文化之材料实未广搜精求。旧学毁弃, 固无论矣。即现时髦之西方文化, 均仅取一偏, 失其大体。

值得特别珍视的是, 汤用彤以一个"研究者"的切身体验, 给"文化"以"全种全国人民精神上之所结合"之定义, 给"文化之研究"以"乃真理之讨论"的科学定位, 强调作为"研究者", 应"统计全局, 不宜偏置", 要"精考事实, 平情立言", 绝不能"强为撮合"世界"各有真理, 各有特质"的文化哲学系统。①只要我们联系尔后三四十年代冯友兰、陈寅恪和汤用彤本人在文化哲学研究上所获得的巨大成果，以及八九十年代文化研究中种种"浅隘"偏向的连连出现，便不难领略到这一精辟论断，对中国近世"中西会通"与"三教融合"的文化研究，实际已产生了端正学风、明确方向的指导意义。

二、"东西之分"乃"古今之异"

现在，我们就来看看汤用彤、冯友兰、陈寅恪诸贤在30年代以后的中国学术界中，究竟是怎样从文化理论和各自研究实践的结合上，具体解决"中西会通"与"三教融合"问题的。

首先，冯友兰1923年自美国哥伦比亚大学研究院以《天人损益论》（中文出版时改为《人生理想之比较研究》）的毕业论文获哲学博士后回国，先是"主观志愿是想向中国介绍西方哲学"，客观的机缘却使他"作了一些向西方介绍中国文化的工作"，"最后归到研究中国哲学史"。他主编《哲学评论》，与汤用彤、金岳霖组织成立"中国哲学会"，积极从事中西哲学与文化的学术研究与交流活动。尤其比胡适更为成功地将柏拉图、"新实在论"和"实用主义"哲学"发生法"应用于中国哲学研究，在由苏联传入的"唯物史观的一般原则"影响下，采用逻辑分析方法，写出了"同胡适的《中国哲学史大纲》有显著的不同"的《中国哲学史》。②神州国光社于1931年先行出版了上册，1934年商务印书馆出版了全部上下两册。1937年以后，该书的上册、

---

① 以上凡引均见《汤用彤学术论文集》，中华书局，1983年，第182—185页。

② 冯友兰在《三松堂自序》中回忆说："杜威的实用主义在研究社会现象的时候，本来是注重用发生的方法。……杜威曾向我提出这个问题。胡适在当时宣传杜威的实用主义，但是限于实用主义的真理论。至于发生法，他很少提起，不过总是受一点影响。"（生活·读书·新知三联书店，1984年，第215页）又说："在这个时候，讲中国哲学史，又多了一层难处。随着马克思主义在中国的传播，在历史工作中，唯物史观也流传开了。对于中国社会史、中国经济史的研究，正在展开，各方面不同的意见，开始论战。我没有参加这些论战，也没有跟着研究。但是，唯物史观的一般原则，对于我也发生了一点影响。就是这一点影响，使我在当时讲的中国哲学史，同胡适的《中国哲学史大纲》有显著的不同。"（《三松堂自序》，第217—218页）这表明他虽同胡适一样从师杜威，尊信实用哲学，同样将西方的科学方法应用于中国哲学研究，但他采用的方法论，同杜威和胡适都有显著的不同，这就是唯物史观的影响。

节本和全本又相继以英文、意大利文、法文等多种外文在世界出版流行。这是中国至今被世界公认的一部"从孔夫子到孙中山"的、真正意义的"中国哲学史",它与胡适《中国哲学史大纲》之所长及其"弱点",冯友兰在《三松堂自序》中讲得非常清楚,他说:

> 陈寅恪和金岳霖的两篇审查报告都把我的《中国哲学史》同胡适的《中国哲学史大纲》做比较。这是因为在当时,这一类的书,只有这两部。在历史发展的过程中,无论什么事物,都是后来居上。这是因为后来者可以以先来者为鉴,从其中取得经验教训。无论如何,在中国哲学史研究近代化的工作中,胡适的创始之功,是不可埋没的。①

显然,这是比较客观而无任何"成见"的自我评说,姑且不论。

值得特别一提的是,当1935年1月10日上海十教授联名发表了《中国本位的文化建设宣言》("一十宣言"),胡适针锋相对地阐发了他主张的"全盘西化"论,中国学术界形成了"五四"以后又一次关于"东西文化"的大辩论。冯友兰的中国哲学史研究实践,就产生在这一"中西文化"冲突的学术大潮中,他带着这个"中国实际问题"去留学,又为了解决这个问题而从事中国哲学史研究,他的《中国哲学史》,就是他贡献给世人的一份"答卷"。他晚年回忆这段学术历程时,反复强调,如果将他这一段的中国哲学史研究活动集中到一点,那就是他明确了"中西文化"问题不是一个"东西"的问题,而是一个"古今"的问题。他说:

> 在五四运动时期,我对于东西文化问题,也感觉兴趣。后来逐渐认识到这不是一个东西的问题,而是一个古今的问题。一般人所说的东西之分,其实不过是古今之异。我在二十年代所作的《人生理想之比较研究》牵涉到这个问题。我的那部书的一个目的就是要证明,

---

① 冯友兰:《三松堂自序》,生活·读书·新知三联书店,1984年,第228页。

各派的人生理想，是世界各国的哲学史中都有的。很难说哪些理想是西方所特有的，哪些理想是东方所特有的。在三十年代，我到欧洲休假，看了些欧洲的封建时代的遗迹，大开眼界。我确切认识到，现代的欧洲是封建欧洲的转化和发展，美国是欧洲的延长和发展。欧洲的封建时代，跟过去的中国有许多地方是相同的，或者大同小异。至于一般人所说的西洋文化，实际上是近代文化。所谓西化，应该说是近代化。①

由此可见，冯友兰30年代所"确切认识到"的，其实是一个非常重要的文化理论问题，即时贤所申论的"文化的民族性与时代性"问题。②

他肯定"五四"与30年代"两次文化论争中"一般人所说的东西之分，即中国文化与欧美文化的民族性差异，这其实主要是中国所处的"封建时代"（农业社会）与欧美所处的"资本主义时代"（工业社会）两个人类社会不同发展阶段文化的时代性差异。他特别强调，他之所以要"确切认识到"这一点的根本目的，就是要证明：哲学作为对人生有系统的反思的思想，是世界之上"人人都有的"，对"人生理想""道德价值"和"超道德"价值的追求，也是"世界各国的哲学史中都有的"，天下"同此心同此理也"，这是人类的普遍性（共性），是人类文化永恒的主题；虽然每一个民族的文化，都是处在一定的社会时代之中，都具有一定的特殊性（个性），但人类的普遍性寓于各民族的特殊性之中，永恒性寓于时代性之中；因此，具有民族性、时代性差异的中西文化，从"冲突"走向相互"调合融通"，便是一个必然的结论。这就是冯友兰积十余年的美国留学、中国教学研究、欧洲访问讲学之"所见"，为梁漱溟《东西文化及其哲学》一再质疑的"调合融通之论调——知其何所见而云然""何所据而知道可以调合融通呢"所做出的回应，所"说出的道理"，③

---

① 冯友兰：《三松堂自序》，生活·读书·新知三联书店，1984年，第256页。

② 参看庞朴：《文化的民族性与时代性》，中国和平出版社，1988年。

③ 冯友兰为了这一目的，早在20年代就发表了《与印度泰戈尔谈话——东西文明比较观》《为什么中国没有科学——对中国哲学的历史及其后果的一种解释》《论"比较中西"——为谈中西文化及民族论者进一解》等论文，可参看《三松堂学术文集》，北京大学出版社，1984年。

也是他为近世"中西会通"与"三教融合"所提供的理论根据，至今仍未失其学术价值。

三、融合三教即会通中西

那么，中西文化究竟如何才能会通融合出"世界的新文化"呢？

正像"一个人遇到了不熟悉的新观念，就一定转向熟悉的观念寻求例证、比较和互相印证"是最自然不过的一样，陈寅恪、汤用彤从潜心研究外来佛教"中国化"，中国思想儒、佛、道三教融合及其"新儒学"之产生的史实中，为解决这一问题找到了例证和说明。1930年、1933年，陈寅恪为冯友兰《中国哲学史》上、下册写的"审查报告"中，除了充分肯定冯著"取材谨严，持论精确"，"今欲求一中国古代哲学史，能矫傅会之恶习，而具了解之同情者，则冯君此作庶几近之"，"宜加以表扬，为之流布"之余，"并略述所感"，特引发出同冯著宗旨既相资而又相契的如下两个论点：

一曰，中国思想文化，可以儒释道三教代表之，其演变历程，至繁至久，"要之，只为一大事因缘，即新儒学之产生，及其传衍而已"。

他首先举出佛教《法华经·方便品》中所言"佛为一大事因缘出现于世"，认为中国思想之演变历程，也只为"新儒学之产生及其传衍"这一"大事因缘"而已。虽然他说冯著论"朱子之学"对此"多所发明"，但是，将"新儒学"之产生及其传衍，置于中国思想文化史上如此重要的地位，这无疑是前所未有的惊世骇俗之举。他为何如此看重研究"新儒学之产生"呢？作为史学家，当然这主要是基于"新儒学之产生"，其实是儒学与佛道三教思想相互融贯吸收之结果这一史实。他说：

> 南北朝时，即有儒释道三教之目，至李唐之世，遂成固定之制度。如国家有庆典，则召集三教之学士，讲论于殿廷，是其一例。故自晋至今，言中国之思想，可以儒释道三教代表之。此虽通俗之谈，

然稽之旧史之事实，验以今世之人情，则三教之说，要为不易之论。[1]

接着，分别简述了"三教"演变、融合的历史。鉴于儒道同产生于中国故土，两家没有根本的利害冲突，"儒道互补"之说，由来早矣，但两家之关系，当时国内外著述"皆无惬意之作"，多未能解决问题；《道藏》秘籍，无人专治，而魏晋南北朝隋唐五代数百年间，"道教变迁传衍之始末及其与儒佛二家互相关系之事实，尚有待于研究"。所以，他提出了"此则吾国思想史上前修所遗之缺憾，更有俟于后贤之追补者"的学术任务，并举史例明示"新儒家产生之问题，独有未发之覆在也"，而非常明确地将儒道置于同外来输入之佛教相对的同一面，推论出他们之间发人深省的"关系"。其略云：

> 儒者在古代本为典章学术所寄托之专家。……汉承秦业，……而法典为儒家学说具体之实现。故二千年来华夏民族所受儒家学说之影响，最深最巨者，实在制度法律公私生活之方面，而关于学说思想之方面，或转有不如佛道二教者。……六朝以后之道教，包罗至广，演变至繁，不似儒教之偏重政治社会制度，故思想上尤易融贯吸收。凡新儒家之学说，几无不有道教，或与道教有关之佛教为之先导。如天台宗者，佛教宗派中道教意义最富之一宗也。……其宗徒梁敬之与李习之之关系，实启新儒家开创之动机。北宋之智圆提倡中庸，……似亦于宋代新儒家为先觉。……至道教对输入之思想，如佛教摩尼教等，无不尽量吸收，然仍不忘其本来民族之地位。既融成一家之说以后，则坚持夷夏之论，以排斥外来之教义。此种思想上之态度，自六朝时亦已如此。虽似相反，而实足以相成。从来新儒家即继承此种遗业而能大成者。[2]

---

[1] 陈寅恪：《冯友兰中国哲学史下册审查报告》，见《金明馆丛稿二编》，上海古籍出版社，1980年，第250—251页。

[2] 陈寅恪：《冯友兰中国哲学史下册审查报告》，见《金明馆丛稿二编》，上海古籍出版社，1980年，第251—252页。

陈寅恪如此推论儒道之关系，得出新儒家实即继承道教融贯吸收外来输入之佛教思想"此种遗业而能大成者"的结论，显然是发冯著所未发之一个新论。究其旨趣，且看他就输入之佛教这一方面所为之立说：

> 释迦之教义，无父无君，与吾国传统之学说，存在之制度，无一不相冲突。输入之后，若久不变易，则决难保持。是以佛教学说，能于吾国思想史上，发生重大久远之影响者，皆经国人吸收改造之过程。其忠实输入不改本来面目者，若玄奘唯识之学，虽震动一时之人心，而卒归于消沉歇绝。近虽有人焉，欲然其死灰，疑终不能复振。其故匪他，以性质与环境互相方圆凿枘，势不得不然也。[①]

这里提到30年代中国学术界关于"新唯识论"的复兴与论争，暂放下不说，容另文专论。而佛教作为异土输入之思想，本来就同中国传统文化"无一不相冲突"，只有被道儒两家经过上千年的"改造过程"，才发生了变易，成为"中国化"的新佛学（禅宗），这无疑已是历史事实。因此，作为哲学家的冯友兰说："在新儒家看来，禅与佛是同义语"，"在某种意义上，可以说新儒家是禅宗合乎逻辑的发展"。作为史学家的陈寅恪，则以两千年"吾民族与他民族思想接触史"为鉴，推论求证出"新儒学之产生"，是"新儒家"继承道教之"遗业"，既坚持中国文化本位之立场，又改造吸收外来佛教思想之精华，而融合"三教"，能集大成的结果。由此揭示了这一"大事因缘"之真谛，即表明了自晋至今，中国思想文化中所谓"三教融合"，实际乃是中国与外来输入思想文化"至久至繁"的"会通"历程，亦可称之为"中西（印）会通"。

二曰，中国自今以后，在同一切输入思想之"中西会通"中，"其真能于思想上自成系统，有所创获者，必须一方面吸收输入外来之学说，一方面不忘本来民族之地位"。

---

① 陈寅恪：《冯友兰中国哲学史下册审查报告》，见《金明馆丛稿二编》，上海古籍出版社，1980年，第251页。

"前事不忘，后事之师"。陈寅恪以古明今，揭示出"新儒学之产生"这一"大事因缘"之真谛，其终极关怀仍然是中国近世的中西文化冲突问题。如果说，冯著《中国哲学史》之旨趣是为了"阐旧邦以辅新命"，那么他则明确声言，他"承审查此书，草此报告，陈述所见"，其用心殆所谓"以新瓶而装旧酒"者也。所以，他最后得出结论，将自己的文化观归结为：

> 窃疑中国自今日以后，即使能忠实输入北美或东欧之思想，其结局当亦等于玄奘唯识之学，在吾国思想史上，既不能居最高之地位，且亦终归于歇绝者。其真能于思想上自成系统，有所创获者，必须一方面吸收输入外来之学说，一方面不忘本来民族之地位。此二种相反而适相成之态度，乃道教之真精神，新儒家之旧途径，而二千年吾民族与他民族思想接触史之所昭示者也。①

这种视中外文化为"相反而适相成之态度"，是贯穿陈寅恪毕生"合中西新旧各种学问而统论之"的基本学术文化观点，同上述冯友兰"明异求同"的文化研究取向，一脉相承。据蒋天枢《陈寅恪先生编年事辑》记载，当陈寅恪为冯著写"审查报告"的年代，正是他"精研群籍"，尤其对中译本佛经之研究、校订"用力尤勤"之时。他在这一时期完成发表的《大乘义章书后》（1930）、《南岳大师立誓愿文跋》（1932）、《禅宗六祖传法偈之分析》（1932）、《支愍度学说考》（1933）、《逍遥游向郭义及支遁义探源》（1937）等著名论文，以及尚未完成问世的《高僧传》《弘明集》《广弘明集》等有关佛书之"校注"和有关"译经传播事"的论述，皆是对这一最基本的文化观进一步的申论与确立。其用思之细密，极于毫芒，充分体现出他治学之方法，"虽沿袭清人治经途径，实汇中西治学方法而一之"的科学精神。同新派胡适提倡的实验主义的"哲学方法"，亦相通不悖。正是"居今之世，志

---

① 陈寅恪：《冯友兰中国哲学史下册审查报告》，见《金明馆丛稿二编》，上海古籍出版社，1980年，第252页。

古之道，所以自镜也。未必尽同"。若依往日成说①，用"二分法"将他划入坚持"中国文化本位论"立场未变的守旧派，那真是"不识庐山真面目"了。

30年代的陈寅恪，虽然自称"以新瓶而装旧酒"者，"平生为不古不今之学，思想囿于咸丰同治之世，议论近乎曾湘乡（国藩）张南皮（之洞）之间"，"诚知旧酒味酸，而人莫肯酤，姑注于新瓶之底，以求一尝"，但他提出的中西文化"相反而适相成"的"中西会通"观，毕竟比梁漱溟、冯友兰的"东西古今异同"论前进了一步；更使自梁启超迄今中国学界诸前贤欲以构成一种"不中不西，即中即西"之"世界新文化"的理想，在"人莫肯酤"的中国两千年"三教融合""新儒学之产生"的历史反思中，凸现出其未来必将成为现实。至于中外两种思想文化在"相反而适相成"的矛盾关系中，如何实现"会通"，佛教如何"中国化"，"三教"相互怎样具体发生关系而融贯吸收，这是中国思想史上"前修所遗之缺憾"，"尚有待于研究"的大问题，也是他"更有俟于后贤之追捕""以求一尝"的"酸酒"。汤用彤1938年完成出版的名著《汉魏两晋南北朝佛教史》，以及"为写佛教史"而对"道教经典""魏晋玄学""文化思想"所作的一系列研究论著，可以说正是对这些问题最好的回答。兹仅就其与陈寅恪文化思想论相互发明者，列举一二，合论于下，以见其追补前修"缺憾"之文化新说。

四、从"冲突"到"调和"的融通过程与方法

先说融通"三教""中西"的历史过程。

据《陈寅恪先生编年事辑》记载，在1930至1936年间，汤用彤任教北大，陈寅恪任教清华，各自正好都集中用力于佛教研究，因留美时早已相识，这时两人书信往还，切凿佛道经典，乃情理当然，陈寅恪曾有"论译经传播事"者云：

---

① 吴宓1961年8月30日日记记载："寅恪见之思想及主张毫未改变，即仍遵守昔年'中学为本、西学为用'之说（中国文化本位论）。在我辈个人如寅恪者，决不从时俗为转移。"见《陈寅恪先生编年事辑》转引，上海古籍出版社，1981年，第158页。

> 间接传播文化，有利亦有害：利者，如植物移植，因易环境之故，转可发挥其特性而为本土所不能者，如基督教移植欧洲，与希腊哲学接触，而成欧洲中世纪之神学、哲学及文艺是也。其害，则展转间接，致失原来精意，如吾国自日本、美国贩运文化中之不良部分，皆其近例。然其所以致此不良之果者，皆在不能直接研究其文化本原。①

他评议"间接传播文化"之利害，要学者"直接研究其文化本原"，"首在通达其言语"，掌握梵文、巴利文，以领会佛经原典之精义。的确，在当时的中国学术界，除了他们二位，也实在没有多少学人能具备这样的才识。这大概便成了他们几乎同时潜研佛教的机缘。

不过，他们研究的侧重并不尽同。如果说，陈寅恪将融合"三教"、会通"中西"视为"道教之真精神，新儒家之旧途径"，是强调儒道在吸收输入外来佛教思想的同时，绝"不忘本来民族之地位"，是坚持"中国文化本位论"的基本立场；那么，汤用彤著《佛教史》，则是着意向世人展现出外来佛教思想在中国输入、传播、发展、对抗、融合以至变为"中国佛教"而走向衰落的"全部过程"，正像他的一位高足石峻教授在回忆他的"治学精神"时所总括的："结合外来佛教思想的演变来阐明中国古代哲学思想史的发展规律，这是汤先生一贯的立场和基本观点。"②正是从这一立场和观点出发，他在取得了外来佛教"中国化"研究的巨大成果的基础上，苦心力索，孤明先发，运用当时正在中西方流行的"功能学派"（functionalist）文化人类学的理论架构，仔细分析了外来输入之思想文化和中国固有文化接触后，相互必然发生影响及如何相互影响这一文化本质问题，提出了文化移植的"两个过程""三个阶段"理论。其要点为：

（1）外来文化与本地文化接触，其结果绝不是片面的，而是双方都会受到影响。因外来文化与本地文化虽"异"而有"同"，所以，一方面，本地文化获得了新的文化因素，受其影响，必然发生变化；另一方面，外来文化为适应本地文化环境而生存，也必然受到本地文化的影响而变化自身，方可发生作用。

---

① 《陈寅恪先生编年事辑》，上海古籍出版社，1981年，第83页。
② 《燕园论学集》，北京大学出版社，1984年，第51、59页。

（2）外来文化之所以会发生变化，主要因本地文化有其固有之特性，绝不因外力作用而轻易放弃或退让，所以双方一定发生冲突；同时因外来文化只有"适者生存"，必须有所改变，以合乎本地固有文化之性质，乃能发生作用，所以双方又须调和。因此，大凡文化思想的移植，必须经过冲突与调和两个过程，然后才能在本地生根，发挥长久作用。

（3）外来文化思想输入本地后，要在固有文化中发生深厚的根据，产生长久的作用，实际常须经过三个阶段：①"因为看见表面的相同而调和"；②"因为看见不同而冲突"；③"因再发见真实的相合而调和"。在第一阶段内，外来文化思想并未深入；在第二阶段内，外来文化思想比较深入；在第三阶段内，外来文化思想已被吸收，加入本有文化血脉中了。这时，不但本有文化发生变化，就是外来文化也发生变化，已被同化，如佛教已经失去本来面目，而成功为"中国佛教"或"中国佛学"了。①

汤用彤这个"调和—冲突—调和"的三段论，诚然对"社会一般人"来说，是指"时间的先后次序"，是个已经历了上千年真实的历史过程；但在一切研究文化史的"聪明的智者"眼里，这其实也是一个有似"正反合"的逻辑过程，是"中国佛教"所体现的中外思想文化历史与逻辑的统一。对此，他与陈寅恪、冯友兰三人所见恰好相合，皆常举曾"震动一时之人心，而卒归于消沉歇绝"的玄奘唯识宗为鉴，归根到底，要让世人确立一个基本观念，这正是他所说的：在这个过程中，"一个国家民族的文化思想实在有他的特性，外来文化思想必须有所改变，合乎另一文化性质，乃能发生作用"，如天竺佛教之输入，凡"与中国相同相合的能继续发展，而和中国不合不同的则往往昙花一现，不能长久"。②那么，中国历史上"聪明的智者"究竟用什么方法使中外文化思想相通相合呢？

再说融通"三教""中西"的具体方法。

简而言之，就是"格义"。在今天，学人们似乎不难理解，作为直接输入本土的外来思想文化，必然是以外国语言文字为载体，要使两种不同语言文

---

① 以上参看《文化思想之冲突与调和》，见《汤用彤学术论文集》，中华书局，1983年，第186—190页。

② 《汤用彤学术论文集》，中华书局，1983年，第190页。

字的思想文化得以"调和""融通",那自然须经翻译程序。佛教初传中国,宣传佛教的高僧,只有精通中国语言文字,先须把天竺语或中亚语(梵文或巴利文)表达的佛学思想,用中国原有的哲学范畴、术语说出来,才能使中国僧众听懂。而信仰佛教的中国众僧,也只有在心里先把佛教的思想概念翻译成中国哲学原有的范畴系统,也才觉得可以理解。这种用原本中国的观念,比配外来佛教的观念,让人们熟悉中国固有的观念以达到充分理解外来印度佛学的一种"教学"方法,便称"格义"。"格"者,有"比配"或"度量"之义;"义"者,即佛义之"名相""条目"或"概念""范畴"。这是中国思想史上融通"三教""中西"最原始、最琐碎的具体方法。

然而,在三四十年代的中国学术界,提到"格义"者,诚然多有人在,但真能深入堂奥而认真研究者,确属凤毛麟角。据我所知,唯有汤用彤、陈寅恪诸贤对此各做出了一系列研究成果。尤其令人惊异的是,当1933年陈为冯著写"审查报告"、提出了中国思想之演变历程"只为一大事因缘"的著名论断之时,陈、汤于同年竟相继将他们有关"格义"的两部力作公布于世。1月,《中研院庆祝蔡元培先生六十五岁论文集》中,刊载了陈寅恪的《支愍度学说考》;5月,《哲学论丛》发表了汤用彤的《释道安时代之般若学述略》。今重读两文,我以为其宏论主旨,似乎并非单是为了给"格义"做一般性的考证、钩沉和诠释。陈寅恪首先申明:

> 尝谓自北宋以后援儒入释之理学,皆"格义"之流也。佛藏之此方撰述中有所谓融通一类者,亦莫非"格义"之流也。即华严宗如圭峰大师宗密之疏《盂兰盆经》,以阐扬行孝之义,作《原人论》而兼采儒道二家之说,恐又"格义"之变相也。然则"格义"之为物,其名虽罕见于旧籍,其实则盛行于后世,独关于其源起及流别,就予所知,尚未有确切言之者。以其为我民族与他民族二种不同思想初次之混合品,在吾国哲学史上尤不可不纪。[1]

---

[1] 陈寅恪:《金明馆丛稿初编》,上海古籍出版社,1980年,第154页。

显然，从唐代华严宗五祖"兼采儒道"、宋明新儒家"援儒入释"及佛藏中融通"三教"之类的撰述，足以推知，"格义"在中国哲学史上实开了融通"三教"、混合"中西"之先河，其"尤不可不纪"之意义，不言而喻。

然而，"时学浅隘"。当时的中国学术界，如前所述，或"诽薄国学"，或"卑之西学"，意气相逼，成见为先。像"格义"这样的"国故"，确实难以找到"有确切言之者"，更何况有关佛典残缺，"窥测实难"，非一般学子所能妄为也。因而，确切弄清"格义"的源起及流别十分必要，亦自然成了汤、陈研究中国思想史上外来佛教"中国化"与"新儒学之产生及其传衍"这两"大事因缘"中所应有之义。他们依然相互发明，前后呼应。陈从"钩索沉隐"两晋名僧支愍度创立"心无义"般若学中，考证出：

（1）《高僧传·竺法雅传》所载，"少善外学，长通佛义"的竺法雅，"乃与康法朗等，以经中事数，拟配外书，为生解之例，谓之格义"，是"格义"之正确解释。

（2）《高僧传·慧远传》所记，慧远讲说"实相义"，"乃引庄子义为连类"，"连类"亦与"格义"相似。①

（3）中土佛典译出既多，往往同一版本而有异译，于是有编纂"合本"，以资对比者焉。"合本"与"格义"二者，皆六朝初年僧徒研究经典之方法。"合本"在《出三藏记集》中多见，可知"当时，合本之方法盛行"。但"格义"方法是"以内典与外书相配拟"，而"合本"方法则乃"以同本异译之经典相参校。其所用之方法似同，而其结果迥异"。故"格义"则"成为傅会中西之学说"，"合本"则"与今日语言学者之比较研究法暗合"。此两种似同而实异之方法及学派，支愍度俱足以代表之。②

有进于陈说的是，汤则从全面论述东晋佛教领袖释道安时代的般若学中，展现出"格义"方法兴替废弃的史迹及其过程。他总括说：

> 大凡世界各民族之思想，各自辟途径，名辞多独有含义，往往为他族人民所不易了解。而此族文化输入彼邦，最初均抵牾不相入。及

---

① 陈寅恪：《金明馆丛稿初编》，上海古籍出版社，1980年，第150—151页。
② 陈寅恪：《金明馆丛稿初编》，上海古籍出版社，1980年，第161—165页。

交通稍久，了解渐深，于是恍然于二族思想，固有相同处。因乃以本国之义理，拟配外来思想，此晋初所以有格义方法之兴起也。迨文化灌输既甚久，了悟更深，于是审知外族思想自有其源流曲折，遂了然其毕竟有异，此自道安、罗什以后，格义之所由废弃也。况佛法为外来宗教，当其初来，难于起信，故常引本国固有义理以申明其并不诞妄。及释教既昌，格义自为不必要之工具矣。①

这里值得注意的是，汤在"所存材料极少"而"多不知其详"的情况下，同陈一样，发挥"小心求证"的科学精神，以惊世过人的史识，十分仔细地从佛典传译、转抄、节引之微妙变化，高僧传教地域的移动，旁征博引，内外印证，推断出："格义"兴起于晋初之河北，后流传于南北各方，至道安、鸠摩罗什以后，迄于僧佑、慧皎之梁朝，"已久废弃不用，而忘却矣"②，前前后后，至少流行了一百余年。他之所以如此注重考察"格义"方法流行的时间和地点，其用意只有一个，就是要明确告诉世人："格义"或"连类"与"合本"诸方法之主旨一样，"固在融会中国思想于外来思想之中"，所以竺法雅之格义，虽为道安所反对，然安公之学，固亦常融合老庄之说也。不唯安公如是，即当时名流，何人不常释教老庄并谈耶！③

因此，汤用彤1948年在美国讲学期间，专门撰写了《论"格义"——最早一种融合印度佛教和中国思想的方法》，进一步从汉代董仲舒、淮南王所代表的儒道两家，借用古代阴阳家的思想，以二分法把古代"阴阳""五行""四时""五音""十二月""十二律""十天干""十二地支"等成对相配合的思维模式中，追溯到这种"格义"方法之源头。又从魏晋"言意之辨"思想方法的新兴与应用，从而促使汉代文化哲学精神转变成魏晋玄学"新时代"这一哲学思维方式的演进中，确证了道安以后，并且应用了这种新的"言意之辨"方法"从事融合印度佛教和中国思想的工作"，于是旧的"格义"方法"就不

---

① 《理学·佛学·玄学》，北京大学出版社，1991年，第168页。
② 《理学·佛学·玄学》，北京大学出版社，1991年，第170页。
③ 《理学·佛学·玄学》，北京大学出版社，1991年，第169页。

再为人们所提到了"。所以，难怪梁时《高僧传》的作者慧皎，竟似乎已忘记了"格义"的本义，而将"格量"之格，误训为"扞格"之"格"，为后世留下了遂改"格义配说"为"滞文格义"这一"不精审"之嫌。①

由此可见，"格义"方法流行之始末，正好适应于上述所谓"因为看见表面的相同而调和"的"第一阶段"。在实际历史上，亦正好是汉魏两晋南北朝时期。这时，佛教在中国人的心里，正如汤用彤1936年为"哲学年会"所做的报告《汉魏佛学的两大系统》中所说的："我们以汉代佛学为'方仙道式'的佛学，六朝佛学是'玄学'。"②若按冯友兰的说法，这时的佛学，似乎只能称为"在中国的佛学"，还不能算是"中国的佛学"③。不过按他后来在《中国哲学史新编》中所说："中国佛教和佛学的发展有三个阶段，第一个阶段称为格义，第二个阶段称为教门，第三个阶段称为宗门。"他认为，只有在南北朝以后，"佛学和玄学逐渐划清了界限"，佛教中又分成了许多宗派，每派都有其祖师，"都信奉佛教的一种经典作为他的教义，这表示中国的佛教和佛学已经脱离了'格义'的阶段，进入独立自主的阶段"；而只有到了唐代中叶，佛教中发生了一个改革运动，形成一个新的宗派，这就是禅宗。它并不是同唯识、华严等宗派并行的一个宗派，它自称为"宗门"，称别的宗派为"教门"，相互对立。待到禅宗盛行后，其他宗派的影响逐渐衰微，甚至消失，"禅""禅学"或"新禅宗"便成为佛教和佛学的同义语。④这便形成了地道的"中国的佛学"，此后便是"新儒家"合乎逻辑的产生。很显然，在"格义"阶段中，无论是"方仙道式"的佛学，还是"玄学"式的佛学，似乎都应是中国人眼里的"中国佛学"，只是尚未真正"中国化"的"中国佛学"。经过"教门"到"宗门"，尤其唐宋之际"新禅宗"盛行而成为佛教主流的史实，清楚地表明了外来佛教已完全彻底"中国化"，我们再也不能用"外来佛

---

① 《理学·佛学·玄学》，北京大学出版社，1991年，第286、292、170页。
② 《理学·佛学·玄学》，北京大学出版社，1991年，第211页。
③ 参看冯友兰：《中国哲学简史》，1948年由美国麦克米伦公司出版英文本，1985年北京大学出版社涂又光中译本，第280—281页。
④ 参看冯友兰：《中国哲学史新编》第四册，人民出版社，1986年，第213、239、258页。

教"称指"新禅宗"了。因为它已经是地道的"中国的佛学"了。的确,这一顿来自天竺西域的"西餐",让中国人整整消化了上千年的时光。

"稽之旧史之事实,验以今世之人情"。如果说汤用彤、冯友兰、陈寅恪诸贤也把"新禅宗"的产生和"新儒学之产生"一样看作中国思想进程的一"大事因缘",进行了如上研究,从中揭示了中国历史上"三教融合"实为"中西(印)会通"的真谛,那么,近世"中西文化"的冲突与融合,也像外来佛教"中国化"一样,无论还要经过多么长的曲折历程,最终必定会形成一个融贯古今、会通中西的"新文化"。近世中国思想的一切变革,要之,也只为这一"大事因缘"而已。

1993年盛暑稿于浙江大学求是村家。

原载《大陆杂志》(台北)1993年第6期、《北京社会科学》1994年第1期。

再论中国近世"三教融合"与"中西会通"*

——关于"儒学与世界文明"问题的思考

一、世纪之交的终极关怀

再过几年，我们将永别20世纪，跨入新世纪。站在世纪之交，回顾过去，展望未来，这对任何人都是件颇有意义的事。作为中国思想史、哲学史的专业研究者，面对世纪之交，世界新旧格局正处于交替转折的大变动、大调整的历史关头，万事万物似乎都处在极不确定性之中，有关人类终极关怀的命题，便自然又一次凸现出来，成为哲学思想界议论的热门话题。

本次国际学术会议所要讨论的"儒学与世界文明"问题，无疑是一个有关人类终极关怀的命题，但应当说，这是上一个世纪之交早就在国际学界提出来的课题，也是一直困扰西方学者的一个所谓"中国的儒教之谜"。德国著名社会学家、历史学家韦伯（Max Weber，1864—1920）试图从社会学角度来解析中国社会这种儒道互补的宗教伦理传统与现代化的兴起及合理化的资本主义精神之间的关系，这几乎成了20世纪一个最发人深省而为世界史学界共同关

---

* 本篇是继1993年夏在北京召开的"第八届国际中国哲学会"上笔者所宣读的论文《中国近世"三教融合"与"中西会通"——汤用彤、冯友兰、陈寅恪文化思想合论》而作，旨在进一步阐发宋明"新儒家"产生传衍这一"大事因缘"对世界文明的真实意义，故以"再论"名篇。

注的"韦伯式"的中心问题。①日本近代的重要启蒙思想家福泽谕吉（1834—
1901）著《劝学篇》《文明论概略》，尽管对儒学进行过最尖锐、有系统的
批判，但他明确肯定，是欧美"洋学"和来自中国的"儒佛两教"推动了明治
"王制革新""民族独立"，激发起日本人民"向文明进军的奋发精神"，认
为把日本人民"从野蛮世界中拯救出来，而引导到今天这样的文明境界，这不
能不归功于佛教和儒学"。至于儒佛在日本文明史中如何发挥作用，乃是一个
十分复杂的问题，战后日本学界对此展开了广泛深入的探讨，出现了诸如《近
代日本思想史》等许多重要成果。

然而，儒学在自己故土中国思想舞台上的沉浮命运，却总是同阻碍中国
走向现代文明的封建意识形态相联系，而受到一次又一次的冲击，自康有为
发表《新学伪经考》《孔子改制考》，招致章太炎激烈批儒"订孔"，到辛亥
革命，中华民国以三民主义代替儒学作为国家政治指导思想；自五四新文化
运动鲜明地提出"打倒孔家店"的口号，到"文化大革命"演出的"评法批
儒""批林批孔"一幕幕空前绝后的闹剧，儒学几乎遭到了灭顶之灾，谁还
能想到它同"世界文明"有何干系。虽然自20年代至50年代间，先后有梁漱
溟、熊十力、冯友兰、贺麟、唐君毅、牟宗三等所谓"现代新儒家"不断努力
援引西学，为重构儒学做出了巨大的学术贡献，但也无法拯救儒学花果飘零的
厄运。

只有到了20世纪80年代，在东亚经济腾飞、西方进入后现代、中国持续
出现"文化热""国学热"的文化背景下，儒学才时来运转，经历百年之后，
似乎又回到了上一个世纪之交的命题，儒家伦理与"工业东亚"及"世界文
明"的关系，再次成为学界议论的焦点。这大概正是关系人类如何安身立命的
终极关怀，所以，无论过去或现在，我都愿积极参与对它进行严肃的学术研究
与讨论，但我不能赞同90年代以来流行的某些说法。

---

① 参看［美］威廉·加特：《〈中国的宗教〉一书中的儒教之谜：重估韦伯对中国
社会生活中儒教伦理和道教的解释》，见汤一介主编：《中国宗教：过去与现在》，北
京大学出版社，1992年，第81页。余英时：《中国近世宗教伦理与商人精神》，见《中
国思想传统的现代诠释》，台北联经出版事业公司，1987年，第260页。

二、对"文明冲突"与"儒学复兴"的疑惑①

近年来围绕"儒学世界文明"之关系，最引人关注的命题还是来自美国的所谓"文明冲突论"②及来自中国为之回应的所谓"儒学复兴""普遍和谐"的"和合人文精神"等。这些命题曾引起学界不大不小的反响，至今仍足以发人深省，也足以令人疑惑。

先就我们亲身经历的现实来说。

对于"儒学复兴"，我既不相信中国"21世纪需要新孔子出世"，将是"儒家文化的世纪"，更怀疑儒学具有"重建"整个"人类文化"的功能，绝不敢相信诸如"儒家文化将成为21世纪世界文化的中心""我们已经看到了儒学的复兴，21世纪必将看到儒学在世界范围的兴旺发达"之类的宏论，竟是专家学者做出的结论。③因为，人所共知：

（1）日本和东亚"四小龙"工业化、现代化的直接动力是吸引西方的高科技，儒家思想并不是其成功的唯一因素和直接原因。1986—1987年间，我在新加坡东亚哲学研究所做儒学研究，亲自考察过新加坡实现都市化、工业化的历程。④我也在日本询访过东京大学的学者，发现这两国亲身经历过现代化实践的专家学者，对这一问题的回答都是非常理性而客观、具体的。对于儒教曾在日本明治维新以后的近现代化过程中，为强化天皇国家体制，为尔后向外侵略扩张奠定思想基础方面，都起过十分明显的负面作用，日本学界几乎没有异议。

（2）同样，中国近几年经济腾飞的出现，也绝不是因为学术界有"复兴儒学"的呼唤。"现代化要靠高科技，高科技靠的是人才"，这几乎已成了中国家喻户晓的真理；而为了培养千千万万适应新世纪需要的人才，学术界从包

---

① 本节文义与中编《世纪之交的中国文化建构断想》第一节文义略同，为保持本篇完整性，仍其原貌，不做删改。

② 参看［美］亨廷顿：《文明的冲突》，载《现代外国哲学社会科学文摘》1994年第8—9期。

③ 参看《哲学研究》1994年第8期及《光明日报》1994年10月7日第5版报道北京"孔子诞辰2545周年纪念与国际学术研讨会"世界各地著名学者的观点。

④ 参看本书中编《儒家伦理与新加坡精神》。

括儒学在内的传统文化中寻找思想资源,这本是世纪之交学术研究的应有之义。正如研究基督教的学人不都是"基督徒"、研究佛教道教的学人不都是"高僧"与"道士"一样,20世纪的儒学研究者,其本人也并不都是要做所谓儒家几代嫡派真传的"现代新儒家"。更何况这一加冕,对那些严肃的专家学者来说,真有如今西方炽传的"摩门教"所推崇的所谓"现代新基督"一样,绝非真正的尊重和恭维。近年来,我曾不止一次听到几位被列入"现代新儒家"谱系中的朋友亲口说,他们非常讨嫌这种宗教味道十足的头衔,更是一个明证。至于研究儒学的旨趣,连处在上一个世纪之交的康有为都毫不隐讳,并非真要孔子再世,儒学复兴,而是为了托古改制,变法维新,建立"大同太平之治也"。

因此,我难以相信"儒学复兴"能成为新世纪世界文明的主题。但我坚信,包括儒学在内的中国传统文化中,一定有可供我们实现现代化,特别是造就人才以推进世界文明所必需的精神资源。

三、不能忽略的"儒学ABC"

再就儒学自身的演变、发展而论。

毫无疑问,我这里说的"儒学",是指中国的儒学,不是指传入日本的、韩国的、新加坡的儒学。众所周知,中国的儒学是产生、发展、演变、终结于中国两千余年的封建社会,它作为以农业为基础、以血缘为纽带的宗法专制主义封建社会的一种意识形态,与封建社会同生死共存亡。尽管为适应封建社会的政治需要,孔子的面目不断变换,儒学的内容不断翻新,百年来"订孔子""兴儒学"的呼声此起彼伏,一直未止,但终因"皮之不存",焉能"复兴"!弄清这一史实,至关重要,也十分不易。白王国维到侯外庐、李亚农、范文澜、郭沫若等,都为此研究付出过心血。无论何时何地谈儒学,都不可忽略这一历史前提。当然,这仅是问题的一个方面。

另一方面,儒学又是中华文化的一种学术思想,在两千余年的历史长河中,经历了不同的发展阶段,形成了不同的理论形态,主要有先秦孔、孟、荀开创的原始儒学、两汉的经学、宋明的理学（"道学""宋学"或"新儒学"）、清代的朴学（"汉学"）等。这其中最值得注意的正是陈寅恪于30年代所说的：

> 中国自秦以后，迄于今日，其思想之演变历程，至繁至久。要之，只为一大事因缘，即新儒学之产生，及其传衍而已。①

史学家如此看重宋明"新儒学"的产生与传衍，其原因一则是稽之儒学自魏晋至唐宋同佛道相互既冲突、论争，又融合、吸收，而形成"新禅宗""新儒学""新道教"这一"三教融合"与"中西（印）会通"的史实；二则是验之中国民众现实生活之民俗人情。只有将"史实"与"人情"结合起来，才能彰显出"新儒学"（及"新禅宗""新道教"）产生及其传衍的真实意义。

我想，这主要揭示了儒学体系是一个开放的动态结构，是中华传统思想文化的主流。它是以经学为主线而演进的。孔子"祖述尧舜，宪章文武；上律天时，下袭水土"（《中庸》），整理解说"六经"，为原始儒学奠定了基础。孟荀通《五经》，孟子尤长于《诗》《书》，荀子善为《易》《诗》《礼》《春秋》，二人以阐发"仲尼之意"为己任，又或吸收墨家名学类说，或采纳道家"无为"、法家"法治"之观念，形成了原始儒学体系。汉武帝时，《五经》正式列于学官，得置博士十四，董仲舒专治《公羊传》，借阴阳家"人副天数"的宇宙框架，推演《春秋》大义，使今文经学成为官方显学，又吸收墨、道、法、名诸家思想，从而建立了汉代"独尊"的儒学新体系。东汉刘向、刘歆父子辨章学术，考镜源流，力倡古文经学，其"古学"派的王充博通百家，吸收黄老之说，开了魏晋时期儒与道合之先河；而郑玄兼综诸家，旁通六艺，以融合今古文之长，遍注群经，成为汉代经学之集大成者，最终促成了经学走向脱离皇权之路。这便导致唐儒孔颖达、颜师古受诏撰写《五经正义》，贾公彦、杨士勋、徐彦为《周礼》《仪礼》《春秋谷梁传》《公羊传》

---

① 陈寅恪：《冯友兰中国哲学史下册审查报告》，见《金明馆丛稿二编》，上海古籍出版社，1980年，第250页。

在汉"注"之下又作"疏",并列于官学;后又有唐玄宗的《孝经注》,再加上已通行的魏晋何晏《论语集解》、郭璞《尔雅注》,于是儒家经书从汉代的《五经》《七经》,已增至《九经》《十二经》。

宋儒为学,多如张载"累年尽究释老之书,而反求之《六经》",又尤注重阐释《大易经传》,将道家道教的宇宙生成说、佛教禅宗的心性论与《易传》形而上学融为一体,实现了儒学的"三教融合"。朱熹可谓集大成者。南宋淳熙年间,朱熹将《论语》《孟子》《大学》《中庸》结集成书,并称为"四书",竭毕生精力撰《四书章句集注》,从中尽发心性之学,以与佛道会通,遂置《四书》于《五经》之先。此后元明两代,皆承朱子此风,清儒"汉学",亦不例外。①至此,因《学》《庸》已从《礼记》中单列,《孟》继《论》后也上升为"经",儒学"十三经"便正式确立。

清代经学家虽有"古今汉宋"之分,但无论在经书文字的注疏解释上,还是名物、制度等方面的考证上,都大大超过了以前各代,取得了重要成果。古文派章学诚提出"六经皆史"的著名论断,阮元主持编校刊刻《十三经注疏》《皇清经解》,成为乾嘉"汉学"正统,被"海内学者奉为山斗"。今文派康有为作《礼运注》《论语注》《中庸注》《孟子微》《春秋董氏学》等,借西方民主观念,发挥儒学"大同"理想,将隋唐以来儒道与佛的"中西(印)会通"推向近代。正如钱穆所说:"道咸以后,则汉宋兼采之说渐盛,抑且多尊宋贬汉,对乾嘉未平反者,故不识宋学,即无以识近代也。"②

总之,《十三经》为儒学提供了政治、经济、哲学、伦理、文学、艺术、历史、宗教以至科技等多方面的思想资料。历代儒家对《十三经》注疏、正义、解诂、疏证、通释而形成的经学体系,不单是历代儒学的表达方式,也是儒学的核心内容,占据着两千年来全部中华传统思想文化的主导地位。而影响到佛道二教亦各自建立了《佛藏》《道藏》的"经学"系统,三教"经学",实际构成了整个中国传统文化的思想支柱,也是世界走向文明的一块东方文化

---

① 参看钱穆:《朱子之四书学》,见《朱子新学案》,台湾三民书局,1982年,第180—181页。

② 参看钱穆:《中国近三百年学术史》,商务印书馆,1980年,第1页。

基石。因此，就这一点而论，儒学又具有长久的生命力。

四、新儒学"三教融合"的现代意义

还是黑格尔说得好："凡是现实的都是合理的，凡是合理的都是现实的。"儒学在两千余年中国封建宗法社会里，有其存在的合理性，但随着时间的推移，中国进入现代社会，从根本上说，儒学早已丧失了自己作为中华文化主导思想的必然性、能以继续"复兴"的合理性。虽然它作为一种学术形态的传统文化，有其不因社会政治变革而相对独立发展的长久性，但这一潜在生命力的实现，又取决于它自身是否具有超越时空的普遍价值观念，以及现实社会是否具有严肃的儒学研究者对其普遍价值观念"合理"的现代诠释。

（1）近年对"儒学现代意义"的探讨，已从80年代"韦伯式"的类推，进入儒学"超越性"观念的思考，这无疑是儒学研究的正确方向。我赞成儒学中确实有由"自然的和谐，人与自然的和谐，人与人的和谐（即社会生活和谐）以及自我身心内外的和谐等四个方面"所构成的"普遍和谐"的观念，① 上述儒学演变及宋明新儒学产生传衍的史实，的确也表现出儒学在学术上吸收百家，融合佛道，会通中西，有不断接纳外来思想观念的开放气度；但绝不能由此引出"和的哲学"，认定"和合是中国人文精神的精髓，是中国文化生命之所在"，是中华民族传统文化之精神，② 作为对西方"文明冲突论"的回应。因为"和合"观念并不能反映儒学厚人生、重现世，作为"为己之学"的实用性伦理哲学之特质。在唐宋"三教合一"的思潮中，虽说儒、道、佛各自都有融合、接纳、吸收、会通两对方的态势，但客观事实总是融合中有冲突，冲突中有融合，三者既冲突又融合，各自始终保持自身的特质不变。正如陈寅恪所说：

① 参看汤一介：《略论儒学的现代意义》，见《中国智慧透析》，华夏出版社，1995年，第213页。
② 参看张立文《佛教与宋明理学的和合人文精神》（《世界宗教研究》1996年第2期），以及《光明日报》1996年报道《"中华和合文化弘扬工程"开始启动》。

六朝以后之道教,包罗至广,演变至繁,不似儒教之偏重政治社会制度,故思想上尤易融贯吸收。凡新儒家之学说,几无不有道教,或与道教有关之佛教为之先导。……至道教对输入之思想,如佛教摩尼教等,无不尽量吸收,然仍不忘其本来民族之地位。既融成一家之说以后,则坚持夷夏之论,以排斥外来之教义。此种思想上之态度,自六朝时亦已如此。虽似相反,而实足以相成。从来新儒家即继承此种遗业而能大成者。①

朱熹集"北宋五子"开创奠定的新儒学之大成,他之所以特别推崇张载《西铭》,一再申言其"天地万物与我同体"之大旨,我想主要是因为《西铭》所谓"乾称父,坤称母""民吾同胞,物吾与也""存,吾顺事,没,吾宁也",正明示出新儒家对宇宙、万物、人生之根本态度。它因融合佛道而产生、传衍,又始终不认同佛道"往而不返"求无生与"物而不化"求长生而独立发展,所以,它虽受佛道影响,而仍排佛道,仍自命为儒家,如新禅宗融合了儒道,而仍排儒道,而仍是佛教,新道教吸收了儒佛,而仍排儒佛,而仍是道教一样,其理由正在于此。②张载有"为天地立心,为生民立命,为往圣继绝学,为万世开太平"四句名言,可以说正好较全面地概括了儒学这一不同于佛道的特质。金元明清以至近世的道佛,受新儒学此特质之影响,为了融合儒学而日益世俗为"人间"佛道,正表明以三教思想为支柱的中华传统文化之精神是:肯定人生,面向自然,"自强不息","厚德载物"。③可见,"人生为贵"④才是中华文化生命之所在,是一个具有普遍价值的超越性观念。

（2）至于如何才能治理好人生,控制好自然,达到"天人合一""万物同体"的人生境界,儒学提供了比较全面系统的答案,不只是"和合"观念而

---

① 陈寅恪:《冯友兰中国哲学史下册审查报告》,见《金明馆丛稿二编》,上海古籍出版社,1980年,第251—252页。

② 参看冯友兰:《中国哲学史》下册,中华书局,1961年,第865—867页。

③ 参看张岱年、姜广辉:《中国文化传统简论》,浙江人民出版社,1989年,第54页。

④ 《孝经》引孔子云:"天地之性人为贵。"邵雍《皇极经世·观物外篇》云:"人之生,真可得之贵矣。""人生为贵"是儒学的理论前提和出发点,历代儒家多有论述。

已。但这些观念经历了千百年之后，除一部分或已渗透在人们心灵里，或尚作为活的词汇通行于现代汉语中，而大部分则已成为死的观念而保存在历代典籍中，这就需要现代学人运用适合现代社会生活的现代语言与方法进行现代诠释工作。20世纪20年代，胡适首开风气之先，以全新的方法撰成《中国哲学史大纲》卷上，打破了以往的经学体系；继后三四十年代，冯友兰发表《中国哲学史》上下册"全史"。蔡元培、金岳霖、陈寅恪等对这"一部半"中国哲学史出版之意义给予了高度评价。50年代以后，海峡两岸以牟宗三、任继愈等为代表的各类"中国哲学史"层出不穷，他们或以杜威哲学，或以康德哲学，或以马克思主义哲学为理论架构，其结果，或者还是像"哲学在中国"，而不完全是"中国的哲学"，但毕竟复活了中国典籍中的儒学及传统思想文化，用时下流行的口头禅语来说，就是使儒学与世界文明"接轨"，将"三教融合"与"中西会通"引向现代，此功绩可谓大矣！

如果远自"北宋五子"完成儒学的"三教融合"、重构宋明新儒学算起，至明末清初"西学"传入，新儒学开始走向终结，经历了几乎七百年，自明末清初至清末民初的"中西会通"，经历了整整三百年，自清末民初至今，又即将百年，我们可算是新一代学人；但我们面对的学术任务，实际仍是继"道教之真精神"，沿"新儒家之旧途径"，接胡适、冯友兰以来"中西会通"之遗业，再创儒学的现代诠释与转化。我很欣赏许多学者对所谓"现代新儒学"研究所取得的显著成绩，更支持一些青年学者为解决"如何重建儒学与现实生活世界的关系"问题所做的努力，但我尚无法认同现代社会"近七十年来"还能出现"三代人薪火相传"的"现代新儒家"之传奇。[①]

因为史实是，伴随着中国近现代化的进程，社会分工已日趋专业化，政治、经济、哲学、宗教、伦理、文学、艺术、科技等各类精神文化已被专业化、制度化；传统儒学与佛道二教一样，已变为单纯的中国哲学、宗教学、历史学诸专业少数学人研习的对象，而不再是多数世人期望成圣、成佛、成仙的人生追求。对每个学人来说，除非他完全皈依某种宗教，通常是他所治之专业

---

① 参看方克立、李锦全：《现代儒学研究丛书》"丛书主编的话"，辽宁大学出版社，1992年。

学科（知）同他实际的躬行学养（行）已分作两路，专修儒学者，一般也多限于讲论，而极少有真正的"儒行"。即是那几位被称为"国学大师""理学宗师"的儒者，其实也早演化为专家、学者或大学教授，这本是现代社会的一大进步。80年代中，我有幸曾受邀拜访请教梁漱溟、冯友兰、牟宗三，同三位先生分别有过较长时间的亲切交谈。我从他们的言谈举止中，领受到的是当代哲学家、思想家的风范和气质，我丝毫未觉察到他们中谁有以"新儒家"自诩之意。这大概是时代使然矣，而非个人尚好也。十年前在新加坡和中国一度掀起的所谓"儒学第三期发展"的"复兴"热潮，很快就变成了更加理智深沉、冷静严肃的对"传统文化与现代化""中华文化与世界文明"的理论探讨，而儒学至今在这两国社会里亦无任何"复兴"之象，这就是明证。

由此可见，现代社会和世界文明需要的是继承发扬优秀的中华传统思想文化，但不必提倡"儒学复兴"。对儒学如对佛道、西学等一切思想文化一样，需要以"同情了解"之态度、"纵贯通识"之眼光、"海纳江河"之胸襟，进行认真研究，"创造性转化"，但无须好事者为其"传灯"续谱。"中西会通"如同"三教融合"一样，既有冲突，又有融合，其结果将形成更具时代精神的中华新文化，它既是民族的，亦是世界的。当今之世，我们应做合格的"现代学者"，而无须再做"古之儒者"。

1997年春稿于浙江大学百年校庆前夕。

原载《儒学与世界文明论文集》，新加坡国立大学，2002年。

中德文化哲学交融的新篇章

——德文译本张载《正蒙》序

展开在读者面前的这本散发着油墨芳香的中国古典哲学名著，是当今世界第一个张载《正蒙》的德文译本。这是德国青年汉学家傅敏怡（Michael Friedrich）、朗宓榭（Michael Lackner）博士和他俩主持的《正蒙》翻译小组全体成员五年来共同的辛勤劳作，慕尼黑大学鲍威尔（Wolfgang Bauer）教授领导的东方研究所，为他们的研究和翻译工作提供了良好的条件。当这本书快要脱稿即将交给著名的迈纳（Meiner）出版社付印之际，两位青年汉学家一再敦促我为他们的译本写一序言，并殷切地写信告诉我："翻译小组觉得非常荣幸的是，《正蒙》一书第一个外文翻译本的序言是陈俊民先生写的！"对我来说，能为《正蒙》第一个外文译本写序，自然是很应该感谢，也是很值得欣幸的事。

然而，当我提笔时，竟有千钧之感。我虽生长在张载当年苦心立言撰写《正蒙》之陕西关中，作为致力于宋明理学及其张载"关学"研究的中国学者，我究竟能为德国读者讲些什么呢？思前想后，我只有借此机会，将我近年亲身参与这项翻译研究工作的过程中，同这几位可敬可佩的青年汉学家多次学术交往的真切感受，直书一笔。作为探索古今中德文化哲学交融的新篇章，也许会引起德国学人们同我一起，在"哲学王国"里对中德哲学做新的历史沉思。

我虽然已经试做，并且写过几本与张载《正蒙》有关的书，但我至今还不能很有把握，究竟我能否写出一个实实在在的中华民族精神的精华来。别人我不得而知，在我自己，愈来愈发觉对张载哲学，不单要从整个宋明理学思潮和中国哲学发展上加以把握，而且要将其置于世界哲学之中，注意到历代海外东西方学者对它的真诚研究，只有从世界民族之林里，才能看清楚它所表达的中华民族的真精神。傅、朗博士对《正蒙》的研究与翻译工作，更加强化了我的这一认识。

我早就听说傅、朗博士对中国传统文化与哲学怀有崇高的敬意和钻研的热忱，他们不仅精通德、英文，懂得拉丁语，而且熟练掌握中国古代汉语，他们具备从世界哲学的宏观视野来探究张载哲学的优越条件。但是，当1985年秋冬，他们先后来中国，向我直接表明了他们翻译小组宏伟的研究计划之后，我顿然产生了难以言状的惊喜，也直言不讳地提出了疑问。主要觉得这是一件意义非凡而难能做好的艰苦"工程"。

学人们都知道，张载是北宋中期（1020—1077）"能奋一朝之辩"而与佛道"较是非曲直"，敢于濯去儒学"旧见"而自立"新意"的伟大哲学家。《正蒙》一书是他晚年历经七年的精思力索，集毕生之所立言明道而写成的哲学代表作，当时的关中学者像对《论语》一样为之尊信崇奉。诚然，它的确凝结着《论语》以来汉唐儒家哲学的精华，含有深奥的意蕴，但却比《论语》艰深难懂得多。所以，从南宋朱熹起，历代都有试图对它做通俗解释者，其中现存值得一读的注解有：宋代熊节、熊刚大编注的《性理群书（正蒙）句解》，明代刘玑的《正蒙会稿》、吕柟的《张子释抄》及高攀龙、徐必达的《正蒙释》，清代王夫之的《张子正蒙注》、李光地的《正蒙注》、王植的《正蒙初义》、杨方达的《正蒙集说》等。这些注解，无疑有助于初学者对《正蒙》的理解，但更需注意的却是中国古典哲学的传注传统，决定了这些注解往往主要表达的是各个注解者本人的思想，而不完全是张载《正蒙》的精神，王夫之《张子正蒙注》便是明证。这对一般的西方读者来说，确实是一个不大容易理会的东方经典之谜。更何况中国至今还没有一本《正蒙》全书的今文（现代汉语）译本可做傅、朗博士进行德译工作之直接依据，他们的唯一依据，只有中华书局点校整理的《正蒙》原本（见1978年8月中华书局出版的《张载集》）了。

记得1986年1月，在上海龙柏饭店"国际首届中国文化学术讨论会"上，傅敏怡博士第一次拜访我时，我便毫不隐讳地讲述了这些困难。他一面冷静地倾听着我对翻译困难的分析，一面仔细地询问如上那些注解本的收藏情况，言谈举止，处处表现出德国学者特有的理智和坚毅。真出乎意料，我所说的困难居然未使他畏惧，而他对翻译事业的执着精神，竟感化了我的信念，使我相信这个翻译小组是可以胜任这项特殊"工程"的。

因此，1986年秋季，当我正应聘在新加坡东亚哲学研究所做高级研究员期间，鲍威尔教授和傅、朗博士接连致函邀我去讲解《正蒙》疑难，同翻译小组一起研究定稿事宜，尽管这时他们还没有拿到出版社的经济资助。我毅然决定取消了8月参加汉堡"国际东方学人会议"之行，于10月便如期到了慕尼黑大学东方研究所。经过多次相互切磋，我才真正目睹到傅、朗翻译小组所做的一系列工作，的确是十分严肃且认真的。他们不仅从中、日收集到最主要的几种注解本并进行研读，而且不拘泥于那些注解。尤其更重要的是，他们十分关注并注意吸收近年中西方学者研究张载哲学的新成果。只要读者看看这个译本的"引论"及各篇的"提要"，就会一目了然。可以肯定地说，这不只是世界上第一个德文译本，而且是近年中国哲学研究在欧美的一个最新成果。这便是我要告知德国读者的第一个真切感受。

其次，我还要向读者说明的是，我之所以会感受到这个译本是近年欧美中国哲学及其张载思想研究的一个最新成果，主要是因为我在同翻译小组逐篇斟酌译稿的过程里，亲身领悟到任何好的译文的确绝非刻板式的字句"硬译"，而其实都是一种再创造的功夫。德译《正蒙》无疑是傅、朗翻译小组全体学人进行理论再创造的结果。

因为，据我考察，自明清之际以利玛窦为代表的一批欧洲耶稣会传教士往来中国以后，张载和《正蒙》因《性理精义》（刊载有《正蒙》的部分篇章）一书的西渐，开始被介绍到欧美诸国。可是，令人遗憾的是，今日可以考见的译本或文选，无论是比利时德·阿尔雷（Cn·de Harlez）1890年的法文译本，美国传教士丁韪良（William Alexander Parsons Martin）1894年在《翰林集》（*Hanlin Papers*）中的英文介绍，还是美籍著名华裔学者陈荣捷1963年出版的英译本《中国哲学资料书》（*A Source Book in Chinese Philosophy*），都是对《正蒙》极少篇章的节译。就是日本广岛大学山根三芳1970年出版的"中国古典新书"《正蒙》日文本，也非《正蒙》全书之日译，至多也只有《太和》《参两》《天道》《神化》《动物》《诚明》《至当》《有司》等八篇，只占全书十七篇之半。这一史实表明，傅、朗翻译小组所进行的《正蒙》翻译研究，既没有一本德文节译本做直接参考，也没有一本外文全译本来借鉴。他们既要靠自己的中国哲学史知识和汉语技能，将古文《正蒙》先译成今文，同时又要依据《正蒙》特有的哲学范畴系列和结构原则，准确地找到相应的德国哲学概念。经过反复推敲，三易其稿，最后才形成了今天这样一本德文《正蒙》书。这的的确确是"第一个外文翻译本"，其中凝结着不知多少译者的心血啊！

所以，当我亲眼看到阿尔卑斯山下的"哲学王国"里，增添了张载这棵东方长青之树时，我一直深沉地思考着傅、朗翻译小组的那种难能可贵的理论创造究竟意味着什么。我想，这正像昔日达摩东渡而印度佛教"中国化"一样，张载哲学在今日也开始"德国化""世界化"。《正蒙》德译本的出版，将会使德国读者从中体察到中华民族优秀的文化精神，而中国读者也一定会从中辨别出德国民族特有的哲学思维表达方式，这本身不就是一种具体生动的中西文化的融合嘛！

但愿世人在关注当今中西文化冲突的同时，千万不可忽略中西文化在不同地域和层次上也正走向融合；在看到"西学东渐"的同时，更不要忘记"中学"也正飞速地"西渐"，世界上越来越多的志士仁人，正在探求着中国传统文化哲学固有的生命所在。我相信，黑格尔想要建立的"世界哲学"，今后必将成为现实。我借此祝愿，德中文化与哲学今后更加健康地融合发展！以是为序，以资共勉。

1987年春节序于新加坡东亚哲学研究所。

原载《中国文化与中国哲学》，生活·读书·新知三联书店，1990年。

附：张世英主编《中国哲学与文化》第2辑（1993）刊载的
本文德文稿

VORWORT ZUR DEUTSCHEN ÜBERSETZUNG DES CHENG MENG VON CHANG TSAI

CHEN JUNMIN

【内容提要】1986年，作者应德国慕尼黑大学之邀，赴该校与东方研究所《正蒙》翻译组的朋友一起对《正蒙》德译本做最后审查。本书交由德国迈纳出版社出版（按：本书已于1996年正式出版）。这是当今第一部德文版《正蒙》。此文系作者为该书写的序文。

Das klassische Opus chinesischer Philosophie, das vor dem Leser hier noch druckfrisch ausgebreitet liegt, ist die bislang erste deutsche Übersetzung des Zheng Meng von Zhang Zai. Es wurde in fünfjähriger mühevoller Arbeit von den jungen deutschen Sinologen Dr. Michael Friedrich und Dr. Michael Lackner gemeinsam mit den Mitgliedern der von ihnen geleiteten Zheng Meng-Übersetzungs gruppe erstellt; Das Institut für Ostasienkunde der Münchner Universität unter Leitung von Prof. Wolfgang Bauer ermöglichte für ihre Forschungs-und Übersetzungstätigkeit hervorragende Bedingungen. Unmittelbar vor der Übergabe des druchfertigen Manuskripts an den renommierten Meiner-Verlag traten die beiden jungen Sinologen an mich mit der Bitte heran, für ihre Übersetzung ein Vorwort zu schreiben, und formulierten in einem Brief ihr Ersuchen, daß sie sich sehr geehrt fühlten, wenn Herr Chen Junmin das Vorwort zur ersten Übersetzung des Zheng Meng schreiben wolle. Für mich gilt allerdings, daß der Dank für die Möglichkeit, ein Vorwort zur ersten Übersetzung des Zheng Meng zu verfassen, natürlich auf meiner Seite liegt.

Als ich zu schreiben anhob, kamen mir jedoch die mannigfaltigsten Bedenken. Zwar bin ich in genau dem Land zwischen den Pässen, der Provinz Shaanxi, geboren, wo Zhang Zai in hingebungsvoller Anstrengung das Zheng Meng niederschrieb, doch womit kann ich, als chinesischer Gelehrter, der sich mit der Philosophie vom Li aus der Song-und Mingzeit sowie der Lehre des Zhang Zai beschäftigt, eigentlich die deutschen Leser ansprechen? Nach mancherlei Überlegungen kam ich zu dem Schluß, diese Gelegenheit zu benutzen, die Empfindunge, die mich in den letzten Jahren durch meine innere Teilnahme am Fortgang dieser Forschungs-und Übersetzungstätigkeit im wissenschaftlichen Austausch mit diesen bewunderungswürdigen jungen Sinologen verbanden, einfach schriftlich niederzulegen; als einen neuen Abschnitt der Erforschung einer Verbindung zwischen China und Deutschland im Bereich von antiker und moderner Kultur und Philosophie. Vielleicht vermag ich auch die deutsche gelehrte Welt dazu anregen, mit mir gemeinsam in Deutschland, dem Rich der Philosophie eine historische Neubesinnung hinsichtlich von chinesischer und deutscher Philosophie vorzunehmen.

Ich habe wohl in einigen Büchern Versuche zum Zheng Meng des Zhang Zai unternommen, doch habe ich bis heute noch nicht recht begriffen, ob mir damit eigentlich Werke gelungen sind, die das Wesen des chinesischen Geistes beschreiben. Von mir selbst, um von anderen zu schweigen, weiß ich lediglich, daß ich zunehmend entdecke, daß die Philosophie des Zhang Zai nicht allein aus der gesamten Geistigkeit der Philosophie vom Li aus der Song-und Mingzeit sowie der Entwicklung der chinesischen Philosophie überhaupt begriffen werden muß, sondern daß sie darüber hinaus in den Rahmen der Weltphilosophie zu stellen ist, daß nur indem den ernsthaften Forschungen sämtlicher chinesischer und nichtchinesischer Gelehrter zu dieser Philosophie Beachtung geschenkt wird, –also nur vom Gesichtspunkt der Völker der ganzen Welt–der echt chinesische Geist, den sie zum Ausdruck bringt, klar erkannt werden kann. Diese Einsicht wurde durch die Forschungs-und Übersetzungstätigkeit von Friedrich und Lackner noch bestärkt.

Mir war bereits früher schon zu Ohren gekommen, daß Friedrich und Lackner der traditionellen chinesischen Kultur und Philosophie tiefen Respekt und auf intensive Beschäftigung gegründeten Enthusiasmus entgegenbringen. Sie beherrschen nicht nur das Deutsche, Englische und Lateinische, sondern sind auch im klassischen Chinesisch gründlich bewandert und besitzen die günstige Voraussetzung, vom weiten Blickwinkel der Philosophie der ganzen Welt aus die Philosophie des Zhang Zai untersuchen zu können. Als sie jedoch zwischen Herbst und Winter des Jahres 1985 nacheinander China besuchten und mir gegenüber unvermittelt das großangelegte Forschungsvorhaben ihrer Übersetzungsgruppe darlegten, entstanden bei mir sowohl eine schwer in Worte zu fassende freudige Überraschung als auch kaum zu verhehlende Zweifel. Fürmein Gefühl war das ein zumindest ungewöhnliches, gleichwohl aber kaum zu bewältigendes gewaltiges Bauwerk.

Zhang Zai (mittlere Nördliche Song-Zeit, 1020-1077) war nach Meinung der Fachwelt der bedeutende Philosoph, der die Dispute einer ganzen Epoche belebte, der Buddhismus und Taoismus auf Wahr und Falsch, Krumm und Gerade prüfte, der die alte Sicht der Konfuzianer durch Etablierung eines neuen Sinnes reinigte. Das Zheng Meng ist dasjenige repräsentative philosophische Werk, in dem er nach einer siebenjährigen Periode der geistig aufs Höchste angespannten Anforderungen seiner späten Jahre die von ihm aufgestellten Lehrsätze und sein Verständnis des Weges zu Ende seines Lebens zusammenstellte und niederschrieb; Es genoß in der zeitgenössischen Gelehrtenwelt seiner Provinz eine den Gesprächen des Konfuzius vergleichbare Verehrung. In der Tat ist in der Weise, wie er das Wesen konfuzianischer Philosophie in den Zeiten nach den Gesprächen des Konfuzius (Han-Zeit bis Tang-Zeit) kristallisierte, ein tiefgründiger Sinn enthalten, der allerdings im Vergleich zu den Gesprächen des

Konfuzius noch mühsamer zu verstehen ist. Daher hat es seit Zhu Xi (Südliche Song, 1130–1200) stets Versuche gegeben, das Zheng Meng durch Kommentare verständlich zu machen. Unter den noch erhaltenen Glossen und Interpretationen sind u. a. folgende der Lektüre wert: das Xing-Li Qun Shu Ju Jie (Satzglossen zu allen Büchern von Wesen und Muster, hier die Glossen zum Zheng Meng), kompiliert von Xiong Jie und Xiong Gangda aus der Song-Zeit; das Zheng-Meng Hui-Gao (Gesammelte Manuskripte zum Zheng-Meng) des Liu Ji; das Zhang zi shi-chao (Kommentarblätter zu Meister Chang) des Lü Nan; das Zheng-Meng shi (Kommentar zum Zheng Meng) won Gao Pan-long und Xu Bida, letztere sämtlich aus der Ming-Zeit; das Zheng-Meng chu-yi (Der ursprüngliche Sinn des cheng-meng) des Wang Zhi; das Zheng-Meng ji-shuo (Gesammelte Aussagen zum Zheng-Meng) des Yang Fangta, letztere alle der Qing-Zeit. Diese Glossen und Interpretationen unterstützen zwar zweifellos ein erstes Verständnis des Zheng Meng, doch ungleich bedeutsamer ist die Tatsache, daß die klassische Kommentartradition der chinesischen Philosophie es so festgelegt hat, daß das, was in diesen Glossen ausgedrückt wird, eher das persönliche Denken des jeweiligen Glossen-Verfassers ist, nicht aber zur Gänze der Geist des Zheng Meng von Zhang Zai; dafür ist der Kommentar zum Zheng Meng des Zhang Zai von Wang Fuzhi ein Beleg. Für den westlichen Leser mag dies ein nicht besonders leicht zu begreifendes Mysterium östlicher Klassiker darstellen. Und es gibt darüber hinaus bis heute nicht einmal in China eine Übertragung des gesamten Zheng Meng in das moderne chinesisch, auf die sich Friedrich und Lackner bei ihrer deutschen Übersetzung hätten stützen können. Ihre einzige Stütze war der Originaltext des Zheng Meng in der 1978 vom Zhonghua Shuju kompilierten Ausgabe der Gesammelten Werke von Zhang Zai.

Anläßlich der im Januar 1986 im Shanghaier Longbo-Hotel veranstalteten Internationalen Wissenschaftlichen Konferenz über chinesische Kultur suchte mich Dr. Michael Friedrich auf; lch legte ihm alle diese Schwierigkeiten dar, ohne auch nur im geringsten meine Zweifel zu verhehlen; Er hörte sich einerseits ganz gelassen meine Analyse der Schwierigkeiten an, die einer Übersetzung im Wege stünden, doch zum anderen erkundigte er sich ausführlich nach den bibliographischen Standorten jener Kommentare und offenbarte in Rede und Betragen die besondere intellektulle Festigkeit eines deutschen Gelehrten. Selbst die von mir aufgeworfenen Schwierigkeiten hinsichtlich des Materials schüchterten ihn nicht ein. Doch was mich letzendlich überzeugte, war seine Einstellung zur übersetzerischen Aufgabe überhaupt, die mich darin vertrauen lie-β, daß diese Übersetzungsgruppe jenem besonderen Bauwerk gewachsen sein würde.

Als mich daher im Herbst letzten Jahres, während eines Aufenthaltes als Fellow am Institut für ostasiatische Philosophie der Universität Singapur ein Brief von Prof. Wolfgang Bauer, Dr. Friedrich und Dr. Lackner erreichte, in welchem ich ersucht wurde, bei der Klärung von schwierigen Textstellen des Zheng Meng mitzuwirken und mit der Übersetzungsgruppe gemeinsam in Sachen der Fertigstellung ihres Manuskripts ihre Forschungsarbeit zu betreiben. entschloβ ich mich, die Teilnahme an der Internationalen Orientalistenkonferenz Augsut 1986 in Hamburg abzusagen und im Oktober dieses Jahres beim Ostasiatischen Institut der Münchner Universität einzutreffen, obwohl man dort noch keine Unterstützung von seiten des Verlages erfuhr. Durch einen zweiwöchigen Meinungsaustausch überzeugte ich mich mit eigenen Augen davon, daß die von Friedrichs und Lackners Übersetzungsgruppe geleisteten Arbeiten wirklich durchweg seriös und gewissenhaft waren; nicht nur, daß sie die bedeutendsten Kommentare in China und Japan studiert hatten-sie blieben diesen darüber hinaus auch nicht engstirnig verhaftet. Doch wohl am wichtigsten ist die Tatsache, daß sie sehr darauf bedacht waren. die neueren Forschungsergebnisse zur Philosophie des Zhang Zai in Ost und West zu rezipieren. Das wird der Leser schon nach Lektüre der Einleitung und der Zusammenfassungen zu jedem einzelnen Kapitel bemerken. So kann man mit Bestimmtheit sagen, daß hier nicht nur die erste deutsche Übersetzung vorliegt, sondern auch ein rezentestes Ergebnis der Forschungen zur chinesischen Philosophie in Europa und Amerika.

Soweit mein erster deutlicher Eindruck, den ich den deutschen Leser wissen lassen möchte.

Des weiteren möchte ich dem Leser noch den Grund für meinen Eindruck erläutern, warum diese Übersetzung ein rezentestes Ergebnis der Forschungen zur chinesisischen Philosophie und zum Denken Zhang Zais in Europa und Amerika ist: während ich mit der Übersetzungsgruppe die Vorlage jedes einzelnen Kapitels erörterte, wurde mir selbst erst bewußt, daß jede gute Übersetzung niemals eine starre wortgetreue Wiedergabe nach dem Muster einer Setzereiwerkstatt sein darf, sondern in der Tat eine Arbeit des Nachschöpfens ist. Die deutsche Übersetzung des Zheng Meng ist zweifellos das Resultat einer durch Friedrich, Lackner und die Übersetzungsgrupe in ihrer Gesamtheit vollzogenen theoretischen Nachschöpfung.

Denn soviel ich feststellen konnte, wurde das Zheng Meng des Zhang Zai seit der Zeit der Jesuiten (man denke an Matteo Ricci), die zwischen dem Ende der Ming-und dem Beginn der Qing-Zeit nach China kamen, aufgrund des Textes im Xing-li jing-yi (Feiner Sinn von Werken über Wesen und Muster), wo nur Teilauszüge aus Kapiteln des Zheng Meng enthalten sind, in die Länder des Westens verbreitet. Bedauernswert ist allerdings, daß alle selbständig oder unselbständig erschienenen Übersetzungen (ob es sich nun die französische des Belgiers de Harlez aus dem Jahre 1890 handelt, ob um die englische des amerikanischem Missionars William Alexander Parsons Martin, die 1894 in den Hanlin Papers erschien, oder auch um die des im USA beheimateten Chinesen Wingtsit Chen, die 1963 im Source Book of Chinese Philosophy erschien) allesamt nur Auszugsübersetzungen einer sehr geringen Anzahl von Kapiteln darstellen. Selbst die 1970 erschienenene japanische Übersetzung des Zheng

Meng (Univ. Kumamoto, Tokyo, Meitoku) ist nicht etwa eine vollständige Übersetzung des Zheng Meng, sondern bringt lediglich die Hälfte der insgesamt 17 Kapitel des Werkes, nämlich Kap. 1–8. Als historisches Faktum beweist dies, daß der Übersetzungsgruppe von Friedrich, Lackner bei ihrer Übersetzung und Forschung zu Zheng Meng weder eine deutsche Teilübersetzung, auf die sie sich unmittelbar hätten beziehen können, vorlag, noch auch eine Übersetzung des ganzen Textes in einer anderen Sprache, die sie zu Rate hätten ziehen können. So waren sie also auf ihre Kenntnisse der chinesischen Philosophiegeschichte und ihre Fertigkeiten in der chinesischen Sprache angewiesen, um den klassischen Text des Zheng Meng zunächst in modernes Chinesisch zu übertragen. Gleichzeitig hatten sie sich auf die besondere philosophische kategoriale Ordnung und die besonderen Aufbauprinzipien des Zheng Meng zu stützen, um auf präzise Weise in der deutschen Philosophie entsprechende Begriffe zu finden. Nach ständigem Feilen, nach dreimaliger Änderung des Entwurfes wurde schließlich die heute vorliegende deutsche Übersetzung des Zheng Meng erstellt. Dies ist nun wirklich die erste Übersetzung überhaupt, und man kann kaum ermessen, wieviel Arbeit der Übersetzer in ihr Gestalt angenommen hat.

Nun, wo ich mit eigenen Augen gesehen habe, wie der immergrüne östliche Baum der Philosophie des Zhang Zai in jenem Reich der Philosophie zu Füßen der Alpen genährt wird, kann ich erst die Bedeutung der kostbaren theoretischen Schöpfung der Übersetzungsgruppe von Friedrich und Lackner wahrhaft eingehend ermessen. Sie gleicht nämlich der Sinisierung des indischen Buddhismus durch den Gang des Bodhidharma nach China in alten Zeiten; heutigen Tags nun beginnt die Philosophie des Zhang Zai ihre Germanisierung, Universalisierung. Das Erscheinen der deutschen Übersetzung des Zheng Meng läßt den deutschen Leser vom Kern her den trefflichen Geist der chinesischen Nation begreifen, so wie der chinesische Leser gewiß zu einer distinkten Erkenntnis der besonderen Äuß erungsformen des deutschem philosophischen

Denkens gelangen wird. Das ist wohl sicherlich eine eindrucksvolle konkrete Verschmelzung östlicher und westlicher Kultur!

Zu wünschen bleibt mir lediglich, daß bei dem gegenwätig zu beobachtenden Aufeinanderprallen östlicher und westlicher Kultur niemals übersehen wird, daß beide Kulturen zur gleichen Zeit auf verschiedenen Gebieten und Dimensionen auch einer Verschmelzung entgegengehen; gleichzeitig mit der Betrachtung des Einsickerns westlicher Lehren in China möge man nie vergessen, daß auch chinesische Lehren mit großer Geschwindigkeit in den Westen einsickern. Immer mehr vorurteilslos gesonnene Menschen auf der Welt lassen sich auf die lebendige Existenz ein, die der traditionellen chinesischen Philosophie und Kultur ja gewiß gegeben ist. In Zukunft wird, so glaube ich, Hegels Postulat einer Universalphilosophie bestimmt Wirklichkeit werden. Ich möchte diese Gelegenheit benützen, um dem Wunsch nach einer in Zukunft immer besser gedeihenden Verschmelzung zwischen deutscher und chinesischer Kultur und Philosophie Ausdruck zu verleihen. Sei dies Vorwort eine Ermutigung zu gemeinsamer Anstrengung.

Institut für Ostasiatische Philosophie Singapur im Februar.

（Michael Lackner译，张世广教授校）

张载与康德的道德至善理想追求*

——兼及中西哲学的发展前景

一、"世界哲学"

记得1986年秋季，我在新加坡东亚哲学研究所做儒学研究期间，应鲍威尔（Wolfgang Bauer）教授邀请来慕尼黑大学为朗宓榭（Michael Lackner）、傅敏怡（Michael Friedrich）两博士主持的《正蒙》翻译组解答疑难，并为他们刚刚完成的《正蒙》德文译本撰写序言时，曾感慨地提出过这样的愿望：

> 但愿世人在关注当今中西文化冲突的同时，千万不可忽略中西文化在不同地域和层次上也正走向融合；在看到"西学东渐"的同时，更不要忘记"中学"也正飞速地"西渐"，世界上越来越多的志士仁人，正在探求着中国传统文化哲学固有的生命所在。我相信，黑格尔想要建立的"世界哲学"，今后必将成为现实。①

不觉时间过去了五年，当人们已觉醒到现时代"哲学危机"与"理性失落"之

---

* 本篇是笔者1991年7月应邀在德国慕尼黑举行的"第七届国际中国哲学会"上宣读的论文稿。

① 参看前篇《中德文化哲学交融的新篇章》结语。

时，我想以"张载与康德的道德至善理想追求"为题，展望一下中西哲学走向"世界化"的发展前景。

任何哲学，从形式上看都是各国各民族的哲学，而就其实质说，各国各民族的哲学，无论"中国哲学"，还是"德国哲学"，其终极关怀又都是关于人生与宇宙的"真、善、美"和谐统一的普遍义理，这无疑又是世界性的。每一哲学都是民族性与世界性的统一。各民族哲学的充分发展，乃是形成"世界哲学"的前提。十多年来，国际中国哲学会组织国际学人共同研究中国哲学，这必将促进中国哲学走向"世界化"。

二、"至善"理想

张载与康德，中国宋明理学与德国古典哲学，这无疑是在中德（东西）两种完全不同的文化环境中形成的两大不同的哲学体系；但康德从西方作为一"最高善论"的"哲学"古义出发，追求人类实践理性"现实化"的"至善"境界，这同张载追求"民胞物与""天人合一"的"诚明"理想，却有着十分相似的致思路向。

正像中国哲学家冯友兰所说："哲学总是要接着某民族的哲学史讲底，总是要用某民族的言语说底。"[①]张载与康德各自承袭本民族的哲学传统，用本民族特有的哲学范畴和语言，论证了中德古典哲学共同关心的哲学问题，即道德"至善"理想追求。中国哲学（儒释道三教）一直把人的道德善恶问题作为重点研讨的"永恒命题"，从孟子首肯人性本善、"仁义"内在，"非由外铄我也，我固有之也"，到王阳明以"良知"为宗，提出"至善者心之体"的"四句教"，从张载提出"天地之性，久大而已""于人无不善"，到王夫之进一步发挥"天地之仁"乃"固无恶而一于善"，"天地之性原存而未去，气质之性亦初不相悖害"（《张子正蒙注》卷三），实质上均把道德"至善"作为他们哲学共同追求的最高理想境界，虽然他们没有像康德哲学那样明确规定

① 冯友兰：《论民族哲学》，见《三松堂学术文集》，北京大学出版社，1984年，第438页。

其"实践理性底唯一对象就是那些属于善者与恶者之对象"。

康德哲学不同于中国哲学,它是接着古希腊罗马哲学以来的西方哲学讲的。亚里士多德、柏拉图、斯多葛、伊壁鸠鲁,以及中世纪神学家奥古斯丁、安瑟伦、托马斯等无不热衷于讨论人的德性善恶及其"原罪"同意志自由、灵魂不灭、上帝存在诸关系问题。康德有进于此的是,首次肯定了关于"最高善论"的"道德哲学"的哲学地位。古希腊哲学曾被分成关于"物理""伦理"与"逻辑"的三种学问,康德解释说:

> 一切理性的知识或是材质的,或是形式的⋯⋯形式的哲学名曰逻辑,但是,材质的哲学,即那有事于决定对象所服从的法则者,又得分为两部;因为这些或是自然的法则,或是自由的法则,前者的学问是物理学,后者的学问是伦理学;它们亦得分别名曰自然哲学与道德哲学。①

接着他进一步申明,他所关切的是"去构造一纯粹的道德哲学",即"一个道德底形而上学"。他认为,这不仅是为了"以便去研究那些'在我们的理性中先验地被发现的'实践原则之根源"的理论"思辨"之需要,"且亦因为道德自身陷于种种的腐败"之现实需要。康德特别指出一点:他的道德哲学所向往的"最高善"的理想境界,这也不是他的"幻像",而是西方哲学之"古义"。

"爱智慧"是古希腊对"哲学"一词所做的"古义",康德在《纯粹理性批判》与《实践理性批判》中多次对这一"古义"进行了新的解释。其要点云:

> (一)迄今以往的"哲学"的概念,只是一个经院式的寻求知识
> 系统之概念,它至多不过是一种知识的逻辑圆满;而哲学实质乃是把

---

① 《康德的道德哲学》,牟宗三译,台湾学生书局,1982年,第7页。以下凡引康德均系该书,不再注书名与页码。

一切知识关联于人类理性的本质目的之学问。哲学家不是理性领域中的一个技匠，而其自身就是人类理性的立法者。

（二）作为"人类理性底立法者"的哲学，有"自然"与"自由"这两种对象，因此，他不只含有自然的法则，亦含有道德法则，它把这两种法则首先呈现于两个不同的系统中，而最后则呈现之于一个整一的哲学系统中。自然哲学讨论那一切"是什么"者，道德哲学则讨论那"应当是什么"者。

（三）依此，可以把"哲学"规定为关于追求"最高善"的学问，即"实践的智慧论"，这不仅符合古人所了解的"爱智慧"之哲学古义，另方面也统摄"爱学问"，即衷心热爱并在实践中孜孜以求包括"最高善"在内的一切理性知识。这乃是衡定一切哲学的最高标准。

（四）依据哲学作为"最高善论"之定义，哲学如同智慧，必然总是一个理想。此理想，对一个人而言，它只是此人不停止的努力的目标，而就客观地说，它只有完整地呈现在整个人类实践理性之中，才能得以实现。

很显然，这是康德为哲学确立新义，是对以往西方哲学的重大变革。然而，这不同于古代西方哲学的新义，却与中国古典哲学，尤其是同由张载、二程奠基的宋明理学有着共同的旨趣。中国哲学不是为知识而求知识的"学问"，它主张"学以致其道"，"尊德性而道问学"，不单为"学"，主要"为己"，"以修身为本"，使自己成圣或成佛、成仙，成为"至善"之仁人。张载所谓"为天地立心，为生民立命，为往圣继绝学，为万世开太平"，就是中国人的"最高善"的理想境界。对于张载本人来说，他终生也不可能实现，但他如此"立心""立命"，信誓旦旦，表明他完全相信中国人一代一代地不断追求，总是可以达到这一目标的。这正符合康德关于哲学的定义，尽管它们作为中西两种哲学文化系统，几乎无处不异，但其哲学主旨却基本一致。

虽然张载与康德的哲学主旨，是基于"天人合一"、"自我"尚未独立与"天人相分"、"自我"早已觉醒这两个高低不同层次上的一致，但从当今后现代的立场出发，审视到中西古典哲学旨趣的相合，无疑亦是中西哲学走向会通的根据。

三、"德""福"合一

张载与康德、中国宋明理学与德国古典哲学，其主旨诚如上所说，均是为了追求"最高善"的理想境界，但它们毕竟分属中西不同的哲学系统。十分有意义的是，这两大不同的哲学系统在共同探讨与界定"最高善"的论证中，既显示出各自思路和"为学之方"的明确不同，又不可避免地陷入"德性"是否必然产生"幸福"的同一理论困惑之中，不过它们各自又都做出了截然异趣的回答。

康德在论证"最高善"这一概念时，首先肯定指出，他所谓的"最高善"，即究极至上的最圆满、最整全的善，它是"德性与幸福两者必然地相结合的"统一体；而且，这"最高善"的统一体不是古希腊伊壁鸠鲁派把"德性"含于"幸福"之中，或斯多葛派把"幸福"含于"德性"之中的"同一"（等同），而是"德性"与"幸福"两个"异概念之综合"。这就是说，康德哲学追求的"最高善"，不单包含着遵循"德性意识"和"道德原则"的一面，并且必须包含有"个人幸福"的一面。有德必有福，有福必有德，德福缺一不可，"它不能是分析的"，"它必须是综合的"。康德说，"更特殊地言之，它必须被思议为是原因与结果之联系"，即"或者幸福底欲望必须是德性底格言之动力，或者德性底格言必须是幸福底有效因"。显然，这是西方传统哲学在承认"德性"的前提下对"个人幸福"的明确肯定。

但是，康德的"最高善"是一实践理性，是在人的自由意志支配下才可"成为现实的"，因此，在现实感触世界里它往往表现为"德性"与"幸福"的背反：有"福"者未必有"德"，有"德"者未必有"福"。依康德的话说，"追求幸福"绝不可能（绝对假）"产生一有德性的心灵"，但"一有德性的心灵必然产生幸福"却是有可能的（不是绝对假）。可以说，康德从先批判期的早年讲课稿，到"三大批判"的完成，直至晚年撰写《纯粹理性界限内的宗教》和《道德形上学》，毕生都在探索这一矛盾的解决，虽然其中也有偶然的反省片段，似乎呈现出一点思想的"突变"，但总体上看：①康德肯定必须把德性与幸福综合起来才是"最高善"——"至善""圆善"。②尽管单"为了求福而行德"不应是普遍定律，但"最高善"作为"整全而圆满的善"，它必须含有"幸福"。③一切人，不仅作为一目的的个人存在于现实的"感触界"，而且作为一理性的"智思物"而存在于超现实的"智思界"。若从精神世界之于现实世界的关系去看"德"和"福"之间的这种综合的必然关系，便可以断言，每一个行德的人，若在现实人生处未直接获得幸福，那他一定会间接地"通过一睿智的自然之创造者"——上帝，必然地得到"幸福"，此即"天福"矣。

很显然，这同张载《西铭》中那种"富贵福泽，将厚吾之生也；贫贱忧戚，庸玉汝于成也。存，吾顺事，没，吾宁也"的宇宙之人的理想境界基本相合。但康德突出强调的却是，"最高善"之理想中必须有"德"有"福"，若人间安排不了，天国一定会安排。所以，我们都要做一个讨上帝喜欢的有德有福的人！

康德关于"德""福"合一的"圆善"思考，在中国哲学里实际是一个涉及"义利"之辩、"理欲"之争等非常广泛的"心性论"问题。孔孟以来的儒家哲学，大都肯定人性本善，并不反对做官致富，他们承认"富与贵是人之所欲也""贫与贱是人之所恶也"（《论语·里仁》），求取"富贵利达"是"人之同心也"（《孟子·告子章句上》），具有天然的合理性。他们反对的只是"不义而富且贵""不以其道得之"的不正当手段与门路，以及因追求富贵功名而滋长起来的贪婪成性、骄奢淫逸的无限私欲。要有道君子"居天下之广居，立天下之正位，行天下之大道；得志，与民由之，不得志，独行其道"，做一个"富贵不能淫，贫贱不能移，威武不能屈"的一身"浩然正气"的"大丈夫"（《孟子·滕文公章句下》）。面对"为富不仁，为仁不富"的德福背反现实，他们只能以"正其谊而不谋其利，明其道而不计其功"，"存天理，灭人欲"，牺牲个人"幸福"，以全其"德"的完善。照康德"最高善论"的"德福合一"的规定，孔孟儒家并没有解决"义利""理欲"的矛盾，缺少个人"幸福"的"德性",绝非圆满的"至善"。

张载比其他宋明理学家高明的是,他从"气学"立场出发,坚持"天人一气"的一元论,以"大其心则能体天下之物"的为学方法,像康德一样,在"德福背反"的现实中,为一切人安排了一个"孔颜乐处"和"圣人气象"。他解决善恶、福德矛盾的思路是:①首先肯定人与万物都是同一"气化"过程中形成的整个宇宙的一个部分,正如《西铭》所云:"乾称父,坤称母;予兹藐焉,乃浑然中处。故天地之塞,吾其体;天地之帅,吾其性。民吾同胞,物吾与也。"②接着指出人与万物都有共同的"天地之性",即《正蒙·诚明篇》所谓:"性者,万物之一源,非有我得私也。"这种"天地之性",是人成形以前的"太虚之气"的本性,它清澈纯一,洁而无瑕,无所谓"善恶",亦可谓纯善无恶,此乃"天地之仁",《易传》所云"一阴一阳谓之道,继之者善也,成之者性也"。人经"气化"成形之后,便犹如有形之冰涵水性一样,人人具有"天地之性",也便得到"无不善"的道德属性。同时,每个人因"耳目口腹之欲",产生了"饮食男女"之类的"气质之性"。"天地之性"和"气质之性"是两种不同性质的属性,但对人而言,都是须臾不能离弃、互相并存而"不相悖害"的永恒人性。③但是,必须承认现实的"感触世界"里,的确存在着"善恶""德福""贫富""苦乐"的矛盾,然而这却不是"天地之性"与"气质之性"的矛盾,而是由于人秉气之偏全不同造成的"才与不才""肖与不肖"的差异。④最后,张载得出结论,只要人们能"大其心","合内外,一天人",体会觉解到"仁者与天地万物同体",无有"我"与"人"之隔,把人不单看成社会之一员,还要看成宇宙之一员,从宇宙的观点去看,天地万物皆备于"我",那"富贵福泽",只不过是"将厚吾之生也",而"贫贱忧戚",也只是"庸玉汝于成也"。"存,吾顺事,没,吾宁也"。人们便进入"齐生死""等贵贱""均贫富"的"无不善"的宇宙境界。这就是宋明理学家共同追求的不离"日用之常",而超乎"日用之常",可以"上达反天理,下达循人欲"的"自由"人格理想。这也是中国哲学儒释道三教共同追求的终极目标。

由此可见,张载与康德、中国宋明理学与德国古典哲学追求"最高善"的终极关怀是相同的，其"为学之方"也都是实践理性"超越"（"大其心"）的哲学思维方法。但康德作为西方哲学，在论证德福合一的"圆善"过程里，主旨偏重于为世人找到"个人幸福"；而张载代表中国哲学，其主旨却偏向于为现实社会安排"道德本体"（"天理"），而尽最大努力限制人们寻求"幸福"的"私欲"（"人欲"）。"富贵不淫贫贱乐，男儿到此自豪雄"（程颢），就是中国哲学这种中华民族精神的精华表现。

四、意志自由

张载与康德在共同追求超越的"至善"理想中，为什么对安排"个人幸福"产生根本分歧？明清之际，以利玛窦为代表的西方天主教传教士在比较中西哲学、企图论证天主教能"合儒""补儒"和"超儒"时，似乎早就为我们做出了有理论价值的探索，指明这是基督教文化价值系统和儒家文化价值系统两种文化传统的不同，是儒家伦理始终未形成个人自愿原则和意志自由的传统所致。

明万历三十一年（1603），利玛窦完成《天主实义》这一名著[①]，他以"西士"与"中士"的对话形式，试图辨明宋明理学和西方哲学的差异。他在第七篇里，专"论人性本善，而述天主门士正学"，首先分析了宋明理学"性即理"，视人性为"天性""天理"，强制人们遵守必然之则的"复性论"之错误。他说：

> 中士曰：夫我吾儒之学，以率性为修道。……性本必有德，无德
> 何为善？所谓君子，亦复其初也。
> 西士曰：设谓善者惟复其初，则人皆生而圣人也，而何谓"有
> 生而知之，有学而知之"之别乎？如谓德非自我新知，而但返其所已
> 有；已失之大犯罪，今复之不足以为大功。则固须认二善之品矣：性

---

① 参看明万历年间李之藻《天主实义》序，杭州汪孟朴重刊本。以下引文，均自此本。

之善，为良善；德之善，为习善。夫良善者，天主原化性命之德，而
我无功焉；我所谓功，止在自习积德之善也。

他认为，人的本性是上帝赋予的，但人行善的道德行为全凭人"自习积德"的
自主选择，理学只要求人们遵照"天理"，恢复人的先天善性，这仅仅是强
调了服从"天理"这一道德本体的道德自觉，而恰恰否定了决定道德善行的
重要的意志自由和自愿选择。所以，他尖锐地批评理学取消意志自由（"灭
意"），这"是不达儒者之学，不知善恶之原也"。在第六篇里，他特别指出
"意不可灭"之道理。他说：

中士曰：吾古圣贤教世弗言利，惟言仁义耳。君子为善无意，况
有利害之意耶？

西士曰：……彼灭意之说固异端之词，非儒人之本论也。儒者以诚
意为正心、修身、齐家、治国、平天下之根基，何能无意乎？高台无坚
基不克起，儒学无诚意不能立矣。……且意非有体之类，乃心之用耳，
用方为意，即有邪正。若令君子毕竟无意，不知何时诚乎？……善恶
德慝，俱由意之正邪，无意则无善恶，无君子小人之判矣。

可见，在利玛窦看来，中西哲学之分歧点主要在于：是否承认意志自由是道德
责任的前提，"善恶德慝，俱由意之正邪"决定。

继利玛窦之后，经一百五十余载，至清乾隆十八年（1753），比利时传
教士孙璋花费十年之心力，发表《性理真诠》，证明天主教即古儒真教，全书
以"先儒"攻击宋明"后儒"，集中驳斥宋儒的理气论。其中有一节名曰"辨
性理诸书谓作善由理作恶由气之非"，专门对耶教灵魂自由说与宋明理学的
"复性说"做了比较，认为宋儒将"善"看作由"理"决定，将"恶"看作由
"气"决定，是同西方灵魂的自由意志说大相径庭。他说：

按此则人之善，因人之性即是理也，理即是善，人之恶却是人之

气也。如此则是人之理不能不为善,人之气不能不为恶矣。夫为恶之气,既不由我;为善之理,即人性也,亦不由我。若然,则所称人心有灵,主张由人权衡于任意何在乎?……今为善为恶既云自然而然,毫不由己,而善者福之,淫者祸之,何以服人心?而称赏罚之公当乎哉?旷观今古贤愚杂处,善人而忽变为恶,而恶人而忽变为善者,不知凡几。人试抚躬自问,未有不自觉其心自主者。

孙璋辩说得更加清楚,宋明理学的“复性说”,把人道德的善恶行为看作“天理”“气质”之必然,而非自主选择之结果,然而耶教所谓灵魂的“意志自由说”,则认为善恶行为完全出于个人的自愿自主的选择,只有如此,上帝的赏罚才有意义。

显而易见,“上帝”同“天理”一样,对人都有不可违抗的主宰力量,它们同样是对人的本质的异化,但它们在伦理学上截然异趣:天主教作为宗教,以信仰为基础,却强调道德行为的自愿选择和意志自由;而宋明理学作为哲学,以理论思辨说明世界,所以它虽然强调道德自律,却忽略意志自由的自愿自主原则,只是要求世人自觉地遵守礼教,却不管你是否乐意,这乃是西方基督教文化与中国儒家文化的一个重要差异。所以,孙璋驳斥张载“《西铭》万物一体之说”:“上主系全神,超乎万物之上,绝不能与万物为一体,《西铭》云此,谬妄至极。——混神人万物为一体,大非人道。”这全在情理之中。

欧洲17、18世纪是伟大的启蒙时代、哲学时代,正像海涅、马克思和恩格斯所讲的,在法国发生政治革命的同时,德国发生了哲学革命,这个革命是由康德开始的,经费希特、谢林至黑格尔达到了登峰造极的地步。康德和罗伯斯庇尔一样,以锐利的理性认识、怀疑的思辨才能,用真正的哲学代替了正宗的宗教,他把整个德意志引入哲学的轨道,哲学简直成为整个国民的伟大事业。虽然康德哲学和费希特、谢林、黑格尔哲学同样都给“上帝”留有一定的地盘,但它毕竟恢复了人的尊严,把神仅看作人实现“最高善”的道德理想的保证,充分论证了人作为理性的存有,“只以自由之理念为其行动之基础”,

只有肯定"意志自由"，才能说明"意志自律"，这显然是对中世纪宗教神学的继承与变革。同时，以往的西方哲学家，无论柏拉图、亚里士多德一系，或者莱布尼茨、沃尔夫一系，尽管在道德问题上同康德一样追求至善理想的实现，但他们均依知识论的思路，皆是以知识来决定道德，而不明白道德其实是个实践问题，光靠认知是不可能领悟其奥秘的，只能陷入道德之他律，如依靠"上帝"一样，以理性之圆满概念来规定道德。康德哲学的出现，从根本上改变了西方哲学这一传统，使西方哲学接近中国儒家哲学，所以尼采挖苦他是"孔尼斯堡（Koenigsberg）的伟大的中国人"！也许这是由于康德从师沃尔夫而间接受到过中国哲学的影响，但"实践理性"哲学的产生，无疑是西方哲学的重大革命。

张载气学在北宋关中的崛起，对宋明理学的奠基以及整个中国哲学的发展，都曾起到巨大的推动作用。它使汉唐以来中国哲学主要关于"原始反终"的宇宙论探讨，开始进展到"天人一气""万物一理"的本体论研究，从而越来越接近西方近代哲学的"最高问题"。然而，由于中国近世思维之挫折，张载及其整个宋明理学，终究未走出中世纪而步入近代化。所以，他虽同康德哲学在追求道德至善的理想方面旨趣十分相近，但在"个人幸福"和"意志自由"问题上却截然相反。正如严复《论世变之亟》所云："自由一言，真中国古圣贤之所深畏，而从未尝立以为教者也。"

由此可以断言，中西哲学的差异，主要是时代的差异，而不是民族文化的阻隔。随着中国哲学的近现代化发展，作为"民族哲学"，其差异自然便会越来越小，而"世界哲学"，终将可能成为现实。

1991年7月15日夜完稿于德国特里尔大学。

原载《文化与传播》，上海文化出版社，1993年。

附　录

◎附录一　自序　后记

《张载哲学与关学学派》后记

当我已步入"五十而知天命"之年，回首我在学业上走过的耕耘历程，坎坷波折，教益良多。得失进退，读者自有评说。

现在献给读者的这本小书，是我在自我感觉最不平静的心境下写作、修改、增订而刚刚编辑成册的。自1979年起，我开始从研究"先秦诸子"转向研究"宋明理学"，本书首章《关学思想源流论》，原本是我为1981年10月在杭州西子湖畔举行的"全国宋明理学讨论会"提供的论文，原题为《关学源流辨析》，是我关于宋明理学研究的第一篇文字。本书末章《宋明"三教合一"思潮中的心性旨趣论》，是我今春为七八月赴美国参加"第六届国际中国哲学会"准备的论文，亦是我为本书撰写的简要结语。前前后后，整整十载，字里行间蕴含着我的全部心思，显现出我十年来的学术进路及往后的致思方向。

这十年，我们国家正处在从传统面向现代化的历史转折期，"改革开放"震动了传统社会最深层的心理结构，全民族重新觉醒，开始以世界眼光审视中国的过去、现在与未来。哲学理论本应成为新时代的"先导"，知识精英理应充当全社会的"先知先觉"，可是，在我们这个艰难转变的国度里，其先声作用，大概只能体现在全民族近年来日益强烈的反思意识之中。我非常清楚地记得，1978至1980年，当人民热情欢呼"科学的春天"刚刚来到之时，中国哲学界显得格外活跃，不少有识之士从反思1957年春季北京大学哲学系所举行的"中国哲学史座谈会"的得失教训中，重新对哲学史研究的方法论问题、学术与政治的关系问题提出了疑问。我也连续发表了《论中国哲学史研究的对象问题》《论中国哲学史的逻辑体系问题》等理论探讨文字，同学人们一样，决心要冲破多年来一直束缚着头脑的各种公式化、简单化的教条主义枷锁，竭力使中国哲学研究由对当世做注脚的侍婢地位变成神圣的学术研究，这本是"文化大革命"之后学术界拨乱反正的应有之义。可是，谁料想又似"风乍起，吹皱一池春水"，居然冒出了极左的批判回流。而今回想起来，我颇觉得有点像《白蛇传》的故事，多亏了那股从学术界之外飘然而入的"轻风细雨"，一大批勇于理论探索的学者不约而同地将自己刚刚高扬起来的理论热忱，转向更加理智的冷静沉思。大家几乎一致地从整理、发掘各地乡贤、专史典籍入手，开展了中国哲学史的专题研究。

由此推动我辑佚、校点、整理出了《关学编》《关中三李年谱》《二曲集》《蓝田吕氏遗著辑校》等宋明理学及关学学派的原典，以及南宋彭耜《道德真经集注》等道教史料。与此同时，我大约用了五年教学之余的时间，到1985年春，便完成了本书的主要篇章。其中《全真道思想源流论》是我研究"全真"新道教思想的纲要，曾以《全真道思想源流考略》为题，先后发表在1983年的《世界宗教研究》和《中国哲学》第11辑上。它本来可以单独扩展成另一小书，兹因它是宋明新儒学思潮在北方发展的一个波折，是弄清北宋以后关学之所以"百年不闻学统"的重要关节，往日学人多所忽略，因而作为"附论"第一章，放在书后。这年七八月间，我赴美国纽约参加"第四届国际中国哲学会"，特将这些主要篇章编印出数百册，送给海内外朋友，征求修改意见。后来人民出版社将它正式印出四千余册，短短几个月，竟然一销而空。这一方面使我感到十分不安，决心找寻机会补充完善这本小书；另一方面，却使我觉察出全民族反思意识已表现得非常强烈，"文化研究热"的出现已势所难免。这大概就是文化人类学家所称道的"文化再生运动"在中国大地上将要兴起的征兆吧！

然而，这十年间，对我来说，更富有戏剧性的事变是，我同一些学人一样，也曾经历了一次由学而"官"—辞"官"就学的周折。1983年，正当我潜心钻研宋明新儒学、新道教，而且日日上进之际，我万万不知晓，我竟经"民意测验"符合"革命化、专业化、年轻化"的条件而被任命为陕西师范大学副校长，让我分管科研工作。1986年春，正当我为学校做出事功时，遭遇了一些挫折，我急流勇退，得到上级理解与批准后，偕妻子耿翠霞应邀到新加坡东亚哲学研究所做高级研究员。临行前的晚上实难入眠，为孩子留下了四句不成体的小诗：

> 事功不成走异乡，亲有话别多惆怅。
> 儿女志学须慎独，探明世理知炎凉。

"官场"事功的"失败"，大大激发起我的忧患情绪。我思绪万千，郁郁寡言，但唯一可聊以自慰的是，我好不容易得到了一段相对稳定的专门做学问的时间，又有幸同该研究所的刘述先、戴琏璋、冯耀明、黄进兴、翟志成、古正美诸同人朝夕相聚，切磋哲理。我终于完成了近五十万言的《蓝田吕氏遗著辑校》，并在此基础上写成了本书中的"本论"第五章，总算为本书补上了关于张载死后其亲炙弟子吕大临等投师二程、简择于张程关洛二学之间，导致"关学"趋向"洛学化"的这一重要章节。所以，我永远也不会忘记东亚哲学研究所曾为我提供的良好研究条件。

1987年春季，我结束了一年多在新加坡、德国和我国香港等地的研究讲学工作，回到我的母校陕西师范大学。该年底，我任期届满，不再做陕西师范大学副校长。1988年冬，我接受浙江大学的"教授"招聘，专门从事学术研究工作。现在当我在这篇后记里倾注我"为天地立心，为生民立命，为往圣继绝学，为万世开太平"的终极关怀时，我相信读者万万不曾想到我正着手准备居家迁杭。如此一上（官）一下（学），一北（西安）一南（杭州），整整七个年头，对我本人来说，似乎全在情理之中，本是应有之义。

因为，我本是一介书生，一踏进学界，就把献身学术作为我终生最神圣的志业，以追求"真善美"统一的理想人格，保持知识分子独有的"议而不治"的社会批判功能。我相信马克斯·韦伯所说的："在学问的领域里，唯有那纯粹向具体的工作献身的人，才有'人格'。"（《韦伯选集：学术与政治》，台北允晨文化出版公司，1985年）因此，我从来没有把学者从政做"官"看作值得庆幸的喜事，反倒觉得这乃中国知识阶层的一大悲剧。我以为中国固然缺少真正达到"四化"的卓越的行政管理干部，但更为迫切需要的却是一大批德识才学兼备的思想家、"设计师"。我的这种现代思考，早已凝结在我近两年所撰写的各类文字里。本书最后一章是前几个月刚草就的初稿，在我个人的学术生涯里具有承前启后之意义，它无疑也是这一现代思考的结果。这便是本书时而发出的时代音响，亦是我要向读者交代的写作背景，但愿海外读者得以理解。

这里，我首先要感谢张岱年、张恒寿二老，他们是学界德高望重的前辈，能为本书作"序"写"评"，无疑是对我等后学的殷切厚望与鼓励。杜维明教授为本书译写了英文"内容提要"，他在海外赤诚的儒学研究精神，感人肺腑，发人深省，我们虽是相识快十载的老朋友，但我还是要感谢他的。当然，我特别要向台湾中国文化大学的李明辉教授和学生书局为本书操劳的朋友们衷心致谢。我同李明辉今夏结识于美国夏威夷大学希洛分校，我俩虽萍水相逢，但谈起学术来，却心心相印，一见如故。他自愿做我的代理人，为本书在台湾的出版和文字校审劳神尽心，这种携手弘扬中华文化的同胞情谊，在今天实在难得。特一并附识于此，旨在永不忘焉。

1989年8月离陕前夕记于陕西师大。

原载《张载哲学与关学学派》，台湾学生书局，1990年。

从学术自主到接引中西

——《中国哲学研究论集》自序

　　这本《中国哲学研究论集》，记录了我十五年来在中国思想文化这块田地里，主要环绕着中国思想史、哲学史研究的方法论问题而尽心探索、追求的足迹。

　　这是我1991年夏季在德国讲学研究期间编定成册的。时节如流，日忽忽其年余。当我今夏眼看即将结束这次应余英时教授兄之邀，而有幸整整两月在美国普林斯顿大学查书问学之际，我似乎觉得有一件心事尚未了结，这就是为本书写序，寄希望于有心的读者能从中体察到像我等胸抱现实关怀的中国当代知识分子，是如何为追求真正独立自主的学术研究而蹒跚前行的。

　　学术之独立，思想之自由，本是中外一切学术思想发展繁荣的基本前提。记得王国维在《论近年之学术界》中有一段说得很精彩，他说：

　　　　欲学术之发达，必视学术为目的，而不视为手段而后可。……学术之所争，只有是非真伪之别耳。于是非真伪之别外，而以国家人种宗教之见杂之，则以学术为一手段，而非以为一目的也。未有不视学术为一目的而能发达者，学术之发达，存于其独立而已。[①]

　　————

　　① 《王静庵文集》，俛勉出版社，1987年，第173—176页。

回想起1949年以后的中国，从"反右""反修"，直到"文革"，几乎所有人文、社会学科，乃至自然科学，都成了"为政治服务"的手段，连历史上的孔夫子、儒家学派也无一例外。一切学术的价值，只能以它是否"为政治服务"及其服务之成效"好坏"来判断，它自身已无价值可谈！现在许多人似乎已忘却了这段历史，当然有些人大概从来就没有记住它，然而，它却永远铭刻在我的脑海里，成为本书所收诸多文字当初之所以发端的特殊历史背景。

本书分"辨学篇"与"接引篇"上下两编，共辑选出近十五年我所撰写的主要论文十三篇。其中有得有失，有长有短，但基本观点始终一贯，盖为本人立志从事的"中国哲学史"学科的健康发展而探古验今，接引中西，上下求索。因此，除做个别文字修饰外，仍其原貌，不多改动，以真实记录我的学术心路及其取向。

放在上编首篇的是《孔子儒家考辨——关于孔子儒家之儒的形成及其历史地位》，这是我1976年在劳动中腰部受伤后，整年卧硬板床酿出的苦果。在当时"批孔""反周"的所谓"反击右倾翻案风"中，我压根未敢想过它能面世，得以发表，仅仅只是在一颗非常脆弱的学术良心的驱使下，想替孔子儒家找回它真实的历史，以求从长期自欺而又欺人的精神困惑中解脱出来。不料"四人帮"被剪除，否极泰来。适逢1978年中国大地开始拨乱反正，这篇习作才首次分上下两篇，连载于我的母校出版的《陕西师大学报》1979年第1、2期上，得到孙叔平（南京大学教授）、王明（中国社会科学院哲学所研究员，与孙均已病故）等前辈学者的好评与鼓励，甚而被一些好心的朋友误认作"老先生之手笔"。我也因此应邀出席了1978年秋季在济南召开的"全国哲学社会科学规划会议"，我卧病因撰写《考辨》而萌发的《中国儒学史》构想，还被列入了全国"规划"。尽管我至今自以为个人仍无足够功力去完成它，但这无疑表明，《考辨》一文实际已成了我步入学术界的成名之作。今天看来，它虽像小孩子学走路，歪歪扭扭，尚未脱离康有为《新学伪经考》的羁绊，但它毕竟揭示出"儒的形成，表明中国社会已产生了第一代相对独立的知识分子阶层，这是中国社会的一大进步"这个史实，还被后来陆续出版的《中国大百科全书·哲学卷》《孔子大辞典》等辞书列为"一说"。我想，这大概便是学术界对我为坚持本学科的独立研究而努力的一点肯定吧！

　　为了使中国哲学史、思想史的研究，彻底走出近世以来一直被"借其枝叶之语，以图遂其政治上之目的"的窠臼，获得真正独立自由的正常发展，80年代初，我终于连续发表了早在"文革"劫难中默默构思、习作的《论〈庄子·天下篇〉的思想史方法论意义》《论荀学体系结构及其思想史观》《关学思想流变》诸篇文字。读者一看便会了然，这是为了挣脱苏联日丹诺夫公式化、教条化的马列主义理论框架，寻找科学的哲学史、思想史研究的方法论而进行的初步探索，也是为我同一时期发表而今列入本书下编的《论中国哲学史研究的对象问题》《论中国哲学史的辑辑体系问题》诸文提供的佐证。均是为了本门学科的独立自主研究所做的辩证。所以，我取明季冯少墟（从吾）精心撰写《辨学录》，以分儒佛二学之深意，将这部分文字统称作"辨学篇"。其中《论朱子的"圣贤"人格理想》，是两月前（6月1日）应台湾"中央研究院"文哲所邀请，在台北召开的"国际朱子学会议"上宣读的新作，因它与孔、庄、荀、张、李诸子可构成一系，故亦放置本编。

　　本书下编选录的七篇文字，亦括为前后两个部分。前三篇，上承"辨学篇"关于庄、荀思想史观及其方法论的历史考察，顺理接引当世理论现实，对50年代以来一直困扰着前贤师友、几乎所有我国大陆哲学研究者的所谓"马克思主义的哲学史方法论原则"问题，进行了严肃的理论辨析。当然，促使这些文字一发而不可收的直接原因，主要还是自1979至1983年间，中国哲学界连连举行的太原"中国哲学史方法论问题讨论会"（1979）、黄山"正确评价历史上唯心主义哲学讨论会"（1980）、杭州"宋明理学讨论会"（1981）、桂林"中西哲学比较研究讨论会"（1981）、西安"中国哲学范畴学术讨论会"（1983）上学人们的自由探讨和认真切磋，对我哲学思维的启动和导引。尽管难免蔽于一曲，个别观点会有偏失，但这毕竟是我个人异于成说、自由思考的自得之见，受到了师友们的高度评价，认为"这些观点，反映了当时哲学史方法论问题探讨的新水平，有利于哲学史研究的进一步科学化"，肯定我"抱着探索新问题的理论勇气，提出不少新见解，为中国哲学研究领域的拨乱反正、推陈出新做出了可贵的贡献"。

在师友的鼓励与督促下，自1983年以后，我同大多数严肃的学人一样，开始深沉地反思中国传统文化与现代化问题，形成了本书下编的后四篇文字。从这些文字中可以清楚地看出，我对中国走向现代化中的文化冲突和文化建设所做的哲学思考及其终极关怀。我认为，在当今中西文化冲突中，最迫切的还是要有融汇中西、贯通古今的学术教养和气度，积极调适中国文化价值系统，把昔日知识学人一贯标榜的"治国平天下"，真正落到"格致诚正""修身齐家"的实处，适应现代化的社会人生需要，重建一个新的独立人格。此即本书下编之所以名曰"接引篇"，以示接引中西哲学文化的价值取向。

很显然，这种"视学术为目的"，以学术之独立、思想之自由为最高理想追求的中国知识分子，其实是充满现实感，对现实极端关怀，最具有现代意识的"先知先觉"。独立的纯学术研究与现实的关怀，永远是中国知识分子难以超越的理论情结。此乃本书所蕴含之旨趣也。

本书编定一年后，有幸得到台湾政大哲学系沈清松教授及商务印书馆朋友们的鼎力协助，今方得以付梓。特识于此，以示感念。是为序。

1992年8月3日序于美国普林斯顿大学葛思德图书馆，同年9月23日改定于浙江大学求是村家。

原载《中国哲学研究论集》，台湾商务印书馆，1994年。

从我"关学研究"之缘起说起

——《张载关学的现代诠释》自序

　　我自1978年起，明确把"关学"定位在我从业的"中国哲学"学科，从搜集、简择、研读关学文本入手，历经四十余年的"关学经典整理与关学历史重构"，完成了包括北宋至清末近二十种"关学经典"（校点本）及其"导读"的《关学经典集成》。将宋代"关学"定位为由张载创立的"道学（理学）学说及其学派"，将元明"关学"定位为以吕柟、韩邦奇、冯从吾为代表的"关中理学"，将清代"关学"定位为由李二曲及亲炙弟子王心敬开始转型的"关中儒学"，从而形成了关学独有的思想文化传统，可谓"张载关学思想传统"。它不仅在宋元明清世代相传，不断被激活、被阐释、被继承、被创新，而且在近现代东西方国家以英语、德语和日文相继被翻译、被介绍、被研究。它既指具有严格系的"天人一气"的"道德性命"之学，也包括散播在民间"以躬行礼教为本"的"乡约、乡仪"等社会规范，将这两者统合起来进行现代哲学阐释，自然就会彰显出它的历史意义和现实意义。

　　我的这一研究结论，是在"精其选、解其言、知其意、明其理"（冯友兰语）而长期校点编纂《关学经典集成》的过程中深入研究得出来的。可以说我的"张载关学研究"和"关学古籍整理"是同时进行的，它实际包含着对"张载关学思想""关学历史重构"及其所承载的"关学经典文本"等三方面的整体研究，可简称为"关学研究"。

先说我从事"关学研究"的缘起。学界友人知道，我是在"文革"的特殊年代里，偶然于特殊的境遇中被《张子全书》《李二曲先生全集》等关学文献所吸引。我读大学时参与过名曰"一分为二"与"合二而一"的哲学论争，并公开发表过文章，所以对《张子全书》中"一物两体者，气也。一故神，两故化，此天之所以参也"的文句特别敏感，兴趣所致，不能自拔，开始由研读关学经典文本而一步一步进入张载关学思想世界，接连发表了《张载关学主题论》《张载〈西铭〉理想论》《张载哲学逻辑范畴体系论》《关学源流辨析》等在全国很有影响的论文，明确将"关学"定义为"宋明理学思潮中由北宋哲学家张载创立的一个重要的独立学派，是宋元明清时代今陕西的关中理学"。不料在1983年1月西安举行的全国第一次"关学讨论会"上，竟受到几位学者的严厉批评和诘难，他们依据侯外老《中国思想通史》第四卷中"北宋亡后，关学就渐归衰熄"的判断，进而认为："'关学'只存在于北宋时期，张载死后，这一学派就逐步泯灭。如果说北宋以后有所谓'关学'，那只是正宗理学在关中的发展。"①接着，于同年7月中，在学界友人汤一介、黄宣民陪同导引下，我分别拜访了侯外老和冯友兰、张岱年、任继愈等前辈学者。针对"北宋以后，究竟有没有一个相对独立的'关学'思想传统的存在"，侯外老通过黄宣民语译反复告诉我："你可以继续研究！"张岱年更以"开创者难为功"鼓励我不要懈怠，学术争论是正常的。于是，在此后的三四年中，我连续在国内外发表了《张载关学导论》《张载哲学思想及关学学派》《吕大临易学发微》等专著，受到国内外同行学者的认同和赞许。我对"关学"的定位，也成为学界一个最基本的共识。

然而，万万未料到的是，1987年6月，由人民出版社出版的《宋明理学史》下卷却更加严肃地批评我关于"关学在宋元明清世代传承"的结论，进一步论证了"北宋亡后，关学就渐归衰熄"的判断。作者把《明儒学案》中的"关学"一词，一律引述为"关中之学"（第131、134页），断言：明代关学集大成者吕柟之学"其源出自山西人薛瑄"，"并非上承张载"，自张载到

---

① 董健桥：《"关学"讨论综述》，载《国内哲学动态》1983年第5期。

李二曲也无传续关系；所谓"关学"及其"传续"，不过是《关学编》及其《续编》"好事者为之，殆无意义"（第135页）。这同四年前侯外老对我的嘱咐，其意蕴完全相反，不能不刺痛我"文革"后刚刚焕发的学术良心，我下决心回归关学原始经典以探其究竟，开始全身心投入关学古籍整理工作。这时好心的朋友惋惜我"转变了学术方向"，中华书局《书品》主编又急切约我撰写了"回应"批评的文章《关学研究与古籍整理》，台湾"中央研究院"《中国文哲研究通讯》在《研究动态》栏目还刊登了《陈俊民教授与关学论争》，关于"张载之后，关学究竟有无传承历史"的问题，几乎已成为现代关学与宋明理学研究中的一桩"学术公案"。而时下我却认为，这不单是个"学术是非"问题，而主要是依据"关学文献"是否真确、是否真正尊重历史的问题。因此，我一直由衷感谢对我论著批评诘难的、我至今敬重的《宋明理学史》下卷的几位作者，正是这一"公案"为我的"关学研究"提供了最基本的"问题意识"，成为我此后三十余年来专心致志校点整理关学经典、潜心研究重构关学历史之缘起。20世纪80—90年代出版的《关学编》、《蓝田吕氏遗著辑校》、《二曲集》（中华书局本）、《关中三李年谱》（台北允晨本）和《张载哲学与关学学派》（台湾学生书局增订本），既是我最初的关学经典校点成果，也是我进一步的关学研究成果。21世纪最初十五年《儒藏》精华编出版的《张载全集》《泾野先生文集》和《冯少墟集》等，为我近十年校点编纂《关学经典集成》奠定了牢固的基础。按照古老的说法"三十曰世"，在张载诞辰千周年之际，由三秦出版社精心打造出版的《关学经典集成》及《关学经典导读》，由中华书局出版的《张载关学的历史重构》等，其实就是我这一世有余之年最重要的关学古籍整理和关学思想研究的主要成果。

再说我一世间"关学研究"的宗旨。张载《横渠经学理窟》说："观书必总其言而求作者之意。"因为"大凡学有宗旨，是其人之得力处，亦是学者之入门处"（《明儒学案发凡》）。因此，我对张载关学经典文献历经了四十余年的"精其选、解其言、知其意、明其理"的研读校点过程，深知张载及关学秉持"天人一气""以礼立教"的思想传统，有其独立的自主性，它既是陕西关中地域的，也是全国乃至世界跨地域的，同宋明理学程朱陆王诸多学派

"学虽殊辙，道则同归"，相互对话，会通融合，形成了以张载道学为精神主线、思想灵魂的"张载关学思想传统"，如同"源头活水"，自关中流向神州大地，波及于英语、德语和日文世界。所以我自然把"重构张载关学思想传统的历史发展"作为编纂这套《关学经典集成》的思想主旨。并以张载之后，关中士人是否继承了先哲将坠之业，尤能创新开拓出关学新区域，以补前贤之未及，其关学著作"可以转移一时之风气，而示来者以轨则"（陈寅恪语）作为从大量关中文献中精选出"关学经典"的学术标准，以形成《集成》各卷的主要文本。其最主要目的，就是将张载关学思想的发展，理解为连贯的、前后相互关联的动态整体。

就拿明代高陵吕柟来说吧。北宋亡后，关学虽有过"百年不闻学统"，"再传何其寥寥"的金元时期，但"横渠遗风"承续不绝。吕柟以"横渠同党"自居，继承"横渠、蓝田之学"，编纂《横渠张子抄释》，提出了"气即理"的哲学命题，创立了以张载《西铭》为理论框架的"新仁学"体系。他特别声言，其学不出自"山西薛瑄"，他说："白沙（陈献章）狂而未足，文清（薛瑄）狷而有余"，"二子之道，某（我）未之能习也"（《泾野子内篇》卷二，美国哈佛大学燕京图书馆藏明万历刻本）。尤其值得一提的是，他所编刻的《横渠张子抄释》和《横渠先生易说》（未见传世）涉及后世《张子全书》各主要部分内容，可谓明清诸刻本《全书》之滥觞，从而使明清关学之传承成为可能。他无疑是张载关学的"托命之人"，其功伟哉！所以我将他的《文集》《抄释》《内篇》和《四书因问》都为四册，占《集成》十二册的三分之一。

由此可见，我发愿校点编纂《关学经典集成》，其缘起于我一世间"关学研究"的基本问题意识，这个基本问题意识产生于所谓"关学论争"的学术公案；而这一"学术公案"的最终破解，又归结于我对吕柟、冯从吾、李二曲等关学经典文本的研读、校点和编纂，以及对张载关学的历史重构。这便形成了这本书的主要内容。

本书选收了我在这一世间（1979—2020）所发表的五十篇论文。虽然论文有长有短，体例不一，其内容都是阐释张载关学思想传统的，所以定名为

《张载关学的现代诠释》。这五十篇论文都曾先后在各种期刊或专书中发表过，这次精选汇集成册，我又做了一些必要的修改和补充，使它成为比较全面系统地"导读"《关学经典集成》的辅助文本。

这五十篇论文，在本书中共分"总论""本论""附论"三个部分。鉴于张载关学"立大本，斥异学"，以传承"儒之正学"、"为往圣继绝学"为己任，"总论"首先考证了孔子儒家之儒如何从"国士"向"儒士"演变的士阶层身份及其历史地位；接着通论了宋代"道学（理学）"如何从儒学（经学）中分化成为宋明"新儒学"（Neo-Confucianism），阐明了中国自先秦以至北宋，其儒、佛、道思想冲突与融合至繁至久，要之，只为新儒学的产生及其传衍"这一大事因缘"而已，从而形成中国哲学的思想主流；再从分析张载"道学、政术"非"二事"入手，论证了以"濂关洛闽五星聚奎"为主轴的道学群体，在"道学"与"政术"之间先后所"整体重构"出以"体用兼备，经世明道"为特点的道学体系，就是现代中西通称之"新儒学""新儒家"的宋明理学之"道学原型"；进而考辨了张载关学的渊源及流变，并追述了开启关学研究的问题意识与学术机遇。

"本论"由两部分组成。其一，通过对《横渠易说》的条分缕析，论述了张载"勇于造道"，创立了"性与天道合一"，即"天人合一""体用不二"的关学主题，将中国哲学"究天人之际"的基本问题探索，推向了宇宙本体论的新阶段；在此基础上，只欲开示学者树立"大其心于天道"的宇宙意识，以确立"民胞物与"的理想境界和"存顺没宁"的终极关怀，他撰写了《西铭》这篇"有功于圣门""有补于后学"的理学经典；接着，他"苦心力索""志道精思"，积"历年致思之所得"，撰成《横渠正蒙书》这一道学代表作，创立了"由太虚有天之名，由气化有道之名，合虚与气有性之名，合性与觉有心之名"的哲学逻辑范畴体系，为宋明理学奠定了"理气心性""内圣外王"一体论的整体结构。张载死后，其亲炙弟子以吕大临为代表的蓝田三吕与武功苏昞，虽皆离秦入洛师事二程，但"守横渠学甚固"，不仅传承了张载"先识造化""天人一气""民胞物与"的宇宙本体意识，特别是还将张载"知礼成性""以礼立教""崇德广业"的道德修养论，转化为移风易俗、稳定社会秩序的《乡约》《乡仪》，成为关学世代"皆以躬行礼教为本"的思想文化传统，影响至今。

其二，由于"横渠""蓝田"之后关学"百年不闻学统"，师承断续，金元之后，以高陵吕柟、长安冯从吾和周至李二曲为代表的明清关中士人继承张载关学传统，开启了对张载关学的历史重构。先是吕柟遍搜张载遗著，编《横渠张子抄释》，撰《刻横渠先生易说序》，为明代张载关学的历史重构与传承提供了最基本的文本，又建解梁书院，行《吕氏乡约》，提出"吾于天地本同一气""气即理"的命题，以《西铭》为理论架构，创建了"新仁学"体系，承袭了"横渠、蓝田之学"，自称与马理等关中理学士人为"横渠同党"，共同以重构张载关学为己任。随后，冯从吾编著《关学编》，重构出宋明"关学史略"，明确将关学定位在"关中理学"之中。面对晚明儒学内外双重危机，他立足于宋明理学"气本""理本""心本"三论的修正会通立场，专从心性论上"发明儒佛之分"，以重建、复兴孔孟以心性主体论为核心的"儒之正学"，继承张载关学尊崇四子书的传统，撰《（四书）疑思录》，与王恕《四书意见》、吕柟《四书因问》史称"鼎足而三"，进而从分析四书诸多疑难问题中，揭示出四书"本体"与"功夫"（体与用）统一的方法论原则，并将"心性难明"的哲学困境归咎于是否对四书五经基本经典的正确诠释和运用上。李二曲正是沿袭了吕冯的这一理学思路，著《四书反身录》，"以明体适用为经世实义"，重建了"关中儒学"，从而终结了"关中理学"。其后，亲炙弟子鄠县王心敬又承袭了二曲这一思路，由"反身四书"进一步"反身五经"，继《横渠易说》之后的关学"易说"传统[①]，编著《丰川易说》，将张载"天人合一"的《易》即天道，转手为"反身寡过"的《易》即人道，最终使以"心性本体论"为理论主轴的"关中理学"，转型为以道德伦理学为中心的清代"关中儒学"。作为实业教育家的咸阳刘古愚，则以"阜民富国"的"新学"经世思维，沿着泾阳王徵"中西会通"的精神方向，将关学一步步推向了近代化的

---

① 继张载《横渠易说》之后，有吕柟《周易说翼》、杨爵《周易辩录》、韩邦奇《启蒙意见》和《易占经纬》、王弘撰《周易图说述》、刘绍攽《周易详说》、李元春《易古义》及《易异义》《易要义》等，已形成关中"易说"传统。

中国学术道路。至此，"关学"同所有地域化的新儒学诸学派一样，皆已失去了现实存在的意义。这就是我一世间"关学研究"的总体结论。

为了补充说明"本论"所述这一总体结论的缺失和不足，我特地在"附论"里选录了两部分论著。其一是关于"关学研究与古籍整理"，这是研究张载关学最基本的文本依据，这里可以不论；其二是关于"三教融合与中西会通"，这是如何正确诠释北宋亡后关学"再传何其寥寥""百年不闻学统"的问题。显然，这不是指关学传承出现了断裂，而是针对张载关学的师承传续而言。但若将关学放在以儒、佛、道三教为精神支柱的中国思想文化传统脉络中而论，就不能用"渐归衰熄"而只能用"不绝如缕"四字来说明。因为"完颜之乱"，异族入侵，中原沦陷，往日从事儒业的关中理学士人只好遁迹山林，于是关中兴起了以王重阳、丘处机为代表的"全真"新道教，炽传南北，始分南宗、北宗，后统一于北京白云观。全真道以咸阳、永乐和白云观为三大祖庭，在恢复老子《道德经》本旨的前提下，力图创建一种"三教圆融"的"道德性命之学"，通过内丹修炼，以达到"精神气全""长生济世"的"神仙"境界。这同明清之际泾阳王徵将"天学"与"理学"中西会通的精神追求一样，都是关乎世人终极关怀的宗教信仰问题，本不属于"关学研究"的范围；但一因它涉及张载关学思想传统的变轨与转型，二因它开启了中国近世哲学家与史学家关于"三教融合"与"中西会通"的哲学、文化思考，所以，我特将有关论文收入其中，以供读者参考。

最后，我要特别说明的是，中国近世哲学家与史学家之所以要从中国传统文化脉络中对以"三教融合"与"中西会通"为主流趋向的中国传统哲学做深层次思考，其宗旨无非明确昭示：为应对西学东渐、西方思想的挑战，必须将中国传统哲学既牢固地安置在它固有的文化脉络中，又必须适应现代人的思维世界，对它进行现代诠释，以促使其现代转化。宋明理学（新儒学）是中外学界公认最具"近代"意义的传统哲学，从熊十力到冯友兰、牟宗三等"现代新儒家"都对它进行过不同程度和类型的现代转化。本书所收诸篇文字，无论是通论或专题，都已尽量吸收融会了诸多前贤的研究成果，是从前人提供的思想资料出发的，而不是闭门造车独白一己的"创新"思想或论点。即前人提出的具有代表性的概念或命题，本书均注明在案而不敢据为已有，但为了避免行文枝蔓，对于学界通识的习惯论说有时并未一一注明立论根据。这是本书首先要特别申明的一点。

还要特别申明的是，鉴于宋代周张程朱道学诸子上承汉唐以来近千年外来佛教中国化的历史趋势，终于成功地吸收了佛教（主要是禅宗）这一精微艰深的外来思辨思维系统，从而更新了孔孟以来的儒学传统，创立了宋明新儒学。这是世人公认的中国思想文化史上的"一大事因缘"，是最成功的"三教融合"与"中西（印）会通"的历史先例。因此，近百年来面对西方思想的挑战，无论哪一学科均毫无例外地要对包括"张载关学"和"宋明理学"在内的中国思想传统进行现代诠释，自然不能不援引西方的概念和分析方法。虽然我们在很长时期也有过简单套用西方理论的公式化、教条化的历史教训，但并没有影响这一"现代诠释"的方向和进程。从20世纪80年代初，我以"历史与逻辑相统一"的哲学逻辑范畴研究方法诠释张载哲学体系，到21世纪初，我用"哲学概念分析与历史地理重构"的方法论对张载关学进行"历史重构"，以至现在为读者提供的这本论文精选，从中皆可洞察到我这四十余年间对"张载关学思想传统"这一个案所进行"现代诠释"的哲学思维进程中之足迹，其目的只在于追寻关学思想独特系统的动态发展。

总而言之，四十年来，在国内外学界对中国传统哲学思想"现代诠释"的进程中，我曾立志"步前贤之后尘，走自得之路径"，沿着宋明理学家和当代新儒家开辟的"三教融合"与"中西会通"的方向，通过现代诠释"张载关学思想传统"历史曲折的动态独特发展，为建立"中国哲学"这门学科的"现代诠释学"而尽心尽力，终其余生。今虽不能至，心向往之；非曰能之，愿学习焉。以是为序。

2021年7月1日序于陕西师大工作室。

原载《张载关学的现代诠释》，三秦出版社，2022年。

◎附录二　访谈录

21世纪中国哲学主题：创造性转化[*]

访谈嘉宾：陈俊民（浙江大学中国思想研究所教授）、郭齐勇（武汉大学人文学院院长、教授）、陈来（北京大学哲学系教授）、欧崇敬（台湾佛光大学中国哲学研究中心主任）、吴根友（武汉大学人文学院哲学系教授）

策划人语：去年9月，由武汉大学人文学院哲学系主办的西学东渐学术研讨会暨"中国哲学创造性转化"研讨班在美丽的珞珈山下举行。会议期间，本刊邀请了来自海峡两岸的几位学者，就中国哲学于当代创造性转化的若干问题进行了座谈。本期"图书视点"以此为主题，意在展示学界对这一重大问题的最新思考，以期引起更多学者的关注。

中国哲学期待新的突破

陈俊民：中国哲学于当代的创造性转化是完全可能的。20世纪二三十年代，梁启超曾经到欧洲旅行，柏格森的老师浦陀罗对他说，每个民族，哪怕是最弱小的民族，都不要忘记本国的文化传统，中国文化是非常优秀的，把每一个民族优秀的文化成分结合起来，就会形成新的文化。今天要进行创造性转

---

[*] 2003年《光明日报》访谈。

化，一定要注意对前辈学者经验的总结。同时还要注意我们与西方的时间差，中国哲学向现代化的转化，是在西方对自身文化进行后现代思考的情况下进行的。它们所要解决的问题是不同的，但可以互相借鉴。实现转化还要有综合创新。儒家追求新境界，道家追求真精神。

儒、释、道三教融合所形成的不是三者之外的另一个东西，并且这种转化是与近代的西学东渐联系在一起的。

陈来：俊民先生的意见很有启发。我的理解是，如同"三教融合"是一种趋势一样，"创造转化"和"综合创新"也是倡导一种风气和趋势，所以三教融合不是三者以外另成一个，创造转化在很大程度上也是传统哲学的各派各家各自致力其创造转化。

郭齐勇：中国哲学的精神不仅存在于学理的层面，而且还存在于民间。我们所面对的是养育了本民族几千年的文化，中国的老百姓生活在这种文化土壤中。

陈俊民：中国的话语体系从上层到民间一共有三种：中国传统的儒家和道家、马克思主义。它们已经深深地渗透到中国人的话语中，成为"日用而不知"的东西。

郭齐勇：学理的与民间的实际上是传统文化的两种并存的形态。面对多元的现代化社会，这是我们实现创造性转化可资利用的宝贵资源。从学理的层面上看，西学的东渐，特别是知识论、认识论对中国文化有石破天惊般的震撼力。相比之下，我们的宇宙观、人生观则是中国哲学的精华。它对现代社会的价值是无可否认、无可替代的。

陈来：齐勇先生的意见也值得我们思考，当我们把"创造转化"作为一个总口号的时候，当我们主要把吸收西方哲学优长作为创造转化的方式时，我们也要思考：对于现代中国与世界而言，传统哲学中哪些是不适合"创造转化"这个提法的？如何在我们的哲学发展中体现当今世界多元文化主义的发展而不仅仅是以西方为主体的哲学观？

20世纪80年代以来，我们学术界所谓"创造转化"，一般是针对"传统"而言。在这个意义上，所谓中国哲学的创造转化，是就传统中国哲学而言的。也就是说，是就"中国的哲学"而不是就"哲学在中国"而言的。

欧崇敬：西方的哲学经典翻译到中国的有很多，但真正被中国人认真地研究、注释，并加以发展的，只有五十多种。这就告诉我们，西学只有适合中国的土壤，与本土文化相结合才能获得发展，才能构成典范。佛学的天台宗、华严宗于唐代时还是翻译性的文字，可是到了北宋、南宋的时候，就已经完全当作儒释共同的话语在运用，发展成用中国的意象来反映的新佛学。在佛教来说，这是一种本土化、中国化过程，而对于中国文化而言，这就是原有文化借助外来文化所实现的一种创造性转化。

郭齐勇：儒学不但可以和社群主义，而且与现代的政治制度、全球生态伦理都可以进行深度的对话。

欧崇敬：儒学可以和许多西方思潮对话。试想，一个能够在如此动荡不安的历史过程中，维系着这么多的人口的国度，并且还能保持自己的进步，它必然是一个有秩序的国家。秩序的来源是本民族的儒学传统，而不可能是摒弃传统完全重构的。儒家的理学传统与当代各种流派的对话，是一个可以展开的过程，空间很广阔。那么，道学与佛学最深厚的资源在哪里呢？西方对文化中心主义的反省意识到，要向东方学习，要用东方的智慧来补充自己的精神泉源。存在论不能再被简单地归结为关于存在终极的理论。它要想没有缺口，就必须学习东方的人生论、价值论。而在这方面，东方的道学与佛学提供了非常完整的思想。

中国哲学的转化在理论、社会文化、语言过渡等方面需要经过几个重要步骤：它必须是中国化的，必须是基于文化底层再到高层连续性的过程，并且保留着自己的秩序与内涵。如果东西方能够在如上的意义上相互交流，深入对话，那么我们完全可以期待中国哲学有一个新突破。

吴根友：从社会学角度来看，如果把哲学看作最广义的文化，那么，中国当代知识分子已然摆脱了历史所形成的对其他阶层的强烈依附性，具备了独立地进行文化创造的能力，并且这种能力还获得了社会结构层面的支撑。这一点是实现转化的重要条件。

礼教文明是现代化的重要资源

第二个可能性在于，中华文明之所以能在现代文明中有独立价值，一个重要的启示是，相对于西方的法律文明而言，中华民族的礼教文明为现代社会提供了丰富的资源。如果我们能够从中开拓出既包含法律，同时又超越法律的历史意识与文化意识的话，那么中华文明的现代转化便具有现实可能性。

陈俊民：张载讲，气为本，礼为教。把儒学转化为一种教化，把理学转化为民间社会可以接受的东西，在这方面，以礼为教是一个重要资源，我们不妨研究一下。

郭齐勇：韩国还保留着许多礼仪习俗。美国波士顿大学的几个教授不懂中文，但非常重视中国的礼，重视荀子，认为可以为世界做出很大贡献。还有德国的珀尔教授跟我讲，中国的礼对于安定社会与人心有很大作用。在西方，无论是传统还是家庭，这方面都是很缺乏的。

欧崇敬：从明代开始，每年的9月28日台湾各县都会进行祭奠孔子的活动，各地孔庙也就是文庙扮演着民间礼教的角色。这与宋明理学传统是一脉相承的。近年来出现了一个新东西：社区大学。现在台湾有三十六个社区大学，规划这些大学的是一些教授，我也是其中之一。孔庙在东亚、东南亚国家到处都有，日本是唐代风格的，韩国是宋代风格的。我们没有必要去争论哪一个更正宗，要做的是对文庙进行多元的设计规划。新文庙设在社区大学里，可以带地下停车场。文庙是中国最早的大学，通过此举使它与现代大学相结合了。这可以看作传统文化向现代转化的一个实例。

吴根友：亨廷顿在《变化社会中的政治秩序》一书中曾这样说：一个组织或程序存在年代越久，其制度化程度就越高。一个组织越老，其在未来某个特定时期内存在的可能性就越大。一个拥有百年的组织再延续一年的可能性要比一个仅有一年历史的组织，或许要高出一百倍。这种说法对中国这样一个追求新生的古老社会来说是很有启示意义的。

中西哲学：你中有我、我中有你

郭齐勇：对于今天的我们来说，西学在某种意义上已不是"他"学，而是中国哲学的有机组成部分。西学东渐几百年的进程，已经使它在各个层面，与中国文化交织在一起。无论是纯哲学，还是社会、政治，都是密集和混成在一起的。所有话语、思想框架，几百年来深度融合分不出你我了。西学甚至构成了中国文化的组成部分，不中不西，亦中亦西，互为体用。

但是，当我们作为一种文明、一种话语，思考我们对世界文化的责任与贡献时，"他"又不是我。尽管我们可以超越所有的体用之辩，但面对多元化的挑战，我们自身的东西不能丧失，我们的主体地位不能丧失。

陈俊民：中西学之间始终有一个体用问题。站在后现代的立场上谈论中国哲学的现代化转化，还是有一个主体问题。不管我们吸取哪一家思想，也不管我们怎么吸取，这里面有一个选择的问题。始终是我们在吸取，是我们在选择。始终是中国的哲学，而不是哲学在中国。所以必须保持中国本民族的独立地位。这是前辈学者给予我们最大的启示。我们的文化是一个由多种、多层文化组成的很复杂的结构，如果把它们一层层剥离开来，那么最后那个无法再剥离的东西，就是中国哲学的本位，它为我们实现转化提供基础、可能性与力量。

陈来："中国的哲学"在今天的诉求，需要以文化多元主义的文化观作为基础。在这个意义下，"哲学"本来就是文化，就是一个与家族相似的概念，西方哲学只是哲学的一个例子，而不是哲学的标准。因此，"哲学"，不论是内容或方法，不应当只是西方传统的特殊意义上的东西，而应体现为世界多元文化的一个富有包容性的普遍概念。中国哲学的问题及其所体现的智慧，与西方或其他民族哲学有所不同，这不仅不妨碍其为中国的"哲学"，还正体现出它是"中国的"哲学。而现代中国哲学家接着中国古代哲学的观念讲，就是中国哲学家能够为世界哲学所做的特殊贡献。梁漱溟在"五四"后期就提出了多元的文化观，不能不说是令人钦佩的睿见。事实上，各种"中国底哲学"的追求，都有其文化观为基础，我们只有深入他们的文化观，才能深入了解他们哲学工作的意义。

当代文化和哲学的发展显示出，根源性、民族性、地方性与世界性、现代性、普遍性，不再是启蒙时代所理解的非此即彼的对立，而是处于"对立统一"的辩证关联。

中国文化的传承有一种内在的气象与脉络

欧崇敬：中国有一种内在的文化意象。汉语中有上千种方言，却都属于汉藏语系，都可以用汉文字来表述。汉语言是中国精神的灵魂，它可能容纳中华民族的一切优秀的东西。汉字从其产生之日，就始终包含着一种形而上的文化意蕴与文化精神。汉语言文字是能够实现转化，把文化延续至未来的最有力的根据。

陈俊民：关于中国文化精神和中国哲学的特质，我们可以有各种各样的说法，这都不要紧。张岱年先生引《易经》讲生生不息，厚德载物，牟宗三先生讲中国哲学与西方不同，是一种生生哲学。两个人意见实际上是相同的，他们讲的都是中国文化精神与中国哲学的特质。正是由于有这种精神和特质，我们才能容纳一切，吸收外来东西，并且不会由于吸收变得不是自己了。汉唐就是一个开放的社会，有一种容纳一切的大气派，发展到宋代达到了极致：不杀大臣、不杀知识分子。这才有了范仲淹"先天下之忧而忧，后天下之乐而乐"，才有了后来的王安石、朱熹，直到顾炎武的"天下兴亡，匹夫有责"，最终形成了我们中国知识分子的精神品格。文化需要承载者，需要具备这种精神的一代代知识精英去不断地传播、研究和创造。

欧崇敬：我在想，究竟是什么让我们逃不掉根。我在前面用了一个词叫文化意象。这是一种民族内在的动力。它同时又落在重要的经典和原典里面，老子、孔子、孟子、庄子等对于经典、原典是一种代表性的意象传达，在他们之后，历代又有对这种意象的呼唤，产生出新的作品，形成后代必读的东西，不断地加入经典中去，使经典成为一种历时性的东西，形成文化重要脉络的支柱，而语言与文字则构成传承的链条。

文化的传承、文化意象的传递，还有一个内在的脉络，就是师承。这在中国的儒、释、道三家是一个共同的东西。西方就缺乏这个东西。比如说，海德格尔有自己的思想创造，但他和胡塞尔翻脸了；萨特也有一个思想创造，但他和海德格尔翻脸了。中国讲学统，所有伟大的学问家，在其身后的传记中，都会有一个记载：得他真传的弟子是谁。中国文化的内在脉络就是这样传递的。

陈俊民：此外，现代社会要特别重视学承。这是中国文化中最优秀的东西。张载没有严格的师承，为什么能将中国哲学发展到那么高的水平，讨论中国哲学最尖端的问题。为什么？他有学承。

郭齐勇：学无定师。

陈俊民：只有这样，才会保持一种开放的心态，吸收众家之长，而不囿于一家之言。学术要有学派，但不要形成宗派。

郭齐勇：1994年4月，我去台湾拜访傅伟勋先生。谈话中，傅先生深情地回忆起他的恩师牟宗三先生。当年傅先生吃住在老师家里，时间长达数年。但是后来分别了，这以后就再也没有见过面，这让傅先生终生都很痛苦。傅先生的学术立场与思想已经超越了他的老师，但师情却让他刻骨铭心。这种师承与学承的文化脉络是中西方文化的一个重要差别。

最重要的不是材料，也不是语言

中西方文化除了你中有我、我中有你的关系之外，还要讲人之所无、我之所有，人之所短、我之所长，人之所少、我之所多。中国文化绝不是如某些西方学者所说的，只剩下一个空壳。它的文化、历史、生命和价值方式等，在与西学融合的过程中都是宝贵的财富，我们要把它们开发出来。

陈来：民族哲学的追求与哲学近代化的追求究竟如何统一，这个问题显然是不易简单回答的。但可以肯定的是，对于哲学的近代化而言，重要的不是语言，不是材料，而应当是引进和发展新的问题意识、分析框架、阅读视角、诠释方法。近代化的中国哲学，就其为近代化而言，不仅在于必须面对新时代的社会、政治、人生问题，而且应当吸收西方哲学以及西方其他学术观念，以构成不同于传统的问题意识、分析框架、阅读视角、诠释方法。

吴根友：海德格尔说语言是存在之家、创造性的原点。与其他文化相比，中国哲学"存在之家"的特点何在？概括地说，希伯来文化是一种宗教传统，希腊文化是一种知识论的传统，而中国哲学则表现出一种强烈的诗性的特质。在漫长的文化发展历程中，中国文化没有走向宗教的迷惘，也没有彻底演变成科学理性，它的诗性特质通过其经典和语言保留下来。如果我们能够不断吸取其他文化的长处，同时又不丧失自己，努力实现创造性转化，那么就有可能与其他两种文化形成三足鼎立之势。这是对文化命运的一种终极关怀，对此我们应该有足够的自信。

原载《光明日报》2003年1月9日《书评周刊》。

心要弘放　学贵自得*

【编者按】他现在是一位资深教授、博士生导师，曾是陕西师范大学副校长、浙江大学文科指导委员会主任。他处世低调，进退无意，却又是国内外知名的"关学"研究开拓者、著名中国哲学家。也许他不知多少次从你身边走过，你可能满以为他只是一位退休老人，殊不知他正以自己日积月累的深厚学养和特有的学术气度探索着艰深的哲学问题，正在实现他所追求的学术理想，攀登新的学术境界。他曾被当成学生中走"白专道路"的典型进行批判，又被当成"修正主义苗子"，在"文革"中下乡下厂，劳动改造，又因"人防工程"劳动受工伤躺硬板床达八个月。可他曾热衷于音乐书法艺术，还上台演奏过贺绿汀的钢琴名曲《牧童短笛》，他又曾多次受邀客座研究讲学于德国、美国、新加坡和我国港台等地多所知名学府。在人生的每次转折关头，他的经历都是如此不同寻常，而也许正是这些波折历程，造就了他今天的学术成绩以及他对功名声誉如"沉舟侧畔千帆过"而释然一笑的幽默。

3月31日下午3时，午后暖暖的阳光正从窗外射进陈俊民教授家的客厅里，墙壁上挂着美国老友余英时先生赠题的诗幅，三面的书架里陈列着各种典籍，我们开始了对陈老师的访谈，作为政治经济学院"中国哲学"专业又兼历史文

---

*2006年陕西师范大学《立报》访谈。

化学院"中国思想文化史"专业的双博导，这位年逾花甲、满头银丝的学者，在长达三个多小时的访谈中，目光矍铄，思路超常地清晰。这不像是一次通常意义上的访谈问答，而更像是对一位饱学深思之师学术生涯的寻踪探幽。

一、"寻孔颜之乐"

记者： 陈老师，作为一名学者和教授，听说您从来不单独接受传媒的采访，您今天能破例接受陕西师范大学研究生《立报》的独家采访，我们倍感荣幸。作为您的学生，我们很想知道您的为学之道，请您先给我们介绍一下做学问的魅力在哪里。

陈俊民： 我自2000年接受母校作为"最理想的学术带头人"回校筹建"中国哲学"博士点之聘请，至今已整整五年，招收的第一届博士生也快毕业了，大家对我的为人为学多多少少已有所了解。我可以拒绝任何媒体，但我不能拒绝母校，尤其对母校的研究生，我别无选择，只能实话实说。

以我自己的体悟，我觉得学术追求的终极关怀，在于真善美的精神境界和理想人格。北宋理学家周敦颐教导二程："寻孔颜之乐，所乐何事？"这就是讲治学的追求在哪里。治学的追求不在肉体上、物质上，而在精神上。学术的魅力在于"寻孔颜之乐"。孟子说："万物皆备于我矣，反身而诚，乐莫大焉。"苦乐不以在物质世界占有多少而定，而是以达到最高的精神境界为快乐。这是儒佛道相通处，也是中西哲人相通处。记得二十年前我在慕尼黑大学讲解张子《正蒙》时，德国友人介绍我读马克斯·韦伯的《学术与政治》，韦伯说得好："政治是一种志业，学术也是一种志业。学术在于内心的召唤，唯有那发自内心对学问的献身，才能把学者提升到他所献身的志业的高贵和尊严。"这志业无疑就是基督教所说的"终极关怀"。中西方学者学术研究的终极关怀是相通的，皆把学术看作通过获得知识而寻求真理（公器）的事业。孟子说"仁，人心也；义，人路也。舍其路而弗由，放其心而不知求"，那是何等可悲！他认定学问之道无他，求其放心而已矣。朱熹解释说："学问之事，固非一端，然其道则在于求其放心而已。" 这就是说，学问之道在于把丧失的善良之心找回来，所以程子说："圣贤千言万语，只是欲人将已放之心约之，使反复入身来，自能寻上去，下学而上达也。"这不正说明，学问本身就是一种最高尚最尊严的志业吗？也许你们觉得这样说有点太空，那不妨再慢慢往具体地说吧！

第一，学贵自得。黄宗羲说："学问之道，以各人自用得著者为真。凡倚门傍户，依样葫芦者，非流俗之士，则经生之业也。以水济水，岂是学问！"学问之道，在于自得。《孟子》中有一段说得好："君子深造之以道，欲其自得之也。自得之，则居之安；居之安，则资之深；资之深，则取之左右逢其原，故君子欲其自得之也。"君子之治学，主要在自得。朱熹解释说："君子务于深造而必以其道者，欲其有所持循，以俟夫默识心通，自然而得之于己也。"自得就是通过持之以恒、循序渐进、默识心通这一系列的过程，而达到心领神会、自成一说的境界。所以朱熹说："读书只求自得，为文盱衡今古。"

第二，要如佛教所说的须"转识成智"。程颐有句名言："涵养须用敬，进学则在致知。"这是说做学问的功夫，要恭恭敬敬、持之以恒。有这样的态度，才能得到知识，达到真善美的境界。张载将自己的学问归结为："知礼成性，变化气质之道。"他说："其自得之者，穷神化，一天人，立大本，斥异学，自孟子以来未之有也。"他常指点门人："吾学既得放心，则修其辞命，辞无差，然后断事，断事无失，吾乃沛然"，达到"精义入神"，才心安而已。司马迁说过："好学深思，心知其意。"读书要细心，研究要深入，须知古人文字背后的真实意思，并将其用到自己的研究实践中来。这不正是朱子说的"默识心通"吗？人类社会始终处在一个学习的过程中，我们所处的这个社会也是个学习的社会，是一个不断学习、不断修炼的过程。没有人可以说他已经掌握了一切知识，何况要把知识转化为智慧，更是一个飞跃的过程。

第三，一定要理解"学术乃天下之公器"。中国人所谓的"学问之道"，也就是西方人所谓的"学术志业"，王阳明《传习录》讲明代"学术之弊"时，特别指出，学问"自得"并不是无公理的一己私言，他说："夫道，天下之公道也；学，天下之公学也。非朱子可得而私也，非孔子可得而私也。

天下之公也，公言之而已矣。"因为，"求知是人类的本性"（亚里士多德《形而上学》），人一生下来就有本能的求知欲望，而后人类将自然界对象化，便形成自然科学；人类将社会对象化，便形成人文社会科学；人类将思想、思维形式化，用概念表达出来，便形成哲学思维科学。这分别对应着中国哲学中的气、心、道（理）三大范畴。从历史上看，如果说古希腊时代是诗和物理学的时代，中世纪时代是神学和科学的时代，那么，近现代便是各类自然科学和人文社会科学走向专业化、学科化的时代。从哲学上看，有物质世界、精神世界、思维世界（逻辑学）的区分。这就是马克思主义哲学所讲的辩证法、认识论和逻辑学的统一。将此三项推理到历史、人生领域，便形成了人生（社会生活）、理想（一切理想）和人格（理想实现者）。任何人一生到世间，便无例外地要认识世界，获得知识，寻求真理，实现理想。中国古代的知识不分门类，而现在知识的门类越来越多。人一生不一定只从事某一门学科的研究，求得一种专门知识。我就是一个例子。

记者： 请您给我们介绍一下您所走的学术道路好吗？

陈俊民： 总的来说，学术的魅力，学术的追求，首先在于知识的追求，在知识中寻求真善美，这就是古人所讲的"求放心""存天理"。张载"为天地立心，为生民立命，为往圣继绝学，为万世开太平"，代表中国学者学问追求的最高目标。冯友兰认为，最高的知识是空而灵的哲学，它不是"科学"，也不是为了增进知识，而是为了追求精神境界。他把人的境界分为四层：自然境界、功利境界、道德境界和天地境界。"天地境界"其实就是张载《西铭》所说的：天地是我的亲生父母，万物是我的同胞兄弟，我只是这个大家庭中的一员，这就是"民胞物与"的名言，就是"为天地立心"。其实天地本无心，因为有了人才有了这个"心"，这就是一种宇宙心，就是人要达到的宇宙境界。中国儒家文化认为："夭寿不贰，修身以俟之，所以立命也。"人的生命不在于长短，只要尽到自己的责任，就可以安身立命了。西方基督教文化尽管认为，人是上帝创造的，人生下来就有原罪，必须不断去忏悔、去赎罪，才可安身立命；但正因为如此，"在上帝面前人人平等"，由此必然引申出"在真理面前人人平等"的命题，这同王阳明"学术以天下为公器"的命题相通。所以，西方学者从牛顿到爱因斯坦，普遍认为上帝创造宇宙是有法则的，学者的职责是运用"理性"去发现和揭示宇宙的法则，他们是"社会的良心"，是公平、正义（理性）的代表。可见，在学术追求上中西方是相通的，在于不断追求终极的精神境界。至于境界是谁赋予的，这就不同了。中国学者认为这是"天生德于予"，是自然而然"自得"的，西方人认为这是上帝赋予的。我的学术追求，就是我在《三教融合与中西会通》自序中借用郑板桥的诗所概括的四句："不烧铅汞不逃禅，不爱乌纱不爱（要）钱，步前贤之后尘，走自得之路径。"

记者： 请您具体介绍一下，您是怎样走这条学术路径的。

陈俊民： 我的学术路径可分两个阶段：一个是求学读书阶段，一个是教学研究阶段。我六十初度时，将这两段归结为如上四句话，前两句说的是我学术研究的范围与宗旨，后两句说的是我的学术师承、学承与自得。在国内外讲学中，有好几次研究生提问："你研究儒佛道，是不是想成佛成仙？"我明确申明：我研究道教而不想成仙，我探究佛法而不想成佛，我研究儒学也不是要走"学而优则仕"之路，我是要从研究中获得智慧，而不是去膜拜信仰，我始终坚守这一学术宗旨。我没有严格的师承，但我有明确的学承。通过师承和学承，我走上了一条自得之路。

求学读书的这一阶段，可说是"逆水行舟"。启蒙时代，我有幸读了三年私塾，跟随我的舅父学习四书五经、《论说精华》，虽说不求甚解，但当时死记硬背那点东西，对我尔后的学术研究确有用场。1949年以后，我和大家一样，受到的是现代教育，但那时学习苏联学制，我求知欲望极高，每门课都得5分（满分）。尤其到中学、师专时代，我的兴趣竟转入音乐艺术，师从易行登老师学钢琴。他是受过正规高等音乐教育的广东人，每到周末，他常单独指导我练习钢琴，使我能在晚会上独立登台演奏贺绿汀创作的《牧童短笛》等中国钢琴名曲。不料1958年反对"白专道路"，我竟成为学生中走"白专道路"的代表，受到批判。不得已，我放弃了音乐艺术的学习，只保留了幼时学的书法，兴趣又转入中国古典文学，我是通过文学史来读文学的。正当我对文学充满兴趣，还公开发表了一首处女作诗歌《我在练兵场上》之际，1960年被保送到陕西师大，进入政治教育系学习马克思主义哲学理论。1960—1964年，中国遇到从未有过的经济困难，1962年被陕西省作为"干部"下放到农村进行劳动锻炼，名曰"放长假"。随后却又赶上了中央提倡大学生"认真读书，心情舒畅"的机遇，可以说是苦中作乐。当时有三本书，《费尔巴哈论》《反杜林论》《资本论》，我读得最仔细。教课的老师多半是刚从北大、人大研修回来的，他们给我传达了当时哲学研究最前沿的学术信息。我还偷偷听过给高年级理论班讲授《资本论》和《共产党宣言》的学校著名专家梁庚三和郭琦校长的课，我从《资本论》里学到的是哲学、逻辑。可以说，这些大学的老师引导我对哲学产生了兴趣，他们讲授的这三本书，推动我以后进入哲学研究的领域。但是，我对"中国哲学"之所以能产生兴趣，除了受启蒙教育外，还同我当时自修中文系和历史系的课程有关。这两系给学生所列的书目我都去读，主要读两个系统的书：一个是中国古典名著，从《诗经》到《二十年目睹之怪现状》；一个是西方古典名著，主要是师大图书馆所藏的《世界名著文库》，从古希腊神话到英法德俄文学。我每周平均至少读两本书，每个假期读书更多。总之，我在大学学的是马克思主义理论，我喜欢的是哲学，我自修的是历史和文学，留校任教后我便毫不犹豫地一步步进入中国哲学史、中国古代思想史的教学研究中。尽管，那时陕西师大还没有一位老师系统开设过这门课，我无直接师承，但这并没有动摇我献身于这门学科的志向。即便"文革"期间风吹雨打，我仍不改旨趣，乃至乐在其中，因祸得福。不仅读了当时能读到的书，如二十四史、《鲁迅全集》、《红楼梦》和《四书集注》等，而且在病床上酿成了尔后公开发表的成名之作《孔子儒家考辨》。

记者：陈老师，请具体说说您的"学承"和您是如何进入中国哲学研究领域的。

陈俊民：关于我教学研究这一阶段的情况，简要点说，我是在一个特定的学术机缘和环境里，通过问学、读书、写作而进入中国哲学的学术研究前沿的。我曾经做过这样的概括，"四书道经起信论，亦师亦友释古今"，后来还加过一句"亦师亦友会中西"。其实，这既表达出我的学术研究实际，也是我的学术理想追求。

我有幸在"文革"以后进入中国哲学研究领域的最前沿。1978年,我因发表《儒家考辨》,应邀出席了在济南召开的"全国哲学社会科学规划会议",这是改革开放的前奏,是一次空前的哲学社会科学大会,专家学者云集。我提交大会的《考辨》得到了前辈学者的好评和鼓励。我因《考辨》而萌发的《中国儒学史》研究课题,还被大会列入全国"规划"。尽管我至今自以为个人仍无足够功力去完成它,《考辨》仅仅只是一篇比较用心的习作,尚未脱离康有为《新学伪经考》的羁绊,虽说它被以后陆续出版的《中国大百科全书》《孔子大辞典》等书列为一条"新说",但这对我并不重要,重要的是我因此结识了张岱年、任继愈、王明三先生,还有汤一介、萧萐父、李锦全、庞朴、冯契等等,他们代表了当时中国哲学史研究的最高水平。他们既是我问学的导师,也是我毕生一直交往的学术益友,可谓"亦师亦友"。国家恢复研究生招生时,我曾请教过张岱年先生,他认为我已经进入中国哲学研究的领域,已具备了独立研究的能力,只要坚持不懈,就可取得成果,他和萧萐父还十分风趣地对我说:"我们年龄虽不同,'文革'却把我们变成了同一战壕里的战友!"1979年在太原召开的"中国哲学史方法论问题讨论会"上,成立了中国哲学史学会,我被推选为当时最年轻的常务理事。此后的几年,经常在北京参加常务理事会及其和中国哲学研究相关的各种会议,我有了更广泛的学术交往,我有缘登"三松堂"聆听冯友兰先生讲"横渠四句",在汤一介家畅谈中国哲学范畴研究,向王明先生请教如何读《道藏》。张岱年先生对张载有特殊的感情,他寄希望于我对张载关学研究做出成绩,特赠给我一部他所藏的清代雍正刻本《正蒙初义》,期望我能以十年功力完成"正蒙集释";他还推荐支持我应邀赴德国慕尼黑大学给研究生讲解张载《正蒙》,并帮助德国学者翻译德文本《正蒙》。正是在这些亦师亦友的专家的真挚帮助下,1983年,我在西安成功主持召开了"中国哲学范畴学术讨论会",国内专家精英云集,美国杜维明也积极参与。这次会议对以后的中国哲学研究产生了深远的影响,会后人民出版社出版的《中国哲学范畴集》就是明证。

这次会议以后,我虽被推荐任命为陕西师范大学的副校长,但我丝毫没有松懈对"张载关学"的研究,并开始深入张载之后关学、洛学"百年不闻学统"，而在北方却出现了"全真道"这一新道教问题的研究。记得1982年在厦门大学参加宗教会议时，我提交的论文《全真道思想源流考略》引起了任继愈先生的关注。他找我谈话，支持我从全真道入手来研究"三教融合"与"中西会通"的问题，并将这篇文章推荐给《世界宗教研究》先行发表。后来听国外友人说，这是世界研究全真道较早的一篇有影响的著作。1985年，由于汤一介教授的推荐，我同萧萐父、汤一介三人由国家教委批准，赴美参加了第四届国际中国哲学会。1986—1987年，我应邀携带家人赴新加坡东亚哲学研究所做儒学研究。回国后，我应聘到浙江大学做文科指导委员会主任、哲学系主任，并创建了浙江大学中国思想文化研究所，实现了我此前未能如愿的理想。浙大领导积极支持我对外进行学术交流，给予我更大的学术活动空间，我先后应邀到我国港台及欧美、东亚等地一些著名大学研究、讲学、访问，结识了更多的学术朋友，如余英时、刘述先、戴琏璋、黄进兴、龚道运、Lackner、Friedrich等。在国内外的学术友人中，既有我心仪的"私淑"，亦有与我相投的"同调"，还有同我观点相左、和而不同的"商榷"者，甚至也有人视我为"非主流学者"，说是道非。其实，这对我来说，均无关紧要，我已过耳顺之年，完全可以做到"得意淡然，失意泰然"（王夫之语）。值得我终生珍视的乃是，正由于这些内外学界朋友的经常交流，给我营建了良好的学术环境，不断激发我的求知欲望，促使我自觉置身于学术研究前沿，始终不敢懈怠。尽管，我没有如科班的研究生那样严格的"师承"，但我能与这些处于学术前沿的师友们一直保持友好往来，相互砥砺，不断吸取各家之长，形成了我自得的学术路径。这就是我之所以把我的论文集题名"三教融合与中西会通"的缘由，这不正是我师承与学承的必然结果吗？对一个学人来说，师承无疑重要，能得高师指导呵护，大树下面好乘凉，但学承更为重要，不纳百川，无以成江海，不学百家，哪知学问之大也？那就不自成一家之言。现在用词最多的所谓"创新"，其实质不就是"自得"，不就是孔子所说的"为己之学"吗？最近杜维明教授告诉我，他在国内一大学讲学，几百位学子，竟然无一人能正确地回答"古之学者为己，今之学者为人"的真义。我很吃惊，不知"为己自得"之学，那何谈自主创新呢？

记者： 请您简单介绍一下您所研究的关学、三教融合和中西会通。

陈俊民： 我是通过二十多年的关学与全真道研究，确立了我终生研究的范围和方向是"三教融合"与"中学会通"。这是基于我对中国哲学、中国思想文化的基本认识。我认为，中国思想文化的历程，在古代其实是儒、佛、道三教冲突融合的历史，在近现代，可以说是中西会通的历史。佛学是自印度传入的，印度，中国古称"西域""天竺""西天"，所以儒、佛、道三教的融合，其实也是中西会通的过程，只是明代以后的"西"，主要是指欧美传入的"西学"，可谓基督教文化。陈寅恪说："自晋至今，言中国之思想，可以儒释道三教代表之"，其演变历程，至繁至久，"要之，只为一大事因缘，即新儒学之产生，及其传衍而已"。我很赞同这一论断。在这个范围里，我的角度是从宋代以后的地域文化立论，以哲学史、思想史的视角，通过研究关学学派，来了解三教如何在儒学中融合；通过进一步研究全真道教，了解儒、佛、道如何在道教中融合。这是一个重大的课题。三教融合，实际上是三教以各自立场与其他两教在冲突中的融合，不是三而一，而仍是三而三，即隋唐以后的新禅学、新儒学（宋明理学）和新道教（全真道）。我是通过自己的学术路径和研究实践，确定了这一问题意识的。我现在所做的是在国家两个"古委会"立项的"关学典籍整理与研究"，我希望在八十岁以前至少完成二三十种关学典籍精华本，形成一部包括"导读"在内的完善的《关学经典集成》①。2005年以来，我还承担由北京大学牵头的国家社科重大课题攻关项目《儒藏》"北宋集部"的主编和校点工作，这是一个非常艰巨的文化工程。德国和我国台湾地区的学者对关学的研究已经取得了新的成果，可我还没有看到我国大陆学者对关学研究的上乘之作。因此，我寄期望于我指导的研究生能为此做出努力，每人都能有自得之新作问世。

记者： 您认为现在的学生应该从中国传统文化中吸取什么样的精神？

陈俊民： 世界文化主要有三大传统：中国的、印度的和希腊（欧美）的传统。这些文化中有没有共同的东西，这需要文明对话，在差异中寻求相同的价

① 《关学经典集成》2019年已由三秦出版社正式出版，并获得该年度"全国古籍出版社百佳图书一等奖"。

值系统。近年，联合国教科文组织专门设立了一个"文明对话"课题组，探讨世界不同文明中的共同文化价值观问题，他们发表过几个宣言，认为中国儒家孔子所说的"己所不欲，勿施于人"是世界不同文明可以接受的共同价值系统。孔子还讲过"己欲立而立人，己欲达而达人"，这实际上就是一种"仁者爱人"、与人为善的思想。"仁者爱人"，"仁者以天地万物为一体"，这是最高的精神境界，是建立和谐社会的思想支柱。具体到每个人，我觉得现在的学生应该树立"以天下为己任"的思想，人本身就是社会中的一员，就应承担社会天下事，这也是顾炎武所讲的"天下兴亡，匹夫有责"。人和禽兽的差异是很小的，孟子所谓"几稀也"，但这点差异却至关重要。这就是说，只有人可以为天地立心，为生民立命，为往圣继绝学，为万世开太平。这就是中国儒家文化的精神传统。所以我认为"横渠四句"是儒学的精髓，也是我们应该追求和坚持的传统文化价值观。

二、既要"入书"，还要"出书"

记者：您在新加坡、德国、美国和我国台湾、香港等地都做过研究与讲学，您觉得国外的学术氛围和国内有什么不同呢？国外的学生和咱们国内的又有什么不同呢？

陈俊民：总的来说，咱们的学术环境和条件，现在仍然不如国外好，这一点还是应当承认的。从资料上讲，我们有不方便的地方，很多典籍在中国反而很难看到。我校订的《朱子文集》《冯少虚集》，其底本就是从国外复制回来的。据我考察，国内有图书馆确实藏有很有价值的善本书，但很难让你去复制。国外非常重视为研究者提供便利的条件，比如在新加坡东亚哲学研究所，每一位研究人员都有自己的工作室，旁边就是图书馆，有专门人员为研究提供各项服务。研究者急需的书，可向世界各地图书馆调阅，复印机就在身边，十分方便。这些毕竟都是一些硬件，我们也能很快做到。最主要的还是，学者的研究环境和学术心态很不同。在国外，学者倾心于为完成好各自的研究项目而互相探讨，很少有功利性的钩心斗角，更多的是互相尊重和理解。学者们平等相待，尊重前人的学术成果，对人对己，轻易不做"填补空白"之类的判断。

记者：您能具体说说"学术心态"吗？

陈俊民：中国人治学问，从孟子到黄宗羲都讲"自得"，还讲读书既要"入书"，还要"出书"。先要深入书中，知道它讲的是什么意思，这叫"深知其意"，但其目的是要从书本中跳出来，把书中有价值的精义运用到自己的研究实践中来。中国人对于研究学问有一套理论，这套理论就是现在西方学者讲的"第五项修炼"。你们只要看看我去冬在浙大同杜维明、彼得·圣吉等几位中外教授举行的《学习社会与对话文明》学术讲座DVD，就可知道中西学者的治学之道也有相通之处。不过，我想特别强调的是，中国学人更应像西方学人那样，自觉地时刻意识到自己是社会良心、真理、公正的代表，所以必须严格按照学术规范来做研究。例如，必须查清楚你所研究的题目，前人有没有研究过，论说利用的任何材料，都要查证其出处。我常给研究生讲："凡学不考其源流，莫能通古今之变，不别其得失，无以获从入之途。"这是皮锡瑞《经学历史》开卷的名言，是要我们后辈学人一定要尊重前人的学术成果，不要轻易说自己的研究都是新的。我常看到一些所谓"创新"的成果，其实我早就看到过，只是它用外文写的，你改编成中文罢了！当然，这只能表明你自己孤陋寡闻，没有看到人家的研究成果，或者是看到了而有意不尊重人家的成果，进而违背学术道德。现在讲求创新，我觉得必须克服功利心态，更不能有"武大郎开店"的学术心态，不能自认为自己是最高的，容不得比自己更高的人。

记者：那您是如何培养自己良好的学术心态的呢？

陈俊民：根据我多年的学术体验，我想对今天的研究生和年轻学友来讲，最重要的还是："心要弘放，学贵自得，让历史告诉未来。"你自己先不要说你的学术是高还是低，要让历史来告诉你所做的有没有价值，或者价值在哪里。其实，我所研究的成果，其价值多半是人们后来才发现的，正像张国宁同学赴台访学所知道的，外界对我学术的了解，可能比母校对我的了解要多些，似乎我的学术声名在外面要更大点。其实，这说明我报效师大的工作还做得不够。有人问我：你现在的研究有什么价值？我说现在还不知道，可能下一代、再一代的人才会了解它的价值，只要我把我编撰和研究的东西留下来，我想后人中总会有知音来步后尘的。

学术研究，首先要求学者一定要给自己留有十分充足的时间和空间，所以我基本不参加什么应酬，记者访谈，我多数是拒绝的。今天是第一次对你们谈我自己的学术经历，主要想告诉同学们，做学术研究，要有学术气度，要了解最前沿的东西，要有自己独特的"问题意识"。我的知识不是私有的，无论从哪里得到知识、信息，我都会尽快传达给我的研究生，特别是本专业的学术会议，我会立即把资料传给他们看，让他们了解学术动向。我自己有的而他们看不到的材料、书籍，我都会给他们看。我无论在师大还是在浙大任教期间，都请过国内外很多著名的专家学者来讲学，如张岱年、任继愈、石峻、严北溟、张世英、萧萐父、汤一介、杜维明、朱维铮等，不胜枚举，他们个个"木秀于林"，学问都高过我，可我却没有一点"武大郎开店"的心思。因为，仔细想想，我们每个人的研究都是学术长河中的一点滴，没有什么可以保密的地方，特别是在现代的信息时代，没有必要把你那一点东西当宝贝一样藏起来。学术的发展，如生命在传递。我相信我没有实现的东西，下一代的学者会实现。这个漫长的生命过程中，每个人的所作所为，只能是阶梯中的一小段，你不要把它看得太大，估计得太高，其实任何个人都没有那么高。现在的研究生多半不知道学问之大，他研究的只是那么一点点东西，过分看重他自己那一点点，其实就限制了他的研究，限制了他求知的欲望。

记者：导师在研究生的学习中应该起到什么作用？

陈俊民：我想，应该起重要作用，也可以说导师应该起主导作用。因为，我认为研究生不同于大学生，培养研究生主要是培养他具备良好的学术心态，掌握科学的研究方法，让他知道学术前沿的问题，以及所研究项目在本专业学术研究中所占据的位置，培养他对这一专题研究的兴趣，并让他自觉主动地去完成。研究生跟随导师，要不断树立问题意识，最好要参与具体的研究项目，通过讨论具体的课题，告诉研究生具体的研究方法，也就是"授之以鱼，不如授之以于渔"么！你们说：有些导师不愿意告诉学生方法，常给自己留一手，怕学生先做出课题，超过自己。这说明导师功利意识太强。可我不会这样做，我现在的博士生所做的论题，多是我以前准备要做的，我把我的书和资料毫无保留地给他参考，寄希望他做出好的成果。我相信这不会影响我的声誉，青出于蓝是我的愿望！导师和研究生应该成为朋友，亦师亦生亦友么。当前要共同对待功利意识问题，多年前我写过一篇《中国知识分子的功利意识》，可供大家参考。总之，一个是研究方法，一个是学术心态，导师应成为研究生的表率。

三、听交响乐，读《道德经》

记者：对您的人生影响最大的一本书是什么？

陈俊民：引导我进入学术领域的是《四书》《道德经》《起信论》，所以我曾有"四书道经起信论，亦师亦友释古今"的诗句。我认为朱熹的《四书集注》对我的影响最大，小时候就开始读，也看过很多种版本，但还是觉得没有完全读通。它对我影响最大，我读得最多，但不一定是我最爱的书。（笑）我最爱读的还是老子的《道德经》，我过去常背诵它，如"反者道之动，弱者道之用"，对我就很有影响。有些书是必须读的，有些是爱读的，有些是参考浏览的。一个人一生要读非常多的书，但引导他进入学术领域的，也就是那么一两本。朱熹的《四书集注》，是他用一生时间完成的，以后成为科举考试的必读之书。他总结了前人的成果，成为一家之言，很值得我们研究和学习。今年5月在香港中文大学将举行一个国际研讨会，专门探索这部书对中国诠释学的意义，请大家注意。

记者：做学术外，您的休闲方式是什么呢？

陈俊民：我平时喜欢听交响乐，像海顿、莫扎特、贝多芬、柴可夫斯基等人的作品，还有西方的古典歌剧。过去在柏林、巴黎、伦敦的时候，我去剧院观看过《魔笛》《蝴蝶夫人》《悲惨世界》等好多著名歌剧和音乐剧。我还从各地收藏了许多音乐经典碟片，从宗教音乐、古典音乐，到浪漫派、现代派的音乐，我都有。其实，这同我的专业也有关系，我从音乐里了解西方文化从古典主义到浪漫主义再到现代主义的发展，这也符合我"中西会通"的学术旨趣，没有离开我的专业。我无论做什么，都习惯从我的专业角度去思考分析，我从听音乐、看小说这些休闲中，理解历史和哲学，这可能也是一种职业病吧！

记者：请您送给我们在校研究生一句话好吗？

陈俊民：就是我刚才讲的："心要弘放，学贵自得，让历史告诉未来。"

原载陕西师大研究生《立报》2006年6月20日《博导访谈》。

"国学热"其实是一种误会[*]

国家之兴在于文化之兴，在于国学之兴。不过，中国哲学于当代的创造性转化是完全可能的。今天要进行创造性转化，还要有综合创新，吸收众家之长，而不囿于一家之言。

《晶报》：国家复兴和国学复兴同步，您同意这个观点吗？

陈俊民：国家之兴也，在于文化之兴；文化之兴也，在于国学之兴。国学不是一般的传统文化，而是代表中国的一切学说，也就是我们所说的文史哲。国学复兴的途径在于教育和学术的发展，只有办好学校，办好教育，才能有国学复兴的基地。

《晶报》：现在有种说法，即国内正在兴起"国学热"，您认为国学热吗？

陈俊民：我一点儿也不觉得有"国学热"这种现象，相反，似乎是越来越冷。我甚至对国学前景不看好。高校中急功近利者居多，浮躁者居多，追名逐利者居多，被金钱引诱者居多；相反，潜心研究者少，深思熟虑者少，热爱学问者少。这样的风气连一般的学科都搞不好，更不用谈国学了。

人们所说的"国学热"其实是一种误会。像于丹、易中天他们讲的其实不

---

[*] 2007年《晶报》访谈。

是当代时兴的国学，甚至不能称作学术。他们讲的是当代时兴的文学话本，是历史演义，中国一点儿都不缺乏这样的人。当然，他们对社会还是有积极作用的，但一定不能因为他们走红，就说出现了"国学热"。

《晶报》：儒学能不能开出民主？

陈俊民：这是牟宗三常问的问题，他说儒学能开出民主。其实，儒学开不出民主，要不然中国古代就有民主了。民主是西方近代的产物，是经济和科学高度发展后的产物。人们常说英国是民主的发源地，其实英国是文官制度的发源地，追求个人独立、自由，之后才有宪政体制。儒学和民主是两码事，不要把儒学看成包罗万象的，儒学不是万能的。

《晶报》：那么中国传统文化能不能进行当代转化，成为现代化的资源？

陈俊民：中国传统文化在当代的创造性转化是完全可能的。20世纪二三十年代，梁启超曾经到欧洲旅行，柏格森的老师浦陀罗对他说，每个民族，哪怕是最弱小的民族，都不要忘记本国的文化传统，中国文化是非常优秀的，把每一个民族优秀的文化成分结合起来，就会形成新的文化。今天要进行创造性转化，一定要注意对前辈学者经验的总结。同时还要注意我们与西方的时间差，中国文化向现代化的转化，是在西方对自身文化进行后现代思考的情况下进行的。它们所要解决的问题是不同的，但可以互相借鉴。实现转化还要有综合创新。

《晶报》：中国文化的现代化转化，总是与西方文化的扩散联系在一起。如何保持文化的独立性？

陈俊民：中西学之间始终有一个体用问题。站在后现代的立场上谈论中国文化的现代化转化，还是有一个主体问题。不管我们吸取哪一家思想，也不管我们怎么吸取，这里面有一个选择的问题。始终是我们在吸取，是我们在选择。所以必须保持中国本民族的独立地位。这是前辈学者给予我们最大的启示。我们的文化是一个由多种、多层文化组成的很复杂的结构，如果把它们一层层剥离开来，那么最后无法再剥离的东西，就是中国文化的本位，它为我们实现转化提供基础、可能性与力量。

《晶报》：知识分子在文化转化中该扮演怎样的角色？

陈俊民：这首先要讲一下中国文化的精神。关于中国文化的精神，有各种各样的说法，张岱年先生引《易经》讲"生生不息，厚德载物"，牟宗三先生讲中国哲学与西方不同，是一种生生哲学。两个人意见实际上是相通的，他们讲的都是中国文化的精神。正是由于有这种精神，我们才能容纳一切，吸收外来的东西，并且不会由于吸收变得不是自己了。

汉唐就是一个开放的社会，有容纳一切的大气派，发展到宋代达到了极致：不杀大臣、不杀知识分子。这才有了范仲淹"先天下之忧而忧，后天下之乐而乐"，才有了后来的王安石、朱熹，直到顾炎武的"天下兴亡，匹夫有责"，最终形成了我们中国知识分子的精神品格。文化需要承载者，需要具有这种精神的一代代知识精英去不断地传播、研究和创造。

原载《晶报》2007年12月4日。

国学研究需要执着和独立精神*

【编者按】国学研究如何实现现代化，如何让普罗大众走近国学并传承其中精华？学者研究中应该如何对大众实现正确的引导？记者日前采访了浙江大学教授、博士生导师陈俊民。

一、国学目前还远远谈不上"热"

"文化广场"：您觉得以我们的现状来说，国学"热"了吗？

陈俊民：国家发展系于文化，文化发展系于学科。人们通常说国学是中国传统文化，这是一个总体的概念。我认为国学应该从学科来说，指的是中国传统的文史哲学科，统称为国学。从目前情况来看，我感觉国学还远远谈不上"热"。真正热了没有要看学科的发展程度。如编《儒藏》的事情，从明代就开始有人提出，到近年才开始系统地进行，到现在都没有一部供世人系统阅读的儒家典籍，何谈国学之热。

"文化广场"：编纂《儒藏》也正因此有着重要的意义。

陈俊民：是的。在儒、释、道三家中，道教早在唐代就有了我国最早的道

---

*2008年《深圳商报》访谈。

教文献总集《开元道藏》，佛教也早在南北朝时期就有了《佛藏》，而作为中华文化主体的儒家，两千多年来却一直没有一部儒家文献典籍的汇编大全。尽管《四库全书》包含了许多儒家经典，但并不是真正意义上的"儒家文献典籍的汇编大全"，因此编纂《儒藏》势在必行。我现在经过四年努力，承担了《儒藏》集部的北宋文集的校点工作。

二、国学需要进行创造性转化

"文化广场"：国学是否需要现代化解读？

陈俊民：国学的发展是与社会发展相平衡的。走向现代化不能与传统相分离，现代化与传统是有联系的，是无法分离的。国学有必要做出现代的诠释。任何传统学术都需要一代代进行诠释，关键是诠释方式正确与否。

"文化广场"：国家之兴在于文化之兴，在国学现代化的转化过程中需要注意哪些问题？

陈俊民：中国哲学于当代的创造性转化是完全可能的。儒家文化只有经过创造性诠释和转换，才能为21世纪人类文明发展继续提供哲学资源。20世纪二三十年代，梁启超曾经到欧洲旅行，柏格森的老师浦陀罗对他说，每个民族，哪怕是最弱小的民族，都不要忘记本国的文化传统，中国文化是非常优秀的，把每一个民族优秀的文化成分结合起来，就会形成新的文化。今天要进行创造性转化，一定要注意对前辈学者经验的总结。同时还要注意我们与西方的时间差，中国哲学向现代化的转化，是在西方对自身文化进行后现代思考的情况下进行的。它们所要解决的问题是不同的，但可以互相借鉴。今天要进行创造性转化，还要有综合创新，吸收众家之长，而不囿于一家之言。此外还需要强调的一点是，在转化过程中必须保持中国本民族的独立地位，中国文化的本体最终为我们实现转化提供基础、可能性与力量，这是一个重要前提。

三、学术庸俗化可能导致文化危机

"文化广场"：现在有一种说法是，于丹等人的通俗化解读儒学经典引发了所谓的"国学热"，您如何看这个问题？

陈俊民：我认为他们的解读是带有商业操作性质的，而且充其量是一种启蒙的教育。如《论语》等都是我们小时候就要学的，现在却是成人还在学。所以现在只能说是和国学拉近了一点距离。文化代表一个国家的文化素养和水准，西方人对传统文化的熟知和了解，比我们要强得多。我们应该进一步在国学普及上做工作。

"文化广场"：应该怎样把"国学热"广泛推行开来，让更多的普通百姓走近国学、了解国学？

陈俊民：普罗大众离真正的国学还很远。真正的国学热要让孩子从小就接触传统文化的原典，才能够谈得上。国学复兴的途径在于教育和学术的发展，只有办好大学，办好教育，才能有国学复兴的基地。与此同时，学者应该正确地解释和理解文本，观众和读者才能够正确地领会经典的原义，而不是牵强附会。那些商业操作把严肃的讲解变成说书，当然可以引起大众的兴趣，我也并不反对。但更关键是要从学校抓起。现在市场上花花绿绿的各类书很多，却不少是文化垃圾，一堆废纸，需要警惕。学术的庸俗化有可能导致文化危机，功利行为容易把大众引到错误的道路上去。

四、学术研究需要独立精神

"文化广场"：学术研究非常辛苦，是一件皓首穷经之事，需要承担太多的责任。

陈俊民：是啊。国学的道、佛、儒三部分从整体上来说是相互融合的，每一个又各有系统。我们耗费大量时间研究的也只是其中的一部分，非常辛苦，但这是学者应该承担的历史责任。文化需要承载者，需要一代代知识精英去不断传播、研究和创新。我从宋明理学的研究转向理学古籍整理。为何花费大量的精力来进行整理，就是为了大家能够看懂其理论。我原来学习、研究国学典籍二十年，后来研究《朱子文集》七年，现在《儒藏》编纂又是四年，转眼间三十载光阴逝去，坚持默默耕耘，不问收获，也不参与热闹，但内心是平静的。

"文化广场"：如何看待学术研究的独立性？

陈俊民：学术研究要独立发展，最重要的是不要受商业操纵，要按照学术规律，坚持独立精神，否则会离严肃的学术越来越远。我在国外进行多年研究工作，感觉西方汉学家的研究有着自己的独立脉络，德国、法国和日本的汉学发展得都很不错。他们的学科发展严格，各守其道，每个人都站在各自的学科上坚守岗位，责任、诚信、执着和对学术的热爱，是中国部分学者所欠缺的。我认为，没有这种精神就不能获得好的成果。眼下高校中急功近利者居多，浮躁者居多，追名逐利者居多，被金钱引诱者居多；相反，潜心研究者少，深思熟虑者少，热爱学问者少。这样的风气连一般的学科都搞不好，更不用谈国学了。这个问题应该引起我们的重视。

"文化广场"：研究国学如何强调创新精神？

陈俊民：我认为解读经典最重要的是要读出自己的心得，有一颗"自得之心"。"心要弘放，学贵自得"，不能够来来回回地炒夹生饭，否则的话，谈何创新。如我在《孔子儒家考辨》的研究中，就把孔子看作春秋战国之间的士，带有独立性，代表了中国独立学术传统的产生。

原载《深圳商报》2008年1月29日。

陈俊民教授漫谈"关学"

——以关学典籍整理与思想研究为主题

【编者按】2007年12月至2008年3月间，陕师大新闻中心、《中和学刊》和《陕西史志》等先后采访了陈俊民教授。接受采访的还有肖发荣博士，他师从陈教授，现任教于西安石油大学文学院。现将几次采访综合整理刊出，以飨读者。

一、关学不是"关中之学"，而是宋元明清时期的"关中理学"

主编：陈先生，您长期从事关学研究，并取得了不菲的业绩。有人说关学即关中人的学术，有人则仅指以张载为代表的关中理学思潮，请谈谈您研究思维中的关学内涵。

陈俊民：关学说起来也许只有两句话，很简单，但是真正要了解关学，并不那么容易。1981年10月，我在杭州首次有国外著名学者参加的"全国宋明理学讨论会"上提供过一篇论文，叫《关学源流辨析》①，在这篇文章开头我就讲，"关学"不是一般的"关中之学"，而是宋元明清时期的"关中理学"。后来我还补充了一句，说它是对张载"以气为本，以礼为教"思想的继

---

① 参看陈俊民：《张载哲学思想及关学学派》，人民出版社，1986年。又参看本书上编《关学思想流变》。

承和发展。"关中理学"不是我发明的，是明代长安县一位理学家冯从吾（少墟）说的。他当时在朝廷当御史，与同年焦竑及涂敬源、徐匡岳立会讲学，于明万历二十年，斋心草疏，给万历皇帝上书，劝他朝讲，言辞激烈，有"困麯蘖而欢饮长夜，娱窈窕而宴眠终日"等语，因而被贬回家，又同周传诵等学者会讲于关中书院。家居二十六载，撰成《辨学录》《疑思录》《善利图说》等理学著作。值得注意的是，他在万历三十四年编了一本书叫《关学编》，在此书凡例中，他开宗明义说：我写的《关学编》不是一般的关中之学，而是"关中理学"。他规定"是编专为理学辑"，而不列历代名臣，不录文词、独行，也不载气节、隐逸。[①]时有"东冯西张"之称的岐阳张鸡山（舜典）给此书写了后序，说道：此书是少墟"为吾乡之理学作也"，"奚止论关中之学？即以论天下之学，论千万世之学可也"。[②]这都说明：关学实含地属关中、时系宋元明清、学为"理学"这样三个关键词、三层含义，即不单有外在的时间义与地域义，更重要的是内在的理学义。它和七百年间的整个宋明理学思潮既相联系，又有区别，有关中地域学派的显著特征。

肖发荣：有些学者否认宋代张载以后有关学，《关学编》的出现，说明了"关学"是个历史概念。如果否定宋代以后有关学，就是对关学历史传衍的忽视。

主编：我从网上看到，对"关学"这个概念有广义和狭义两种说法：广义"关学"泛指关中学术文化，狭义"关学"指宋代张载创立的理学学说和学派。有人还将元明清时期关中理学的传衍叫作"新关学"。那么，您怎么定义这里的"关中理学"概念？

陈俊民：我向来不同意"狭义""广义"之说，"关学"既然是历史上一种学说概念和学派概念，就应以历史事实为依据，不可纠缠在"关中的理学"还是"理学在关中"、"关学"还是"关中之学"之类的概念游戏之中。[③]当然，首先应当知道：①作为一种学说，"理学"讲的是心性之学、义理之学或性理之学。这个概念是南宋以后才有的，原本叫"道学"，但不是道家、道教

---

① 参看冯从吾：《关学编》自序与凡例，中华书局，1987年。
② 冯从吾：《关学编》，中华书局，1987年，第62页。
③ 参看本书上编《关学研究与古籍整理》。

之学，也不是佛学里面有时称的"道学"概念，而是宋儒所称的道学，即宋代新儒学，①亦即宋儒关于安身立命的学问。南宋李心传编过《道命录》，说明它也是一个道学群体，代表宋代的政治文化。②作为一个学派，自宋代以降，中国传统思想文化更加具有地域化的特点，地域化的新儒学应运而生，宋代的濂、洛、关、闽，明清的朱子学（朱学）、阳明学（王学）等，在论述理学这个同一主题时，其旨趣各有不同。比如洛学先识仁主敬，关学则先要识造化；程朱以理为本，陆王则以心为本，而关学则以"太虚之气"为本，以礼教为先。这两点首先必须明确。由此可见，以地域命名的理学学派，其实是同隋唐产生的中国佛学诸学派含义相通的。

二、我对关学的文化定位，即我所找到的精神家园

主编：诚如您说，"关学"在一般人眼里还是一门非常深奥、枯燥的学问，请问您怎么选择关学作为自己毕生学术研究的一个主要方向？

陈俊民：每个人都有自己的文化定位，不管意识不意识、自觉不自觉，你必然是在一定的文化上寻求安身立命。我现在年近七十岁，才更深刻体会到这一点。我的文化定位，即我所找到的精神家园。每个人不能选择自己的父母，也不能选择自己的故乡，即自然的家乡；但是，你可以选择心灵的家园。我选择的这个"关学研究"，其实就是我的心灵家园。我也曾经彷徨过、沉寂过、苦闷过，对我的学术人生茫然过。我从1960年起在陕西师范大学学习、工作，直到1989年离开，度过了整整三十个年头；受聘到浙江大学工作至今，已近二十年。自2000年陕西师大赵世超校长亲自请我回母校建立"中国哲学"专业博士点，培养关学研究人才，至今在师大又工作了八年。大家可以看出，尽管我工作亦南亦北，游学曾亦中亦西，但大半生的主要经历还是在陕西师大，在母校，也在我所研究的关学。1997年在新加坡举行的"儒学与世界文明"国际学术会议上，我曾即兴赋诗一首："十年沉寂西湖畔，学界相交结

---

① 详参本书上编《道学与宋学、新儒学、新理学通论》。

善缘。年年相逢笑谈日，精神自由乃家园。"与会的中山大学一位著名的学者诗人叫李锦全，他是我的老朋友，给我和了一首诗："昔年结友长安道，重逢星洲亦有缘。西子湖头韬晦日，应知随处是家园。"①他让我在西湖畔韬晦。其实我无论走到哪里做学术研究，都没有离开过关学这一主题。无论在陕西师大、浙江大学，还是在新加坡、德国、美国，我都没有离开过我所喜爱的这门学术。所以，我认为这是我的精神家园，是我的文化定位。这是我经历了三四十年学术选择的结果。所以我说这是"新缘旧起"，是我的"精神家园"。

主编： 我知道您是陕西华阴人，您从事关学研究这么多年，这么执着，有没有家乡情结在其中？

陈俊民： 有的。我年少时在华阴云台中学读书，后来叫华山中学，我在那里感受过朱熹、顾炎武的史迹，接触过前届道教协会会长闵智亭，于是对宋明理学及其关学、全真道产生了兴趣。全真道起源于周至户县的王重阳，关学起源于凤翔眉县的张载，张载又同我出生地华阴的申、侯"华学"有关系，②都起源于我们关中，的确与我生于斯、长于斯有关系。

三、关学在宋元明清时期的流变

主编： 您说得非常好！请问关学从北宋中叶张载创始，跨越了南宋、元、明、清四朝，其中宋、明是汉家天下，元、清是异族统治，关学在不同体制下究竟有何显著的变化？

陈俊民： 宋朝立国之初，即"崇礼义，尊经术，欲复三代，自胜如唐"。自太祖、太宗到真宗、仁宗，四朝百年间，所谓"两世太平日""四朝全盛时""百年无内乱"，思想上以儒、佛、道三教并重。到英宗以后，虽以儒学即道学为主导，但道学之兴衰，不断受到各种复杂的政治问题的制约。北宋时，关学领袖张载因其弟张戬公开反新政新法，以言得罪了朝廷，自己又同新

① 参看李锦全：《思空斋诗草》，花城出版社，1999年，第240—241页。
② 参看陈俊民：《张载哲学思想及关学学派》，人民出版社，1986年，第8—11页。

政语多不合，乃移疾西归，屏居横渠镇讲学授徒；而洛学的二程是张载外兄弟程珦之子，大程即程伯淳（颢），同张戬"并以言得罪"朝廷，小程即程伊川（颐），以及南宋朱熹，都是宋代党争中受打击的主要对象，他们的道学被诬为"伪学"，遭到严禁，各道学学派主要成员大都被列入了元祐、庆元党籍之中，像党羽、集团一样，受到政治上的压制。北宋有"党人之碑"，南宋有"伪学之禁"，连"道学"也被后人看作"小人设为此名以倾害君子也"。所以《宋元学案》说："此两宋治乱存亡之所关。"①

真正以理学立国的是明朝。朱元璋是和尚出身，但他却以理学立国，以《大学衍义》治国。这是一个和尚皇帝做出的创举。以后继承他的永乐皇帝又编了《四书大全》《五经大全》和《性理大全》，可以看出，明代皇帝代表的国家非常重视理学，皇帝直接推行理学，这是前朝后朝少有的。在关中，关学经过元代"百年不闻学统"的寂寥消歇之后，出现了明代复兴的盛况。首先要推"一时与陈白沙（献章）并称"的渭南薛敬之，人称"薛道学"，以及他的高足高陵吕柟，还有三原马理和朝邑韩邦奇、邦靖兄弟，《明儒学案》称为"三原学派"。吕柟是一个大家，他当时在南京讲学，可以与王阳明"中分其盛"，环绕听讲的有几千人，当时许多笃实好学之士都出其门下。吕柟和马理文章写得又特好，朝鲜国甚至向嘉靖皇帝奏称二人为"中国人才第一"，"乞颁赐其文，使本国为式"，请求将吕柟、马理的文章赐给他们，作为朝鲜国学习的样板。朝鲜国当时也受儒学影响，与吕柟同时，出现了一位大儒叫曹南冥，形成了后来的南冥学。吕柟在当时非常有名，他去世时，高陵为他"罢市"（停工）三日，连皇帝都祭他一天，可见他在全国的影响。但是，当时很有名的人，现在研究的人却很少，他现在没有张载名气大；张载当时名气不是很大，但现在名气很大。明代嘉靖年间，关中出现的大儒除吕柟、韩邦奇、马理之外，还有吕柟的泾阳弟子吕潜、张节等，还有"韩门二杨"（富平的杨斛山、杨椒山），尤其是亲炙王阳明的渭南南大吉（元善）。吕柟与韩邦奇同年

---

① 黄宗羲原著，全祖望补修：《宋元学案》卷九六《元祐党案》、卷九七《庆元党案》，中华书局，1986年，第3153—3234页。并参看李心传《道命录》卷二、卷七，《知不足斋丛书》本；张舜徽《清人笔记条辨》卷二，辽宁教育出版社，2001年，第59页。

生、同年举进士第，但是吕柟去世得较早，在嘉靖二十一年（1542），享年六十四岁。马、韩二位同死于嘉靖三十四年十二月关中大地震，这是大自然灾害带给明代关学的一大悲剧。

地震那一年即1556年，长安冯从吾诞生，他主要活动在万历至天启年间，天启七年（1627）去世，享年七十一岁。他有幸在世时就出版了自己的全集《冯少墟集》，先由按陕的毕懋康初刻，再由他的次子冯嘉年重刻。他是关学的总结者、王学的修正者，张载、吕柟之后第一人，为人"严毅中正，一遵程朱家法"①。李二曲自称为其"后学"，亲校其集，称道："自洛、闽而后，唯冯恭定公《少墟先生集》言言纯正，字字切实，与薛文清《读书录》相表里，而《辨学录》《善利图说》《讲学说》《做人说》开关启钥，尤发昔儒所未发，尤大有关于世教人心。"（《冯少墟集》卷首李二曲《识言》）冯从吾十六岁时，泾阳的王徵诞生。冯、王二位，是晚明关学的代表人物，代表了关学发展的两个趋向。王徵是个特殊人物，他不仅精通儒学，还传播了西学，他是中国第一个学拉丁文的人。陈垣先生在他的著作里专门讲到王徵，还写了《泾阳王徵传》②。陕西耀县有一位著名文博专家叫宋伯胤，曾任南京博物院副院长，他专门写过一本《明泾阳王徵先生年谱》，介绍其人其书。王徵学术与西学传入有关，当时传教士利玛窦把基督教传入中国，也带来了西方的思想、文化、科学。王徵结识了传教士利玛窦之徒弟罗明坚，读了《天主实义》，且用儒家的语言进行诠释，撰写了《畏天爱人极论》这部神哲学名著。同时，他还从金尼阁等传教士那里学到了西方的科学技术，学会了机械制造工程如水车等。

王徵之后，清代末年出现了咸阳刘古愚。刘古愚在冯从吾创办的关中书院读过书，他自己也办过味经书院。张舜徽先生在《清人文集别录》中说过："百年以来，关中学者要必以光蕡（刘古愚）为巨擘焉"。刘古愚之学

---

①《二曲集》卷七《体用全学·明体类·冯少墟集》，陈俊民点校，中华书局，1996年，第51页。

② 原刊《北平图书馆馆刊》第八卷第六号（1934年11、12月），后收录于《陈垣学术论文集》第一集，中华书局，1980年，第227—231页。宋伯胤编著《明泾阳王徵先生年谱》亦有收录，陕西师范大学出版社，2004年，第224—227页。

不仅从王阳明心学开始，还把二程洛学与朱熹闽学进行了调和，所谓"导源姚江，会通洛闽，而其用归于阜民富国"[①]。他是位有建树的教育家。值得我们注意的是，从王徵到刘古愚，再到李仪祉、吴宓等，他们都接受了西方的思想，追求中西会通，这是关学走向近代化的方向。所以，关学与全国学术一样，从明、清开始有衍化的趋势，接引西学入儒学，"欲求超胜，必先会通"，这是一个十分重要的关节，应引起研究者的重视。所以，我写了一篇大文章《"理学"、"天学"之间——论晚明士大夫与传教士"会通中西"之哲学深意》，刊登于《中国哲学史》2004年第1期、第4期，引起海外研究儒学与基督教文明对话的学者的关注。由此可见，研究关学必知天下之学，必知中国传统学术发展的脉络。关学也可说是整个宋元明清中国学术的一个侧面。

关于全真道，我也写过两篇大文章，一篇是《论全真道的思想源流》，由任继愈先生推荐，刊登于《世界宗教研究》1983年第2期上，一篇是《论全真道及其内丹长生思想之演变》，刊载于台湾《汉学研究》1998年第2期上。前者写于师大，后者写于浙大，原本是台湾"中央研究院"史语所举行的"中国思想史上的道教"学术报告会的主题演讲稿。按德法已故著名道教学者索安（原名Anna Seidel）的说法，这是世界上研究全真道比较前沿的文章，因为西方研究全真道始于1987年。到杭州以后，我又研究了全真道从元代到清代传到南方的历史。元代皇帝信奉的是道教，儒学不是主要的。元代儒学在南方的代表是吴澄，北方是许衡。在我们家乡也有大儒，《关学编》列举了八人，有杨君美、杨紫阳（奂）、杨元甫、萧维斗（斠）、同宽甫等，说明关学在元代并没有中断。尽管全祖望在《宋元学案》中说，张载去世后，由于完颜之乱，关学"再传何其寥寥"。其实，关学寂寥的原因并不仅是完颜之乱，朱熹对此曾有过解释，认为：第一是由于张载以礼为教，让人言行皆要中礼，较为严毅。这像终南律宗一样，让人遵守各种戒律，这是非常艰难的事。张载学说以礼为先，只有"知礼成性"，才能"变化气质"，这同样也是很困难的。朱熹说张

---

① 张舜徽：《清人文集别录》卷二二，中华书局，1963年，第601页。

载以礼为教，就像让学者吃木渣，如嚼蜡，所以继承者极少。第二是由于张载去世后，后代迁徙，流散各地，弟子入洛，著作无人收集整理，所以关学衰弱了，但未"泯灭"。元明清三代的关中理学，其问题意识多与张载思想相关，这就是关学传衍的明证。

清代虽然是满人统治，但清承明制，尊重儒学，尤尊程朱理学（后偏重"汉学"），终清之世不衰；与明不同者，仅服饰小节。在关中出现了"三李一王"（李二曲、李雪木、李因笃与王山史）和顾炎武等学术交游的关学盛况，尤其是二曲学派遍布关中各县，二曲讲学又及东南，"高名当时"。陈寅恪的祖父陈宝箴教导寅恪父亲陈三立时说："成德起自困穷，败身多因得志。"①他称颂李二曲在穷困中成学成德，告诫学人千万不可得志猖狂而败身。陈寅恪这位大历史学家还批评黄宗羲，说他撰《明夷待访录》，自命为殷箕子，把康熙圣祖比作周武王，有愧于关中大儒李二曲。清初许多学者特别重视气节，隐居山林，不出来当官，关中多有气节之士。李二曲之后，我认为关中再没有出现在理学思想上能成体系的大家。"关中三李"之一的富平李因笃总结关中学者的特点说："吾秦风气，在家则驽钝，而出门则千里也。"②意思是关中学者在家都很驽钝，不显露才华，但是，出了门，多是名显千里之大家。这让我想起1988年我去杭州前，在北京任继愈先生给我讲："浙江的学者，在浙江省多不出名，可是出来以后，个个都是大家。"其实，这种说法可追溯到李因笃，他说我们家乡的学人，在家乡似驽钝，出门是大家，可谓"出门有功"。我觉得他说得很亲切，这是文化的认同。所以，每个人都有文化的定位，像谭盾的音乐创作一样，必然带有湖南的花鼓味。若要让他诠释贝多芬的《命运》交响曲，那他一定会有湖南花鼓的打击乐元素。无论古人还是今人，谁也逃不脱他所在的地域文化的影响。

---

① 郭嵩焘：《郭嵩焘诗文集》卷二一《陈府君墓碑铭》，岳麓书社，1984年，第438页。

② 吴怀清：《关中三李年谱》卷八《艾悔斋诗集序》，陈俊民点校，陕西师范大学出版社，1992年，第478页。

四、关学的价值，外人看得非常清楚

主编： 看来，在您的视野中，关学的内涵实质上已超越了传统意义上的"关中理学"，而具有更宽泛的学术界域。其中王徵、王重阳都不作为"关学"中人对待，您的赋予和诠释是非常新颖的。那么，请您再谈谈关学研究的现实价值。

陈俊民： 这是一个大问题。我想先提请大家注意，一是不要把我研究关学曾涉及的神哲学家王徵和全真道创始者王重阳误判作"关中理学家"，虽然王重阳"以道德性命之学唱为全真"，王心敬把王徵传列入《关学续编》，但这二王乃关学研究必然会涉及的范围（"三教"和"天学"），而不是上述"关学"意义中的特定研究对象，这是两个层面的问题，最好不要混淆。二是不能用空洞的抽象理论，更不能用经济指标来判断研究关学有无现实意义，我觉得还是从我研究关学的亲身经历、亲身体验说开来为好。作为关中理学，要具体地讲现实价值，可能一下看不到，但其实它渗透在我们每一个人身上，主要表现在文化层面。每一个文化人，每一个学者，包括每一个大学生在内，都承担着一种文化责任，承担着所在国家、地域的民族文化的传衍责任。虽然如今有一些人接受着两种以上的文化熏陶，像我刚才讲的谭盾：他到北京，必然是由北京来看他的湖南；他到美国，必然又以美国来看他的北京、湖南。如同我一样，我在浙江，会以浙江来看我的家乡；我在德国，又会以德国来观照我的家乡；我在美国，会用美国的视角来看我的家乡。这就是当今世界上极具影响力的美国哥伦比亚大学著名后现代文化批评家萨义德（W. Said）教授所说的现代知识分子"去中心的、对位的"文化认同。[①] 当然，这中间也许会有人"反认他乡为故乡"，但他依然离不了故乡文化的基因。如有些人出国留学、定居，你以为他们就完全西方化了吗？不可能的。中国传统文化的因素，早已融入他们的血液之中。所以文化的意义、学术的价值，表面上是看不到的，但每个人身上都渗透着他本来的文化因素。所以

---

① ［美］爱德华·W.萨义德：《知识分子论》，单德兴译，生活·读书·新知三联书店，2007年。

我认为，关学研究的现实意义，可以从文化上来讲。

因为，我们知道，国家之兴在于文化，而文化之盛在于学。这个"学"包括学校的教育、学术的研究、文化的发展交流等等。我们关中人身在关中，也许不知道关中学术的珍贵价值。我去杭州前，任继愈先生告诉我说："你们陕西人是端着金饭碗讨饭吃，你们陕西到处都是宝贝，但你们自己不知道。"《朱子语类》中记载着朱熹一段耐人寻味的话，大意说，朱熹批评道教，说道教抄袭佛教，佛教也抄袭道教，但佛教抄袭的是道教的精华，而道教恰如富家子弟，家里珍宝全被人盗走享用了，却去收拾人家无用的"破瓮破釜"。①其实，在我们家乡，早在清代乾隆元年，蒲城县出了一位进士，廷试时大学士鄂尔泰一见面就向他询问："王丰川（心敬）可好（安否）？"谁料这位进士竟不知自己家乡有其人，而无言应对，大学士笑曰："若不识关中儒者，何太俗耶？"②我前几年应邀在户县参加一个文化会议，我给户县的领导、学者讲过：户县有文化资源，一个是全真道，一个是李二曲的学生王丰川，有道教、有儒学，还有一座草堂寺。该寺是鸠摩罗什翻译佛经的地方，从鸠摩罗什在姚秦时代翻译佛经（401—403），一直到唐代玄奘翻译佛经（645—664）。这是我们中国历史上两次重大的译经活动，把西方（当时指印度）用梵文写的佛经翻译成我们中国的汉文佛经。其方法就是用中国传统概念、名词比配印度概念、名词，当时叫"格义"；其过程，实际上就是中西（印）文化的融合过程，这恰恰发生在我们家乡陕西。关学的价值，外人看得非常清楚，我们自己身在其中，却不识庐山真面目。所以我首先希望，我们家乡的学人能关注这个问题。

五、关学在近世学术研究中的哲学意义

主编：关学研究，向来以代表人物的思想和行为研究为重点，同时也与明清时期的实学思潮研究相关联，强调经世致用。请问现代关学研究有何新的成

① 黎靖德：《朱子语类》卷一二五《老氏》，中华书局，1986年，第3005页。
② 刘绍攽：《九畹古文》卷二《关中人文传》，清乾隆刻本。

果？请您一并谈谈研究关学的学术意义。

陈俊民：你可能已注意到我的著作里从不轻易用"实学"这个概念。因为，《四书集注》里程朱把《中庸》早就称作"其味无穷"的"实学"，以后的理学家诸如吕柟、二曲等，大都把自己从业的"宋明理学"视作不同于佛道的"实学"；清代的确曾两次盛行"经世致用"之学，明代陈子龙的确也编有《经世文编》508卷，且为清世所效尤，但却没有出现过所谓"经世致用"的"实学思潮"。我记得20世纪50年代日本著名学者冈田武彦、90年代中国学者姜广辉等都有过精当的考辨和订正。我们千万不可被名噪一时的人为操作掩盖了历史的真实，而有意或无意地误导读者，影响关学研究。这也是当今学术研究中的一个最大危机，我记得八年前就曾给家乡常来往的学人提醒过！当然，这可能也是我的一己之见吧。

再从学术上看关学吧，关学在近代学术研究中进入哲学学科。如果学科不分化，学术不能发展。传统学术不分学科，统称"国学"，文史哲都在其中。中国唯有一门学科是自古就有的，那就是历史学，但文学、哲学也在其中，所以你看清代章学诚写的《文史通义》，就有这个意味。近代以来，西方的学术经过了分化，哲学与自然科学、与宗教逐步分化。中国也一样，近代以来，西学传入，新学兴起，各学科独立发展。哲学（Philosophy）概念经日本传入中国，也成为独立的学科。"宋明理学"就在中国哲学之中。从中国哲学学科的发展来讲，我们不能忘记北京大学的冯友兰先生。1985年我去美国参加国际中国哲学会议前夕，在汤一介先生的导引下，冯先生在他的三松堂接待了我和武汉大学的萧萐父先生。老萧研究王夫之，王夫之又注过张子《正蒙》，我是喜欢张载的，所以我们和冯先生谈了多半天关学与王夫之。我感到冯友兰先生对关学的重视是少有的。人们知道张岱年先生重视关学、重视张载，讲张载的唯物辩证法思想，但常常忽略冯友兰先生对张载关学的重视。冯友兰先生在1933年的《中国哲学史》自序二里提到"横渠四句"，他说："'为天地立心，为生民立命，为往圣继绝学，为万世开太平'，乃吾一切先哲著书立说之宗旨。无论其派别为何，而其言之字里行间，皆有此精神之弥漫，则善读者可觉而知也。"①冯友兰从30年代写大哲学史，到40年代末写小哲学史，还有在西南联大写《贞元六书》，直到他晚年九十五岁时写完七卷本《中国哲学史新编》，在全书"总结"里还引用了"横渠四句"②。他还引用横渠另外四句："有象斯有对，对必反其为；有反斯有仇，仇必和而解。" 意思是任何事物都有对立的两个方面，有对立必然有斗争，即"有仇"，但斗争的结果必然会统一、会和解，出现一个新的和谐的状态。冯先生用这个理论批评五十多年来一直主宰中国人思维的"斗争哲学"。张载讲的这个对立统一，最后要达到和谐，"仇必和而解"，这是冯先生的一个结论。冯先生写完这部《新编》，就住进医院，当我们正要给他祝贺九十五岁华诞时，他安然辞世仙去了。可以看出，冯先生终其一生都是以"横渠四句"作为他的写作宗旨的。所以说，在中国哲学里，关学的重要性，可以从冯先生这里看到。

还有北京大学张岱年先生，他来过陕西师范大学，当时李绵老书记兼校长接待他。他把他收藏的雍正年间的《正蒙初义》送给我，希望我完成一部《正蒙集释》。因为张载的《正蒙》和别人的书不同，它可能是中国哲学经典中唯一需要解释才能看得懂的书，所以老先生对我寄予厚望。他自己一生也写了好多张载的文章，20世纪40年代就写了《中国哲学大纲》。更值得纪念的是，1986年张先生推荐我给德国学者讲《正蒙》，当时慕尼黑大学中国研究所的傅敏怡（Friedrich）博士来北京找张岱年先生，希望有人去给他们讲张子《正蒙》，他们要翻译成德文。张先生对他说："请找陕西师大的陈俊民先生吧，他可胜此任。"当时我正在新加坡东亚哲学研究所做儒学研究，我取消了拟于10月赴欧洲参加世界哲学会的邀请，而自星洲飞往慕尼黑大学，开始为鲍威尔（Bauer）的四个博士生（还有硕士生），一句一句讲张子《正蒙》。后来，他们用了近七年时间，全部翻译完成，由出版《黑格尔全集》的Meiner（迈纳）出版社出版，这就是世界上唯一的全德文版的《正蒙》。这可以看出张载关学在德国学者心中的地位。我1986年在慕尼黑大学讲《正蒙》，1991至1992年又在马克思的家乡特里尔大学做"张载气学研究"的指导工作，1999

---

① 冯友兰：《中国哲学史》自序二，中华书局，1961年，第1—2页。
② 冯友兰：《中国现代哲学史》，广东人民出版社，1999年，第245—248页。

年应朗宓榭（Lackner）教授的邀请（他是当年《正蒙》德文主译者之一），
又在哥廷根大学为他的研究生讲"道学与宋学、新儒学、新理学之关系"，这
三次在德国讲学研究，均没有离开张载关学这一主题，从中可见现代学者研究
关学的意义。我体会到，德国人研究张载，其意义在于学习他的思辨之功。他
们说，德国哲学可以与中国哲学相媲美，张载哲学恰恰是可以与德国哲学相对
应的一个典范。正如王夫之所赞叹："横渠学问思辨之功，古今无两。"

美国学者对张载关学研究也非常关注。1985年，由国家教委正式派遣，
我和北京大学的汤一介、武汉大学的萧萐父教授赴美国纽约州立大学石溪分
校，参加了"第四届国际中国哲学会"。这是"文革"以后我们国家第一次派
专家参加国际中国哲学会。在这个会议上，我提供的论文就是现在失传的一个
版本，叫《张载关学导论》。大会主席叫柯雄文（A. S. Cua），他向我专门要
了一本送美国国会图书馆收藏。美国宾夕法尼亚大学的一位女教授叫黄秀玑，
她写过一本《张载》，她引文引的就是我那本藏于国会图书馆的《张载关学导
论》。这是陕西师大出版社创办之初的内部印发本，我至今尚未找到这本书。
美国还有位学者叫艾瑞·卡索夫（Irae·Ksoff），他写过《张载思想》（*The
thought of Chang Tsai*），由英国剑桥大学出版社出版。追溯再早一点，美国
人关注张载，应该是在清代末年，当时北京大学有位传教士叫丁韪良，他翻译
过一部分张载著作，重视张载关于自然科学、天文学的论说。张载为什么能提
出气本、气化的理论？因为他懂天文，他还懂医学，给邵雍看过病。如果说，
德国学者重视张载的理论思辨，美国学者则更多地关注张载对自然科学的论
述，认为张载所讲的气论，是宇宙的旋涡理论。英国李约瑟在他的《中国科技
史》中甚至称赞说，张载"出入佛老，返归六经"的哲学活动，具有显著的
"近代的科学的色彩"。所以，我预料近代和未来张载关学在西方的影响，一
个可能是理论层面，一个可能是科技层面。我们关中人常常忘记科学技术层
面，忘记关学士人一个最显著的特点是："语学而及政，论政而及礼乐兵刑
之学"①。王徵、刘古愚等学者都很重视自然科学，就是明证。现代的关学研

---

① 《河南程氏粹言》卷一《论学篇》，见《二程集》第四册，中华书局，1981年，
第1196页。

究，不仅要重视思想理论方面，也要注意它的科学技术方面。关学研究对三秦走向近现代化，无疑是可以提供历史文化资源的，是会有意义的。

六、现代关学研究的最大问题是经典史料问题

主编：现代关学研究存在哪些问题？

肖发荣：最大的问题是史料问题。任何扎实的研究都应该建立在扎实的史料基础上。关学研究集中在张载，实际上还有其他很多学者，如吕柟、冯从吾、李二曲等等。陈俊民老师已整理出版了《关学编》《蓝田吕氏遗著辑校》《关中三李年谱》《二曲集》，《张载全集》《冯少墟集》等已完稿，正待付梓，还有不少关学典籍急需整理。典籍史料可分两类，一是关学学者本身的专著，大部分还没出版；二是其他学者对关学研究解释的著作，如张载之后，学者对《正蒙》的解释，从南宋朱熹到明清刘玑、高攀龙、徐必达、王夫之、王植、李光地等，一直有人在解释《正蒙》。1990年，兰州有一位学者（听说也是关中人）叫喻博文出版了《正蒙注译》。关学研究要发展，最基本的是文献。这几年，陈老师一直在做这个工作，把原始文献资料整理出来，提供给大家。我在研究过程中，发现这个问题非常重要，因为如果没有好好辨析史料的话，问题就不能深入下去。举朱熹与张载的例子来说，朱熹作为南宋理学家，是对北宋理学家的集大成，关学创始人张载对他影响很大。以前学界肯定二程洛学对朱熹的影响，当然也有人研究过张载对朱熹的影响，但较为散乱，不成系统。虽然注意到了张载到朱熹的传承，但没有人去很好地研究它，原因在哪里？除了大家把注意力只集中在大的思想家身上外，最大的问题是史料。历史上存在争论：朱熹有没有给张载的《正蒙》做过注解？有些人认为做过，有些人否认。如果我们能把注解的文字都清理出来，那就无须争论了，下一步就是研究朱熹如何继承张载，张载思想如何在朱熹思想体系中发挥作用。所以，史料是关学研究的首要问题。

主编：刚才问过陈老师，为什么会选择关学研究。现在想问一下肖博士，你作为一位关学研究的新生力量，当初为什么要选择这个方向呢？

肖发荣：学术研究要有延续性，如果今天做一个方向的研究，明天突然要换成自己从未涉猎的另一个方向，那一定会非常痛苦。但跟随陈老师读研三年后，我产生了兴趣，体悟到研究中国思想史是一个艰难的思想历程。这里面可能有无奈，会很累，正如你刚才说的，理学艰涩深奥，有时不知所云，有时如腾云驾雾。但如果忽然一日读进去了，那你就会被它的思想魅力所吸引。

陈俊民：肖发荣博士毕业论文是《朱熹对张载思想的继承与发展》，是通过整理朱熹对《正蒙》的论述来研究这个问题。专家们认为他的论文做得很好，因为有文献功底，他把朱熹关于《正蒙》的论述辑成了一本书。张岱年先生讲过，朱熹本来没有《正蒙》注，但《宋元学案》给《正蒙》加了好多条包括朱熹到刘宗周的注，人们便以为朱熹有《正蒙》注，其实没有。所以，我让肖发荣完成一个任务，就是辑出朱熹对《正蒙》的所有论述，穷其材料，让人们真正了解朱熹不仅继了二程，还继承了张载。朱熹非常重视关学，重视搜集整理《横渠集》，可惜他的版本没有流传下来。

七、关学学者的现实关怀

主编：哲学研究与现实社会是密切关联的，历代的理学家皆有此现实诉求，但是不同的学术流派各有自己的取舍道路。请您谈谈关中学人在将理论研究和现实社会相结合方面有哪些特点。

陈俊民：其实说到底，古今每个哲学家，即是理论玄而又玄的哲学家，其哲学都是为社会现实做理论论证的。哲学家有他的政治理想，要构造合理的、美好的、理想的社会秩序。宋代道学家的理想是"恢复三代"，因为他们觉得夏、商、周三代治理得最好，天下和谐。"恢复三代"，不是倒退，而是前进。如果你切身去体会古人的著作，便会发现他们始终关心着社会，他们希望能"得君行道"，得到帝王的支持，实现治国的方案。朱熹亦是如此，他说"经济素所愿，隐沦非吾期"，还有李二曲"康济民生"，张载"魏魏只为苍生计""为生民立命""为万世开太平"，都体现了同样的济世情怀。张载在横渠书院东西窗上贴了《贬愚》《订顽》，二程为免争端，改成《西铭》《东铭》。《西铭》里讲"乾称父，坤称母；予兹藐焉，乃混然中处"，"民吾同胞，物吾与也"，"存，吾顺事，没，吾宁也"，表达了他的政治理想。大意是说：天是我的父亲，地是我的母亲，我是很小的一个成员，处在天地之中。在天地之中，君王是宗子，大臣是家臣，每个人都是其中的一员，相互老其老，幼其幼，构成一个和谐的大家园。这实际上是张载的政治理想。所以不要认为张载不食烟火，远离社会，其实他很关心社会，提出了一套恢复夏、商、周三代之治的理论和方案，《西铭》最有代表意义。后来的学者从二程到朱熹，都很赞叹《西铭》的境界，李大钊还用过《西铭》"开太平"之意，说它是大同理想。

八、关学典籍整理与现代诠释

主编：听了陈教授刚才的谈话，我觉得张载思想好像就在我们身边，那么如何更好地做到古为今用？听说您早已有一套宏大而具体的研究计划，请给家乡的学人和众乡亲谈谈好吗？

陈俊民：要想真正了解张载及其关学的思想，就需要现代诠释。这就是说，古代的文本，要经过现代学者用现代人能听懂的现代汉语语言解释出来。这个解释是需要有学问的，不能附会它原本没有的东西，否则是危险的。应解释出其中应有之义，古文没有说清楚的，你把它准确地解释清楚，这就是而今流行的现代诠释理论。我在深圳开《儒藏》学术会议时，有位记者问我：国学如何现代化？我说这是个很难回答的问题，从我自己的感受来讲，其实就是现代诠释。据说后现代理论是现在学术界关注的热点之一，我看过好几本后现代的书，觉得它最有价值之处就是重视文本。如校点古书一样，你校点的书是不是善本、定本，对学习研究是非常重要的。关学也一样，有没有整理出好的典籍来读，这是首要问题。我用了几十年时间，一直都在收集、整理、校点关学典籍，我早就设想过编纂一套能传世的《关学全书》，我主编我自己一生校点好的关学典籍，将集我一人毕生之力完成。当然，我希望能有合适的年轻学人来参加，这也是培养关学研究人才的最好方式，但我至今尚未找到愿为此献身的人。因此，常为当年鸠摩罗什、玄奘的那些献身译经的弟子们而感动涕零。我计划这套书分两辑各十种，第一辑从《张载全集》《蓝田吕氏遗著辑校》《潚水集》到《吕柟全集》《马理全集》《韩邦奇全集》《瑞泉南伯子集》《冯少墟集》《槲叶集》和《二曲集》共十种。第二辑包括肖发荣博士前面所说的其他关学学者的专著及后世研究关学的著作，如张载之后，学者对《正蒙》的解释，诸如南宋朱熹到明清刘玑、高攀龙、徐必达、王夫之、王植、李光地等人，对《正蒙》的研究解释等等。这是一项非常艰巨的文化工程。

主编：陈教授，听说您花费了很多时间和心血致力于校点关学典籍，能不能谈谈您校书的心得体会，以及您目前遇到的困难和问题。

陈俊民：说起来这里面是有很多辛酸的。在《二曲集》出版时，中华书局约我写一篇关于我从宋明理学、关学、全真道的研究转向古籍整理的缘由，这就是1997年我在《书品》杂志上发表的那篇《关学研究与古籍整理》①，我实话实说，讲了我为什么要做关学典籍与《朱子文集》的校点工作。改革开放后，中华书局筹划出版"理学丛书"，其中凡是关学典籍，他们哲学室的熊国祯、陈金生主任大都约我来承担，所以我在20世纪80年代整理了《关学编》《蓝田吕氏遗著辑校》《关中三李年谱》《二曲集》等等。校书是非常辛苦的，因为古籍整理属于文献学，这本非我的专长，而且任何一个大家整理古籍，也难免会出错，就像"尘埃风叶，随扫随有"②，鲁迅先生讲校点古籍，"往往害得有名的学者出丑"③。台湾有一位著名大学者，原是四川人，叫王叔岷，他的女婿叫萧启庆，是元史研究专家，1986年我们在新加坡结识为友。我问过王先生一些学术问题，他说：校书是一件蠢事，但也是治学之本，如果没有一个好的文本，谈学问都是空的。这引发了我一方面进行学术研究，一方面进行古籍整理。但古籍整理需要搜集版本，选择善本做底本，还要选择

---

① 原载《书品》1997年第1期，中华书局；又见本书上编。
② 鲍彪：《战国策序》，见《战国策》下册附录，上海古籍出版社，1985年，第1209页。
③ 鲁迅：《且介亭杂文二集·题未定草（六）》，见《鲁迅全集》第六册，人民文学出版社，2005年，第437页。

好的校本，稍微疏忽，就会出错误。

90年代，我在浙江大学用了整整五年时间，连一些学术会议都不去参加，来校点《朱子文集》，此书已作为"汉籍全文检索版本"向世界发行。1992年5月25日，我经批准从德国飞往我国台北参加国际朱子学会议，当时台湾约请我校点《朱子文集》，约请余英时先生作序。余先生先后在美国哈佛、耶鲁、普林斯顿大学任教，1985年他邀请我在耶鲁大学访问，1992年又邀我在普林斯顿大学做过研究。他在1978年来过陕西，大概很少有人知道陕西师大图书馆的西北资料中心，就是他所参加的那个美国科学院代表团提议捐资建立的。其中还有一位我的朋友是加拿大多伦多大学的秦嘉懿教授，她是香港浸会大学哲学系主任吴有能教授的导师，前几年已经去世了，她是个基督徒。据说是他俩建议美国一个宗教基金会捐助在中国两个地方建立研究基地，一个就是陕西师大图书馆的西北资料研究中心，一个是四川大学的人口研究所。余英时先生后来还给我写了一条幅纪念这次中国之行："凤泊鸾飘廿九霜，如何未老便还乡？此行看遍边关月，不见江南总断肠。"余先生是胡适家乡安徽人，这是他自1949年离开二十九年后，至今唯一一次回大陆。他来到西安，去了敦煌，但没回他的家乡。台湾约余英时为我校点的《朱子文集》写导言，引导大家读这部书，可是他这个序一写就是两三年，结果就写成了《朱熹的历史世界——宋代士大夫政治文化的研究》，先在台北允晨文化出版公司出版，同时我还推荐给陕西师范大学出版社，可惜未成，后来由北京的三联书店出版了。据说他因此获得了2006年克鲁格最高奖（John W. Kluge Prize）。我得知后，还戏作诗句道贺并自嘲："千家注杜百家韩，如何未老校晦庵？欲知其中甘苦味，百年之后当纸钱。"我曾下决心今后再也不做这种容易出丑的蠢事。过了五年，2003年我的老朋友汤一介教授约我参加《儒藏》工程，我至今也说不清因什么缘由又投入了校书的工作。

我国自唐宋以来早就有《佛藏》《道藏》，但没有《儒藏》。尽管明代学者提出过要编《儒藏》，但没有编成；清代编了《四库全书》，但没有《儒藏》。现在将《儒藏》编纂作为国家的攻关项目，我被任命做了北宋部类的主编，明清部类凡涉及关学典籍的，该部主编也请我承担校点。这样，我不知不觉又进入了古籍整理即治书之学的圣殿,现在已经做了四五年。什么原因? 我想可能因为其中包含有关学典籍,它是我的精神家园。2007年12月初,在深圳召开的"《儒藏》主编会议暨儒学国际学术研讨会"上,大家看到《儒藏》精华编已经正式出版了四本样书,其中第二百二十册就是我校点的《蓝田吕氏遗著辑校》,还有吕大临一位浙江弟子叫周行己的《浮沚集》,两本书合在一起,大概近五六十万字。关学的典籍,以前包含在"理学丛书"之中,现在又包含在《儒藏》精华编之中,这无疑是关学典籍整理的新成果,不过这仅仅是个良好的开端。我还承担着教育部古籍委员会和国务院古籍领导小组批准的《关学全书》的整理、研究与出版项目,这两个项目可以终我一生。我希望能够给学者们提供一个比较完善精校的整理版本,这也正像历史学家追求重构历史一样,永远没有一个最后的定本;我们只能在各自所处的那个时代,在各自的文化素养、文化背景之下,去实现自己所能达到的工作目标。我校点可能会出错,有是有非,有得有失,那就待后人再来纠正,我永远会以平常心待之。

我最遗憾的是,我的研究项目能得到国内外的重视,德国洪堡、大众汽车两基金会给过资助,国家两个古委会也给过启动费,连我所在的浙江大学也给予各方面的支持(因为,这项工程要复制各种善本书籍,是需要花钱的,任何学人的经济能力都是负担不了的);但当我回到家乡在几位好心友人的鼓励下,于2005年2月向陕西省哲学社会科学规划办正式申请资助时,竟被否决了,名曰:"专家组不通过!"这是我一生在国内外、省内外绝无仅有的一次"名落孙山"。我自信"学术以天下为公器",学术本来无界域,我走到哪里都可以做研究,我的著作在国内外都可出版,资助与否、资助多少,对我个人来说,皆无关紧要。我只是寄期望于家乡的有识之士有朝一日能够觉察到:陕西不单只有"汉唐文化",其实影响关中近现代发展最重要的文化资源,乃是宋元明清七百年间已形成思想理论形态的"关学";关学研究已经走向世界,它的文化价值、学术影响,世人远比家乡人看得清楚得多。我常为此而感慨而汗颜,相信历史会告诉未来。

九、关学研究的理想与展望

主编：陈教授，您莫要哀伤，也无须悲叹，东西部发展还是有一定差距。您一定要相信，咱们陕西，无论学界还是政界，也无论过去还是现在，其实都有您关学研究的知音；无论您走到哪里，都有人关注着您研究的进展。听说您整理出来好多本关学典籍尚待出版，您有无意愿在陕西找个出版社来出版？

陈俊民：你说得对，我是一个理想主义者，我对我献身的学术事业从不悲观，对我要完成的《关学全书》编纂与研究充满信心。我也知道不少有心的学人一直关心着我的学术研究，我回到母校工作已整整八年，这八年最让我感到欣慰的是：我协助母校建立了"中国哲学"博士点和博士后流动站，培养了五位研究关学的博士生，其中一位来自台湾，2009年全部毕业。目前这个博士点共有十多位博士生和青年教授正在研究与关学相关的课题，吕柟、马理、韩邦奇、冯从吾、李二曲、李雪木、王弘撰等关学代表人物都有研究。关学研究后继有人，这是对我最好的安慰，此其一也。

其二，我年近七十，研究关学亦近四十年，陕西学界许多师友一直支持和鼓励我。其中值得一提的，一位是前省哲学会会长、社联副主席成一丰教授，另一位是陕西师大李绵老书记兼校长。尤其是李绵老书记，1981年为我成立了陕西师范大学关学研究室，直到2007年初他九十五岁辞世，在他的遗著《李绵诗集》中，还有一首专为我写的《寄思》，寄期望于我"继续关学研究"。他说："俊民同志留诗一首，接读有志。现俊民兼任原职，继续关学研究，我便写了这首诗话。"诗云："留诗读几遍，暮心思万千。'关研'你创组，开卷文列先。克难种禾黍，成就又斐然。中途生变异，负笈离秦川。孔雀东南飞，楼居西湖边。学本无域界，此举超一般。依依昔规划，半路折桂冠。临阵元帅易，自毁长城坚。今朝喜回归，众都迎复原。兼任师大职，再绘昔时天。华巍顶云立，为之双手赞。尔如倡复兴，毋忘挽狂澜。"[①]这无疑是前辈领导对我

---

　① 参看本书附录三。

开拓关学研究工作的抬举和鼓励，我将终生难忘。

其三，更让我欣慰的是，省方志办也有同情了解我关学研究的领导者。董建桥主任本是我关学研究室的第一位"专业研究员"，是我于1982年从武汉大学哲学系萧萐父教授门下要回来的最早取得硕士学位的陕籍研究生，他也是较早了解关学及我所开拓的关学研究状况的有心人。当我知道他长期主持省方志办的日常工作，我非常高兴。因为，关学和方志有密切的关系，无论省志还是县志，其中的经籍、文献、名宦、乡贤、民物、政事等等，都可能涉及关学研究的方方面面；过去不少关学学者，都参与或主持编写过一些地方史志，而且不乏名志。诸如马理、吕柟总纂《陕西通志》，冯从吾也有《陕西通志》《长安县志》，吕柟还有《高陵县志》，韩邦靖有《朝邑县志》等。同时，地方志记载中，也反映了许多关学学者的思想动态，如民国《咸阳县志》对刘古愚思想的承继等等。对我来说，地方志编纂直接关系到关学典籍整理与研究的深入，比如，1992年我从美国普林斯顿大学葛斯德图书馆搜集到日本内阁文库藏本《冯少墟集》，在《续集》中有一篇明崇祯五年（1632）即徐光启去世前一年，我们陕西三水（今旬邑）文翔凤为冯少墟撰写了一篇《冯恭定公祠碑》，文字古奥，是其他版本《少墟集》所缺少的奇文。2005年在北大开《儒藏》会，我得知北大图书馆有他的文集，一看其书便知，其人堪称明末关中理学中的"怪才"，是不同于冯从吾的另一类学人。但历代增订的《关学编》中均无记载，而清代《旬邑县志》中却有其人，且介绍详尽，足见方志可以弥补关学之缺失。

主编： 最后，请陈教授谈谈您重新校编《张载全集》的情况，并对国内外关学研究有所展望。

陈俊民： 好的。我这几年重新为《儒藏》精华编校编了《张载全集》。人们知道，明代浙江嘉兴徐必达在万历三十四年（1606）就编辑过《张子全书》，后来在凤翔当知府的沈自彰于万历四十六年（1618）又刊刻了和徐本几乎完全相同的《张子全书》，但这两个本子都不是最好的版本，张载遗存的大部分著作早在宋代就有更好的单书版本流传。现在还发现有张载好多佚文，1986年我在新加坡编纂《蓝田吕氏遗著辑校》时，同时就辑校过张载的《礼记说》《论语说》《孟子说》，我称之为"横渠三说"遗稿。因为在新加坡时，图书馆服务条件较好，可以帮我找到国际上像美国普林斯顿大学葛斯德图书馆、哈佛大学燕京图书馆、德国柏林图书馆、法国巴黎图书馆、大英博物馆图书馆、美国国会图书馆所藏的关中典籍。几十年来，我利用出国讲学、探亲的机会，也搜集过各地收藏的关学典籍，这个工作已经基本完成。这次《儒藏》主编会议请我讲的就是校编《张载全集》的经验，但我不敢说是经验，只能说是"关于《儒藏》精华编《张载全集》校编的一点思考"。正像我前边说的，校点任何古籍，同哲学家要建立体系，历史学家要重构历史，都没有最后的定本，因此才有一代一代学人不断地去努力。

当然，我在治学中，一向不大赞同有人急于编纂什么"儒学史""关学史""洛学史"等等各种各样的通史，因为你连基本的典籍还没看到，或者还没有读懂，那你何必寻章摘句，随意虚构一部"通史"来误导读者呢？《儒藏》工程进行了好多年，现在北京大学才组织人写十卷本的《中国儒学史》。我用了二三十年的时间，到现在才完成了一多半关学典籍的搜集整理工作，今后还有很长的路要走。必须补充说明的是，这里我表达了我自己当今功力还不能企及，但我从不敢否认当今学界完全可能会有高人可以企及的奇迹出现！但我相信，任何学术研究，好像交响乐的创作一样，是一种独立创造，不是像编词典一样，你编一条，他编一条，就可以成书的。我们所从事的工作，是一种创造、创新。如何创新？必须有原始文本，还要能看懂原始文本。如果没有一个可靠的文本，你的研究创新是空洞的，别人发现一个关键的新材料，就可能把你的创新推翻了。所以说关学研究的路程还很长，关学研究的重大成果将在未来。

现在可喜的是，继20世纪80年代德国慕尼黑大学几位博士生完成了张载《正蒙》德文译本、《冯从吾的伦理哲学》德文博士论文之后，90年代，中山大学文碧芳根据我的《蓝田吕氏遗著辑校》，完成了博士论文《吕大临哲学思想研究》。进入新世纪以来，继台湾辅仁大学哲学研究所许鹤龄博士出版了《李二曲"体用全学"之研究》博士论文，2002年台湾政治大学哲学系邀请我为研究生讲关学，专门为我举行过"宋明理学中的关学研究"学术会；我做了一个月的关学讲座，这个研究生班里现有两三位博士生正在做张载关学方面的博士论文，吴明峰博士的《张载〈正蒙〉天道论研究》就是其中一篇。尤其是2007年师大"中国哲学"博士点已批准为博士后流动站，我相信，今后五年到十年，关学研究不仅在海外、在全国，也必将在关学产生发展的关中形成热点，进入一个更高层次的研究阶段。

原载《国学论衡》，人民日报出版社，2009年。

张载关学研究一世间的回顾与思考*

主讲人：浙江大学、陕西师范大学教授、博士生导师陈俊民

主持人：西安交通大学教授、博士生导师常新

参与人：西安石油大学副教授、硕士生导师肖发荣

关键词：

儒学、经学、道学、理学、新儒学（Neo-Confucianism）

道体、道统、治统、学统、内圣外王、道德性命

常新： 今年是哲学家张载1000周年诞辰。在这样一个特殊的时间点上，特请浙江大学和陕西师范大学教授陈俊民先生来谈谈"张载关学研究的回顾与展望"，应当说具有重要的历史意义和现实意义。陈先生作为当代张载关学研究专家，在张载及关学研究中付出了四五十年的精力，取得了学界公认的研究成果，现在先请他来谈谈他是如何走进张载关学，有哪些研究心得体会分享给读者。

陈俊民： 自1981年秋，我应邀在杭州"全国宋明理学讨论会"上发表《关

---

*2020年8月10日陕西电视台访谈改定稿。

学源流辨析》论文至今，时光已过三十九载；自1985年夏，应邀赴美国参加"第四届国际中国哲学会"，并提交《张载关学导论》专著，次年又应德国慕尼黑大学鲍威尔（Wolfgang Bauer）教授之邀，为其东方研究所的博士生讲授张载《正蒙》，并协助指导完成《正蒙》德文译本的最后审定工作，屈指也已三十五年。按照古老的说法，"三十曰世"（孔安国语），要算"一世"多了。回顾这四五十年的张载关学研究，最需要深刻反思的是两个问题，一是张载关学的道学定位问题，二是如何走进张载关学的历史世界和思维世界问题。

先说张载关学的道学定位及其学统问题。

这包含两方面定位：一方面是张载关学在宋代道学正统（道统）中的历史定位，另一方面是当代研究张载关学的学科定位。**为了便于叙述，我先说我为何自20世纪七八十年代开始就把张载关学研究定位在"中国哲学史"学科（现为"中国哲学"学科）。**学界知道，"文革"结束以后，我在母校陕西师大因工作需要和个人学术兴趣爱好，先为我所在的历史系学生开设"中国古代思想史"课程，后又为我曾在的政教系新招收的哲学研究生开设"中国哲学史"课。其时因师大以前没有前辈老师正式系统开设过这门涉及文史哲交融的学科，我虽无先例借鉴，但身处中国哲学界正值"拨乱反正"，开始摆脱苏联日丹诺夫哲学史"唯物—唯心"对子公式的束缚之时，我连续发表了多篇关于哲学史方法论的文章[①]；在1979年太原"中国哲学史方法论问题讨论会"上被推选为刚刚成立的中国哲学史学会常务理事，我结识了一世间可谓"亦师亦友"的学界知音。这促使我在自己的教学研究中从长期束缚的"政治思维"转变为独立的"学术思维"，1979年到1981年发表的《孔子儒家考辨》和《关学源流辨析》就是明证。进而又从"学术思维"转变为"哲学思维"，1983年在《哲学研究》第12期上发表的《张载哲学逻辑范畴体系论》及之后的几本专著，也足以说明我的张载关学研究思维已发生了明显的变化。此后，我应邀先后赴美国、德国和新加坡讲学研究，参加国际中国哲学会

① 参看陈俊民《唯心主义平议》《论中国哲学史研究的对象问题》《论中国哲学史的逻辑体系问题》等，分别载于《陕西师大学报（哲学社会科学版）》1980年第1、4期，《新华文摘》1980年第16期，《中国哲学史研究》1981年第2期等。

议，亲身感受到西方学者眼中的张载，显然比我们中国学者心中的张载高出一筹：他不仅是"理学家"，而且是"世界哲学大家"。美国费城大学傅伟勋、黄秀玑教授编著《世界哲学家——张载》，德国慕尼黑大学翻译出版张载《正蒙》德文全本，视张载四句"有象斯有对，对必反其为；有反斯有仇，仇必和而解"与黑格尔的辩证法相通。通过数年国内外学术交流"隆师取友"的学术历程，我更加坚定自己把张载关学研究定位在"中国哲学"学科中是正确的。如果没有准确的学科定位，我也不可能取得这一系列被国内外学界认可的关学研究成果。因为，任何一项学术研究都必须首先置其于相应的学科中才有可能进行。

如果说，以上所说还属张载关学研究定位的外在因素，那么，我们不妨再看看张载自己怎么说。①当北宋庆历"学统四起"之际，张载在关中讲学授徒，著《西铭》《正蒙》，学者有问，"多告以知礼成性变化气质之道，学必如圣人而后已"。其自得之者："穷神化，一天人，立大本，斥异学。"宋儒公认自"孟子以后，未有人及此"（程颢、吕大临等语）。这是蓝田吕大临在《横渠先生行状》里转述老师的两条结语，它关乎一是如何"成圣成贤"、"道德性命"修养的理论和方法，二是宋代道学家所要重建的形而上宇宙本体论的理学世界。这正是尔后所有新儒家（道学、理学家）主要的共同特点，均属于从原始儒学抽离开拓出来的"内圣之学"领域，这正是宋代道学的原型。所以说，张载既为宋代道学开创了理、气、性、命"究其于一"的本体论哲学格局，是道学（理学）实际的奠基者和开拓者，也在关中形成了以"关学"立名的道学学派，被后学尊为"关中士人宗师，世称为横渠先生"（《宋史·道学传》），足以表明他本人是当之无愧的"哲学大家"。②张载之后，"关学"虽有过"百年不闻学统"的金元"寂寥"时期，但"横渠遗风"传续不绝。明代高陵吕柟承"横渠、蓝田之学"，提出了"气即理"的哲学命题；长安冯从吾以"衍道脉而维道运"的讲学宗旨，重建孔孟心性哲学，重构"关学史略"；清初盩厔李二曲同顾炎武往返六书讨论哲学高难的"体用"问题，又以"横渠四句"为讲学宗旨，立毕生为学"大志愿、大期许"。从而形成了关学世代"皆以躬行礼教为本"的哲学文化传统，对濂洛浙闽诸学而言，自有其相对的独立性，即西方学者所谓的"自主性"（autonomy）。因此，我理所当然地将张载及关学定位在"中国哲学"学科之中，其意义在于：既不离开中国哲学和宋明理学思想发展的大纲维，更不脱离宋元明清政治文化的历史大背景。所以我一直坚持运用"哲学概念分析与历史地理重构"的方法论进行教学与研究。

常新：关于"关学"的概念在学术界存在一些分歧，陈先生关学研究的开创性力作《张载哲学思想及关学学派》梳理了张载关学产生与发展的演化轨迹，回应了学界对张载之后关学是否存续的质疑。

他认为，"关学"是由北宋哲学家张载创立的道学学说及学派，是宋元明清时期在关中地域传承张载之学与程、朱、陆、王思想的理学。张载关学的历史重构，主要是由明代的吕柟、冯从吾及清初的李二曲完成的。吕柟从搜集整理张载的著作入手，亲自编纂《横渠张子抄释》，多次复刻《宋四子抄释》，接着张载"天人一气""万物一体"的宇宙本体论，整合张载"先识造化"与程颢"须先识仁"的哲学思维路径，以《西铭》为理论骨架，重构了明代"张载关学"的新仁学定位。这是对张载关学的继承与创新。冯从吾作为上承吕柟，下启李二曲的晚明关学学者，是构建宋金元明"关中理学"史略，为关学确立道学地位的唯一自成系统的关中理学名儒。李二曲以"悔过自新"与"体用全学"接续"横渠四句"之旨，提出"吾辈须为天地立心，为生民立命。穷则阐往圣之绝诣，以正人心；达则开万世之太平，以泽斯世"，使关学在清初得以复盛。

肖发荣：除过刚才讲的内容，张载关学发展中还有一个至关重要的问题，那就是"完颜之乱"以后关洛"百年不闻学统"，陈先生曾撰写《全真新道教三论》，能否就此问题谈谈金元时期的关学问题。

陈俊民：金元时期的关学，虽然史称"百年不闻学统"，"再传何其寥廖"（《宋元学案》卷首《宋元儒学案序录》），但这是对张载关学的传续而言；若就以儒、佛、道为精神支柱的中国思想文化传统而言，只能用"不绝如缕"四字说明。因为"完颜之乱"，异族入侵，中原沦陷，以往从事儒业的关中士人只好遁迹山林，于是关中兴起了以王重阳、丘处机、马丹阳为代表的全真道教，可谓"万水千山遮不住，自南自北自西东"，炽传北南各地。元明之际，湖北武当山成为全真道南传的江南重镇，始分南宗、北宗，至清代统一于北京白云观。它以咸阳、永乐、白云观为三大祖庭，在恢复老子《道德经》本旨的前提下，企图创建一种"三教圆融"的"道德性命之学"，通过内丹修炼，达到"精气神全""长生济世"的"神仙"世界。这是关乎世人终极关怀的信仰问题，是比"中国哲学"更高一层的"宗教学"研究的问题。兹因它涉及张载关学的变轨转型，所以我曾涉入其中，苦读《道藏》和《藏外道书》，酿成了《全真道思想源流考略》和《论全真道及其内丹长生思想之演变》，分别发表在《世界宗教研究》1983年第2期和台北《汉学研究》1998年第2期，可供翻阅。我这里只提醒读者，如果说唐代出现了"新禅宗"形成了中国佛学，宋代产生了"新儒学"形成了流传七百年间的"宋明理学"，这如同佛出现于世一样，是中国思想界的"一大事因缘"；那么，金元时期出现的全真"新道教"，全真宗师们也自称其道为"教外别传""三教融合"，可以"合天地、合圣贤、合鬼神、合万物，如此一大事因缘"（《道藏》第二十三册《盘山楼云王真人语录》）。这三个"大事因缘"都出现在关中大地，足可知张载关学产生和传衍对中国传统思想文化发展的意义所在，其功伟矣！

陈俊民：现在我们再来讨论第一个问题的第一方面，即如何重建张载在道学正统（"道统"）中的儒学地位及关学的"学统"问题。

因为，张载的哲学思想是通过道学（理学）形态表达和论证的，20世纪30年代陈寅恪为冯友兰《中国哲学史》上下册写的《审查报告》中称：中国思想文化，可以儒释道三教代表之，其演变历程，至繁至久，"要之，只为一大事姻缘，即新儒学（Neo-Confucianism）之产生，及其传衍而已"。而张载以"为往圣继绝学"立一生为学大方向、大宗旨，王夫之在《自拟墓石联》下联称："希张横渠之正学，而力不能企。"可知"绝学"即孔孟"儒之正学"，亦即孔孟儒学。李二曲说"理学即儒学"，其实是"新儒学"，是从宋代儒学或经学（亦称"宋学"）中抽离出来的儒家"内圣之学"，即张（载）、程（二程）、王（安石）、朱（熹）书中概括的"道德性命"之学，亦即"道德的形上学"。这就是通常称谓的宋代"道学"、元明清"理学"，或统称"宋明理学"，其实皆属同一个中国儒学文化系统。在中国传统社会里，儒、佛、道是中国思想文化中的"三大支柱"（任继愈语），而在儒家文化系统中，表明其人其学地位高低的标志，一是看他在"道统"中位次，二是看他是否进孔庙从祀。"道统"和"道学""道体"关联，又同"学统""治统"对应，史书记载甚为复杂，这里不再分说。我只想告诉诸位：唐代韩愈在《原道》里首倡"道统说"："斯吾所谓道也，非向所谓老与佛之道也"，而是尧舜禹汤、文武周公相继而"传之孔子，孔子传之孟轲。轲之死，不得其传衍"。不言而喻，韩愈以为他才是得孟子所传。无疑，他孤明先发，是开启"新儒学"之先声，直到朱熹才大致完成了"新儒学"的道统系谱，但他在这个系谱里未给张载安排应有的位置。

常新：您能否再具体谈一下朱熹对宋代道统的建构。

陈俊民：朱熹是宋代道学集大成者，他继韩愈之后，旨在建立宋代"新道统"。其最大的困难是如何历选自"北宋五子"到他本人的"授受之次"；而其要害，一是确定选次标准，二是张载与二程先后排序这两大问题。从1175年与吕祖谦编《近思录》，到他去世前五年（1194）撰《告先圣文》，整整经历了二十年的道统重构，朱子才把"宋代道统"谱系定位为"孟子—周子—二程子—朱子"，而张、邵、司马三子则被排斥在外。也许有鉴于朱子一生对张载其人其学多有赞许，对《西铭》《正蒙》详加解释，其实不仅承袭了周程，而且继承了张载，《告先圣文》称："周程授受，万理一原。曰邵曰张，爰及司马，学虽殊辙，道则同归。"其高足女婿黄干在《圣贤道统传授总叙说》中才定案为："孔孟之道，周程张子继之。周程张子之道，文公朱先生又继之。"这就是《宋史·道学传》所引述"识者以为知言"的从"周（公）—孔—曾—思—孟"到"周—程—张—朱"等宋代道学正统谱系之定本，而为以后明清诸儒之共识。很显然，这也不是张载应有的道统地位。

明清以来的这个"道统论"却在当今关学与宋明理学研究中有种种自命为"关学宗师""新儒学第三代四群人"等等"现代化身"（余英时语），真让千年前尚无正统道学地位的张载啼笑皆非，不知如何应对。所以，最后我想给诸位分享的是，四十年间，我是如何按照朱熹"道体"准则与"师承"传序双重论证的方法为张载重建本应有道学正统地位的。

朱熹继承孟子、韩愈儒道传授之说，创立宋代新道统，其实是以程朱理学为本位，运用历史与哲学（逻辑）的双重论证重建宋代道学传统的"历史进程"，以确立"程朱理学"的正统地位。但他确认周程"道学"的"道体"是"太极""天理"，这是他衡定是否为"道学正统"唯一的哲学准则；同时他也承认"太虚""太和""虚空"是张载"道学"的"道体"，这与程朱"学虽殊辙"，而"道则同归"，他们共同继承了孔孟"儒之正学"，"一天人，立大本，斥异学"，开创了宋代道学"理气心性"一体论，成就了中国思想文化史上的"一大事姻缘"。再说所谓周、程、朱子之间的前后"师承"关系，只有逻辑意义，并非历史真实，他们同张载一样，其"学承"要比"师承"重要得多。因此，三十九年前，我在《关学源流辨析》里就明确声言"周程张朱"之名次，由来尚矣。《宋元学案》的编纂者对这一序次早做过订正，但未引起学界关注。所以，我今在此再次重申："周程张朱"或"濂洛关闽"之排序，若表明周子（敦颐）是"有宋理学之宗祖"，朱子是集宋代理学之大成，还持之有故的话，那只有把张子（横渠）置于二程之前，当作宋明理学的实际奠基者与开拓者，才更合乎情理，合乎逻辑，也是历史的真实。《文庙统考》（清同治十一年刻本）记载南宋淳祐元年张载与程颐一同作为宋儒"先贤"入孔庙"西庑"而张在程前，就是明证。

肖发荣：谈到朱熹对道统或道学史的建构，就必然涉及他对张载学术渊源和学术地位的判定。从朱熹现存文献不难看出，朱熹对张载态度可以说是"既爱且恨"。一方面，朱熹非常重视张载，对张载给予极大推崇。例如：①在宋儒先贤中，朱熹最推崇张载的为学功夫，直言"横渠用工最亲切，直是可畏。学者用工，须是如此亲切"，对张载"读书以管摄此心""去旧来新""平易其心""熟读成诵"等读书方法也多有赞许。②重视对张载著作的搜集、整理、摘编、刊印，如他对张载的《文集》（《横渠集》）校补工作投入了很大的热情，在《近思录》《论孟精义》《论孟集注》《楚辞集注》等著作中辑录了张载的"精义"。在一定意义上讲，这些工作有利于张载文献的保存和传播。③值得强调的是，朱熹对《西铭》最为推崇，对《正蒙》也有很高的评价，如"《正蒙》是尽穷万物之理"，"此书精深难窥测"，"近世为'精义'之说，莫详于《正蒙》之书"，对《西铭》和《正蒙》做了大量的注释和评论。这些工作不仅使朱熹更多地了解张载，而且在一定程度上促成了张载著作的流传。这些都是值得肯定的，也可以说是朱熹有功于张载的。另一方面，朱熹对张载既有尖锐的批评，也有相当程度的误判。例如：①对《正蒙》的批评，学界多有研究，这里不再赘述。②对张载学术渊源的追溯和道学地位的判定存在一定的问题，这对理解张载的学术渊源和道学地位产生了遮蔽和误导。从朱熹的《伊洛渊源录》《四书或问》《横渠先生画像赞》及《鞠歌》题解来看，他对张载学术地位的衡定经历了一个"变"与"不变"的过程。从中年时认为张载之学"原于程氏""自二先生发之"，到晚年时只强调二程对张载成学具有"警示"之功，此其"变"者。而他始终以程学衡量张载学术思想及学术地位的基本立场，以及他对张载为学功夫、"学贵自得"的创造精神以及"醇如"境界的推崇，则是"不变"者。在"变"与"不变"之间，朱熹完成了对张载学术地位的衡定。如果说朱熹的衡定在一定程度上是符合历史的话（如以"粗发其端"来定位范仲淹对张载的影响），那么在理学"门户"或"宗派"观念的制约和影响下，他的某些结论（如张载之学"原于程氏"）又对理解张载的理学史地位形成了很大的干扰。

陈俊民：最后，我们谈谈如何走进张载关学的历史世界和思维世界的问题。

适逢张载千年诞辰，我愿同关中父老兄弟以及学界新老朋友一起走进张载的历史世界和思维世界。然而，历史不可能重演，最根本的唯一途径还是去读张载及其后学留存的古籍。作为张载关学研究学者，我一生的主要精力就是在国内外图书馆搜集、研读、选择、校编张载关学经典。自1986年起，中华书局、新加坡东亚哲学研究所、台北允晨文化出版公司和北京大学儒藏中心等都先后出版过有关关学的古籍著作，现在呈现给读者的这套由三秦出版社历经十多年排印出版的《关学经典集成》（共九卷十二册），可谓"关学经典"之总集，也是一个走进张载关学世界的读本。首卷《张载全集》和第三卷《蓝田吕氏遗著辑校》无疑是其中耗费功力最多的校点文本。当然，要读懂它还有一个如何防止被误读、误解、误导的问题。

常新：我注意到您在《关学研究与古籍整理》一文中比较集中地阐述了关学文献整理与关学研究的关系。您说过："古籍整理要比编写几本专著更重要"，"看不到古籍，何谈学术"，"关学研究，确实需要做古籍整理"。请您再举几个例子来进一步说明文献研究的重要性以及文献误读引发的问题。

陈俊民：比如说，张载以"太和""太虚""虚空"之气规定"道体"，有一个著名论断："虚无（空）即气则无无。"程颐因不接受其"道体"，不理解此语之意，竟致书指责表叔《正蒙》"意屡偏而言多窒"，"如此不熟"；朱熹却能理解张载"究其一气"的哲学主旨，明确指出："《正蒙》说'道体'处，如'太和'、'太虚'、'虚空'云者，止是说气。"而当代有些学者却以纠正"近人将'虚空即气'误读为唯气论"之所谓"错误"为由，竟把通常做谓词"是"的"即"，解作佛语圆融之"即"、不离之"即"、非等同之"即"；同时，又将张载诸如"体虚空为性""天体物不遗""无一物之不体"等常做动词的"体"，读作诸如"物体""主体""客体"等名词的"体"；再把张载哲学语境中特指阴阳之气"合一不测""能变化""妙万物"而为"天之良能"的"神"，误作宇宙本体的"太虚神体""天德神体"。从而将"太虚即气""虚空即气"诠释为虚气两物并列的"虚气相即"说。由此，一方面引起此说的竞相效尤者以"虚气相即"或"太虚本体论新说"①，将张载哲学由"气本论"定位为"虚本论"；而另一方面，则引起海内外一些学者从张载哲学的整体结构及其"本末上下，究其一气"的思想主旨出发，对此说予以"持之有故，言之成理"的质疑与订正②。

陈俊民：这里，我无意评论孰是孰非，只想提醒读者翻阅一下最流行的佛典《般若波罗蜜多心经》，看看"色不异空，空不异色；色即是空，空即是色"的"即"究竟是何义？最通行的丁福保《佛学大字典》称此"是相即也"，解释"相即"意"如波即水，水即波，彼此互废己而同于他也"。由此可知，佛典所谓的"相即"并非海内外"虚空即气"误读误导者代代承袭的所谓"非等同"之意，而毫无疑义的是"彼此同一"，诚如朱子所说"究其一

---

① 参看马振铎：《张载本体论新说》，见葛荣晋等主编：《张载关学与实学》，西安地图出版社，2000年，第14—21页。
② 参看杨立华：《气本与神化——张载哲学述论》，北京大学出版社，2008年；陈政扬：《张载思想的哲学诠释》，台北文史哲出版社，2007年。

也"。通过此例，我相信有心的读者一定会对张载"虚空即气"这一哲学核心命题有一个比较符合其本义的理解；而我从中获益的却是，张载及关学经典文本赋予关中，乃至中国哲学思想文化传统与时俱进的生命力，必将随着关学经典与时俱进的准确诠释和重构而大放异彩！

肖发荣：正如陈先生所言，先使学人能读到该读的书，才能谈到学术研究，自然也就会避免上述那些不该出现的失误。看来，文献的确是研究的根基。可靠的文本，更是哲学诠释的前提所在。陈先生常说"古籍整理是再细致不过的读书过程"。说到这里，我也可以再补充一例，这就是张载在历史上广为流传的"为天地立心，为生民立命，为往圣继绝学，为万世开太平"四句。学界将此称为"横渠四句"或"横渠四为句"。对此，我想结合文献研究的重要性谈三个问题：①因所据文本错误导致学界诠释时的众说纷纭。如1978年中华书局点校本《张载集》"横渠四句"首句刊印成"为天地立志"。于是海内外有不少学者纷纷撰文探讨张载"为天地立志"的"思想内涵"。实际上，此"立志"之"志"乃属"心"字之误，这本来是文献整理者或排印者的失误，却造成了以讹传讹的影响。②明清以来最为流行的四句其实并非张载原话，《横渠语录》所载的"为天地立心，为生民立道，为去圣继绝学，为万世开太平"才是原本。通过查阅宋代文献即可断定，"横渠四句"在宋代就已经形成了"立道"系、"立极"系、"立命"系三种版本系统。"立极"系在南宋最为流行，时代愈后愈趋于衰歇，今天已很少有人引述；"立命"系宋元人引之者极少，但明清以来最为流行；"立道"系通过《张子语录》和《近思录》流传至今，不瘟不火，绵延不绝。③既然"横渠四句"在宋代就已形成三种版本系统，那么这就提醒我们，在对"横渠四句"进行哲学诠释时应当充分注意它的版本流变及其时代精深。反之，如果仅仅局限于"立命"系四句，则将必然遮蔽了"横渠四句"的丰富思想内涵。

常新：张载开创理学与"北宋五子"其他人有别，形成自身的一些特质。张载在同二程的一次论学中谈到自身为学的旨趣，成为后世所公认的关学精神和致思路向："子（二程）谓子厚曰：'关中之士，语学而及政，论政而及礼乐兵刑之学，庶几善学者。'子厚曰：'如其诚然，则志大不为名，亦知学贵于有用也。'"这些特点，陈先生大致归纳为："学政不二"的政治倾向，"知礼成性，变化气质"的道德修养，"躬行礼教为本"的经世实践，"学贵有用""精思力践"的"实学"学风。这一精神命脉与学术传统，塑造了关中士人代代相承的精神与风骨，至今仍然潜移默化地影响着关中人的思想与行为，成为取之不尽、用之不竭的思想源泉。

陈俊民：最后，我简要总结一下：①对于关学研究而言，张载是主线，是灵魂，如果脱离主线，就会失去灵魂，偏离方向。②把张载关学研究定位在"中国哲学"学科里是国内外哲学家、史学家的共识，所以当年国家审批母校"中国哲学"博士点时，就明确它是以主要"研究关学和宋明理学为方向"的。当然，这并不是说在别的学科中、用别的方法不能研究，关键在于用何方法、在哪个学科中才能更准确地揭示出张载关学的历史真面目和理学思想真谛。③关学同其他濂、洛、浙、闽、蜀、湘诸学一样，都是特定历史地域产生传衍的学说和学派，当近现代各学科研究已打破地域走向全国和全球，它们均已失去了意义。因为，我们研究的对象（张载关学）是历史的、地域的、跨地域的，但我们的研究本身是现代的、全国的，也是国际的，如果将研究对象无历史限制地扩展化，必将带来一系列的学术问题。④张载关学研究，绝不能忽视文献整理，必须对关学经典抱有敬畏之心，为读者、为后人奉献少有重大失误的文献整理精品。这是我四十年来的深刻体会，也正是我们编纂出版九卷十二册《关学经典集成》的初衷所在。期待它的出版，能为深化张载关学研究起到积极的作用。这也是我们献给张载千年诞辰的最好礼物！

◎附录三　杂感述怀诗选

劫后燕园访一介①

　　"文革"之后，我因《孔子儒家考辨》《论〈庄子·天下篇〉的思想史方法论意义》诸习作，应邀参加了1978年秋在济南召开的"全国哲学社会科学规划会议"，1979年秋在太原举行的"中国哲学史方法论问题讨论会"，并被推选为中国哲学史学会常务理事。我有幸结识了张岱年会长和冯友兰、任继愈、王明、冯契等知名老专家，并同武汉大学萧萐父、中山大学李锦全等学者结为好友。是时最让我遗憾的是未见到北大汤一介，恰逢1980年7月在京召开首届中哲史学会常务理事会，抽暇我便约老萧②一同去燕园拜访了汤一介教授。

　　　　劫后踏破燕园尘，陋室闻道始觉新。
　　　　翠竹青青开风气，亦友亦师释古今。

　　　　　　　　原载《探索真善美》，北京大学出版社，2007年。

出国前夜书怀

　　丙寅（1986）正月初九，将挈妇翠霞离家赴新加坡东亚哲学研究所做高级访问学者，夜不能寐，提笔书怀，偶成小诗，特嘱留守二女。

---

　　① 详见本书中编《既开风气也为师——中国哲学范畴研究启示录》。
　　② 20世纪80年代初，有缘同汤一介、萧萐父、李锦全结识交友，我们之间均以姓氏前加"老"相称。

事功不成走异乡，亲友话别多惆怅。

儿女志学须慎独，探明世理知炎凉。

原载《诗书双妙》，浙江大学出版社，2012年。

读《浙江学刊》感怀

己巳（1989）初冬，余自陕被引进浙大任教，已整十月，在异乡风情熏习之下，虽坎坎坷坷，乃恬然自安。其间最为欣慰欢快的是，拜读了浙江省社科院友人滕复主编赠送的《浙江学刊》多卷，其文既得精华，又穷枝叶，革新学风，南北兼容，多有创意。开办十载纪念，偶成七古一首，不求平仄，歌以述怀。

濂洛关闽本一家，泾野阳明共天下。

学术古今无疆界，文章南北自发华。

三秦养育结善芽，百越延年迎朝霞。

读罢学刊六十卷，惊叹西湖纳贤达。

原载《浙江学刊》1990年第1期。

庚午除夕为二三子寄贺卡诉衷情

庚午（1990）腊月二十八是我"知命"华诞，全家团聚杭州，在浙大求是村新家过第一个春节，路甬祥校长登门看望。新老朋友来访，斯感良多，难形笔端，是夕颇有落难谴谪，如"绕树三匝，何枝可依"之困惑。因成七绝一首，书于贺卡，寄学界知我者二三子笑纳。

盛年落难离京城，至今悲愤世不平。

难尽心中无限事，卧虎北归待来生。^①

赠傅伟勋教授

壬申（1992）夏，应余英时兄之邀，访学于普林斯顿大学东亚系，余让其博士生王汎森接待我，几个月相处，已成好友，我便请他周末开车到费城天普大学去看望身患"绝症"的友人傅伟勋教授。初冬回国后，傅寄给我他刚出版的《死亡的尊严与生命的学问》，读后浮想联翩，伤感、敬佩之情油然而生。口占四句，书一条幅寄赠，竟被傅装裱悬挂，伴随其至仙逝，后有友人拍照寄我。

费城与君忆长安^②，君是雪莲火中汉。

会通东西融三教，超脱生死登觉岸。

甲戌（1994）夏祝母校五十庆典

精神何处是家乡，难得糊涂自损伤。

浪迹天涯探高境，西望长安问老庄。

原载1994年《陕西师大报》和《中国书画藏品集》。

---

① 1989年，因世所周知的原因离开了我学习工作三十年的母校陕西师范大学。2001年，接受赵世超校长诚恳聘请又回到母校任教，但身份仍是浙江大学教授，至今可谓"三十年河东（浙大），三十年河西（师大）"，其实，从教近六十年，在浙大只待了十年。一切都出乎我有生规划之外，纯系一时之偶然，而今竟成了叶落归根之必然。回忆1950年在华阴三完小入学时，幸得校长张浩清呵护，他据《书经》"俊民用章，家用平康"句给我改名为"俊民"，又依我出生于戊寅虎年末最后两日，戏称我为晚生的"卧虎"。

② 1985年夏，我应邀出席美国"第四届国际中国哲学会"，始与傅伟勋结识于纽约州立大学石溪分校；1986年春，我在新加坡东亚哲学研究所做儒学研究，他约我参与他主编的《世界哲学家丛书》；1989年6月间，他得知我要离开母校去浙大任教，恰逢他参加美国宗教代表团来西安访问，便中专程来师大我家看望，约我到他住所彻夜畅叙。他通晓中国三教，日文特好，常有新著大作寄赠于我，成为我海外又一学术知音。

丁丑（1997）夏新加坡"儒学与世界文明"国际会中
应邀口占七绝一首

十年沉寂西湖畔，学界相交结善缘。

年年相逢笑谈日，精神自由乃家园。

【附】李锦全奉和答赠七绝一首

昔年结友长安道，重逢星洲亦有缘。

西子湖头韬晦日，应知随处是家园。

原载李锦全《思空斋诗草》，花城出版社，1999年。

编校《朱子文集》感怀

　　丁丑（1997）春节，在浙大已过第八个新年，我校订的《朱子文集》全部初稿已送审台北允晨，而余英时兄的序文可能要写成一部大著。[①]午夜忽念1985年与余耶鲁会面，1986年星洲互赠条幅，1992年普林斯顿合谋《朱集》诸旧事，辗转反侧，不能入睡，床头戏作七绝一首，改韵奉和英时星洲条幅赠诗。

　　　千家注杜百家韩，如何未老校晦庵？

　　　欲知其中甘苦味，百年之后当纸钱。

---

　　① 原来约定，余英时应托为我校订的《朱子文集》新标点本作序，结果他动笔之后"思绪澎湃，下笔不能自己，稿成千余页，都五十万余字"，待2000年《朱子文集》正式出版时，他的序文便成为《朱熹的历史世界》单独出版，随后他获得了号称"人文诺贝尔奖"的克鲁格奖。此亦可谓校点《朱子文集》的一段"学术因缘"。参看黄进兴：《学人侧影》，台北允晨文化出版公司，2020年。

【附】余英时《星洲书旧作赠俊民兄》

凤泊鸾飘廿九霜，如何未老便还乡？

此行看遍边关月，不见江南总断肠。

原载《儒家典籍与思想研究》2009年第1辑。

题横渠书院张载碑

戊寅（1998）春，应邀为眉县原"横渠书院"题写碑文，今碑已不可见，其照片尚存。其铭曰：

太白之阴，横渠之阳，巍巍哲人，潜心天地。

虚气为本，通一无二，以礼立教，世界共尊。

碑阴题诗云：

横渠湘西柏森森，只缘正蒙注意深。

关学百年似寂寥，礼气何代无传人？

夫之六经开生面，张子立道为生民，

南北相资学相契，中西会通有知音。

原载《陕西史志》2000年第6期。

己卯（1999）冬回故乡专程拜访李绵老校长

知命远游花甲归，十年一见情亦深。

华岳老君何处去，云台真仙识故人。

亭林倡道朱子祠，山史接引渭水滨。

关中弟子希贤圣，莫忧谁招故国魂。

【附】李绵《寄思》并序（2002）

俊民同志留诗一首[①]，接读有志。现俊民兼任原职，继续关学研究，我便写了这首诗话，算是顺口溜，不拘平仄韵脚，以表达情怀而已。

留诗读几遍，暮心思万千。"关研"你创组，开卷文列先。

克难种禾黍，成就又斐然。中途生变异，负笈离秦川。

孔雀东南飞，楼居西湖边。学本无域界，此举超一般。

依依昔规划，半路折桂冠。临阵元帅易，自毁长城坚。

今朝喜回归，众都迎复原。兼任师大职，再绘昔时天。

华巍顶云立，为之双手赞。尔如倡复兴，毋忘挽狂澜。

原载《中国哲学史》2020年第4期。

悼念老友董父兄

长安结友三十秋，相忘湖海笔不休。

深霄涕泪思吟稿，欲访知音何处求。

浙江大学　2008年9月19日

---

① 1999年初冬，我从德国哥廷根大学讲学归国，专程回母校拜访李绵老校长，向他赠送我校编的《关中三李年谱》，并在扉页题诗感念。

◎附录四　学人评传

陈俊民：尽横渠意蕴　续关学学脉

常新（西安交通大学教授）

【学人小传】

陈俊民，1939年生，陕西华阴人，著名中国哲学史家、关学研究专家。1964年毕业于陕西师范大学并留校任教，1989年受聘为浙江大学教授，至今一直从事中国哲学的教学、科研工作。曾任陕西师范大学副校长、历史系关学研究室主任、出版社社长兼总编辑，浙江大学哲学系主任、中国思想文化研究所所长、文科指导委员会主任、学位委员会委员，并兼任中国哲学史学会常务理事、中华孔子学会副会长、国际中国哲学会（ISCP）中国大陆学术顾问等职。1985年至今，先后受聘客座讲学研究于新加坡东亚哲学研究所，德国慕尼黑大学、特里尔大学、哥廷根大学，美国普林斯顿大学，以及中国台湾"中央研究院"、台湾政治大学、武汉大学等国内外知名学府，并指导国内外硕士、博士研究生多名。主要著作有《张载哲学思想及关学学派》《吕大临易学发微》《中国哲学研究论集》《三教融合与中西会通》《张载关学的历史重构》《朱子文集》《关学经典集成》等十多种。承担教育部哲学社会科学研究重大课题攻关项目《儒藏》精华编"北宋集部"主编、校点整理工作。陈俊民先生见证、参与了改革开放以后中国哲学领域的重大学术活动，开创了新时期张载关学研究的论域与范式，为中国哲学史与关学研究做出了突出的开创性贡献。

隆师取友　转化思维

华阴自古有"三秦要道，八省通衢"之称，历代才人辈出，著书立说者层出不穷，被汉相张良誉为"物华天宝，地灵人杰"之地。1939年，抗战进入艰难时刻，陕西华阴已是抗战的前沿。俊民先生就出生在华阴的一个贫苦农民家庭，父亲从军驻泰安，曾任冯玉祥将军警卫，是地下党员。俊民先生自五岁起，随舅父在私塾读《四书白话解说》《论说精华》《左传易读》等，到1949年十岁，转入"华阴县三完小"，1954年考入华山中学读书，在那里感受过顾炎武重修《朱子祠》的史迹，接触过前届道教协会会长闵智亭在华山玉泉院修道的经历。1957年考入渭南师范学校，分科专修中国语言文学，由于品学兼优，1960年被保送陕西师范大学政治教育系学习马列主义理论，尤对中国哲学史产生了浓厚的兴趣。

"独立之精神，自由之思想"一直是中国近现代知识分子的学术追求。俊民先生常以此自勉，在其读书与研究的生涯中始终保持了对学术事业的执着与敬畏。

20世纪60年代初，中国学术界曾开展过一场关于"一分为二与合二而一"哲学问题的大讨论，还是学生的俊民先生发表了文章《"合二而一"绝不是辩证法的同一性》，在学术上初露头角。在"文革"的特殊时期，俊民先生因祸得福，获得了一生可遇而不可求的读书机遇。在一个特殊的环境里，潜心苦读《通鉴》、"四史"和关中文献数年，有机会接触到《张子全书》与《李二曲先生全集》，这为俊民先生后来从事张载关学研究播下了种子。"文革"结束后，他为历史系高年级学生开设"中国古代思想史"，又为政教系哲学研究生开设"中国哲学史"。这两门课程在陕西师大以前没有老师系统开设过，没有教案可以借鉴，俊民先生以他二十余年的读书积累，为两系学子系统讲述了这两门课程，得到本科生和研究生普遍好评。在讲课过程中，俊民先生仔细甄别了思想史与哲学史在选择问题意识、运用逻辑思维及方法论方面的差异，逐渐从以往的政治思维转变为学术思维，又从学术思维转变为哲学思维，开始运用哲学思维开启张载关学研究。

2000年，俊民先生于六十初度时写诗感怀："劫后踏破燕园尘，陋室闻道始觉新。翠竹青青开风气，亦友亦师释古今。"这首诗既回顾了他与汤一介先生师友之情，更是蕴含了二人在改革开放后对哲学学科构建方面开风气之先的学术勇气与魄力。

改革开放初期，全国经历了拨乱反正、解放思想、改革开放大潮的洗礼，哲学界迎来了学术独立发展的春天，中国哲学史、思想史研究逐渐从苏联日丹诺夫"唯物—唯心"对立斗争的"哲学史定义"束缚中解放出来，开始探索一条符合中国哲学逻辑发展实际的新道路与新模式，俊民先生亲自见证、参与了这一重要的学术实践活动。

五四新文化运动以后，儒家思想受到严重冲击，尤其"文革"期间，作为儒家思想的开创者孔子更是被污名化。俊民先生以一个知识分子应有的理性考察了儒家思想演变与发展，于1976年在病榻上完成了《儒家考辨》，认为孔子儒家之儒"是专制政体形成过程中产生的中国第一代知识士人（儒士）"，"儒家的形成是中国社会的一大进步"，为孔子儒家的身份进行了正名。这在当时来说需要极大的学术勇气，正是俊民先生在学术上追求"独立之精神，自由之思想"的体现。

1979年以后，全国哲学界开展了哲学史方法论讨论。先是在太原举行了"文革"后全国哲学社会科学界和中国哲学史教学研究工作者首次关于"中国哲学史方法论"研讨的盛会，俊民先生为会议提交了《历史上的哲学与哲学发展的历史》（载中国社会科学1980年《未定稿》），被推选为新成立的"中国哲学史学会"西北区唯一的常务理事。随后，俊民先生独具慧眼，连续发表了两组哲学史方法论方面的论文，一组是《论〈庄子·天下篇〉的思想史方法论意义》《论荀学体系结构及其思想史观》《中国传统哲学逻辑范畴研究的历史必然性》等，一组是《唯心主义平议》《论中国哲学史的基本特征及其研究方法》《论中国哲学史研究的对象问题》《论中国哲学史的逻辑体系问题》《论哲学史研究中的"党性原则"问题》等（均收入《中国哲学研究论集》和《三教融合与中西会通》），从理论和历史两方面全方位探讨了中国哲学史研究应该选择的正确方向和方法。1983年11月，俊民先生与汤一介、萧萐父、庞朴、方克立、金春峰等学者在中国哲学史学会会长张岱年先生指导下，历经两年的学术探讨和酝酿，在西安亲自主持召开了一次有美国学者杜维明教授参加的"中国哲学范畴学术讨论会"，他发表了长文《张载哲学逻辑范畴体系论》（《哲学研究》1983年第12期），受到会议好评。今天毫不夸张地说，这是中国至今唯一一次哲学范畴高端论坛，会后由人民出版社出版的《中国哲学范畴集》就是明证。学界认为，这是"具有现代学术史意义"的会议和论集。俊民先生为此做出了学术贡献，也为中国哲学逻辑范畴研究提供了学术范例，影响了之后的中国哲学史研究。

中国哲学在进行当代重构的同时，开始和西方"中国学"界交流互动，与时俱进地推动了中国哲学与世界哲学的交流与对话。1985年，国家教委以不公开组团的形式，首次派遣以汤一介为团长，俊民先生和萧萐父为组员的"中国哲学家代表团"应邀赴美国纽约州立大学石溪分校参加"第四届国际中国哲学会"，这是"文革"以后中国哲学家正式参加"国际中国哲学会"学术活动的开端。俊民先生为会议提交了他积五年关学研究成果的专著《张载关学导论》，出乎意料地受到大会专家学者极大赞赏。大会主席、华盛顿天主教大学的柯雄文（Antonio S. Cua）教授特地索要一本送美国国会图书馆收藏；费城天普大学傅伟勋教授主编的"世界哲学家丛书"中《张载》一书，还将它列为"主要参考书目"。俊民先生让张载关学研究走出了国门，其学术影响力超越了国界，受到国际汉学界的重视，成为世界哲学研究领域之一。

1986至1987年，俊民先生应邀在新加坡东亚哲学研究所做儒学研究，完成了《蓝田吕氏遗著辑校》，出版了《吕大临易学发微》专著，把张载关学推介到新加坡及东亚地区。其间又应德国慕尼黑大学东方研究所鲍威尔（Wolfgang Bauer）教授之邀，为他的博士生朗宓榭（Lackner）、傅敏怡（Friedrich）等讲授张载《正蒙》，并协助指导他们完成《正蒙》德文译本的最后审定工作，为该书撰写了序言《中德文化哲学交融的新篇章》，该书于1996年由出版过《黑格尔全集》的德国迈纳（Meiner）出版社正式出版。德文版《正蒙》的出版发行，为张载思想进入德语世界提供了便捷。其后，俊民先生又指导德国一位学者从事晚明关学代表人物冯从吾研究，并完成了博士论文《冯从吾的伦理哲学》。这样，俊民先生的学术传播，使得以张载为代表的关学真正走向世界。此后，俊民先生还先后以"高级研究员""客座教授"身份长期或短期讲学、研究于德国特里尔、哥廷根、马尔堡等大学，美国普林斯顿、夏威夷等大学，以及我国台湾"中央研究院"、政治大学、台湾大学、辅仁大学和武汉大学、陕西师范大学等，从而更加广泛地结识了海内外一大批学界同行友人，不知不觉给自己营造一个互通中西的"学术群体"和良好的学术环境。正是这些内外"学术群体"友人之间的经常学术交流，不断唤起他的学术创作灵感，激发他的学术求知探索欲望，促使他自觉置身于学术研究前沿，始终不懈怠，也使他在不断吸收各家之长中，逐渐形成了他"自得"的学术路径。

关学研究　古籍整理

俊民先生常以张载"文要密察，心要弘放，如天地自然"自励，他将自己的书室命名为"心弘文密斋"。他六十初度时出版了自己第二本论文集《三教融合与中西会通》，曾这样概括他的学术生涯："不烧铅汞不逃禅，不爱乌纱不要钱；步前贤之后尘，走自得之路径。"又有"四书道经起信论，亦师亦友释古今"诗句，说明引导他进入学术殿堂的三种图书和国内外师友，其终生学术研究的范围和方向是"三教融合"与"中西会通"。这是俊民先生基于对中国哲学、中国思想文化的基本认识，在每个领域他都有"自得"之作问世。

俊民先生在中华书局出版的专著《张载关学的历史重构》自序中开宗明义："一世寂寞校遗经，圣路悠悠日三省。忽闻长安洛纸贵，关学读本寄乡亲。"这首诗是他有感于完成《关学经典集成》而发，也说明俊民先生为学一生，心中只系张载关学研究与理学古籍整理两件大事。从1979年1月发表《儒家考辨》，至2020年7月《张载关学的历史重构》和《关学经典集成》出版，俊民先生撰著与校点整理的所有成果，不仅为开拓张载关学研究园地，也为扩展中国哲学研究论域，奉献出了宝贵的学术财富。

在理学文献整理方面，俊民先生以一己之力完成了《朱子文集》《关学经典集成》和《儒藏》精华本"北宋集部"主编、校点工程。

《朱子文集》是俊民先生应台湾德富文教基金会之托，在浙江大学从考订版本、通校勘误、标点断句、适当分段，到撰写校记、通读、编次，整整历经五载独立完成的新式标点本。他以明嘉靖本为底本，主要校以南宋浙监本、余谦重修本及元刊本，同时参校了贺瑞麟"清麓"本、涂氏"求我斋"本等国内外共十二个版本而成，全书共增补遗阙文字百余处，近千余字。余英时先生受邀专为《文集》写序称："这部《朱子文集》是根据现存最好的几种版本，精心校勘标点的。为这样一部重要的经典写序，我不敢不敬慎从事。"余因写序激发思绪，下笔不能自已，历经三载，稿成千余页都五十万余言的《朱熹的历史世界》，并获得了号称"人文诺贝尔奖"的克鲁格奖，给世人留下了中国近代学术史上继梁启超《清代学术概论》之后，又一"以序为书"的学术佳话。

《朱子文集》出版后，台湾相关部门请台湾大学几位资深教授对《朱子文集》进行鉴定，一致认为《朱子文集》更符合古人的辞气，优于其他同类校点本，成为台湾"中央研究院"汉籍全文资料库指定版本，也是至今海外汉学研究通行的版本。十多年来，《朱子文集》连同《朱熹的历史世界》均得到国际学术界的普遍赞誉，于是，俊民先生即兴赋诗感叹这段具有现代学术史意义的"学术因缘"："千家注杜百家韩，如何未老校晦庵？欲知其中甘苦味，百年之后当纸钱。"

对《朱子文集》的出版，俊民先生既得以安慰，又如履薄冰，时时担心有一天会因校点失误在世人面前"出丑"，曾多次暗下决心：今后不再做这种费力不落好的"难事"（鲁迅语）。可是几年过后，当汤一介约请他承担《儒藏》"北宋集部"主编、校点任务时，他二话不说，一作又是十四五年。至2017年汤一介去世三周年之际，他不仅如期完成了所承担的《击壤集》《元公周先生文集》《张载全集》《蓝田吕氏遗著辑校》《泾野先生文集》《冯少墟集》《二曲集》等十多种关学相关文本的校点整理任务，而且将主编的"北宋集部"二十一种文集全部交稿，经层层严格审稿付梓，已于2019年全部出齐，可告慰老友于九泉安息。

　　俊民先生是开启张载关学研究的第一人。他根据自己长期读书所了解的中西方哲学思想传统演进的不同特点：西方哲学思想传统大致总是和科学或宗教结合一起发展的，可谓"以思驭学"，而中国思想传统则是"学中寓思"，始终环绕着经典文献而形成和发展。所以，他从20世纪七八十年代间开启关学研究，就把张载关学定位在中国哲学学科，自始至终从精选、研读、整理关学经典文献入手，特别注意利用学术交流之便，从国内外有关图书馆搜集关学经典珍本。在此基础上，开始点校整理出了第一批关学经典，先后在中华书局出版了《关学编》（1987）、《蓝田吕氏遗著辑校》（1993）、《二曲集》（1996），在陕西师范大学出版社和台北允晨文化出版公司出版了《关中三李年谱》（1992）。在以上四种关学经典的校点整理中，用力最勤者当属《蓝田吕氏遗著辑校》。因为，蓝田诸吕的遗著仅有吕大临的《考古图》、吕大均的《吕氏乡约·乡仪》和吕大防的《杜工部年谱》完整地流行于世，其余文本早已不复见，但其部分或大部分却被收集条疏于宋人诗文集及各类总集、类编中。俊民先生花费了五年课余时间从有关资料中甄别、辑校出蓝田三吕遗著中属于理学的部分，以《蓝田吕氏遗著辑校》为书名，列入中华书局"理学丛书"系列，受到国内外学者的赞许和珍重，成为一些博士论文唯一的文献依据。

　　在完成上述关学经典的校点整理基础之上，俊民先生根据他所理解诠释的"能在关中理学家中一代一代不断被阐释、被激活、被继承、被创新"的"经典"标准，遵照他所确立的"精其选、明其意、实其名（真正符合'关学'之名）"的研读关学文献之法，参同勘异，辨章学术，积十年之功，为关学研究者、爱好者编纂了《关学经典集成》，遴选关学经典二十余种，为关学研究提供了入门读本；并撰写了《关学经典导读》（两书于2020年7、9月由三秦出版社出版），将宋代"关学"定位为由张载创立的"道学（理学）学说及其学派"，将元明"关学"定位为以吕柟、韩邦奇、冯从吾为代表的"关学理学"，将清代"关学"定位为由李二曲及亲炙弟子王心敬开始转型的"关中儒学"。从中揭示了张载关学以传承"儒之正学"为方向、世代"皆以躬行礼教为本"的优良传统及其真精神，成为当代关学研究最可靠的文献依据，也为中国传统思想文化增添了新式文本资源。余英时先生称赞此为惠及后代"不朽之盛业"。

在著作方面，《张载哲学思想及关学学派》（人民出版社，1986年；台湾学生书局，1989年）为陈俊民先生的代表作，其核心内容是"关学源流辨析"与"张载哲学逻辑范畴体系"，该著确立了在中国哲学史的教学与科研中开启关学研究的学术方向。《吕大临易学发微》（新加坡东亚哲学研究所，1987年）是对吕大临《易章句》发其微意，把握张载以后关学在宋明理学思潮中的发展趋向，阐发了吕大临"天人本一"的易学大义与"居尊守中"的政治关怀，分析了蓝田吕氏对张载与二程思想的简择与继承。该书被海内外学者视为"迄今研究吕大临思想的第一本专著"。《中国哲学研究论集》（台湾商务印书馆，1994年）是俊民先生十五年来对中国古代思想史、哲学史研究方法问题尽心探索历程的展示，凸显出俊民先生"视学术为目的，以学术之独立、思想之自由为最高理想追求"的研究情怀，为中国哲学研究领域的拨乱反正与推陈出新做出了可贵的贡献。《三教融合与中西会通》（陕西师范大学出版社，2002年）的重点是探索中国哲学及其方法论，所选择的研究对象是唐宋以后至近现代以"三教融合""中西会通"标宗的新儒学和新道教，对20世纪中国哲学的定位、重构和创造性转化进行了思考。《张载关学的历史重构》（中华书局，2020年）是俊民先生对关学研究四十年间曲折探索历程的纪实与学术总结，明确了关学在宋元明清不同时代的学术定位，从而重构了张载关学传承的历史脉络、道统地位、学统框架及精神命脉，显示出俊民先生带着重构中国传统哲学逻辑发展的现代诠释体系这一理想目标而从事关学研究的学术旨趣。

濯旧启新　学贵自得

当代中国正处在百年未有之大变局演进的新时代，思想文化领域面临传统与现代的冲突与转型，时势要求每一位思想文化工作者必须有守正与创新的能力。俊民先生多半生的学术研究，一直强调"文化自觉""学贵自得"与"转识成智"，其"自觉""自得"就是对他自己从业的中国哲学思想传统有"自知之明"，力求深刻了解它的过去、现在与未来，通过认真反思，并持之以恒、循序渐进、默识心通，而达到心领神会、自成一说的学术境界。俊民先生求知为学大半生很好地继承了传统思想文化，对传统哲学思想做出了符合时代发展要求的转化与诠释，在中国哲学研究方法论、张载关学研究诸多方面都做出了开拓性贡献，推动了当代中国学人对中国哲学史与张载关学的研究。而今，国内外一大批"张载关学"研究者几乎都同他的学说传承和影响有关。现举二例如下：

首先是推动中国哲学研究方法论的转变。自20世纪50年代以来，中国哲学界受苏联日丹诺夫"哲学史定义"的影响，把"唯心主义"与"唯物主义"这一对子结构作为中国哲学史的理论架构和主导方法，很少从"历史与逻辑相统一"的原则和方法论意义上，考察哲学发展的内在理路及其与外在社会历史变革的辩证发展逻辑，导致中国哲学研究的教条化。如上所述，"文革"之后，中国哲学界解放思想，拨乱反正，展开了一场关于"哲学史方法论"的学术讨论。1980年初，俊民先生以极大的理论勇气，敢开风气之先，首先在《陕西师大学报》第1期上发表了《唯心主义平议》，随后，其主要部分被《新华文摘》第16期转载。他认为，哲学史是人类认识的历史，是"关于人的思维的历史发展的科学"，而列宁的"哲学党性原则"不是评价唯心主义的论据；他又用历史事实证明了哲学上的"唯心或唯物"同政治上"进步或反动"无有必然的联系，甚至认为"'唯物主义'这个名词以及两个派别的全部对立"，从一定意义上说，在社会的政治层面"已经失去了任何意义"。他有破有立，又接连发表了如上两组"哲学思想史方法论"论文，尤其是以《张载哲学逻辑范畴体系论》为个案试验，为重构中国传统哲学逻辑发展的现代诠释体系提供了"典范"，从而将自己的中国哲学史研究方法概括为"历史与逻辑相统一""哲学概念分析与历史地理重构并进"的方法论。这一方法论已为尔后多数学者认同和接受。但在改革开放之初，这样敢破敢立，确实难能可贵，没有一定的哲学文化"自觉自信"，是绝不可能提出如此《平议》和《体系论》的。

其次是重构关学历史传承，奠定关学研究范式。1983年，俊民先生《关学源流辨析》正式在《中国哲学》发表，其针对侯外庐主编的《中国思想通史》"北宋亡后，关学就渐归衰熄"的传统结论，提出了"北宋之后，关学虽然衰落，但并未熄灭"的论断。认为"关学不只是一个'张载思想'，它同理学思潮相关联，共始终，也有一个相对独立的发展史"。此文层层推演，论辩清晰，一扫学界迷雾，再为关学奠基，受到学界称许；可是却一直被某些学者质疑，甚而否定他开启关学研究的正当性①，这便促使他先后遍访了冯友兰、张岱年、张恒寿、侯外庐、牟宗三、任继愈等前辈学者，受到了首肯和支持，得到了"开创者难为功"的鼓励和嘱托。因此，他便把"张载关学的历史重构"作为他总体研究课题的基本问题意识及研究所达之目标，而"关学经典整理"自然成为他欲完成这一课题与实现此目标必须同时进行的文献研读校点工作。而且，首先积五年之功力完成了《蓝田吕氏遗著辑校》，揭示出张载之后，虽"再传何其寥寥"，但"横渠遗风"，传续不绝，蓝田吕氏"守横渠学甚固"，不仅传承了张载"先识造化""天人一气""民胞物与"的宇宙本体意识，特别是将张载"以礼立教""知礼成性"的道德修养论，转化为移风易俗、稳定社会秩序的《乡约》《乡仪》。虽然，金元时期关学"百年不闻学统"，但在原来从事儒业的关中学者中却兴起了以王重阳为代表、以"三教融合"标宗的"全真"新道教；明代吕柟撰《横渠张子抄释》，行《吕氏乡约》，承袭"横渠、蓝田之学"，以"横渠同党"自居；冯从吾撰《关学编》，重构宋明"关学史略"；李二曲撰《四书反身录》，沿"横渠正学"之方向，重构清代儒学，从而形成了关学独有的学术文化传统，亦体现了中国儒学的真精神。正是在这一研究基础上，俊民先生进一步精准地将他原来的"关学定义"具体化为宋代"张载关学"、元明"关中理学"、清代转型的"关中儒学"和"关中新学"这三个层次的对象定位。这无疑是对"关学史"研究的重大突破，将张载关学思想传承的历史"时间"性与关中地域的"空间"性有机地统一于他的张载关学研究之中，为当代关学研究奠定了理论范式。

俊民先生六十初度时，曾自诩毕生是"为学术的生命"与"注生命的学术"。他以自强不息的精神在学术领域耕耘了数十年，但他不是一个毫无趣味、不食人间烟火的单调书生，而是充满生活情趣，且有一定艺术造诣的学

---

① 参看吴友能：《陈俊民教授与关学论争》，载台湾"中央研究院"《中国文哲研究通信》1998年第1期专栏《研究动态》。

者。青少年时，不仅登台表演过贺绿汀钢琴曲《牧童短笛》，而且在舅父的启蒙下学习书法，随后遍临名帖，形成自己独有的书体。其书法作品，用笔浑厚，圆润饱满，碑帖融合，真气弥散，充满了书卷气，多幅作品被杭州西泠印社、陕西师范大学和学界亲友收藏。

俊民先生对西方的古典音乐与歌剧情有独钟，海顿、贝多芬、莫扎特、柴可夫斯基等人的音乐作品伴随至今。他还将学术研究的心得与西方交响乐联系起来，在从西方古典音乐到浪漫派、现代派的音乐鉴赏中，体悟中西哲学会通的可能与途径。

俊民先生视学术为一生志业与内心的召唤，认为学术追求的终极关怀在于真善美相统一的精神境界与理想人格。他以对学术的执着，在中国哲学，尤其是关学领域辛勤耕耘五十余年，见证、参与了中国哲学学术转型的重大历史时刻，形成了"欲求创新，必先传承；学贵探索，更贵自得"的自得之学的为学风格，为当代中国哲学研究做出了贡献。真是"老骥伏枥，志在千里；烈士暮年，壮心不已"。2020年是张载诞辰千周年，为纪念这位关学奠基者，俊民先生以八十岁之高龄，推出十二册《关学经典集成》和《关学经典导读》，对其四十余年关学研究进行了总结，特在中华书局出版了专著《张载关学的历史重构》，惠及学林。八十初度，他进一步将张载关学"观书自得，隆师取友，变化气质为本"概括为他一世间的为学为人之道，以诠释他四十年来是如何"步前贤之后尘，走自得之路径"的。这既是他的学术研究实际，也是他终其一生的学术理想追求。

"桃李不言，下自成蹊"，中国哲学学界将会记住这位为中国哲学奉献了学术生命的先生——陈俊民。

原载林乐昌主编《关学与理学》第一辑，中国社会科学出版社，2022年。